二十五史藝文經籍志考補萃編續刊 第九卷

王承略 劉心明 主編

新唐書藝文志補（增訂版）

張固也 著

清華大學出版社 北京

版權所有，侵權必究。舉報：010-62782989，beiqinquan@tup.tsinghua.edu.cn。

圖書在版編目(CIP)數據

二十五史藝文經籍志考補萃編續刊. 第九卷/王承略，劉心明主編. —北京：清華大學出版社，2023.4
ISBN 978-7-302-62930-6

Ⅰ.①二… Ⅱ.①王…②劉… Ⅲ.①二十五史－藝文志 Ⅳ.①Z838

中國國家版本館 CIP 數據核字(2023)第 038501 號

責任編輯：馬慶洲
封面設計：曲曉華
責任校對：王淑雲
責任印製：叢懷宇

出版發行：清華大學出版社
　　　　網　　址：http://www.tup.com.cn，http://www.wqbook.com
　　　　地　　址：北京清華大學學研大廈 A 座　　郵　　編：100084
　　　　社 總 機：010-83470000　　　　　　　　郵　　購：010-62786544
　　　　投稿與讀者服務：010-62776969，c-service@tup.tsinghua.edu.cn
　　　　質量反饋：010-62772015，zhiliang@tup.tsinghua.edu.cn
印 裝 者：三河市東方印刷有限公司
經　　銷：全國新華書店
開　　本：148mm×210mm　　印　張：20.5　　字　數：458 千字
版　　次：2023 年 4 月第 1 版　　　　　　　印　次：2023 年 4 月第 1 次印刷
定　　價：99.00 元

產品編號：096063-01

《二十五史藝文經籍志考補萃編續刊》編纂委員會

學術顧問：張高評
主　　編：王承略　劉心明
副 主 編：馬慶洲　李　兵
特約作者：劉兆祐　顧力仁　劉　琳　聶鴻音　張固也
點校整理：辛智慧　李學玲　張　雲　李玲玲　于少飛
　　　　　　楊勝男　由墨林　張　偉　陳福盛　解樹明
　　　　　　邱琬淳
校　　對：王成厚　李　博　王　瑞　王志遠　肖鴻哉
　　　　　　楊潤東　靳亞萍　馬慶輝　李古月　王銀萍
　　　　　　張孜烜　盧姝宇　林　相　朱世堯　侯穎格

目　　錄

原版羅序	………………………………… 羅繼祖	1
增訂版自序	………………………………………………	2
例言	………………………………………………	8
卷一	**經部** …………………………………………	12
	易類 ………………………………………	12
	書類 ………………………………………	29
	詩類 ………………………………………	30
	禮類 ………………………………………	34
	樂類 ………………………………………	37
	春秋類 ……………………………………	68
	孝經類 ……………………………………	81
	論語類 ……………………………………	86
	讖緯類 ……………………………………	90
	經解類 ……………………………………	90
	小學類 ……………………………………	93
卷二	**史部** …………………………………………	173
	正史類 ……………………………………	173
	編年類 ……………………………………	185
	雜史類 ……………………………………	201
	起居注類 …………………………………	214
	故事類 ……………………………………	220
	職官類 ……………………………………	227

		雜傳記類	242
		儀注類	266
		刑法類	288
		目録類	310
		譜牒類	325
		地理類	354
卷三	子部		443
		儒家類	443
		道家類	450
		法家類	469
		名家類	470
		縱橫家類	471
		雜家類	472
		農家類	484
		小説類	494
		天文類	501
		曆算類	509
		兵書類	513
		五行類	519
		雜藝術類	534
		類書類	546
		明堂經脈類	554
		醫術類	558
卷四	集部		573
		別集類	573
		總集類	617
		文史類	629
主要參考引用文獻			637
跋			646

原版羅序

淳安張生固也考入吉林大學研究生院，業歷史文獻學，三年有成，撰畢業論文曰《新唐書藝文志補》，校出版社樂爲出刊，以其導師陳維禮從我受業，謀序於我。顧我乃水邊林下一閒人，非世所謂績學有聞之士，其言何足爲生重。雖然，張生生海剛峰爲宰之邑，家世耕讀，長而游學，志古向道，青年有此，令我鼓舞不置，又何可不爲一言乎？史志補作，頗盛於清，蔚爲顯學，餘風所被，久而未沫。惟《唐藝文志》掛漏實多，覽而知之者衆，起而補之者寡。張生知難而進，其志氣可稱，其精神可嘉。今觀此書，其考論《唐志》，發微燭幽；其體例周密，部居井然；其搜求材料，自書目史傳，稗官野乘，小説筆記，類書雜著，詩文總集，旁及於碑刻墓碣；其釋疑解紛，頗多創獲；至行文醇古，抑又末已。所補録凡四部四十一類，千六百餘種，搜羅可謂富矣。然四部之書，卒難遍觀；百家之學，豈易博涉？是書固猶未可謂極深研幾之作。繼此以往，踵事增華，拾遺補闕，使臻美備，張生勉乎哉！當今之世，世風士習，蓋難言矣。士不悦學，師不樂教。秦樓楚館，遍佈行省，日接於耳目者，皆靡靡之音與姍姍之影。其蕩人心志，汩人靈魂者，日銷月鑠。然則起衰振縻，得不寄厚望於賢有司耶？今年樹廉懲腐之政進於往昔，敬業崇實之風庶幾弗墜，此耳目近事可引爲深慰者，而生書得刊於此時，故喜而爲之序。乙亥國慶後五日，八三退叟上虞羅繼祖書於連濱之新三不齋，時離休寓連已八歷年矣。

增訂版自序

《新唐書藝文志補》者,古遂荆峰逸人淳安張氏之所作也。浙西群山之中,有古邑曰遂安,漢爲歙之南鄉,建安末擊定山越,始立邑焉。國初截浙水上游,建新安江電站,與邑東之淳安,俱成水國,乃併爲一縣。詩人詠之曰:"西子三千個,群山已失高。峰巒成島嶼,平地卷波濤。"遂以千島湖名聞寰宇焉。邑之西北,有大連嶺,崇峻綿延,與皖南界。其麓有小丘曰荆峰,留侯餘胤、玄真族裔百餘口,世居其西南,因號荆峰張氏。種德積慶(族祠曰積慶),耕讀立本(祖堂曰立本),民風醇厚,冠甲鄉里。清季拔貢、秀才數出,族人至今榮焉。昔其族有翁曰風雅公者,連值饑饉,悲號"異也";俄逢有年,喜祈"固也";國難大作,籲天"化也"。適三孫繼誕,遂以名焉。予,翁之仲孫也。先祖四齡喪慈,幼歲失學,身遭多難之世,名籍四類之末。其祈望於予者,長爲農夫以没世,幸矣。肇錫予以嘉名兮,復字予曰豐年。何期舊邦,其命惟新,藐予小子,獲登大學。

予既肄業,課徒鄉校,日與眾童子俱者四載。天生散逸,樂鄉邦之山水人情,渾不解學問之事也。惟自念口訥於言,手拙於書,外懈於管束生徒,内懼乎誤人子弟。歲在庚午,得摯友桐廬申屠君之薦,遂北游出關,入吉林大學古籍所,從先師敦化陳公,業歷史文獻學。倏忽年半,泛覽無歸,猶不知學之所從入也。畢業之期日蹙,論文選題難覓。先師以清儒之補藝文志,爲一代盛業,囑嘗試考論之。予謹受命,爰檢補志之目,見其書可半百,代或數作,唐新舊二《志》,獨闕考補。予大惑焉,遂取唐史翻閱旬餘,因悟宋賢已都録《舊志》闕收而附於史傳諸書,補於《新志》矣。故清季以還,捃摭史傳以補志藝文者,援據失地,無能爲矣。前賢有謂《新志》所補,皆天水館閣之庋藏者,似有未達一間也。又讀晚清姚振宗《隋書經籍志考證》,既駭其引據之浩博,復歎其體例之精善,以爲目錄考證前所未有之作也。因思前型具在,後步可循,若取《新志》所載唐人自著之書,一一爲之疏通證明,儻能坐實吾疑,且俾治唐學者得所根據,豈非一大快事哉！時囊中羞澀,行篋乏書,惟日至校内藏書館室,漫發群書,嘗試勾稽。友生武都薛君長研究生會宣傳部,多蓄厚白紙,蓋以書事佈告諸生者,取以自製爲卡片,翻檢所得,即筆錄於上,夜則歸寢排比之。如是者三月,積至千餘張,而翻書纔數十種,始信書海之無涯,復懼竣事之無日,輒爲之投筆歎息矣。蓋《新志》著録唐賢之書既夥,而唐宋以還相關文獻之衆,遠非漢魏六朝可比,即作粗略之考證,未必三年五載可期,亦非數十萬字不辦也。於是茫然失據,不知所爲矣。其時適檢宋人簿録,初於《新志》闕收者,不甚措意,至是反思其書數亦不甚寡,而散在群籍,漫無統緒,彙補成編,羽翼史志,殆尤爲刻不容緩也。

嘗試論之。書契肇啓,文籍生焉。羲黄墳典,邈矣難考;殷周文獻,今尚可徵。暨夫嬴秦焚坑,二世乃亡;劉漢興學,兩京再昌。殷鑑不遠,後王知所重矣。魏晉以降,六藝流波,三玄扇風,史册與文集俱興,釋氏並道流競盛。荀簿阮録,易轍劉班之六略;梁宫隋殿,誇富漢皇之中書。有唐隆興,誕敷文德。高祖雅好儒臣,太宗鋭意經籍,則天敕撰群書,明皇御注三經,文宗講求經術,昭宗志弘文雅,此人主化導於上也。貞觀開元,十八學士聯翩繼美;蓬山鳳池,一時俊彦珥筆相榮。郡縣守令,率多學富五車;幕府掇管,莫非文筆精工,此臣工宣教於下也。於時國子太學,增置生員;四門書算,並置博士。儒學遍佈四境,家塾任聽私置。皷篋聯陞講筵者，八千餘人；入室禀承師教者，六萬弟子。濟濟焉，洋洋焉，學校之盛，蓋亘古未有也。承楊隋之制，設貢士之策。冬集之例，旁課律書；春闈以來，兼試宏拔。制舉科目，代至過百；應詔俊士，年逾數千。沙門道士，並入彀中；東鄰西賢，俱來賓貢。泯流品之別，無華夷之限。得士之衆，蓋於斯爲盛矣。是故高門重臣，恨不由乎科第；五尺童子，恥不言於文學。戶誦詩書，人工翰墨，故籍新書，充牣府庫。是有唐文教之盛、著述之繁，一也。

有唐書府，肇自武德，承嘉則之燼餘，浮東都之漂零。貞觀中，令狐德棻、魏徵相次爲秘書監，上言經籍亡逸，請行購募讎校，四部羣書，遂以略備。開元中，明皇以内庫舊書，多有殘闕，篇卷錯亂，難於檢閲，遂令褚無量、馬懷素整比之。又置括訪異書使，分行天下，搜檢圖籍；詔公卿士庶之家所有異書，官借繕寫。至七年，四部書成，令百官入乾元殿觀之，無不駭其廣。九年，元行沖奏上《羣書四部録》二百卷。時麗正學士毋煚有"秘書省經書，實多亡闕，諸司墳籍，不暇討論"，"新集記貞觀之前，永徽已來不取；近書採長安之上，神龍已來未録"之評，此其漏略之大端也。毋氏復撰《古今書録》四十卷，都四部四十二類，五萬一千八百五十二卷。自謂"永徽新集，神龍近書，則釋而附也"，"加新書之目者六千餘卷"，此其補苴之大概也。然秘府藏書，例尊古而賤今；時人撰述，雖紙貴猶見輕。故後晉劉昫修史，據之以志經籍，泰半同於《隋志》，唐初新書罕如也。若夫盛唐以後撰述，皆張部類；李杜以下文章，其徒實繁。以其後出之書，概不入志，唯附於傳，此其體例之人失也。是《舊志》僅載開元藏書，不足言於三唐著述之全，二也。

宋歐陽修之撰《新志》也，每類之下，先録開元經籍，後補唐人著述，而略以年代爲次，遂使古今成書先後，朱紫有別，開元著録與否,一覽可知,其意美則美矣。其序有曰:"藏書之盛,莫盛於開元,其著録者,五萬三千九百一十五卷;而唐之學者自爲之書者,又二萬八千四百六十九卷。"前者視《舊志》著録,增多二千餘卷,竊疑歐公所據之《開元四庫書目》,乃合《古今書録》《集賢書目》爲一之簡也。後者補録,范圍限以唐著,搜採旁及傳記,變史志目録之舊體,啓清儒補志之新塗,其法善則善矣。凡增書二千餘種,爲帙近三萬卷,計其所得,儼然已足觀矣。惜乎上自禄山之亂,下迄五代之世,經籍焚蕩殆盡,書目罕有成編。故歐公採據唐之國史會要、宋之館閣書目以外,開元獻書殆出《集賢注記》,名公文集多據時人序記,釋氏書兼採《宋高僧傳》,雜藝術多取《歷代名畫記》。自餘採穫,難言精勤,考其所失,亦云夥頤。如李鼎祚引録《易》說若干種,杜光庭序列《老》學十餘家,盡皆闕如,遑論散見稱引者矣。又如地理類之州縣圖經,天文類之日月風雲氣候,幾近不收;神仙、釋氏附於道家,掛一漏萬,此則鄭樵所謂編次失書也。至如《舊志》所載王玄度注《周易》,《舊史》諸傳附載三十餘種書,皆不見於《新志》,此殆偶失檢討也。《崇文》之書,或有舊釋未定時代,歐公從嚴捨棄者,此情尚可原也,而舊釋明言爲唐人之書,仍多漏載,則殊堪費解也。凡此數端,實非歐公偶疏,良以史志尚儉,未若清人補志之求備也。是《新志》補録,取材未弘,漏略殊甚,三也。

夫藝文七志,兩唐分其二。集賢崇文,藏弆富贍於前;新舊志傳,採撫殆盡於後。言三唐藝文者,或以爲可無憾矣;考歷代史志者,乃不敢措手足矣。庸知唐人著述,荒落湮滅,固已遠甚於宋元以降,亦且有過於六朝以上,稽古搜遺,亟有待焉。昔賢蓋有見及於此者矣,故宋人已有《唐新撰書目録》之作,近人劉師培嘗有寄望於"後之補《唐志》者"之語,吾浙先賢龍游余氏紹宋自言嘗撰《新舊唐書藝文志補》而亡於日寇兵燹，皆其證也。予既邂逅契心，曷敢避其譾陋，遂決意從事於志補之業矣。於是先自宋人書目中，抄出《新志》闕收唐人之書，與夫介在疑似之間者，續檢其他書目題跋、史傳地志、稗官野乘、筆記雜著、類書文集、碑刻墓碣等百數十種，拾遺補闕，通作考證。壬申歲暮，初成簡編，持以答辯，遂獲碩士學位，兼得留任教職。時世方重利輕文，坊間競趨媚俗，宿學宏著，刊佈惟艱，況此晚生習墨，敢望災梨禍棗？遂廢置篋中，不復染指者二載。叵料天眷斯文，竟獲校內基金資助，尋由校社刊行面世，時舊曆乙亥暮冬之月也。

蓋予始事之日，聊應答辯之需，豈有述作之志，曷期名山之藏。初生牛犢，誤闖唐學宮殿；盲人瞎馬，摸索目錄門徑。時間局迫於九月之內，文字自限在十萬以下。故過錄材料，刪汰泰甚；偶加按斷，務求至簡。初稿補錄之書，纔千二百餘種，要在考論撰述指歸，疏通著錄源流，略明撰人之先後，粗示佚文之有無。乙亥董理書稿，重錄材料稍詳，文增十萬餘言；參考文獻略廣，書補四百餘種；然於神仙、釋氏兩家，未遑旁涉；撰人、佚文二端，仍其苟簡，蓋猶爲急就之章也。

自斯以還，廿七載於茲矣。其間學術精進，日新月異，若夫唐代墓誌之陸續刊佈，敦煌遺書之整理研究，域外漢籍之訪求迴傳，單科專書之散見考證，粲然咸備，目不暇接，其足糾拙編謬妄者夥頤。昔人所謂自悔少作，誠不予欺也。嘗欲再接再厲，別創新編，通考唐人之著述，兼正舊編之謬妄。然從義縣金曉邨讀博於前，玩味《管子》既久；偶涉簡帛之學於後，擂讀《文子》尤艱。兼復南北播遷，俗務纏擾，其情時喜時厭，其事或作或輟。累積材料，雖至數百萬言；條理成編，尚且遙遙無期。數年之前，商務印書館王江鵬編輯賜電，商議重刊舊編，且允代爲輸錄原文。予感其美意，遂擬先事增訂舊編，誤收之書悉數刪除，漏收之書儘量補錄，歸類序次未安者移正，條目考釋不當者改作，期以略贖舊愆也。然經部初就，即意興索然。後與山東大學王承略教授通問，又承邀刊入其主事之歷代補志叢書，以廣流佈。商得王江鵬編輯俯允，乃欲嗣續前功，然史部改畢，又復廢頓久之。古人云："一鼓作氣，再而衰，三而竭。"良可歎也！故此番增訂舊編，多憑往日材料，近年新出文獻，涉覽未臻周遍。雖補錄之書，已逾二千，然掛漏仍所難免，考證尤多粗疏。且沿舊編之苟簡，難描時新之模樣，既不足以自慊，且難副於人望。子集二部，增訂較少，蛇尾之譏，蓋不容辭。海內君子，諒之恕之，匡之正之，是所望也。

淳安張固也
壬寅歲抄序於武昌桂子山

例　　言

　　一、史志藝文，貴在總括典墳之部，牢籠流略之書。而《舊書》志開元經籍，洵不足言於有唐册府之全豹，《新書》綜録三唐藝文，復且漏略相仍。斯文陸沈，於斯爲甚；學人扼腕，莫此爲尤。本編拾遺補闕，舉凡《新志》未載之唐人撰述，皆予一一補録，庶幾羽翼史志，表彰文雅也。

　　二、唐朝藝文之盛，流澤東鄰，而趙宋去唐未遠，搜獲良多，故《日本國見在書目》及宋人書目著録唐人撰述尚夥。今於諸目所載，必窮加採擇。惟舊目例多簡如簿帳，紊如亂絲，别擇去取之間，頗費斟酌，雖幾經審慎而始定，猶疑信參半之不免。其書名異同，卷帙多寡，則詳載焉。

　　三、《玉海》類藝文，《通考》録經籍，誠爲輯佚之津梁，考證之淵藪。今徑引輯本目録，不出二書者，冀免煩瑣也。《通志·藝文》盡出抄胥，紕繆多端，然北宋書目，大都泯滅，崇文、秘省，惟餘簡目，鄭樵所抄，足資考證。昔葉德輝校刊《秘書省續編到四庫闕書目》，棄之不顧，遂致多所失考。今仍加引録，以參證南渡前典籍之流傳。至焦竑《經籍志》，無鄭氏之識見，有《通志·藝文》之弊端，妄誕不經，無足深據。明清官私簿録，既嫌年代久遠，復多僞題别裁，雖或有裨於考證，亦未敢據爲著録之資也。

　　四、書籍之存佚，亦有幸與不幸焉，其後世書目不見著録者，未必盡皆鄙陋不足以傳世。學者搜微抉隱，非必欲矜其博聞，蓋片羽彌貴，名目可傳也。自朱彝尊《經義考》以降，諸家專科目録，於此用力尤勤，收録繁富。本編沾溉良多，復嘗博稽唐宋史傳雜著，或別有所得，或偶加考辨，功誠甚淺，而縫漏補闕，積累餞飼，固嘗措意焉。編內所引唐人單篇詩文，其見於本集及《全唐文》《全唐詩》者，概不注出處，庶免煩瑣也。

五、東晉袁山松借魏晉簿錄，志後漢藝文，邃有新墟故實，焉識其限之議。今搜遺於千載之下，實深賴於宋人之記載。其有疑僞之書，猶不知定出何時，至名目僅存，真偽不辨者，更不知凡幾，本編仍以著錄，蓋有不得已也。若明清以來之方志叢書，所載唐人著書，偶有出於宋代書目之外者，多流於蕪雜，疏於考證，或單篇別出，或妄題偽撰，可取者百不及一。惟敦煌遺書之重現，域外漢籍之回傳，為古人所不得想見，其類於四部之書，各錄於編。諸家考釋，擇要附下，或不出名氏，非欲掠美，亦體例使然也。

六、昔鄭樵有言曰："類例既分，學術自明。"書目部類之分合，實隨時代學術風尚之同異而定。《新志》之分類，蓋亦唐代學術使然。本編分類，一仍其舊。惟文史之書，頗盛於唐。吳兢《西齋書目》、宋人《崇文總目》已創為一類。《新志》仍附總集類後，而別裁一目，蓋承繼《舊志》，不欲多所變更也。今別為一類。釋氏、神仙，原附道家類，識者病之。且二氏作者彌衆，今若補之，幾可各成一部。經錄多有，二藏俱在，亦毋庸作也。偽史、墨家、楚辭三類，則無可補之書，不另列目，實分凡四部四十二類。

七、書籍之歸類，歷代書目尤多異同。其最著者，若鄭樵所謂"古今編書所不能分者五"：傳記、雜家、小說、雜史、故事五類，諸目著錄，頗相紊亂。本編參酌衆目，而折衷於《新志》歸類之法。宋代書目原在部類，未遑一一注明，讀者如須查考，可於近類求之。

八、《新志》著錄體例，後人每多訾病，實亦有不得不然者在。採摭史傳,書由人傳,此其所以以書類人也。非僅據藏書之目刪略而成,多見名不見書,無從詳知類例,此其所以依時代先後編次也。且考明時代,亦豈易易哉!《新志》之失,固不在此,而在其考之未明,序之不謹也。舊編改以書名爲條目,今仍從《新志》之例,冠撰人於书名之上,各类书籍之編次,略依時代先後爲序。惟如小學諸類,則不可不分暗類也。或有先後失次,則精力未逮,斯爲憾矣。

九、目錄之學,固貴乎有所考證。本編於後人徵引評論,但有可以考其著書指歸之處,靡不條舉而疏通證明之。尤致詳於書目之著錄,藉以見其書之流傳源委。撰人始末,則凡兩《唐書》《唐才子傳》等有傳者,皆不詳述。必有生平仕覆待考而後明者,方略事考證,里貫字號,尤不求甚悉。雖未敢言得乎目錄考證之體要,繁冗之譏,庶幾可免乎?

十、唐人別集,見於宋代書目者甚衆,而卷帙往往無多,其爲唐世真本相傳,抑出宋人搜集重編,蓋難言矣。詩文之編集,與書籍之僞撰,固非一事,且唐人詩文,世所並稱,今仍以著錄,以見當日作者之盛。惟名公才子,其集《新志》已載,宋世復有別本,例多出於宋人改編,即不復載,必確知其爲唐世別傳之本,始補於編。唐代詩文之盛,幾於人皆有集,其僅見於墓誌雜傳而後世書目不載者,蓋多不足名家,故本編初稿從略未收,今仍以著錄,統列婦人僧道集之前。初不經意,掛漏尤多,博雅君子,諒而教之。其集不存,而有詩文傳世者,略附說明。

附:主要引用圖書簡稱對照表

日藤原佐世	日本國見在書目錄	日本日
后晋劉昫	舊唐書・經籍志	舊志
宋歐陽修	新唐书・藝文志	新志
宋王堯臣	崇文總目	崇文目

秘書省續編到四庫闕書目	秘書目
宋鄭樵　通志·藝文略	通志
宋晁公武　郡齋讀書志	讀書志
宋尤袤　遂初堂書目	遂初目
宋陳騤　中興館閣書目	中興目
宋陳振孫　直齋書錄解題	書錄解題
趙士煒　宋國史藝文志輯本	國史志
元馬端臨　文獻通考·經籍考	通考
元脫脫　宋史·藝文志	宋志
清永瑢　四庫全書總目	四庫總目
孫猛　日本國見在書目錄詳考	詳考
周紹良　唐代墓誌彙編	彙編
吳鋼　全唐文補遺	補遺
陳尚君　全唐文補編	補編

卷一　經　　部

易　　類

陸德明　周易並注音七卷

《隋志》著録。《舊書》本傳載其撰《易疏》二十卷,《册府元龜》卷六〇六作十五卷。兩《唐志》著録陸德明《周易文句義疏》二十四卷、《周易文外大義》二卷,而失載此書。

魏徵　周易義六卷

《秘書目》著録。《讀書志》載唐史證《周易口訣義》七卷,且謂"田氏乃以爲魏鄭公撰,誤也"。考《通志》載《周易口訣》六卷,唐魏鄭公撰;又載《周易義》六卷,魏徵撰。蓋前者據田氏著録,而後者據《秘書目》著録,未必同一書也。又考宋李衡《周易義海撮要》卷一釋"元亨利貞"引魏徵曰:"始萬物爲元,遂萬物爲亨,益萬物爲利,不私萬物爲貞。"此釋不見於《周易口訣義》,疑即魏徵此書佚文。

王玄度　周易注十卷

《舊志》著録。《册府元龜》卷六〇六云:"王玄度爲校書郎,貞觀十六年十月上其所注《尚書》《毛詩》《周易》,並《義決》三卷,與舊解尤別者一百九十餘條,付學官,詳其可否。諸儒皆因習先師,譏其穿鑿,玄度隨方應答,竟不肯屈。太宗欲廣見聞,並納之秘府。"玄度請廢舊注,附見兩《唐書·崔仁師傳》,事雖未行,而唐之經學,尋即一統於《正義》,其由也漸。玄度所注書,《舊志》著録者僅《周易》十卷、《周禮義決》三卷,後一書疑即《册府元龜》所謂《義決》。《新志》補録所注《尚書》《毛詩》《春秋左氏傳》，轉無《周易注》，蓋偶漏載也。

孔穎達　周易玄談六卷

《秘書目》《通志》《遂初目》並不著撰人名氏，《宋志》繫於《周易正義》下，大典本《四庫闕書目》直題孔撰，《讀易別錄》沿之。馮椅《厚齋易學·附錄一》云："穎達又以所得撰《周易六十四卦玄談》六卷。"《經義考》引董真卿曰："穎達與顏師古同撰《周易正義》，又撰《玄談》六卷。"《中興目》有《元譚》一卷，疑亦此書，惟卷數爲異耳。

成玄英　周易流演五卷

成玄英，高宗時道士，所注《老》《莊》，《新志》已著錄。《日本目》有無名氏《周易流演》一卷，未知即此書否？中土書目《秘書目》《中興目》始載成玄英書五卷，《通志》不著撰人名氏。《讀書志》云："錯綜六十四卦，演九宮，以直年月日，推國家之吉凶。玄英，道士也，故《道藏》錄之。或云釋仁英撰，未知孰是。"《宋志》經部易類作《流演窮寂圖》，子部五行類又出《易流演》，並五卷，《經義考》亦著錄爲二書，恐皆非是。

崔釋　周易注

《崔釋墓誌》（《河洛墓刻拾零》第一四七頁）云，字研幾，清河東武城人。十八舉進士，補任丘主簿。歷汾陰尉、臨汾丞、宜州司戶，終永昌丞。聖曆元年卒，年四十四。"注《周易》《禮記》《孝經》《論語》，撰《律曆正朔書》，著《經史稽疑》。嘗有《覽楚漢》詩，詞氣頓挫，甚爲知音所許，庶幾得詩人之風焉。"

柴朗　易經訓解

《柴朗及夫人楊氏墓誌》（《大唐西市博物館藏墓誌》第三三九頁）云："父遠，隋上大將軍，皇朝樂昌令。""先生諱朗，字昭徹，平陽臨汾人。""八歲誦《易》，十二能屬文。""尤好《莊》《易》，爲之訓解。綜妙核微，理暢幽秘。引而伸之，觸類而長之。大而不撓,細而不失,存象寓言之能事畢矣。"

韋元晨　周易通問一卷

《日本目》著録。韋元晨見於《新書·宰相世系表》《元和姓纂》,中宗時中書舍人韋元旦之弟,殿中侍御史。《山右石刻叢編》卷五《六絶紀文》,首云"大周長安二年歲壬寅王正月",題"宣德郎、行蒲州河東主簿韋元晨撰"。

崔憬　周易探玄

此書不見於書目著録,而唐李鼎祚《周易集解》引用最多,稱爲《新義》,中援孔《疏》,其爲唐人無疑矣。考《新書·宰相世系表》,武后相崔元綜之侄有名憬者,疑即其人也。是時孔《疏》行世未久,崔氏説《易》,偏主象數一派,頗與立異。李鼎祚評之曰:"崔氏《探玄》,病諸先達,及乎自料,未免小疵。"其書卷亡,馬國翰《玉函山房輯佚書》輯爲三卷,黃奭《漢學堂叢書·逸書考》又補輯一卷,惠棟謂其書名當作《周易新義》。

柴憲　周易注

《柴憲墓誌》(《彙編》開元二三七)云,字令將,平陽臨汝人。鄉貢進士,曾任虢兖蒲三州刺史,開元十三年以太子賓客終,年七十八。"嘗著《中道》《通教》二論,注《周易》,撰《三傳通志》廿卷,集《内經藥類》四卷,合《新舊本草》十卷,並行於代。""柴"原誤作"陳",説見毛陽光《洛陽流散唐代墓誌彙編續集·前言》。

康子元　周易異義二十卷

《新書·儒學傳》云:"開元初,詔中書令張説舉能治《易》《老》《莊》者,集賢直學士侯行果薦子元及平陽敬會真於説,説藉以聞,並賜衣幣,得侍讀。子元擢累秘書少監。"後仕爲宗正少卿,秘書監。宋錢易《南部新書》云:"康子元念《易》數千遍,行坐不釋卷。"然二書俱未言及其著述。顔真卿撰《康希銑墓誌》云:"侄秘書監、集賢院侍講學士□元撰《周易異義》二十卷。"其時代仕履皆與康子元合,所脱當即"子"字。

侯行果　周易注

《新書·儒學傳》云:"行果者,上谷人,歷國子司業,侍皇太子讀。卒,贈慶王傅。"且載玄宗曰:"我欲更求善《易》者,然無賢行果。"《玉海》卷一六七載玄宗御製贊,稱行果"理窮繫象"。其《易注》未見書目著錄,李鼎祚《周易集解》等引用"侯氏果"之説百餘條。《經義考》僅據王應麟轉引冠簪一條,著錄"侯氏果《易説》"。陶方琦《漢孳室文抄》卷四《侯果何妥崔憬三家易輯本叙》以爲唐前之"五代時人也"。李光地等《周易折中》卷首引用姓氏徑作"侯行果"。馬國翰《玉函山房輯佚書》云:"意侯行果即侯果,唐人多以字行,果名而行果其字也。然《唐書·藝文志》不載,姑闕疑不著其代,僅題侯果而已。李鼎祚《集解》引其説,釐爲三卷。大旨論升降旁通,不失荀、虞之舊法。自王弼《易》行,率以空文演義,而果獨留心漢學,蓋亦卓犖之士已。"按,《周易集解》卷一六引侯果云"顏子亞聖",《舊書·禮儀志》載,開元八年"上以顏子亞聖,上親爲之贊,以書於石"。唐史徵《周易口訣義》卷六引侯果曰:"賢者德成之名,德是資賢之實也。"此暗襲《尚書·仲虺之誥》孔穎達疏之説,可確證侯果爲侯行果無疑。

陶貢　三易注

《陶貢墓誌》(《洛陽新獲七朝墓誌》第二〇六頁)云,丹陽人,因官徙居河南伊闕。歷任南郊齋郎、常州參軍、虢州司功、蒲州司法、同州司倉、太府寺丞、延州司馬、博州長史,開元廿一年卒,年六十三。"公爲政之余,每味三《易》,常絶編扣鏡,悟道通識,遂文之以博義,潤之以徵詞,自注一部,代有稱焉。"司馬膺注《連山》十卷,薛貞注《歸藏》十三卷,唐代尚存於世,故陶氏得以合注三《易》，惜亡佚已久。

蘇晉　八卦論

《舊書·蘇珦傳》云，雍州藍田人。"子晉亦知名。晉數歲能屬文，作《八卦論》，吏部侍郎房穎叔、秘書少監王紹宗見而賞歎曰：'此後來王粲也。'"仕至太子左庶子，開元二十二年卒，年五十九。《讀書志》引蘇鶚《周易開玄關》序云："五代祖晉，官至吏部侍郎，學兼天人，嘗製《八卦論》，爲世所傳，遭亂遺墜，而編簡尚有存者，鶚乃略演其旨於此。"

趙蕤　關氏易傳注一卷

趙蕤，梓州人，開元中隱士，李白嘗師事之，著有《長短經》十卷。《十國春秋》作前蜀人，誤也。此書《讀書志》謂李淑《邯鄲圖書志》始有之，《四庫總目》云："陳師道《後山叢談》，何薳《春渚紀聞》及邵博《聞見後錄》皆云阮逸嘗以僞撰之稿示蘇洵，則出自逸手，更無疑義。逸與李淑同爲神宗時人，故《李氏書目》始有也。"按，後魏關朗傳《易》事，附見王通《中說》。《中說》紕駁不堪，宋咸、洪邁頗疑其人其書，惟《新志》有之，世人未敢輕從之。王通贊《易》，實宗關氏《傳》，晁公武、吳萊俱言之矣，則信《中說》而疑關氏《易傳》，未見公允。《中興目》僅云阮逸詮次刊正，今姑錄於編。

附按：《四庫總目》於疑僞之書署以舊題二字，其法甚善。然本編據宋人書目收錄之書，真僞難辨，若僅甄別存書之僞，將恐致有佚書皆真之誤解。今一律徑題撰人名氏，而別作隨文說明。

縱匡乂　周易會通正義三十二卷

《秘書目》云："縱匡乂注《會通正義》三十二卷。"《通志》《宋志》作縱康乂，避宋之廟諱也。《宋志》作三十三卷，則字訛也。三目分別列邢璹、薛仁貴、陰弘道前，當爲唐人。疑即開元秘書正字是光乂，上《十九部書語類》，後改姓齊，天寶末仕至秘書少監。縱、是形近致訛,猶敦煌寫卷《寄是正字》詩,即是光義,傳世《孟浩然集》訛作"趙"。匡、光、康音近,宋人每諱匡作光、康,此則當以光字爲正,或誤以爲諱字而回改,或又諱作康也。

徐嶠　易廣義三十卷

《徐嶠墓誌》(《河洛墓刻拾零》第三三九頁)云,字仲山,馮翊人。徐堅之子。官至晉陵郡太守,天寶元年卒,年五十六。"公撰《易廣義》卅卷,《類二戴禮》百篇,《文集》卅卷。"

張氳　周易注

元趙道一《歷世真仙體道通鑑》卷四一云,張氳,晉州神山縣人。一名蘊,字藏真。生於唐高宗永徽四年。慕古洪崖仙人,遂自號洪崖子。與葉法善、羅公遠爲侶。開元七年,玄宗召見,尋聽其歸隱姑射山。十六年,洪州大疫,氳施藥市中,棲息於洪崖先生之古壇。天寶四載卒,年九十三。"嘗注《老子》《周易》《三禮》《穀梁》,又著《高士傳》十卷、《神仙記》二十卷、《河東記》三十卷、《大周昌言》十卷,皆未行世。"

王隱　周易要削三卷

《宋志》著錄,《秘書目》《通志》不著撰人名氏。宋馮椅《厚齋易學·附錄一》引《中興目》曰:"《周易要削》三卷,題丘園子王隱撰。自序謂綜康成、輔嗣輩所説,曰《要削》者,言撮其要也。稱天寶庚寅,知爲唐人。"

邢璹　周易略例注一卷

邢璹附見兩《唐書·王鉷傳》,開元中爲陝王(即肅宗)侍讀,仕四門助教。二十五年,以左贊善大夫攝鴻臚少卿,往新羅弔祭。天寶十一載,坐其子與王鉷謀反,伏誅。

《日本目》云:"《周易略例》一卷,刑璋注。"其名氏形近致訛也。宋代書目皆作邢璹,其書名卷數互有異同,《秘書目》作

《略例正義》二卷，《四庫闕書目》作《補闕周易正義略例疏》二卷，《中興目》作《補闕正義略例疏》二卷，《宋志》作《補闕周易正義略例疏》三卷，《通考》作《周易正義補闕略例疏》一卷。《書錄解題》云："《補闕周易正義略例疏》一卷，唐四門助教邢璹撰。按蜀本《略例》有璹所注，止有篇首釋略例二字，文與此同，餘皆不然。此本亦淺近無義理，姑存之。"

邢璹自序云："臣舞象之年，鼓篋鱣序，漁獵墳典，偏習《周易》，研窮耽玩。"其自年十五入學即好《周易》，且以爲"王輔嗣《略例》，大則指一部之指歸，小則明六爻之得失"，故"謹依其文，輒爲注解"。孔穎達主申王學而不疏《略例》，邢注既非疏體，亦無孔疏闕誤可補，其書名中"補闕""正義""疏"三詞，羌無來歷。頗疑其嘗與《周易正義補闕》合爲一書，後人重新析出單行，分卷既殊，名目亦異，大意謂《正義補闕》之《略例》部分之"疏"也。後世此類單行本失傳，惟附驥注疏本全書而行，蓋肇始於蜀石經也。《讀書志》載《石經周易》後附《周易指略例》一卷，且云："《略例》有唐四門助教邢璹注，此與國子監本不同者也。以蜀中印本校邢璹注《略例》，不同者又百餘字。詳其意義，似石經誤，而無他本訂正，姑兩存焉。"知蜀石經邢注多誤字，蜀本嘗據他本正之，而宋監本則無邢注也。明代坊刻注疏，多削去邢注，監本雖附見卷末，而序目不全，字句多訛。四庫本據相臺岳氏所梓荆溪家塾本及《漢魏叢書》《津逮秘書》所錄參訂異同，最爲通行。

周易正義補闕七卷

《崇文目》云："《周易正義補闕》七卷，不著撰人名氏。其説自謂裨穎達之闕。"《厚齋易學》《玉海》《通考》等所引並同。《秘書目》《通志》《宋志》亦皆不著撰人名氏。惟徐松所輯《四庫闕書目》上有"孔穎達"三字，當連下讀作書名，亦非撰人也。

錢東垣《崇文總目輯釋》云，天一閣抄本下有"邢璹"二字，與"不著撰人名氏"之説互異，"未知孰是，今姑兩存其説"。陳詩庭曰："前《周易正義》'孔穎達等'四字、下《尚書斷章》'成伯璵'字及此'邢璹'並與《通考》所引互異。疑世所傳天一閣本即朱錫鬯所抄，而此數條皆其增加者。"陳漢章《補正》引"《經義考》十五：邢氏璹《周易正義補闕》，《宋志》七卷，注《崇文目》同"，遽謂"可見其'邢璹'二字正據《崇文目》以考《宋志》，未可疑其妄自增加"。按，朱氏所謂"同"者，謂書名卷數，無關撰人也。其所引證，僅此二目，寥寥九字，而於諸家所引《崇文目》本條釋文，皆未見及，惟見其書名與邢璹之書相涉，故臆爲增加也。然《崇文目》列於《周易口訣義》之下，非唐則五代人所撰，姑補於此。

此與前書，宋代書目俱二之。馬氏《通考》乃據《書録解題》著録《周易正義補闕略例疏》一卷，而首引《崇文目》本條釋文，牽混二書爲一，謬之甚矣。《經義考》録作二書，是矣。翁方綱《補正》乃詆其一書分爲二書，復以不誤爲誤矣。

柴閌　周易注

《柴閌墓誌》(《秦晉豫新出墓誌蒐佚》第七三八頁)云，字子文，平陽臨汾人。官邵陽郡邵陽縣尉，天寶十一載卒，年三十四。"嘗注《周易》，撰《三傳通志》，集《本草藥類》，凡數十萬言，並傳於世。"

彭仲甫　易象傳解

《墓誌》(《洛陽流散唐代墓誌彙編續集》第三八〇頁)云，仲甫早年不仕，開元末應陳希烈召，敕拜校書，後歸舊居。"尤好玄言，易象道書，皆特爲之傳解。"天寶十二載卒，年五十三。

陸善經　周易注八卷

《日本目》著録。陸善經史無傳，其事散見於《元和姓纂》等書，向不爲人所注意。故清馬國翰輯其《孟子注》佚文，乃謂"善經不知何人"，晚近日本學者亦謂"彼國之人且已久不聞其名"。民國汶廣始考其生平，虞萬里復撰兩文詳考之（見《文獻》一九九四年第一期、《中華文史論叢》第六十四輯），略謂善經名該，以字行，吳郡人，約生於武后久視以前。詳熟經史、小學，尤精禮儀。仕爲起居郎、河南曹倉參軍，開元中預修《大唐開元禮》《唐六典》等書，充集賢院直學士，二十七年遷爲學士，天寶三年和明皇《送賀知章歸四明》詩，卒年不詳。尚可補二事：《日本訪書志》卷一一李良《薦蒙求表》末云："天寶五年八月一日饒州刺史李良上表，令國子司業陸善經爲表。"知善經天寶五載在國子司業任上。雍正《湖廣通志》卷七三云："唐徐楚玉避安禄山亂，南游平江，建回臺寺居焉，同時隱者有陸善經等人。"虞氏後一文據同治《平江志》卷五四所輯《寓汨羅芭蕉寺》詩，當作於此時。陸氏所著之書，僅《孟子注》見於《新志》，《日本目》乃多至八種，另有散見者三種。疑多有晚年撰於回臺寺者，且因卒於安史之亂期間，其書散落民間，而爲日本入唐者所得，攜歸其國，故中土罕見也。

李含光　周易學記一篇　周易義略一篇

顏真卿《李含光碑銘》云，含光廣陵江都人，本姓弘，以孝敬皇帝廟諱改。神龍初度爲道士，居龍興觀。後師事司馬承禎，請居茅山，賜號玄靖先生，大曆四年卒，年八十七。"尤精《老》《莊》《周易》之深趣"，"又博覽群言，長於著撰。""以《老》《莊》《周易》爲潔靜之書，著《學記》《義略》各二篇。"唐柳識《紫陽觀玄靜先生碑》、李渤《真系》述李氏著述，並云"論三玄異同"，則統言六篇之旨耳。元劉大彬《茅山志》卷九作《周易義略》三篇、《老莊學記》三篇、《三玄異同論》，《經義考》卷一五據以著録《周易義略》三篇，疑並謬舛。細味顔碑之意，蓋謂三玄各撰《學記》《義略》一篇。《新志》道家類云"道士李含光《老子莊子周易學記》三卷，又《義略》三卷"，顯據顔碑，而易篇爲卷，合六篇爲二書，亦所欠安。今别裁二篇於此，以彰一家之學，而道家類《老》《莊》四篇，不復補録，以避重複。

李德初　周易正義

《太平廣記》卷一五六引《宣室志》云："大和四年，劉遵古節度東蜀，蜀人有富蓄群書，劉嘗假其數百篇"，"於群書中得《周易正義》一軸，筆勢奇妙，字體稍古，蓋非近代之書也。其卷末有題云：'上元二年，因讀《周易》，著此正義。從兹易號十二三，歲至一人八千口，當有大水漂溺，因得舒轉曬曝。衡陽道士李德初。'"唐高宗、肅宗皆有上元年號，自大和上推十二個年號，知李德初爲肅宗時人。尾題預言大和間蜀中大水，當爲術數家之流。然今本張讀《宣室志》卷九作"因讀《周易正義》"，則未必自著正義也。《蜀中廣記》卷九一"著"作"看"，題作《周易正義題識》。

魚朝恩　周易鏡圖

《舊書·禮儀志》載，永泰二年八月國子學成祠堂、論堂，"四日釋奠，宰相、常參官、軍將盡會於講堂，京兆府置食，講論，軍容使魚朝恩説《易》，又於論堂畫《周易鏡圖》。"同書《魚朝恩傳》云："嘗釋奠於國子監，宰臣百僚皆會，朝恩講《易》，徵鼎卦覆餗之義，以譏元載。"《文苑英華》卷五九二邵説《爲文武百僚謝示周易鏡圖表》云："魚朝恩以所造《周易鏡圖》於中書門下奉宣聖旨，傳示臣等。""朝恩深窮損益，續以成圖。陛下重有激揚，示之於外，臣幽觀妙用，周覽玄言，警誡人君，恢張治道。"

崔絳　易象十卷

《崔絳墓誌》(《秦晉豫新出墓誌蒐佚》第八二〇頁)云，字太素,官永寧縣尉。貞元七年卒,年四十六。"乃探索易象,著書十卷。"兹姑以"易象"爲書名著録焉。

蔡廣成　周易啓源十卷

李肇《國史補》卷下云:"大曆以後,專學者有蔡廣成《周易》。"權德輿《酬别蔡十二見贈》稱其"説經久頡門"。《酬蔡十二博士見寄四韻》"《啓元》能盡性"句下注云:"君著《周易啓元》十卷。"《戲和三韻》注云:"君貞元十一年以隱君拜命,詔書令州府給傳乘詣闕,到日授正官。"

《秘書目》《宋志》並著録"蔡廣成《周易啓源》十卷"。《讀書志》云:"《周易啓源》十卷,右蔡廣成撰。李邯鄲云唐人,田偉置於王昭素之下,今從李説。卷首《德恒》《德言》《德膚》《德翰》四篇,皆作(一本作設爲)問對。凡三十六篇。"《中興目》:"《易啓源》十卷,唐太子左諭德蔡廣成撰。皆問對語,以《德常》《德言》《德庸》《德翰》,分爲四目。"《直齋書録解題》:"《周易啓源》十卷,唐太子左諭德蔡廣成撰。皆設爲問答之辭,其卷首題德恒、德言、德膚、德翰問者,不知何義也。"晁公武似已不知蔡廣成爲何人,又以"德恒"等爲四個篇名,《中興目》尤誤爲全書僅此四篇,疑當以陳振孫有"問"字爲是。元俞琰《讀易舉要》卷四引陳説,下多"或曰恐是其諸子之名"一句。明朱謀㙔《一齋書目》、陳第《世善堂藏書目録》尚著録,蓋明後期尚存於世。

蔡廣成　周易外義三卷

《宋志》著録。《秘書目》《通志》《遂初目》並不著撰人名氏。宋馮椅《厚齋易學·附録一》引《中興目》曰:"《周易外義》二卷,不知作者。多案諸經傳以釋注疏之言。"《書録解題》云:"不知何人作,載於《三朝史志》,則其來亦久矣。大抵於《易》中所言及於制度名物者皆詳著之,於《易》之本旨無所發明,故曰《外義》。"明朱睦㮮《授經圖》卷四亦作蔡廣成撰。《經義考》誤作一卷。

韋顗　易蘊解

《舊書》本傳云："顗字周仁,性嗜學,尤精陰陽、象緯、經略、風俗之書。"官至吏部侍郎。"著《易蘊解》,推演潛亢終始之義,甚有奧旨。寶曆元年七月卒。"《唐語林·政事上》《新書》本傳略同。

李翱　易詮七卷

《宋志》著錄。《國史志》作三卷,《遂初目》無撰人卷數。《經義考》云《宋志》三卷,蓋《國史志》之誤也。宋馮椅《厚齋易學·附錄一》引《中興目》曰："《易詮》七卷,唐李翱撰。先說八卦,次列六十四卦並雜卦。翱字習之。案本傳不言著此書。"王得臣《麈史》卷二云："唐李翱作《易詮》,論八卦之性,古今說《易》者未嘗及。"

徐郇　周易新義三卷

《會要》卷三六："大和元年六月,直講徐郇上《周易新義》三卷。"馬國翰《玉函山房輯佚書》云："書佚已久,惟呂祖謙《古易音訓》晁氏引之,多辨析文句之脫誤。其書要與郭京《舉正》相似,王昭素、胡安定亟取之。宋儒好改經文,源實啟於郭京及徐氏。書名《新義》,未知於古有據否?"馬氏輯錄八條。宋李心傳《丙子學易編》云："有禽,徐氏本作擒。"馬氏失輯。又清程廷祚《大易擇言》卷一六謂"《新義》之說即本之《舉正》者",今考徐氏在郭氏之先,當爲《舉正》本之《新義》。

裴通　易玄解並總論二十卷　易禦寇十三卷　易洗心二十卷

《新志》著錄"裴通《易書》一百五十卷",注云:"字又玄,士淹子。文宗訪以《易》義,令進所撰書。"《太平御覽》卷六〇九引《唐書》曰:"文宗時,裴通自祭酒改詹事,因中謝,上知通有

《易》學,因訪以精義,仍令進所習經本。著《易玄解並總論》二十卷,《易禦寇》十三卷,《易洗心》二十卷。"此當爲唐國史佚文,又見《册府元龜》卷六〇六。《玉海》卷三六作《易禦寇》十二卷,《經義考》轉引誤作十一卷,且未得其本源。《新志》所謂《易書》,蓋統《玄解》等書而言之,今特爲標出三書之名。《國史志》《宋志》著録《周易玄解》三卷,乃宋世之僅存者。又,《易·蒙卦》:"上九,擊蒙,不利爲寇,利禦寇。象曰:利用禦寇,上下順也。"注云:"處蒙之終,以剛居上,能擊去童蒙,以發其昧者也,故曰擊蒙也。童蒙願發,而已能擊去之,合上下之願,故莫不順也。"疑《易禦寇》爲啓蒙之書。《周易繫辭傳上》云:"聖人以此洗心,退藏於密。"此《易洗心》書名所出,清人任啓運撰《周易洗心》九卷,蓋不謀而合也。

嚴厚本　續易玄解文集五卷

《嚴厚本墓誌》(《西安新獲墓誌集萃》第二一一頁)云,字茂植,馮翊華陰人。玄宗朝中書侍郎嚴挺之爲其伯祖,代宗朝黃門侍郎嚴武爲其伯父。三十餘,進士出身,釋褐參江陵府軍事。調補秘書省校書郎,轉盩厔主簿,後除大理司直、殿中侍御史。"開成初,文宗皇帝思闡教化,詔置五經學博士各一。拜公爲《周易》博士,見於便殿,訪以大義。敷暢稱旨,厚加賞錫。遷太常博士。"又遷工部員外,歷任工部、刑部、司封郎中,累遷至朝議大夫。會昌四年七月卒,年六十七。"嘗著《肅宗編略》十卷,《雜記》二(卷),約數十家異同之説,作《續易玄解文集》五卷,流于人間。"銘義云:"公之至老,研窮《易》道。"按,《册府元龜》卷六〇一亦云:"嚴厚本爲國子監《周易》博士,大和八年七月,召(厚)本對於浴堂門,賜其錦器。"其任太常博士,又見明陶宗儀《書史會要》卷三;會昌元年任工部郎中,又見唐段成式《酉陽雜俎・續集》卷四、宋釋贊寧《宋高僧傳》卷一四;會昌元年撰《宣公律院碣》,三年撰《内侍郗士榮碑》,分見宋趙明誠《金石録》卷一○、陳思《寶刻叢編》卷八。此書之名,末作"文集",與李磎《百家著諸心要文集》相類,蓋皆唐末論學之作,非凡文也。

郭京　周易舉正三卷

《崇文目》著録,題"唐蘇州司户參軍郭京撰"。宋代書目亦多載之,今存。自序稱曾得王輔嗣、韓康伯手寫《易經》,比世所行,或頗差駮,故舉正其訛而著於篇,凡一百三節。《崇文目》《中興目》《讀書志》並云"校正一百三十五處、二百七十三字",與今本不合。《書録解題》於宋咸《易補注》條下稱咸得此書於歐陽修,是天聖、慶曆間乃行於世也。洪邁、李燾並以爲信,朱子《本義》亦頗從其説。趙汝楳、王應麟俱詆其非,而惠棟《九經古義》駁之尤力。晁公武雖斥其僞託,所進《易解》乃每引用之。《四庫總目》云:"疑其書出宋人依託,非惟王韓手札不可信,並唐郭京之名亦在有無疑似之間也。"考唐高彦休《唐闕史》卷下"鄭少尹及第"條有"同年郭八郎名京",會昌二年登進士第,或即其人歟?

李磎　易之心要三卷

《舊書》本傳稱李磎"博學多通,文章秀絶","自在臺省,聚書至多,手不釋卷,時人號曰李書樓。所撰文章及注解書傳之闕疑,僅百餘卷,經亂悉亡。"《新書》本傳云:"磎好學,家有書至萬卷,世號李書樓。所著文章及注解諸書傳甚多。"宋孫光憲《北夢瑣言》卷六云,司空圖撰《李磎行狀》,載"其平生著文,有《百家著諸心要文集》三十卷,《品流志》五卷,《易之心要》三卷,注《論語》一部,《明無爲》上下二篇,《義説》一篇。倉卒之辰,焚於賊火,時人無所聞也。"

陸希聲　周易微旨三卷

《新志》著録陸希聲《周易傳》二卷,《崇文目》云:"希聲作《易傳》十篇、《易圖》《指説》《釋變》《微旨》四篇。初,隴西李阮學其説,以爲《上下經傳》二篇思屬近妙,故希聲自爲之解,餘篇差顯,不復爲注。蓋近世之名家歟?今二篇外餘篇逸。"知《新志》著録者,宋初所存二卷耳。

《秘書目》《四庫闕書目》著録陸希聲《周易微旨》三卷,蓋北宋後期始入藏館閣也。《中興目》云,陸氏《易傳》"今止存上下經二篇,分爲六卷。又《微旨》一編分爲三卷,設爲問答"。《讀書志》著録《周易微指》三卷,解題謂其"著《傳》十卷,別撰《易圖》一,《指説》一,《釋變》一,《微旨》一,通十卷。"前"十卷"當作十篇,分爲六卷,與下四篇"通十卷"。《書録解題》云:"今所謂《解説》者,上、下經共一册(元俞琰《讀易舉要》卷四作共十一册,疑誤),不分卷。""其全書十卷,不盡傳矣。家舊有《微旨》,續得《解説》一編,始知其詳。"《宋志》云"陸希聲《傳》十三卷",疑合《傳》十卷、《微旨》三卷言之。

諸家每節引希聲序,全文見元胡一桂《周易本義啓蒙翼傳》卷中,自述"予乾符初任右拾遺",夢伏羲、文王、孔子三聖,"天將以易道畀予乎,由是考覈少小以來所集諸家注説,貫以自得之理,著《易傳》十篇,傳《上經》爲第一,《下經》爲第二,所以列象象之微辭,測卦爻之奧義;第三篇演《文言》之純粹,以顯聖人之賾;第四篇伸《繫辭》之微意,以彰易道之神;第五篇原作《易》之始,述列卦之序;第六篇釋《説卦》之義,辨反對之相資;第七篇窮畫卦象之由生,蓍奇耦之極;第八篇明權輿律吕之末,制作禮樂之原;第九通天下之理;第十成天下之務。別撰作《易圖》一卷、《指説》一卷、《釋變》一卷、《微旨》一卷。又以《易經》文字古今謬誤,又撰《(文)證》一卷"。

蘇鶚　周易開玄關一卷

《新志》小説類著録蘇鶚《演義》十卷，《杜陽雜編》三卷，注云："字德祥，光啓中進士第。"宋晏殊《類要》卷五引《宋公垂家廟碑》，內載蘇鶚《鎮嶽觀碑》，言及文德元年，蓋唐末人也。《讀書志》："《周易開玄關》一卷，右唐蘇鶚撰。鶚自序云：五代祖晉，官至吏部侍郎，學兼天人，嘗制《八卦論》，爲世所傳，遭亂遺墜，而編簡尚有存者，鶚乃略演其旨於此。"

張弧　周易王道小疏十卷

《秘書目》《通志》著録。《宋志》作五卷，蓋僅存上經之疏。宋馮椅《厚齋易學·附録一》引《中興目》曰："《周易上經王道小疏》五卷，唐大理評事張弧撰。其説《周易》有王道，爲治國、治家、治身之鑑誡。其所疏並依王弼，意廣義玄者，則略而取之；注簡義明者，則全而取之；先賢不言者，則添而疏之，號曰《小疏》。舊十卷，今止存上經。"《書録解題》"子夏易傳"條云："晁以道《傳易堂記》：今號爲《子夏傳》者，《崇文總目》知其爲僞，而不知其所作之人。予知其爲唐張弧之《易》也。晁之言云爾。張弧有《王道小疏》五卷，見《館閣書目》，云唐大理評事，亦不詳何時人。"《遂初目》有張弧解《卜子夏易傳》，《經義考》云："《子夏易傳》開元中即詔儒官詳定，而資州李鼎祚《集解》屢引之，意其爲唐初人乎？"《四庫總目》疑爲唐末人。考張弧《素履子》言及"羅真人"，注文稱"近代淮南高公"，乃唐玄宗時道士羅公遠、唐末淮南節度使高駢，疑爲唐末五代人。

史之徵　周易口訣義六卷

《崇文目》云："《周易口訣義》六卷，河南史證撰，不詳何代人。其書直抄孔氏説以便講習，故曰《口訣》。"《讀書志》云："唐史證抄注疏以便講習，田氏乃以爲魏鄭公撰，誤也。"《通志》作史之徵,《書録解題》同,且云:"《三朝史志》有其書,非唐則五代人也,避諱作證字。"宋馮椅《厚齋易學·附録一》引《崇文目》作史徵,《中興目》作史文徵。疑當以"之徵"爲是,以之爲文,以徵爲證,蓋形近致訛也。《宋志》作史文徽,則二字俱誤矣。清四庫館臣自《永樂大典》抄出,惟佚豫至中孚八卦,仍編爲六卷。唐去六朝未遠,《隋志》所載諸家之書猶有存者,故史之徵得以旁搜博引,非僅直抄孔疏者也。

張轅　周易啓玄一卷

宋馮椅《厚齋易學·附録一》引《中興目》曰:"《易啓玄》一卷,前壽州司法張韓撰,凡有七門五十條。案《揲蓍古法》云,唐中書舍人張轅撰。未知孰是?"宋程迥《周易古占法》云:"唐人張轅作《周易啓玄》曰:老陽變成少陰,老陰變成少陽。"宋趙汝楳《周易輯聞》所附《筮宗》詳引"唐張氏《周易啓元》之法"。《太平廣記》卷一五三引《前定録》,憲宗時"吴郡張轅與李锜有舊,自奉天尉調毗陵郡鹽鐵場官",未知即其人否?《秘書目》《宋志》張轅並作張韓,《通志》作張元,則一爲形近而訛,一爲音近而訛歟?

唐易論一卷

《秘書目》著録。《經義考》疑即《一行易論》。

張道古　易題十卷

孫光憲《北夢瑣言》卷五云,唐天復中,"張道古滄州蒲臺縣人,擢進士第,拜左補闕"。下注:"補闕深於象象,著書號《易題》數卷,行於世。"道古昭宗時貢《五危二亂表》,黜居於蜀。王建開國,召爲武部郎中,尋遇害,時蜀武成元年也。顧懷三《補五代史藝文志》著録爲十卷,不知何據?今以其書撰成於唐亡之前,補入本編。

以上易類,補四十七種。

書　類

王勃　續尚書二十五卷

《新書·王勃傳》云："通隋末隱白牛溪，教授門人甚衆。嘗起漢魏盡晋，作書百二十篇，以續古《尚書》，後亡其序，有錄無書者十篇。勃補完缺逸，定著二十五篇。"王通《中説》謂《續書》始於漢，以存漢晋之實，天子之義，列乎範者四，曰制、詔、志、策；大臣之義，載乎業者七，曰命、訓、對、贊、議、誡、諫。杜淹云："文中子《續書》一百五十篇，列爲二十五卷。"《文苑英華》卷七三六有王勃《續書序》，或疑亦阮逸僞撰。

陸善經　古文尚書注十卷

《日本目》著錄。

成伯璵　尚書斷章十三卷

《通志》著錄。《通考》引《崇文目》曰："不著撰人名氏。按其書略序衆篇大旨。"天一閣抄本《崇文目》題成伯璵撰，陳詩庭謂亦朱彝尊補題，非原本所有。《全唐文》卷四〇二收成伯瑜文一篇，實出伯璵《毛詩指説》，小傳僅云開元時人，未確。宋董逌《廣川書跋》卷七"尉遲迴碑"條，稱成伯璵撰文，蔡有鄰書。蔡有鄰爲天寶時人。又《玉海》卷三八著錄成伯璵《毛詩斷章》，下注"序云貞元十年撰"；同書卷三九著錄其《禮記外傳》，稱"中山成伯璵撰，四門博士劉素明序"。劉素明當作劉明素，貞元時人。故伯璵乃中山人，歷玄、肅、代、德四朝。

唐文宗　尚書君臣事迹圖

《舊書·文宗紀》云：文宗每對宰臣，深言經學。"大和二年，帝自撰集《尚書》中君臣事迹，命畫工圖於太液亭，朝夕觀覽。"又見《册府元龜》卷四〇。

以上書類，補四種。

詩　類

蓋文懿　毛詩發題

《舊書·儒學傳》云：蓋文達之"宗人文懿，亦以儒業知名，當時稱爲二蓋焉。文懿者，貝州宗城人也。武德初，歷國子助教。時高祖別於秘書省置學，教授王公之子，時以文懿爲博士。文懿嘗開講《毛詩發題》，公卿咸萃，更相問難，文懿發揚風雅，甚得詩人之致。貞觀中，卒於國子博士。"參《新書·儒學傳上》《册府元龜》卷七六八。

毛詩小疏二十卷

《崇文目》云："《毛詩小疏》二十卷，不著撰人名氏。因孔《疏》爲本，删取要義，輔益經注云。"《通志》《宋志》亦並列唐人著述間。明孫能傳等《內閣藏書目錄》有《毛詩要義》九卷，注云："唐孔穎達奏，孔穎達《五經正義》討覈未周，奉敕旁摭群書，更加訂正，爲《注疏》羽翼。永微四年上。原二十卷，今存五册。"清王士禛《居易錄》卷一七："《毛詩要義》二十卷，長孫無忌等永徽四年上。"明非宋魏了翁之《要義》。持與《崇文目》互證，《小疏》《要義》似即一書，乃孔《疏》之節要本。據《文淵閣書目》，《周易》有長孫無忌《要義》，《三禮》有唐諸儒《要義》，實皆唐疏別本，書目多不另列。

毛詩題綱一卷

《秘書目》《通志》著錄，《四庫闕書目》《宋志》作"提綱"。《經義考》云："《太平御覽》引，名未詳之，當爲唐以前書也。"《玉函山房輯佚書》云："《太平御覽》引《螽斯》《葛藟》《南山有臺》《白華》凡四節，皆即篇義參合序說，發明比興之旨。考《隋志》有《毛詩發題序義》一卷，梁武帝撰，疑即是書也。"明朱睦㮮《授經圖義例》作二十卷，張邰撰，不知何據？

張叙　毛詩别録一卷

《遂初目》著録，例未標卷數。《宋志》作張訢，《中興目》同，釋曰："凡三十二篇，毛、鄭箋注，取其長者，述而廣之。"《秘書目》《四庫闕書目》《通志》作張邰、張邰。按，雍正《浙江通志》卷二三七引《嘉靖寧波府志》，慈溪縣有唐袁州司馬張叙墓。宋《寶慶四明志》、元《延祐四明志》卷一五皆言張無擇父而不名，卒於神龍元年，而叙事詳略頗異，蓋各據古志述之。白居易撰其子無擇、孫誠墓誌，俱曰其名爲孝續。若其一爲名，一爲字，義略相通，亦不無可能也。

附按：宋代書目中復有《毛詩章疏》二卷、《毛詩玄談》一卷，每與以上二書相連次，且後者書名與孔穎達《周易玄談》相似，亦或唐人所撰。又，唐至宋初類書雜著所引之書，無撰人時代而不見於隋唐志者甚多。本編皆未敢一一收録，惟取前人有疑及内容差是者，姑録於編。

陸善經　周詩注十卷

《日本目》著録。《漢書·藝文志》云："孔子純取周詩，上採殷，下取魯，凡三百五篇。"宋范處義《詩補傳》卷二九云："《詩》三百篇除《商頌》外皆周詩也。"然鄭玄《詩譜序》以《周南》《召南》之風、《鹿鳴》《文王》之雅爲"《詩》之正經"，孔疏云："此解《周詩》並録風雅之意。"則似鄭氏所謂"孔子録懿王、夷王時詩訖於陳靈公淫亂之事謂之變風變雅"者，亦非"周詩"矣。陸氏採何説，不得而知矣。

鄭欽説　毛詩音義

《玉海》卷四二、四五兩引《集賢注記》曰："開元末，有敕依《文字音義》改撰《春秋》《毛詩》《莊子》音義。張九齡奏鄭欽説撰《毛詩音義》，吕諲撰《春秋音義》。"欽説《新書》有傳，仕集賢院校理，歷右補闕内供奉，通曆術，博物。天寶中位殿中侍御史,爲李林甫所惡,貶夜郎尉,卒。

施士匄　詩説

唐李肇《國史補》卷下云:"大曆已後,專學者有蔡廣成《周易》,強蒙《論語》,啖助、趙匡、陸質《春秋》、施士丐《毛詩》、刁彝、仲子陵、韋彤、裴茝講禮,章廷珪、薛伯高、徐潤立通經,其餘地理則賈僕射,兵賦則杜太保,故事則蘇冕、蔣乂,曆算則董和(純),天文則徐澤,氏族則林寶。"《新書·儒學傳》云:"大曆時,(啖)助、(趙)匡、(陸)質以《春秋》,施士匄以《詩》,仲子陵、袁彝、韋彤、韋(裴)茝以《禮》,蔡廣成以《易》,強蒙以《論語》,皆自名其學,而士匄、子陵最卓異。士匄,吳人,兼善《左氏春秋》,以二經教授,繇四門助教爲博士。"《韓昌黎文集》卷六《施先生墓誌銘》載其貞元十八年卒,年六十九。且云:"先生明毛鄭《詩》,通《春秋左氏傳》,善講説,朝之賢士大夫從而執經考疑者繼於門,太學生習毛鄭《詩》《春秋左氏傳》者,皆其弟子。"宋王讜《唐語林》卷二載劉禹錫記與柳宗元、韓泰聽施士匄講《毛詩》,所説"維鵜在梁""陟彼岵兮""勿翦勿拜""維北有鬥"四義,糾毛鄭之疏失。

王殷範　毛詩序義索隱二卷

《宋志》著録作王商範,陳樂素《宋史藝文志考證》云:"下文類事類有王殷範《續蒙求》三卷,《崇文目》同。《新志》《通志》作王範,蓋避諱去殷字。《宋志》蓋改殷爲商。"李翰《蒙求》撰於天寶初,王殷範續之,《新志》雜家類列廣明中白廷翰《唐蒙求》前,則殷範當爲中晚唐人。詩序之義,求之者衆。《隋志》有顧歡《毛詩集解叙義》一卷、雷次宗《毛詩序義》二卷、劉炫《毛詩集小序注》一卷、劉巘《毛詩序義疏》一卷。唐人所重,復別有所在。貞元時人成伯璵以爲小序首句出於子夏,其下皆大毛公自以詩中之意而繫其辭,韓愈則以爲皆出於毛公。

殷範以"索隱"名書,殆仿自司馬貞《史記索隱》,疑亦受成伯璵之影響,要以"索"首句之"隱"爲職志也。

令狐綯　毛詩音義

宋王禹偁《小畜集》卷一一《寓直偶題》詩序云:"頃年謫官解梁,收得令狐補闕《毛詩音義》,其本乃會昌三年所寫。數行殘缺,後人添之,其筆迹乃工部畢侍郎所補也。昨因問之,乃云亡失多年矣。作四韻以還之。"畢侍郎士安,《宋史》本傳稱其"讀書不輟,手自讎校,或親繕寫"。是書稿本,蓋經畢士安收藏繕補,其後亡失。禹偁少時,受知於畢氏,一見識其筆迹,故收歸送還。

《經義考》按云:"《小畜集》中有還畢工部《毛詩音義》詩,第言令狐補闕,不詳其名。考新舊《唐書》,令狐氏止綯曾官左補闕,然歷相位,元之不應仍以補闕稱之。"舊編嘗考令狐綯長子滈,亦官補闕,兩《唐書》本傳失載。南唐劉崇遠《金華子雜編》卷上云:"令狐補闕滈與中書舍人澄,皆有才藻,令狐之文彩,世有稱焉。"綯曾上言:"臣男滈爰自孩提,便從師訓,至於詞藝,頗及流輩。會昌二年,臣任户部員外郎時,已令應舉。"故疑滈於會昌初撰《毛詩音義》,非無可能也。

今細味所謂"令狐補闕"者,非王禹偁之指稱,乃出會昌三年寫本之作者自題。史載咸通四年十一月,制以長安縣尉、集賢校理令狐滈爲左拾遺,諫官上疏論之,改詹事司直。其任補闕當在此後,則晚會昌初二十餘年矣,此令狐補闕當非滈也。復考令狐綯開成二年五月尚在左拾遺任,本年丁父憂,服闋,授本官,尋改左補闕、史館修撰,累遷庫部、户部員外郎,會昌五年出爲湖州刺史。若其服闋後在拾遺、庫部、户部員外郎任上合計三年,左補闕任滿三年,則會昌三年令狐綯正在左補闕任上,著書之人,舍綯其誰歟?

程修己　毛詩疏圖

《程修己墓誌》(《彙編》第二三九八頁)云,字彥立,舉孝廉,官至太子中舍。大和間,爲昭憲畫《毛詩疏圖》,藏於内府。唐朱景玄《唐朝名畫録》云:"大和中,文宗好古重道,以晋明帝朝衛協畫《毛詩圖》,草木鳥獸古賢君臣之像不得其真,召程修己圖之。"按,《新志》云:"《毛詩草木蟲魚圖》二十卷,開成中,文宗命集賢院修撰並繪物象,大學士楊嗣復、學士張次宗上之。"大和、開成皆文宗年號,疑程修己大和中繪,而楊嗣復等開成中上之。

閻立本　吉日圖一卷

《詩·小雅·吉日》之圖。宋樓鑰《攻媿集》卷七七《跋吉日圖》云:"此圖古矣,意其出於唐人。"《經義考》卷一一九署作"唐無名氏"。考《龍城録》卷上云:"閻立本畫《宣王吉日圖》,太宗文皇帝嘗爲題字,時朝中諸公皆議論東都,從幸,上出示圖於諸臣,稱爲越絶前世,而上忽藏於衣袖,笑謝而退,自是立本有丹青之譽。"其書疑僞,其說則舊矣。宋黃伯思《東觀餘論》卷下《跋吉日圖後》云,顧愷之畫《列女圖》,"車形筆勢與此田車了無小異","非顧、陸遺迹,不能追此。博陵(閻立本)之筆縝細,而此圖簡古,裴公以爲無有異於閻令,何邪?"其旨端在駁閻而主顧也。唐初裴孝源品畫,每以閻、顧等並稱,且謂閻之"人物衣冠、車馬臺閣,並得南北之妙"。其畫今古不同題材,各出以縝細、簡古,亦無不可,故黃氏之說,未必可從也。

以上詩類,補十一種。

禮　　類

崔釋　禮記注

見《崔釋墓誌》(《河洛墓刻拾零》第一四七頁)。

徐嶠　類二戴禮百篇

見《徐嶠墓誌》(《河洛墓刻拾零》第三三九頁)。漢戴德、戴聖所編《大戴禮記》《小戴禮記》，至魏孫炎始改舊本，以類相比。貞觀中，魏徵因孫炎所修，更加整比，兼爲之注，成《次禮記》二十卷，亦曰《類禮》。開元中，玄宗令元行沖等撰《義疏》五十卷，張説駁奏，竟不得立於學官。行沖著《釋疑論》以自釋，見兩《唐書》本傳。其後貞元中，陸淳亦撰《類禮》二十卷，見史傳並《新志》著録。徐嶠《類二戴禮》，約撰於開元年間，益證唐人改編禮經風氣之盛。

裴昌禹　周禮注　禮記注

劉禹錫《劉賓客文集》卷二八《送裴處士應制舉並引》："晋人裴昌禹讀書數千卷，於《周官》《小戴禮》尤邃。"詩中有云"注書曾學鄭司農"，疑曾爲二經作注。

王恭　三禮義證

王恭預撰《五經正義》，故《舊書》附於《孔穎達傳》，云："王恭者，滑州白馬人也。少篤學，博涉《六經》。每於鄉間教授，弟子自遠方至數百人。貞觀初，徵拜太學博士，其所講《三禮》，皆別立義證，甚爲精博。蓋文懿、文達等皆當時大儒，罕所推借，每講《三禮》，皆遍舉先達義，而亦暢恭所説。"又見《新書·儒學傳》。

李玄植　三禮音義

李玄植預撰《尚書正義》，《舊書·儒學傳》云："時有趙州李玄植，又受《三禮》於賈公彦，撰《三禮音義》行於代。玄植兼習《春秋左氏傳》於王德韶，受《毛詩》於齊威，博涉《漢》《史》及《老》《莊》諸子之説。貞觀中，累遷太子文學、弘文館直學士。高宗時，屢被召見，與道士、沙門在御前講説經義，玄植辨論甚美，申規諷，帝深禮之。後坐事左遷汜水令，卒官。"

張氳　三禮注

元趙道一《歷世真仙體道通鑑》卷四一有傳，稱其嘗注《三禮》，未行世。

陸善經　三禮注三十卷

《日本目》著録。善經精於禮學，嘗預修《御刊定禮記月令》《開元禮》等書。

韋彤　五禮緯書二十卷

《宋志》著録。《秘書目》僅四卷。韋彤《新書》入《儒學傳》，德宗時爲太常博士，以治《禮》名世。《新志》有韋彤《五禮精義》十卷。

梁正　三禮圖九卷

《崇文目》著録。《宋史·聶崇義傳》載，周世宗詔撰禮圖，崇義得舊圖六本，再加考正，建隆三年表上。張昭等奏議云："《四庫書目》内有《三禮圖》十二卷，是隋開皇中敕禮官修撰。其圖第一第二題曰梁氏，第十後題曰鄭氏，又稱不知梁氏、鄭氏名位所出。今書府有《三禮圖》，亦題梁氏、鄭氏，不言名位。厥後有梁正者，集前代圖記，更加詳議，題《三禮圖》曰：'陳留阮士信受禮學於潁川綦毋君，取其説爲圖三卷，多不授《禮》文，而引漢事，與鄭君之文違錯。正删爲二卷。'其阮士信即諶也。如梁正之言，可知諶之紕謬。兼三卷《禮圖》，删爲二卷，應在今《禮圖》之内。"梁正生平無考，梁崇義《三禮圖集注》兩引"梁正、張鎰圖"，一引"梁正、張鎰修阮氏等圖"，則當爲隋末至唐代宗時人。

月令節義一卷

敦煌寫卷伯三三〇八號正面爲《百行章》，背面前端雜寫"開運四年丁未歲"等四行，其後抄寫此書。首題《月令節義》一卷"，正文二十行，所釋爲明皇《御刊定禮記月令》"正月之節，日在虚；昏昴中，曉心中"兩句經注，每條先録經文或注文，再作解釋。唐王懸河《三洞珠囊》卷八引《老子節解序》云"節解圖受","節義"疑與"節解"略同,皆分條釋義之意也。殘卷抄至第二句之注"凡記黃昏中星者,爲人君南面而聽天下"止。其下又抄《百行章》,爲唐初杜正倫所作,故疑此書亦出於唐代,後人因内容相近,本擬抄於背面,因續抄《百行章》而中罷,四行雜寫則爲後加。開運三年後晉亡,後漢劉知遠改元天福,西陲僻遠,尚不知晉漢易代也。

以上禮類,補十一種。

樂　　類

祖孝孫　大唐雅樂

《舊書・祖孝孫傳》云,幽州范陽人,博學,曉曆算。隋協律郎。"武德七年,始命孝孫及秘書監竇璡修定雅樂。孝孫又以陳梁舊樂雜用吳楚之音,周齊舊樂多涉胡戎之伎,於是斟酌南北,考以古音,作《大唐雅樂》。以十二月各順其律,旋相爲宫,製十二樂,合三十二曲(他書或作三十一曲、四十八曲)、八十四調。"宋陳暘《樂書》卷一六四云:"祖孝孫用旋宫法,造十二和之樂,合三十一曲,八十四調,至今遵用焉,亦可謂備矣。"詳參《通典》卷一四三、《大唐郊祀録》卷二、《會要》卷三二、《舊書・音樂志》《新書・禮樂志》等。

律吕旋宫圖一卷

《日本目》著録。日本釋永忠大曆中曾入唐求法,示寂前上由唐將來之《律吕旋宫圖》二卷。《周禮》旋宫之義,自漢魏已下知音者不能通。隋鄭譯撰《樂譜》,具論八音旋相爲宫之法。祖孝孫撰《大唐雅樂》,以十二律各順其月,旋相爲宫,合有六十律。而張文收善音律,截竹爲十二律吹之,備盡旋宫之義。此書是否祖、張所撰,固難質言,然其據祖氏旋宫相生之法,畫爲圖式,並加釋論,當無疑義。

十二律相生圖一卷

《日本目》著錄。隋開皇中毛爽撰《律譜》,大業末於江都淪喪。兩《唐志》復有《十二律譜義》一卷,疑亦演祖、張之律義。此書復畫爲圖式,並加釋論。按,武后《樂書要錄》卷七"律吕旋宫法"載《十二律相生圖》,同卷"論一律有七聲義"載《十二律圖》,其分別釋爲"月建十二律圖""月將十二律圖",前者呈方形,有律名而無聲名,後者呈十二邊圓環形排列。或謂《十二律圖》即《旋宫圖》,《十二律相生圖》爲其雛形,乃《樂書要錄》之零本,竊疑未必然也。《通典》卷一四三"五聲十二律旋相爲宫""五聲十二律相生法旋宫"兩條相次,有文無圖,前者惟言聲律宫均,後者詳述相生分寸。則旋宫、相生,各有側重,文既不同,圖式自異,二者相輔相成,缺一不可。疑此二書原本當爲一書,即釋永忠所上之《律吕旋宫圖》二卷是也。

樂圖四卷

《日本目》著錄。宋陳暘《樂書》引錄《唐樂圖》十五條,疑即此書佚文也。《樂書》卷九六至卷二〇〇爲《樂圖論》,其中前九卷總論樂律,後五十卷述歌舞禮,頗多有文無圖者。中間四十六卷樂器圖論,分雅、胡、俗三部,部下各以金石土革絲竹匏木八音爲序,皆先器圖而後釋文。《唐樂圖》佚文即見於中部諸卷,惟卷一六九"應"條,與卷一二四引文相同,蓋因樂舞用及此器,而重複引之也。唐分十部樂,即漢部燕樂、漢部清樂、西涼、天竺、高麗、龜茲、安國、疏勒、高昌、康國。佚文所見者七,按引用次序爲天竺、龜茲、疏勒、胡部安國、西梁(涼)、清樂、燕樂。由"胡部安國"之稱,逆推其亦分雅、胡、俗三部,陳氏樂圖,蓋有所本也。

《樂書》卷一三〇云:"《唐樂圖》所載大横吹部有節鼓、角、笛、簫、筎、觱篥七色，小橫吹部有角、笛、簫、筎、觱篥、桃皮觱篥六色。惟大橫吹二十四曲内，三曲馬上警嚴用之。"（原注："一曰《歡樂樹》，二曰《空口蓮》，三曰《賀六運》。其餘二十一曲備擬所用，一曰《靈泉崔》，二曰《達和若輪空》，三曰《白淨王子》，四曰《他賢送勤》，五曰《鳴和羅純羽□》，六曰《歎度熱》，七曰《吐久利能比輪》，八曰《玄比敦》，九曰《植普離》，十曰《胡笛爾笛》，十一曰《鳴羅特罰》，十二曰《比久伏大汗》，十三曰《於理真斤》，十四曰《素和斛律》，十五曰《鳴才真》，十六曰《烏鐵甘》，十七曰《特介汗》，十八曰《度賓哀》，十九曰《阿若於樓達》，二十曰《大賢真》，二十一曰《破陣樂》。"）《新書·儀衛志》則云："大橫吹部有節鼓，二十四曲：一《悲風》，二《游弦》，三《間弦明君》，四《吳明君》，五《古明君》，六《長樂聲》，七《五調聲》，八《烏夜啼》，九《望鄉》，十《跨鞍》，十一《間君》，十二《瑟調》，十三《止息》，十四《天女怨》，十五《楚客》，十六《楚妃歎》，十七《霜鴻引》，十八《楚歌》，十九《胡笳聲》，二十《辭漢》，二十一《對月》，二十二《胡笳明君》，二十三《湘妃怨》，二十四《沈湘》。"《唐樂圖》大橫吹部"七色"僅有其六，脫漏一色，可據《唐六典》卷一四補出"桃皮觱篥"，《儀衛志》則省去與小橫吹相同之六色耳。橫吹本胡樂，故《唐樂圖》諸曲名幾皆胡語。唯末一"破陣樂"，軍中爲秦王破劉武周而作，及即位，燕會必奏之。《舊書·音樂志》載，後高宗曰"情不忍觀，所司更不宜設"，又謂"不見此樂垂三十年"，時人則謂"破陣樂久廢"。竊疑《唐樂圖》當出於貞觀年間，《儀衛志》所載則高宗時之制，其別要在以楚歌易胡樂也。

律書樂圖

日本源順《倭名類聚抄·音樂部》引録《律書樂圖》佚文九條，如："橫笛，本出於羌也。漢張騫使西域，首傳一曲。李延年造新聲二十八曲。"日本貞保親王《新撰橫笛譜序》轉引,脫作《律樂圖》。又如:"答臘鼓者,今之鞨侯提鼓,即鞨鼓也。"《新書·禮樂志》則以"答臘鼓、羯鼓、侯提鼓"並列爲三,雖不盡相合,然"侯提鼓"僅見於二書,其間關繫仍堪注意。源順撰抄,略當中國之後唐,其所引之書大都唐代傳入日本。

宋陳暘《樂書》卷一三〇"中鳴""小橫吹"、卷一三八"棡鼓""鐃鼓"、卷一三九"大鼓""小鼓"六條亦引《律書樂圖》,卷一三八"羽葆鼓"條引脫"書"字。如"棡鼓"條引:"棡鼓一曲十揲,一曰《驚雷震》,二曰《猛虎駭》,三曰《鷙鳥擊》,四曰《龍媒蹀》,五曰《靈夔吼》,六曰《鵰鶚爭》,七曰《壯士奮怒》,八曰《熊羆哮吼》,九曰《石蕩崖》,十曰《波蕩壑》。"與《新書·儀衛志》僅個別字異。《舊書·音樂志》載,景龍二年唐紹上諫,內稱:"棡鼓曲有《靈夔吼》《鵰鶚爭》《石墜崖》《壯士怒》之類。"可見此中宗以前舊制,且其大鼓十五曲名皆胡語,鐃鼓七曲之首、羽葆十八曲之末同爲《破陣樂》,皆與《唐樂圖》相似,疑此書亦出於唐初也。

薛元超　劉應道　郊廟樂章

《劉應道墓誌》(《補遺》第三輯第二十二頁)云:"朝廷以府君文章高絶,儀鳳中降敕與中書薛令君及當時文匠數人,製郊廟樂章。府君所製《祀黃帝青歌》,並編樂官,奏於郊祀。"按,薛令君即薛元超,永隆二年任中書令。此見於新出墓誌,姑予補錄。他如肅宗乾元元年於內造樂章三十一章,送太常郊廟歌之;李紓德宗時任禮部侍郎,撰郊廟樂章,不遑盡錄。

劉寂　樂論一章

《劉寂墓誌》(《彙編》神龍四一)云,字無聲,梁國睢陽人。仕至沔興二州刺史,神龍二年卒,年七十二。"於五聲十二律妙絶終古,恨時無知音者,作《樂論》一章,以俟來哲。"

唐宗廟用樂儀一卷

《宋志》著錄。按,《宋志》此書前載"唐玄宗《金風樂弄》一卷,太宗《九弦琴譜》二十卷,《琴譜》六卷",雍正《陝西通志》卷七四以爲後三書"俱唐太宗御撰"。宋太宗撰《九弦琴譜》《琴譜》事,李燾《續資治通鑑長編》卷三八、朱長文《琴史》卷五等記載甚詳,未及此書,當爲唐人所撰。

唐肅明皇后廟用樂儀一卷

《宋志》著錄。肅明皇后者,睿宗劉妃,爲則天所殺,景雲元年,追謚肅明皇后。開元四年,以無帝母之尊,不入太廟,敕立別廟,其時享儀制,見《大唐開元禮》卷四三。

孫玄成 樂章七卷

《舊書·音樂志》:"貞觀二年,太常少卿祖孝孫既定雅樂,至六年,詔褚亮、虞世南、魏徵等分製樂章。其後至則天稱制,多所改易,歌辭皆是内出。開元初,則中書令張説奉制所作,然雜用貞觀舊詞。自後郊廟歌工樂師傳授多缺,或祭用宴樂,或郊稱廟詞。二十五年,太常卿韋縚令博士韋逌、直太樂(《通典》卷一四七有李字,《會要》卷三二作季)尚沖、樂正沈元福(《會要》作禮)、郊社令陳虔、申懷操等,銓叙前後所行用樂章爲五卷,以付太樂、鼓吹兩署,令工人習之。時太常舊相傳有《宮商角徵羽宴樂》《五調歌詞》各一卷,或云貞觀中侍中楊仁恭妾趙方等所銓集,詞多鄭衛,皆近代詞人雜詩,至縚又令太樂令孫玄成更加整比爲七卷。又自開元已來,歌者雜用胡夷里巷之曲,其孫玄成所集者,工人多不能通,相傳謂爲法曲。"

樂歌五卷 歌調五卷

《日本目》著錄,列武后《樂書要録》之下,當爲唐人所撰。按,上引所謂太常相傳《宴樂》《歌詞》,蓋一爲曲調,一爲歌詞。

孫玄成所集,則在韋逌等五卷外,加貞觀舊詞、開元新歌二卷,樂工未能譜曲,故云"多不能通"。逆推韋逌等所撰五卷,實僅指歌詞而已,太常樂工亦當爲之譜曲五卷,豈即此二書歟?

田琦　聲律要訣十卷

《通志》《宋志》著録。《崇文目》云:"推本律吕及製管定音之法,文雖近俗,而於樂理尤諳焉。"《玉海》卷七引《中興目》云:"唐田琦撰。(原注:上黨郡司馬)參校律吕製管定音之法,凡十篇。琦序謂樂器依律吕之聲,皆須本月真響,若但據累黍之文,則律吕陰陽不復諧矣。故據經史參校短長爲此書云。"《讀書志》田琦作田疇,引序文略同。唐玄宗時有一田琦,善書畫,《金石録》《寶刻叢編》載其開元中書碑多種,天寶十二載蘇源明《四郡太守詩序》稱其爲"濟南太守太原田公琦"。《新志》雜藝術類注云:"德平子,汝南太守。"唐竇臮《述書賦》注云:"雁門人,德平之孫,工書,官歷陝令,豫蘄許等州刺史。"德平武德、貞觀時人,田琦玄宗時人,當以祖孫爲是,《新志》誤也。太原、上黨相鄰,田琦先任鄴郡司馬,後歷陝令及諸州刺史、太守,亦事理之常,故兩田琦當爲一人,殆毋庸置疑也。宋陳暘《樂書》卷一○三"律吕數度"條曰:"田琦以何妥爲當,可謂知理矣。"宋姜夔《白石道人歌曲》卷四云:"予嘗考唐田畸《聲律要訣》云,徵與二變之調,咸非流美,故自古少徵調曲也。"王應麟《玉海》卷八論樂尺曰:"漢儒用累黍之法,晉末法廢,隋牛弘用萬寶常水尺,唐田畸、周王朴並用水尺之法。"宋阮逸、胡瑗《皇祐新樂圖記》卷上云:"自隋牛弘、唐田琦董執守孤學,不知律度量衡皆起黄鐘之管,而但以尺律二者校定律吕,又執空徑三分之説,故歷世論議紛紜,無所的從。"此田氏佚説之可考者也。

陶峴　樂録八章

唐袁郊《甘澤謡》云："陶峴者,彭澤之子孫也,開元末家於昆山。"後泛游江湖,垂三十年。"峴之文學,可以經濟,自謂疏脱,不堪宦游,有生之初,通於八音。命陶人爲甃,潛記歲時,敲取其聲,不失其驗。撰《樂録》八章,以定八音之得失。"《日本目》有《雅樂録》一卷,不知出於何代,附記於此。

宋沇　樂書三卷

唐南卓《羯鼓録》云："宋開府璟知音樂,尤善羯鼓。""開府孫沇亦知音,貞元中進《樂書》三卷,德宗覽而善焉。""然樂工多言沇曾不留意,不解聲調,不審節拍,兼有瞶病,不可議樂。"《唐語林》卷五引,"樂書"作"樂録"。又唐李肇《國史補》云："宋沇爲太常令,知音,近代無比,太常久亡徵音,沇考鐘律得之。"元稹《元氏長慶集》卷二四《立部伎》詩注云："太常丞宋沇傳漢中王舊説云,明皇雖雅好度曲,然而未嘗使蕃漢雜奏。天寶十三載,始詔道調法曲與胡部新聲合作,識者異之。明年禄山叛。"其説未知是否出於此書？

張説　王涇　唐郊祀樂章譜二卷

《秘書目》《通志》著録。《舊書・音樂志》述唐之樂章云："開元初則中書令張説奉制所作,然雜用貞觀舊詞,自後郊廟歌工樂師傳授多缺。"《新志》儀注類有王涇《大唐郊祀録》十卷,注云："貞元九年上。"二人不同時,故非合撰。蓋《郊祀録》多採開元舊制,此二卷或後人從中録出,並補題張説爲撰人。

陸羽　教坊録一卷

《宋志》著録作陸鴻漸,陸羽字也。其上元二年二十九歲自撰《陸文學傳》,述及著書八種。宋費袞《梁溪漫志》卷一〇云："然世所傳者特《茶經》,他書皆不傳,蓋爲《茶經》所掩也。"唐高祖置内教坊於禁中,掌教習音樂,玄宗時臻於極盛,故肅宗時崔令欽撰《教坊記》雜錄其事。陸氏曾自述,"天寶中,郢人醻於滄浪道,邑吏召予爲伶正之師","以身爲伶正,弄木人、假吏、藏珠之戲"。唐段安節《樂府雜錄》云:"開元中,有李仙鶴善此戲,明皇特授韶州同正參軍,以食其祿。是以陸鴻漸撰詞言韶州,蓋由此也。"此爲文人撰參軍戲腳本之始。《新書》本傳稱,羽嘗"匿爲優人,作詼諧數千言","詔拜羽太子文學,徙太常寺太祝,不就職。貞元末,卒。"其撰此書,亦屬可能。然宋李上交《近事會元》卷四引《教坊錄》三條,皆與崔氏《教坊記》略同,豈宋人據《教坊記》僞託此書,冒作陸氏歟?

韋皋　南詔奉聖樂　驃國樂圖譜

《新書·禮樂志》云,貞元十六年,"南詔異牟尋遣使詣劍南西川節度使韋皋,言欲獻夷中歌曲,且令驃國進樂,皋乃作《南詔奉聖樂》"。後"驃國王雍羌遣弟悉利移城主舒難陀獻其國樂,至成都,韋皋復譜次其聲,又圖其舞容、樂器以獻"。其事亦略見《會要》《舊書》等書,而《新書·南蠻傳》記載其樂曲、樂器、舞容,極爲詳盡。其謂"皋以五宮異用,獨唱殊音,復述《五均譜》,分金石之節奏",乃用於《奉聖樂》者,兹不另列。

唐次　驃國樂頌一卷

《國史志》著錄,《秘書目》"驃國"誤作"飄風",並不著撰人名氏。《説郛》卷一○○載此頌,題下亦注"闕名",《全唐文》《拾遺》《續拾》乃並失收。《新書·南蠻傳》明言:"開州刺史唐次述《驃國獻樂頌》以獻。"唐次兩《唐書》有傳,貞元八年貶開州刺史,西川節度使韋皋表請爲副使,德宗諭罷之,十餘年不獲進用。驃國王子因韋皋獻其國樂,唐次亦預其事,乃作頌述之。首云:"聖天子宅位二十有三載,輔臣司徒公鎮蜀十有七年,驃國王子獻其樂器。"《新書·禮樂志》作貞元十七年,或涉韋皋鎮蜀十七年而誤。德宗於代宗大曆十四年五月繼位,至貞元十八年正爲二十三年,他書不誤。然獻樂頌聖,諛君愚民,何益於國? 白居易《驃國樂》詩云:"驃樂驃樂徒喧喧,不如聞此芻蕘言。"誠哉斯言!

韓弘　聖朝萬歲樂譜

《舊書・憲宗紀》載,元和八年十月"壬辰,汴州韓弘進所撰《聖朝萬歲樂譜》共三百首"。又見《會要》卷三四等。

樂府解題一卷

《通志》《遂初目》著錄。《崇文目》云:"不著撰人名氏,與吳兢所撰《樂府古題》同,以《江南曲》爲首,其後所解差異。"宋曾慥《類説》卷五一所錄《樂府解題》,凡釋四十六古題,確以《江南曲》爲首,而未作分類,古題次序、名目皆有不同,與《崇文目》所言相合。然其內容,大都不出吳兢《樂府古題要解》之外,當爲據後者改編。因其行世較早,未必不出於唐人所爲,姑予著錄。

沈建　樂府廣題二卷

《秘書目》《四庫闕書目》《通志》著錄作一卷,《遂初目》無撰人卷數(《説郛》本,單行本脱漏),明《文淵閣書目》卷一〇詩詞類著錄爲一部一冊,皆不著撰人名氏。《宋志》作沈建撰,二卷。《中興目》同,且云:"上卷述二言至十一言詩句,下卷釋樂章命題之意。"則一卷者,合計上下也。《樂府詩集》引錄十九條。知是書頗見重於宋代,明初尚存於世。沈建前人多指爲宋人,近有謂即唐吳興沈建者(參孫尚勇《吳兢〈樂府古題要解〉的體例及影響》,《中華文史論叢》第八十三輯)。《元和姓纂》卷七吳興沈氏:"給事中、薛王傅沈務本,稱寂孫。挺生利賓,大理評事。利賓生忌,忌生建、回、遂。"沈務本至德二年撰《韋承慶德政碑》,而貞元十六年《真禪師墓誌銘》署"前進士(沈)遂撰",沈建蓋亦德宗、憲宗時人。

段安節　樂府古題一卷

《宋志》著録。安節《新書》附見其祖段文昌傳，乾寧中，爲國子司業，善樂律，能自度曲。《新志》有段安節《樂府雜録》一卷，《宋志》别出此書。

沈遼　沈氏琴書一卷

《崇文目》著録，云：“沈氏撰，不著名。首載嵇中散《四弄》，題趙師法撰。次有《悲風》《三峽》《流泉》《緑水》《昭君》《下舞》《間弦》並《胡笳四弄》，題盛通師撰。蓋諸家曲譜，沈氏集之。”其《小胡笳子十九拍》釋文又云：“琴曲有大小胡笳，《大胡笳十八拍》，沈遼集，世名沈家聲。《小胡笳》又有契聲一拍，共十九拍，謂之祝家聲。”陳暘《樂書》卷一三〇云：“沈遼集《大胡笳十八拍》，世號爲沈家聲。《小胡笳十九拍》，末拍爲契聲一拍，世號爲祝家聲。唐陳懷古、劉光緒嘗勘停歇，句度無謬，可謂備矣。”朱長文《琴史》卷四云：“天后時，鳳州參軍陳懷古善沈、祝二家聲調，以胡笳擅名。”

沈遼又作沈鐐、沈寮。《樂書》卷一四二又云：“斲製之妙，蜀稱雷霄、郭諒，吴稱沈鐐、張越。霄、諒清雅而沈細，鐐、越虚鳴而響亮。”周密《志雅堂雜抄》卷五、《雲煙過眼録》卷四云：“寥玉一作寒玉，江南沈鐐作。”其人生平不詳，世多謂之唐琴工。考明蔣克謙《琴書大全》卷一〇述“琴曲傳授”云：“嵇康《長清》等四弄傳鍾會，會傳戴逵，逵傳子顒，顒傳沈慶之，慶傳沈約，約傳沈扃，扃傳沈瞻，瞻傳孫寮。寮亡，遂絶。”是沈寮爲沈約四世孫。同卷引趙耶利説，則謂漢魏之聲由嵇康傳至馮懷寶，懷寶傳子辨，號馮家五弄，而“沈勝（一曰瞻）孫寮（一曰鐐）精名擅齊，更曰沈氏四弄”；蔡氏五弄，由單颺傳至馮懷寶，懷寶傳子辨，辨傳子道，道傳趙耶利。馮辨又作馮智辨，日本狛氏所傳琴法古抄本之四尾注曰：“大隋内道場僧馮智辨法師之所製也。"隋内道場爲煬帝大業九年所建,則自琴曲傳授譜系言之,沈寮爲趙耶利上一代,然馮、沈、趙實皆隋末唐初人,趙或略晚而已。且嵇康四弄,實爲沈氏之世傳,非趙耶利所專擅。所謂"題趙師法撰""題盛通師撰"者,蓋沈氏琴學,寮亡絕緒,貞觀中趙師、盛通師爲之編集也。後人(或即玄宗時陳懷古、劉光緒)又爲之勘校,且加此二題,非謂二師自撰,乃編集沈氏琴譜也。宋人已不了了,乃反謂趙師、盛通師等"諸家曲譜,沈氏集之",貽誤後來矣。

趙耶利　胡笳五弄譜二卷

《太平御覽》卷五七九引《唐書·樂志》云:"趙師字耶利,天水人也。在隋爲知音,至唐貞觀初,獨步上京,邃入琴苑。疇(《天中記》卷四二作傳)之嵇氏。累代居曹,遂令(今)曹郡琴者。所修五弄,具列於曹。妙傳濮州司馬氏,琴道不墜於地也。"同卷又引《樂纂》云:"趙耶利居士,唐初天水人也,以琴道見重於海内,帝王賢貴靡不欽風。舊譜錯謬五十餘弄,皆削凡歸雅,無一徵玷不合於古。述執法象及《胡笳五弄譜》兩卷。弟子達者三人,並當代翹楚。貞觀十年終於曹,壽七十六。弟子宋孝臻、公孫常,妙傳濮州司馬氏。"

宋朱長文《琴史》卷四云:"趙耶利,曹州濟陰人。慕道自隱,能琴無雙,當世賢達,莫不高之,謂之趙師。所正錯謬五十餘弄,削俗歸雅,傳之譜錄。""嘗以琴誨邑宰之子,遂作《譜》兩卷以遺之,今傳焉。其序者稱耶利云:'弱年穎悟,藝業多通,束髮自修,行無二過,清虛自處,非道不行。筆墨窮乎鍾、張,琴道方乎馬、蔡。'貞觀十三年卒於曹,年七十六。當文皇興樂之時,而邪利不見收擢,蓋不求聞達故也。或云蔡邕撰《游春》《淥水》《幽居》《坐愁》《秋思》,以傳太史令單颺,自颺十七傳而至耶利,耶利傳濮人馬氏,又傳宋孝臻,孝臻亡,師資遂絶。"

《舊志》著録《琴叙譜》九卷，趙耶律撰。《新志》作趙邪利，又增《琴手勢譜》一卷。他書趙或誤作越，耶利又作耶梨、邦利。佛書稱耶離國有梵志名摩耶利，爲五萬弟子作師，復爲國王大臣人民所敬遇。劉宋有崔耶利，北周有長孫耶利。故當以耶利爲正，餘皆形音之誤耳。上引傳記中，所謂"正錯謬五十餘弄""傳之譜録"，蓋指《琴叙譜》而言；"述執法象"，蓋指《琴手勢譜》《彈琴右手法》而言；"所修五弄""《譜》兩卷"，顯然即"《胡笳五弄譜》兩卷，又即"蔡邕撰《游春》《渌水》《幽居》《坐愁》《秋思》"之新修。

陳暘《樂書》卷一四二云："宮調五弄，蔡氏所撰，其意恢宏合律，剛柔相應，可類《禮記》《周易》。"是五弄居琴曲正聲之首，趙師修譜，職此故也。此譜甚爲宋人所重，《琴史》明言"今傳焉"，且節引其序，而諸公私書目竟無一見載。惟《秘書目》《通志》著録《正聲五弄譜》一卷，不著撰人名氏，疑即此書也。又，《胡笳五弄》是否蔡邕所撰，宋世尚有異説。《樂書》卷一二八云："晋楚人劉琨世爲樂吏，製《胡笳五弄》，趙耶利所修者也。"卷一四三云："劉琨爲之者，《登隴望秦》《竹吟風》《哀松露》《悲漢月》是也。《胡笳五弄》，趙師所修，有以明君爲之者。"明君即王昭君，避司馬昭諱改。二説皆不足信也。

附按：東京國立博物館藏《碣石調·幽蘭第五》之唐寫本，封面題《琴譜丘公傳·幽蘭第五》，卷首序稱："丘公字明，會稽人也。梁末，隱於九疑山，妙絶楚調，於《幽蘭》一曲，尤所精絶，以其聲微而志遠，而不堪授人，以陳禎明三年，授宜都王叔明。隨開皇十年，於丹陽縣(卒)，年九十七，無子傳之，其聲遂簡耳。"此序當爲唐人編譜時所加，而趙耶利《琴叙譜》所録，蓋皆前人琴譜，趙師修之，各冠叙録，遂以"叙譜"名書，故二者體例相合。寫卷後附列五十九首曲目，當即其全書所收琴曲，與傳記所稱趙耶利"所正錯謬五十餘弄，削俗歸雅，傳之譜錄"，數目復相吻合。其中包括《胡笳五弄》、嵇康《四弄》，前者馮氏傳趙師，後者沈氏世傳而未經"趙師法撰"，則《琴叙譜》自當收此九曲，前者當爲馮氏譜，後者當爲沈氏譜。後趙師自撰《胡笳五弄》之新譜二卷，別行於世，故傳記特述之也。由是觀之，寫卷殆即趙耶利《琴叙譜》九卷之殘抄本歟？

趙耶利　彈琴右手法一卷

《秘書目》《四庫闕書目》著録趙邦利《琴指訣》一卷，《宋志》作《彈琴右手法》。《書録解題》云："《指訣》一卷，唐道士趙邦利撰。一名《彈琴古手法》。"《中興目》云："唐趙邪利《琴手勢譜》一卷，載調弦用指製之法，及音律二十四時五圖。又《彈琴右手法》一卷，論指法四百餘言。"古、右兩字，形近易訛，似當以右字爲是。

日本狛氏所傳琴法古抄本之六"彈琴右手法‧合二十六法‧耶利師撰"，之八"彈琴右手法‧私記‧五不及道士趙耶利撰"。二者皆含指法及其注釋二十六條，僅五條略有字異。然《日本目》著録"《琴法》一卷，趙耶梨撰"，此"右手法"未必其全本也。五不及道士蓋趙耶利自號，可與宋人"唐道士"之説相參，並補《琴史》等傳記之疏漏。

查阜西云："宋田紫芝《太古遺音》、明袁均哲《太音大全集》、蔣克謙《琴書大全》所收，和日本《狛氏琴手勢譜》中的三個傳本，北圖烏絲欄卷子琴譜所載共六個傳録本，指法、名稱和解説文句，内容形式幾乎完全相同。"並謂當即《新志》《崇文目》之《琴手勢譜》和《書録解題》之《彈琴右手法》，"實毫無疑義"。(《存見古琴指法譜字輯覽》第一册《斷代分家》第二頁)

然據《中興目》之解題,《琴手勢譜》除指法外,尚有"音律二十四時五圖",《彈琴右手法》似無之,且唐代已流傳日本,當爲別一書也。

曹柔　減字指法

周慶雲《琴書存目》著録,云:"見《誠一堂琴譜》,柔作此,趙耶利修之。明楊掄《太古遺音》竊其説,標以《楊氏減字法》。"舊編據以著録,誤以爲曹柔先於趙耶利。

今考《誠一堂琴譜》晚出於清程允基,其《誠一堂琴談》卷一又載"曹柔指訣:左手吟猱綽注,右手輕重疾徐,更有一般難説,其人須是讀書"。明代琴家俗譜所最尚者,而朱載堉《樂律全書》卷六斥爲"古所謂淫聲,雅樂不用也"。田紫芝《太古遺音》卷上、袁均哲《太音大全集》卷五云:"製譜始於雍門周,張敷因而別譜,不行於後代。趙耶利出譜兩帙,名參古今,尋者易知。先賢制作,意取周備,然其文極繁,動越兩行,未成一句。後曹柔作減字法,尤爲易曉也。"明蕭鸞《杏莊太音補遺》述"字譜源流"云:"字譜之作,其來尚矣。始於往古周、趙諸公,集字成譜,該載諸音,然用意周備,其文甚繁,兩行不成一句,是以每遇一曲,遂至連篇累牘,大不便於檢閲。至後世有曹柔氏者出,乃作減字法,字簡而義盡,文約而音該,曹氏之功,於是爲大。"《戰國策》載雍門周以琴干孟嘗君,然此似與劉宋張敷同時,疑雍字誤,此指雁門周續之也。

宋田紫芝《太古遺音》"字譜"、明蔣克謙《琴書大全》"指法"等載有減字法,題曰曹氏,分爲右手指法、左手指法。而袁均哲注云:"出劉籍《琴譜》,諸家不同隨指疏之。"如"食指挑羽"下云:"趙耶利云:食指挑角。"曹氏指法,疑由宋初劉籍轉録,始得以流布後世。所謂"趙耶利修之",蓋謂此類異同也。然此乃劉籍以趙校曹,非曹作趙修也。曹柔年代,無由確考。

查阜西謂唐陳居士指法亦已減字，"減字既爲曹柔所創，則曹柔當然是唐朝人"，約在貞觀之後、咸通之前。（《存見古琴指法譜字輯覽》第一册第三頁）今人據日本狛氏所傳琴法古抄本之四，以爲隋内道場僧馮智辨已用減字，非曹柔所創，則其時代或亦在唐初歟？

琴録一卷

《日本目》著録，列趙耶利《琴法》與《琴德譜》之間。宋代書目僅《遂初目》著録，無卷數。明蔣克謙《琴書大全》卷一六"歷代琴書目"列有"劉向《琴録》一卷"，卷四引佚文一條。周慶雲《琴書存目》據以著録。按，吴淑由五代入宋，其《事類賦》引録《琴録》佚文六條，知其不晚於宋初。其後南宋高似孫《蟹略》、明謝琳《太古遺音》等續有引録。董斯張《廣博物志》、董説《七國考》、徐應秋《玉芝堂談薈》則引作《古琴録》，蓋以其所記多屬古事，蔣克謙進而徑題作劉向撰。然其所載荀季和、李膺事，亦晚於劉向矣。彭大翼《山堂肆考》引"《琴録》琴曲有蔡氏五弄"云云，疑出於趙耶利之後，他書引作《琴歷》佚文，是也。惟宋田紫芝《太古遺音》、袁均哲《太音大全集》卷四引《琴録》曰："琴有三調，足有五調：平、清、瑟、楚、側，都十弄，皆清調爲之本。"其三調、五調之説，最近於李善《文選注》；十弄之説，則僅見於宋謝維新《事類備要前集》卷五七，足證此書當出於唐代。

道英　琴德譜一卷

《崇文目》云："《琴德譜》一卷，唐因寺僧道英撰。述吴蜀異音及辨析指法。道英與趙邪利同時，蓋從邪利所授。"《國史志》《通志》《宋志》並著録。唐道宣《續高僧傳》卷二五云，道英姓陳氏，蒲州猗氏人，本州普濟寺僧。貞觀十年卒，年七十七。"因"上疑有脱字，隋唐之際代州有總因寺，道英或嘗居焉。

魏嵇康《琴賦》序云："衆器之中，琴德最優。"李善注引《新論》云："八音廣博，琴德最優。"後世即以琴德代指琴。《琴史》卷四載趙耶利云："吳聲清婉，若長江廣流，綿延徐逝，有國士之風；蜀聲躁急，若激浪奔雷，亦一時之俊。"又云："肉甲相和，取聲溫潤，純甲其聲傷慘，純肉其聲傷純。"前者述吳蜀異音，後者辨析指法，道英蓋續有詮釋也。然此二事，似不足以概琴譜之全。《日本目》有《琴德譜》五卷，不著撰人名氏。疑即道英之完書，宋世所存乃殘本一卷，非全書也。

李沖　琴操

宋陳暘《樂書》卷一二〇云："唐李沖《琴操》通中呂、黃鐘、無射三宮之說，蓋未完其本矣。"同書卷一四八云："唐李沖謂管有一定之聲，弦多舒緩之變。故舍旋宮琵琶，製旋宮雙管，法雖存於簡易，道實究於精微矣。"又卷一百三十六有"李沖簫"條。按，太宗子越王貞之長子名沖，史載其"好文學，善騎射，歷密濟博三州刺史，皆有能名"。後起兵反武后，七日而敗。"時天下犯罪籍没者甚衆，惟沖與撰（韓王之子）父子書籍最多，皆文句詳定，秘閣所不及"。若即其人，則"未完其本"，當以速敗之故也。又《通典》卷一四七載，開元二十五年"直太樂李尚沖"等整比樂章。唐人雙名省上字者習見，此李尚沖省作李沖，亦屬可能。

馬少良　琴譜三均一卷

《中興目》云："《琴譜三均》一卷，馬少良載黃鐘、中呂、無射三均之曲。"王應麟《小學紺珠》卷一云："楊收言琴通三均側出諸調，馬少良《琴譜三均》以姑洗為中呂。"《宋志》作馬以良，三卷。三占從二，當以少良爲是，《宋志》蓋字誤也。《玉海》卷一一〇列入"宋朝琴譜"，然該條所録王大方《琴聲韻圖》，《新志》作王大力《琴聲律圖》，知其不足爲據也。

宋世復有《琴譜三均手訣》一卷，《崇文目》云："宋謝莊撰，叙唐虞至宋世善琴者姓名及古典名言。琴通三均謂黃鐘、中呂、無射。"《玉海》引《國史志》，注云："疑假託。"《中興目》則云："宋謝莊《琴論》一卷，叙堯至宋凡九代善琴者，及古曲名、琴通三均之制。"由堯下數九代爲劉宋，則謝莊似即謝靈運族侄，字希逸，仕至中書令。

考三均之說，出於唐李沖。又《新書·楊收傳》云："嘗言琴通黃鐘、姑洗、無射三均側出諸調。"其以中呂爲姑洗，足見三均之目，中唐迄未定論，則題謝莊者，假託之迹，無所遁形矣。其假託之法，當即據馬氏之書，綴以劉宋前善琴者姓名。則馬氏之書至遲出於宋初，崇文館閣偶未入藏耳。唐李愬部將有馬少良，見《册府元龜》卷四二二、《資治通鑑》卷二四〇，未知即其人否？兹以李沖之書而考索及之，姑列於此。

司馬承禎　素琴傳

宋朱長文《琴史》卷四云："司馬承禎字子微，少事潘師正，傳辟穀法、導引術，無不通。""遍游名山，廬天台不出。余嘗得《素琴傳》，云子微所作，然辭或舛誤，頗爲刊定。"並詳載傳文，凡千四百餘言。其述癸卯歲居臨海桐柏山靈墟，丙午有桐生於階前，壬子採爲琴材，甲寅手自斲琴。壬子爲太極元年，甲寅爲開元二年。史載景雲二年睿宗徵其至京，旋放回山，賜寶琴一張，開元九年玄宗復徵至京。則其還山之日，始取材、斲琴、撰傳，而無一言及於受賜寶琴之事，於以見其道風自高焉。

司馬承禎　琴三訣一卷

《書錄解題》云："《三訣》凡一卷，稱天台白雲先生。"《崇文目》有《琴式圖》一卷，云："不著撰人名氏，以琴制度爲圖，雜載趙邪利《指訣》，又有白雲先生《三訣》。"宋慈抱《兩浙著述考》

云："戚學標《台州外書》，謂天台有兩白雲先生，一與王逸少書《黃庭經》，一則司馬子微自號，此書未知誰撰。考《舊傳》，睿宗賜寶琴一張，則子微固能琴，此書疑即所著也。"按，《素琴傳》云："琴者禁也，以禁邪僻之情，而存雅正之志，修身理性，返其天真。夫琴之制度，上隆象天，下平法地，中虛合無，外響應暉。暉有十三，其十二法六律六呂。其一處中者，元氣之統，則一陰一陽之謂也。而律管有長短，故暉間有賒促，當暉則鳴，差則否，亦猶氣至灰飛，時移景正。神理不測，其在兹乎？"子微琴旨，於焉可見矣。

董庭蘭　大胡笳十九拍一卷

《書錄解題》云："《大胡笳子十九拍》一卷，題隴西董庭蘭撰，連劉商辭，又云祝家聲、沈家譜，不可曉也。"《崇文目》於《小胡笳子十九拍》釋文云："琴曲有大小胡笳，《大胡笳十八拍》，沈遼集，世名沈家聲；小胡笳又有契聲一拍，共十九拍，謂之祝家聲。祝氏不詳何人，所載乃小胡笳子。"疑此書名之十九當爲十八之訛，《通志》有《胡笳十八拍》一卷，無撰人名氏，未知即此書否？朱長文《琴史》卷四云："庭蘭在開元天寶間，工於琴者也。天寶時，鳳州參軍陳懷古善沈、祝二家聲調，以胡笳擅名，懷古傳於庭蘭，爲之譜，有贊善大夫李翱序焉。"《舊書·房琯傳》云："(琯)聽董庭蘭彈琴，大招集琴客筵宴，朝官往之，因庭蘭以見琯，自是亦大招納貨賄。"琯由此罷去。

琴譜調三卷

《國史志》著錄。《宋志》作八卷，注云："李翱用指法。"《永樂大典》引《宋志》亦作三卷，今本誤也。《崇文目》云："《琴譜調》三卷，不著撰人名氏。雜錄琴譜大小數曲，其前一大曲亡其名。舊本或云《李翱用指法》，與諸琴法無異，而云翱者，豈其所傳歟？"按，此李翱當即爲董庭蘭譜作序之贊善大夫李翺,當亦玄肅時人,非李習之也。

鄭洵　琴九弄譜

《鄭洵墓誌》(《補遺》第七輯第六三頁)云,滎陽人,曾入顏真卿幕,仕至監察御史。大曆四年卒,年五十六。"琴者,正情輔性,君子所狎。君擅九弄,更修其譜。"又撰《東宫要録》十卷、《文集》二十卷。按,《新書·禮樂志》云:"唯琴工猶傳楚漢舊聲及清調、瑟調、蔡邕五弄、楚調四弄,謂之九弄。"參《會要》卷三三、《通典》卷一四六。明蔣克謙《琴書大全》卷一〇引趙耶利曰:"隋煬帝以嵇氏四弄並蔡氏五弄,合九弄,能通之者同孝廉登科。"是楚調四弄即嵇康四弄長清、短清、長側、短側也。

辨正　琴正聲九弄九卷

《宋志》著録,列齊嵩、蕭祐間,前有"僧"字。唐僧以辨正之號著者有二:長安年間,日本僧辨正入唐,善圍棋,以此受臨淄王李隆基賞遇,後逝於唐。歐陽修《集古録目》載《唐辨正禪師塔銘》云:"禪師名崇一,姓任氏,濟源人。玄宗時詔舉天下高僧四十九人,分主諸寺,禪師居東都天宫寺,後移居興善寺。代宗親書院額曰法寶嚴持院。德宗時賜謚辨正。"齊嵩爲大曆時人,故此以後一人可能性爲大。

劉商　集胡笳辭一卷

《通志》《秘書目》著録。《讀書志》别集類云:"《胡笳十八拍》,右唐劉商撰。漢蔡邕女琰爲胡騎所掠,因胡人吹蘆葉以爲歌,遂翻爲琴曲,其辭古淡,商因擬之,以叙琰事,盛行一時。商彭城人,擢進士第,歷臺省爲郎,好道術,隱義興胡父渚,世傳其仙去。"《中興目》云:"《胡笳十八拍》四卷,漢蔡琰撰。琰憂憤成此曲,入琴中。唐劉商、皇朝王安石、李元白各以集句效琰體,共四家。"《書録解題》云:"《四家胡笳詞》一卷,蔡琰、

劉商、王安石、李元白也。"按,唐武元衡《劉商郎中集序》云:
"今所編録凡二百七十七篇,及早歲著《胡笳詞十八拍》,出入沙
塞之勤,崎嶇驚畏之患,亦云至矣。"知其收入集中,且爲早年所
作。然唐時亦頗單行於世,敦煌寫卷中有三寫本,即伯二五五
五、伯三八一二、伯二八四五。詩題下有小序,末署"承議郎前
盧洲(廬州)合肥縣令劉商",或考當作於大曆四五年間。

獨孤寔　九調譜一卷

《宋志》著録。據《新書·宰相世系表》,寔爲獨孤及堂侄,兼
殿中侍御史。《金石録》卷八載其貞元三年撰《唐樗里子墓
碣》。《登科記考》謂其登貞元七年進士。《孤府驥墓誌》(《續
集》咸通二)云:"皇考諱寔,尚書膳部員外郎、國子博士。""貞
元初進士擢第,文學之美,世濟家傳。"按,獨孤一族,通樂律
琴理者多。若獨孤及族叔憕"尤善音律,圖書之奧,靡不深
究",見獨孤及撰墓誌。"獨孤常州及末年尤嗜鼓琴",見《大
唐傳載》。獨孤及二子朗、郁嘗先後任協律郎,時約貞元十五
年、二十一年左右,見李翱、韓愈分撰墓誌。然則獨孤寔之善
琴,且撰有琴譜,自在情理之中。又獨孤寔佐武元衡幕時,蕭
祐同在幕中,各作《奉陪武相公西亭夜燕陸郎中》詩,載《文苑
英華》卷二一五。《太平廣記》卷二〇三引《盧氏雜說》:"蕭祐
亦善琴,云胡笳第四頭犯無射商,遂用其音爲蕭氏九弄。"朱
長文《琴史》卷四云:"蕭祐精於書畫,兼別音律。元和中撰
《無射商九調子》,指法尤異,譜序云:'以引小胡笳四指。'世
稱其妙。"獨孤寔撰《九調譜》,當受蕭祐之影響。

李勉　琴說一卷

《秘書目》《四庫闕書目》《通志》《書録解題》《宋志》著録。《中
興目》作《琴書》,云:"唐工部尚書李勉撰,凡琴聲、指法、操
名、琴操悉載之。"《崇文目》作《琴雜説》,云:"不著撰人名氏,

蓋琴家雜集器圖聲訣之略。"《玉海》卷一一〇引《國史志》亦作李勉撰，注云："《勉傳》：善鼓琴，有響泉、韻磬。張茂樞有《響泉記》。"此節引自《新書》本傳："善鼓琴，有所自製，天下寶之，樂家傳響泉、韻磬，勉所愛者。"《舊書》本傳則云："好屬詩，妙知音律，能自製琴，又有巧思。"李勉琴事，唐人豔談。如《國史補》卷下云："李汧公，雅好琴，常斲桐，又取漆桶爲之，多至數百張，求者與之。有絕代者，一名響泉，一名韻磬，自寶於家。"趙璘《因話錄》卷二："李司徒汧公鎮宣武，戎事之隙，以琴書爲娛。自造琴，聚新舊桐材，扣之合律者，則裁而膠綴；不中者，棄之。故所蓄二琴殊絕，所謂響泉、韻磬者也。性不喜琴兼箏聲，惟二寵妓曰秀奴、七七，皆聰慧善琴，兼箏與歌，時令奏之。自撰《琴譜》。"李綽《尚書故實》云："李汧公取桐孫（或引作絲、梓）之精者，雜綴爲之，謂之百納琴。用蝸殼爲徽，其間二面尤絕異，通謂之響泉、韻磬，弦一上可十年不斷。"然宋人如陳暘《樂書》亦僅轉述此類故事，罕引《琴說》之文。惟郭茂倩《樂府詩集》卷四一、六〇引二條，謂曾子撰《梁甫吟》，何晏之女造《烏夜啼》。明蔣克謙《琴書大全》卷四、五引李勉《琴記》二條，載古琴尺寸甚詳，卷六引李勉《琴徽字議》一節，皆於古琴考證大有助焉。

李約　琴調廣陵散譜一卷

《宋志》著錄。李約爲李勉之子，元和中，仕爲兵部員外郎，後棄官終隱。《因話錄》卷二謂其"有山林之致，琴道、酒德、詩調皆高絕"。《新志》有李約《東杓引譜》一卷，《宋志》已載。

姚兼濟　琴論

明王鏊《姑蘇志》卷五六云："姚兼濟，吳人，善琴，得石荆山之傳。在揚州逢異人，授以琴操，撫之果奇。兼濟求學焉，異人乃授以《清風》《景雲》等五調，人以爲《廣陵散》之遺音也。"呂溫《送琴客姚兼濟東歸便道謁王虢州序》稱，"東海姚兼濟，年十三從淮南大軍"，後歷泗上劇職，貞元十三年"觀藝京師"。周慶雲《琴書存目》謂明抄本《琴苑要録》引其佚説。蔣克謙《琴書大全》卷一〇引《琴論》，乃述琴學傳承，未知是否出於姚氏？

薛易簡　琴訣一卷

《秘書目》《通志》著録。《宋志》作《琴譜》，《書録解題》作《琴説》，云："唐待詔薛易簡撰，衡州耒陽尉。"蓋一書而三名也。朱長文《琴史》卷四云："薛易簡以琴待詔翰林，蓋在天寶中也。嘗製《琴訣》七篇，辭雖近俚，義有可採，今掇其大概著焉。"所引"琴之爲樂"至"精則不多也"，近五百言，似爲較完整之序論。其中自述九歲學琴，至十二歲、十七歲所彈二十餘曲目，後周游四方，學彈雜調三百、大弄四十。"今所彈者皆研精歲久，並師傅勘譜，親授指法"，"嘗覽操弄之名數百首"。自"夫鼓琴之時"以下當爲琴訣正文，論指法及七病，僅二百餘言，"掇其大概"之迹甚明。宋田紫芝《太古遺音》、明袁均哲《太音大全集》、蔣克謙《琴書大全》等所引（或作宋蘇易簡，查阜西已糾其誤）文字倍蓰，如七大病外尚有五小病。合而考之，抑可復其舊觀乎？尤其關鍵者，《琴書大全》卷一〇所引"薛易簡《琴訣》"近四百言，内稱："故李勉曰'吟抑有度，遲速合節，急而不亂，緩而不絶'，此最爲樞要也。"則薛氏當晚於李勉，非天寶中人也。然朱長文盡見七篇而掇其要，何以疏漏至此？而《全唐文》卷八一八僅從《琴史》收録節本《琴訣》一文，卻於作者小傳稱其爲"僖宗時人"，不知別有何據？又，《陶淵明集》卷二宋人箋注引"薛易簡《正音集》云：'琴之操弄約五百餘名，多緣古人幽憤不得志而作也。'"與上述薛氏自述相符，豈其琴書又一異名歟？

陳康士　琴調十七卷

《宋志》著錄。宋朱長文《琴史》卷四云："陳康字安道，篤好雅琴，名聞上國。所製調弄，綴成編集。"《新志》著錄"陳康士《琴譜》十三卷，又《琴調》四卷，《琴譜》一卷，《離騷譜》一卷"，注云："字安道，僖宗時人。"此皆據《崇文目》著錄，其《琴譜》釋文云："康士作《琴曲》一百章，《譜》十三卷。《宮調》二十章，《商調》十章，《角調》五章，《徵調》七章，《琴（瑟）調》五章，《黃鐘》十章，《離憂》七章，《沈湘》七章，《側蜀》七章，《縵角》七章，《玉女》五章。其譜散亡。今書舊目有《琴調》六卷、《琴譜》一卷，殘缺無首尾，所載乃楚、角、宮、黃鐘、側蜀、琴調數篇，餘皆亡。"其《琴調》釋文云："《楚調》五章，《黃鐘調》二十章，《側蜀》《瑟調》皆一章。"則宋初館閣實無十三卷之譜，而僅存一卷殘本，《崇文目》別載爲《琴調譜》一卷。其《琴曲》百章，而下列《宮調》至《玉女》諸調合計僅九十章，宋初"舊目"尚存六卷，章數不詳。《崇文目》著錄則僅《琴調》四卷，其《黃鐘調》二十章較前所列多出十章，疑誤；《楚調》不見於前列百章調名，疑本十章，合前列九十，足爲百章之數。《新志》之《琴譜》一卷，則當作《琴譜序》，《崇文目》云"唐陳康士等撰"，"進士姜阮、皮日休皆爲叙以述其能。康士譜今別行"。

康士琴書，南宋後除叢抄之《通志》《通考》外，其餘公私書目少見著錄。惟《宋志》云："陳康士《琴調》三卷，又《琴調》十七卷，《琴書正聲》十卷，《琴調》十七卷，《琴譜記》一卷，《琴調譜》一卷，《楚調五章》一卷，《離騷譜》一卷。"其《琴譜記》當即《琴譜序》，而無《琴調》四卷，別出同名之三卷、十七卷、十七卷、《楚調五章》一卷，令人目暈。嘗試繹之，蓋《崇文目》首載之《琴譜》十三卷，當從《通考》作三十卷，乃兼《琴譜》十三卷、《琴調》十七卷之足本，故其釋文言之如此；復據當時館閣所存,著録《琴譜序》一卷,《琴調》四卷,《琴調譜》一卷,《離騷譜》一卷。《宋志》之《琴調》十七卷,蓋宋三朝、兩朝《國史志》亦如王堯臣輩,以殘本濫充全本也;三卷、一卷者,亦如四卷者爲散落之零本也。《宋志》合抄四種國史志,以致紛歧重出,又遠過於《崇文目》矣。

陳康士　琴書正聲十卷

《崇文目》云:"《琴書正聲》十卷,不著撰人名氏,集《游春》《淥水》《幽居》《坐愁思》《秋思》《楚明光》《易水》《鳳歸林》《接輿》《白雲》,凡十四譜。"《通考》引録末作"十數譜"。《通志》作九卷。《宋志》著録为陈康士撰,十卷。

《琴史》卷四引陈康士自叙曰:"余學琴雖因師啓聲,後乃自悟,遍尋正聲,《九弄》《廣陵散》、二《胡笳》,可謂古風不泯之聲也,其餘操曲亦曠絶難繼。自元和、長慶以來,前輩得名之士多不明於調韻,或手達者傷於流俗,聲達者患於直置,皆止師傳,不從心得。予……乃創調共百章,每調各有短章引韻,類詩之小序。東岳道士梅復元授康琴法。"所言凡三事:"遍尋正聲",自創琴調百章,梅復元授琴法。《琴書》卷四又謂陳拙"學《止息》於梅復元",知二陳蓋同時同門琴人。後二事對應於《琴調》《琴譜》,則"遍尋正聲"等語,或亦隱指其早年嘗編集《琴書正聲》。故《崇文目》著録此書,確有可能爲陳康士所撰,而偶失考其撰人,《宋志》得其實矣。

陳居士　琴法數勾剔譜

舊編作陳拙撰,僅云:"《琴書存目》云見《東坡詩注》。"今考明張大命《太古正音琴經》卷九云:"陳居士著《琴法數勾剔譜》,一云唐人。"清程允基《誠一堂琴談》卷二無末句。明袁均哲《太音大全集》卷五引"唐陳居士聽聲數應指法並注譜訣"三十條,蔣克謙《琴書大全》卷八略作"唐陳居士《指法》"。疑即陳康士《琴譜》之佚文也。
陳拙　新徵音譜
陳拙見於司空圖《司空表聖文集》卷三《疑經後述》，稱其爲"鐘陵秀士陳用拙"。《五代詩話》卷二引《小草齋詩話》："唐陳用拙，高良人。天祐二年進士，未官而卒。"清吳任臣《十國春秋》卷六二載其本名拙，連州人，以字顯。唐天祐元年擢進士第，授著作郎。南歸，爲楊渥掌書記。楊隆演建南吳，擢爲吏部郎中。久之，卒。宋朱長文《琴史》卷四云："陳拙字大巧，長安人也。授《南風》《游春》《文王操》《鳳歸林》於孫希裕，傳《秋思》於張巒，學《止息》於梅復元。""拙爲京兆户曹。"諸書記載互異，蓋連州高良人，唐末久居長安，曾入鍾傳幕，而晚仕南吳。

《新志》著録"陳拙《大唐正聲新址琴譜》十卷"。《琴史》云，陳拙"作《正聲新址》，未見完本"。四庫本及《通考》所引《崇文目》址作扯，一卷，釋云："唐陳拙纂集琴家之説，不專聲譜。"錢東垣云："舊本拉訛作祉，今校改。"《通志》及《玉海》引《崇文目》並作徵。陳漢章謂祉、址、徵並扯之誤字。《秘書目》《四庫闕書目》並云："陳拙撰《琴籍》十卷。"《宋志》作九卷，乃缺佚一卷。《中興目》云："《琴籍》九卷，唐陳拙撰。載琴家論議、操名及古帝王名士善琴者。（第四卷今闕。）"兩書名稱大異，前者尤費解，而内容似相近。《十國春秋》云用拙"尤精音律，撰《大唐正聲琴籍》十卷，中載琴家論操名及古帝王名士善琴者。又以古調缺徵音，補《新徵音譜》若干卷"。其説出自明黄佐《嘉靖廣東通志》："拙明悟音律，著《大唐正聲琴籍》十卷，載琴家論議、操名及古帝王名士善琴者。古調無徵音，仍補《新徵音譜》，其法以四弦中徵統會樞極，黄鐘正宫合南吕宫，無射商即徵音也。知音者皆秘之，其書遂不傳。"黄佐之説當出古志，疑可信據也。則《新志》等混合兩書之名，誤載爲一書矣。

椿莊書院本《事林廣記》卷四引"陳拙參軍《琴説》"。明蔣克謙《琴書大全》卷一六"歷代琴書目"内有"陳拙《大唐正聲譜》十卷"，各卷引用則稱爲《琴書》《琴籍》《弦論》《指法》等，蓋皆《大唐正聲琴籍》之佚文，《新徵音譜》之佚文未見。唐朝承周隋喪亂，樂懸散失，獨無徵音。李肇《國史補》云，宋沇爲太常令，始考鐘律得之。陳拙於唐末補譜，當爲集前賢大成，惜其書之早佚也。

張茂樞　響泉記

《太平御覽引書目》著録。茂樞，張弘靖之孫，《新書》附見於其祖傳末，祠部郎中，知制誥，天祐二年賜死。記云李勉所製響泉，後爲其家傳寶琴，廣明亂後喪失，又於大順、景福中兩度復見。《新志》有張茂樞《河東張氏家傳》三卷，疑出其書，今載蔣克謙《琴書大全》卷五。

張淡正　琴譜一卷

《通志》《國史志》《宋志》著録。淡或作澹。《崇文目》云："茅仙逸人張澹正撰，不詳何代人。解琴指法。"書目多列後梁王邈、後唐蔡翼前，《玉海》卷一一〇、清《江南通志》卷一九二並謂之唐琴譜。

唐琴譜十卷

《秘書目》著録。按，《日本目》著録"《雜琴譜》百廿卷"，其中當有日本人所撰，亦有唐人所撰，不另補列。

賀懷智　琵琶譜一卷

《秘書目》《通志》《遂初目》著録。段安節《樂府雜録》云："開元中有賀懷智善琵琶，以石爲槽，鵾雞筋作弦，鐵撥彈之。"元稹《琵琶歌》云："玄宗偏許賀懷智，段師此藝還相匹。"宋沈括

《夢溪筆談》卷六云："予於金陵丞相（時王安石退居金陵）家得唐賀懷智《琵琶譜》一册,其序云:'琵琶八十四調,内黄鐘、太蔟、林鐘宫聲,弦中彈不出,須管色定弦。其餘八十一調,皆以此三調爲準,更不用管色定弦。'""懷智《譜》格調與今樂全不同,唐人樂律精深,尚有雅律遺法。"

琵琶譜一卷

日本奈良東大寺正倉院藏,爲現存最古之琵琶譜。其譜不全,衹存六行譜字,題曰《番假崇·一乘摩邪行》,屬黄鐘羽調。背面文書寫於日本天平十九年七月二十七日,即唐玄宗天寶六年,該譜之撰抄當早於此。日本遣唐使粟田道膺長安中攜歸《秦王破陣樂》,留學生吉備真備開元中攜歸武后《樂書要録》,此譜或亦同時傳入日本。

琵琶諸調子品一卷

日本宫内廳書陵部保存伏見宫家舊藏之南宫貞保親王《南宫琵琶譜》一卷,後附《琵琶諸調子品》一卷,末有藤原貞敏跋文,云:"大唐開成三年戊辰八月七日壬辰,日本國使作牒狀,付勾當官銀青光禄大夫檢校太子、庶事王友真,奉揚州觀察府請琵琶博士。同年九月七日,王友(真)依牒狀送博士州衙前第一部廉承武(字廉十郎,生年八十五),則揚州開元寺北水館而傳習弄調子。同月什九日學業既了,於是博士承武送譜,乃記耳。開成三年九月什九日,判官藤原貞敏記。"日本《三代實録》卷一四載,貞敏"少耽愛音樂,好學鼓琴,尤善彈琵琶"。爲遣唐使準判官,承和五年(即唐開成三年)入唐,"達上都,逢能彈琵琶者劉二郎",以砂金二百兩拜其爲師。"劉二郎贈譜數十卷",並以女妻之。次年臨別,又"贈紫檀、紫藤琵琶各一面"。貞敏回國不久,"遷雅樂助,九年春授從五位下,數歲轉頭"。日本僧圓仁《入唐求法巡禮行記》載開成三年八月九日"未時勾當日本國使王友眞來官店慰問僧人等",後貞敏等因病留在揚州,未入長安。可證貞敏跋文可信,而《三代實錄》所述劉二郎事全出虛造。此譜貞敏開成三年抄於揚州,其編撰年代或當更早,通稱之爲"開成琵琶譜",似有欠安。譜内收二十七種調弦法及四十一曲。

五弦琵琶譜一卷

日本近衛世家祖傳之長卷古譜,現藏於京都陽明文庫。内題"五弦"二字,即《新書・禮樂志》所謂"五弦如琵琶而小,北國所出"者,其制五弦五柱,異於普通琵琶之四弦四柱。外題"五弦琴譜",非同一書手筆迹,蓋已不知五弦之爲琵琶矣。内題下云"調曲並廿七種",目録末云"以上廿種曲",然上列曲名實二十一種,又漏列《上元樂》,合計當云"調曲並廿八種""以上廿二種曲"。正文《夜半樂》譜後署曰"丑年潤十一月廿九日石大孃",以閏月推之,爲大曆八年癸丑。時契丹將領王武俊宅以"石國胡兒"之胡騰舞伎著稱,後爲成德節度使,封趙王,其家樂名聲遠播,以致晚唐詩人目此類舞伎爲"王家五弦""王家琵琶""王家柘枝"。故何昌林疑石大孃乃王宅石國樂伎。譜中《王昭君》《秦王破陣樂》《飲酒樂》《聖明樂》《崇明樂》《夜半樂》《三臺》七曲爲石大孃所傳。卷尾題云:"承和九年三月十一日定。"即唐會昌二年,晚於藤原貞敏使唐歸國僅三年,疑此譜乃貞敏以由唐攜歸之零譜編定。貞敏入唐,晚於"丑年"六十五年,然其所師之琴博士廉承武時年八十五,廉或爲康氏之訛,則與石氏同屬昭武九姓,其二十歲時親受石大孃之傳,亦不無可能也。譜中"一越調""盤涉調"爲日本調名,其正調名爲黃鐘商、太簇羽,則與日本習以地支稱年而省癸丑爲"丑年",同爲日本人編定或抄録之痕迹也。

琵琶録十一卷

《日本目》著録。按，以其書名、卷數觀之，當如唐陸羽《茶經》、段安節《樂府雜録》之體，雜載與琵琶相關之事也。疑非唐初及日本平安早期所能有，當出於中晚唐。

琵琶二十譜字表

敦煌寫卷伯三五三九號背，有兩行譜字，係曲譜符號指法表。譜字旁注有"散打四聲""頭指四聲""中指四聲""名指四聲""小指四聲"小字。趙元任首先發現此爲曲譜，日本林謙三等復作解譯。葉棟稱爲"唐人琵琶樂譜"，陳應時稱爲"琵琶二十譜字"，何昌林定名爲《二十譜字表》，推測其抄寫於咸通七年至大順元年之間，並稱其爲解譯唐人琵琶譜之鑰匙。又伯三七一九背《浣溪沙》殘樂譜，所用譜字與此多相應或相同。

敦煌琵琶譜

敦煌寫卷伯三八〇八號背。林謙三、王重民、任二北、饒宗頤等研究論著甚多，通稱爲敦煌曲譜、唐人大曲譜、敦煌曲子譜、敦煌琵琶譜等。其正面爲後唐《長興四年中興殿應聖節講經文》，背面或亦同時所抄。分段記録樂譜二十五首，其中具有詞牌名稱者九首：《傾杯樂》《慢曲子西江樂》《慢曲子心事子》《慢曲子伊州》《水鼓子》《急胡相問》《長沙女引》《撒金沙》《營富》，曲名重複者曲譜並不相同，其間穿插弄、品弄、又曲子、又急曲子、又慢曲子，似爲曲式或段落名稱。共録譜字二千七百多個，係漢字之筆劃最少者，或減略筆劃而成"省文""半字符號"。其標記符號數十種，可能包括節拍、速度、反復、表情、調式、力度，及演奏手法等含義，少數與傳世曲譜有相同之處。研究者或以爲是琵琶、篳篥之器樂譜，或以爲是半字樂譜，係工尺譜之前身，而以持琵琶譜之說者爲多。葉棟、陳應時、何昌林等曾分別譯成五線譜。何昌林又考證其即孫光憲《北夢瑣言》記載之前蜀黔南節度使王保義之女所撰琵琶譜，王氏女與南平國高從誨之子定親，譜傳至江陵，復從江陵傳至敦煌。則其撰於五代初，然其樂曲爲晚唐所流行，且可與日本古抄本唐譜相參證，姑予補録。

段安節　琵琶録一卷

《通志》《中興目》《遂初目》《宋志》著録並同。《讀書志》著録《琵琶故事》一卷，稱"未詳何人所纂"，《書録解題》亦作段安節撰。宋晁載之《續談助》、曾慥《類説》卷一三有《琵琶録》，題段安節撰，其内容即《樂府雜録》烏孫公主數條，清錢熙祚以爲"殆好事竄取，飾以别名，其字句異同處，頗資校訂云"。

橫笛十八卷

《日本目》著録。日本南宫貞保親王《新撰橫笛譜序》自言"芟夷繁亂，勒成三卷"，"凡厥曲折，具見廣譜"。所謂"廣譜"，殆即此《橫笛》十八卷也。《律書樂圖》云："橫笛，本出於羌也。漢張騫使西域，首傳一曲。李延年造新聲二十八曲。"然隋唐志無笛譜，惟宋《國史志》著録《笛律》一卷。而笛爲日本傳統樂器之一，《隋書·倭國傳》云："樂有五弦、琴、笛。"此譜疑爲日本人編撰，然貞保序又云："遠自漢朝，近至日域，代弄玉管，人習龍鳴。""笛爲體師法繁多"，"因之人乖聲譜，各稱師傳"，"自古相傳稱師手者，别以抄定，各注其下"。疑其所抄亦有唐人之譜，姑以補録，以備一藝之文獻云。

尺八圖一卷

《日本目》著録。按，《通典》卷一四六載貞觀中燕樂用"長笛一、尺八一、短笛一"。《新書·吕才傳》云："太宗詔侍臣舉善音者"，"侍中王珪、魏徵盛稱才製尺八，凡十二枚，長短不同，與律諧契。即召才直弘文館。"至晚唐僅盧肇《逸史》記玄宗吹尺八，語涉神怪矣；《唐摭言》載盧肇酒令"遥望漁舟，不闊尺八"，文人口譚耳。宋人尤不明尺八之制，至有混於横笛、謂之五孔者，沈括《夢溪筆談》卷五嘗辨之矣，其《補筆談》卷上又謂"一尺八寸爲黄鐘濁宫"。陳暘《樂書》卷一四八云："簫管之制，六孔，旁一孔，加竹瞙焉，足黄鐘一均聲，或謂之尺八管，或謂之豎笛，或謂之中管。尺八，其長數也。"且繪有一圖。參《倭名類聚抄》所引《律書樂圖》"尺八爲短笛"，"長笛、短笛之間，謂之中管"之説，疑即陳暘之所據也。故唐初考定律吕，並燕樂所施，獨重尺八，疑此書當出其時，或即吕才所製十二枚之圖論歟？

觱篥格三卷

觱篥，又作篳篥、悲篥、笳管，原出龜兹，以竹爲管，以蘆爲首，狀類胡笳。唐時傳入中原，後教坊用之以爲頭管。《説郛》收錄《觱篥格》一卷，下題"段成式"，或謂本無其書而託之段氏也。然日本興福寺寶物館所藏《篳篥譜》，似源自唐譜。《通志》著錄《觱栗格》，一見《藝文略》作三卷，一見《圖譜略》無卷數，今姑據以補錄焉。

敦煌舞譜

敦煌寫卷中有舞譜三個卷子。伯三五〇一號抄錄六名十四譜：《遐方遠》五譜、《南歌子》一譜、《南鄉子》一譜、《雙鷰子》一譜、《浣溪沙》三譜、《鳳歸雲》三譜。斯五六四三抄錄五名十譜：失名二譜、《驀山溪》二譜、《南歌子》二譜、《雙鷰子》二譜、失名二譜。斯五六一三抄錄"上酒曲子南歌子兩段"，尾題曰："開平己巳歲，七月七日簡題，德深記之。"知抄於後梁開平二年，則譜當作於唐代。劉復《敦煌掇瑣》最早將伯三五〇一擬名爲"舞譜"，任二北、柴劍虹、日本水原渭江等研究論著甚多。

以上樂類，補六十二種。

春　秋　類

楊士勛　春秋公穀考異五卷

《宋志》著録。士勛，貞觀中四門博士，預撰《春秋正義》，又撰《穀梁疏》十二卷，兩《唐志》已著録。按，考異之體，似始於司馬溫公。此楊士勛或爲宋人，今姑從《經義考》補録。

蘇德　春秋不盡義一卷

《日本目》著録。蘇德，其人不詳。疑即蘇德融之脱誤。德融，貞觀中仕爲給事郎，守四門博士，上騎都尉，預撰《周易正義》《尚書正義》《春秋正義》。古人恒言書不盡言，言不盡義，又佛家好言盡不盡義，似皆與此無涉。此書之"不盡義"，參《唐律疏義》卷一"《律疏》無不盡義"之説，蓋指孔穎達《春秋正義》而言。《玉海》卷四四引唐裴瑜《爾雅注序》云："依六書八體，撮諸家注未盡之義。"蘇氏著書緣起，與此相類，即參預官書《春秋正義》之編撰，因其尚有未盡之義，遂私撰此書也。

李至遠　左氏春秋編記

李至遠，趙州高邑人，長壽中天官郎中。《新書·循吏傳》云："少秀悟，能治《尚書》《左氏春秋》，未見杜預《釋例》而作《編記》，大趣略同。復撰《周書》"，"令狐德棻許其良史"。

王德表　春秋異同駁議三卷

《王德表墓誌》（《彙編》聖曆二八）云，字文甫，太原晉陽人。王之涣祖父。嘗受房玄齡推薦，令侍徐王讀書，武周時仕至文安縣令。聖曆二年卒，年八十。"公博綜經史，研精翰墨。冠冕五常，被服六藝。至於釋教空相，玄門宗旨，莫不澄源抱瀾，必造其極。""注《孝經》及著《春秋異同駁議》三卷，並注《道德上下經》《金剛般若經》，有《集》五卷。"

崔表　世本圖一卷

《宋志》著録。《玉海》卷五〇引《國史志》同。唐有崔表，定州安喜人，中宗時宰相崔湜之族兄弟。官嶺南節度副使、殿中侍御史。見《新書・宰相世系表》。按，《漢志》云："《世本》十五篇，古史官記黄帝以來訖春秋時諸侯大夫系諡名號。"隋唐志載劉向、宋衷《世本》一類書多種。至宋代，則如洪邁《容齋隨筆》卷七曰："蓋世次之説，皆出於《世本》，故荒唐特甚，其書今亡。"疑此書當出於唐代《世本》未亡之時。又《讀書志》謂張九齡《姓源韻譜》"依《春秋》正典、柳氏《萬姓録》、《世本圖》纂爲此譜"，張氏略晚于崔表，所引《世本圖》，或即崔表是書歟？

柴憲　春秋三傳通志二十卷

見《柴憲墓誌》（《彙編》開元二三七）。

張氳　春秋穀梁注

元趙道一《歷世真仙體道通鑑》卷四一有傳，稱其嘗注《穀梁》等書，皆未行世。

吕證　春秋音義

《玉海》卷四二、四五兩引《集賢注記》云："開元末，有敕依《文字音義》改撰《春秋》《毛詩》《莊子》音義。張九齡奏校理官吕證撰《春秋音義》，鄭欽説撰《毛詩音義》，甘暉、衛包撰《莊子音義》。"《新志》"甘暉、魏包注《莊子》，卷亡"，殆即據此著録，而不收前二書，是爲例不純也。

柴閲　三傳通志

見《柴閲墓誌》（《秦晋豫新出墓誌蒐佚》第七三八頁）。

陸善經　春秋三傳注三十卷

《日本目》著録。

邢璹　春秋十二公謚議一卷

《日本目》著録。按，舊編"謚"誤認作"證"，今據孫猛《詳考》

改正。

啖助　春秋集傳二十卷

《日本目》著録。《新書·儒學傳》云，啖助淹該經術，"善爲《春秋》，考三家短長，縫補漏闕，號《集傳》，凡十年乃成，復攝其綱條，爲《例統》。"蓋據啖氏自述："三傳分流，其源則同，擇善而從，且過半矣。予考覈三傳，舍短取長，又集前賢注釋，亦以愚意裨補闕漏，商榷得失，研精宣暢，期於浹洽，尼父之志，庶幾可見，疑殆則闕，以俟君子，謂之《春秋集傳集注》。"其弟子陸淳述啖助"始以上元辛丑歲集《三傳》釋《春秋》，至大曆庚戌歲而畢。"助之講經，多異先儒，如謂《左傳》非丘明所作，公羊名高，穀梁名赤，未必是實。其舍傳求經，實導宋人之先路，人謂有功於《春秋》，而弊在自用私臆，失之於穿鑿附會。

清馬國翰《玉函山房輯佚書》云："啖自述《集傳》外，又有《集注》，《唐藝文志》並不載，疏也。今佚。陸淳《集傳》《春秋纂例》《春秋微旨》《春秋辨疑》三書，及孫覺《春秋經解》、程端學《春秋本義》多引之，彙輯爲卷。《春秋或問》引《集注》一條，附入卷中。《六帖》引《例統》一條，別出附後。宋祁譏其擯詘三家，不本所承，自用名學，憑私臆決；邵子謂《春秋》三傳之外，陸淳、啖助可以兼治；陸象山謂助有功於《春秋》，則又深取之。要之，啖書與劉炫相類，斥三傳之謬，或失苛察，而辨駁精確處，固自擷撲不破也。"其輯本僅以陸淳《春秋集傳纂例》卷一《啖氏集傳注義第三》及《啖氏集注義例第四》前半部分爲原書自序，又自諸書輯得佚文三十四條。按，啖助考覈三《傳》，舍短取長爲"集傳"；又集前賢注釋，補以己意爲"集注"，合爲《春秋集傳集注》，又或省稱。馬氏以《集傳》《集注》爲二書，蓋沿清儒余蕭客《古經解鉤沈》卷二之誤。又陸書同卷《春秋宗指議第一》《三傳得失議第二》《啖氏集注義例第四》後半部分、《啖子取捨三傳義例第六》所引"啖子曰"文義一貫，當皆出原序，陸淳割裂，冠以諸目耳。陸氏三書引"啖子曰"者二百八十三條，宋儒孫覺、程端學而外，援引其說者夥矣，去其重複，佚文當在三百條以上，馬氏漏輯尚多。

啖助　春秋例統三卷

啖助自述撰《春秋集傳》外，"又撮其綱目，撰爲《統例》三卷，以輔《集傳》，通經意焉"。清馬國翰《玉函山房輯佚書》僅自《白孔六帖》卷八八輯出一條："幽厲雖衰，雅未爲風，逮平王之東，人習餘化，苟有善惡，當以周法正之。故斷自平王之季，以隱公爲始，所以拯薄勉善，救周之弊，革禮之失。"原引稱"啖助曰"，未言出自《例統》。趙氏《義統》行而啖氏《例統》廢，後世焉得見其書？《六帖》實節取陸淳《春秋集傳纂例》卷一《春秋宗指議第一》所引"啖子曰"，文字略異，中部刪"及代變風移，陵遲久矣，若格以太平之政，則比屋可誅，無復善惡"諸句。《全唐文》等書所收啖助《春秋統例自序》，亦爲《集傳》之序，割裂冒之耳。實則陸淳《春秋集傳纂例》引"啖子曰"統言書法義例者，皆可視爲此書佚文，文繁不錄。

趙匡　春秋闡微纂類義統十二卷

《宋志》著錄。《中興目》云："《春秋闡微纂類義統》十卷，皇朝章拱之作《春秋統微序》：'趙氏集啖氏《統例》《集注》二書及己說可以例舉者爲《闡微義統》十二卷，第三、四卷亡佚。'今本同。"《秘書目》《通志》作陸淳撰，十二卷。趙匡爲啖助益友，助卒，弟子陸淳及子異哀錄助所爲《春秋集傳》《統例》，請匡損益。兩《唐書》俱以匡爲啖助弟子，《四庫總目》已詳考其誤。清馬國翰《玉函山房輯佚書》凡輯得佚文五十四條。

崔昇　魯史分門屬類賦一卷

《崇文目》作二卷,《秘書目》作三卷,《通志》文集賦類亦作二卷,俱作崔昇撰。《四庫闕書目》云:"崔昇《春秋分門屬類賦》三卷,楊鈞注。"《宋志》春秋類:"崔昇《春秋分門屬類賦》三卷,楊均注";類事類:"《魯史分門屬類賦》一卷";別集類:"崔昇《魯史分門屬類賦》一卷"。《晁志》類書類云:"《魯史分門屬類賦》三卷,皇朝楊筠撰。以《左氏》事類分十門,各爲律賦一篇。乾德四年上之。"《玉海》卷四〇云:"乾德四年四月,國子丞楊均上《魯史分門屬類賦》三卷。"同書卷五九云:"《魯史分門屬類賦》,楊鈞,三卷。以《左氏》事類分十門,各爲律賦一篇。乾德四年奏御,詔褒之。"

諸目著録,紛歧互出。嘗試繹之,其撰人當爲崔昇,至晁公武始改題作楊均。崔昇所撰原書,初僅一卷,或又分爲上下二卷。宋楊均(或作筠、鈞)作注,析之爲三卷,乾德四年上之。竊疑題作崔昇撰、楊均注者,最得其實。楊均注上之時,有宋立國才數年,當時又未見別有崔昇其人之記載,則崔昇當爲唐五代時人。唐名崔昇者衆:一博陵安平人,崔玄暐弟,則天季年任司刑少卿,守正不阿,奏誅張昌宗,官至尚書左丞,附見《舊書》卷九一《崔玄暐傳》。一定州安喜人,崔湜弟液孫,官監察御史,贈大理卿、平安縣伯,見《新書》卷七二下《宰相世系表二下》《會要》卷七九。一見《崔公夫人弘農楊氏墓誌》(《補遺》第十輯第二七八頁),云:"崔公諱昇,文華武略,擢第授官,爲衆知也。"又劉長卿《送崔昇歸上都》、張祜《夜宿溢浦逢崔昇》二詩中之崔昇,與後二人約皆同時,或即其中之一。《畿輔通志·藝文》作博陵崔昇撰,蓋出臆測。今按《舊書·崔玄暐傳》云,"與弟昇甚相友愛","少時頗屬詩賦"。抑其弟崔昇亦善詩賦,其爲此書撰人尚較可信。

裴光輔　春秋機要賦一卷

《宋志》著録。《四庫闕書目》云："裴光輔纂，繆敬之注。"《經義考》附於唐末。《山西通志》卷一七五《經籍》列爲宋人，未知何據？書目多列於崔昇之書後，或列尹玉羽《春秋音義賦》、李象《續春秋機要賦》之前。《舊五代史》卷七九載少府監致仕尹玉羽卒，卷一四七載李象天福六年五月任尚書刑部員外郎。疑此四書著録順序較爲可信，崔、裴二氏皆當爲唐人。考《文苑英華》卷九四一符載《蕭存墓誌》云："夫人河東裴氏，王父珒，越州倉曹參軍事，皇考光輔，蘇州吳縣丞。"蕭存爲蕭穎士子，貞元十六年卒，年六十二。其岳父當爲玄宗至代宗時人。又洪興祖《韓子年譜》引《科名記》，載貞元八年陸贄主司，登第者二十三人，"多天下孤雋偉傑之士，號龍虎榜"，内有裴光輔。其時代略晚，當别是一人。疑作賦者即此二人之一。作注者繆敬之，别無可考。

施士匄　春秋傳

《新書·儒學傳》謂士匄以《詩》名，"兼善《左氏春秋》，以二經教授。由四門助教爲博士。""士匄撰《春秋傳》，未甚博。後文宗喜經術，宰相李石因言士匄《春秋》可讀。帝曰：'朕見之矣，穿鑿之學，徒爲異同。但學者如浚井，得美水而已，何必勞苦旁求，然後爲得邪？'"按，士匄説《詩》，頗言毛、鄭之失，其《春秋傳》蓋亦好立異説，故文宗斥之爲穿鑿之學。然"《春秋》三傳束高閣，獨抱遺經究終始"，固晚唐習氣，非士匄一人之病也。

鄭易　春秋三傳異同十七卷

《鄭易墓誌》（《洛陽新出駕鴦志輯録》第一九二頁）云，字子莊，滎陽人。官至尚書工部郎中，元和十一年卒。"年十四通詩禮，登明經之第。繇是博涉經史，旁貫百氏。""所撰《三傳異同》十七卷,傳於學者,宜爲中制焉。其所著文章,每以議論爲得意之作,則有《擬樂毅》及《復讎》二議稱於作者。其餘必發于性情,成乎禮樂。雖立言萬變,大趣歸理,至若華飾氣豔,未嘗留意也。"

盧仝　春秋摘微四卷

盧仝,《新書》有傳,未及此書。《唐才子傳·劉叉傳》謂盧仝"履道守正,反關著述,《春秋》之學,尤所精心,時人不得見其書,惟叉愜願,曾授之以奧旨"。宋慶曆間韓盈輯《玉川子外集》,序稱"先生《春秋》之學,舉世莫得見其書,故人不得窺其涯涘矣"。其書始見於許顗《許彥周詩話》,云:"玉川子《春秋傳》,僕家舊有之,辭簡而遠,得聖人之意爲多。"北宋後期《秘書目》始著錄"盧仝《春秋摘微》一卷",《通志》同,《遂初目》作"盧仝《摘微》",無卷數。《中興目》云:"盧仝《春秋摘微》一卷,十二公凡七十六事。"《宋志》作四卷,《讀書志》云:"唐盧仝《春秋摘微》四卷,右唐盧仝撰。其解經不用傳,然旨意甚疏。韓愈謂'《春秋》三傳束高閣,獨抱遺經究終始',蓋實錄也。祖無擇得之於金陵,《崇文總目》所不載。"《通考》又引李燾云:"仝治《春秋》,不以傳害經,最爲韓愈所稱。今觀其書,亦未能度越諸子,不知愈所稱果何等義也?舊聞仝解'惠公仲子',曰'聖辭也',而此乃無之,疑亦多所亡逸云。"斯蓋得實。宋杜諤曾見祖無擇藏本,其《春秋會義》卷一魯隱公下云:"《摘微》後祖擇之曰:'《易》始於乾坤,天地之極也。《詩》始於夫婦,人倫之本也。《書》始於堯舜,善其禪也。《春秋》始於隱桓,誅其篡也。'"清光緒中,李邦黼"偶假得杜氏諤《春秋會義》抄本,其間搜採盧說凡六十二事","裒輯成書,視《中興書目》所載已十得七八矣。《會義》於僖襄二公事,多所闕佚,《摘微》所遺之十四事,或即在其中"。其他古書所引,無出《會義》之外者矣。
殷侑　公羊春秋新注
《舊書》本傳云："通經，以講習自娛，貞元末以《五經》登第，精於歷代沿革禮。"《會要》卷七六載，長慶二年殷侑奏請置三傳科。韓愈《薦狀》謂"前天德軍都防禦判官承奉郎試大理評事兼廉察御史殷侑，兼通三傳，旁及諸經，注疏之外，自有所得。"又《答殷侍御書》云："近世《公羊》學幾絕，何氏注外，不見他書。""蒙示《新注公羊春秋》，又聞口授指略，私心喜幸，願盡傳其學。""如遂蒙開釋，章分句斷，其心曉然，直使序所注，掛名經端，自託不腐，其又奚辭？"宋樊汝霖云："侑欲求公序所注《公羊春秋》，公亦許之，而序及侑所注今皆無傳，或世逸之耶？"
楊漢公　春秋左氏傳注
《楊漢公墓誌》（《續集》咸通八）云："文宗好讀《左氏傳》，而病杜解大簡，特詔公演注之，儒者稱其美，轉司封郎中。"《新志》著錄"許康佐等《集左氏傳》三十卷"，注云："一作文宗御集。"似當爲一事。然據《舊書》本傳，楊氏大和七年遷司封郎中，則注書當在此前戶部郎中、史館修撰任上。而《玉海》卷四〇引《實錄》曰："大和九年四月癸亥，許康佐進纂集（原誤作氏，據《册府元龜》卷六〇七改）《左氏傳》三十卷。五月乙巳朔，以御集《左氏列國經傳》三十卷宣付史館。"則成書似有先後之別，故仍以補錄。
黃敬密　春秋指要圖一卷
《四庫闕書目》《宋志》著錄，敬字避諱作恭。《中興目》云："《春秋圖》一卷，唐會昌中黃敬密撰。"《國史志》作《春秋兩霸列國指要圖》，《玉海》卷四〇云："序有晉霸、楚霸之語。"元程端學《春秋本義》卷首《春秋傳名氏》列三黃氏：黃敬密《春秋圖》、黃叔敖《講義》、黃震《日抄》，然書內所引"黃氏"，似皆出黃震《黃氏日抄》卷七至一三《讀春秋》。

皇甫鈺　春秋三傳異同十二卷

《皇甫鈺墓誌》（《補遺》第十輯第四〇五頁）云，字昭文，安定人。大和五年舉進士上第，官至給事中。咸通三年卒，年六十四。"好古嗜學，手不釋卷。經史九流，文集紀傳，暨方外著述，山川草木之書，莫不畢覽。""集《春秋三傳異同》凡一十二卷，《歷代君臣名位鄉里》凡一十卷。其餘隨意纂錄，三卷兩卷，未立名號者，又數十卷。"

王叡　春秋守鑑一卷

《宋志》著錄。宋張君房《雲笈七籤》卷一一二引《神仙感遇傳》曰："進士王叡，漁經獵史之士也。孜孜矻矻，窮古人之所未窮，得先儒之所未得，著《炙轂子》三十卷，六經得失，史冊差謬，未有不針其膏而藥其肓矣。""年八十，殕於彭山道中。"計有功《唐詩紀事》卷五〇云："炙轂子，王叡也。元和後詩人。"其《炙轂子》引及"大中初《纂異錄》"，《炙轂子詩格》評及杜牧、李郢等人詩，當爲宣宗至僖宗時人。按，宋初有王睿，曾任通事舍人、司天監丞，未聞其著書事。唐王叡之《炙轂子》，宋代流傳者僅五卷，載事物、樂府古題之始，未及"六經得失"，疑此一卷即其三十卷書宋代散逸之餘也。

王叡　春秋龜鑑一卷

《宋志》著錄於前一書之下。《通志》列五代著述之間。《崇文目》云："不著撰人名氏。述春秋周及諸侯世次，齊、魯大國公子公孫。初不詳備，其後傳寫又失其次序，今存以備討閱。"似與王叡"鍼其膏而藥其肓"距離遠甚，故舊編視《宋志》爲連類相次，未予補錄。今細思之，王叡晚年吟詩學道，所謂"漁經獵史"，乃其早年舉進士時之爲也。今本《炙轂子》雜抄他書,與夫此書之類編春秋人事,"初不詳備",正符舉子編書之常態,鍼藥云云,古人諛詞耳。故疑此一卷亦王叡三十卷書散逸之餘,王堯臣輩失於考據,而《宋志》轉得其實也。

李融　春秋樞宗十卷

《宋志》著録,原列於宋人之間。舊編云:"《舊書·裴光庭傳》謂光庭嘗引壽安丞李融等,令直弘文館,撰《續春秋傳》,光庭委筆削於李融,疑即其人。"今疑爲唐末人,詳見下條。

李融　春秋指掌圖二卷

《宋志》著録,不著撰人名氏,原列於張傑《春秋圖》之下,故明朱睦㮮《授經圖義例》徑題作張傑撰。清朱彝尊《經義考》卷一七七於張傑《指玄》下標注:"《宋志》作《指掌圖》。"《崇文目》錢輯本從之。陳漢章《補正》云:"《宋志》之二卷《春秋指掌圖》,非即張傑之《春秋圖》矣,但《宋志》不以《春秋指掌圖》次於李瑾《春秋指掌》十五卷之下,致後人誤以爲張傑《圖》耳。"朱、錢二氏徑以《指掌圖》二卷爲張傑《指玄》十卷,非以爲張傑《圖》五卷也。《玉海》卷四〇以"唐《春秋指掌》、《圖》"合爲一條,先引《中興目》以釋李瑾《指掌》,後引《國史志》曰:"融據李瑾《指掌》爲圖,不著姓。"《新志》有李瑾《春秋指掌》十五卷,據《通考》所引李燾之説,其"第一卷《新編目録》,多取杜氏《釋例》及陸氏《纂例》",知李瑾晚於陸淳。兩《唐書》別有六李瑾,惟李聽子瑾時代相符,或即其人也。此《春秋指掌圖》疑據李瑾《指掌》而爲圖,或爲李瑾族人,故略姓而稱名也。唐人名李融者夥,自貞元鄭滑節度使李融以上,皆時代過早。《册府元龜》卷一三一載,元和九年八月録功臣之後,以李融爲常州司户,此人與李聽子瑾約爲同輩。《文苑英華》卷四一三載劉崇望《授李融弘文館校書郎充職等制》,爲僖宗時人,時代身份最爲相符。李融既著《春秋樞宗》十卷二卷,又著《春秋指掌圖》，與張傑著《春秋指玄》十卷、《春秋圖》五卷，蓋皆文圖相配者也。

盧陵　春秋注

《明一統志》卷二〇云："盧陵，龍門人，舉進士，官至工部尚書。讀書龍門山，注《春秋》《孝經》，每以經義決時議。"《萬姓統譜》卷一一同。二書各列於裴行儉、盧綸前，其人別無可考。《大清一統志》卷一一九移置唐人之末。雍正《山西通志》卷一七五《經籍》著錄二書。

徐彥　春秋公羊疏三十卷

《崇文目》云："《春秋公羊疏》三十卷，不著撰人名氏。援證淺局，出於近世，或云徐彥撰。皇朝邢昺奉詔是正，始令太學傳授，以補《春秋》三家之旨"。《書錄解題》引《廣川藏書志》云："世傳徐彥撰，不知何據。然亦不能知其定出何代，意其在貞元、長慶後也。"清人或謂後魏徐遵明、隋徐孝克，見宋翔鳳《過庭錄》卷一〇。《四庫總目》謂其人猶及見孫炎《爾雅注》完本，又襲用楊士勛《穀梁疏》，而文體亦與唐末相近，定爲唐末人。書目著錄俱作三十卷，今本僅二十八卷，四庫館臣疑"彥本以經文並爲二卷，別冠於前，後人又散入傳中，故少此二卷，亦未可知也"。光緒《湖南通志·藝文志》引李繼聖《禹碑辨》，稱徐彥《五宗禪林觀空錄》載希遷之徒永曇上衡山岣嶁峰覓禹碑不獲。敘事怪誕，且《景德傳燈錄》卷一四希遷法嗣二十一人，無永曇，疑係僞撰。

柳璞　春秋三氏異同義

《新書》本傳云："仲郢子，字韜玉，學不營仕，著《春秋三氏異同義》，又述《天祚長曆》。"終著作郎。

袁孝政　春秋要類五卷

《宋志》著錄"袁希（一作孝）政《春秋要類》五卷"。《崇文目》

人類書類,無撰人名氏。唐播州録事參軍袁孝政注《劉子》,余嘉錫疑唐末人,又謂注文淺陋紕繆,於事之出於《左傳》《國語》者,尚多亂道。則此書若果爲所撰,當亦無甚可取。清袁渭漁《袁氏藝文金石録》著録爲一人。

楊藴　春秋公子譜一卷

《宋志》著録。《玉海》卷四〇引《中興目》云:"唐楊藴撰《春秋公子譜》一卷,載帝王以來至春秋。"卷五〇又引云:"唐楊藴撰。"《通志》注云:"吴楊藴。"趙士煒按云:"張澍《姓氏書目》謂《隋志》吴楊藴撰,是楊藴爲孫吴時人,非唐人也,《中興書目》誤云云。今檢《隋志》,實無是條,不知張氏何據?"晋杜預《春秋釋例·世族譜》,鄭樵《通志·藝文略》作《小公子譜》,其或以爲杜譜依據楊譜,故定楊氏爲孫吴時人,未必别有確據也。張氏則誤《通志》爲《隋志》耳。元程端學《春秋本義》卷首《春秋傳名氏》載"楊氏藴藏機《公子譜》",列陸希聲、盧仝之間,蓋亦以爲晚唐人也。其謂藴字藏機,不知何據?

楊藴　春秋年表一卷

《宋志》著録,列崔表《世本圖》之下,前後皆宋人著述。宋岳珂《九經三傳沿革例》云:"《春秋年表》,《三朝藝文志》不載作者名。今諸本或闕號名,或紊年月,參之經傳,多有舛錯,不無刊寫之誤。""皆以經傳正之。《史記》年表書事,今表止書繼立,循舊不敢增。"四庫館臣按云:"《館閣書目》,元豐中楊彦齡撰二卷,紹興中環中撰一卷。今本一卷,與紹興本及《藝文志》所載者同。"疑《三朝藝文志》所載即楊藴之書,楊彦齡、環中、岳珂遞作改編校正耳。

春秋精義三十卷

《宋志》著録。《崇文目》云:"彙事於上,分抄杜氏、孔穎達言數家之説,參以《釋文》。"《中興目》作二十卷。

演左氏傳謚族圖五卷

《崇文目》云："以《左氏》學《世譜》增廣之，貫穿系序，差無遺略。"按，以上二書宋人多列於僞蜀馮繼先之前，蓋以爲唐人所撰歟？

國語音略一卷

《秘書目》《通志》著錄。《宋志》作《國語音義》。唐代以前注《國語》者，凡賈逵、王肅、虞翻、唐固、韋昭、孔晁六家，皆以釋義爲主。北魏劉芳之音，隋唐以後未見傳世。至宋庠《國語補音序》始曰："近世傳《舊音》一篇，不著撰人名氏，尋其説乃唐人也。何以證之？據解'犬戎樹惇'引鄯州羌爲説。夫改鄯善國爲州，自唐始耳。然其音簡陋，不足名書，但其間時出異聞，義均雞肋。庠因暇輒記其所闕，不覺盈篇。今因舊本而廣之，凡成三卷。其字音反切，除存本説外，悉以陸德明《經傳釋文》爲主，亦將稽舊學、除臆説也。"其所謂"舊音"，殆即書目著錄之《音略》《音義》也。

按，宋庠之説，尚有未周。蓋鄯州始見於《魏書·地形志》及《侯莫陳悦傳》，其後《周書》《隋書》《北史》亦數見之，《舊書·地理志》亦明言："後魏置鄯州。"可見置鄯州不自唐始明甚。然《舊音》出於唐人，宋氏所引佚文内别有内證。其解"踔蹇"云："《説文》《字林》《玉篇》《珠叢》並無踔字。"《珠叢》即隋煬帝時所編《桂苑珠叢》。其解"聆隧"云："音琴。禮（當爲孔之誤）《傳疏》引此文作'黔'。"所引爲《左傳》莊三十年孔穎達疏，則確爲唐高宗以後之作矣。又《舊音》解"犬戎樹惇"云，"鄯州界外羌中見有樹惇，蓋是犬戎主名明矣"，而《舊書·地理志》云，"隴右節度使理鄯州，以備羌戎"，語意亦頗相符。唐武德二年平薛舉，置鄯州。肅宗上元二年九月，州爲吐蕃所陷。宋元符二年收復，次年棄之。崇寧二年又復，改爲西寧州。則其音當作於肅宗之前。

宋庠《補音》體例，先存列《舊音》，《舊音》所遺及但用直音而闕反切者，隨字增入。清四庫館臣謂宋庠書實全收唐人舊本，而附益其說，故改題爲"唐人舊本，宋宋庠補茸"。馬國翰從中輯抄《國語音》一卷，收入《玉函山房輯佚書》，其解題云："此篇《唐志》及各家書目皆不著錄，世無行本，惟庠《補音》謂'因舊本而廣之'。今檢庠書，全載《舊音》，其自爲廣續者，必加'補音'或'今按'以別之。就中録出，仍完故帙。其體例與陸德明《經典釋文》不殊，雖涉簡略，而賈逵、唐固、孔晁諸家說，猶及引徵，可與韋注互考。又間引《字苑》《韻集》《珠叢》《篆文》等書，皆散佚僅見者，唐時諸書尚存，故作音者得以援據。庠多空言排斥，似未爲允當也。"

又按，《宋志》之《音義》，列魯有開《春秋指微》後，宋庠《國語補音》、林槩《辨國語》前，明朱睦㮮《授經圖義例》卷一六、清朱彝尊《經義考》卷二〇九並作魯有開撰，疑非是。《秘書目》以"《國語音略》一卷、《晋書音略》三卷"相次著錄，後者當即唐何超《晋書音義》，蓋證"音略""音義"可互稱也。楊齊宣序何書，署天寶六載。上考此書作於高宗至肅宗之間，豈亦出何超之手乎？

以上春秋類，補三十六種。

孝 經 類

孔穎達　孝經抄一卷

《日本目》著錄。唐人佛經義疏，亦或以抄爲名，此或即《新志》之《孝經義疏》，然《新志》注云"卷亡"，實乃據史傳著錄。《舊書》本傳云，貞觀十一年，太子"承乾令撰《孝經義疏》，穎達因文見意，更廣規諷之道，學者稱之"，"十四年，太宗幸國學觀釋奠,命穎達講《孝經》"。此傳又據唐吳兢《貞觀政要·規諫太子》:"貞觀中,太子承乾數虧禮度,侈縱日甚","太子右庶子孔穎達每犯顏進諫","承乾令撰《義疏》,穎達又因文見意,愈廣規諫之道"。《新書·儒學傳》略作:"皇太子令穎達撰《孝經章句》,因文以盡箴諷。"

附按:敦煌寫卷伯三二七四號起《孝經·開宗明義章》"教之所由生也"注,至《喪親章》末,卷尾有題記"天寶元年十一月八日於郡學寫(寫)了"。王重民謂即元行沖所撰《御注孝經疏》,王利器謂即孔穎達之《孝經義疏》(《敦煌本孝經義疏跋》,《圖書季刊》新九卷三、四合期,一九四八年),復有皇侃《孝經義疏》等說。陳金木考定其爲疏釋鄭氏解之書,其作者非元行沖,非皇侃或其同門生,爲天寶元年以前之《孝經》學者(《敦煌本孝經鄭氏解義疏作者問題重探》,《嘉義師院學報》一九九〇年第四期)。則王利器之說,或可備一解。

又,敦煌寫卷伯二七五七號背第三行起爲《孝經疏》,共九行,末行有一浮籤,題此三字書名。殘文分別親亡後至孝之心、至孝之儀、至孝之行、至孝之想、至孝之極等,當爲《喪親章》之疏文。其謂"久寢凶廬,此云孝之儀",《通典》卷八〇云"唯鄭玄獨以諒闇爲凶",孔穎達《毛詩》《左傳》疏亦皆引之,《文選·閒居賦》李善注:"諒闇,今謂凶廬。"是唐初皆以諒闇爲凶廬,此卷或與前卷爲同一書,皆孔穎達疏之殘存者也。

王漸　孝經義五十卷

舊題柳宗元《龍城録》云:"國初有王漸,作《孝經義》,成五十卷,事亦該備。而漸性鄙樸,凡鄉里有鬭訟,漸即詣門,高聲誦《義》一卷,反爲漸謝。後有病者,即請漸來誦書,尋亦得愈。"其敘事怪誕,未必足信。

崔釋　孝經注

見《崔釋墓誌》(《河洛墓刻拾零》第一四七頁)。

封言道　孝經注

《封言道墓誌》(《西安碑林全集》第一〇六四頁)云,字讓,渤海蓨人。官至宋州刺史。聖曆二年卒,年八十三。"十三受九經大義於巨儒劉彥衡,十四受史傳及《蒼》《雅》於秘書監顏師古。""大孝者,孔教之宗極也,注《孝經》焉。"

王德表　孝經注

見《王德表墓誌》(《彙編》聖曆二八)。

褚無量　孝經講疏

《文苑英華》卷八九六蘇頲《褚無量墓誌》云："所撰《儲君翼善》二十篇、《帝王要覽》二十二卷、《帝王紀錄》二卷、《心鏡》三十篇,刪正《論語》《孝經疏》各一部。每條上,則留中,錫之孔殷,盈不可數。大抵以義約,以文見,俾興文有兆,消長無傾。"《舊書》本傳云："景雲初,玄宗在春宮,召拜國子司業,兼皇太子侍讀。嘗撰《翼善記》以進之,皇太子降書嘉勞,賚絹四十匹。太極元年,皇太子國學親釋奠,令無量爲皇太子講《孝經》《禮記》,各隨端立義,博而且辯,觀者嘆服焉。"開元中,"皇太子及郯王嗣直等五人,年近十歲,尚未就學,無量繕寫《論語》《孝經》各五本以獻"。"七年,詔太子就國子監行齒胄之禮,無量登座說經,百僚集觀。"《册府元龜》卷二六〇云："玄宗初爲皇太子,太極元年,太子親釋奠於國學,命國子司業褚無量開《孝經》及《禮記》題,太子問疑義數條,無量皆依古典以對,微加規諷。"

附按:敦煌寫卷斯六一七七號起《孝經‧開宗明義章》"身體髮膚受之父母"注,至《諸侯章》"而和其",下殘。伯三三七八起《諸侯章》"在上不驕"之"驕",至《三才章》"則天之明"。陳鐵凡《敦煌本孝經類纂弁言》云："兩卷經注文既相連接,其斷裂處亦密合無間。"伯三三八二起《三才章》"地之義"注,至《聖治章》"聖人因嚴以教敬"注。王重民《敦煌遺書總目索引》云"與三三七八卷爲同書而不同寫本"。其注者有孔安國、鄭玄、韋昭、六朝人諸説,非是。潘重規云："其書雜引故事,發揮經義,與俗講經文藉故事以宣揚佛理者,其用意正同。""且文字多用口語,均與變文風格相同,其爲受俗講變文影響後之作品甚明。又伯三三八二卷解'天地之性人爲貴',其言有云:'人有五藏,脾腎肺肝膽魂心意各自相持,假合共立此身。'似亦出於熏染佛家思想者之手。"(《敦煌變文與儒生解經》,《靜宜文理學院學報》一九八一年第四期)注文敷演趙遁(盾)、申明故事,確近乎唐人小説,然"人有五藏"云云,《白虎通德論・情性》言之詳矣,似與佛家無涉。竊觀其所講,皆帝王君臣之故事,配之以"每事當先念先祖功德,繼而行之","未使殞墮先祖之基業",純爲教訓王子之口吻,《諸侯章》注有"重解社云"一段詳述伏羲至商湯諸古帝王,足證其人多次講解《孝經》。凡此諸端,與褚無量最爲相符,因疑此即褚氏講疏之殘卷也。

張嵩　御注孝經贊一卷

敦煌寫卷伯三八一六號存第一至十四章,下殘。前有乾元中所抄進書表云："臣竊見天下諸郡及都護府無官學,臣請同州縣例置學,訓導軍將戰士子弟。""臣忝鄉賦孝廉出身,陳力明時,曾任縣令。從政之暇,以此爲心。謹因《御注孝經》十八章,每章撰贊一首。"其人自稱"臣嵩",鄭阿財考定爲安西都護張嵩,卒於開元十五年。贊約寫於開元十年至十二年間,頌揚開元本御注《孝經》。另斯五七三九、斯三八二四背各存若干行。參王慶衛《敦煌寫本伯三八一六〈御注孝經贊並表〉

再考》,《國學學刊》二〇一二年第三期。

新撰孝經疏拾遺一卷

《日本目》著録。孫猛《詳考》云:"日本人著作往往冠以'新撰'二字,或日本人爲元行沖《御注孝經疏》補遺之作。"按,隋唐志著録之書冠以"新撰"二字者多種,如荀勖《新撰文章家集》、隋高祖《新撰兵書》,是亦未必也。《秘書目》《通志》著録蘇彬《孝經疏》一卷,《宋志》列元行沖、邢昺之間,未知即此書否?

韋渠牟　孝經疏

兩《唐書》本傳謂渠牟"博通經史"。而《新志》所載僅《開元後禮》《詩集》。權德輿撰《墓誌》云:"撰《莊子會釋》《老子》《金剛經釋文》《孝經》《維摩經疏》《三教會宗圖》共十餘萬言,又奏修《貞元新集開元後禮》二十卷,詔下有司,令行於代。"

李陽冰　科斗書孝經

韓愈《科斗書後記》云:"貞元中,愈事董丞相幕府于汴州,識開封令服之者,陽冰子,授余以其家《科斗孝經》、漢衞宏《官書》兩部合一卷,愈寶蓄之,而不暇學。後來京師爲四門博士,識歸公(登),歸公好古書,能通之,愈曰:'古書得其依據,盖可講。'因進其所有書屬歸氏。元和來,思凡爲文辭,宜略識字,因從歸公乞觀留月餘,張籍令進士賀拔恕寫以留愈,盖得其十四五,而歸其書於歸氏。"宋郭忠恕《汗簡》卷七引李士訓《述異》云:"大曆初,予帶經鉏爪於灞水之上,得石函,中有絹素《古文孝經》一部,二十二章,壹阡捌伯柒十式言。初傳於李太白,白授當塗令李陽冰,陽冰盡通其法,上皇太子焉。"朱長文《墨池編》卷一注引作李士訓《記異》,略云大曆初,霸上耕得石函絹素《古文孝經》,初傳李白,受李陽冰,盡通其法，皆二十二章。今人謂其記數用字，略同於武威漢簡，殆為東漢寫本。李陽冰科斗書或有得於《古文孝經》也。

廬陵　孝經注

見《明一統志》卷二〇。

閻立本　孝經圖一卷

清王士禎《池北偶談》卷一四云："閻立本畫《孝經圖》一卷，褚河南書，故明大内物，後歸孫北海侍郎承澤家。相傳明時東宮出閣，例以此圖爲賜，吴祭酒梅村偉業詩'每見丹青知聖孝，累朝家法賜東宮'是也。"《石渠寶笈》卷一六引孫承澤跋曰："右《孝經》一卷，滄桑後得之。故内籤題'顔魯公書，周昉畫'，然外有朱漆小函刻字，以金填之，則曰'褚遂良書，閻立本畫'。再四詳視，當以朱函爲正。"

以上孝經類，補十二種。

論　語　類

崔釋　論語注

見《崔釋墓誌》(《河洛墓刻拾零》第一四七頁)。

褚無量　論語疏

蘇頲撰《褚無量墓誌》載其删正《論語疏》一部，《舊書》本傳載其開元中繕寫《論語》五本以獻，七年爲太子説經。

陸善經　論語注六卷

《日本目》著録。

皇甫氏　論語章句

《文苑英華》卷九六〇梁肅《鄭州新鄭縣尉安定皇甫君墓誌銘》云，嘉興人，尚書左丞侁之弟。"生而沖茂，聰悟孝敬。弱冠以明經登科，始長安丞，又轉新鄭尉。性恬曠，不甚以禄仕爲意，避亂至江南，以墳籍自娱。謂《論語》二十篇有夫子微言,故嘗玩其章句,以導情性,非至德要道,未嘗經懷。"興元元年卒,年七十七。據"嘗玩其章句"之語,疑其人曾經注書。唐人治《論語》者寡,特予著録。按,岑仲勉《元和姓纂四校記》卷五疑其名楚玉,《全唐文》卷三七三《太平宫九天使者廟碑》載爲開元十九年江州行司馬。

陳皆　論語後傳十卷

《陳皆墓誌》(《彙編》貞元一三〇)云,字士素,潁川人。天寶中,孝廉釋褐,累遷至台州刺史。貞元十八年卒,年七十三。"以聖言物則,纂《論語後傳》十卷。"

馬總　論語樞要十卷

《宋志》著録。《秘書目》小學類、《通志》俱不著撰人名氏。《舊書》本傳云:"總理道素優,軍政多暇,公務之餘,手不釋卷。所著《奏議集》《年曆》《通曆》《子抄》等書百餘卷,行於世。"《新志》著録其《通曆》《唐年小録》《意林》(後二者當即《年曆》《子抄》)《奏議集》,而未及此書。然史傳稱"總敦儒學",其撰此書,疑可徵信,參下《論語品類》條。

韓愈　李翱　論語筆解二卷

《新志》載韓愈《論語注》十卷,無此書。《讀書志》云:"《四庫》《邯鄲書目》皆無之,獨《田氏書目》有韓愈《論語》十卷、《筆解》兩卷。"是田氏已於《論語注》外别出《筆解》矣。又考《玉海》卷四一引宋咸《增注論語序》云:"韓愈《注論語》與《筆解》,大概多竊先儒義,而遷易其辭,因擇二書是否並舊注未安辨正焉。"是宋咸亦見二書矣。南宋後書目僅有《筆解》,而卷數頗異。蓋其書哲宗時王存據汪充家本,首刊於會稽郡齋,《秘書目》《通志》《書録解題》著録之二卷本是也。後出許勃序稱十卷之本,《中興目》《讀書志》《宋志》著録者是也。《中興目》作二十卷者,以篇爲卷耳。今存之本乃從許勃本傳刻,亦作二卷,則後人改題也。張籍《祭韓愈詩》有"《魯論》未訖注,手迹今微茫"句,邵博《聞見後録》遂引爲《論語注》未成之證。而李漢作《韓愈集序》,則稱"有《論語注》十卷",王楙《野客叢書》又引爲已成之證。《四庫總目》考唐李匡文《資暇集》已引韓愈之説,其一條見於今本《筆解》,則大中之前已有此書。"疑愈注《論語》時,或先於簡端有所記録,翺亦間相討論,附書其間。迨書成之後,後人得其稿本,採注中所未載者,別録爲二卷行之。"愈嘗自謂"昔注解其書,而不敢過求其意",後人每以善解書相許。晁公武乃謂:"唐人通經者寡,獨兩公名冠一代,蓋以此。"實則《筆解》好改易經文,指摘大義,以破孔氏之注,人或病之,甚而斥爲僞書。然則"獨抱遺經究終始",固唐人説經習氣,亦韓愈自況也。

侯喜　論語問

侯喜字叔起,貞元十九年登進士第,官終國子主簿。喜從韓愈游,愈有《答侯生問論語書》,稱"侯生所示《論語問》甚善。"

李磎　論語注二十卷

宋孫光憲《北夢瑣言》卷六載,司空圖撰《李磎行狀》,稱"其平生著文,有《百家著諸心要文集》三十卷,《品流志》五卷,《易之心要》三卷,注《論語》一部,《明無爲》上下二篇,《義説》一篇。倉卒之辰,焚於賊火,時人無所聞也。"未言此注卷數。然細味諸書名目,似前一書爲總名,後五書爲分名,其"上下二篇"者合爲一卷,則此注當按《論語》篇數分爲二十卷。

陳蜕　論語品類七卷

《宋志》著録,列馬總《論語樞要》之下,撰人作陳鋭。《經義考》卷二一三云:"陳氏蜕《論語品類》,(原注:蜕或作鋭)《宋志》七卷。佚。計敏夫云：'蜕，肅代時人，生長江淮間。'"按，蜕、銳二字，固形近易訛，然朱氏以此徑改"銳"爲"蜕"，終不足爲訓也。蓋其不知宋有二陳銳，而出此臆說耳。宋太祖時之陳銳，李中曾寄詩二首《晋陵罷任寓居依韻和陳銳秀才見寄》《安福縣秋吟寄陳銳秘書》，見《全唐詩》卷七四九。宋高宗時之陳銳，紹興十二年進士，閩縣人，終宣義郎，知金華縣，見梁克家《淳熙三山志》卷二八。此二陳銳，固皆有著書之可能。然繼考陳蜕其人，乃益信朱氏之改字，或幸而偶中也。

宋計敏夫《唐詩紀事》卷三三云："陳蜕，肅代間人。賦《長安十五詠》，自序云：'蜕生長江淮間，以詩句從賊，僅十餘年矣。今我后撫運，澤及四夷，蜕復得爲太平人。'"所謂"肅代間人"，别無佐證，計氏由"從賊"二字推之，其實誤也。《全唐文》卷八八八徐鍇《陳氏書堂記》載，唐陳伯宣之父避難於泉州之仙游，後馬總左遷泉州，伯宣"與之友善，總移南康，伯宣因來居廬山，遂占籍於德安之太平鄉常樂里"。大順中，陳崇（《宋史·陳兢傳》載爲伯宣子，疑誤，胡旦《義門記》引《陳氏家譜》中隔兩代）爲江州長史。"自龍紀以降，崇之子蜕、從子渤、族子乘登進士第。"此陳蜕江州人，固"生長江淮間"。龍紀爲僖宗即位之年號，且僅一年，陳蜕本年登進士第，而《長安十五詠》"今我后撫運"正謂亂平後新君繼位，當即其赴考入京時作，上距乾符四年賊陷江州已十二年矣。故此二陳蜕，當爲同一人無疑。若其果即著書之陳銳，則《宋志》之著錄二書，可得一合理之解釋。蓋陳伯宣隨馬總移官南康而徙居廬山，可見兩家關繫極其密切，南唐江州陳氏書樓"堂廡數十間，聚書數千卷"，世代相傳，迄宋猶盛。馬總《論語樞要》、陳蜕《論語品類》當皆藏弄其中，北宋後期陳氏後人進獻於朝，故馬書首載於《秘書目》，而《國史志》則並載兩書，後又被

《宋志》轉抄，故能序次井然如此也。

以上論語類，補十種。

讖　緯　類

李淳風　易緯續注

《易緯》包括《乾鑿度》《稽覽圖》《通卦驗》《辨終備》《是類謀》《坤靈圖》等，隋前舊有鄭玄、宋衷、宋均注。宋馮椅《厚齋易學·附錄一》云："中興館閣書《易緯》七卷，又有李淳風等續注，其一推天元甲子之術，其二推易天地人之元術。"今本《易緯稽覽圖》題漢鄭康成注，書首正載"推天元甲子之術""推易天地人之元術"，且云："至今大唐上元二年乙亥，又積三百三十八年。"宋黃震《黃氏日抄》卷五七引同。四庫館臣云："以上推衍天元歲數乃後世術士所加，非《易緯》本經。"且據馮椅所引，"疑即出淳風續注本也"。

以上讖緯類，補一種。

經　解　類

顏師古　五經定本

唐吳兢《貞觀政要·崇儒學》云："貞觀四年，太宗以經籍去聖久遠，文字訛謬，詔前中書侍郎顏師古於秘書省考定《五經》。及功畢，復詔尚書左僕射房玄齡集諸儒重加詳議。時諸儒傳習師説，舛謬已久，皆共非之，異端蜂起。而師古輒引晉宋以來古本，隨方曉答，援據詳明，皆出其意表，諸儒莫不嘆服。太宗稱善者久之，賜帛五百匹，加授通直散騎常侍，頒其所定書於天下，令學者習焉。太宗又以文學多門，章句繁雜，詔師古與國子祭酒孔穎達等諸儒，撰定《五經》疏義，凡一百八十卷，名曰《五經正義》，付國學施行。"《舊書·顏師古傳》略同，

《太宗紀》載貞觀七年"十一月丁丑,頒新定《五經》"。其後又詔師古與孔穎達等撰義疏,貞觀十六年撰成,永徽四年頒行,凡一百八十卷,名曰《五經正義》。今本《五經正義》孔疏每引"定本",計《周易疏》三引,《尚書疏》六引,《毛詩疏》三百一十八引,《禮記疏》三十二引,《左傳疏》三十八引。清人輯有《毛詩國風定本》等。

尹思貞　諸經義樞

《新書·儒學傳》云:"尹愔,秦州天水人。父思貞,字季弱。明《春秋》,擢高第。嘗受學於國子博士王道珪,稱之曰:'吾門人多矣,尹子叵測也。'以親喪哀毀。除喪,不仕。左右史張説、尹元凱薦爲國子大成,每釋奠,講辨三教,聽者皆得所未聞。遷四門助教。撰《諸經義樞》《續史記》皆未就。"

李適　九經要句

《新書·文藝傳》云,字子至,京兆萬年人。武后時預撰《三教珠英》,睿宗時仕至工部侍郎。自卜將壽終,"未病時,衣冠往寢石榻上,置所撰《九經要句》及素琴於前,士貴其達"。

邢舉　五經駁議二十卷

《唐故河南府緱氏縣丞邢府君第三室女墓誌銘並序》:"曾王父舉,以天爵充符,不干世澤,雖降命書,終不羈致,著《五經駁議》廿卷,行於代。"(參牛紅廣《新出土唐代墓誌所見唐人著述輯考》,《圖書館雜誌》二〇一一年第一〇期。)

顔真卿　五經要略二卷

《秘書目》《通志》俱不著卷數,明朱睦㮮《授經圖》卷二〇作二卷。《經義考》云:"《通志》兩卷",不知其所見《通志》尚標有卷數,抑爲《授經圖》之誤植歟?

儲光羲　九經外義疏二十卷

唐殷璠《河岳英靈集》卷中:"璠嘗睹公《正論》十五卷,《九經外義疏》二十卷,言博理當,實可謂經國之大才。"《唐詩紀事》卷二二引"外"作"分"。是二書天寶間已流傳於世,《新志》僅有《正論》,失載此書,宋人書目亦不見著録。

房凛　五經彙聚

《全唐文》卷五二〇梁肅《房正字墓誌》云,"河南房君諱凛字敬叔者"(《文苑英華》卷九四六闕此十字),房琯之族子。興元元年卒,年五十八。"始敬叔十歲好學,十五能屬文",值安史之亂,遁於東南。"劉僕射以賢良薦授秘書省正字,常黄門、崔中書繼持國柄,方待以儒者之職,屬二相薨免,其他當路,君又不能附離,乃卷道退歸。每言《五經》之旨,其道大備,而去聖浸遠,義類繁滋,博而寡要,學者罕究,乃撮其異同,各以彙聚,凡三百餘篇。草稿未就,遘疾而殁。"銘文贊云,"不有達學,孰纂群言","一匡六藝,獨立頡門"。

凌準　六經解圍

凌準字宗一,富春人。爲永貞八司馬之一。柳宗元《柳河東集》卷一〇《故連州員外司馬凌君權厝志》云:"讀書爲文章,著《漢後春秋》二十餘萬言,又著《六經解圍》,又(原作人,據《唐宋八大家文鈔》卷二七改)《文集》未就。""年二十,以書干丞相。"其《哭連州凌員外司馬》詩云:"六學誠一貫,精義窮發揮。著書逾十年,幽賾靡不推。"知二書皆弱冠之作。柳宗元《答元饒州論春秋書》又云:"於亡友凌生處盡得《宗(微)指》《辨疑》《集注》等一通。"可見凌準之熟諳陸淳《春秋》學。

李氏　五經別疏

李商隱堂叔,失其名。李商隱《樊南文集補編》卷一一《請盧尚書撰故處士姑臧李某志文狀》,載其"年十八,能通《五經》",父病,出太學,就養二十餘歲。父卒,遂誓終身不仕。重表兄崔戎、表侄庾敬休勸舉進士,皆堅拒之。"益通《五經》,咸著別疏,遺略章句,總會指歸。韜光不耀,既成莫出,粗以訓諸子弟,不令傳於族姻,故時人莫得而知也。注撰之暇,聯爲賦論歌詩,合數百首,莫不鼓吹經實,根本化源,味醇道正,詞古義奧。""小學通石鼓篆,與鍾、蔡八分,正楷散隸,咸造其妙。"大和三年卒,年四十三。

沈詢　九經大義一百卷

宋王十朋《會稽三賦》卷上、《梅溪後集》卷一《會稽風俗賦》云:"儒學則王充以《論衡》顯,沈珣以《大義》稱。"宋周世則注:"唐沈珣,會稽人,撰《九經大義》百卷。"沈珣又見宋王讜《唐語林》卷一、卷八、《文苑英華》卷四五六、《全唐文》卷七六三,清勞格《讀書雜識》卷八云:"沈珣當是沈詢。"沈詢,沈傳師子。咸通中,仕至昭義節度使,軍亂遇害,附見兩《唐書·沈傳師傳》。

以上經解類,補十種。

小　學　類

曹憲　廣雅音四卷

《舊書·儒學傳》云:"曹憲,揚州江都人也。仕隋爲秘書學士,每聚徒教授諸生數百人,當時公卿已下亦多從之受業。憲又精諸家文字之書,自漢代杜林、衛宏之後,古文泯絕,由憲此學復興。大業中,煬帝令與諸學者撰《桂苑珠叢》一百卷,時人稱其該博。憲又訓注張揖所撰《博雅》,分爲十卷,煬帝令藏於秘閣。貞觀中,揚州長史李襲譽表薦之,太宗徵爲弘文館學士,以年老不仕,乃遣使就家拜朝散大夫,學者榮之。""年一百五歲卒。"《隋志》云:"《廣雅音》四卷,秘書學士曹憲撰。"兩《唐志》無此書,別出曹憲《爾雅音義》二卷、《博雅》十卷。清臧鏞堂《與段若膺論校爾雅書》謂"曹憲祇作《廣雅音》",兩《唐志》誤作《爾雅音義》,"疏舛已極"。清胡元玉《雅學考》云:"《唐志》既出《博雅音》十卷,又出《爾雅音義》二卷,書名、卷數判然不同,安可詆爲疏舛耶?至《隋志》不録曹憲《爾雅音》,則由憲入唐後始成書故耳。"按,張揖《廣雅》本三卷,《隋志》注云"梁有四卷"。《四庫總目》云:"憲注四卷,即因梁代之本,後因文句稍繁,析爲十卷。"曹憲約生於梁大同年間,固能見及梁代之本。大業中已六七十歲,不應此前無著述。以書名推之,《廣雅音》四卷當撰於隋文帝前,至大業中復加注義,分爲十卷,又避煬帝諱而改名《博雅》。隋唐志各有脱漏,其是否著録與成書年代並無必然關聯。

高璉　爾雅疏七卷

《宋志》著録,列孫炎《爾雅疏》與徐鍇《説文解字繫傳》間。《經義考》列曹憲、裴瑜間,姑從之。邢昺《爾雅注疏序》云:"其爲義疏者,則俗間有孫炎、高璉,皆淺近俗儒,不經師匠。"

裴瑜　爾雅注五卷

《宋志》著録。《中興目》云:"唐裴瑜撰。其序曰:'依六書八體,撮諸家注未盡之義,裒成五卷,並《音》一卷。'今本無《音》。"唐初功臣裴寂父名瑜,絳州刺史。寂少孤,其父當卒於北周時,與此題作唐人者不合。《山西通志》卷一七五《經籍》徑列其人名下,疑不可從。唐段成式《酉陽雜俎》卷一六云:"寶曆中,國子四門助教史迥語段成式,常見裴瑜所注《爾雅》,言鵃𪂹鵒是九頭鳥也。"此其注文之僅存者。清馬國翰《玉函山房輯佚書》又云:"遼僧行均《龍龕手鑑》引《爾雅注》五條,考犍爲文學及劉、樊、李、孫之注,宋遼之際已不存,存者唯郭璞、裴瑜二注,行均所引郭注不見,審爲裴注矣,並據合輯。"按,遼釋希麟《續一切經音義》所引《爾雅注》,除郭注外,多有標明爲孫注、孫然注、孫炎疏者,行均所引,未必出於裴注。

裴瑜　爾雅音一卷

裴瑜《爾雅注》序云："並《音》一卷。"《中興目》云："今本無《音》。"然宋龔頤正《芥隱筆記》"哀字音"條云："《爾雅》：哀哀，懷報德也。裴瑜音衣。"則似宋代尚存。

麻杲　爾雅注

唐釋湛然《止觀輔行傳弘決》卷五云："《爾雅》云：'西北隅謂之屋漏，東北隅謂之宧。'宧音怡。郭曰：'未詳。'麻杲云：'養，養萬物也。'"清王仁俊《玉函山房輯佚書續編》輯出此條爲"《爾雅》麻杲注"，按云："麻不知何時人，注與李巡合。"顧震福《小學鉤沈續編》輯作"麻果《切韻》"，《爾雅詁林·王仁俊日記》亦引此，謂："臧氏庸輯漢注，未及麻杲，不知何時人。與《廣韻》'麻'下所引注《論語》之麻達，皆罕聞之士。"董瑞椿《讀爾雅補記》讀作郭氏引麻杲之説，臧庸《録唐釋湛然輔行記序》則謂原文當作"李巡云：宧，養也，養萬物也。"胡元玉《雅學考》云："今考麻杲，雖似姓名，然實無其人。臧以《輔行記》所引爲李注，良是。'麻'即李字之誤，'杲'即（東）〔巡〕字之誤，'云'即育字剥落之餘，下'養'字誤倒在上，餘文悉皆脱去，僅存'養萬物也'四字，故辭意不完足。不得因《論語》有麻達注，遂謂《爾雅》實有麻杲注也。"

胡氏疑麻杲實無其人，非是。麻杲爲武周時人，神龍元年撰《切韻》。日本漢籍中引其遺説尚夥，杲或作果。如信瑞《淨土三部經音義集》卷一引"麻果云：《爾雅》：'觀謂之闕。'今案《左傳》'宫室不觀'，杜預云：'觀，臺榭也。'"卷四引"麻果云：樓，正樓，通重屋也。《爾雅》云：'四方高曰臺，狹而修曰樓。'"此二條雖釋《爾雅》，疑當隸於麻氏《切韻》"觀""樓"二字之下。又，《淨土三部經音義》"孝養"下所引《東宫切韻》載麻杲云："供養字從羊食。《廣雅》云：'養，樂也。'"《妙法蓮華經釋文》引麻杲云："供，養也。"與《輔行記》釋"養"字異，蓋各家所引皆有删節，而同出於麻杲《切韻》，其人別無《爾雅注》之作也。然亦無確證，姑列其目，以俟博考。

李商隱　蜀爾雅三卷

《秘書目》《通志》《宋志》著録。《書録解題》云："不著撰人名氏。《館閣書目》按，李邯鄲云唐李商隱採蜀語爲之。當必有據。"《秘書目》小説類重出，《遂初目》入地理類，俱未題撰人。漢揚雄模仿《爾雅》而作《方言》，李商隱大中五年至九年任東蜀節度判官，又效揚雄撰此蜀方言之作。明楊慎《升庵集》卷六四："李義山《蜀爾雅》云：《禹貢》'厥土惟塗泥'、《夏小正》'寒日滌凍塗'二塗字，音在巴荼之間。"

梅彪　石藥爾雅一卷

四庫本《崇文目》道書類："《石藥爾雅》一卷。"無撰人名氏，錢輯本補題爲梅彪撰。《通志》道類亦作一卷。《遂初目》道家類、醫書類兩見，無撰人卷數。今存《道藏》洞神部衆術類，分上下卷。前有元和丙戌（元年）梅彪序，自云西蜀江源人，少好道藝，惟攻丹術，苦於"用藥皆是隱名，就於隱名之中，又有多本"，"今附六家之口訣，衆石之異名，象《爾雅》詞句，六篇，勒爲一卷"。清朱彝尊《曝書亭集》卷四二跋云："醫方以藥石並稱，《爾雅》止釋草木，石不及焉，宜彪取其隱名而顯著之也。""唐代遺書傳世者罕矣，乃抄而入諸經部。"按，本編不補道書，是書仿《爾雅》，姑録於此。

李陽冰　刊定説文三十卷

李陽冰字少温，趙郡人，李白從叔。寶應元年官當塗令，終將作少監。其《上李大夫論古篆書》自云："志在古篆，殆三十年。"後世號稱篆書第一手。宋朱長文《墨池編》卷一載後唐林罕《小説序》云：“洎三國之後，歷晉魏陳隋，隸書盛行，篆書殆將泯滅。至唐將作少監李陽冰，就許氏《説文》，復加刊正，作三十卷，今之所行者是也。”《説文》原本十五卷，李陽冰各分上下爲三十卷。《讀書志》亦云"李陽冰刊定"，衢本作三十卷，袁本作十五卷，合上下言之也。《崇文目》作二十卷，《通志》同，注云"漢許慎纂輯，唐李陽冰刊定"，疑皆從《崇文目》，而卷數並誤。李燾《説文五音韻譜序》云：“大曆間李陽冰獨以篆學得名，時稱中興。更刊定《説文》，仍祖叔重，然頗出私意，詆訶許氏。”南唐徐鉉就李陽冰刊定本再加是正，增其闕字，其弟徐鍇又撰《説文解字繫傳》，内有《袪妄篇》，於陽冰之勘定並有訾議。

孫強　重修玉篇三十卷

梁顧野王因《説文》造《玉篇》三十卷，唐孫強復據俗書增多其字，宋大中祥符六年翰林學士陳彭年與史館校刊吳鋭、直集賢院丘雍等重加刊定。宋李燾《説文五音韻譜序》云：“今行於俗間者，強所修也。”馬氏《通考》載《玉篇》，引《讀書志》"梁顧野王撰，唐孫強又嘗增字"云云；又載《重修玉篇》，引《崇文目》"翰林學士陳彭年與史館校刊吳鋭、直集賢院丘雍等重加刊定"云云。《四庫總目》遂謂"是宋時《玉篇》原有二本"，"又考《永樂大典》每字之下皆引顧野王《玉篇》云云，又引宋《重修玉篇》云云，二書並列，是明初上元本猶在。而其篇字韻中所載《玉篇》全部，乃仍收大廣益會本，而不收上元舊本。顧、孫原帙，遂不可考，殆以重修本注文較繁，故以多爲貴耶？"據李燾、晁公武所云，野王原本宋代早已失傳，卻未必可證孫強本南宋初之盛行。蓋因宋修本敕牒下詳載：“梁大同九年三月二十八日黃門侍郎兼太學博士顧野王撰本，唐上元元年甲戌歲四月十三日南國處士富春孫強增加字，三十卷，凡五百四十二部。"後人言《玉篇》，例及孫強，若即信其真見孫本，則如朱彝尊稱刪敕牒者爲上元本，同一誤矣。《永樂大典》所引顧野王《玉篇》，皆據宋代陳本，而無並引"宋《重修玉篇》"者，館臣殆以《重修廣韻》誤混爾。"明初上元本猶在"之説，蓋無據矣。

四庫館臣以爲宋代"重修本注文較繁"，尤屬臆語。晚清日本重現唐抄原本《玉篇》數卷，凡宋本唯注字音、字義寥寥數字者，寫卷每引有書證，故其注文之繁，遠過宋本。於是宋人重修乃採加字減注之法，遂爲學界所周知矣。惟孫本與原本、宋本之異同，似無直接材料，難以詳考，其實宋人言之鑿鑿，特世人不察爾。宋本前引諸文下，又云："舊一十五萬八千六百四十一言，新五萬一千一百二十九言，新舊總二十萬九千七百七十言。（注四十萬七千五百有三十字。）"《四庫總目》云："是彭年等大有增删，已非孫強之舊。"似以爲宋本字數，不知其將舊、新、注作何解釋？其文上連顧、孫而言，則舊指野王原本，新指孫強增加，至爲明顯。唐封演《封氏聞見記》卷二云："梁朝顧野王撰《玉篇》三十卷，凡一萬六千九百一十七字。"蓋指收字數量或字目而言。均計每一字目之下，僅有九字，蓋亦如宋本唯標字音、字義而已。此顯非顧本之原貌，當經孫強删減。然孫本之異於宋本者，此標字音、字義者亦爲大字正文，而另有四十萬餘小字注文。以唐寫卷注文之繁，可知此四十萬餘字，顧本大略已具。唐寫卷僅字目大書，其下字音、字義、書證交互出現，皆爲小字注文，而孫本既以字音、字義爲大字正文，其小字注文必以書證爲主。宋人唯言孫強增加字，而此一通體改編，未予明言，遂乃久埋於世矣。

至於所謂宋人重修本，敕牒本云"校勘《玉篇》"，即其"肅奉詔條，俾從詳閲，訛謬者悉加刊定，敷淺者仍事討論"云云，亦僅誇言校勘之精審。乃知《崇文目》之"重修"，孫強之謂也，故其釋文僅言宋人"勘定"而已，與《廣韻》之直題"大宋重修"迥異。宋本書名之上"大廣益會"四字，疑南宋後書坊冒冠，乃啓宋人大事增廣之誤會矣。夷考其實，則恰恰相反，宋人校勘之外，殆以孫本注繁，不便檢閲流通，且其所引書多習見，宋初古書尚存，不甚寶之，乃盡予删棄（部目及少數重要字目下所引書證或原屬大字正文），甚至少數字目亦視作俗謬予以删减，又恢復僅字目大字書之，其下皆作小字注文。故宋本實相當於孫本之正文，其篇幅僅孫本三分之一。

金刻本邢準《新修絫音引證群籍玉篇》載一序，前言顧野王撰本、孫強增加字同於宋本，末云："凡五百四十二部，二萬二千八百七十二言，注一十八萬六百四十字。"與宋本所記字數迥異，其究屬孫強本或宋代别本字數，説者不一。據上所考，則金人所據當爲宋本無疑，惟其知宋本略同孫本正文，故言之如此也。唐寫卷每有野王按語，孫本當入注文，且復加己按，宋本盡删之，新舊之迹泯滅，故金人祗能計字目、注文之數。二數相加，得二十萬三千一百一十二字，較宋人所謂"新舊總二十萬九千七百七十言"，少六千餘字。疑宋人所計，字目、注文之外，尚包卷第幾、部第幾，合得四千餘字，今存野王序啓兩篇又八百七十一字，若孫強復加千餘字序，則其數完全吻合矣。今存宋本字目，各家計數，自二萬二千五百一十五至二萬二千七百二十六不等，較金人所計皆少數百個，其屬純粹之計算誤差，抑後世抄刻有所脱漏，蓋難質言。然孫強新增五萬餘字正文，新增字目約五千餘個，孫本總字目當在二萬二千五百個以上，宋本即使略有增删，亦必不多，金人所據，亦與今存宋本無大異也。近有以宋本爲宋人重修，别據金邢準、韓道昭等人之書復原孫本者,甚無謂也。

謝利貞　玉篇解疑三十卷

《崇文目》云:"《玉篇解疑》三十卷,道士謝利貞撰,删略野王之説,以解字文。"《宋志》著録同。《通志》作趙利正,錢氏《崇文總目輯釋》從之。朱彝尊《重刊玉篇序》云:"迨唐上元之末,處士孫强稍增多其字,既而釋慧力撰《像文》,道士趙利正撰《解疑》。至宋陳彭年、吴鋭、丘雍輩又重修之。"蓋視之爲唐人。《述書賦》竇蒙注云,貞觀中"有姓謝名道士者,能爲繭紙",李懷琳用其紙書大《急就》兩本,僞稱王羲之書。未知即其人否?

玉篇抄十三卷

《日本目》著録。清楊守敬《日本訪書志》云:"至唐上元間,有孫强增加之本。又有《玉篇抄》十三卷,是則增損顧氏之書,在唐代已有數家。"是疑爲唐人書矣。按,宋樓鑰《攻媿集》卷七八《跋宇文廷臣所藏玉篇抄》云,先於汪應辰家見唐吴彩鸞書《切韻》,後又見宇文虚中"所藏《玉篇抄》,則又過之,是尤可寶也。既謂之《抄》,竊謂如《北堂書抄》之類,蓋節文耳。以今《玉篇》驗之,果然。不知舊有此《抄》而書之耶,抑彩鸞以意取之耶?有可用之字而略之,有非日用之字而反取之,部居如今本,皆以朱字别之,而三字五字止以墨書,字之次序亦不與今合,皆不可致詰"。又云:"今《玉篇》,惟越本最善,末題會稽吴氏三一孃寫,問之越人,無能知者,楷法殊精,豈亦彩鸞苗裔耶?"然唐人佛書,以疏抄、抄記名之者甚多,蓋亦疏記之一體,《日本目》著録者,未必即此類純粹抄節之本也。

加五百字千字文一卷

日本釋圓仁《入唐新求聖教目録》著録,"加"一本作"如"。唐初《玉篇》《切韻》等加字之風盛行,此疑亦唐初之作。

周遜　天寶應道千字文

唐封演《封氏聞見記》卷一〇云："進士周遜，改次《千字文》，更撰《天寶應道千字文》。將進之，請復行天下。先呈宰執，右相陳公（希烈）近問之曰：'有添換乎？'遜曰：'翻破舊文，一無添換。'又問：'翻破盡乎？'對曰：'盡。'右相曰：'枇杷二字，如何翻破？'遜曰：'惟此二字依舊。'右相曰：'若有此，還是未盡。'遜逡巡不能對而退。"

梁周興嗣撰《千字文》，後世書家遞相傳寫，或爲之作注，多見於書目之小學類。宋代以後，如侍其瑋《續千文》，始"渾沌開闢，乾坤剛柔"，終"撰述鮮乖，慚作蕪菲"。葛剛正《重續千字文》，始"太樸肇判，胚渾已萌"，終"序識卷末，聊示悠久"。其字多不在《千字文》內，如上引兩家首尾八句，僅"作"屬原字，"渾"兩家互重，餘皆別取他字、戲爲仿作而已，幾與《千字文》及小學無關矣。其始作俑者，殆即周遜，然其全取原字，而又"翻破舊文"，即將所有兩字詞語拆開重組，其難度較宋人之續編，蓋不可以道里計也。陳希烈以"枇杷"二字未盡翻破相難，蓋因其終屬文字游戲，其辭恐難踰原篇，甚無謂也。

然周遜未必僅如封演所言"逡巡不能對而退"，似果嘗獻其書於明皇。敦煌寫卷伯三九一〇、斯五七八〇等號抄有天寶年間《新合千文皇帝感辭壹拾壹首》七言歌辭，張涌泉以爲"是隱括《千字文》詞句於歌辭之中"（《敦煌經部文獻合集》第八册第三九八二頁），竊疑非是。其中有"御注《孝經》先已唱，又談《千文》獻明君"之句，明乃歌"新合千文"之事，非以《千字文》入歌辭也。其唯言"新合"，則仍用四字句，而非指鍾氏之"新合六字"。開元十年御注《孝經》，天寶二年重注，四載九月刻石於太學。而陳希烈天寶五載四月爲右相，次年四月拜左相，封演所述周逖改次《千字文》，當即此一年之內事也。《感辭》以御注與新合《千文》二事前後相接，與史實契合無間，則所謂"獻明君"者，非周逖其誰歟？

鍾鈇　新合六字千文一卷

敦煌寫卷斯五四六七號前部爲佛經，後部末行題"《六字千文》一（卷）"，其前倒書正文十三行，二十二句。斯五九六一首全尾殘，存七十行，一百八十句。首行題"《新合六字千文》一卷"，次行曰："鍾鈇撰集《千字文》，唯擬教訓童男。"其人名或釋作銖、銾，字形不合；或釋右半從未，字書無之。

予細觀右半與第四句"珠"字形體迥異，其豎微有撇意，字當作鈇。古以鈇鉞爲禮之器，鐘彝爲樂之器，《齊侯鐘銘》有"鈇鎬玄鏐鏄鋁，乃用作鑄其寶鐘"之辭，唐皮日休有"錫之以鈇鉞，分之以鐘彝"之論。而鍾、鐘二字，古或混用，故其人以鍾爲氏，以鈇爲名，固所宜也。"男"字下半殘泐，其後當有"女"字，始與上句七言相對。且正文"恭美女墓（慕）貞潔""□□夫唱婦隨""女十人奉母儀，親時諸姑伯叔"等句，皆訓女之辭，亦足證此爲"教訓童男女"者也。

其書惟就周興嗣本原句，於四字外增加兩字，使童蒙易於曉解。然原書所用皆常典，況經前人注釋，意本顯豁。此復依舊注等撮取二字添入正文，爲蛇添足，俗陋已甚。其首六句："石勒稱兵失次，梁帝乃付周興。員外依文次韻，連珠貫玉相承。散騎傳名不朽，侍郎萬代歌稱。"乃據梁李暹注序改寫，暹謂石勒亂後，晉帝命王羲之"繕寫其文"，"但文勢不次"，故梁武帝又命"員外散騎侍郎周興嗣"編次。鍾某之改寫，首句驢頭馬嘴，次句"周興"滅"嗣"，後破六字官名，強湊四句諛頌，真鄉里塾師之爲也。前一抄本出學童之手，後一抄本不避"民"字之諱，"邱""洛""渭""涇"寫作"芒""落""謂""經"，學者謂出晚唐當地略識之無者之手,殆可信也。

陳道固　千字文音訣一卷

《日本目》著錄"《千字文》一卷,東馳固撰"。孫猛《詳考》引小長谷惠吉之說,以爲即傳入日本諸家《切韻》之陳道固,"陳"脫偏旁訛作"東","道"音近訛爲"馳"。《日本目》所載凡六家,一曰"周興嗣次韻撰",三曰"注",區分甚明,此與"宋智達撰",皆當爲音注之書,而注爲"撰",疑書名末脫"音訣"二字。日本加州隱者明覺《悉曇要訣》卷一引"《切韻》序云""聞於入唐人云"之後,又云:"所以《千字音訣》云:'南方其音清舉而切詣,失在浮淺,其辭多鄙俗。北方其音沈濁而訛鈍,得在質直,其辭多古語。"釋湛睿《華嚴演義鈔纂釋》二上纂釋第三引作《千字文音決》。其說全襲顏之推《顏氏家訓・音辭篇》,宋智達並三注家皆在顏之推前,而陳道固既爲《切韻》學者,撰此音訣,固在情理之中。

桂苑珠叢抄十卷

《日本目》著錄。兩《唐志》著錄《桂苑珠叢》一百卷,諸葛潁撰,又出《桂苑珠叢略要》二十卷。《舊書・儒學傳》云:"大業中,煬帝令(曹憲)與諸學者撰《桂苑珠叢》一百卷,時人稱其該博。"日本釋無名《和漢朗詠注抄》卷六一:"《桂苑珠叢抄》第十曰:佛,扶勿反,忽也。"上田正以爲此及另五條《桂苑珠叢》佚文,皆與漢和古籍所引"曹憲曰"近似,遂疑是書撰人或即曹憲。孫孟《詳考》謂《桂苑珠叢》既爲曹憲與諸學者所撰,則其佚文"與諸書引'曹憲曰'相同或近似,自在理中"。其說甚是,此抄當出稍晚之唐人。

古今正字

唐景審《一切經音義序》云,慧琳"大略以七家字書釋誼",注云:"七書謂《玉篇》《說文》《字林》《字統》《古今正字》《文字典説》《開元文字音義》。"末二種皆出唐代，此書略早，仍有唐初之可能。慧琳《音義》凡一千六百四十六引，其中卷三二《阿闍世王經》、卷三四《佛説正恭敬經》爲玄應之《音義》，約成書于顯慶、龍朔間，已各引一條，則此書當成於顯慶以前。又遼釋希麟《續一切經音義》三十六引。

集訓

慧琳《一切經音義》凡三百九十二引。卷三四《佛説前世三轉經》之音義，卷首目録題慧琳撰，内文題玄應撰，引一條，則此書亦當成於顯慶以前。又《續一切經音義》三十四引。

文字典説

此爲慧琳《一切經音義》所引"七書"之第六，《音義》凡八百一十三引，其中卷一六《阿彌陀經》、卷七五《那先比丘經》之音義皆玄應撰，而各引《文字典説》一條，則此書亦當成於顯慶以前。又《音義》卷五四引《文字典説》云："評事者，大理司官名也。"《通典》卷二五云："至煬帝乃置評事四十八人，掌與司直同，其後官廢。大唐貞觀二十二年，褚遂良議重法官，復奏置評事十員。"《隋書》僅《百官志》略曰"置評事四十八人"，諸臣傳中無曾任此職之記載，殆設置時間甚短，唐代始常設不廢。故此書當撰於永徽前後。又遼釋希麟《續一切經音義》十五引。

文字釋要

玄應《音義》未引，慧琳《一切經音義》凡九引。

附按：以上四書，清末龍璋輯入《小學蒐逸》，俱題唐張戩撰。殆由清楊守敬《日本訪書志》卷四評慧琳《音義》引書，有曰"如張戩《考聲》《集訓》《古今正字》《文字典説》《文字釋要》等書並隋唐《志》所不載"云云，龍氏遂以張戩冠諸書之上，蓋非楊氏本意也。然綜觀其書名、佚文及慧琳引用先後次序，諸書或皆出於隋末唐初，故仍予補録。

群書字要

慧琳《一切經音義》凡六引，又卷六引《字要》一條，當亦此書佚文。隋李少通撰《雜字要》三卷，唐初魏徵撰《群書治要》五十卷。此書疑仿二書命名，蓋唐人字書也。又慧琳《音義》卷一四引："奪，從奞，從又，又即手也。奞，奞音雖，大鳥有足也。手持大鳥失之曰奞。"其釋義遠承《説文》："奪，手持隹失之也。"而尤近於同書卷二九所引《文字典説》："從手持奞，忽失之謂之奪，從又。今從寸者，象奞有足也。會意字也。"與此書釋義同增"有足"之説，疑爲唐人新解。

字鏡

慧琳《一切經音義》卷一○○列舉"《字林》《字統》《字苑》《字鏡》；《韻集》《韻略》《韻諸》《韻英》；《文字集略》《文字典説》；《古今正字》"十一種書，依書名暗分四組，組内各依年代先後序次，故中間兩組之末《韻諸（詮）》《韻英》《文字典説》三書，皆出於唐代，則第一組末之《字鏡》，或亦唐人之書也。書内引佚文十二條，往往與唐人之書並列，如卷三七云"《字鏡》與《考聲》、祝氏《切韻》等並從麥"，卷三七云"《字鏡》及《考聲》"，卷八一云"《字鏡》《韻詮》並曰"，卷一八、三八、四九、九四等連引者又或有《韻英》。以上四書皆作於武周至玄宗時，據慧琳引用之序次，似當略早于《考聲》，約成于武周前期。是書未傳入日本，僧昌住殆從慧琳《音義》見此書名，昌泰中著《新撰字鏡》十二卷，爲日本今存最早之古字書。

陸善經　新字林

此書續廣晉吕忱《字林》，唯見於《广韵》引用，其"平虞・幅"字下注曰："出陆该《字林》。""平麻・顧"字、"平阳・烊"字下並注："出陆善经《字林》。"《重修广韵》"平侯・撅"字下注曰：

"出陸氏《字林》。"另有八字下注："出《新字林》。"《禮部韻略》《五音集韻》等書引用，無出《廣韻》之外者。宋毛晃卷五"昧"下引"陸善經《字林》"，《广韵》所引無陸名，當出呂忱《字林》。黃奭《逸書考》輯佚一卷，並據以推測陸該字善經，可從。

顏師古　顏氏字樣一卷

《日本目》著錄，書名無"顏氏"二字。貞觀四年，詔前中書侍郎顏師古考定《五經》，七年頒行。顏元孫《干祿字書序》云："元孫伯祖故秘書監貞觀中刊正經籍，因錄字體數紙，以示讎校楷書，當代共傳，號爲《顏氏字樣》。懷鉛是賴，汗簡攸資。"敦煌寫卷斯三八八號前一字樣末跋曰："顏監《字樣》，先有六百字，至於隨漏續出不附錄者，其數亦多。"則此《字樣》似作于貞觀四年至七年之間，後人署以十五年所遷之秘書監耳。然《舊書》本傳述其考定經文後，又云："貞觀七年，拜秘書少監，專典刊正，所有奇書難字、衆所共惑者，隨疑剖析，曲盡其源。"《新書》本傳云："拜秘書少監，專刊正事，古篇奇字，世所惑者，討析申熟，必暢本源。"似皆指其作《字樣》而言。

顏師古所錄雖僅六百字，然由顏元孫斥其後之杜延業《字樣》"雖稍增加，然無條貫"二語，逆推《顏氏字樣》應有"條貫"，疑即如《正名要錄》之分類錄字，體例較爲良善也。《梁春墓誌》（《彙編》第二一四一頁）稱誌主"小學大成"，"《顏氏字類》之書，問之便寫"。此當爲《顏氏字樣》之異稱，可見其影響之鉅，儼然爲小學之標的矣。然其後顏元孫《干祿字書》據師古《字樣》更加推廣，《日本目》作《干祿字樣》。清王昶《金石萃編》卷九九云："是書既出之後，較師古、延業所著，特爲詳善，而二書遂以不傳也。"民國汪黎慶、龍璋各有輯本。然除慧琳《一切經音義》卷七明引《顏氏字樣》一條外，五代可洪《音義》引《字樣》一百九條，宋元以後《廣韻》《五音集韻》《古今韻會》

等亦各引《字樣》若干條,皆出於張參《五經文字》、唐玄度《九經字樣》。張參書《新志》及傳本俱作《五經文字》,《日本目》亦作《五經字樣》。又,《大唐貞元續開元釋教錄》卷中、《宋高僧傳》卷一五載,建中元年令沙門圓照依國子學《大曆新定字樣》抄寫其所撰書進上。舊編據以補錄,疑亦指張參之書,今刪。

杜延業　群書新定字樣一卷

《日本目》云:"《定字》一卷,杜延葉等撰。"葉字訛。《太平廣記》卷二五〇云:"唐華原令崔思誨口吃,每共表弟杜延業遞相戲弄。"惜崔思誨亦不可考,無以佐證延業之年代爵里。《書錄解題》著錄《晋春秋略》二十卷,云"唐秘書省正字杜延業撰",其他書目或作"隋""公業""光業",皆有誤字。秘書省龍朔改爲蘭臺,神龍始復。唐顏元孫《干禄字書序》云:"後有《羣書新定字樣》,是學士杜延業續修,雖稍增加,然無條貫,或應出而靡載,或詭衆而難依。且字書源流,起於上古,自改篆行隸,漸失本真。若總據《説文》,便下筆多礙。當去泰去甚,使輕重合宜。"唐初所出《字樣》多種,延業唯續《顏氏字樣》,當不甚晚於顏師古,故其任正字、學士應在貞觀末至龍朔初,而非神龍後。

敦煌遺書斯三八八前端殘,存"韶"至"胥"六百三十六個字例,不計異體爲五百零八個,下注反音、字義及"正""二同""通用""相承用"等。後有跋曰:"右依顏監《字樣》,甄錄要用者,考定折衷,刊削紕繆。顏監《字樣》先有六百字,至於隨漏續出不附錄者,其數亦多。今又巨細參詳,取時用合宜者,至如字雖是正,多正(二字疑衍)多廢不行,又體殊淺俗,於義無依者,並從删剪,不復編題。其字一依《説文》及石經、《字林》等書。或雜兩體者,咸注云'正',兼云'二同'。或出《字詁》

今文,並《字林》隱表,其餘字書堪採擇者,咸注'通用'。其有字書不載,久共傳行者,乃云'相承共用'。"其旨在辨別正、俗、通用,而單字排列混亂無序。

周祖謨據寫卷避高宗諱而不避中宗、玄宗諱,定其書寫"時代自當在唐高宗或武則天之世",且稱其"爲《字樣》一類書","是否爲杜延業書亦難確定"(《敦煌唐本字書叙録》,《敦煌語言文學研究》,北京大學出版社一九八八年)。或謂寫卷前爲《正名要録》,後爲別書;或謂寫卷全爲《正名要録》,前部乃其甄録之《顏氏字樣》。竊以爲其體例與顏元孫所斥"無條貫"相符,多數學者謂之杜書,似可信從。孫猛《詳考》云,敦煌寫卷及舊抄本唐人《切韻》、日本僧中算《妙法蓮華經釋文》等引"杜建業""杜延業《字樣》""杜延《字樣》",並係此書佚文。按,《日本目》尚有《敕定字樣》一卷、《定字書》一卷,不知是否即顏、杜等《字樣》之重出?今無可稽考,姑附於此。

郎知年　正名要録二卷

《日本目》著録,作"司馬知羊撰"。敦煌寫卷斯三八八號後一部分首題:"《正名要録》,霍王友兼徐州司馬郎知本撰。"《舊書·高祖二十二子傳》載,"霍王元軌,高祖第十四子",貞觀"十年改封霍王,授絳州刺史,尋轉徐州刺史",二十三年轉定州刺史。故周祖謨以爲此書"當作於貞觀十年至二十三年之間"。今考同傳云,"徐王元禮,高祖第十子",貞觀六年"授鄭州刺史,徙封徐王,遷徐州都督,十七年轉絳州刺史"。可見二王相互對移,元軌轉徐州刺史當在同年。唐初王府文臣,每受諸王教令撰書,此書亦當作於霍王友兼徐州司馬任上,時在貞觀十七年至二十三年之間;寫卷避太宗、高宗諱而不避中宗、玄宗諱,知抄在高宗、武后時。

史無郎知本其人,唯《北史》《隋書·郎茂傳》末附載有"子知年",或疑爲其兄弟。然《舊書·儒學傳》云:"(郎)餘令從父知年爲霍王友,亦見推仰。元軌謂人曰:'郎氏兩賢,人之望也。'"則郎氏任霍王友者,惟知年一人耳。魏晉隋唐間,"年"字俗書多作"秊",或略有變異,如寫卷前部《字樣》下從干。疑此書所署,原本亦作此類俗體,致使寫卷誤抄爲"本",《日本目》誤題作"羊",且官名僅存"司馬"二字,復誤以爲姓而刪其真姓矣。

寫卷後端無闕,各類字例下總曰:"右正行者雖是正體,稍驚俗,脚注隨時消息用";"右正行者正體,脚注訛俗";"右正行者揩(楷),脚注稍訛";"右各依脚注";"右字形雖別,音義是同,古而典者居上,今而要者居下";"右本音雖同,字義各別例"。其中前五類係辨別正俗異體字,後一類係辨別同音字;前四類單字排列無一定之規,後二類暗中以四聲爲序。或謂此書六類,首尾完具。今考日本僧昌住《新撰字鏡序》云:"或字有異形同字:崧嵩、流沠、巛坤、憐怜、叄三、予余、姦奸、呬咶、飜翻(如是巨多,見《正名要錄》),是等字雖異形而至讀作及讀皆同也。或字有形似,音訓各別也。專專、傳傳、崇崇、孟孟、輕輕(如是巨多,見《正名要錄》),如是等字,形相似而音訓各別也。"其"字有異形同字",對應於寫卷第五類"字形雖別,音義是同",且所舉九例亦皆見於寫卷。序文又引"馬、魚、爲等字從四點"云云,亦見於寫卷第三類。足證寫卷後部確爲《正名要錄》,而非前部也。然"字有形似,音訓各別",寫卷無對應之類,諸字例亦皆無之。以理推之,原書第六類後當有此類,內容始能完足。又《字鏡》"菓"字注引《正名要錄》曰:"上不須草也。"與寫卷第四類"瓜,上不須草"等文例正同,知原書是類當有"果"字,而寫卷闕漏。孫猛《詳考》云:"據大友信一、西原一幸考證,敦煌本較爲簡略,且非完帙。"

惜不知其説之詳。

東臺字樣一卷

《日本目》著録。唐代東臺有二義。《因話録》卷五云："俗間呼在京者爲西臺，東都爲東臺。"此東都御史臺之俗稱，與《字樣》無涉也。《通典》卷一九云，"龍朔二年，又改京諸司及百官之名"，"門下省爲東臺"，"咸亨元年復舊"。《會要》卷五四"門下省"條云："龍朔二年二月四日，改爲東臺。咸亨元年十二月二十三日，改爲門下省。"是書當成於此八九年間。

又考《舊書·文苑傳》云："其後又詔東臺侍郎趙仁本、東臺舍人張文瓘及行功、懷儼等相次充使檢校。"《會要》卷三五云："乾封元年十月十四日，上以四部群書傳寫訛謬，並亦缺少，乃詔東臺侍郎趙仁本、兼蘭臺侍郎李懷儼、兼東臺舍人張文瓘等集儒學之士刊正，然後繕寫。"蓋門下省弘文館中多圖籍，貞觀中命秘書監魏徵、顔師古等校理，置讎校二十人、書手一百人，顯慶中罷之，至此復詔趙仁本等校理。竊疑此書即乾封年間趙仁本等爲讎校、繕寫圖籍所定之《字樣》也。

王仁昫　字樣音

敦煌寫卷伯二一二九號《刊謬補缺切韻序》，題"朝議郎、（行）衢州信安縣尉王仁昫字德温新撰定"，自述江東道巡察黜陟大使、侍御史平嗣先至州，嘗贊譽其注撰之能："昫祇務守職，絶私奉公，每因以退食餘間，莫不以修書自悦，所撰《字樣音》，注《律》等，謬承青白之譽，叩眷注撰之能，蒙索書看，曲垂幽旨。"今人引之，或以"音"字屬下，或以"注"字屬上，疑皆非是。隋唐志無以"音注"爲書名者，《字樣》之書，亦無庸詳注，王氏音之，蓋爲其後撰《刊謬補缺切韻》之先導也。此書作於武周後期，《干禄字樣》未出，《顔氏字樣》最著，王氏所音殆即是也。

時要字樣二卷

敦煌寫卷斯六二〇八號后部二十六行，首行爲篇題，作"《新商略古今字樣撮其時要並引正俗釋》下卷第"，所存皆去聲字。斯五七三一可與前卷銜接，屬一書之斷裂，存三十九行，前爲去聲字，後爲入聲字，中間有書題，作"《時要字樣》卷下第四"，"下"字漏抄而旁補小字，實應補於"卷"字之上。卷尾題"乾符六年己亥"。可知全書按四聲編排，分爲上下二卷，即平聲爲上卷第一，上聲爲上卷第二，去聲爲下卷第三，入聲爲下卷第四。兩卷皆有破損及粘接錯誤，而俄敦二三九一、斯六一一七亦有此書十餘行殘文，適可補充前兩卷中間所闕去聲字，然款式不同，屬另一寫本。

此書字體兼收正俗，韻序同王仁昫《切韻》，收字略有溢出王《韻》之外。同音字組首字下注反切，末字注該組字數。偶釋字體，多用字與注相對相聯之法，如"新""禿""舅"右下角各注"薪""頭""姑"字，其義自顯。且有用"子""兒""然"等詞尾作注，與字組成口語詞。

張參《五經文字序》云："近代字樣，多依四聲，傳寫之後，偏旁漸失。"張金泉謂四聲編排始於《干禄字書》，至此没落，"因而推測《時要字樣》之作當在《干禄字書》之後，在《五經文字》略後"（論《時要字樣》，《浙江社會科學》一九九三年第四期）。竊以爲字樣本"以示讎校楷書"，重在辨析字形，而《正名要録》第六類分别同音異義，已略依四聲編排。其注每以一字釋義，然如"亭"下注"池"等數例，亦可謂此書聯詞釋義之先導。敦煌寫卷斯六一〇號《雜集時用要字》，抄於開元十一年，所抄則專記雙音詞矣。《時要字樣》書名，亦似介於二書之間。故此書之作，未必晚於顔元孫、張參，然音韻學者公認其用王仁昫韻，當在中宗神龍二年之後，則其成書或在睿宗前後歟？

分毫字樣一卷

宋本《玉篇》末附"《玉篇分毫字樣》，凡二百四十八字"。《新志》有歐陽融《經典分毫正字》一卷，《崇文目》云："唐太學博士歐陽融撰。辨正經典字文，使不得相亂。篇帙今闕，全篇止《春秋》中帙，餘篇悉亡。"清馬國翰《玉函山房輯佚書》云："據此則歐陽著書體例，當依五經次第編纂。今佚不可見，惟《玉篇》末載有《分毫字樣》，與僧神珙《四聲五音九弄反紐圖》相次，意從原書掇取要略爾。"《續修四庫提要》云："是編所收之字，多爲經典所無。""其與'辨正經典文字'決非一書，國翰所考未是也。竊按此書爲後人證《玉篇》者，就《玉篇》中字其點畫相近似者，辨正之如此，孫強因取附諸《玉篇》之後爾。"此篇多俗字，不盡出於經典，亦不以經書爲序，與歐陽書體例不合。馬氏惑於"分毫"二字，仍以爲從歐陽書"掇取要略"，固屬無據，然徑以爲孫強所作，亦未見其可也。此寥寥二百餘字，多有不見於《玉篇》者，與宋人所引"孫強集字"古文更無一重合，其反音、釋義亦頗異於《玉篇》，蓋原與《玉篇》無涉，而爲後人所附入者也。"分毫"二字，殆有取於《文心雕龍·定勢》之"分毫析厘"，此指辨析字形之細微差異。其內容與敦煌寫卷《正名要錄》所闕之第七類相似，然《字鏡序》所引《正名要錄》此類字例"專專、傳傳、祟祟、孟孟、輕輕"，竟無一見於此篇；此篇所收俗字，亦多不見於《正名要錄》等字書。由是觀之，此篇當爲唐人尚及多見六朝俗字者，有意補《正名要錄》第七類之未備而作也。

顏真卿　字樣一卷

《日本目》著錄。此書疑即顏元孫《干祿字書》，《日本目》作《干祿字樣》，此屬重出，故舊編未收，今循史志著錄石經、《千字文》之例補録。按，歐陽修《集古録》卷七《唐干禄字樣（大曆九年）》跋曰：＂此本刻石殘缺處多，直以魯公所書真本而録之爾。魯公書刻石者多，而絶少小字，惟此注最小，而筆力精勁可法，尤宜愛惜。而世俗多傳模本，此以殘缺不傳，獨余家藏之。＂又《干禄字書模本》跋曰：＂《干禄字書》模本，顔真卿書，楊漢公模。真卿所書乃大曆九年刻石，至開成中遽已訛缺。＂＂今世人所傳乃漢公模本，而大曆真本以不完遂不復傳。＂大曆九年，顔真卿守湖州時，將其伯父元孫之書勒石，立於刺史院東廳，書名作《干禄字樣》。開成四年，湖州刺史楊漢公復以模本勒石，改爲《干禄字書》。宋代以後傳本皆出自楊氏模本，此名遂通行於世。《日本目》特載顔真卿所書本，正猶歐陽修之兼收並跋，亦＂直以魯公所書真本而録之爾＂。惟所加＂撰＂字，易滋疑竇耳。

附按：清王昶《金石萃編》卷九九云：＂顔氏自之推以後，類能研覃經史，著書立説，而於六書聲韻之學，尤有專長。其所撰述，此書之外，載隋、唐兩《志》經解、小學類者，則有之推《急就章注》一卷、《訓俗文字略》一卷、《筆墨法》一卷，愍楚《證俗音略》一卷，師古《匡謬正俗》八卷、《急就章注》一卷，真卿《韻海鏡源》三百六十卷。餘如之推《家訓·書證篇》、游秦《漢書決疑》、師古《漢書注》諸書，皆于小學家言再三致意。是則一門著作，多有淵源，其討論之功，非止旦夕。＂其論顔氏小學淵源甚精，録之於此。

孫强　集字

宋郭忠恕《汗簡》所録古文四十六字，重文四個，大都注云＂孫强《集字》＂＂並孫强《集字》＂，作＂孫强古文＂＂孫强古字＂者各一。夏竦《古文四聲韻》録四十三字，重文七個，皆注云＂孫彊集＂。清鄭珍《汗簡箋正》云：＂郭氏言《玉篇》'相承紕繆。難繕牒毫'，知《玉篇》古體非所遵用，止採孫強增字而已。今《玉篇》古文與《汗簡》體正同者，則又大抵宋陳彭年等據此書所增入。"按，《書録解題》云《玉篇》"以今文易篆字"，唐抄本並宋本凡古文皆隸定寫之，下注"《説文》古文""《聲類》古文"云云，與陳氏解題相符。孫強居間，當亦無殊。而郭、夏二氏所録"孫強集字"古文，字形多較奇異，如"君""甲"各二形，"薜"字三形，頗難分别隸定，隸定之後，更難以回改爲古文。且貞觀中，顔師古刊定《五經》，録六百字體於數紙，盛傳於世，號爲《顔氏字樣》。則孫強遵師古故事，亦集古文字體於别紙，宋初爲郭氏所得，亦不無可能也。

郭知玄　字略

郭知玄生平無考，唯《廣韻》書首云，"前費州多田縣丞郭知玄拾遺緒正，更以朱箋三百字"，知爲唐初之治《切韻》者也。宋郭忠恕《汗簡》卷下之二"鈴""鈑"二字下注云："出郭知玄《字略》。"夏竦《古文四聲韻》未載二字，另有"戴"字古文，注云出"郭知玄朱箋"。清鄭珍《汗簡箋正》云："按郭氏此書當即採朱箋三百字中之文。"

李商隱　字略

《通志》著録李商隱《古文略》，焦竑《國史經籍志》作《古字略》，俱無卷數。下述宋人引用，皆無"古"字，所録亦不僅古文而已。蓋鄭樵未見原書，亦非抄自書目，乃據宋人引用著録，而臆改《字略》爲《古文略》，欲以存唐世古文之學耳。焦竑又抄鄭氏，而回改"文"爲"字"，亦可謂難能矣。

宋郭忠恕《汗簡》引此書三十二字，重文二個，注云"李尚隱《字略》""李尚隱《集字》""李尚隱《集略》""李尚隱《字指》"，無一作李商隱者。李尚隱以良吏名世，史傳載其弱冠明經累舉，補下邽主簿，開元二十八年以太子賓客卒，年七十五。而文淵閣四庫本《會要》卷三六載其預修《三教珠英》，則編撰《字略》自屬可能。然夏竦《古文四聲韻》録四十九字，重文二個，皆注云"李商隱《字略》"。夏氏所録，多同《汗簡》，清全祖望《鮚埼亭集》卷二一乃斥其"取《汗簡》而分韻隸之，絶無增減異同"，則不符其實。如夏氏所引此書，較《汗簡》遺漏一字，而增多十八字，夏氏必曾親見原書，或别有所據，其作李商隱者，非輕改《汗簡》也。清鄭珍《汗簡箋正》因李商隱有《蜀爾雅》，遂謂"郭氏所採或即商隱此書中字"，則實不可從，以蜀方言之書與古文奇字不相類也。黃錫全《汗簡注釋》云："這些字不一定出自《蜀爾雅》，很可能是尚隱别有集古文奇字之專書，名曰《集字》《字略》或《字指》，郭氏據之採録。"出語謹慎，乃至"尚隱"之名，亦不敢輕疑矣。

李商隱以詩文著，而學甚通博，好撰雜書。其《蜀爾雅》及《宋志》小説、類事類所載《雜纂》一卷、《金鑰》二卷，皆涉語詞雜事，易於通行民間。《字略》以收録古文爲主，其字形有同於《說文》《石經》《古孝經》《古老子》《玉篇》者，亦兼收小篆、六朝碑别字，蓋與其家學仕履攸相關聯也。李商隱《樊南文集補編》卷一一《請盧尚書撰故處士姑臧李某志文狀》，載其堂叔李某"小學通石鼓篆，與鍾、蔡八分，正楷散隸，咸造其妙"。商隱亦善書、通篆，殆曾受其影響。《宣和書譜》卷三列商隱爲唐代書家之一，御府藏其正行書各一。清王澍評其正書"出自率更，而比於率更尤覺長而蹁制，蓋自魏晉來無有如此書者"。宋曾宏父《石刻鋪叙》卷下云，《淳熙秘閣續帖》以李商隱書與李陽冰篆同收於第七卷。何薳《春渚紀聞》卷九則載李商隱遺硯腹有古篆"玉溪生山房"五字，當爲商隱自書。王禹偁《小畜集》卷二〇《商於驛記後序》云："會昌中，刺史吕公領是郡，新是驛。請翰林學士承旨、户部侍郎韋琮文其記，太子賓客柳公權書其石，秘書郎李商隱篆其額，皆一時之名士也。"又，商隱開成二年任秘書省校書郎，大中年間爲太學博士，前後久歷名士幕府，得見秘府、名家藏珍。且常受邀撰寫碑文，僅見於《金石錄》者即有《太倉箴》《醉吟先生傳並墓誌》《四證堂碑》《重陽亭銘》等。故其留意古文奇字，隨手過錄爲《字略》，固在情理之中也。

裴光遠　集綴

宋郭忠恕《汗簡》引此書一百三十四字，重文七個，多注云"裴光遠《集綴》"。夏竦《古文四聲韻》同。《通志》作《集綴古文》，無卷數，疑乃據二書引用著錄，而增"古文"二字。

清鄭珍《汗簡箋正》云："'集綴'編中或稱'集字'，光遠無考。《說文》水部'染'字徐鍇注，及徐鉉《說文》新附'韻'字注一及此書。據句中正《三字孝經序》云：'以諸家所傳古文，比類會同。'自注：'瞿令聞（當作問）、衛包、裴光遠、林罕等集。'以光遠次衛包，知是盛唐已後人。"徐鍇原注云："《說文》無'雜'字。裴光遠云：'從木，木者所以染，梔（原當作栀，抄刻致誤）茜之屬也；從九，九者染之數也。'未知其審。"徐鉉原注云："裴光遠云：'古與均同。'未知其審。"據二徐所引，則《集綴》之類不僅集字成編，且兼有釋義，則確屬行世字書矣。

然宋朱長文《墨池編》卷一載句中正《三字孝經序》所言"諸家所傳古文"，似與夏竦《古文四聲韻序》所謂"右補闕衛包勒修《三方記》於雲臺觀，瞿令問刻《宨鏄銘》於營道"一類，皆指碑刻所書。衛包、瞿令問以善書聞名於天寶、大曆間，擅八分、古文、篆籀、倒薤諸體，宋時存世碑刻甚夥。裴光遠書名稍遜，諸史傳、書譜、書史皆無其人，故鄭珍謂之"光遠無考"。然宋無名氏《寶刻類編》卷六云："裴光遠，國子博士。《東林建碑記》，張又新撰，光遠篆額，大中十年四月三十日，江。

《延慶院經藏銘》，趙璘撰，八分書，并篆額，咸通九年六月建，襄。《義亭記》，劉虛白撰，正書，篆額，咸通九年六月立，同上。《重建東林寺禪大德言公碑》，苗紳撰，分書，并篆額，咸通九年十二月十三日建，江。《社稷壇記》，皮日休撰，八分書，咸通十二年刻，襄。"此按時序記載裴氏大中、咸通間書石五種，陳思《寶刻叢編》卷三襄州、卷一五江州則按立石地分載，内容稍詳，如《社稷壇記》署"國子監太學博士裴光遠八分"。陳舜俞《廬山記》卷二云《東林寺碑》乃"沙門玄觀請河東裴光遠篆額，光遠，國子監太學博士"；卷五云《大德言公碑》爲"朝議郎前行國子太學博士柱國裴光遠書並篆額"，又可補二書之漏略。裴光遠大中十年至咸通十二年皆任太學博士，擅八分、篆書。唐皇甫枚《三水小牘》又載一"河東裴光遠，唐龍紀己酉歲調授滑州衛南縣尉"，大順二年卒。太學博士從六品上，上縣尉從九品上，裴光遠不太可能二十年後"調授"此職，當別是一人。可見句中正所謂傳古文諸家，俱多碑刻行世，《集綴》《集略》《字略》云云，或出後人所集，而非自撰成書也。凡此皆疑莫能明，姑循鄭樵成例，仍予補錄，既用存古文之學，復以免漏略之譏也。

附按：郭忠恕《汗簡》所引尚有《摭古文》、趙琬璋《古字略》、周才《字錄》、荀邕《集字》、李守言《釋字》、蘇文昌《奇字集》等，撰人或闕載，或無考。郭氏入宋十餘年卒，其所引蓋多唐五代之書，惜無由一一證之矣。

田游巖　名教一卷

《日本目》著錄。田游巖，京兆三原人，唐初隱士，高宗徵授崇文館學士，拜太子洗馬，垂拱初放還山。兩《唐書》有傳。日本僧照遠《資行抄·事抄》下四之分末云："言七覺分者，名教云：一擇覺分，二精進覺分，三除覺分，四喜覺分，五定覺分，六念覺分,七舍覺分。"孫猛《詳考》以爲此書佚文。佛經注疏每立"名教"一門,亦有《三論名教抄》之類專書,《資行抄》所引當爲此類佛書也。是書既入小學類,當亦與儒家名教無涉,而近於隋唐史志所載《正名》《名录》《国语物名》等,乃教訓童蒙識字辨物者也。唐世名物類編通行於民間,今於敦煌遺書見之矣。

俗務要名林一卷

敦煌寫卷伯二六〇九號始量部"十撮爲一勺",其下爲秤、市、果子、菜蔬、酒、肉食、飲食、聚會、雜畜、獸、鳥、蟲、魚鱉、木、竹、草、船、車、戎仗、(中殘)手部,末題"《俗務要名林》一卷"。凡一百八十四行,略有殘損。中殘部分存若干水、藥物名,當補水、疾、藥三個部名。此書尚有另一抄本,斷裂爲二個殘卷及一個殘片,字迹行款相同,可以綴接。伯五〇〇一存二紙四十行,下部有殘損。正文始於"臍"字,其下爲親族、國號、宅舍、男服、女服部,其下有殘損,存"鉗子""鑠"二字目。伯五五七九殘片十行,即前卷宅舍部下端殘缺部分。斯六一七首尾皆殘,始"罐"字,可上接伯五〇〇一末二字目合爲器物部,其下爲田農、穀、養蠶及機杼、女工、彩帛絹布、珍寶、香、彩色、數、度、量、秤、市、果子、菜蔬、酒、肉食、飲食、聚會、雜畜、獸、鳥、蟲、魚鱉、木、竹、草、船、車、火、水、疾部,下缺。兩抄本後部相重,殘損處可以互補,唯車部後有火部、戎仗部之異,及其他部名、字目、注文之微異。去除兩本之重複,存四十一部,近一千五百條,全書後大半部分已較完整。所收頗多單音詞,例皆先簡釋字義,後注反切或注直音,偶附載或體。兩抄本皆避李淵祖名"虎"、太宗名"世"字諱,而不避"治""旦"等字,當爲太宗、高宗間抄本。注音多與《切韻》相合,但反切用字多有不同,亦有與西北方音相符者,或爲當地人所編（以上參張涌泉《敦煌經部文獻合集》）。又，伯三七七六亦分類抄録物名，下有釋義，不注音，與此非一書，然其所存天、陰陽、年載、地、郡邑、丈夫立身六部，分卷之細，近於此書，其第六部適與此今人所擬身體部相近。下條《雜集時用要字》及其系列字書，部類字目繁簡不一，大致包括天、地、人、事四者，此不應獨缺天、地。竊疑此書與伯三七七六同源，身體部前同有五類，二書部類字目大致相近，惟注釋方式互異耳。

雜集時用要字一卷

敦煌寫卷斯六一〇號前端爲《啓顔録》，末云"開元十一年捌月五日寫了，劉丘子於二舅（家）"。後接抄此書，字迹相同，僅抄十二行。首行題"《雜集時用要字》一仟叁伯（佰）言，二儀部第一"，其後有"衣服部第二""音樂部第三"。正文一百六十三字、注文二十二字，推算全書約分爲二十餘部。除開頭"乾"至"坎"八卦名爲單字，並注"西北方""北方"，音樂部注直音"池"字外，餘皆爲雙音詞，無注。

附按：敦煌寫卷尚有多種無題殘字書，周祖謨謂之"物名分類字書"，王三慶《敦煌類書》謂之"類語體之類書"，亦有以爲《俗務要名林》殘卷者。張金泉、許建平《敦煌音義匯考》與此書合稱爲"《雜集時用要字》七種"。竊觀其末俄藏三寫卷綴合者，雜寫而不足分類，中間二、五兩種明標部名，其餘三種亦暗寓分類之意，皆分類抄録物名，其與《俗務要名林》之區別，要在以雙音詞爲主，無注或少注、不注音二端。其中斯五五一四雖多單音字，且下每注音，然其"雷、電"以下、"裝、束"以下兩暗類，可兩兩組詞，且多與《雜集時用要字》二儀部、衣服部相同，二書之間似有某種關聯。

曹憲　古今字圖雜録一卷

《隋志》著録，稱"秘書學士曹憲撰"，當撰於隋代。此書列《雜體書》《篆隸雜體書》等之下，乃圖錄字體書勢者，當非兩《唐志》所載曹憲《文字指歸》四卷。

古今雜字書一卷

《日本目》著錄，列於《古今五十四種書體樣》前。疑猶兩《唐志》所載釋正度《雜字書》八卷，《隋志》作《雜體書》九卷，皆錄雜體書者也。

古今五十四種書體樣一卷

《日本目》著錄。兩《唐志》著錄蕭子雲《五十二體書》一卷，唐《封氏聞見記》卷二云："南齊蕭子良撰古文之書五十二種。"張彥遠《法書要錄》卷二收錄梁庾元威《論書》，謂"齊末王融圖古今雜體有六十四書"，其後"韋仲定爲九十一種"，"謝善勛增其九法，合成百體"，庾氏又增大篆、小篆等及宋宗炳所出縑素、簡奏等九體，共一百二十體，皆詳載其名目。南唐徐鍇《說文繫傳》卷三九云："五體之外，漢魏已來，懸針、倒薤、偃波、垂露之類，皆字體之外飾，造者可述，而齊蕭子良、王融、韋仲、庾元威之徒，隨意增益，妄施小巧，以異爲博，以多爲貴。""其爲虛誕，不言可明，是以一百二十文體，臣所不敢言也。"此書疑出唐代，因"體樣"一詞，唐前未見，殆出於《顏氏字樣》盛傳之後。又，題唐韋續纂《墨藪》卷一，首篇爲《五十六種書》，與此種數最爲接近，殆皆刪棄齊梁一百二十體之尤爲虛誕者而成，其時代殆亦相近。

古今文字贊三卷

見日本求法僧空海《遍照發揮性靈集》卷四《獻梵字並雜文表》，隋唐志並未著錄，疑亦唐人贊論各體書者也。

唐太宗　御製評書一卷

《秘書目》《通志》著錄。《崇文目》四庫本著錄《評書》一卷，不著撰人名氏，錢輯本作十卷，傳抄之誤也。宋朱長文《墨池編》卷一收録唐太宗《論書》《筆法》《指意》《筆意》四篇。其中《論書》以戰陣況學書，又見唐張彦遠《法書要録》卷四、《會要》卷三五等，《太平御覽》卷三百一引《唐書》同，知其出自於唐人國史。《宣和書譜》卷一謂其"又嘗作《筆法》《指意》《筆意》三説以訓學者"，疑出此書。太宗工隸書及飛白，偏好大王真迹，後世僞託其書論者多。如元鄭构《衍極》卷下劉有定注云："《禁經》，唐太宗集王羲之、虞世南諸人等三十餘家論撰成三卷，上論用筆，中論異勢，下論裹結。其言極多，禁敕不行，號曰《禁經》。"且載其序文，《全唐文》卷一〇録之，實爲晚唐僞作，兹不予補録。

虞世南　筆髓法一卷

《宋志》著録。《通志》作《筆體論》，"體"爲"髓"之訛。《中興目》云："唐虞世南《筆髓法》一卷。一辨意，二指事，三釋真，四釋行，五釋草，六契妙，七勸學"。舊題唐韋續《墨池編》卷二作《筆髓論》，篇目略同。宋陳思《書苑菁華》無《勸學》，而增《指意》一條。余紹宋謂此書殊無精義，文詞乖拙，不類虞氏所爲。然宋吴淑《事類賦注》卷一四、蘇易簡《文房四譜》卷一俱已明引"虞世南《筆髓》"，則其所出亦不甚晚。虞氏書論之最可信者，爲《法書要録》所載《書旨述》一篇，設爲問答之辭，言簡意賅。

姚思廉　善書人名狀一卷

竇臮《述書賦》卷下云："善狀集於散騎。"注云："右散騎常侍姚思廉集《善書人名狀》。"其未見於後世書目著録，蓋久佚於世矣。元鄭构《衍極》卷下劉有定注云："姚思廉《善書人名狀》、徐浩《書譜》《古迹記》、張彦遠《法書要録》等作皆廣記直述，不立評品。"蓋由書名臆度言之也。唐韓方明《授筆要説》載姚思廉奉詔論書法云："王僧虔《答竟陵王書》曰：'張芝、韋誕、鍾會、索靖、二衛，並得名書，古今無以辨其優劣，唯見筆力驚絕耳。'時有羅暉、趙襲並善書，與張芝同著名，而張矜巧自許，衆頗惑之。嘗與大僕朱寬書曰：'上比崔杜不足，下方羅趙有餘。'今言自古能書，皆曰鍾、張。"疑姚氏貞觀中奉詔論書法，而進呈此狀，韓氏所引即其佚文也。王僧虔答書，《述書賦》注云："齊司空簡穆公琅琊王僧虔答竟陵王子良書，序古善書人，評議無不至當。本行於世，其真迹今御史大夫黎翰（幹）得之。"張芝與朱寬書，《法書要錄》卷一同，卷九作"朱賜"。唐代皆尚存於世。《南齊書·王僧虔傳》所載"論書"，《晉書·衛恒傳》所載張芝"自稱"，皆本於此二書啓，而未嘗明言。姚氏明引其文，足證其絕非"廣記直述，不立評品"，而能依據原始文獻加以評品，竇臮譽之爲"善狀"，非虛言也。

李訓　範金錄一卷

《宋志》著錄，列於唐人著述間。清《佩文齋書畫譜》卷三逕作"唐李訓"，蓋謂即大和末謀誅宦官而致甘露之禍者。然其人本名仲言，大和八年改名訓，次年事敗族滅，殆非著書之人也。高祖子元嘉長子亦名訓，封潁川王。史載其事不詳，尤不聞其有著書之事也。然《舊書》卷六四云："元嘉少好學，聚書至萬卷，又採碑文古迹，多得異本。"又謂李訓弟譔（疑當作譔）"少以文才見知諸王子中"，"撰父子書籍最多，皆文句詳定，秘閣所不及"。則李訓亦當多見古迹秘籍，且能詳定文字者也。世傳《碧落碑》，乃咸亨元年李訓及弟誼、譔、諶爲亡母造大道天尊像，背面篆刻碑文。唐宋以來，篆書家莫不尊奉此碑。相傳李陽冰見之，裴回數日不去，學其篆法，自恨不如，以槌擊之。古人稱嘆其"字法奇古，行筆精絕，不類世傳篆學"，"以籀文歸小篆爲妙絕"，"雜出諸體"，"其書雜出頡籀鐘鼎款識"(並參清李光暎《金石文考略》卷九),集古篆之大成。今人謂其小篆之外兼用甲骨文、金文、古文、籀文、古璽、漢印等字體,遂令後人艱於識讀。其書碑者,舊有陳惟玉、李撰、李瓘諸說,並乏佐證。至於何以雜用諸體,又何所從來,尤難索解。予細味"範金"一詞,出於《禮記·禮運》,謂冶金爲器用形範也。引而申之,可代指鐘鼎及其款識,暨夫著書之事。故《範金錄》者,其猶後世《金石錄》《金文編》之類乎？唐初金石之學未興,然李訓家多碑文古迹,或嘗集錄鐘鼎款識,以備書碑之用,後編爲此書,似亦不無可能也。唯若其書尚存於當時館閣,則群起考證此碑之歐陽修輩,何以無人道及？抑宋人集錄《碧落碑》字體爲之,而託名李訓歟？

孫過庭　書譜三卷

《日本目》著錄。《全唐文》卷二一六陳子昂《孫君墓誌》云："君諱虔禮,字過庭。有唐之(不遇)人也。幼尚孝悌,不及學文。長而聞道,不及從事。(得)祿,值凶孽之災；四十見君,遭讒慝之議。"遇暴疾,卒於洛陽。張懷瓘《書斷》卷下云,"孫虔禮,字過庭,陳留人,官至率府錄事參軍","與王秘監相善"。竇蒙《述書賦》注云："孫過庭,字虔禮,富陽人。右衛冑曹參軍。"合而觀之,其名字當從《墓誌》,里籍當從《書斷》,竇蒙以名字互混,又以郡望爲里籍,俱不可從。《墓誌》原有脫文,《全唐文》"祿"上補"得"字,妄也。予味"不及從事"似鋪墊干祿之晚,下句當足爲"三十干祿",始與"四十見君"相對。孫氏垂拱三年《書譜》自序云,"余志學之年,留心翰墨","時逾二紀",蓋時年三十有九。逆推其出仕之年爲儀鳳三年,其地則在揚州,故與江都書家王紹宗相善。後六年徐敬業於揚州起兵反武,孫氏當曾受其裹脅,於仕途不利,故曰"值凶孽之災"也。時王紹宗強徵不起,亂後驛召赴都,擢拜太子文學，累轉秘書少監。孫氏殆受其薦舉，垂拱三年任右衛冑曹參軍，此職當爲墨迹所題而爲寶蒙所見。次年遷率府録事參軍，且得則天召見，時武氏臨朝稱制，故曰"四十見君"。以揚州舊官，不次超遷，難免招致物議，然王紹宗方受重用，力足爲之辯誣。故陳子昂《祭率府孫録事文》云"吾子良圖方興，青雲自致"，唯嘆其"中年"暴卒而已。其卒當在此年或次年，以陳子昂稱之爲唐人，當在則天稱帝之前。

孫氏《書譜》，不見唐人提及，宋代書目亦未著録，明祁承㸁《澹生堂藏書目》、焦竑《國史經籍志》始載爲一卷。唐張懷瓘《書斷》謂其："博雅有文章，草書憲章二王，工於用筆，雋拔剛斷，尚異好奇，然所謂少功用，有天材，真、行之書，亞於草矣。嘗作《運筆論》，亦得書之指趣也。"宋《宣和書譜》卷一八云："作《運筆論》，字逾數千，妙有作字之旨，學者宗以爲法。今御府所藏草書三：《書譜序》上下二、《千文》。"陳思《書苑菁華》卷八録《書譜》之文，末題"垂拱三年寫記"。臺北"故宫博物院"藏草書真迹及宋代以後各種摹刻，俱題"《書譜》卷上，吴郡孫過庭撰"，正文、題記略同。宋佚名《寶刻類編》卷二、元王惲《玉堂嘉話》卷三謂"垂拱二年寫記"，誤也。其文有曰："今撰執、使、轉、用之由，以袪未悟。執謂深淺長短之類是也，使謂縱橫牽掣之類是也，轉謂鉤鐶盤紆之類是也，用謂點畫向背之類是也。"末又云："今撰爲六篇，分成兩卷，第其工用，名曰《書譜》。"四者皆運筆之術，故《四庫總目》以爲《書斷》所謂《運筆論》即此，當從"篇中自稱名曰《書譜》"，且云："此本乃止一篇，疑全書已佚。"清包世臣《藝舟雙楫》卷二云："六篇之譜，亡於南宋，今傳者止其叙説。""臆測其目，當爲執、使、轉、用、擬、察。"余紹宋《書畫書録解題》卷三亦云："下卷已亡，其爲亡佚於南渡之際，殆無疑矣。"余嘉錫《四庫提要辨證》卷一四駁之曰："《書譜序》分爲上下，是則此書明有二卷。宣和御府猶存真迹，但今所傳一篇，正是其序，文義已了，不應復有下篇。且使兩篇皆是序，則其正文安在，知'序'字亦屬衍文也。""考宋周密《雲煙過眼錄》卷上云：'焦達卿敏中所藏唐孫過庭《書譜》，上下全，徽宗滲金御題，前後宣和、政和印。'特著其爲上下全，則當時傳本多不全，故陳思所見亦祇一卷，與今本同，惟宣和御府所藏真迹流落人間者尚全耳。周密親見二卷本，是下卷宋末尚存，余氏謂亡於南渡者亦非也。今真迹雖存，亦祇一卷，其何時殘缺，不可考矣。"其言雖辨，實乃牽混孫氏自序"分成兩卷"、宋御府藏《書譜序》上下二"爲一，不知後者止言序文裝裱爲二軸，與著書兩卷非一事也。周密所謂"上下全"亦同，特又誤以爲全書矣。至明文嘉《鈐山堂書畫記》則逕稱爲二卷："上下二卷全，上卷費鵝湖本，下卷吾家物也。"可見宣和御府已僅存序文，所謂下卷"亡佚於南渡之際""宋末尚存"之說，皆臆語耳。朱建新《孫過庭書譜箋證》揭櫫"裝裱"之說，然其進而以傳世《書譜》爲全帙，唯屢經裝裱，中間斷失"卷下"等字。西林昭一爲日版《書譜》撰序，亦云原分上下二卷，卷各三章，凡六章，今本合爲一卷。啓功《孫過庭書譜考》則以爲，其上卷乃序言之體，"其下卷當爲種種譜式"，"或竟未成書"。諸家勇於立異，惜皆未爲的論。予味序文"今撰執、使、轉、用之由"云云以下，明言不暇"會其數法，歸於一途"，"然今之所陳，務裨學者"，即不尚高論而重實用，亦即"吾嘗盡思作書"以爲後學範式，但恐不爲時人所知，"其中巧麗曾不留目，或有誤失翻被嗟賞"，"余乃假之以緗縹，題之以古目，則賢者致觀，愚者繼聲"。其下雖有"猶惠侯之好僞似，葉公之懼真是"之譏，然又以"玄鑑精通"自况，以"伸於知己"相期，知其後兩篇殆即以

"古目"爲題而分爲上下耳。包世臣據"察之者尚精,擬之者貴似"兩句,而擬後兩篇爲"察""擬",渾不類篇名,亦不知其篇文將何所云哉?《日本目》三卷,疑爲空海攜歸之全本,蓋序爲卷上,運筆法四篇爲卷中,古目爲卷下也。惜日本陽明文庫藏空海草書摹本僅存三行,宮内廳藏空海行書録文十三行,皆屬序文之殘,無以證驗拙説矣。

李嗣真　續古今書人優劣一卷

《宋志》著録,《秘書目》書名後有"評"字。李嗣真有《書後品》一卷,載八十一人,九等之上,創列逸品,叙録評贊,極有條理。宋朱長文《墨池編》卷二又録"唐李嗣真《九品書人論》",載九品一百六人,人名下小字標明其擅長之書體,如"秦相李斯:小篆"。其與《書後品》絶不相類,所録書人有賀知章、張旭,少李嗣真數十歲,雖非絶無可能,亦甚可疑矣。繼考其乃抄録舊題唐韋續《墨藪》之"九品書第二",唯上下品少二人,中中品少一人而已,故清《佩文齋書畫譜》《六藝之一録》等改題作"唐韋續《九品書人論》"。然《墨藪》本前有短序,末云:"今繼真約古品藻,録其長,分爲三等,皆旁通上中下,總一百九人,列之於後。""繼""嗣"義通,似即隱指嗣真,其猶今人以"金康""全庸"諸名仿冒金庸武俠者歟?至於《宋志》著録此書,與吕總之書名全同,疑合繼真、吕總之書爲一者也,詳見下文。

王智明　述書後品一卷

《玉海》卷四五引《中興目》曰:"《述書後品》一卷,唐開元中王知明撰,取今古二百五十人,分七等。"趙士煒輯本作二百十八人,不知何故?《宋志》作"王之明"。唐盧攜《臨池妙訣》引"王叔明《書後品》又曰:'虞、褚同師於史陵。'""叔"當爲"知"之訛。李嗣真《書後品》序云:"太宗與漢王元昌、褚僕射遂良等皆受之於史陵，褚首師虞，後又學史。"王氏所述，與李嗣真之説有異。按，王知明、王之明其人俱無可考，當即開元左補闕王智明。"知"與"智"通，作"之"者音訛。《大唐新語》卷九云："開元中，中書令蕭嵩以《文選》是先代舊業，欲注釋之。奏請左補闕王智明、金吾衛佐李玄成、進士陳居等注《文選》。智明等學術非深，素無修撰之藝，其後或遷，功竟不就。"《全唐文》卷四〇〇稱其開元中擢書判拔萃科。《金石萃編》卷一〇四王顏《王公神道碑銘》云：桑泉房"左補闕智明伯、户部員外郎岳靈叔、猗氏房右丞維叔、左相縉叔，俱偉文耀世。"是王維族兄也。

蔡希悰　法書論一卷

《中興目》著録。希悰，《秘書目》作"希綜"，《宋志》作"希宗"。《秘書目》《通志》書名並無"論"字。其文載《書苑菁華》卷一二。余紹宋云："希悰，曲阿人。《金石録》載《唐治浦橋記》，天寶十二載蔡希悰書，是希悰爲天寶時人。自述家世及諸家授受淵源，雜採諸家論旨，而歸本於用筆，無甚深旨。"文中自稱"予頃嘗爲《一體書賦》"，已佚。

張懷瓘　六體論一卷

《秘書目》《書録解題》《宋志》著録。《玉海》卷四五"唐六體論"條引《中興目》云："張懷瓘論大篆、小篆、八分、隸書、行書、草書六體。"《法書要録》卷四目録："張懷瓘《六體書論》，不録。"今載《書苑菁華》卷一二。余紹宋據其序云"臣敢罄庸愚，謹獻書論"，以爲"本有'書'字，《直齋書録解題》偶奪耳"。諸家書目俱無"書"字，其説未可必也。序又云"臣及弟懷瓌，叨同供奉"，知爲開元中翰林院供奉時奏御之作。其謂"當道要書，用此六體"，故刊去古文、籀書、飛白與章草四體。末一節論執筆法。

張懷瓘　古文大篆書祖一卷

《宋志》著録。《秘書目》省略作《書祖》。《中興目》云："論古文、大篆、籀文、小篆、八分、隸書、章草、行書、飛白、草書十體，皆有贊。天寶中獻。"實爲《書斷》卷上之單行本，書成於於開元十五年，天寶中改題獻上。其以蒼頡、史籀、李斯、王次仲、程邈、史游、劉德升、蔡伯喈、張伯英爲十體書祖，各附一贊，末爲論一篇，即序所謂"今叙其源流之異，著十贊一論"。

張懷瓘　書估一卷

《書録解題》《宋志》著録。《中興目》云："《書估》一卷，《評書藥石論》一卷，天寶中獻。"唐張彦遠《法書要録》卷四收録，載自古迄唐初書家九十六人，法書分三估五等，末署"天寶十三載正月十八日"。張彦遠《歷代名畫記·論名價品第》云："張懷瓘作《書估》，論其等級甚詳。"明李日華《六硯齋筆記》卷四云："《書估》意在推異子敬，而稍薄右軍。"

張懷瓘　論書一卷

《書録解題》著録。《法書要録》卷四載張懷瓘《議書》，《墨藪》卷一作《書論》，《書苑菁華》卷五作《書議》。序云："古文籀篆時罕行用，皆闕而不議，議者真正藁草之間。"先總列"有名迹俱顯者一十九人"姓名，下分真、行、章、草四體評議其名次先後，兼論各體作法，末署"乾元元年四月日張懷瓘述"。《墨藪》本兩"議"字作"論"，末作"乾元三年四月昇州張懷瓘作"。其將王羲之草書列於八家之末，且謂"格律非高，功夫又少，雖圓豐妍美，乃乏神氣"，後人殊有異議。然余紹宋《書畫書録解題》卷四云："於右軍草書深致不滿，此歷來評書家所不敢出之者，亦能持之有故，言之成理。不得謂其故作高論也。"

附按：張懷瓘書論，《法書要録》卷四又録《二王等書録》、《文字論》,《書苑菁華》卷二有《論用筆十法》,其《文字論》復自言嘗作《書賦》,時人"多有賞激"。其文多屬單篇,兹僅補録見載於宋代書目者。他皆仿此。

釋希一　筆勢集一卷

《日本目》著録。日本宫内廳書陵部藏江户抄本,爲安永十年據東寺觀知院僧正敬寶法印令恩藏本抄寫。首題"《筆勢集》一卷,釋希一。"自序云:"余性好臨池,未能盡墨,志敦握管,不悟毫端。肆意古今,詢訪耆舊。經歷一十餘年,方見王逸少《筆勢論》及諸家體説。以歲月復久,人代懸隔,其相傳授,亦皆零落。各獲異所,總有八篇。""遂以時代遐邇,次第勒成卷軸。"(傅雲子《白川集》,文求堂書店一九四三年,第一〇二頁。)其正文所録凡十篇,然有篇題者僅八:《用筆法並口訣》、王羲之《書論》、《用筆陣圖法》、王羲之《筆勢論》、袁昂《評能書人》及上表、《王獻之表》、《觀鍾繇書十有二意》、庾肩吾《書品論》,殆即序文所謂"各獲異所,總有八篇"也。孫猛《詳考》一一指出其與《法書要録》《墨池編》《書苑菁華》等某篇相似,唯《王獻之表》不見於唐宋諸書,而與晚出之清《佩文齋書畫譜》卷五王獻之《自論書》相似,然多出落款"天監五年太歲丙戌五月乙丑朔十八日"。蓋清人所據爲唐褚遂良臨王獻之《飛鳥帖》,而釋希一所獲八篇之一當爲王獻之原帖或更早臨帖也。其二、三篇孫氏題作"諸家書人傳記""王羲之傳記",内容分别近似於《書苑菁華》卷一八"晋王羲之筆勢"、《墨池編》卷一"晋王羲之書論四篇"之四。此二篇疑爲釋希一自當時易得之雜傳中摘抄書論而成,故不列於八篇之内,其得以輾轉進入宋代二書,足見此書唐宋之際亦嘗有所流傳,唐宋諸書法叢書所收書論,蓋多淵源有自也。然孫過庭《書譜》序云:"諸家勢評,多涉浮華,莫不外狀其形,内迷其理,今之所撰，亦無取焉。"則此類書論之僞濫，不爲世人所重，唐世已然矣。

竇臮　述書賦三卷

《秘書目》著録，無撰人名氏。《通志》注云："竇永撰，竇泉注。"二名俱誤。《法書要録》《墨池編》《書苑菁華》等收録，俱作上下二卷，疑作三卷者，《語例字格》別爲一卷也。張彥遠題作"前檢校刑部員外郎竇臮撰，檢校國子司業竇蒙注定"，陳思於題下注云："論周至唐一十三代工書史籀等二百七人，署証徐僧權等八人，印記太平公主等十一家，述作梁武帝等十一家，徵求寶玩葦述等二十六人，利通貨易穆聿等八人。按《墨池編》作'竇臮'，此作'竇泉'。後竇蒙跋稱其字靈長，按靈長二字出《江賦》，於泉意近，當作泉是。"唐人書碑，"臮"下或從水，易訛讀爲"泉"耳。竇蒙跋實謂《語例》，其曰："吾弟尚輦君字靈長，翰墨厠張王，文章凌班馬，詞藻雄贍，草隸精深。平生著碑誌詩篇賦頌章表凡十餘萬言，較其巨麗者有天寶所獻《大同賦》《三殿蹴踘賦》。""及乎晚年，又著《述書賦》，總七千四百六十言。""尚輦君學究天人，才通詁訓，注解分析，皆憑史傳。"《四庫總目》云："考賦中蒙條下注云：'家兄蒙，字子全，司議郎，安南都護'，又似乎臮所自注。"《書苑菁華》本末署："大曆十年龍集乙卯二月乙丑陝州大都督府夏縣尉竇士正初校，檢校國子司業太原縣令竇蒙再校。"則此書賦注皆當爲竇臮撰，竇蒙校定耳。

竇臮自稱所記"迄于乾元之始"，其注中提及之年號，止於至德，而賀知章卒贈禮部尚書，僅注"元年冬十二月"，不出乾元年號。四庫館臣考其成書於天寶中，明楊慎《石鼓文叙録》、今人吴企明《唐音質疑録》謂至德中，蓋偶疏也。清周中孚《鄭堂讀書記》考爲乾元年間，近是。元吾丘衍《周秦刻石釋音》直稱竇蒙"大曆十年注"，岑仲勉《讀全唐文劄記》亦謂大曆末年，則據其書末所署校定之年耳。

然尚有莫大疑竇者，其賦末題記云："大曆四年七月點發行朱，尋繹精嚴，痛推心骨，其人已往，其迹今存，追想容輝，涕淚嗚咽。"似竇臮此前已卒。而賦有"邠侯图书刻章"之句，注有"相国邠侯李泌印"之文，李泌貞元三年累封邠縣侯，遠在其後。徐浩建中年間《古迹記》云："前試國子司業兼太原縣令竇蒙，蒙弟檢校戶部員外郎宋汴節度參謀竇臮，並久游翰苑，皆好圖書，辨知僞真，無出其右。"《文苑英華》卷八一六權德輿《唐太宗文皇帝飛白書記》云："有都官郎中竇臮者，博古尚藝，貞元初得其書于人間。"竇臮書《大唐三洞景昭大法師韋君碑》，貞元三年立，內稱："浙江東西節度支度判官、檢校尚書兵部郎中兼侍御史扶風竇公臮。"盧元卿《法書錄》云："貞元十一年正月，於都官郎中竇臮興化宅見王廙書、鍾會書各一卷。"故舊編謂"諸人記載何以迥異，難以索解"。今細味竇蒙《語例》"施朱點發"，似指竇臮所爲，則賦末"大曆四年七月點發行朱"所指並同，大曆四年爲竇臮於行間添加朱注之年，而非竇蒙添加題記之年。故薛永年謂竇臮貞元三年尚在世，似非無據。（《竇氏兄弟與書論》，《全國第四屆書學討論會論文集》，重慶出版社一九九三年，第七五頁。）唯盧元卿言得於宅，蓋竇臮已卒，而得於其家人也。朱關田云："《述書賦》蓋初撰注於乾元，後施朱點發，隨時補益，復檢核改定，終遺稿於貞元，積三十年功力，爲千古獨傳之傑構。"（《唐代書法考評》，浙江人民美術出版社一九九二年，第二四三頁。）

附按：宋朱勝非《紺珠集》卷一二節錄《法書苑》云："筆虎：竇臮謂李陽冰篆。屈玉垂金：竇臮又有作《小篆贊》曰：'丞相斯法，神慮清深，釵頭屈玉，鼎足垂金。'"與《述書賦》注謂李陽冰"變化開闔如虎龍"相符，且知寳臮尚有《小篆贊》。

顏真卿　述張長史筆法十二意一卷

《秘書目》著録《述張長史筆法十二意》一卷，《通志》無述字，俱不著撰人名氏。《宋志》列"顏真卿《筆法》一卷"於張懷瓘諸書之下，余紹宋遂謂張氏撰《顏真卿筆法》，以爲魯公十二意出於後人僞託説張目。然魯公所述，宋世固已盛傳，《宣和書譜》謂魯公"嘗作《筆法十二意》，備盡師資之學"，則《宋志》著録當爲其簡稱無疑。《墨藪》卷二載"張長史十二意筆法"，《墨池編》卷一作"唐顏真卿傳張旭十二意筆法記"。朱長文按云："舊本多謬撰，予爲之刊綴以通文義。張彥遠録《十二意》爲梁武筆法，或此法自古有之，而長史得之以傳魯公耳。"張懷瓘《書斷》卷下已載"梁武帝曰'鍾繇書法十有二意'"云云，日本舊抄本唐釋希一《筆勢集》内有《觀鍾繇書十有二意》。張氏書成於開元十五年，而顏氏自云"罷秩醴泉，特詣東洛訪金吾長史張公，請師筆法"，五年後述之，皆在天寳年間，當爲據梁武筆法鋪衍。梁武筆法於平、直、均、密、鋒、力、輕、決、補、損、巧、稱十二意之下，僅附論古肥今瘦云云二百言，除開頭兩句八字外，顏氏筆法盡予抄録，以魯公之賢而出此技，誠堪懷疑也。魯公《懷素上人草書歌序》云："義、獻玆降，虞、陸相承，口訣手授，以至於吳郡張旭長史，雖恣性顛逸，超絶古今，而楷法精詳，特爲真正。某早歲嘗接游居，屢蒙激勸，教以筆法。"頗疑此乃泛言而已，後人僞作顏氏筆法，正欲坐實之耳。然《國史補》卷上云："張旭草書得筆法，後傳崔邈、顏真卿。"唐盧攜《臨池妙訣》載張旭自言"彥遠僕之堂舅，以授余"，與顏氏所述相合，故亦不敢必也。

陸羽　懷素傳一卷

《通志》著録。《秘書目》作《唐素師傅傳》。其文載《書苑菁華》卷一八,內記懷素與顏真卿論書語爲多。

唐人評書

《墨藪》卷一"梁武帝《書評》第五"後附"又評書",首列陸彥遠以下七十三人名,多爲中晚唐書家,末有不可考者數人及漢之屠耆單于,其下評虞世南至程廣十六人書,不知其原出一書抑二書耶?《書苑菁華》卷五以"梁袁昂《古今書評》"(與梁武帝《書評》略同)、"唐人評書"、"呂總《續書評》"相次,蓋寓三書接續之意。其"唐人評書"評李斯至唐薛稷十八人書,實較前書十六人少一桓玄,而增栢夫人、傅玉、薛稷三人,"傅操"作"曹操",且以時代先後爲次,則固視作單書矣。元盛熙明《法書考》卷一引作"唐評"、清《佩文齋書畫譜》等書錄作"唐人書評",又或以傅操、傅玉爲一人,甚或又作傅玄。唯其所評以薛稷爲最晚,以四言句爲主,確有可能出於唐初,而爲呂總所續,茲姑補錄於呂書之前。

呂總　續書評一卷

《通志》著錄,《秘書目》作"呂聰",《宋志》作"續古今書人優劣"。宋陳思《書苑菁華》卷五收錄"唐遺名字呂總《續書評》",其評唐薛稷至釋懷素五十人,計篆書一人,八分書五人,真行書二十二人,草書十二人,除李陽冰外,餘俱以兩四字句評之。余紹宋疑爲晚唐人。按,舊題唐韋續《墨藪》卷一有"九品書第二""書品優劣第三",《墨池編》卷二前者題"唐李嗣真《九品書人論》",後者無題而綴之於下,明清時人或題作"韋續《書品優劣》",或題作"李嗣真續書評",實爲呂總《續書評》。《宋志》著錄李嗣真、呂總《續古今書人優劣》各一卷,則疑爲如《墨池編》合二爲一而單行於世者,故各取其"書人""優劣"二詞,別擬書名焉,而書目著錄分置於兩人名下,遂儼然各撰同名之書矣。

朱禹善　書評一卷

《宋志》著録。

朱禹善　有唐名書贊一卷

《宋志》著録。《中興目》云："《有唐名書贊》一卷，朱禹善評貞觀至元和善書，凡一百五十人。"《秘書目》《通志》並作"評贊"，不著撰人名氏。朱禹善不知何人，諸目並列唐人間。

李陽冰　筆法要訣一卷

《通志》著録，而不見於今存宋代其他書目，不知鄭樵何據？《宣和書譜》云，陽冰"留心小篆，迨三十年，初書李斯《嶧山碑》與仲尼延陵季子字，遂得其法，乃能變化開合，自名一家，推原字學，作《筆法論》，以別其點畫"，或即此書。宋蘇易簡《文房四譜》引李陽冰《筆法訣》數條近二百言，論筆墨硯紙之用。桑世昌《蘭亭考》卷四"永字八法"論側、勒、努、趯、策、掠、啄、磔八勢，引李陽冰《筆訣》獨詳，與元陶宗儀《說郛》卷八六下《陽冰筆訣》大體相同。《墨池編》卷二《玉堂禁經》引《陽冰筆法》僅四句，與《書苑菁華》卷一九所引"變通異訣"略同，又見於同書卷二十所引《翰林轉授隱術》。此類筆法，時有類同，蓋多託名之作。

李陽冰　翰林禁經八卷

《讀書志》云："《翰林禁經》八卷，右唐李陽冰撰。論書勢筆法所禁，故以名書。"《崇文目》有《翰林禁經》一卷，《宋志》作三卷，《遂初目》無卷數，《秘書目》《通志》有《書禁經》一卷，《書錄解題》有《翰林禁書》三卷，俱不著撰人名氏。諸目所載之撰人有無不同，卷數多少懸殊，傳抄內容或亦有所不同，然書名皆有"禁"字，仍有可能爲同書之不同傳本。

唐宋書法叢書中多載"翰林""禁經"類書勢筆法之論，如《墨池編》卷二載張懷瓘《玉堂禁經》，內有"九生法"條；《書苑菁華》卷二載《翰林密論・二十四條用筆法》及《翰林禁經・九生法》，卷二〇載《翰林傳授隱術》；《蘭亭考》卷四引《翰林禁經》《翰林密論・平礋法》等，其他零星引用尤夥。其內容每多牽涉或近似，如上舉"九生法"兩書相同。據唐韓方明《授筆要說》、盧攜《臨池妙訣》所述晉唐筆法傳授譜系，張旭、李陽冰俱爲其中關鍵人物，故此書當出於張旭之後，出自或託名李陽冰，皆極正常。宋人疑之，故書目或不著撰人名氏。因張懷瓘論書之名最盛，且曾供奉翰林，故又別編爲《玉堂禁經》，託名於彼。

又考元鄭构《衍極》卷下"《翰林禁經》發諸家筆意"句下劉有定注云："《翰林密論》二十四條論用筆法。《禁經》唐太宗集王羲之、虞世南諸人等三十餘家論撰成三卷，上論用筆，中論異勢，下論裹結。其言極多，禁敕不行，號曰《禁經》。"其析《翰林》《禁經》爲二書，且謂《禁經》唐太宗撰，謬種流傳。如《全唐文》卷一〇唐太宗《禁經序》，即據此下所引"序曰"，而實出《書苑菁華》卷二〇《翰林轉授隱術》，非太宗之序也。然其所記《禁經》三卷，與盧攜《臨池妙訣》序列八篇名目之前三"第一用紙筆，第二認勢，第三裹束"類似，則書目著錄諸《禁經》卷數之差異，可以渙然冰釋矣。蓋晁氏所謂八卷實爲八篇，與《臨池妙訣》相似，且亦合編爲三卷；陳氏、《宋志》所謂三卷，與劉有定所見本同爲三篇；其篇幅實際相當於八篇三卷完本之一卷，故《崇文目》《秘書目》俱作一卷也。

翰林隱術一卷

《宋志》著錄，不著撰人名氏。原列"李訓《範金錄》一卷"之下，清《佩文齋書畫譜》卷三遂以爲二書俱唐李訓撰，甚無據也。然唐盧攜《臨池妙訣》序稱取《翰林隱術》等書"刪繁選要"，則固出於唐世矣。"隱術"又稱"隱筆法"，爲唐人筆法論之專門術語，指用筆之遲澀變化。《書苑菁華》卷二引《翰林密論》云："凡攻書之門，有十二種隱筆法，即是遲筆、疾筆、逆筆、順筆、澀筆、倒筆、轉筆、過筆、提筆、啄筆、罨筆、趯筆。"《書苑菁華》卷二〇節錄《翰林傳授隱術》，當即此書佚文。其序云："夫攻書之道，雖從師授，必須先識筆勢，乃可加工。筆勢若明，則務於遲澀；遲澀既分，資於異狀；異狀得矣，求諸變態。"又云："夫學書先識宗旨，不知隱術，難以求工。"其命名之義，於焉可見矣！

書隱法一卷

《崇文目》《秘書目》《通志》《宋志》著錄，皆列於唐人著述間。且《翰林禁經》又名《書禁經》，則《書隱法》或即《翰林隱術》，然《宋志》並列爲二書，姑從之焉。

蔡氏口訣一卷

《崇文目》《通志》《宋志》著錄，不著撰人名氏。《宋志》注云："名亡。"蓋以爲撰人姓存而名亡，非是。《墨池編》卷二《玉堂禁經》"古今傳授筆法"條，首述蔡邕至崔邈傳授楷法二十三人，中列筆法、訣名，末云："已上十二訣，先賢祇口傳授，並不形紙墨，張旭唯傳永字，後自弘五勢，一切字法，無不該矣。"故知"蔡氏"亦在書名內，謂蔡邕所傳耳，形於紙墨者爲中晚唐人，惜已不可考矣。又《蘭亭考》卷四"永字八法"云："蔡氏傳授凡十二訣，永字第五，側、勒、努、趯、策、掠、啄、磔。""第五"當爲"第云（曰）"之訛，謂其"永"字下亦僅云八法，未盡用十二訣也。其"努勢"下又引"《蔡氏口傳》曰：頓筆先縮鋒驟努，今（令）頓下岇之，其垂露、懸針即岇之餘勢也。"與清馮武《書法正傳》卷五"張旭傳永字八法并五畫軌則"相同。又《衍極》劉有定注云："今世傳蔡氏所授法曰：'虛掌實指，腕平筆直，疾磔暗收，遺筆陰陽勢出。'"似皆爲此書佚文，《玉堂禁經》所列筆法、訣名殆僅綱目而已。

韋氏　筆寶兩字五卷

《宋志》著錄。韋氏當爲撰人姓氏，名亡。敦煌寫卷《碎金》，一題作"鄭氏《字寶》"，所收例皆兩字俗詞。唐鄭嵎《雙金》，宋人序謂其"以其二字而明一事，謂之雙；事有實而理可貴，謂之金"。温庭筠《學海兩字》，乃由二字條目分門彙編之類書，書名與此尤相類似。此或晚唐著書之風氣，故疑是書亦以二字之筆法詞語爲條目，附以詳注，分門彙編爲書論。

盧攜　臨池妙訣三卷

《讀書志》云："《臨池妙訣》三卷，右未詳撰人。後有江南李煜述書。"《書苑菁華》卷一九節録"唐范陽盧雋《臨妙訣》"，脱"池"字。明陶宗儀《書史會要·補遺》云："盧雋，范陽人，傳楷法於堂舅陸彦遠。盧野奴，雋之從侄，傳書法於崔邈。"此誤讀盧雋《臨妙訣》，亦云甚矣。盧雋引張旭之言，稱"彦遠僕之堂舅"，且云張旭"又傳蔣陸及從侄野奴二人，予所知者，又傳清河崔邈"。是陸彦遠乃張旭堂舅，野奴乃張旭從侄，傳書法於崔邈者亦張旭也。盧雋述及"近代賀拔員外甚、寇司馬璋、李中丞戎"，皆文宗時人，則盧雋當爲武宣以後人。《佩文齋書畫譜》改題作盧攜，可從。盧攜，兩《唐書》有傳，范陽人，乾符中官至中書侍郎。盧雋自云："因取《翰林隱術》、右軍《筆勢論》、徐吏部《論書》、竇臮《字格》、《永字八法·勢論》，删繁選要，以爲其篇。"下列八篇之目："第一用紙筆，第二認勢，第三裹束，第四真如立行如行，第五草如走，第六上稀，第七中匀，第八下密。"由篇名觀之，當以前三、中二、後三各併合爲三卷。其下節録用筆、用水墨之法三條，當爲"第一用紙筆"之佚文。又《書苑菁華》卷二《翰林密論·二十四條用筆法》屢引《臨池訣》，《蘭亭考》卷四引《臨池》《臨池訣》《臨池要訣》，亦皆此書佚文。又《書苑菁華》卷二〇"江南後主李煜書述"，即晁氏所謂"述書"，中云："書有七字法，謂之撥鐙。自衛夫人並鍾、王傳授於歐、顏、褚、陸等，流於此日，然世人罕知其道者。孤以幸會，得授覺於先生。"《墨池編》卷二"唐陸希聲傳筆法"則云："陸希聲得之，凡五字，曰擫、押、鉤、格、氐，用筆雙鉤，則點畫遒勁而盡妙矣，謂之撥鐙法。""江南後主得此法，書絕勁，復增二字曰導、送。"蓋此書亦論撥鐙，陸希聲得之，李煜會之者，要在於此也。

石懷德　隸書正字賦一卷

《秘書目》《通志》著錄，《宋志》作《隸書賦》。懷德不詳何人。《墨池編》卷一載唐林罕《小說》序云："俗有《隸書賦》者，假託許慎爲名，頗乖經史。據《顏氏家訓》曰，斯實陶先生弟子杜道士所爲，大誤時俗，吾家子孫不得收寫。又有《今古隸書端字決疑賦》，更不經於《隸書賦》，當今之世，不可學之。"林罕後蜀國子博士，"端""正"義同，疑《今古隸書端字決疑賦》即石氏之書全稱。唐初正字之學大興，至《開元文字》而粗定，是書之出，其在盛唐之前乎？至宋人孫奕撰《隸書決疑賦》，已無"正字"二字矣。

許歸與　墨藪十卷

《宋志》著錄"《墨藪》一卷"，注云："不知作者。"《書錄解題》卷數同，云："不知何人所集。凡十八篇，又一本二十一篇。"《崇文目》《通志》作五卷。《讀書志》作十卷，云："高陽許歸與編，不詳何代人。《李氏書目》祇五卷，而梁武帝《評書》、王逸少《筆勢論》皆別出。"明程榮所刻，分爲上下二卷，其底本或作一卷，校其篇目，自"五十六種書第一"至"唐朝書法第二十一"，與陳氏所言"又一本"合。清周中孚《鄭堂讀書志》著錄者爲一卷之寫本，篇數亦同，蓋即程氏所據本也。晁氏所稱李氏五卷本別出之二篇，亦見於一卷本，則各家所見本雖卷數懸殊，然實爲一書也。四庫館臣云："書中所記，止於唐文宗、柳公權事，當出於開成後人，然題爲韋續，則不知其何所據也。"《全唐文》卷三六〇云："韋續，駙馬都尉鐬之孫，玄宗末官天興令。"明舊題之非矣。其書編録唐前書論，或不題撰人，後世迻録，或有補題，唯其首篇《五十六種書》，別無可考，《墨池編》卷一題作"唐韋續纂"，或有所據，則程榮殆以首篇冠諸全書，遂致誤耳。晁氏所謂"高陽許歸與"，雖無可考，然宋人舊説，未可輕忽，兹據以列目。是書編輯雜亂，漫無條理，然所録書論，多屬首見，而爲後世所本，亦足資考證也。

韻集五卷

唐釋道宣《衆經音義序》云："《説文》在漢，字止九千；《韻集》出唐，言增三萬。"《釋迦方志・中邊篇》又云："漢時許慎方出《説文》，字止九千，以類而序。今漸被世，文言三萬。"按，晉吕靜《韻集》五卷，以宫商角徵羽五音分卷，不立韻部，羅列同音字，間作釋義。其辨别字形、字義不如《説文》《玉篇》詳盡，分析韻部不如《切韻》準確，其特點或即在收字較多。然晉代六朝俗字初起，不可能多至三萬。而《切韻》唐初陸續增字，至天寶中不過一萬五千字；《玉篇》經孫强增加字，亦不足二萬三千字。故道宣所謂《韻集》，亦決非泛指其他韻書。且唐初爲《切韻》《玉篇》加字者衆，則有加字本《韻集》出現，固屬情理之中。《日本目》於吕靜《韻集》外，又出同名書五卷，列於隋唐諸家《切韻》之後，唐人字樣書之前，殆即此唐人《韻集》也。道宣之序，作於高宗初年，則此書當出武德、貞觀年間。

韻圃五卷

《日本目》著録。武周時慧苑撰《新譯華嚴經音義》屢引此書，慧琳《一切經音義》據之轉引七條，疑出高宗、武后時，中土早已亡佚。而日本菅原是善《東宮切韻》尚引之，今見於僧信瑞《淨土三部經音義集》、觀靜《孔雀經音義》轉引三條。清末龍璋《小學蒐逸》有輯本。

郭知玄　切韻五卷

《日本目》著錄。郭知玄生平別無可考，唯《廣韻》書首"訥言曰"至"大唐儀鳳二年"一段之下，另起兩行曰："前費州多田縣丞郭知玄拾遺緒正，更以朱箋三百字。其新加無反音，皆同上音也。"下另起孫愐《唐韻序》。《讀書志》云"前有（陸）法言、長孫訥言、孫愐三序"，是不以中間諸句爲獨立之序也。然其爲何人所加，當如何讀之，則頗難質言矣。

宋王應麟《玉海》卷四五云"唐儀鳳二年，郭知玄拾遺緒正"，清方以智《通雅》卷首亦云"唐儀鳳二年，多田縣丞郭知玄拾遺緒正朱箋"，不知其徑與上文長孫序末連讀而致誤歟，抑以長孫箋注與郭知玄朱箋爲同時之分工合作歟？明楊慎《升庵集》卷六三"盥櫛"條、《丹鉛餘錄·總錄》卷四"蕩"條、卷八"盥櫛""簡牘"兩條、卷一四"書劄甲劄"條屢屢節引長孫序"銀鉤創閱，晉豕成群，盥櫛行披，魯魚盈貫"，而稱爲"郭知玄《集韻序》""郭知玄朱箋《集韻序》"，則涉嫌有意造僞矣。宋李燾《說文五音韻譜序》云"唐儀鳳後，郭知玄等又附益之"，明宋濂《新刻廣韻後題》云"唐儀鳳末，郭知玄復帥其屬而附益"，清《四庫總目》云"唐儀鳳二年長孫訥言爲之注，後郭知玄"等"遞有增加"，則皆以郭知玄朱箋在長孫箋注之後也。晚清敦煌發現《切韻》寫卷甚多，亦有同於《廣韻》並載長孫、孫愐二序者，長孫箋注早出之說益爲人所深信矣。故王國維《陸法言切韻斷片跋》釋郭氏"更以朱箋"云："是因郭箋以前已有長孫氏箋，故云'更'也。箋之爲言表識也，意以'緒正'

爲注，不必字字有注。"此解非是，蓋郭知玄之"拾遺緒正"，即長孫訥言之"箋注"、王仁昫之"刊謬補缺"，三者異名同實，體例不殊，特因宋人以郭氏居九家"增加字"之首，而加"更以朱箋"一語，謂自作箋注之外，又以朱色增加三百字也，烏有繼前人之後而更作箋注之意哉。

《廣韻》以郭知玄居九家"增加字"之首，然因長孫訥言不在其列，無以證其孰先孰後，故前賢轉據長孫、孫愐二序之間夾述郭知玄以定其先後，自在情理之中，舊編亦嘗從之矣。今讀孫猛《詳考》，始悟昨日之非。其書詳引日本僧禪覺所列"入《東宮切韻》十三家"次序，以郭知玄居首，而長孫次第三，其先後關繫甚明。又引《和漢年號抄》云："治，郭知玄云：'此字犯永徽主諱，今廢之，用理字等替行。'"此固不屬"朱箋三百字"，而當爲《切韻》原有"治"字下之"緒正"，足證郭書作於永徽年間，先長孫箋注二十餘年。唐迄永徽年間，尚不重《切韻》，故孔穎達《五經正義》僅《尚書》疏中寥寥數引，玄應《衆經音義》無一引用，而此後注家殆無不援引矣，至開元中專事箋注增廣《切韻》者，已多達二十餘家。此一風氣，實郭知玄肇啓之也。惜觀堂未見二事，不能先我表而彰之也。

宋明以還古書，尚頗見援引郭氏之說。如《白孔六帖》卷一二、九五、九八凡引六條，皆孔氏續補。明楊慎《升庵集》卷四三："郭知玄《切韻》曰：'帝虎並訛，烏焉互舛。'"顧起元《說略》卷二二："郭知玄曰：'氣韻本於游心，神彩生於用筆，書畫一也。'"焦竑《俗書刊誤》卷五、彭大翼《山堂肆考》卷二三九："郭知玄曰：'白頭藝苑，不知瞽替之分；青衿小生，焉辨商商之別。'"皆似序語，疑其序文晚明尚存。王國維《唐諸家切韻考》云，"《倭名類聚抄》引'郭知玄《切韻》'一條，'郭知玄曰'五條"，"而日本僧信瑞所撰《淨土三部經音義集》所引尤夥，有郭知玄五十三條"。周祖謨、劉国忠復自《五行大義》背記等輯得百數十條。佚文以釋義爲主，多較簡略，亦有引《説文》《方言》《古今注》等，長達三四十字者，蓋其短者經引者刪削耳。其中一條曰："夾：以兩持一。筴。"下注："同上音，又古協反。"足證其體例，即先注"夾"字，"更以朱箋"增加"筴"字，"其新加無反音，皆同上音也"。敦煌寫卷斯二〇七一號，董作賓嘗疑爲郭知玄書，在長孫訥言之後，方國瑜以爲非郭知玄書，當在長孫訥言之前。予既考定郭書早出，乃以其佚文與寫卷相對校，確不相符合。

附按：《日本目》於陸法言《切韻》下，連次著録唐人加字《切韻》十五家，其年代可考者頗多先後失次，則其失考者亦無以推知年代矣。孫猛《詳考》引日本僧禪覺《三僧記》曰："入《東宮切韻》十三家：郭知玄；釋氏；長孫納（訥）言，唐儀鳳二年；韓知十；武玄之；薛峋；麻杲，唐神龍元年；王仁昫；祝尚丘，天寶五載；孫愐，唐開元廿一年；孫佃，唐開元；沙門清澈，唐天寶元年。不入：王存乂，唐貞元十七年；蔣魴，唐元和十三年八月十三日；盧自始，未見可尋。"禪覺乃抄録自某氏所持《東宮切韻》，其明載年代者，唯祝尚丘一人失次。又《廣韻》書首敕牒所列："郭知玄拾遺緒正，更以朱箋三百字。關亮增加字。薛峋增加字。王仁煦增加字。祝尚丘增加字。孫愐增加字。嚴寶文增加字。裴務齊增加字。陳道固增加字。"其與十三家相重者，序次皆同，似亦可據也。今即參考二家，定其先後。諸書佚文，中土傳世古書援引無多。其傳入日本者，菅原是善嘗據以撰爲《東宮切韻》二十三卷，今亦散佚不存。然秘藏於邦宮家之《五行大義》背記、釋中算《法華經釋文》、源順《和名類聚抄》、具平親王《弘决外典（即輔行記）抄》、釋信瑞《淨土三部經音義集》等（下稱"日本五書"）轉引逸文甚夥，《大正藏》所收日本佛經注疏亦有零星佚文。清顧震福《小學鉤沈續編》之輯本，據中土古書及源順之書，所得十不及一，如於郭知玄佚説，僅得《倭名》四條、《六帖》一條。周祖謨《唐五代韵書集存·輯逸》復事蒐羅，刘国忠又補周氏採據《五行大義》之疏漏（《唐五代韵書集存·辑逸補遺》，《清华汉学研究》第三辑，清华大学出版社二〇〇〇年），亦未必網羅無遺矣。

弘演　切韻十卷

《日本目》著録。日本《東宫切韻》引此書止稱"釋氏"，源順《倭名類聚抄》引作"釋氏"或"釋氏《切韻》"。王國維云："《倭名抄》所引《釋氏切韻》，殆即弘演書。"日本具平親王《弘決外典抄》引作"弘演寺釋氏"，周祖謨《唐五代韻書集存》從之，皆以"弘演"爲寺名。考弘演當爲僧人法號。王勃《梓州玄武縣福會寺碑》云："時有弘演上人，自丹鳥下日，昌帝篆於明堂；青鶴乘霄，降仙苗於太室。軒冕將風雲交映，鐘鼎與山河共遠。法師夙成真諦，幼挺殊姿。""遍游淨境，歷騁遐方。至總章二年，憩於兹刹。身持寶印，口出神珠，心動巴南，化行蜀右。"又《梓州飛烏縣白鶴寺碑》云："爰有弘演上人者，法門之秀士也。"《古清涼傳》卷下云，"孝敬皇帝重修白馬寺，棲集名德"，洛陽白馬寺沙門惠藏"以調露元年四月，與汾州弘演禪師"等，"於娑婆寺坐夏"。知弘演俗姓李，出於皇族，汾州人，幼年出家，總章二年憩梓州福會寺，調露元年至五臺山。日本五書中引其佚文百數十條，以釋義爲主，較爲詳細。如"陶"字注云："燒瓦家也。書本多用爲陶鑄、陶冶字，行之已久，理合從准。字書，陶鑄字作此鈞，鈞鑄也。""理合從准"有奏請之意，殆進獻朝廷之書歟？

長孫訥言　切韻五卷

《日本目》著録。日本僧禪覺列"入《東宫切韻》十三家"云：

"長孫訥言，唐儀鳳二年。"《元和姓纂》卷七云，周僕射長孫儉生徹，徹生敦，敦生師，師生訥言。師見《舊書·高麗傳》，貞觀五年以廣州都督府司馬往高麗收瘞隋時戰亡骸骨，其子訥言確爲高宗時人。

裴務齊正字本《刊謬補闕切韻》乃據長孫訥言本及王仁昫本等合纂而成，故其卷首亦題"前德州司户參軍長孫訥言注"，並載長孫序云："此製酌古沿今，權而言之，無以加也。然苦傳之已久，多失本源，差之一點，詎惟千里？弱冠嘗覽顔公《字樣》。見炙從肉，莫究厥由。輒意形聲，固當從夕。及其悟矣，彼乃乖斯。若靡憑焉，他皆仿此。頃以佩經之隙，沐雨之餘，揩其紕繆，疇兹得失。銀鉤剏閱，晉豕成群，盥櫛行披，魯魚盈貫。遂乃博徵金篆，遐泝石渠。略題會意之詞，仍記所由之典。亦有一文兩體，不復備陳；數字同歸，唯其擇善。勿謂有增有減，便慮不同；一點一畫，咸資別據。又加六百字，用補闕遺。其有頹雜，並爲訓解。但稱按者，俱非舊説。傳之不謬，庶垺箋云。於時歲次丁丑，大唐儀鳳二年也。"敦煌本略同，但以"訥言謂陸生"引出，且《佩觿》卷上所引"可知而不可行"（原注："謂冰凝、竭渴之類"）句，似出序文而不見於此，當經後人刪節。《全唐文》卷一八八據《廣韻》收録，又少若干關鍵文句，擬題作《箋注廣韻序》，清謝啓昆則徑題長孫本爲《切韻箋注》。"箋注"一詞，終唐仍不常用，迄宋未入書名。《日本目》、敦煌本之所題，止作《切韻》；漢和古籍之引用，例稱名氏。長孫訥言之與別家，無以異也。惟《廣韻》書首所載，孫愐《唐韻》，確係自題書名，納言"箋注"，實乃宋人述辭。自餘九家，未見其本，乃統謂之"增加字"，儼然皆無注者也。清末以來，唐人《切韻》寫卷叢出，周祖謨區之爲五系：曰箋注本，曰增字增訓本，曰《刊謬補缺》，曰裴務齊正字本，曰《唐韻》。即以長孫箋注本爲最簡略，與宋人之本意，適相反對也。其於長孫及王、裴、孫四家有傳本、殘本者外，別立增字增訓本之名，以統其餘，甚無謂也。以諸家體例大同小異，如"箋注"之爲，不亦增字、增訓二事乎？張湧泉《敦煌經部文獻合集》不採其名，是矣；然又將不能定其主名者，一概題作《切韻箋注》，多達十二種，則竊恐未安也。

敦煌寫卷斯二〇五五號首爲陸法言、長孫序，其次平聲上二十六韻韻目、東韻至魚韻九韻字，一百七十九行，其中後二十行乃據王仁昫《刊謬補缺切韻》補抄。注文先出訓解，多據《說文》；後出反切，多同陸法言；每紐注明字數，若有增字，添注"幾加幾"；常加按語，與序云"但稱按者，俱非舊說"相合。王國維《書唐寫本切韻後》斷爲長孫箋注本，然觀其序首及以王本抄補，亦未必也。又伯三六九三、三六九四、三六九六與斯六一七六係同一寫本之裂，存上、去、入三聲字，有"《切韻》卷第四"標目。注文體例同前，間引顔氏《字樣》及杜延業《新定字樣》，或與斯二〇五五爲同一書。俄藏多個寫卷注文體例相同，伯四八七一存陸序及長孫序十三行，亦有學者斷爲長孫箋注本。又，斯二〇七一始鐘韻"縫"字，至藥韻"綽"字而殘，中缺去聲一卷，存三十四葉八百二十一行，收字八千九百十六個，反切二千一百餘個，所存最豐。注文比斯二〇五五略簡，其"俗作某"者往往爲《切韻》正文，所出年代應略早。斯二〇一七注文體例與斯二〇五五相同，然止有陸法言序而沒有長孫序，當非箋注本。宋代以後，唯《佩觿》一引，日本五書亦僅中算、信瑞之書二十五引，且較簡略。

韓知十　切韻五卷

《日本目》著錄。韓知十生平無考，今從"入《東宫切韻》十三家"列於長孫訥言後。日本五書等引其佚文五十餘條，皆甚簡略。

關亮　切韻五卷

《廣韻》書首敕牒列"關亮增加字"於郭知玄、薛峋之間。宋朱長文《墨池編》卷六："北齊關亮造像記，河清元年北丘道常書。"北齊河清元年至唐立國五十六年，此關亮至隋唐之際尚有著書之可能，若郭知玄之後，則爲高宗、武后時人，年過百歲矣，當非其人。此書未傳入日本，漢和古籍皆不見引用。然據《日本目》著録推斷，所謂"增加字"諸家實皆有箋注，不止增字而已，卷數多仍爲五卷，關亮不應例外，故亦仿《日本目》著録之。

薛峋　切韻五卷

《廣韻》書首敕牒列"薛峋增加字"於關亮、王仁煦之間。薛峋生平無考，其書唐時已傳入日本，《日本目》不著録，殆偶漏載也。日本僧禪覺"入《東宫切韻》十三家"列於武玄之、麻杲之間，與《廣韻》之序次可以互證。武玄之約高宗、武后時人，麻、王之書作于神龍元年、二年，則薛氏之書當成於武周後期。日本五書等每引其説，或訛作薩峋、薛洵、薛岣、蔭峋、薩岣等。今存佚文百數十條，其體例先注反切，次釋義、字形，後引經史書證。知其亦箋注《切韻》全書者，不止增字而已，故亦仿《日本目》著録之。

張戩　考聲切韻

《舊書·張文琮傳》云："子戩，官至江州刺史。撰《喪儀纂要》七卷，行於時。"其弟錫，相武后、溫王，則戩亦武周時人。此書不見於書目著録，然慧琳《一切經音義》景審序云："古來音反多以旁紐而爲雙聲，始自服虔，元無定旨，吴音與秦音莫辨，清韻與濁韻難明。至如'武'與'綿'爲雙聲，'企'以'智'爲迭韻，若斯之類，蓋所不取。近有元廷（庭）堅《韻英》及張戩《考聲切韻》，今之所音，取則於此。"故慧琳徵引此書獨多，約近四千條。遼釋希麟《續音義》引數百條。日本沙門信瑞《淨土三部經音義集》等書中亦引若干條。

元庭堅《韻英》成於天寶中，蓋受此書之影響。王國維云："據今音爲韻書實自戩始，故以'考聲'名其書。是天寶兩《韻英》，亦有所本也。""慧琳《音義》全用廷堅及張戩二書，故其反切與六朝以來諸家字書及韻書頗殊。""《韻英》《考聲切韻》等書反切以當時秦音爲據，與陸之據南北朝舊音者不同。""是故陸韻者，六朝之音也；《韻英》與《考聲切韻》者，唐音也。六朝舊音多存於江左，故唐人謂之吳音；而以關中之音爲秦音。厥後陸韻行而《韻英》一派微，則由音韻之書用於屬辭者多，而用以辨聲少也。唐宋於二百餘部之韻猶病其窄，許就近通用，卒變爲一百六部之今韻。然則《韻英》諸書之不行於世，固其所也。然欲考唐時關中之音，固非由《韻英》及《考聲切韻》不可，而琳師《音義》中反切實本此二書，苟能取而類之，雖不能見四百餘部之全，亦可得其大略，及其所以分析之故。"（《觀堂集林》卷八）清顧震福《小學鉤沈續編》、龍璋《小學蒐逸》等各有輯本。

麻杲　切韻五卷

《日本目》著錄。麻杲生平無考，日本僧禪覺列"入《東宮切韻》十三家"云："麻杲，唐神龍元年。"孫猛《詳考》又引《和漢年號抄》所存佚文一條，載及"大周奉制改"字。神龍原爲則天年號，元年正月二十三日中宗復唐後沿用。此書仍稱"大周"，當撰於正月或稍後不久。唐釋湛然《輔行記》引麻氏說，當爲代宗以前書也。日本五書及《經心方》等引其佚文百數十條，其中所引書證，較諸家《切韻》爲多。故疑唐釋湛然《止觀輔行傳弘決》卷五引《爾雅》後所附"麻杲曰"，清人以爲《爾雅注》佚文者,當爲此書佚文也。又麻杲云"母"音"美詁反",歸韻異於陸法言,而與天寶中元廷堅《韻英》同,周祖謨以爲麻氏《切韻》乃據唐北方音而作。

王仁昫　刊謬補闕切韻五卷

《日本目》云:"《切韻》五卷,王仁煦撰。"敦煌寫卷伯二一二九號《刊謬補缺切韻序》,題"朝議郎、(行)衢州信安縣尉王仁昫字德溫新撰定",略云,"江東道巡察黜陟大使、侍御史平侯嗣先"廉問衢州,索看其所撰《字樣音》等書,且謂:"陸法言《切韻》,時俗共重,以爲典範,然苦字少,復闕字義,可爲《刊謬補缺切韻》,削舊濫俗,添新正典,並各加訓,啓導愚蒙,救俗切須,斯便要省。既字該樣式,乃備應危疑;韻以部居,分別親切;舊本墨寫,新加朱書;兼本闕訓,亦用朱寫;其字有疑涉,亦略注所從,以決疑謬;使各區析,不相雜厠",王氏從之,"謹依《切韻》增加,亦各隨韻注訓"。下附陸法言原序,二序凡三十三行。

伯二〇一一共二十二紙,兩面書寫。首殘,始於支韻鸐字,止於葉韻襭字,下殘。民國三十六年故宮博物院發現宋濂跋之全本,並予影印,今藏臺北。卷首亦有王仁昫、陸法言序,標題下注云:"刊謬者謂刊正謬誤,補缺者增加字及訓。"以上二本學界簡稱爲"王一""王三",收字略有差異,反切用字不盡相同,注文互有詳略,但敦煌本約抄於天寶年間,訛誤較少。唐蘭據書中避諱字及自序,考定王韻確實成書於中宗神龍二年。"王三"卷四自云其增加內容爲:"一千七十六補舊缺訓,一千二百四十六新加韻,二千七百六十七訓,三百九十三亦或,三十五正,卅三通俗,六文本字。"今人統計其增字六千餘(每一新加韻約收五字),尤以異體字、通俗字爲多,共收一萬八千餘字;全書一百九十五韻,比《切韻》增"廣""嚴"二韻;

刊正《切韻》闕失十三處；釋義多本《説文》《玉篇》《字林》諸書。各卷韻目列吕靜、夏侯該、陽休之、李季節、杜臺卿及《切韻》分韻異同，有裨於晉唐韻部研究。

日本五書中僅信瑞、中算引六十一條。北宋後期之《秘書目》嘗著録《刊謬補缺切韻》五卷，無撰人名氏。然宋代以來古書絕無引用王仁昫之説者，故疑其雖名同王書，實為今之所謂"王二"本，亦即裴務齊正字本，詳見該條。

孫愐　切韻五卷

《日本目》著録。孫愐，又作孫紃、孫胄，生平無考。日本僧禪覺列"入《東宮切韻》十三家"云："孫愐，唐開元。"孫猛《詳考》又引《和漢年號抄》："隆，孫愐云：'今上諱也，下闕生字。'"二者適可互證。日本釋中算《妙法蓮華經釋文》卷上云："鈸字，古書無之，《新切韻》有之。孫愐云：'鈸，樂器，形如瓶口，對而擊之。'"武内義雄云："《新切韻》似即孫愐著。"孫猛《詳考》云，中算所引"《古切韻》"一條，"《新切韻》"十條，"知《古切韻》當指陸法言之書，《新切韻》則總麻杲、蔣魴、武玄之諸人加字者而言"。日本五書等引其佚文近八十條，其中多引《説文》《韻略》等書。

李邕　集唐韻要一卷

《秘書目》著録，《通志》作《唐韻要略》。李邕，李善之子，玄宗時文名播天下，稱"李北海"。天寶六載被殺，年七十餘。此書蓋集唐代韻書之要，以備為文之用者，疑當成於開元前期，而非晚年之作。鄭樵之改名，易使人誤以為孫愐《唐韻》之要略，非是。

沙門清徹　切韻五卷

《日本目》著録。日本僧禪覺列"入《東宮切韻》十三家"云："沙門清徹，唐天寶元年。"《新志》道家類附釋氏目著録"清徹

《金陵塔寺記》三十六卷"，依其序次亦爲玄宗時人。《宋高僧傳》卷一六《唐鐘陵龍興寺清徹傳》云，初師蘇州道恒律師，憲宗元和八年至十年著《行事鈔集義記》，未知其終。元和十年上距天寶元年已七十三年，似非同一人。然道恒另一弟子志鴻，大曆中著《搜玄錄》，壽一百八。則清澈（徹）天寶元年前出家、著書，元和中九十餘尚在世，並非絕無可能。日本五書引其佚文六十餘條，較爲簡略。

天寶元年集切韻五卷

宋王應麟《玉海》卷四〇列《新志》著錄七家韻書，末爲釋智猷《辨體補修加字切韻》五卷，下注："《國史志》：《天寶元年集切韻》五卷。"今人或據此謂智猷書成於天寶元年，非也。《玉海》常於注中附載同類著作，《宋志》載"《天寶元年集切韻》五卷，釋智猷《辨體補修加字切韻》五卷"，明爲二書，智猷當爲中唐以後僧人。

趙士煒則云："此殆孫愐所修《唐韻》。《宋志》既載此，復載孫愐《唐韻》五卷，豈二書歟？"按，日本僧禪覺列"入《東宮切韻》十三家"云："孫愐，唐開元廿一年。"清卞永譽《書畫彙考》卷八載明項元汴所藏《唐韻》序文末云："武德已來創置，迄於開元廿年，並列注中。等夫輿誦，戰汗交集，恧愧上陳，死罪死罪。"二者適可互證，孫愐《唐韻》成於開元二十一年。敦煌寫卷伯二六三八號、《廣韻》書首所載孫愐序文字大異，"廿年"作"三十年"，無"死罪死罪"句，而多"又有元青子、吉成子者"至"于時歲次辛卯天寶十載也"一段。王國維《書式古堂書畫彙考所錄唐韻後》云："是《唐韻》有開元、天寶二本，亦有二序，今《廣韻》前所載，乃合二序爲一，違失甚矣。"趙士煒不知唐人《切韻》之夥，故徑疑此書爲孫愐《唐韻》。王國維見及《日本目》之著錄矣，而仍不知清澈、祝尚丘等著書年代，故強立孫書有開元、天寶二本之新説也。

今考祝尚丘《切韻》成於天寶五載，而天寶十載序末有"起終五年，精成一部"兩句，疑爲後人繼祝氏而作，則孫愐《唐韻》止有開元本而無天寶本。故以年份論，此書既非智猷之書，亦非孫愐《唐韻》，而或爲清澈所作。然唐蘇鶚《蘇氏演義》卷上云："洎孫愐等論音韻者二十餘家，皆以法言爲首出。"則孫愐之前唐人《切韻》系韻書已多達二十餘種，今可考者僅及其半；又如麻杲神龍元年、王仁昫神龍二年著書，僅差一年，則焉知定無同一年所著者哉？故仍分列爲二目焉。鄭樵《通志·校讎略》"書有名亡實不亡論"云："天寶《切韻》，即《開元文字》而爲韻。"蓋不知天寶年間有多家《切韻》，而出此易易之言也。

祝尚丘　切韻五卷

《日本目》著錄。日本僧禪覺列"入《東宮切韻》十三家"云："祝尚丘，唐天寶五載。"《宋高僧傳》卷二七《唐會稽呂后山文質傳》云："釋文質，俗姓祝氏，尚丘之遠孫，衢州須江人也。"《明一統志》卷四三《衢州府·人物》云："祝尚丘，江山人，中制科，爲太學博士。"又見《萬姓統譜》卷一一一。唐張彥遠《歷代名畫記》卷九載唐初畫家，有祝丘其人。朱景玄《唐朝名畫錄》目錄下引李嗣真《畫錄》，記載"空有其名，不見蹤跡，不可定其品格者凡二十五人"，內有祝岳，疑爲祝丘之誤。唐代雙名省作單名者習見，此祝丘疑即祝尚丘。天寶五載距李嗣真卒五十年，其書中所品畫家當時至少已二三十歲，則著此書時爲七八十歲。又衢州須江爲唐初分信安縣之南境置，吳越時改名江山。昔王仁昫於信安縣尉任内著《刊謬補缺切韻》，四十年後祝氏復有此作，蓋追蹤前修也。

慧琳《一切經音義》卷三五云"近代諸家《切韻》隨俗"，然除卷三七"《字鏡》與《考聲》、祝氏《切韻》等並從麥作𪌭麩"引及此書外,餘皆止稱《切韻》,疑未必皆據陸氏,而有出於唐人諸家者,惜難以確證矣。宋夏竦《古文四聲韻》卷四"詣"字下注云:"祝尚丘韻。"當出此書。又卷二"羊"字下注云:"祝尚丘碑。"則可證祝氏亦能書,確有與畫家祝丘爲同一人之可能。日本五書引其佚文近百條,皆極簡略。

元庭堅　韻英十卷

慧琳《一切經音義》景審序云:"近有元廷(庭)堅《韻英》及張戩《考聲切韻》,今之所音,取則於此。"《太平廣記》卷四六〇云,"唐翰林學士、陳王友元庭堅者,昔罷遂州參軍,于州界居山讀書",烏王"教庭堅音律清濁,文字音義","庭堅由是曉音律,善文字","在翰林,撰《韻英》十卷,未施行,而西京陷胡,庭堅亦卒焉"。宋錢易《南部新書》卷五亦略載此事,其源皆出於肅代時牛肅所撰《紀聞》。近年發現《元庭堅墓誌》(《文博》二〇一五年第五期),載其世系里爵甚詳,官終國子監丞、義王友。天寶十五載卒,年七十一。且謂其"學精詁訓,書工篆隸","天寶中,玄宗以文字舛錯,詔公直翰林院","俾刊而正之,成卅卷,傳於秘閣"。此爲貞元三年遷祔時所撰,上距其卒已三十餘年,所謂著書三十卷,蓋謂其參與《開元文字音義》三十卷之編撰,而未言及《韻英》。然足證《紀聞》雖係小説,以年代尤近,除烏王爲虛造外,餘多可信。惟玄宗第二十四子義王玼、第二十五子陳王珪,庭堅究爲何王友,未易決也。

此書實爲玄宗詔撰。《玉海》卷四五引《集賢注記》曰:"上以自古用韻不甚區分,陸法言《切韻》又未能釐革,乃改撰《韻英》,仍舊爲五卷。舊韻四百三十九,新加一百五十一,合五百八(当作五百九十)韻,一萬九千一百七十七字。分析至細,廣開文路,兼通用韻,以示宰臣等,上表陳賀,付諸道令諸郡傳寫。"故《新志》著録作"玄宗《韻英》五卷",注云:"天寶十四載撰,詔集賢院寫付諸道採訪使,傳佈天下。"然戴震《戴東原集》卷四《顧氏音論跋》云:"然則《注記》所謂舊韵四百三十九,殆廷堅之爲歟?所謂仍舊爲五卷者,殆仍法言卷帙歟?"王國維從而解云:"天寶御撰之書,當因廷堅書而廣之,理或然也。"(《觀堂集林》卷八)黃粹伯《一切經音義反切考》系聯元庭堅書佚文之韻部,得一百三十二韻,遂謂"然則天寶《韻音》五百餘部分析之法,與廷堅《韻音》迥異,兩書固亦不相涉也"。唐蘭則謂黃氏系聯方法不可信任,"元庭堅、張戩等分類比陸法言精密",所謂"舊韻"指陸氏之韻類而非韻目,戴震屬之元庭堅,誤讀之也。(《唐蘭全集》第二册《韻英考》)按,清姚振宗《隋書經籍志考證》卷一〇疑玄宗"因此(靜洪)《韻英》而重修之"。釋靜洪《韻英》三卷,《隋志》列於北齊李概後,居韻書之末,當爲北周或隋僧,《册府元龜》卷六〇八列於劉宋之末,非是。隋代韻書,本分二系:陸韻多存六朝舊音,靜洪韻爲北方口語音。故玄宗"改撰《韻英》",其所謂"舊韻"當爲靜洪之韻,非陸韻也。玄宗、元庭堅兩《韻英》實爲一書,則毋庸置疑矣。兹仍予補録,庶免疏漏之譏也。

張參　唐廣韻五卷

張參,史無傳。清朱彝尊《跋五經文字》考其仕履,略謂"參在開元、天寶間舉明經,至大曆初佐司封郎,尋授國子司業",尚欠精確。孟浩然《送張參明經舉兼向涇州觀省》詩云:"十五彩衣年,承歡慈母前。孝廉因歲貢,懷橘向秦川。"錢起《送張參及第還家》詩云:"太學三年聞琢玉,東堂一舉早成名"。知張參當爲涇州人,約生于開元初,十五歲舉孝廉,入太學,三年後明經及第。孟浩然卒於開元末,則張參舉明經在開元中。《封氏聞見記》卷九云:"李太尉光弼鎮徐方,倉儲府庫軍州差補,一切並委判官張參。"又稱之爲張郎中。其任戶部郎中當在肅宗末年,尋入光弼幕。大曆十一年,在國子司業任上,撰《五經文字》。得罪韓滉,見《舊書·常衮傳》。同書《李勉傳》載其"以名士李巡、張參爲判官,卒于幕",約在建中元年以前。《韓昌黎集》卷二五《李公墓誌銘》謂"參有大名",《楊漢公墓誌》(《續集》咸通八)稱之爲"大儒碩德司業張公參",可見其聲名之盛。

四庫本《崇文目》著録《唐廣韻》五卷,不著撰人名氏。錢氏《輯釋》補題爲"張參撰",東垣按云:"《玉海》引《崇文目》同。"《玉海》卷四五所引實無撰人,唯《通志》注云"張參撰",殆亦抄自《崇文目》,錢氏據以補題,當屬可信。宋張淏《雲谷雜記》卷二云:"唐天寶中,孫愐因隋陸法言《切韻》作《唐韻》五卷,後又有《廣唐韻》五卷,不知撰人名氏。《崇文總目》但曰:'後人博採附見,故多叢冗。'本朝太平興國中嘗詔句中正等詳定,書成,號《雍熙廣韻》。景德中,又詔陳彭年以《廣唐韻》重行校定,大中祥符元年改爲《大宋重修廣韻》,蓋今所存者。"其所見《崇文目》已删釋文,故曰"不知撰人名氏";所引兩句釋文,乃據《中興目》轉引;又以爲此書"廣"孫愐之書,故徑改爲《廣唐韻》。然其"詔陳彭年以《廣唐韻》重行校定"之説,似較可信。《崇文目》以此書居韻書之首,列陸法言、孫愐等前,殆因諸家撰人中,惟張參聲名最盛,其書撰於國子司業任上,原名《大唐廣韻》,且較晚出,收字較多,故宋人獨重之也。"叢冗"云者,新朝貶辭而已。王國維嘗作《李舟切韻考》,以爲《廣韻》部目次序並出李舟。李舟亦大曆、建中時人,其書同以"博採附見"爲主,已説較少,故唐宋古書無一徵引。而《大金集禮》、元楊桓《六書統》、清《康熙字典》凡六引《唐廣韻》,皆同四庫本《原本廣韻》,蓋以爲此本即《唐廣韻》

也。其書原僅稱《廣韻》，朱彝尊作重修本序，謂明代內府刊版，中涓欲均其字數，取而刪之。《四庫總目》以爲重修本改二十一殷爲欣，注欣與文通，而此本尚作殷，注殷獨用，"確非宋韻"，故又云"孫愐以後、陳彭年等以前，修《廣韻》者尚有嚴寶文、裴務齊、陳道固三家"，"此本蓋即三家之一"。若此本果爲"原本"，則當屬張參《唐廣韻》無疑，館臣似於張書一無所聞，亦云疏矣。然此本與重修本大同小異（如上述六條全同），獨訛誤爲多，世以朱氏舊說爲近是也。又，敦煌寫卷伯二〇一四、二〇一五號，各存平聲上、平聲下及上、入二聲殘字二百三十一行、平聲上及入聲殘字八十七行，內容駁雜，當據諸家《切韻》另加編排，而又增廣義訓者。方國瑜《敦煌五代刻本唐廣韻殘葉跋》考訂其作於天寶十載至大和七年之間，而鏤板於五代，並疑爲張參《唐廣韻》。然張參之書散佚已久，竟無一條佚文，此一推測，蓋難以確證矣。

廣切韻五卷

《通志》著錄。慧琳《一切經音義》卷八〇"茢"字條云："《廣切韻》從草，從別。"見於蔣斧所藏《切韻》寫卷。《九家集注杜詩》卷一五云："唐《廣切韵》注：'楚以大舩曰舸。'"慧琳《音義》卷六四"抖擻"下注云："擻見《廣韻》。"希麟《續一切經音義》卷三引作孫愐《廣韻》。明影宋抄本《北户錄》卷一亦引《廣韻》一條，今本作《唐韻》。王國維云："蓋孫氏書本因法言《切韻》而廣之，故亦名《廣切韻》，略之則或稱《切韻》，或稱《廣韻》。"（《觀堂集林》卷八）其未注意及書目著錄之張參及此二書，未必可信。

嚴寶文　切韻五卷

《廣韻》書首敕牒列"嚴寶文增加字"於孫愐、裴務齊之間。嚴寶文生平無考，其書既未傳入日本，亦無佚文可徵。然據《日本目》著録推斷，所謂"增加字"諸家實皆有箋注，不止增字而已，卷數多仍爲五卷，嚴氏不應例外，今亦仿《日本目》著録之。

裴務齊　切韻五卷

《日本目》著録。裴務齊生平，除此書題銜外別無可考，然其書序嘗見古人評及。南唐徐鍇《説文繫傳》卷一云："今之俗説謂丂左回爲考，右回爲老，此乃委巷之言。"此暗斥裴氏也。宋郭忠恕《佩觿》卷上："'考字左回，老字右轉'，其野言有如此者。"自注："謹案考從丂，丂，苦杲翻；老從匕，匕，火霸翻。裴務齊《切韻序》云左回、右轉，非也。"宋毛晃《增修互注禮部韻略》卷三亦謂考老下各自成文，非反考爲老，"裴務齊《切韻》云'考字左迴，老字右轉'，其説皆非"。

《四庫總目》內府藏本《廣韻》之提要云："孫愐以後、陳彭年等以前修廣韻者，尚有嚴寶文、裴務齊、陳道固三家，重修本中皆列其名氏。郭忠恕《佩觿》上篇尚引裴務齊《切韻序》，辨其老考二字左回右轉之訛，知三家之書宋初尚存，此本蓋即三家之一。"晚清內府藏唐寫本《刊謬補缺切韻》五卷，首題"朝議郎行衢州信安縣尉王仁昫撰，前德州司户參軍長孫訥言注，承奉郎行江夏縣主簿裴務齊正字"，前有王仁昫、長孫訥言二序。王國維云："蓋王仁昫用長孫氏、裴氏二家所注陸法言《切韻》重修者，故兼題二人之名。"《廣韻》九家增加字，王仁煦第四，裴務齊第八，觀堂偶失察也。周祖謨以爲乃佚名用王氏、長孫兩種以上韻書彙合而成，並暫題爲"裴務齊正字本《刊謬補缺切韻》"，過於謹慎。此本即《秘書目》著録之無名氏《刊謬補缺切韻》，陳彭年等修《廣韻》時未見，北宋後期始入館閣，並得以幸存天壤之間也。今人以發現早晚簡稱之爲"王二"，以與敦煌本"王一"、宋濂跋本"王三"相區別。

日本僧禪覺列"入《東宮切韻》十三家",未及此書。然《倭名類聚抄》徵引三條佚文,《淨土三部經音義集》卷三、《資行抄》各引一條佚文。清顧震福《小學鉤沈續編》、周祖謨《唐五代韻書集存》有輯本。

陳道固　切韻五卷

《日本目》著錄,然漢和古籍俱不見引用。

附按:以上嚴寶文、裴務齊、陳道固三家,年代俱不能詳考,《四庫總目》謂之"孫愐以後、陳彭年等以前修《廣韻》者"。予疑三家皆天寶至中唐前期人,故統列於王存乂之前。蓋《日本目》所載之書,罕有出於武宗以後者,一也。孫愐之前治《切韻》者二十餘家,德宗以後可考者亦有多家,天寶六載至肅代三十餘年,不應僅有張參、李舟兩家,二也。宋初陳彭年輩實未見三家之書,殆僅聞之於唐釋智猷之書耳,故其年代俱在智猷之前,三也。此千古之秘,竊嘗試發之。

《廣韻》書首載長孫訥言、孫愐二序,並附言九家增加字,世遂以為宋初陳彭年等盡見此十一家,其體有箋注增廣與增加字繁簡之別,故言之如此也。然清末以來發現"王韻"三種,實較長孫箋注為尤繁,《東宮切韻》所引諸家佚文,亦每倍蓰於長孫,則"箋注"與"增加字"之別,果何乎在耶?竊疑宋初陳彭年輩所見,蓋僅《崇文目》著錄之張參《唐廣韻》、孫愐《唐韻》、李舟《切韻》、釋智猷《辨體補修加字切韻》四家而已。釋智猷僅見於《宋高僧傳》卷一五,其師杭州靈隱山道標,"尤練詩章",與白居易等相與謔唱,長慶三年卒,年八十四,法臘五十八。以師徒差三十歲計,智猷當生于大曆初,書約成於元和年間。其書名特標曰"加字",竊疑所謂九家增加字者,蓋智猷嘗採據之,且言之如此,而為宋人所轉述,故九家之書皆成於貞元末年以前。其未列張參、李舟於九家之內,若出於賤近貴遠之故,則甚至九家皆在大曆末年之前也。

王存乂　切韻五卷

《日本目》著録,"存乂"作"在蓺",二字各以形音相近而誤也。王國維《唐諸家切韻考》止云"蓺即乂也",似有不確。日本僧禪覺列"不入"《東宮切韻》三家,首云:"王存乂,唐貞元十七年。"孫猛《詳考》云:"衆韻書中,王存乂與盧自始、蔣魴三家成書較晚,大約在日唐官方交往斷絶以後介私人貿易傳入,故菅原是善《東宮切韻》未收。"

此書宋代尚存於世。郭忠恕《汗簡》"出王存乂《切韻》"者八十五字,重文八個。夏竦《古文四聲韻》引三百三十七字,重文一百四十四個,故一字往往有多種古文字體,如平聲一東"忽""風""窮""終"四字,各有二、七、四、六種字體。郭忠恕《佩觿》所引六條,有所評論,可據以推知其體例。如"三百六十體,更是榛蕪"下注云:"王南賓存乂《切韻》首列三百六十體,多失部居,不可依據。"蓋其書仍如《切韻》分卷,復仿《説文》等書先列三百六十部首。又如"拾(如字)音拾(音涉)級,弟(如字)曰弟(音但)勞,辟(如字)爲辟(頻世翻)席,其贅韻有如此者"下注云:"諸家以經史借用字加陸氏《切韻》本,爲王南賓存乂刪之,點竄未盡,於今尚存。"又謂"跧分莊員滓還","其淆溷有如此者",注云:"王南賓存乂説此字也。又云蘄入其音,鏑入彝音,不可名爲《切韻》。"亦有肯定之評,如"雀鵖之鵖,鎗鏟之鏟,澆潑之潑,此皆非古字"下注云:"王存乂《切韻序》云:'形聲、會意,施行已久。'"又如:"沼當爲洰,王存乂説,陸氏《切韻》誤也。"郭氏稱"王南賓存乂",黄錫全《汗簡注釋》云"王南賓蓋其名,存乂蓋其字"。按古人通例,應爲名存乂,字南賓。後唐莊宗第五弟名李存乂。宋人王鴻舉,字南賓,見雍正《江西通志》卷七五。其命名之義俱同,典出《尚書·康王之誥》："亦有熊羆之士，不二心之臣，保乂王家。"

宋董逌《廣川書跋》嘗四引、羅泌《路史》嘗一引此書，以考正商周銘文。蓋王存乂之古文，本多得之於古鼎銘也。如董書卷三云："今考古文《孝經》其爲尊，古文《老子》其爲示，或體爲尊，王存乂爲丌。"今出土商周戰國古文，"其"字確多作"丌"。其卷一謂《考古圖》釋作"温"字者，"王存乂瀘水篆字亦若此，然則字當爲瀘"；"匜"字，王存乂釋作"沱"，較歐陽修所釋爲近是；卷四謂"王存乂以亞爲烏"；羅書卷三二云"王存乂以爲軒轅氏之幣"，自今視之，雖未可執爲定論，亦多有過於古人之處矣。如王存乂謂"軒轅"二字合文者，似爲"子"字之訛變，然今出土古文確多合字，可證羅泌之疑合字本身，乃自形其拙也。

義雲章切韻

《通志》著錄作《義雲章》，無撰人卷數，疑鄭氏據宋人引用載之耳。郭忠恕《汗簡》録《義雲章》古文四百二十六字，重文三十二個，又引《義雲切韻》五十七字，重文一個。夏竦《古文四聲韻》録《義雲章》一百七十三字，重文三十七個。二書之首所列書目，皆分《義雲章》《義雲切韻》爲二。王國維《唐諸家切韻考》云："《汗簡》首載引書目有《義雲章》，又有《義雲切韻》，《古文四聲韻》首目同。然《汗簡》頁部題字下注云《義雲章切韻》，則又似一書。"鄭珍《汗簡箋正》云："是部題下、齒部欲下稱《義雲章切韻》，可見編中或稱《義雲章》，或稱《義雲切韻》，但取省便。""此乃《切韻》之一種，'切韻'上何以加'義雲章'不可知。後來'紫雲《切韻》'之目，疑仿此。編中採此書文字頗繁，蓋其體例多録奇字。"《汗簡》"欲"下止稱《義雲切韻》，宋紫雲山民郭守正《增修校正押韻釋疑》、《永樂大典》引稱"紫雲韻",與此書無涉。義雲僧名多見,唐釋義雲,爲惠果弟子,見《大唐青龍寺三朝供奉大德行狀》。《續藏經》本《文殊八字儀軌》題記云:"長慶四年八月三十日,東塔院青龍寺沙門義雲法金剛,與中天三藏菩提仙同譯筆結偈潤文,僧義雲寫勘終記之耳。"譯經僧類通音韻,疑即此書作者。書名稱"章",或仿《急就章》,然未必亦分章編排。其所録字體,與三體石經、《説文》古文、籀文、或體及出土古文字形體多相吻合,蓋與王存乂並爲中唐模寫古文以入《切韻》之二家也。

蔣魴　切韻五卷

《日本目》著録。日本僧禪覺列"不入"《東宫切韻》三家云:"蔣魴,唐元和十三年八月十三日。"宋江少虞《事實類苑》卷四三載,日本僧寂照言其本國藏書,有"蔣魴歌",疑指蔣防詩集。蔣防元和中歷官右拾遺、右補闕,後爲翰林學士、司封員外郎,貶汀州刺史,移連州、袁州刺史,入爲中書舍人,卒於大和五年以後,撰《霍小玉傳》。孫猛《詳考》云:"韻書佚文僅存日本者,有武玄之、麻杲、清徹、弘演、蔣防、韓知十六家,佚文二百以上者唯蔣魴。《和名類聚抄》引韻書十二家,《唐韻》四百二十三則,陸詞六十五則,蔣魴四十九則,居第三位。宫内廳書陵部本《類聚名義抄》原本九册,今僅存一册,引'魴''又魴''方''見魴'凡一百六十四則,或以九册完帙計或過千則,可見此書從九世紀到十二世紀一直很受重視。"山口角鷹《蔣魴切韻逸文集録》採得二百三十三則。

盧自始　切韻五卷

《日本目》著録。日本僧禪覺列"不入"《東宫切韻》三家云:"盧自始,未見可尋。"

唐韻正義五卷

《日本目》著録。森立之《經籍訪古志》卷二云:"《見在書目》

所載韻書凡二十餘部，今無一存者，真可惜也。中有《唐韻正義》五卷，蓋今《廣韻》原書未經重修者，重修本中，以此爲最善也。"後兩句前疑脱"未經"二字，此蓋因書名中有"正義"之稱，即以爲最善也。陸法言《切韻》，唐高宗以後增廣加字者衆，至孫愐修之，易名《唐韻》，後來居上，此書殆爲之"正義"，其擅勝場，固屬可能。然《切韻》系韻書之名實，頗相紊亂。如陸氏之書本名《切韻》，而後世亦每稱之爲《唐韻》《廣韻》等；孫愐《唐韻》支系，或仍稱爲《切韻》；同引《唐韻》，或往往不相吻合。其體例今人分爲箋注、《刊謬補缺》《唐韻》等系，其實皆不外改注、糾繆、加字三項，而各有側重，如或重注音，或重釋義，或重俗字，或重古文，可謂各擅勝場。

小切韻

日本加州隱者明覺《悉曇要訣》引《小切韻》十二條，與《切韻》《唐韻》音義多同。明覺所引多爲唐人之書。其後釋良忠《觀經序分義傳通記》卷一亦引一條。

桂輪座主　唐韻略

日本僧圓仁《入唐求法巡禮行記》卷三云，開成五年八月二日，到汾州孝義縣，"入城内涅盤院宿，有桂輪座主"，"曾講《涅盤經》數遍，兼解外典。新造《唐韻略》及《大藏經音》八卷，擬進今上，未畢功迹"。座主又稱上座、首座，其前可冠經名、地名、寺名、僧名，如楞嚴座主、天台座主、修禪寺座主、元照座主等，此桂輪疑爲僧號。

劉干　聲録十七卷　切韻十二卷　通纂並通例十卷

《劉干墓誌》(《河洛墓刻拾零》第五九一頁)云，字知退，彭城人。以《五經》登科，起家華州參軍，官至太子司議郎。咸通三年卒，年五十八。"幼性通敏，日誦數千言，洞曉六經百家之説。冠年藴聰明之餘，討諷佛書，精研聲英，考覈象數，纂群微於太素,索衆妙於重玄。常好著述,孜孜論評。""除四門博士,茹今涵古,以磨諸生;譚諧貌美,使皆醉義。旋撰進《聲錄》一十七卷,恩除萬年尉。重修進《切韻》一十二卷,《通纂》《通例》共一十卷。""宣宗文皇帝以所進可爲模楷,詔置之於秘閣。"按,劉氏四書凡三十九卷,似皆聲韻之書。其中《聲錄》唐宋以前未見類似書名,然晉吕靜《韻集》本以宮商角徵羽五音分卷録字,至晚唐時人已用發音器官喉舌牙齒唇等與之對應,且辨其傍正清濁,此書當即以此新五音錄字。重修《切韻》十二卷,較諸家五卷之本倍之有餘,蓋集其大成矣。後二書則當如宋人鄭升卿《聲韻類例》之類,爲綜論聲韻之書。銘文云:"聲韻或非,畢擠厥疑。自我得之,永爲世規。"殆非虛語。又其"討諷佛書,精研聲英",或與沙門神珙、守温等,同受婆羅門書之影響,此良堪注意者也。

李審言　切韻

宋郭忠恕《佩觿》卷上云:"彗分徐醉、祥歲,苣切壚里、祛豨,攻切古紅、古冬,其淆溷有如此者。"注云:"已上李審言所進《切韻》多如此誤。"《汗簡》未引李審言,唯卷下之二"馗"字異體下注云:"李守言釋字及王存乂《切韻》"。疑李守言爲李審言之誤,約與王存乂同時人,"釋字"即指其所進《切韻》之釋文,非别一書也。《新書·宰相世系表》有一李審言,隋謁者臺將士郎師稚孫,丹山簿玄素子,當非其人。

彭蟾　重修唐韻

彭蟾不見於兩《唐書》,宋錢易《南部新書》卷一○云:"彭蟾,宜春人也。著《鳳池本草》《廟堂龜鑑》一百二十卷,廣明亂後遺墜。"明凌迪知《萬姓統譜》卷五四:"彭蟾,字東瞻,好學不仕,以處士稱。重修《唐韻》及著《鳳池本草》《廟堂龜鑑》共一百二十卷,有詩十一首見《宜春集》。"《宜春集》當指唐劉松

《宜陽集》，此條記載亦當出其書。又彭蟾有《賀鄧璠使君正拜袁州》詩，作於中和年間。

吕才　合字書一卷

日本圓珍《福州溫州台州求得經律論疏記外書等目錄》著錄。吕才長於陰陽方技之書，或疑此即其所撰《陰陽書》百卷之一，然古五行方技無"合字"之術，此疑爲討論切字法之書。先秦已知緩讀爲二聲、急讀爲一字之理，東漢以後乃有反切之法，當受印度聲明之合聲合字法影響。漢文佛書中二合字甚夥，如慧琳《一切經音義》卷二："瑟吒，二合，下吒以上聲呼，兩字合爲下聲，名二合。"卷五："囉他，二合字。二字合爲一聲，經中書'若'字，訛略不著也。"亦有三合至六合者。宋沈括《夢溪筆談》卷一五云："古語已有二聲合爲一字者，如不可爲叵，何不爲盍，如是爲爾，而已爲耳，之乎爲諸之類。以西域二合之音，蓋切字之原也。如頓字文從而犬，亦切音也。"元黄潛《文獻集》卷四《跋六經直音》云："有直音，有反切，反切之法本於西土，今譯人所用二合字是也。"明焦竑《俗書刊誤》卷五云："古語有二聲合爲一字者，此切字之始也。如不可爲叵，酷竈爲孔，龍鍾爲窿，潦倒爲老，側閧爲燥，矺落爲角，剔樂爲團，皆里巷常談，不可勝舉。"

集縱字五卷

《日本目》著錄。鄭樵《通志・七音略》云："天籟之本，自成經緯，縱有四聲以成經，橫有七音以成緯。"宋佚名《韻鏡・調韻指微》云："不知經緯，不足與論四聲七音之義。經緯者，聲音之脉絡也；聲音者，經緯之機杼也。縱爲經，橫爲緯，經疏四聲，緯貫七音，知四聲則能明昇降於閫闑之際，知七音則能辯清濁於毫氂之間，欲通音韻，必自此始。"故縱字者，同聲部之字也。元刊本《玉篇》卷首《切字要法》，列舉三十類反切上字,每類僅兩字,如因煙、人然、新鮮,暗中對應影、日、心等三十個字母,然與晚唐三十字母並不完全相合,且序次零亂。至敦煌寫卷《歸三十字母例》,則按五音順序編排字母,每一字母下列舉四字,如"定:亭、唐、田、甜"。方國瑜以爲乃根據《切字要法》所作,故其十九類二十七個例字與之相同。然二者差距甚遠,未必有直接關聯,其間當有長期"集縱字"並加以分析歸納之環節。疑此書以宮商角徵羽或喉舌牙齒唇五音分爲五卷,其下按三十類集字,以分析其反切上字爲主。從其書名來看,或尚未確定三十字母,當成書於字母出現之前夕。

睢陽寧公　元和韻譜

日本唐院本《九弄十紐圖·元和新聲韻譜》云:"夫五音遞奏,宮商之韻無差;四聲既陳,平上之支秀異。爲文必先折句,求句乃組弄爲初。一弄不調,則宮商靡次。至於風雷鐘鼓,萬籟俱吟,亦不逾於四聲者矣。四聲之體,與天地而齊生,自古未彰,良有已矣。只如天地生於混沌,不同混沌之初;君子生於嬰兒,豈同嬰兒之辨?蓋文質有異,今古殊焉。昔有梁朝沈約,創制九弄之文;巨唐復有睢陽寧公,又撰《元和韻譜》。文約義廣,理奧詞㜺(原作憚,據《悉曇輪略圖抄》卷一校改),成韻切之樞機,亦詩人之鉗鍵者也。《譜》曰:'平聲哀而安,上聲厲而舉,去聲清而遠,入聲直而促。'傍紐、正紐,皆謂雙聲,正在一紐之中,傍出四聲之外。傍正之目,自此有分;清濁之流,因此別派。"(轉引自丁鋒《中土失傳的日本唐院本九弄圖之考察——唐院本與神琪本之比較研究》,《燕京論壇》,社會科學文獻出版社二〇一五年。)

由書名推之,《元和韻譜》似成於于元和年間。其撰人睢陽寧公,疑爲睢陽僧人之尊稱,猶釋守溫之稱溫公也。唐院本以此書與"沈約創制九弄之文"相對而言，知其爲平書之譜文，而非列圖爲之，故又云"文約義廣，理奥詞殫"，其體例當如敦煌之"守温韻殘卷"。"平聲哀而安"四句，既然明引爲"《譜》曰"，疑即始見於此，乃四聲調之最早論述。又見日本僧遍照金剛《文鏡秘府論·西卷·文筆十病得失》，遍照金剛即入唐僧空海，元和元年十月歸國，十餘年後始撰此書，似其歸國前已見此譜，則當即撰成於元和元年。"傍紐正紐"以下，出以評論之語氣。傍紐、正紐，即沈約所謂小紐、大紐，本出齊梁聲病説，唐初元兢、崔融詩格亦常言之。此言"自此有分""因此別派"，當指其以聲病説之概念系統應用於韻書也。唐院本後文又云："具如《韻譜》'談花''考聲'等説詳之，可見也。""花"當指《華嚴經》，其合字法及四十二字母，對漢語之反切及字母影響甚大。"考聲"當指張戩《考聲切韻》，唐人以今音爲韻書之始。疑此書主體乃據諸家《切韻》爲譜，復據諸家《華嚴經音》、張戩《考聲切韻》立論，作爲附録之兩篇。

南陽釋處忠　五音九弄圖一卷

宋本《玉篇》末附釋神珙《四聲五音九弄反紐圖》序云："昔有梁朝沈約，創立紐字之圖，皆以平書，碎尋難見。唐又有陽寧公、南陽釋處忠，此二公者，又撰《元和韻譜》，奥文約義，詞理稍繁。淺劣之徒，尋求難顯。猶如匕七、彳亻之字，寫人會有改張，紐字若不列圖，不肖再傳皆失。今此列圖曉示，義理易彰，爲於韻切之樞機，亦是詩人之鈐鍵也。《譜》曰：'平聲者哀而安，上聲者厲而舉，去聲者清而遠，入聲者直而促。'傍紐者皆是雙聲，正在一紐之中，傍出四聲之外，傍正之目，自此而分清濁也。"

此段並序首百字，與唐院本所録《元和新聲韻譜》頗多異同。如"陽寧公"前脱"睢"字，"傍紐者"以下諸句脱誤幾不可讀，皆當以唐院本爲正。然其餘文句之有無異同者衆，則非後世傳抄所致，當出於神珙之改寫。如"九弄之文"明爲譜文而無列圖，此改"紐字之圖，皆以平書"，蓋以圖爲譜之通稱，又以"平書"補釋其體耳。又如"文約義廣，理奧詞殫"兩句原爲褒義，此改爲"奧文約義，詞理稍繁"，後一句乃成貶義，以爲"今此列圖"張目。則"南陽釋處忠"，當亦非唐院本之脫漏，而爲釋神珙所增衍，其故可略作推測。

唐院本上引文後續云："達者一言斯悟，不足沈吟；迷者再約猶疑，煩（原作頌，據《悉曇輪略圖抄》卷一校改）於鄙履。賦云欲求直義，必也正名。五音此諧，九弄斯成。籠唇則言音（者）盡濁，開齒則語氣俱輕。常以濁而還濁，將清而反清。且夫直反成（者）三，倒翻成四，兩枚疊韻之文，二個雙聲之義。上正則轉氣含和，下調則切著流利。直讀張著而雙出，倒翻略良而成四。張良、著略，二疊韻之文；張著、良略，兩雙聲之義。字字無非此切，不假外求；言言盡得韻名，無煩（頌）別覓。復有羅文綺錯，十紐交加；更遞爲頭，互爲主伴。循環研兩，敷蔓帶牽，若網在綱，有（在）條靡紊。又此圖中借四字，珍上、連去、知離入，則伊輾陟力是。珍上、連去，有聲無字；知離入，聲字俱無。諸闕聲、或有闕字、或不俱闕，具如《韻譜》'談花''考聲'等説詳之，可見也。每圖皆以朱書字，遍歷下行，一呼謂之一弄。乃至平上四聲，通紐立雙。且假三十二圖，一一皆爾。"

此段對應於神珙序末"故列五個圓圖者"以下簡略説明，"迷者"二句則意同神珙上文"淺劣之徒，尋求難顯"，細味上下文意，當與神珙相似，暗指《元和韻譜》原本無圖，且詳述列圖之説明。由此推論，《元和韻譜》當爲睢陽寧公一人所作，而釋處忠撰此序論，又附列韻圖於譜末。唐院本全文抄録此序，釋神珙則刪改爲己序，因其託言"今此列圖"，遂隱其所自，而徑以《韻譜》爲二公合作也。此所謂"正名"，疑爲不滿於傳統樂律學之宫商角徵羽五音，改用音韻學之喉舌牙齒唇五音，且辨其傍正清濁。猶唐院本"辨五音法"所云："宫是喉音，商是顎音，徵是舌音，羽是唇音，角是牙音。"此言"五音此諧，九弄斯成"，知有五音、九弄之圖。末言"三十二圖"者，則指九弄三十二例字，每字各爲一圖也。日本《高山寺聖教目録》著録《五聲九哢圖》一卷，未必即爲此本，然可仿之標列書名卷數。

九弄十紐圖一卷

日本僧圓仁《入唐新求聖教目録》："《九哢十紐圖》一張。"注："於長安城興善青龍寺及諸寺求得者。"圓仁會昌年間在長安，此圖由其攜歸日本，收藏於京都比睿山延曆寺前唐院，故稱爲唐院本。圓仁又嘗撰《九哢圖記》。後世僧信範《調聲要決抄》云："《九哢圖》有二本：一慈覺大師請來，出唐院經藏；一沙門神珙所撰，列《玉篇》卷後。"慈覺即圓仁。僧真超抄寫圓仁録，注云："此圖現傳於世，真超所持。"今原本已佚，比睿山南溪藏及京都東寺均藏有歷代抄本，而宥朔所著《韻鏡開奩》卷六所收略本最爲通行。凡分《總圖》《別圖》《別中別圖》《總別和合圖》《元和新聲韻譜》《辨五音法》六個部分。其與神珙本大體類似，並有五聲、九弄之圖，而獨以九弄爲名者，殆以後者爲重心。其中《元和新聲韻譜》疑爲抄録釋處忠之序論，其餘部分當亦受釋處忠影響而有所更張。按，"哢"爲"弄"之異體字。蘇晉仁謂"'十'字是'反'字之誤"（見《入唐五家求法目録中外典考》，《中央民族學院學報》一九八八年第五期）。然《元和新聲韻譜》中有"十紐交加"之句，則其說亦未必也。

神珙　反紐圖一卷

今本《玉篇》末附沙門神珙《玉篇反紐圖》，爲言等韻者所祖。其序末云："故列五個圓圖者，即是五聲之圖。每圖皆從五音，字行皆左轉，中有字說之。又列二個方圖者，即是九弄之圖，圖中取一字爲頭，橫列爲圖首，題傍正之文以別之。"未言時代。宋魏了翁《鶴山集》卷一百八引李肩吾云："自元魏番僧神珙入中國，方有四聲反切。"明焦竑《俗書刊誤》卷一二："神珙元魏時入中國，始有反切之學，著《四聲五音九弄反紐圖譜》。"清戴震《戴東原集》卷四《書玉篇卷末聲論反紐圖後》據其自序，謂"珙所爲圖遠在沈休文後"，"更後乎元和"，"珙圖無所謂字母者，惟《五音聲論》列字四十，而不曰字母，與今所傳三十六字相與齟齬"，"字母三十六定於守溫，在珙後者也"。又云："考珙自序不一語涉及《五音聲論》，殆唐末宋初或雜取以附《玉篇》末，非珙之爲。故列之珙《反紐圖》前，不題作者姓氏。"按，《玉篇》所附，宋張麟之《韻鏡序》謂之《切韻圖》，晁氏《讀書志》謂之《反紐圖》，王應麟《玉海》卷四五謂之《五音聲論》、《四聲五音九弄反紐圖》。據其自序，圓圖是五聲之圖，方圖是九弄之圖，則可謂"五聲（音）九哢圖"，然其所示爲反切方法，題作《反紐圖》，通稱《切韻圖》，行文時前綴"五音九弄"以釋"反紐"，皆無不可也。而"四聲"二字，殆指方圖中間所標"平上去入"至"入平上去"，此非獨立之圖，實屬畫蛇添足，竟通行於後世，亦足怪矣。此類韻圖，肇端於喉舌牙齒脣五音之論，即所謂"五音此諧，九弄斯成"，故唐院本附有《辨五音法》，神珙以《五音聲論》居首，必不可無也。戴氏疑"非珙之爲"，甚無據也。序中亦無一語及"羅文反樣"，又何不疑之哉？神珙生平無考，唯元李衎《竹譜》嘗四引"僧神珙云"，似嘗別撰字書，然檢其說，皆與今本《玉篇》同，殆李氏誤以其全書爲神珙所作也。

切韻圖一卷

《日本目》著録。日本《高山寺聖教目録》著録《五聲九弄圖》一卷，孫猛《詳考》引宋張麟之《韻鏡序》謂神珙"著《切韻圖》"之説，且云："以'五聲'即《五音圖》，不見唐院本，故知爲神珙本。"如上所考，唐人作此類圖者衆，其説未必可信，今姑別列之。

歸三十字母例

敦煌寫卷伯斯五一二號存十二行，前有標題"歸三十字母例"，繼列三十字母，依次爲端、透、定、泥；審、穿、禪、日；心、邪、照；精、清、從、喻；知、徹、澄、來；見、溪、群、疑；曉、匣、影；不、芳、並、明。每一字母下列四個平聲例字，豎讀雙聲，橫讀疊韻。其中二十七個例字承自《玉篇・切字要法》，其餘例字及字母爲其新創。與宋代之三十六字母相較，無牀、孃二組六字母，唇音祇有四紐，喻、審、來、照四紐配位不同。以"守温韻學殘卷"諸例推之，此當爲某韻書之一部分，今姑以小題著録。又敦煌寫卷北雨五五號存五行半，前四行首列"端、透、定、泥"四紐名，其下各列十二例字，第五行首爲"韻"字，下列"先東寒唐青覃模歌登侯齊豪"十二個韻目字，橫讀爲韻，豎讀爲紐。第六行審紐僅存七字。與此卷性質相同，然無題名，兹不另列。

僧守温　三十字母圖一卷

《秘書目》著録"僧守温述《三十字母圖》一卷"，《通志》《通考》《玉海》並作《三十六字母圖》。敦煌寫卷伯二〇一二號存三截六十二行，羅常培稱爲"守温韻學殘卷"，又有稱之爲"守温撰論字音之書""守温五音及定四等輕重音聲韻條例""切韻法"者，皆不類書名。寫卷首行題"南梁漢比丘守温述"，後兩行以脣、舌、牙、齒、喉五音列叙三十字母，以下依次爲"定四等重輕兼辯聲韻不和無字可切門""四等重輕例"、照精二組聲韻相和（例名脱）、"兩字同一韻憑切定端的例""聲韻不和切字不得例""類隔切字有數般須細辯輕重例""辯宫商徵羽角例""辯聲韻相似歸處不同例"等。疑宋秘省藏本與寫卷相同，原無書名，而首列三十字母，遂將首行"守温述"冠於前以著録焉，後諸門例則以附述視之矣。

宋世以後，通稱守温創三十六字母，然其生平事迹俱無可考。寫卷所題"南梁"，唐蘭、周祖謨考爲晚唐興元軍之别稱。然李商隱《劍州重陽亭銘》之"伯氏南梁"，注家以爲汝州，戰國時謂之南梁，以别大梁、少梁。方國瑜則謂汝州梁縣設於貞觀元年，終唐之世不廢，稱"南梁"爲别於唐世銅梁、夏梁諸縣。按，邵州、劍州皆嘗置爲南梁州，睢陽縣古屬梁國，南朝曾設南梁郡，唐人以古地名稱之，亦皆不無可能。故頗疑守温或略晚於睢陽寧公，以其同地爲僧，而受其韻學之影響也。又宋祝泌《觀物篇·皇極經世起數訣》云："胡僧了義三十六字母，流傳無恙。"明吕介孺《同文鐸》云："大唐舍利創字母三十，後守温座益以孃、床、幫、滂、微、奉六母，是爲三十六母。"清《同文韻統》卷六云："舊傳神珙三十字母，則少孃、床、幫、滂、奉、微六字。"此三説俱晚出，驗之以敦煌寫卷，則疑信參半焉。守温前已有三十字母，知字母確非守温所創，然神珙四十例字與字母相距甚遠，則或當以大唐舍利所創説較爲通達。守温字母實仍三十，則益以孃、床、幫、滂、奉、微六母者，或即胡僧了義歟？宋孫覿《鴻慶居士集》卷二九有《請僧了義住牛山庵疏》，未知即其人否？守温字母與《歸三十字母例》同，配位略異，又明標脣、舌、牙、齒、喉五音，且舌音分舌頭、舌上，齒音分齒頭、正齒，喉音分清、濁，此其後出轉精者也。

僧守温　清濁韻鈐一卷

《宋志》著録。《秘書目》作《定清濁韻内外轉鈐》。

韻關辯清濁明鏡一卷

敦煌寫卷伯五〇〇六號首尾俱殘，前三行爲序例，後題"《韻關辯清濁明鏡》一卷"。第四行起列平聲下二十八韻韻目和上聲五十一韻韻目，"去聲五十六韻"以下殘。其所存部分韻數、韻目字及反切，皆與《切韻》合。姜亮夫《瀛涯敦煌韻輯》云："以字體紙質論之，必不前於晚唐，然以韻部論，蓋仍存孫愐以前之舊者。"又云："此書兩《唐志》皆不載，《宋志》有僧師悦《韻關》一卷，守温《清濁韻鈐》一卷，鄭樵《通志》載僧行慶《定清濁韻鈐》一卷，各得此名之半。師悦、行慶不審爲何時人，其書又皆不傳，莫由推之。然定字母、辯清濁，唐宋之代，固多緇流爲之，則此書或亦遺在方外，而未爲采官所録者耶？"按，師悦見宋釋普濟《五燈會元》卷一八，與張商英同時，行慶疑亦宋人。

清濁音一卷

《日本目》著録，或亦唐人所撰。

郭迻　音訣八卷

《通志》著録，"迻"誤作"逸"。顧齊之序慧琳《音義》云："國初有沙門玄應及太原郭處士並多音釋，例多漏略。"日本古本《宋高僧傳》云"唐太原處士郭迻著《新定一切經類音》八卷。"（轉引自《越縵堂讀書簡端記》第三〇六頁）日本入唐求法僧《智證大師請來目録》載之。是則佛經音義之書，本編例不入録，以《通志》載經部小學類，今仍補録，慮洽聞者摘其漏略也。後晋沙門可洪《新修藏經音義隨函録》及《龍龕手鑑》引其書。

附按：舊編收録智廣《悉曇字記》一卷，所記爲梵文悉曇字母，非華語字母。又據金鉽《江蘇藝文志》補錄顧直之《古篆韻》二十卷,實爲宋末元初長洲顏直之,著有《集古篆韵》二十卷,見元陸友仁《吳中舊事》,康熙《江南通志·藝文》始誤作唐人。又據龍璋《小學蒐佚》輯本所題補錄《音隱》一卷,六朝音義每用此名,如《毛詩音隱》《春秋左氏音隱》《説文音隱》等,當非唐人韻書。兹並删之。

以上小學類,補一百一十八種。

經部凡十一類,三百二十三種。

卷二 史 部

正 史 類

陳子昂　後史記

《文苑英華》卷七九三盧藏用《陳子昂別傳》："嘗恨國史蕪雜，乃自漢孝武之後，以迄于唐，爲《後史記》，綱紀粗立，筆削未終。"

尹思貞　續史記

《新書·儒學傳下》云："尹愔，秦州天水人。父思貞，字季弱。明《春秋》，擢高第。嘗受學于國子博士王道珪。""張説、尹元凱薦爲國子大成，每釋奠，講辨三教，聽者皆得所未聞。遷四門助教。撰《諸經義樞》《續史記》皆未就。"卒年四十。

褚無量　史記至言十二卷

《新書》本傳載其尤精《三禮》及《史記》，"所撰述百餘篇，殁後，有於書殿得講《史記至言》十二篇"。《文苑英華》卷八九六蘇頲撰《墓誌》詳載其所著書名卷數，且云："薨後，群學士於書殿中得講《史記至言》十二卷。"宋章如愚《群書考索》卷一六云："唐褚無量撰《史記至言》二十篇。"篇數偶誤。

陸善經　史記決疑

日本水澤利忠蒐輯彼邦古刊、古抄本《史記》中之陸善經注文，凡百餘條，成《陸善經史記注佚文拾遺》，附於《史記會注考證校補》之後。其中《范雎蔡澤列傳》"貴而爲交者"下秘閣本陸注文後標識"善經·决"，他處水澤氏屢言"秘閣本標記作决，南化本作陸"，"南化本標記作陸，延久鈔本標記作决"

等等,"決"顯係書名之簡稱。《孝文本紀》"廩廩鄉改正服封禪矣",延久本有二條注,互相矛盾。水澤氏云:"此校記兩樣而不爲文,然同鈔本裏書云:今按《決疑》全取'廩廩鄉改正服封禪矣'九字,依此後者爲正歟?"似陸氏書名當爲《史記決疑》,蓋仿顔游秦《漢書決疑》之名也。其書殆與《日本目》所載陸氏諸書同時流入東瀛。説參虞萬里《唐陸善經行歷索隱》(《中華文史論叢》第六十四輯)。

裴延齡　史記補注

《舊書》本傳云:"乾元末爲氾水縣尉,遇東都陷賊,因寓居鄂州,綴輯裴駰所注《史記》之闕遺,自號小裴。"

强蒙　史記新論五卷

《日本目》著録。《國史補》卷下列舉"大曆已後專學者",有"强蒙《論語》"。《新書·儒學傳》亦云:"强蒙以《論語》,皆自名其學。"《顔魯公集》卷一五《登峴山觀李左相石尊聯句》,中有强蒙詩句,下注:"處士,善醫。"儒者事親濟世,向重醫道,固不妨其爲同一人也。釋皎然亦與此會,其《杼山集》卷九《强居士傳》云:"客有强君,隱山之儔也。理昭涽俗,寄於和扁之伎,而時人無能知者。"當即强蒙,且是書殆與皎然《詩議》同時流入東瀛也。

太史公史記問一卷

《日本目》列强蒙書後,姑從之。

顔師古　漢書音義十三卷

《日本目》著録。唐宋書目僅著録《漢書》顔師古注一百二十卷,《資治通鑑》胡三省注及其《釋文辯誤》、宋陳元靚《歲時廣記》嘗明引"顔師古《漢書》音義"六條,俱見於《漢書》顔注。宋孫覿《鴻慶居士集》卷三〇《切韻類例序》云:"余少時讀司馬相如《上林賦》,間遇古字,讀之不通。始得顔師古音義,從老先生問焉,累數十日而後能一賦。"其意謂得顏注所標音義之助耳,非得見《漢書音義》一書,王楙《野客叢書》卷五引其大意作"尋繹師古音義",是也。顏注之後,唐初尚有劉伯莊《漢書音義》,敬播《漢書音義》十二卷,二書俱不見於《舊志》,知其久佚於世,《新志》據史傳載之耳。《宋志》所見僅蕭該《漢書音義》三卷,宋祁《宋景文筆記》卷中云:"予曾見蕭該《漢書音義》若干篇,時有異議。然本書十二篇,今無其本,顏監集諸家《漢書》注,獨遺此不收,疑顏當時不見此書云。"故宋代以後援引《漢書音義》者,除據唐前古注類書轉引六朝音義及蕭該音義外,皆當指顏注之音義,然並無顏氏《漢書音義》之書也。《日本目》於顏注外別出《漢書音義》十三卷,《漢書序例》一卷,下並注云:"顏師古。"《序例》今附於《漢書》,茲不另列。而日本早有單行本行世,其後藤原通憲《通憲入道藏書目錄》第十六櫃亦有"《新注漢書序例》一卷"。以彼例此,所謂《漢書音義》當亦自顏注抄出單行者,特不知其顏氏自爲乎?抑唐人甚至日本人爲之乎?

王勃　漢書指瑕十卷

《新書》本傳云:"王勃,字子安,絳州龍門人。六歲善文辭,九歲得顏師古注《漢書》讀之,作《指瑕》以擿其失。"此據楊炯《王子安集序》:"九歲讀顏氏《漢書》,撰《指瑕》十卷。"《新志》殆以其兒童之作,有意不錄也。

王元感　漢書注

《會要》卷七七:"長安三年三月,四門博士王元感表上《尚書糾謬》十卷,《春秋振滯》二十卷,《禮記繩愆》三十卷,並所注《孝經》《史記》《漢書》,請官給紙筆,寫上秘閣。"《册府元龜》卷六〇六略同,《舊書·儒學傳》所注書脫漏《漢書》。元感所撰諸書,《舊志》無一著錄,蓋由弘文、崇賢兩館學士及成均博士專守先儒章句，深譏沮詰，未得寫藏秘閣，後即亡佚。《新志》據《舊書·儒學傳》著録其五，而未能檢對他書，故獨闕所注《漢書》也。

漢書拾遺

唐釋慧苑《華嚴經音義》引《漢書拾遺》三條："都，揔也。""彌綸，猶纏裹也，言周匝包羅耳也。""靡，傾也。傾謂偃臥也。"顯非拾《漢書》史事之遺，而爲注文之拾遺補闕，疑即拾顏注之遺者也。且此三條，似皆屬《漢書·西域傳》之補注。"都護之起，自吉置矣"下："師古曰：都猶總也，言總護南北之道。"第一條釋字同，下句原書或加詳，慧苑未引耳。"後書'昆彌'云"下："師古曰：'昆莫本是王號，而其人名獵驕靡，故書雲昆彌。昆取昆莫，彌取驕靡。彌、靡音有輕重耳，蓋本一也。後遂以昆彌爲其王號也。"後二條顯然不滿於顏氏彌、靡本一之説，"周匝包羅耳"似指烏孫王之頭飾，"偃臥"或指北地冬寒久臥之習俗。

康國安　漢書注十卷

《顏魯公集》卷七《康使君神道碑銘》云："父國安，明經高第，以碩學掌國子監，領三館進士教之，策授右典戎衛録事參軍，直崇文館太學助教，遷博士、白獸門内供奉、崇文館學士，贈杭州長史。""君之先君崇文學士府君有《文集》十卷，注《駁文選異義》二十卷、《漢書□》十卷。"按，《新志》著録《康國安集》，注云："以明經高第直國子監，教授三館進士，授右典戎衛録事參軍，太學崇文助教，遷博士，白獸門内供奉、崇文館學士。"宋鄧名世《古今姓氏書辨證》卷一五："唐徐浩作《康府君墓誌》云，唐太學博士康國安，遠祖過江居丹陽，又徙會稽。國安崇文館學士，以明經高第供奉白獸門，有《集》十卷。"皆據此碑，而鄧名世謂徐浩作，非是。《舊書·儒學傳上》載，羅道琮"高宗末,官至太學博士。每與太學助教康國安、道士李榮等講論,爲時所稱",爲碑文所未道。

辛晃　漢略三十卷

《顏魯公集》卷一二《送辛子序》:"隴西辛晃,銳業班漢,潁門名家,十五而志學克明,五十而勵精益懋。""昔我高叔祖鄆州使君著《決疑》一十二卷,《問答》稱爲大顏;曾伯祖秘書監府君集注解成一十二帙。(小字注:闕)儒斟酌煩省,掇撦英華,勒成三十篇,名之曰《漢略》。夫其發凡舉例,晃序言之已詳。惜乎困於縑緗,不獲繕寫,遂使精義沈鬱,闇然未彰。"中間所闕當不止一句,《四部備要》本臆補作"名",無以貫通上下文義。蓋因後人不知《問答》指高宗時人沈遵行《漢書問答》,且據此序,後世並稱顏游秦、顏師古爲大顏、小顏,始自沈氏,故此處首闕"《問答》稱爲小顏"一句。《舊書·儒學傳》云:"房玄齡以顏師古所注《漢書》文繁難省,令(敬)播撮其機要,撰成四十卷。"《新志》據以補錄作《漢書注》,疑有不妥,以其所撮要在正文,當以"略"字爲名。辛晃蓋以其取捨未精,而重編是書,"儒"字疑爲"商榷前儒"之脱。兩句之間闕文難考,其大意從可知矣。按,《全唐詩》卷七八九耿湋《寄司空曙李端聯句》有辛晃"年華空荏苒,名宦轉蹉跎"之句,卷一九八岑參《南池宴餞辛子賦得蝌斗子》,可補辛晃生平行事。

附按:《宋志》著錄劉巨容《漢書纂誤》二卷,同治《徐州府志》列作唐末徐州大將劉巨容所著。《新書》本傳載其武功外,唯言明於吏治,故金鉽《江蘇藝文志》雖據以轉載,已致其疑。劉兆祐《宋史藝文志史部佚書考》云:"唐以前考訂《漢書》之作,有劉寶《漢書駁義》二卷、姚察《漢書定疑》二卷、顏延年《漢書決疑》十二卷、李善《漢書辨惑》三十卷等十餘家,此書殆亦此類也。"舊編亦姑補錄,兹以《宋志》原列宋人著述間,疑仿宋吳縝《五代史纂誤》體例而作，删之。

顏光庭　後漢書注

光庭，顏師古之子。顏真卿撰《顏惟貞墓誌》云："光庭注《後漢書》。"不知其爲獨注，抑爲預章懷太子注書事歟？

高嶠　後漢書注九十五卷

唐封演《封氏聞見記》卷三云："開元中，有唐穎上《啓典》一百二十卷，穆元林上《洪範外傳》十卷，李鎮上注《史記》一百三十卷，《史記義林》二十卷，辛之諤上《叙訓》兩卷，卜長福上《續文選》三十卷，馮中庸上《政事錄》十卷，裴傑上《史漢異議》，高嶠上注《後漢書》九十五卷。如此者，並量事授官，或沾賞賚，亦一時之美。"以上開元中所上前八書，《新志》並已著錄，唯漏收高嶠之書，殆非偶然。其中唐、穆獻書未注明年份，李、辛、卜、裴獻書皆在開元十七年，馮獻書注爲十九年。《新志》注明獻書年份者，以開元中爲獨多，而唐代佚史載有開元獻書年份者，以韋述《集賢注記》爲最多。知《新志》諸書乃據韋氏之書補錄，而非封氏之書，其韋氏未記高嶠上《注後漢書》事乎？然《新志》另載"高希嶠注《晉書》一百三十卷"，注云："開元二十年上，授清池主簿。"唐人每省雙字名之首一字，如成玄英作成英、蔡子晃作蔡晃，此高希嶠疑即高嶠。其二書同時所上，韋氏、封氏各漏載其一乎？按，高嶠，生平別無可考。高士廉之孫嶠，高宗時已入仕，垂拱四年湖州司倉（《寶刻叢編》卷八），長安三年絳州曲沃縣令（《補編·又再補》卷二），仕終司門郎中（《新書·宰相世系表》）。其堂弟高嶸開元十七年，年六十（《芒洛冢墓遺文續編》卷下）。與此獻書之高嶠，當非同一人。

魏克己　魏書十志十五卷

《隋書》卷五八云：魏澹"與李德林俱修國史，高祖以魏收所撰書，襃貶失實，平繪爲《中興書》，事不倫序，詔澹別成《魏史》。澹自道武下及恭帝，爲十二紀，七十八傳，別爲《史論》及《例》一卷，並《目錄》，合九十二卷。"唐劉知幾《史通·古今正史》云：魏澹"合紀、傳、論例，總九十二篇。煬帝以澹書猶未能善，又敕左仆射楊素別撰，學士潘徽、褚亮、歐陽詢等佐之。会素薨而止。"今本魏收《魏書》目錄後附宋人校語云："唐高祖武德五年，詔侍中陳叔達等十七人分撰後魏、北齊、周、隋、梁、陳六代史，歷年不成。太宗初，從秘書奏，罷修魏書，止撰五代史。高宗時，魏澹孫同州刺史克己續《十志》十五卷，魏之本系附焉。"合而觀之，蓋魏澹《魏書》原爲九十二卷，《隋志》著錄作一百卷者，合"楊素別撰"八卷也；兩《唐志》作一百七卷者，合魏克己所續《十志》十五卷也。《日本目》云：魏澹《魏書》"相雜纔六十卷也，其餘未知所在"。《崇文目》著錄魏澹《後魏紀》一卷，《宋志》作《後魏書紀》一卷，注云："本百七卷。"《中興目》謂魏收《魏書》"所闕《太宗紀》以澹書補之"，知宋代僅存者即《太宗紀》，附於其書之魏克己續《十志》亡佚久矣。

僧一行　魏書天文志四卷

《舊志》著錄張大素《魏書》一百卷，然其生前尚未定稿。《新書》卷八九云："大素，龍朔中歷東臺舍人，兼修國史，著書百餘篇，終懷州長史。"其弟大安之"子悱，仕玄宗時爲集賢院判官，詔以其家所著《魏書》《説林》入院，綴修所闕。"《玉海》卷五五引《集賢注記》云："開元八年五月，張悱以前福昌令奉敕修其父大素所撰《後魏》《隋書》《説林》。"《舊書·方伎傳》則云："初，一行從祖東臺舍人太素，撰《後魏書》一百卷，其《天文志》未成，一行續而成之。"僧一行本名張遂，"少聰敏博覽經史，尤精曆象陰陽五行之學"，後至嵩山出家爲僧，開元五年玄宗強徵入京。一行著述頗多，尤以《開元大衍歷》爲著名。其續成《魏書·天文志》，僅見於此，幸而至今隱身於魏收《魏書》也。內有"齊將陳達伐我南鄙"一句，錢大昕《廿二史考異》考其人應爲"陳顯達"，避唐中宗李顯諱，乃一行續修時所爲之明證。

《崇文目》云："《後魏書·天文志》二卷，唐張太素撰《魏書》，凡百篇，今悉散亡，唯此二篇存焉。"輯釋本錢繹按語："舊本二訛作一，今校改。《宋志》作《後魏·天文志》四卷，誤。今本亦二卷，補《後魏書》之闕。"實則《宋志》天文類著錄"《後魏·天文志》四卷"，無撰人名氏；正史類又載"張太素《後魏書·天文志》二卷"，注云："本百卷，惟存此。"錢氏有見於彼而失檢於本類。《通志》亦謂"今惟存有《天文志》二卷"，即刪略《崇文目》舊釋也。

《魏書·天象志三》卷末附宋人校語云："魏收書《天象志》第一卷載天及日變，第二卷載月變，第三、第四卷應載星變。今此二卷，天、日、月、星變編年總繫魏及南朝禍咎，蓋魏收《志》第三、第四卷亡，後人取他人所撰志補足之。魏澹書世已無本，據目錄作西魏帝紀，而元善見、司馬昌明、劉裕、蕭道成皆入列傳。此《志》主東魏，而晉、宋、齊、梁君皆稱帝號，亦非魏澹書明矣。《唐書·經籍志》有張太素《魏書》一百卷，故世人疑此二卷爲太素書志。《崇文總目》有張太素《魏書·天文志》二卷，今亦亡矣。惟昭文館有史館舊本《魏書·志》第三卷，前題朝議郎、行著作郎修國史張太素撰。太素，唐人，故諱世、民等字。"

史館舊本既有第三卷，則《宋志》天文類所載四卷當爲完本，餘者所謂二卷，或卷分上下，或已殘其半。《群書考索》卷一四引《中興目》曰："今收書紀闕二卷，傳闕二十二卷，不全者三卷,志闕二卷。《太宗紀》則補以魏澹所作,《靜帝紀》則補以《北史》《高氏小史》《修文殿御覽》,列傳則益以《北史》《高氏小史》,志則補以張太素所撰。澹及太素書今亡,唯此紀志獨存。"此綜合所補各卷校語而來。《書錄解題》先自云魏收之書"今紀闕二卷,傳闕二十二卷,又三卷不全,志闕《天象》二卷",後引"《中興目》謂所闕《太宗紀》以澹書補之,闕志以太素書補之,二書既亡,惟此紀志獨存",而謂"不知何據也",殆未細檢宋人校語也。《玉海》卷三云:"《魏書》有《天象志》,一卷載天文日變,二卷載月變,三、四卷載星變。今魏收志第三、四卷亡,後人取他人所撰志補足之。"注云:"疑爲張太素書志。"此暗引宋人校語。卷四六明引《中興目》,多所删節:"今收書紀闕二卷,傳闕二十二卷,不全者三卷,志闕二卷,補以魏澹、張太素所作及《北史》《高氏小史》《修文殿御覽》。"
劉兆祐《宋史藝文志史部佚書考》云:"《中興書目》殆見《崇文總目》著有《天文志》二卷,遂以爲言,未必得其實也。《古今圖書集成·理學彙編·經籍典》(卷三八五)載《魏書·天象志》(四卷)書後云:……以文中僅及《崇文總目》,則此文之作者殆爲宋人。又'世人疑此二卷爲大素書志'云者,殆指《中興書目》而言。昭文館,即宋代秘府貯書處之一。《崇文總目》即就三館秘閣所藏,讎校補寫著於錄者也。文中以澹書既亡,以爲補收書者,當爲太素之書。其實亦難遽定。蓋當時《後魏書》除收、澹、大素三家外,猶有裴安時《元魏書》三十卷。然則,補收書之闕者,未必即爲太素之書也。"
其據晚出之清代類書轉引"書後",不知爲北宋校書官范祖禹等人校語,反疑其說出自《中興目》,非也。至以裴安時《元魏書》爲解,亦幾無可能。裴書僅三十卷,殆唯有紀傳而無表志,且其僅見於《新志》,書人俱别無可考,蓋流傳非廣也。反觀僧一行續成《天文志》，當在開元八年至其十五年卒前。開元九年元行沖等修成《群書四部録》，後毋煚删編爲《古今書録》，五代史臣據以編撰《舊志》。故《舊志》著録之張大素《魏書》一百卷，本不包括《天文志》，一行續成之後，因其名之盛，或曾單行於世，故得以流傳至宋代。宋人校語據魏收《魏書·天象志》後二卷體例差異、門目重出等，"疑此二卷爲太素書志"，誠不刊之論也。惜其無一語道及一行耳，兹特表而出之。

然唐劉知幾《史通·書志》嘗劇論紀傳體史書不當立天文志，嘗謂"其間惟有袁山松、沈約、蕭子顯、魏收等數家頗覺其非，不遵舊例，凡所記録，多合事宜，寸有所長，賢於班、馬遠矣"。晚清譚獻《復堂日記》卷一亦云："閲《魏書》，《天象志》闕失，宋人校語疑取張太素書補入。體例截然不同，似用漢儒五行災異之學，語焉不詳，不如魏氏簡當有法。"是則尺有所短也。

王績　隋書五十卷

王績《與陳叔達重借隋紀書》云："僕亡兄芮城嘗典著作局，大業之末欲撰《隋書》，俄逢喪亂，未及終畢。僕竊不自揆，思卒其功，收撮漂零，尚有數帙，兆自開皇之始，迄于大業之初，咸亡兄點竄之遺迹也，大業之後，言事闕然。"陳叔達嘗借給《隋紀》及王胄《大業起居注》。《新書》本傳云："初，兄凝爲隋著作郎，撰《隋書》未成死，績續餘功，亦不能成。"吕才《王無功文集序》云："君又著《隋書》五十卷，未就，君第四兄太原縣令凝續成之。"是皆以"芮城"爲王凝，今人孫望《王度考》謂芮城府君乃王度，非王凝也。

郎餘令　隋书

《舊書·儒學傳》云："郎餘令，定州新樂人。""少以博學知名，舉進士。""累轉著作佐郎。撰《隋書》未成，會病卒。"《史通·言語》云："近有敦煌張太素、中山郎餘令，並稱述者，自負史才。郎著《孝德傳》，張著《隋後略》。凡所撰今語，皆依仿舊辭。若選言可以效古而書，其難類者，則忽而不取，料其所棄，可勝紀哉？"

姚思廉　國史三十卷

《史通·古今正史》云："貞觀初，姚思廉始撰紀傳，粗成三十卷。"據兩《唐書》本傳，姚思廉於貞觀初年遷著作郎，貞觀三年後以本官受詔與魏徵編撰梁、陳史；而唐初沿襲舊制，仍以著作郎掌修國史，貞觀三年閏十二月，於門下省別置史館，專司史職。故思廉之撰《國史》，當在貞觀三年著作郎未罷史職之前，其紀事疑止於武德一朝耳。

許敬宗　國史一百卷

《史通·古今正史》云："龍朔中，(許)敬宗又以太子少師總統史任，更增前作，混成百卷。如《高宗本紀》及永徽名臣、四夷等傳，多是其所造。又起草十志，未半而終。敬宗所作紀傳，或曲希時旨，或猥釋私憾，凡有毀譽，多非實錄。"《舊書》本傳載，許敬宗顯慶元年累拜侍中，監修國史。"敬宗自掌知國史，記事阿曲。""初，高祖、太宗兩朝實錄，其敬播所修者，頗多詳直，敬宗又輒以己愛憎曲事刪改，論者尤之。"《册府元龜》卷五六二云："先是，國子祭酒令狐德棻依紀傳之體，撰成《國史》八十卷。其後敬宗續修，增為一百卷。敬宗自掌知國史，記事不直，論者尤之。"又見《會要·修史官》、《新書》本傳。

牛鳳及　唐書一百一十卷

《史通·古今正史》云："至長壽中，春官侍郎牛鳳及又斷自武德，終於弘道，撰為《唐書》百有十卷。鳳及以暗聾不才，而輒議一代大典，凡所纂録皆素責私家行狀，而世人敍事，罕能自遠。或言皆比興，全類詠歌；或語多鄙樸，實同文案。而總入編次，了無釐革。其有出自胸臆，申其機杼，發言則嗤鄙怪誕，敍事則參差倒錯。故閲其篇第，豈謂可觀？披其章句，不識所以。既而悉收姚、許諸本，欲使其書獨行，由是皇家舊事，殘缺殆盡。"同書卷一一《史官建置》："自武德迄乎長壽，其間若李仁實以直辭見憚，敬播以敍事推工，許敬宗之矯妄，牛鳳及之狂惑，此其善惡尤著者也。"清浦起龍《史通通釋》云："此書《唐·藝文志》不録，宋晁、陳、鄭、馬諸公亦莫之及，大抵其人其書見棄於有道久矣。"按，唐初四修《國史》，《新志》唯載《武德貞觀兩朝史》八十卷，注云："長孫無忌、令狐德棻、顧胤等撰。"固有因人而取捨，然姚思廉《國史》並不見録，則亦不僅由此也。蓋《國史》前後相續，卷帙累增，姚氏三十卷，即在長孫八十卷内，許、牛二史，遂爲吳兢、韋述、柳芳《唐書》所取代，《新志》不録三史，此亦其故乎？至於唐人貶斥牛鳳及，要因政爭激烈，武后廢唐立周，牛氏修史，實等爲前朝修史，故易《國史》爲《唐書》，唐室中興以後，遂成衆矢之的，不亦宜乎。《玉海》卷四六引《集賢注記》曰："史館舊有令狐德棻所撰《國史》及《唐書》，皆爲紀傳之體，令狐斷自貞觀，牛鳳及迄於永淳。"是開元中牛鳳及《唐書》尚在史館，吳兢所修仍爲一百十卷，蓋亦就其舊本筆削褒貶而已。唐劉軻《與馬植書》云："言皇家受命，有若温大雅、魏鄭公、房梁公、長孫趙公、許敬宗、劉胤之、楊仁卿、顧胤、牛鳳及、劉子玄、朱敬則、徐堅、吳兢次而修者，亦近在耳目。"其仍以許敬宗、牛鳳及居於有唐史家之列，蓋難能也。

以上正史類，補二十二種。

編　年　類

王通　薛收　元經薛氏傳十五卷

《宋志》著録。《讀書志》云："《崇文》無其目，疑阮逸依託爲之。"《中興目》云："阮逸學，始於晋帝，終於陳亡，如《春秋》經傳之體，疑此非通本書。"《書録解題》云："河汾王氏諸書，自《中説》以外，皆《唐藝文志》所無，其傳出阮逸，或曰皆逸僞作也。唐神堯諱淵，其祖景皇諱虎，故《晋書》戴淵、石虎皆以字行。薛收唐人，於傳稱戴若思、石季龍，宜也。《元經》作於隋大業四年，亦書曰'若思'，何哉？意逸之心勞日拙，自不能掩耶！"《四庫總目》則指寧康（原誤乙）三年書"神獸門"爲顯襲《晋書》，又云："且於周大定元年，直書楊堅輔政。通生隋世，雖妄以聖人自居，亦何敢於悖亂如是哉！"按，阮逸僞託之説，實出陳師道《後山談叢》所引蘇軾之言，謂逸嘗以稿本示蘇洵。何薳《春渚紀聞》、邵博《聞見後録》遞相祖述，自晁公武、陳振孫以降，紛紛起而以書法攻《元經》之僞。然以書法内容論，《中説》之荒誕不經，較之《元經》有過之而無不及，陳師道等獨黜《元經》之僞者，蓋以兩《唐志》之有無爲疑信之依據也。《中説》屢言及《元經》，具説起晋惠、止陳亡之意，皮日休《文中子碑》亦云"先生有《元經》三十一篇"，故余嘉錫謂"唐人相傳，實有此書"。詹景鳳《詹氏小辨》但疑爲唐太宗以後人僞作，可謂慎於疑古矣。《宋史·聶崇義傳》載張昭建隆三年奏議，有"竊以劉向之論《洪範》，王通之作《元經》，非必挺聖人之姿，而居上公之位，有益於教，亦爲斐然"之語，皮錫瑞引爲宋初有其書之證。是阮逸僞託之説，尚有可議也。《元經》起訖，今存十卷本與《中説》、楊炯《王勃集序》及《讀書志》等所言並同，謂始晋惠帝，終陳亡，凡三百年。唯《舊書·王勃傳》云：通"依《春秋》體例，自獲麟後歷秦漢至於後魏，著紀年之書，謂之《元經》。"陳叔達《答王績書》云："薛記室及賢兄芮城，常悲魏、周之史，各著《春秋》，近更研覽，真良史焉。"豈魏、周以下經文，並薛收所續歟？

陳叔達　隋紀二十卷

《唐文粹》卷八二王績《與陳叔達重借隋紀書》云："久承所撰《隋紀》繕寫咸畢"，"足下裁成國典，褒貶人倫，欲使明鏡一時，覆車千祀，故當貽諸好事"。同卷陳叔達《答書》云："竊惟隋氏之王，三十六年，成敗否泰，目所親睹，誠懼後之作者，復習向時之弊焉。故聊因掌壺之暇，著《隋紀》二十卷。騁辭流離，則愧於心矣；書事簡要，則嘗有志焉。"

敬播　隋略二十卷

《舊書》本傳載，蒲州河東人。貞觀初舉進士，佐顏師古修《隋書》。遷著作郎，兼修國史，與許敬宗撰《高祖太宗實錄》。房玄齡稱播有良史之才，曰"陳壽之流也"。龍朔三年卒。傳末云："播又著《隋略》二十卷。"

王元淑　漢春秋

《金石萃編》卷一〇一《殷府君夫人顏氏碑》謂錢塘丞殷履直與顏氏夫婦生六女，"次適王元□，著《漢春秋》"。以上句"生安陸令銓，孝養於君"不重複人名"銓"字例之，所脫當爲名之下字。《顏魯公集》卷一六補作"元"字，非是。《全唐文》卷三四四補作"淑"，當據善拓録之，可從。

裴光庭　續春秋經傳

《舊書》本傳云："光庭又引壽安丞李融、拾遺張琪、著作佐郎司馬利賓等，令直弘文館，撰《續春秋傳》。上表請以經爲御撰，而光庭等依《左氏》之體爲之作傳，上又手制褒賞之。光庭委筆削于李融，書竟不就。"《册府元龜》卷五五六載裴光庭開元二十年三月丁卯奏及玄宗手詔，内稱："上自周敬，下至有隨，約周公舊規，依仲尼新例，修《續春秋經》，具有褒貶。"又張九齡撰《裴光庭碑》云："微而章，志而晦，聖人之舉也，道不可以虛行，作《續春秋》，自戰國迄于周、隋以統之，臣子之義也，天人之際備矣。"

鄭繡　甲子記七十卷

鄭繡不見於兩《唐書》，唯《册府元龜》卷八五載，開元十三年遣"職方郎中鄭繡往劍南道"疏決囚徒。《文苑英華》卷五一一收録鄭繡《對無鬼論判》。賀知章撰《鄭繡墓誌》(《補遺》第一輯第一一六頁)云，繡字其凝，滎陽開封人。武后時應賢良舉，對策中第，授越州永興主簿，累官左金吾胄曹、秘書郎、太子司議郎、職方員外郎、比部郎中。開元十五年卒，年五十六。"凡所著書，皆憲章遂古，貽範後昆。"其中任秘書郎時，"依《春秋》作《甲子紀》七十篇"。當如唐陳鴻《大統紀序》所謂"正統年代，隨甲子紀年"，乃編年體通史。

蕭穎士　歷代通典一百卷

《新書·文藝傳》云：蕭穎士"嘗謂仲尼作《春秋》，爲百王不易法，而司馬遷作本紀、書、表、世家、列傳，叙事依違，失褒貶體，不足以訓。乃起漢元年訖隋義寧編年，依《春秋》義類爲傳百篇。在魏書高貴崩，曰：'司馬昭弒帝于南闕。'在梁書陳受禪，曰：'陳霸先反。'又自以梁枝孫，而宣帝逆取順守，故武帝得血食三紀；昔曲沃篡晉，而文公爲五伯，仲尼弗貶也。乃黜陳閏隋，以唐土德承梁火德，皆自斷，諸儒不與論也。"蕭穎士《贈韋司業書》云："欲依魯史編年，著《歷代通典》，起漢元十月，終義寧二年，約而删之，勒成百卷。於《左氏》取其文，《穀梁》師其簡，《公羊》得其覈，綜《三傳》之能事，標一字以舉凡。扶孔、左而中興，黜遷、固爲放命。"唐李華《三賢論》云：

"蕭以史書爲繁,尤罪子長不編年,陳事而爲列傳,後代因之,非典訓也,將正其失,自《春秋》三家之後,非訓齊生人不録,次序纘修,以迄於今,志未就而殁。"

崔令欽　唐曆目録一卷

《通志》注云:"唐崔令欽撰,據柳芳《曆》抄其事目。"宋高似孫《史略》亦作崔令欽。《崇文目》四庫本無撰人名氏,錢氏輯釋本補題作"崔令",脱"欽"字。崔令欽撰《教坊記》,今尚傳世。《全唐文》小傳謂其開元時官著作佐郎,歷左金吾倉曹參軍,肅宗朝遷倉部郎中。《宋高僧傳·玄素傳》稱"禮部崔令欽",劉長卿詩有《寄萬州崔使君令欽》,或皆肅宗後所任之職。是與柳芳同時人也。

凌準　漢後春秋

柳宗元《故連州員外司馬凌君權厝志》曰:凌準"以孝悌聞於其鄉,杭州刺史常召君以訓於下。讀書爲文章,著《漢後春秋》二十餘萬言","年二十,以書干丞相"。是其少年之作也。《明一統志》卷三八誤作《後漢書春秋》。

陳鴻　大統紀三十卷

《秘書目》著録《大統紀》二十卷,《遂初目》作《大統略》,俱不著撰人名氏。《唐文粹》卷九五載陳鴻《大統紀序》曰:"臣少學乎史氏,志在編年,貞元丁酉歲(《登科記考》謂乙酉之誤)登太常第,始閒居遂志,乃修《大統紀》三十卷。正統年代,隨甲子紀年書事,條貫興廢,舉王制之大綱。""七年書始就,故絶筆於元和六年辛卯。""上推之炎帝元年癸未,凡三千六百九年。自軒轅至夏殷約《世本》,以文宣王、太史公、《堯典》《舜典》《商書》《夏書》爲實録,周秦以降,則按本朝國史。"司馬光《通鑑考異》卷四:"陳鴻《大統曆》云:石虎即位,改建平五年爲延興,明年改建武。"宋敏求《長安志》卷一八:"《大統記》曰：即魯哀王城也。"

陳鴻，史書無傳。《新志》載其《開元昇平源》一卷，注云："字大亮，貞元主客郎中。"呂思勉疑《新志》"貞元"下脱"進士"二字。《登科記考》載爲貞元二十一年進士。元和元年閒居盩厔，與白居易共話明皇舊事，撰《長恨歌傳》。元和末任太常博士。長慶元年大和公主出降回鶻，陳鴻以虞部員外郎充爲婚禮使判官。大和三年曾游廬州，時任尚書主客郎中，撰《廬州同食館記》。

劉軻　漢書右史十卷

劉軻，《舊書·吳汝訥傳》附載其父吳武陵"有史學，與劉軻並以史才直史館"。事迹散見唐范攄《雲溪友議》、五代王定保《唐摭言》等。早年爲僧、道，元和末進士登第。故其學出入三教，尤精於史學，著述頗豐，《新志》著録其《三傳指要》十五卷、《帝王曆數歌》一卷、《牛羊日曆》一卷。《唐文粹》卷七九劉軻《上崔相公書》自云："自知書來，恥不爲章句小説桎梏聲病之學，敢希遐蹤，切慕左丘明、楊子云、司馬子長、班孟堅之爲書。""謹獻所嘗著《隋鑑》一卷，《左史》十卷。"同書卷八二《與馬植書》"有《三傳指要》十五卷，《漢書右史》十卷，《黃中通理》三卷，《翼孟》三卷，《隋鑑》一卷，《三禪五革》一卷。"卷八八《上座主書》自稱"有《三傳指要》十五卷，《十三代名臣議》十卷，《翼孟子》三卷"。

按，劉軻所謂《漢書右史》十卷，當與《左史》十卷爲同一書。古有五史之説，《禮記·玉藻》云："動則左史書之，言則右史書之。"《漢志》云："左史記言，右史記事，事爲春秋，言爲尚書。"二説相反，唐人多從後説。故《漢書右史》猶《漢春秋》，當爲删改《漢書》爲大事編年，兼寓褒貶者也。劉軻《與馬植書》嘗引其師楊生之言，"始則三代聖王死，而其道盡留於《春秋》"，並自謂

"予雖無聞良史,至於實錄品藻,增損詳略,亦各有新意","常欲以《春秋》條貫,刪補冗闕,掇拾衆美,成一家之盡善"。故其所著史書,多屬短小之編年史論。若爲"左史",且不限於漢代,則當如《史通·載言》所言彙編"人主之制册誥令、群臣之章表移檄",斷非十卷可辦,故知"左"字當爲形訛也。

劉軻　唐年曆一卷

《秘書目》《通志》著錄。《宋志》書名末有"代"字。《新志》《崇文目》《秘書目》《宋志》載劉軻《帝王曆數歌》一卷,《中興目》云:"大和元年劉軻以帝王年號世數次而爲歌。"《讀書志》作《帝王鏡略》,云:"自開闢迄唐初帝王世次,綴爲四言,以訓童蒙,僞蜀馮鑑續之至唐末。"《書錄解題》《遂初目》"鏡"譌作"照",陳氏疑即《帝王曆數歌》。《宋志》又有無名氏《帝王照錄》一卷,則誤"略"作"錄"也。其書爲通記歷代,而《唐年曆》似專記唐代,今從《秘書目》《宋志》別載之。

孫樵　孫氏西齋錄十八卷

孫樵《孫可之集》卷五所錄同名文,即此書之序:"'孫樵謂陸長源《唐春秋》乃編年雜錄,因掇其體切峭獨可以示懲勸者,擲其叢冗禿屑不足以警訓者,自爲十八通書,號《孫氏西齋錄》,起高祖之初,洎武皇之終。首廟號以表元,首日月以表事。"末云:"樵既序其略,授其友高錫望傳之矣。"高錫望後任滁州刺史,死於龐勛之亂。此書實爲陸長源《唐春秋》之節錄本,陸書原爲六十卷,《秘書目》著錄作二十八卷,《玉海》卷四一引《國史志》則云"今存十八卷",與孫序所言"十八通"正同。疑宋世所存,即孫樵節錄、高錫望所傳之十八卷本,《秘書目》謂二十八卷者誤耳。

張武　帝王年代譜一卷

《日本目》著錄。《張武墓誌》(《彙編》顯慶一六四)載其寓居洛陽，藝總群書，釋褐綿州博士，顯慶五年卒，年三十四。不知即其人否？

附按：言帝王運曆、年號等諸書，卷帙短小，兼具編年、史抄性質。劉知幾《史通·表曆篇》云："編年雜記如韋昭《洞紀》、陶弘景《帝代年曆》，皆因表而作，用成其書。"《隋志》以"其大抵皆帝王之事"，附於雜史類，《日本目》《舊志》《宋志》(別史類)從之。《新志》開元舊書仍入雜史類，所補唐人新書入編年類，蓋由唐代編年少而雜史衆，出彼入此，以求各類均衡，兹姑從之。

武密　帝王年代錄三十卷

《宋志》著錄。列鄭伯邕之書前，似爲唐人。《新志》天文類著錄武密《古今通占鏡》三十卷，列於李淳風之書下，當爲高宗、武后時人；《書錄解題》稱"唐嵩高潛夫沛國武密撰"，《述書賦》注稱"沛國武氏士蘲"，豈武密亦武后之族人歟？段公路《北户錄》卷一："《年代錄》云：石季龍時，利州綿谷縣山北溪中有石龜數千頭，登岸暴田苗，發軍殘毀。至今龜無頭也。"綿谷縣隋大業中改名，此《年代錄》當出唐代，疑即此書簡稱及其佚文，則其書當爲纂集諸家符瑞書及隋前諸史符瑞志，編年雜錄歷代帝王興廢之徵驗者，與《古今通占鏡》纂集諸家星經及隋前諸史天文志，具述天文吉凶之應，蓋爲姊妹篇也。按，宋初有武密，由北漢歸朝，官至侍禁、鎮定同巡檢，與契丹戰亡，當非其人。

武密　帝王興衰年代錄二卷

《崇文目》著錄。《宋志》"廢"作"衰"。當爲前一書之略本或殘本。

余慶　曆帝紀一卷

《日本目》著錄。《秘書目》《通志》《史略》俱有《唐曆帝紀》一卷,不著撰人名氏,疑即此書。《全唐文》卷五四五王顏《進黃帝玉佩表》云:"臣檢算《曆帝記》,黃帝去今六千四百三十年。"《敦煌變文集新書》卷六《舜子至孝變文》:"檢得《曆帝紀》云:舜號有虞氏,姓姚,目有重瞳。父名瞽叟,母號握登。顓頊之後,黃帝九代孫。都平陽,後都蒲阪。夏禹代立。"《佛祖歷代通載》卷二:"《曆帝紀》云:黃帝有子二十五人,得姓者十二人:姬、酉、祁、己、滕、箴、任、荀、僖、姞、儇、休。分治九州,謂冀、青、徐、豫、雍、梁、楚、揚、燕。從長至幼,以次封之。後子孫五帝三王,並其苗裔。帝娶大庭氏生二子,長曰玄枵,幼曰昌意。"日本東山坐禪沙門《孔雀經音義》卷下:"《大唐曆帝記》云:盤古星爲主,天地混池,日月清濁,未有分別,狀如雞子,死後始有天地開闢,清氣上昇爲天,濁氣下沈爲地,左眼爲日,右眼爲月,骸骨爲星辰,牙齒爲玉燭,左手爲東岳太山,左手爲西岳花山,頭爲南岳衡山,腳爲中岳嵩山,吹氣爲火,入竹木中。其時未辨年月,分茶身體作天下之星也。"由以上唐宋並日本古書中徵引之佚文,可知其書略載上古帝王之興替,則書名中所冠之"唐",蓋謂唐人所撰之書。《太平御覽》引書目亦有《曆帝記》,然書內僅卷四八引《帝曆記》曰:"神人山,吳建衡二年有神人乘白鹿從此山出,因爲名神人山。"未知是否此書之佚文。

是書所出時代,略可推考。王顏爲憲宗時人,所引之書當出其前。《貞元新定釋教目錄》卷一四載,玄宗時釋法月教授門人利言,使令記持《曆帝記》,則其書當爲唐初人作。其書頗爲釋氏所稱引,又敦煌寫卷斯五六四五號《小乘錄序》云"案諸經律論、傳記、《曆帝記》等","錄佛生日,兼教來此土,僧尼受戒年代",殆佛教信徒所編。唐初有一徐慶,與釋氏頗有淵源。彥悰《集沙門不應拜俗等事》卷四載,龍朔中"右武衛長史孝昌縣公徐慶等議狀一首"。《太平廣記》卷一四三引《廣古今五行記》曰："唐高宗時，徐慶爲征遼判官"，"至則天時，慶累加至司農少卿、雍州司馬"。後"被誣與内史令裴炎通謀，應節（明鈔本作接）英公徐敬業揚州反，被執送大理"，死之。《日本目》所載撰人姓名多有字誤，疑"余慶"即"徐慶"之訛脱。

王道珪　帝紀

《新書·儒學傳》載尹愔之父"思貞嘗受學於國子博士王道珪"，宋趙明誠《金石録》卷五載《周寇法司道德銘》爲王道珪撰，立於長安三年十月，則高宗、武后時人。唐慧琳《一切經音義》卷九七："按王道珪《帝紀》云：帝嚳，高辛氏，黄帝曾孫，喬極之子，少昊之孫也。都亳。"智昇《開元釋教録》卷一云："年代甲子依唐（當爲北周）司隸甄鸞、成均博士（《貞元新定釋教目録》卷一作國子博士）王道珪二家年曆參定。"卷四云："準《大智度論》後記云：'弘始三年，歲在辛丑。'王道珪云庚子，一本亦云'歲在辛丑'。房及甄鸞更差一載。"卷一二云："今尋諸家年曆，差互不同。長房年曆但至承聖五年丙子，梁國即絶。甄鸞及王道珪年紀至紹泰二年丙子改爲太平元年，太平二年丁丑改爲永定元年，陳霸先立號爲陳國。又有《年紀》，不知何人所撰。彼云承聖三年甲戌改爲大定元年，逮於後梁，凡經八載，方改年號。然四家年曆並無紹泰三年。四本既並不同，未詳孰爲正説。"《太平寰宇記》卷五七引《歷代帝紀》云："顓頊居高陽，故曰高陽氏。"疑爲此書之全稱。日本僧法空《聖德太子平氏傳雜勘文》卷下二引有《帝王年代曆》（或作《帝皇年代曆》）數條，其中一條注曰"王道珪撰"，則其書又通稱爲《帝王年代曆》。

王肇　開元曆紀經

日本新美寬編、鈴木隆一補《本邦殘存典籍輯佚資料集成》

（京都大学人文科学研究所，一九六八年）據《諸道勘文》輯録此書佚文六條近千言。其中有"帝王革命法""推年數法"，又謂"帝王受命必在三元甲子之年"，並推黄帝、黄帝、顓頊、帝堯、帝舜、帝桀、成湯、天乙、夏桀、帝紂、周文王受命即位之年，"從黄帝廿二年上元甲子，至于文王受命上元甲子，合廿五甲子一千五百歲，此爲第一蔀"，"從周文王受命甲子，至于後魏大武帝即位元年甲子，合一千五百是爲第二蔀"，俱爲傳世古書所罕見。以"曆紀"名書，當如吴徐整《三五曆紀》、隋姚恭《年曆帝紀》，《舊志》著録之無名氏《曆紀》十卷，乃雜述上古年曆帝紀者。開元初瞿曇悉達奉敕《開元占經》，此書疑亦同時敕命之作，惜史書失載其事，王肇亦别無可考也。

傅栖　世代年號要曆一卷

《日本目》著録，原列釋靈實之書前。傅氏無考，姑從之。

釋靈實　古今帝王年代曆八卷

釋靈實，日本奈良正倉院存其《鏡中集》殘文二十餘篇，知爲開元初越州僧人。《日本目》云："《帝王年代曆》十卷，釋靈實撰。"隔一書後又出"《帝王年代曆》八卷"，未題撰人。日本興福寺沙門永超《東域傳燈目録》云："《古今帝王年代曆》八卷，釋靈實撰。"藤原通憲《通憲入道藏書目録》著録"釋靈實《年代記》九卷"，（原注："朽損"）則日本曾有十卷、八卷兩種傳本，頗疑八卷者爲初傳東瀛之原本，十卷者業經日人增補。日本《弘決外典鈔》之"年代略記"，載天地開闢、三皇五帝至唐高祖歷代帝王譜系、在位年數等，末云："右《弘決》所引國號，爲明真僞前後，依靈寶等《年代曆》，略記之。"則略記雖非盡出此書，且删節泰甚，亦可藉以推知其體例之大端。如："後漢光武，名秀。"雙行小注："建武元年乙酉。高祖九代之孫也。第二明帝永平十年，夢見佛像，漢興四十三年也。後漢凡十二帝，合一百九十五年。前後二漢，起高祖，盡獻帝，過王莽、劉玄，合四百二十五年。"（參孫猛《詳考》）其中附記漢明帝夢見佛像，固釋氏帝王年代曆之特徵也。日本《悉曇輪略圖抄》卷七："釋靈實云：蒼頡四目，玄見千里。"疑即引自此書，則非僅記帝王，亦附記聖賢也。

又，敦煌遺書《歷代法寶記》記事止於大曆年間，首列所據書目，內有"釋虛實記"，殆亦指此書，"虛"字形近致誤爾。宋王應麟《困學紀聞》卷二："祖甲，孔安國、王肅云湯生，太甲也，馬融、鄭玄云武丁子，帝甲也。《書正義》以鄭爲妄。《史記正義》按《帝王年代曆》：'帝甲十六年，太甲三十三年'，明王、孔說是。"所引張守節《正義》之文，傳本無之，今人錄入《史記正義佚文輯校》。張氏《正義》作於開元二十四年，已據靈實之說，駁正漢儒馬、鄭之誤。由茲二證，足見其書唐時頗行於世。宋代以後，未見書目著錄或他書稱引，殆已亡佚於唐末五代。

鄭伯邕　帝王年代記三卷

《宋志》著錄。《秘書目》作一卷，不著撰人名氏。鄭伯邕，鄭州滎陽人，官金州刺史，見《新唐書·宰相世系表五上》。其弟叔清，肅宗時京兆尹、夔州都督。《舊唐書·食貨志》稱其爲"云間鄭叔清"，殆其支族已徙家江淮。

宋羅泌《路史》卷一六云："《帝王年代紀》以少昊爲帝青陽，故世誤以爲一人。"陳景元《西昇經集注》卷六云："《帝王年代記》所推老君文王受命之年大歲丁卯下爲周師，昭王時宅闕，二十五年癸丑與尹公說經，二十六年四月昇入大微，二十九年尹公會蜀青羊肆，重見老君，遂化西國。"疑皆此書佚文，且由後者推測近於道教之說，與余慶、王道珪、靈實、玄暢之釋氏說異也。

鄭伯邕　帝王年代圖一卷

《國史志》《宋志》著録。《崇文目》四庫本無撰人名氏，錢輯本"帝王"作"帝皇"，補題爲鄭伯邕撰。《通志》作郭伯邕，注云："迄隋。"同書《圖譜略》著録《帝王年代圖》，不著撰人卷數。按，清《續通志》卷一六六以鄭伯邕爲宋人，僅因其書始見於宋代書目爾。今以《崇文目》已載，且其書紀事迄隋，唐代又有其人，定爲唐人之書。

崔偘　帝王授受圖一卷

《秘書目》著録。《通志・圖譜略》不著撰人卷數。《宋志》亦作崔偘，列韋光美《嘉號録》之下。清《續通志》卷一六六以崔、韋二氏爲宋人，韋書見於《新志》，當爲唐人無疑，知其説僅因二書見於《宋志》，别無所據。宋代未見崔偘其人，而《新書・宰相世系表》載崔偘爲博陵人，武宗、宣宗時宰相崔鉉伯祖，官沁州刺史。又《歷代法寶記》載，永泰二年九月宰相杜鴻漸出撫巴蜀，至成都，先遣侍郎崔偘等詣白崖山請謁無住禪師。

唐曆年紀一卷

《秘書目》著録。宋高承《事物紀原》引《曆年記》《帝王五運曆年紀》各四五條，疑即此書佚文。其多言盤古事，唯卷二云："《通曆》及《帝王五運曆年記》人皇之後有五姓、四姓、七姓、十二姓紀。則姓之始，疑起於此。"與書目相參證，知爲唐人所撰之《曆年記》，全稱當爲《帝王五運曆年紀》。

帝王甲子記

慧苑《華嚴經音義》卷上："《帝王甲子記》云：天皇氏治一萬八千年，地皇氏治九千年，人皇氏治四千五百年。"三皇五帝之説出於戰國時，漢代以後讖緯家及《帝王世紀》等書敷衍其事，至唐開元中司馬貞補撰《史記・三皇本紀》，天寶六載始置廟設祭。玄宗時人好言上古帝王年代，良有以也。此書之三皇説，與他書迥異，疑天寶中新出之説也。

路惟衡　帝王曆數圖十卷

《秘書目》《通志》《宋志》著錄。《中興目》云："唐路惟衡撰，起自周秦，至於隋氏。曾子玉以惟衡所撰自周以後，其開闢以來並不載，故依《五運圖》錄之以備一家之文。"《秘書目》別出路惟衡《開闢帝統曆數圖》十卷，當爲曾子玉補撰本。路惟衡，生卒年不詳。林寶《元和姓纂》卷八平陽路氏："恂，左補闕，生鈞、銛、鎤。鈞，河南功曹。生惟衡，兼殿中御史；惟明，監察御史。銛生寰，江西觀察兼中丞。"其弟惟明，貞元末任雅州經略使，見兩《唐書·韋皋傳》；從弟寰，貞元十一年由楚州刺史轉洪州刺史、江西觀察使，見《舊唐書·德宗紀下》，則惟衡當亦貞元時人。

唐帝年曆

遼釋希麟《續一切經音義》卷一〇引《帝年曆》曰："後周武帝立十九年：保定五年，天和七年，建德六年。"卷五引《唐帝年曆》曰："代宗皇帝廣德三年甲辰改永泰元年，二年乙巳改大曆。"當爲同一書，蓋唐人撰寫之帝王年曆也。

帝王目錄二卷

《日本目》簿錄家著錄《帝王目錄》一卷，注云："上卷"。知其所藏已非完帙，原書當分爲上下二卷或上中下三卷，今姑著錄作二卷。雲南大長和國内供奉僧玄鑑《護國司南抄》，撰於安國六年，今殘存一卷。其"皇唐八葉"條引《帝王目錄》云："高祖，諱淵。太宗，高祖第二子諱世民。高宗，太宗第九子，諱治。則天。諱華命。中宗，高宗第七子，諱顯。睿宗，高宗第八子，諱旦，玄宗，睿宗第三子，諱隆基。肅宗，玄宗第三子，諱亨。代宗，肅宗長子，諱豫。"僅記唐帝名諱，顯非原文照錄。又"《法華經》以一乘爲宗"條疏釋高祖至代宗九帝，較前略詳。如："代宗，肅宗長子，諱豫。在位一十七年，年六十。上元三年五月改爲寶應元年癸卯。寶應二年八月改爲廣德元年。至廣德三月正月一日改爲永泰元年。永泰二年十二月改爲大曆元年。"此條未標引書，然亦謂"則天諱華命"，知與上條所據相同，所載除名諱外，增加在位年數、年壽、改元，仍然未必爲原文照録。然此書以帝王年號爲中心，似可斷言，當爲抄撮歷代正史及唐代國史之帝紀，以便檢索者也。其與《唐帝年曆》及《新志》編年類著録之張敦素《建元曆》、封演《古今年號録》、韋美《嘉號録》等書相埒，故改入此類。

張知實　歷代帝王承統記三卷

《張知實墓誌》云，字冠禮，隴西敦煌人。官至朝請大夫、使持節金州諸軍事、守金州刺史。大中三年卒，年六十一。"時因政簡，遍閱群史，自三代已降，迄於隋唐，勒成三卷，目曰《歷代帝王承統記》。"（參趙振華、王學春《唐張正則、張知實父子墓誌研究》，《碑林集刊》第十一輯。）

釋玄暢　歷代帝王録一卷

《宋高僧傳》卷一七云，玄暢字申之，俗姓張氏，宣城人。居京兆福壽寺，乾符二年示滅，俗齡七十九。傳載會昌廢佛時，京城僧侶同推玄暢爲首，"上表論諫，遂著《歷代帝王録》，奏而弗聽"，又稱其"纂輯古今，搜揚經史，成其別録，上其表箋"。日本僧圓珍《福州溫州台州求得經律論疏記外書等目録》著録《帝王年代録》一卷，注云："西明寺玄暢記。"又，日本僧圓珍《日本比丘圓珍入唐求法目録》及《智證大師請來目録》著録《帝王年代録》兩本二卷，後者注云："大小暢。""大小"蓋"玄"之訛。釋良忠《觀經玄義分傳通記》嘗引此書考證玄奘、善導等入滅年代。

郭儵　唐年統略十一卷

《秘書目》《通志》著録。《崇文目》有《年紀録》一卷,《宋志》有郭修《唐年紀録》一卷。諸目皆著録於晚唐著述間,儵、修字形相似,當爲同人同書,唯卷數懸殊,不知以何者爲是？疑其書原名《唐年紀録》,乃仿馬總《唐年小録》而更近編年,宋人改作"統略",猶陳鴻《大統紀》、馬總《通曆》,《遂初目》作《大統略》、馬總《統略》也。《元和姓纂》卷一〇有郭儵,事無可考,年代稍早。河南偃師出土《郭儵墓誌》(鮑虎欣考釋,見《華夏考古》二〇〇八年第二期)云,儵字懿夫,郭虛已曾孫,歷任道泉、偃師、富平等縣尉,授宣城縣令,"宰邑有能政之名",甚爲裴休所器重。大中四年卒,年五十七。其時代相符,或即其人歟？

薛韜玉　帝鏡一卷

《宋志》別史類著録,"鏡"原作"照"。薛韜玉,其人無考。《宋志》編年類有薛黨《大唐聖運圖略》三卷、《帝王照録》一卷,相次著録。"薛黨"爲"薛璫"之訛。《舊書·僖宗紀》載,乾符二年五月"以殿中少監薛璫爲衛州刺史"。《新志》《崇文目》《通志》俱載其《唐聖運圖》,《中興目》謂"起高祖,訖武宗"。疑韜玉爲薛璫之字,《帝照》爲《帝王照録》之簡稱。《宋志》所載書名有"照"字者,多爲前代著述,原皆作"鏡",宋人諱改,如陶弘景《真人水照》、曹瑤《國照》、劉軻《帝王照略》皆是也。劉軻《帝王鏡略》,《讀書志》編年類云:"自開闢迄唐初帝王世次,綴爲四言,以訓童蒙。"宋廖剛《高峰文集》卷一一《古今通系圖後序》云:"唐劉軻爲《帝王照略》,爰自太古,訖於當世,比聲成句,纔盈千言,而興亡世數,歷歷粲見。"薛氏《帝鏡》,蓋亦其類也。

柳璞　天祚長曆

《新書》本傳云:"述《天祚長曆》,斷自漢武帝紀元,爲編年,以大政、大祥異、侵叛戰伐隨著之，閏位者附見其左。嘗謂杜征南《春秋後序》述紀甲曆爲得實，自餘史家皆差。蔣係以爲然。"

李匡文　漢後隋前瞬貫圖一卷

《宋志》著録。李匡文，字濟翁，宰相李夷簡子，曾爲洛陽主簿兼圖譜官，賀州刺史，太子賓客，從僖宗幸蜀，昭宗時仕至宗正少卿。宋人諱匡，或以字稱之，或作李正文、李文，或作李匡乂，或作李匡義。此書疑即《新志》著録之《兩漢至唐年紀》，然《宋志》作二書，姑別載之。

曹玄圭　唐列聖統載圖十卷

《宋志》著録。《新志》有曹圭《五運録》十二卷，《宋志》作曹玄圭《五運圖》，注云："一作録。"《崇文目》云："起三皇迄隋年世之略。"則此書當爲其續作。曹圭，又或作曹珪，唐昭宗時嘉興都將，吳越錢镠授蘇州刺史。《十國春秋》卷八四有傳。

唐代殘史書

敦煌寫卷斯二五〇六、伯二八一〇、四〇七三號，均爲同一唐寫本，互相銜接，紀開元九年至貞元二年大事。王國維云："每年年下紀甲子名及所屬五行，蓋占家所用曆，以驗禍福者，非史家編年書也。其所紀甲子，亦較史家先一年。"王重民以爲即南卓《唐朝綱領圖》之類，"蓋以編年史書而隱示運數者也。"

崔致遠　帝王年代曆

高麗僧一然《三國遺事》卷一云："四羅末，名儒崔致遠作《帝王年代曆》。"崔氏新羅人，咸通中入唐，乾符元年進士及第，官溧水縣尉，入淮南節度使高駢幕，後歸新羅。其書載及新羅王，乃歸國後所作，故附列於末。

以上編年類，補三十八種。

雜　史　類

李至遠　周書

《新書·循吏傳》云："（李至遠）復撰《周書》，起后稷，至赧王，爲傳記。令狐德棻許其良史。"

春秋後語釋文十卷

《新志》著錄"盧藏用《春秋後語》十卷"，實爲晋孔衍《春秋後語》之注。《太平御覽》徵引六十餘事，《弘決外典抄》《戰國策注》亦間存佚文，敦煌寫卷有伯二五八九、二五六九號等十個抄本，且有藏文譯本。唯斯一四三九存《魏語》第七後半、《楚語》第八、《齊語》第九、《燕語》第十，凡一百十九行。其體例與盧氏正文下間附注文異，而近於陸德明《經典釋文》，即隨文摘字作注，所摘一字至數字不等，音釋作雙行夾注。注釋以標音爲主，反切與直音並用，大致與《切韻》相合，亦有釋義及別本異文，並間出校語。引書以《史記》及裴駰、徐廣注爲多。向達定名爲《春秋後語釋文》。其注文與古書所引盧藏用注往往不同，如《太平御覽》卷六九八注"朝歌，紂之所都，今衛州地。"而寫卷《齊語》末條"於共"下注："今汲郡恭城懸（縣）是。"唐天寶元年至乾元元年間稱汲郡，其前後則皆稱衛州。盧藏用卒於開元初，稱衛州是也。康世昌《春秋後語研究》據此考定此書成於天寶元年至乾元元年之間。參許建平《〈春秋後語釋文〉校證》（《敦煌研究》一九九五年第四期）。

虞世南　史略

唐韓鄂《歲華紀麗》卷一："虞世南著《史略》云：北齊盧士深妻崔林義之女有才學，春日以桃花和雪，與兒靧面云：'取紅花，取白雪，與兒洗面作光悅；取白雪，取紅花，與兒洗面作妍華；取雪白，取花紅，與兒洗面作華容。'"又見《事類賦注》卷

四、《太平御覽》卷二〇。其文與《帝王略論》不類，當別是一書。

姚思廉　傳國志十卷

《册府元龜》卷五五五載，隋姚察撰陳、梁二代史未成，"臨亡之時，仍以體例誡幼子思廉博訪撰續，思廉流涕奏行。思廉初補漢王府行參軍，掌記室，尋除河間郡司法。大業初，中書侍郎虞世基奏思廉踵梁、陳二代史。自是以來，稍就補續。又撰《傳國志》十卷。"

薛儆　晋書金穴抄十卷

《宋志》著錄，《崇文目》不著撰人名氏。《新書·宰相世系表》："儆，鄧州刺史，駙馬都尉。"新出《薛儆墓誌》稱其爲"駙馬都尉瓘之侄，駙馬都尉紹之弟，澭川郡王之外孫，睿宗皇帝之子婿"。"學古以合志，行充於内，聲溢於外，乃甲科升焉。"後歷任秘書郎、太常丞、殿中少監、太僕少卿、歧澤鄧三州刺史等。开元八年卒，年四十二（《唐代薛儆墓發掘報告》，科學出版社二〇〇〇年，第六六—六八頁）。其人確有著書之可能。"金穴"一詞，出《後漢書·郭皇后紀》，謂后弟郭況"帝數幸其第，會公卿諸侯親家飲燕，賞賜金錢縑帛，豐盛莫比，京師號況家爲金穴"。薛瓘尚太宗女城陽公主，薛紹尚高宗女太平公主，薛儆尚睿宗女尚鄌國長公主，薛儆子鏞尚玄宗女唐昌公主，亦可謂金穴矣。蓋以此名書，既以喻《晋書》爲銅山金穴，兼以誇其家之貴盛也。

司馬綽　晋書抄三十卷

《日本目》著錄。司馬綽無考，原列唐人著述間。

何彦先　三國戰策十二卷

《舊書·文苑傳》云：員半千"少與齊州人何彦先同師事學士王義方"。《新書·王義方傳》云："彦先，齊州全節人，武后時位至天官侍郎。"又何彥先咸亨四年撰《瑞氣觀天尊像碑》，萬歲登封元年撰《周襄州靜真觀碑》，見趙明誠《金石錄》卷四。長安二年撰《劉如璿墓誌銘》，署巡察御史，見《續集》第三九二頁。《册府元龜》卷五五六云："何彥先爲地官侍郎，撰《三國戰策》十二卷行於代。"《墓誌》(《洛陽流散唐代墓誌彙編續集》第一三〇頁)載其祖先陳人，北徙家於濟南之平陵。彥先年十七，師事王義方。官至地官侍郎。長安三年卒，年六十三。"至於算皇王之理，盡軍國之宜，開四始之英，漱六經之潤者，皆見公所著《帝圖秘錄》十卷、《三國戰策》十二卷、《政論》兩卷、《文集》廿卷"。

附按：《新志》著錄員半千《三國春秋》、丘悦《三國典略》、崔良佐《三國春秋》，宋洪邁《容齋隨筆》誤以爲魏蜀吳"三國雜史"。《崇文目》謂丘書"以關中、鄴都、江南爲三國，起西魏，終後周，而東包魏、北齊，南總梁、陳"，今存佚文甚尠。員書僅《太平御覽》卷四〇八存三條佚文，記李暠、姚萇、王鎮惡事，知其"三國"與丘同，則何、崔之"三國"所指亦不容異也。員、何、丘三人大略同時，員、何二人則爲同門，崔約生於開元初，或可與丘相接，此四人實以北周、北齊、陳爲後三國而略溯其源，可謂後三國史學派矣。

宗諫　三國採要六卷

《宋志》史抄類著錄。宗諫生平無考，《新志》目錄類有"宗諫注《十三代史目》十卷"，知爲唐人。《魏書·孝感傳》卷末宋人校語云："魏收書《孝感傳》亡，惟張昇事出宗諫《史目》，與《北史》小異。"同書《李孝伯傳》卷末又云："宗諫《史目》、殷藏用《十三代史目》惟高祐、崔挺，而無李安世。"宗諫尚見《魏書》完本，嘗據以注《史目》，宋人復據以補《魏書》，疑與何彥先等同時或略晚，蓋亦後三國史學派中人也。此書當據北魏、北齊、北周、梁、陳諸史，採取精要而編成。

宗諫　金陵六朝帝王統紀一卷

《宋志》史抄類著錄，原作"杭諫"，當爲"宗諫"之形訛。唐許嵩《建康實錄》序已有"六朝"之稱，似當時尚未通行，故尚未以之名書。後三國史學派諸人多爲北人，其書殆皆以北朝爲重，然六朝傳承統緒，尤爲一貫，故宗諫復撰此書，實開宋人六朝史風氣之先。

丘悦　隋平陳紀一卷

《崇文目》《宋志》著錄，不著撰人名氏。《通志》注云："稱臣悦，亡其姓。"明凌迪知《萬姓統譜》卷一九"臣"姓下云："唐臣悦，撰《隋平陳紀》。"非是。唐丘悦景龍中爲王府直學士，睿宗在藩，甚重之。《新志》有丘悦《三國典略》三十卷，記北齊、北周、陳史事，或即其人歟？隋裴矩撰《開業平陳記》十二卷，此書當即刪略裴書而成，宋人所引《平陳記》，殆皆此也。

顔師古　大業拾遺録一卷

《崇文目》著錄，《通志》注云"記煬帝幸江都"，俱不著撰人名氏。《讀書志》云："《南部煙花録》一卷，右唐顔師古撰。載隋煬帝時宫中秘事。僧志徹得之瓦官閣筍筆中，一名《大業拾遺記》。"《遂初目》雜史類有《大業拾遺記》，小説類有《南部煙花録》《漢隋遺録》，俱無撰人卷數。《宋志》傳記類有《大業拾遺》，小説類有《隋遺録》，俱作顔師古、一卷。明《文淵閣書目》卷二"史雜"著録《南部煙花録》一部一册。

宋朱勝非《紺珠集》卷五作《南部煙花記》，節録十條。曾慥《類説》卷六同，録十二條。宛委山堂本《説郛》卷六六下《南部煙花記》題馮贄撰，録三十四條。

宋周南《山房集》卷五録題跋二則云："《南部煙花録》一卷，會昌中拆瓦棺寺，有雙籠藏書，中有白藤紙數幅，題爲《南部煙花録》,有魯郡文忠顏公題:'錄隋大業末煬帝南幸湎謠秘迹,即《大業拾遺記》,顏師古撰。'""上元縣南朝故都,梁建瓦棺閣,閣南隅有雙籠閟之,忘記歲月。會昌年詔拆浮圖,開之,得筍筆千餘頭,中藏一帙,雖隨手飛潰,而文字可記,乃《隋書》遺槀也。有白藤紙數幅,題云《南部煙花錄》。僧志徹得之,及焚經,僧人惜香軸,爭取之,拆去紙筆,視軸皆有魯郡文忠顏公名題,云手寫是經,即前之筍筆,可舉而知也。志徹因將《隋書》草槀示予,遂得録前事。及取《隋書》校之,多隱不文,時有符會,事頗簡脱,豈不以國初將相爭以王道輔政黄門,顏公不欲筆縻前迹,因而削乎?今則堯風已還,德車斯駕,獨惜玆事堙没,不得詞人才子談柄,故編成《大業拾遺記》,本字缺十六七,悉從而補之。"

《四庫總目》云:"王得臣《塵史》稱其極惡、可疑。姚寬《西溪叢語》卷下亦曰:'《南部煙花錄》文極俚俗。又載陳後主詩云:夕陽如有意,偏向小窗明。此乃唐人方棫詩,六朝詩語不如此。《唐·藝文志》所載《煙花錄》,記幸廣陵事,此本已亡,故流俗僞作此書'云云。然則此亦僞本矣。今觀下卷記幸月觀時,與蕭后夜話,有'儂家事一切已托楊素了'之語,是時素死久矣,師古豈疏謬至此乎?其中所載煬帝諸作,及虞世南贈袁寶兒作,明代輯六朝詩者,往往采掇,皆不考之過也。"

魯迅《唐宋傳奇集·稗邊小綴》云:"本文與跋,詞意荒率,似一手所爲,而托之師古,其術與葛洪之《西京雜記》,謂抄自劉歆之《漢書》遺稿者正等。"

劉軻 隋鑑一卷

劉軻《上崔相公書》云:"謹獻所嘗著《隋鑑》一卷。"其《與馬植書》亦稱撰"《隋鑑》一卷"等書。當爲隋代史論,取以隋爲鑑之意也。

劉軻　三禪五革一卷

劉軻《與馬植書》自云撰"《三禪五革》一卷"等六書，"每撰一書，何嘗不覃精潛思，綿絡指統，或有鼓吹於大君之前曰，真良史矣"，蓋皆撰於元和中舉進士之前。此書疑爲通論八代興廢，而以魏、晉、隋爲受禪，秦、漢、北魏、北齊、北周爲革命也。

孫玉汝　南北史選練十八卷

《秘書目》作"選諫"，《宋志》作"練選"，前者字訛，後者文倒。洪邁《容齋續筆》卷一一云："韓莊敏公縝字玉汝，蓋取'君子以玉比德，縝密以栗'及'王欲玉汝'之義，前人未嘗用，最爲古雅。按，《唐登科記》會昌四年及第進士有孫玉汝，李景讓爲御史大夫，劾罷侍御史孫玉汝。《會稽大慶寺碑》，咸通十一年所立，云衢州刺史孫玉汝記。榮王宗綽書目有《南北史選練》十八卷，云孫玉汝撰，蓋其人也。"李景讓劾罷事，載於唐裴庭裕《東觀奏記》卷下。羅隱有寄、哭三衢孫員外詩五首。孫氏以"選練"名書，蓋取自元稹《杜甫墓誌》："詩人繼作，歷夏殷周千餘年，仲尼緝拾選練，取其干預教化之尤者三百篇，其餘無聞焉。"

江融　別錄

江融，史無傳。《舊唐書·朱敬則傳》云："與左史江融、左僕射魏元忠特相友善。"《新唐書·酷吏傳》云："是時左史江融有美名，（周）興指融與徐敬業同謀，斬于市。"《朝野僉載》卷六云："唐左史江融，耿介正直。揚州徐敬業反，被羅織，酷吏周興等枉奏殺之，斬於東都都亭驛前。"宋之問《在桂州與修史學士吳兢書》："往年恩貸許惠爲看起居注、實錄、江融《別錄》，使不錯漏國史。"江融殆以左史預修實錄、國史，別錄所見史料爲一書。

開元録

唐孫樵《孫可之集》卷一〇《讀開元録雜報》云："樵曩於襄漢間得數十幅書，繫日條事，不立首末。其略曰：某日皇帝親耕籍田，行九推禮；某日百僚行大射禮於安福樓南；某日安北諸蕃君長請扈從封禪；某日皇帝自東還，賞賜有差；某日宣政門宰相與百僚廷爭十刻罷。如此凡數十百條。樵當時未知何等書，徒以爲朝廷近所行事。……有知書者自外來，曰：'此皆開元政事，蓋當時條布於外者。'樵後得《開元録》驗之，條條可復云。然尚以爲前朝所行，不當盡爲墜典。及來長安，日見條報朝廷事者，徒曰今日除某官，明日授某官，今日幸於某，明日畋於某，誠不類數十幅書。樵恨生不爲太平男子，及睹開元中事，如奮臂出其間。因取其書帛而漫志其末。凡補缺文者十三，正訛文者十一。是歲大中五年也。"孫毓修《中國雕版源流考》曰："近有江陵楊氏藏開元雜報七葉，云是唐人雕本。"呂思勉曰："此蓋後世宮門抄之類，論者謂爲報紙之淵源也。"按，宋王應麟《困學紀聞》卷一四載周必大對宋孝宗問曰："《太平御覽總目》內有《開元録》一書，祖宗朝此本尚存，近世偶不傳耳。"檢其書內僅卷一七〇引"《開元録》曰：閩州，越地，即古東甌"云云，當爲《開元十道録》之簡稱，與孫樵所言《開元録》了不相涉也。

開元政要

《舊書·文宗紀》載，開成四年文宗問宰相楊嗣復曰："新修《開元政要》如何？"楊嗣復曰："臣等未見。陛下欲以此書傳示子孫，則宜付臣等，參定可否。"《會要》卷五二作開成三年，又見《舊書·楊嗣復傳》。文宗敕修《開元政要》，乃效玄宗命吳兢修《貞觀政要》，事固可信。然當時楊嗣復未見，唐宋書目未載，當早已亡佚。明《國史經籍志》著録《開元政要》十卷，疑即德宗時人李康所撰《明皇政録》十卷。然宋敏求《長安志》卷九引《政要》"先天之後，皇子幼則居内"云云，與《舊書·玄宗諸子傳》、《會要》卷五所載略同，内已述及天寶中事，似亦不當爲此書佚文也。

吴兢　開元名臣録三卷

《宋志》著録。《唐大詔令集》卷八一載，開元二十五年《録開元以來名臣事迹付史館敕》云："開元以來，勳庸德業，咸宜備叙。其身已没者，宜令子孫具録事迹，送史館。"其後殆由吴兢統加編録，而成此書也。

天寶艱難記十卷

《秘書目》《通志》著録。《史略》有《天寶記》十卷，疑即此。

李匡文　明皇幸蜀廣記圖二卷

《宋史·藝文志》傳記類著録。《讀書志》雜史類云："《幸蜀記》三卷，右唐李匡文、宋巨周、宋居白撰。初，匡文《記》盡孝明崩，巨周《記》止于歸長安，叙事互相詳略。居白合二《記》，以宋爲本，析李爲注，取二序冠篇，復掇遺事增廣焉。"明王禕《大事記續編》卷五八述安禄山之反，所參據書包括"李匡文《幸蜀記》"，又明引佚文一條："人臣爲元帥自哥舒翰、郭子儀、房琯、李光弼始。"

陸贄　明皇編遺録二卷

《遂初目》著録，無撰人卷數。《宋志》傳記類云："陸贄《玄宗編遺録》二卷。"明王禕《大事記續編》卷五六述李隆基誅韋后始末，所參據書包括"陸贄《玄宗編遺録》"。卷五九又云："《玄宗編遺録》亦載永王璘于江寧將爲逆。"王楙《野客叢書》卷二二引《玄宗遺録》，載楊貴妃受禍時遺一韈，玄宗作《妃子所遺羅韈銘》。國圖藏朝鮮刻本《樊川詩集夾注》卷二據宋劉斧《翰府名談》轉引《玄宗遺録》千數百字，述此事甚爲縈詳，則作"擁頂羅"而非"羅鸃",亦無玄宗之銘。或即此書佚文,然不知以何者爲是?五代敬翔著《大梁編遺錄》,與實錄偕行,其命名殆仿此書也。

嚴厚本　肅宗編略十卷　雜記二卷

《嚴厚本墓誌》(《西安新獲墓誌集萃》第二一一頁)云:"嘗著《肅宗編略》十卷,《雜記》二(卷)。"嚴厚本三十餘歲進士出身,次年調補秘書省校書郎,其伯父嚴武爲肅代名臣,此書殆任校書郎時所作。

柳芳　問高力士

李德裕《次柳氏舊聞序》云:"上元中史臣柳芳得罪竄黔中,時高力士亦徙巫州,因相與周旋。力士以芳嘗司史,爲芳言先時禁中事,皆芳所不能知,而芳亦有質疑者。芳默識之,及還,編次其事,號《問高力士》。"文宗詔求其書,不獲。蓋柳芳後著《唐曆》,此書乃不復出。

沈既濟　江淮紀亂一卷

《遂初目》著錄,無撰人卷數。《宋志》傳記類作沈既濟撰。《秘書目》雜史類作《唐劉紀亂紀》,前"紀"字誤,《史略·通鑑參據書》作《劉展亂紀》,並不著撰人名氏。宋宋敏求《春明退朝錄》卷下云:"今閣老王勝之轉運兩浙,於民家得唐沈既濟所撰《劉展亂紀》一卷。時《唐書》已成,所載展事殊略。按,展上元元年爲宋州刺史,與御史中丞李銑皆副淮西節度使王仲昇,銑貪暴無法,而展性剛鯁不折。王仲昇奏銑狀而誅之,次謀及展。然展居睢陽,有兵權,難亟圖,乃與監軍使邢延恩矯詔以展爲都統江南、淮南節度防御使代李峘,欲其赴鎮,於途中執之也。展頗以爲疑,遣使請符節於峘,既得之,悉舉睢陽兵七千人赴廣陵。延恩始約李峘與淮南東道節度使鄧景山圖展。及事露,傳檄州郡,言展反狀,發兵拒之。展亦露布言李峘反,而南北警急,文檄交馳於道。景山渡淮,陳于徐城洪,爲展所敗,又破李峘於下蜀。二年,命田神功舉平盧軍東下。展迎擊,爲神功再破之,遂棄廣陵而奔江南,以舟師自金山引鬥。神功有五舠,而展殺其二舠,後爲賈隱林射展中目,因而斬之,傳首京師,收器械三十餘萬。展既平,租庸使元載以吳、越雖兵荒後,民產猶給,乃辟召豪吏,分宰列邑以重斂之。其州縣賦調,積有逋違,乃稽諸版籍,通校大數八年之賦,舉空名以斂之。其科率之例,不給戶品之上下,但家有粟帛者,則以人徒圍襲,如擒捕寇盜,然後簿錄其產而中分之,甚者十八九,時人謂之白箸,言其厚斂無名,其所箸者皆公然明白,無所嫌避。一云世人謂酒酣爲白箸,既爲刻薄之後,人不堪其困弊,則必顛沛酩酊,如飲者之箸也。渤海高雲有《白箸歌》曰:'上元官吏務剝削,江淮之人多白箸。'此書所紀用兵次第甚詳,此概舉之。"《通鑑考異》七個條目下徵引《劉展亂紀》,除指其"淮南東道浙江西道凡二十三州"一句"誤以二爲三,又脫江南西道字耳"外,多從其說。

李公佐　建中河朔記六卷

《宋志》著錄,《遂初目》无撰人卷數。《書錄解題》云:"唐李公佐撰。序言與弟正封讀《國史》至建中、貞元之際,序述河朔故事,未甚詳備,以舊聞於老僧智融及谷況《燕南記》所説略同,參錯《會要》,以備史闕。"李公佐爲著名傳奇作者,魯迅《稗邊小綴》嘗據其文中自述,考其行事。公佐,字顓蒙,貞元十三年"隴西李公佐泛瀟湘、蒼梧",與楊衡話李湯遇水怪事。十八年自吳至洛,撰《南柯太守傳》。現元末、元和初"舉進士後,爲鍾陵從事"。六年"江淮從事李公佐使至京,回次漢南",撰《廬江馮媼傳》。元和八年冬,於常州與孟簡等再話水怪事,次年撰《古岳瀆經》。十四年赴長安,撰《謝小娥傳》。

會昌二年在淮南録事參軍任上。大中二年坐吴湘案貶官,尋卒。此書約撰於大和末年,至明代似尚存。王禕《大事記續編》卷六○云:"按谷况《燕南記》、李公佐《建中河朔記》,李寶臣末年唯納妖妄之人云云。"

兩河記

《大平御覽》卷一六三引《兩河記》曰:"洪洞縣,以此地山嶺重複,控據要險,故曰洪洞焉。"周振鶴謂古兩河指黄河之兩段,"西河即今山西、陝西之間一段河道,東河是河水下游","兩河之間古稱冀州,即今河北、山西一帶。故《兩河記》當是有關河北山西地區的地記"。"隋義寧二年唐高祖起兵反隋時,改楊縣爲洪洞縣,由此可知《兩河記》當爲唐人所撰。此記名目之存不但增加唐代地記之數,而且證明唐代地記所及範圍,不僅限於一州一縣,也有跨州連府之作。"(《古方志存目研究例説》,《復旦學報》,一九八四年第四期。)按,《舊書·侯希逸傳》云:"國家自天寶末安禄山首亂兩河","迄至于貞元,朝廷多務優容,每聞擅襲,因而授之,以故六十餘年,兩河號爲反側之俗。憲宗知人善任,削平亂迹,兩河復爲王土焉。"疑《兩河記》並非地記,而爲記"建中、貞元之際"兩河戰亂之雜史,與李公佐《建中河朔記》相類也。唐初劉仁軌《河洛行年記》,記李密、王世充寇亂河洛事,《大平御覽》卷九三六引《河洛記》,或即其簡稱,可爲此書亦或雜史之旁證。

平致美　薊門紀亂

《遂初目》著録,"薊"訛作"蘇",無撰人卷數。《通鑑考異》六條之下引用佚文,其中首條"安禄山反"下稱"平致美《薊門紀亂》曰",末條"又殺朝清等"下所引佚文多達一千八百餘字,紀叛軍自相殘殺甚詳,《通鑑》正文多從之。唐代史書中未見平致美其人,宋王應麟《姓氏急就篇》卷上云:"唐有平任,在安禄山幕府。"後列平姓人物有"平致美",豈二人爲同族或家人,嘗同陷於賊,故致美亂平後追記見聞乎?又,明凌迪知《萬姓統譜》卷五四云:"唐平致美,建中登科。"未知何據。《唐御史臺精舍題名記》有平致和,清趙鉞、勞格《唐御史臺精舍題名考》卷三云:"平致和。《會要》卷七六:建中元年軍謀越衆科平知和及第。《緯略》同。"《太平御覽》卷六二九、《册府元龜》卷六四五亦作"平知和",皆音近致誤也。《金石録》卷七、《寶刻叢編》卷五:"《唐梁公堰碑陰記》,天寶六載平致和撰並正書。"此當爲致美之兄弟也。

覃季子　覃子史纂

《柳宗元集》卷一一《覃季子墓銘》云:"其人生愛書,貧甚,尤介特,不苟受施。讀經傳言其說數家,推太史公、班固書下到今,横豎鉤貫,又且數十家,通爲書,號《覃子史纂》。""黜陟使取其書以氏名聞,除太子校書。"其人於柳宗元永貞初貶永州前已卒若干年。

馬宇　類史　歷代紀録

《文苑英華》卷九四六《馬宇墓誌》云:字盧符,九歲貫涉經史,其師元德秀號之爲"馬孺子"。後得郭子儀、裴伯言之薦,累遷秘書少監,加史館修撰。元和十三年卒。"公博覽多藝,奕棋居第三品。家貧未嘗問生業,以纂録自樂爲事,撰《歷代紀録》、《類史》《鳳池録》《纂寶》《折桂録》《新羅紀行》《將相别傳》,及所爲文,總四百八十八卷。"

張伯玉　續史雋二十卷

《通志》云:"《史雋》十卷,唐鄭暐撰,紀南北朝事。《續史雋》二十卷,張伯玉撰。"《秘書目》作"張伯王集《讀俊》",又出無名氏《史雋抄》一卷,"讀"當爲"續"之訛,又脱"史"字。宋高似孫《史略·通史》云:"唐鄭暐作《史雋》十卷,亦記南北朝事,何及李氏史之精覈。張伯玉續《史儁》十卷。伯玉,唐人也。"《中興目》云:"《重編史儁》三十卷,蓋君平撰。初,唐鄭暐著《史儁》十卷,君平惜其漏略,廣爲三十卷。"殆即合鄭暐原書十卷與張伯玉續編二十卷而成,高氏謂十卷者誤也。鄭暐貞元時人,若張伯玉年輩略晚,據《隋書》及唐人實錄、國史續成二十卷,亦不無可能。然宋仁宗時人張伯玉,范仲淹稱其"天賦才敏,學窮閫奧,善言皇王之治,博達古今之宜",見龔明之《中吳紀聞》卷二,尤有續書之可能。兹因高似孫明言爲唐人,姑予補録。

崔立　大唐故事稽疑十卷

《崇文目》著録作《唐故事稽疑》,《通志》注云:"唐崔立撰。"《宋志》書名前無"唐"字,且列宋人著述間,殆以爲宋仁宗時崔立所撰。考《會要》卷二一載,會昌五年太常寺博士崔立上言"莊憲皇后合祔豐陵,不別置宫殿"。宋晏殊《類要》卷九引崔立《大唐故事稽疑》云:"天寶七載,吏部尚書韋紹奏:'御桉縟床帳,望去紫用赭黄。'制可。"施元之《施注蘇詩》卷三〇引《大唐故事稽疑》云:"代宗詔王縉等就郭子儀爲軟脚局,朝恩以錦綵數萬與伎人纏頭。"所引書名冠以"大唐"二字,所議二事俱屬朝廷禮儀,爲太常寺博士之職掌,當爲唐崔立所撰無疑。

薛韜玉　唐要録二卷

《宋志》史抄類著録。韜玉疑爲薛瑀之字,乾符衛州刺史。《新志》編年類載薛瑀《唐聖運圖》一卷,《崇文目》《通志》作二卷,《中興目》《宋志》作三卷,不知是否同書異名?

張同　聖唐備總三卷

《秘書目》著録。《舊書·僖宗紀》載乾符三年商州刺史張同爲諫議大夫。《舊五代史·張策傳》云:"父同,仕唐官至容管經略使。"

盧攜　雲南事狀一卷

《崇文目》不著撰人名氏，《通志》《史略》亦僅謂"記唐末群臣奏議招輯雲南蠻事。"《通鑑考異》卷二四引《雲南事狀》五條，且云："《雲南事狀》，不著撰人姓名，似盧攜奏草也。""卷末載陳敬瑄與雲南書牒。"向達《唐代長安與西域文明》曰："攜爲僖宗時宰相，辛讜、陳敬瑄之遣使南詔許以和親，攜之主張最多。溫公謂《事狀》爲攜奏章，疑得其實。""奏章"爲"奏草"之誤。其書《宋志》入傳記類，列韋琯《國相事狀》後，方國瑜《雲南史料叢刊》以爲韋氏所編："按乾符以後，唐與南詔議和親，宰臣盧攜、豆盧琢主和，而鄭畋、柳韜等則否，彼此爭執甚烈，議論紛紜，韋琯因纂錄此一事件奏草爲《雲南事狀》。《通鑑》所載奏議之文，即載錄自此書。又《新唐書·南詔傳》載西川節度使崔安潛上書言南詔和親事，疑亦出自《雲南事狀》者。"按，韋琯之書《新志》入職官類，下注："憲宗時人。"僖宗時墓木拱矣。且據溫公所引，《事狀》除附錄"敬瑄與布燮以下牒"外，殆僅廣明元年六月"丁酉中書奏請令百官集議""壬子中書奏遣使"兩狀，當爲盧攜奏章之草稿，原爲其家藏，後來流出並進入宋代館閣，亦無經後人"纂錄"之理，徑題盧攜撰可也。

司空圖　密史

司空圖光啓三年撰《司空表聖文集序》云："其述先大夫所著《家牒照乘傳》，及補亡舅贊祖《彭城公中興事》，並愚自撰《密史》，皆別編次云。"即謂以上三書未編入文集，似已編次成書。

以上雜史類，補三十六種。

起 居 注 類

裴積　武德至開元起居注四百餘卷

《金石萃編》卷八四《裴積墓誌》云：積字道安，河東聞喜人，光庭之子。開元初舉孝廉，弱冠敕授左千牛備身。後歷任太子通事舍人、太常寺主簿、起居郎、尚書祠部郎，開元二十八年卒。其任起居郎期間，"自武德之始迄於茲日，注□所缺，四百餘卷，南史直筆，東掖記言，考古而行，怡然理順。"所脫當爲"記"字，"記注"指起居注。如《周書·柳虯傳》云："漢魏已還，密爲記注。"《舊書·職官志》云："司議郎掌啓奏記注。"按唐制，以起居郎、起居舍人修起居注，逐季送史館，以備修實錄、國史。因唯史官得見，自外皇帝不能觀之，更嚴禁外傳。故《新志》起居注類《大唐創業起居注》與《開元起居注》間，別無他書。唐初高祖至睿宗起居注，當時理應曾經修撰，裴積特作修訂補充耳，並參與編撰《開元起居注》。

常無名　開元注記三十卷

《文苑英華》卷九四二常袞《故禮部員外郎墓誌銘》云：其叔父常無名，河內溫人。開元元年進士擢第，歷任新都、鄠縣、萬年縣尉，上黨令。"拜起居舍人，搜遺求實，典冊大備，撰《開元注記》三十卷，藏在太史。"後任屯田、禮部員外郎。天寶三載卒，年五十六。此《開元注記》當爲下條《明皇起居注》內常無名編撰之部分。

明皇起居注七百卷

唐李濬《松窗雜錄》云："玄宗留心起居注，選當時名儒執筆，自先天初至天寶十二載冬季成七百卷。"此七百卷爲天寶十二年前修成之卷數，是後至安史之亂當有續修，其中當包括裴積、常無名所修之卷數在內，皆由起居郎、起居舍人等編撰，下條之《內起居注》不與焉。《新志》載《開元起居注》三千六百八十二卷，後人驚怪其卷數之繁，不知其誤也。《舊書·于休烈傳》載其至德二年奏曰："《國史》一百六卷、《開元實錄》四十七卷，起居注并餘書三千六百八十二卷，並在興慶宮史館,京城陷賊後,皆被焚燒。"又見《會要·史館》。知此三千餘卷者,史館收藏"起居注並餘書"之總卷數,《新志》蒙上《開元實錄》而臆綴"開元"二字於前,復妄刪"並餘書"三字而將後之卷數盡以歸之,遂致謬種流傳矣。

李憲等　內起居注三百卷

唐李濬《松窗雜錄》又云:"《內起居注》撰成三百卷。《內起居注》自開元二年春,因上幸寧王宅,敘家人禮,至於樂奏前後,酒食沾賚,上不自專,皆令稟於寧王教。上曰:'大哥好作主人,阿瞞(上在禁中嘗自稱阿瞞)但謹爲上客。'以是極歡而罷。明日,寧王率岐、薛已下同奏曰:'臣聞起居注必記天子言動,臣恐左右史不得記天子閨中行庶人之禮,無以光示萬代。臣請自今後臣與兄弟各輪日載筆於乘輿前,得以行在記敘其事。四季則用朱印聯名牒送史館,然皆依外史例,悉以上聞,庶明臣等職守如螭頭官。'上以八分書日本國紙爲答,辭甚謹,欣然悉允所奏。自是天寶十載冬季,已成三百卷,率以五十幅黃麻爲一編,用雕檀軸紫龍鳳綾褾。書成,寧王上請自部納於史閣,上命賜以酒樂,共宴侍臣於史館。上寶惜是史尤甚,因命別起大閣以貯之。及祿山陷長安,用嚴高計,未升殿宮,先以火千炬猛焚是閣,不移時灰滅。故《玄宗實錄》百不敘及三四,以是人間傳記者尤鮮。"寧王李憲,本名成器,睿宗長子;岐王李範,睿宗四子;薛王李業,睿宗五子。《內起居注》始於三人,其中李憲居長而壽久,卒於開元二十八年。《舊書》本傳云:"一時申王等皆先薨,唯憲獨在,上尤加恩貸,每年至憲生日,必幸其宅,移時宴樂,居常無日不賜酒酪及異饌等,尚食總監及四方有所進獻,食之稍甘,即皆分以賜之。憲嘗奏請年終錄付史館,每年至數百紙。"此亦言《內起居注》事也。然三人之外,其他宗室沾賚,當皆有寫錄,以迄天寶十載，成三百卷。

穆宗起居注

《楊漢公墓誌》（《續集》咸通〇〇八）云：漢公"轉起居舍人。長慶初，段相文昌與故相中蕭公俛論事穆宗之前，段曲而辯□，蕭公拂衣謝病去，除同州刺史。聞其風者，懦夫有立志。當時修起居注者，段之黨也，詭其詞而挫蕭公焉。公及此見之，嘆曰：'吁！賢相之美，其可誣乎！予不正之，是無用史筆也。'於是重注蕭公事迹，人到于今稱之。"其後"拜戶部郎中，尋帖史館修撰，由起居之直筆也。"兩《唐書》本傳未載此事。

袁皓　唐僖宗日曆一卷

《宋志》著錄"袁皓《興元聖功錄功臣錄》三十卷、《唐僖宗日曆》一卷"，似兩書俱爲袁皓所撰。然前書"錄"字下實脫"三卷"，《功臣錄》別爲一書，《新志》《通志》俱不列袁書之下，似又非也。唯《舊書·禮儀志》載中和元年議廟享儀，虞部員外郎袁皓與之。《新書·李晟傳》云："僖宗狩蜀，倉部員外郎袁皓采晟功烈，爲《興元聖功錄》，遍賜諸將，表勵之。"則袁皓確從僖宗幸蜀，固有撰此《日曆》之可能。

附按：宋王明清《揮麈後錄》卷一云："日曆則因時政記、起居注潤色而爲之者也。"《會要》卷六三載，貞元元年始"令修撰官，各撰日曆，凡至月終，即於館中都會詳定是非，使置姓名，同共封鎖，除已成實錄撰進宣下者，其餘見修日曆，並不得私家置本"。故日曆爲實錄編撰之依據，其起源較晚，且由史館收藏，不得外傳，流佈非廣，至宋代僅存此及下書二卷殘本。《新志》未載日曆，起居注類附有實錄、詔令二目，《宋志》起居注、實錄、日曆俱附入編年類，獨以此書入雜史類，誤也。舊編入編年類，今移入起居注類，列於實錄之前。

唐天祐二年日曆一卷

《宋志》著録。《玉海》卷四七云："《中興書目》有《天祐日曆》一卷。歐陽修曰：'書雖不全，然唐之遺文也。'"《崇文目》無此書，不知歐陽修之説出自何處？

韋處厚　順宗實録三卷

《舊書·韓愈傳》云："時謂愈有史筆，及撰《順宗實録》，繁簡不當，叙事拙於取捨，頗爲當代所非。穆宗、文宗嘗詔史臣添改，時愈婿李漢、蔣係在顯位，諸公難之，而韋處厚竟別撰《順宗實録》三卷。"此説大謬。韓愈《上順宗實録表》云："元和八年十一月，監修吉甫授臣以前史官韋處厚所撰《順宗實録》三卷，云未周悉，令臣重修。"韋處厚與蔣武等同罷史職，在元和六年，所撰《順宗實録》當成書於此前。李吉甫令韓愈重修，成五卷，内官惡之，又經路隨筆削，故有詳略二本。

顧雲　三朝實録

《全唐詩》卷六三七顧雲小傳云："大順中與羊昭業、盧知猷、陸希聲、錢翊、馮渥、司空圖等分修《宣懿僖三朝實録》，書成，加虞部員外郎。"按，《會要》卷六三云："大順二年二月，敕吏部侍郎柳玭等修宣宗、懿宗、僖宗實録。始，丞相監修國史杜讓能以三朝實録未修，乃奏吏部侍郎柳玭、右補闕裴庭裕、左拾遺孫泰、駕部員外郎李胤、太常博士鄭光庭等十五人修之。踰年，竟不能編録一字，惟庭裕采宣宗朝耳目聞睹，撰成三卷，目曰《東觀奏紀》，納於史館。"又見《册府元龜》卷五五四、五五六。然據裴庭裕《東觀奏記序》，杜讓能"乃奏上選中朝鴻儒碩學之士十五人分修三聖實録，以吏部侍郎柳玭、右補闕裴庭裕、左拾遺孫泰、駕部員外郎李胤、太常博士鄭光庭專修《宣宗實録》"。《會要》似據裴序改寫，故所列柳玭等五人皆專修《宣宗實録》者。小傳所列六人，與之無一重複，殆即專修另兩朝者，當有其依據。然"書成"之說，疑不可信。《五代會要》卷一八載長興三年史館奏："當館昨爲大中以來，迄於天祐，四朝實錄，尚未纂修。"後晉趙瑩奏："咸通中，宰臣韋保衡與蔣伸、皇甫焕撰武宗、宣宗兩朝實錄，又光化初宰臣裴贄撰懿宗、僖宗兩朝實錄，皆遇國朝多事，或值皇輿播越，雖聞撰述，未見流傳。"

李麟　皇朝已來制集五十卷

《舊書》本傳云：李麟，太宗之從孫。以父任補職，累授京兆府户曹。開元末歷任殿中侍御史、户部考功吏部三員外郎。天寶元年遷郎中，尋改諫議大夫，充河西隴右磧西等道黜陟使，遷給事中、兵部侍郎、國子祭酒，出爲河東太守、河東道採訪使。從玄宗幸蜀，拜户部侍郎兼左丞，遷憲部尚書。至德二年拜同中書門下平章事。還京，任刑部尚書、同中書門下三品。乾元二年卒，年六十六。"麟好學能文，嘗編聚《皇朝已來制集》五十卷，行於時。"

唐制誥集十卷

《宋志》總集類著錄。《文苑英華》所收二十一篇制册詔敕下標明出於《制集》，最早者爲卷四六四永徽二年閏九月《詳定刑名制》，最晚者爲卷四四六元和中《封永昌公主制》，而以開元以前詔敕爲多。此顯非個人别集，而當屬制誥彙編。《新志》總集類有《元和制集》十卷，《文苑英華》等引作《元和制誥》或《元和制》，爲憲宗一朝制誥之彙編；《崇文目》總集類有《制集》三卷，《通志》注謂"集唐末五代拜官制"，皆與此不合，故唯有《宋志》著錄者近之。參唐雯《〈文苑英華〉詔制部分材料來源考略》，《北方論叢》二〇〇五年第六期。

張仲方　制詔一百卷

張仲方，韶州始興人，張九齡從孫。貞元中進士擢第，開成二年仕終秘書監,年七十二。兩《唐書》有傳,稱其"有文集三十卷"。白居易《白氏長慶集》卷七〇、《文苑英華》卷九四五有《張仲方墓誌銘》,載其"著《文集》三十卷,藏於家;纂《制詔》一百卷,行於代;尤工五言章句,詩家流稱之;嘗撰《先僕射府君神道碑》及《丞相文獻始興公廟碑》,由文得禮,秉筆者許之"。

大中制詔

《遂初目》總集類著錄。《文苑英華》卷四五二《授鄭涯義武軍節度制》,出李琪《玉堂遺範》,末云:"一作皆《大中制詔》"。《通鑑考異》卷二二"韋澳爲京兆尹"條云:"《貞陵遺事》《東觀奏記》皆曰帝以崔罕、崔郢並敗官,面除澳京兆尹。按《大中制集》,澳代罕,郢代澳,云罕、郢並敗官,誤也。"

唐雜詔册誥命二十一卷

《通志》總集類制誥目著錄。《崇文目》作《雜制詔集》。《太平御覽引用書目》有《唐雜制》,而書內未引,卷四六二開元初《勸農制》、卷四五〇元和十五年《授蕭俛門下侍郎平章制》下並標明出於《類制》,疑"類"爲"雜"之訛。

以上起居注類,補十四種。

故　事　類

裴烜之　唐聖述一卷

《通志》著錄,高似孫《史略》亦作裴烜之,《秘書目》作裴坦之。《易·說卦》:"雨以潤之,日以烜之。"其取名寓意,或同於毛公潤之,則當以烜之爲是。武后文明元年撰《述聖紀》,以述高宗聖德。《舊志》入起居注類,《新志》移入故事類。裴氏蓋仿武后紀文,述唐高祖開國之聖德也。書目俱入雜史類,舊編從之,今移入本類。

裴烜之　唐太宗建元實迹一卷

《通志》著録，不著撰人名氏。《秘書目》作裴坦之，"迹"作"蹟"。《遂初目》作《太宗建元事迹》，無撰人卷數。諸目俱入雜史類。《宋志》編年類作裴煜之，"迹"作"跡"。明《文淵閣書目》卷二"史附"尚載《唐太宗建元實迹》一部一册。雍正《山西通志》卷一七五誤作裴裕之。

裴烜之　高宗承祚實迹一卷

《通志》著録。《秘書目》作裴坦之，"迹"作"蹟"。《遂初目》"迹"作"録"，無撰人卷數。《史略》無"承祚"二字。諸目俱入雜史類。《宋志》故事類無"高宗"二字。按，裴氏生平無考，其名至有烜、坦、煜之殊，所撰三書不見於他書稱引，唯據諸目著録順序，或當爲唐人。且予細味三書命篇微意，其皆作於武后垂拱前後乎？蓋弘道元年十二月高宗崩，中宗即位，次年改元嗣聖，二月廢中宗爲廬陵王，睿宗繼立，改元文明，九月改元光宅。一年之内，二易帝位，三改年號，此史無前例者也。裴氏殆痛感時事，遂專述三聖開國、建元、承祚之迹，以寄望於後聖中興唐室乎？

大唐中興新書紀年三卷

《宋志》編年類著録，注云："不知作者。"《遂初堂書目》入雜史類。唐中宗、玄宗、肅宗、憲宗、後唐莊宗皆號稱中興，此書列於晚唐史書之間，其紀元和中興者歟？《新志》故事類有張齊賢《孝和中興故事》三卷，亦或編年雜述者，此書蓋嗣之而作，特一名"紀年"，一名"故事"，故史志分入兩類，而故事、雜史雜糅難分，故尤氏又以入雜史類也。

劉鄭蘭　南宮故事一卷

《讀書志》職官類著録，云："不題撰人，韋述云開元中劉鄭蘭撰。劉，儒者，無著述方。"《玉海》卷五一引韋述《集賢注記》

云："劉鄭蘭私撰《南宫故事》一卷。"開元十年玄宗詔修《六典》，其間張説、蕭嵩、張九齡先後知集賢院，久而無成，後李林甫知院事，於二十六年修成。蕭嵩開元十九年知院事，嘗加劉鄭蘭等爲修撰官。晁氏謂劉"無著述才"，職此之由也。

集説一卷

《通志》著録，注云："記唐十五事。"《崇文目》入傳記類，俱不著撰人名氏。據二目著録順序，疑出開元以前。

吳兢　開元昇平源一卷

《中興目》《書録解題》《宋志》著録。其書叙姚崇十事，以開元之治基於用崇也。《通鑑考異》開元元年云："世傳《昇平源》，以爲吳兢所撰，似好事者爲之，依託兢名，難以盡信。"然崇之裔孫姚巖傑曾以此示顧雲，雲有《贈匡廬處士姚巖傑》詩云："蒙溪先生梁公孫，忽然示我十軸文"，"吳兢纂出《昇平源》，十事分明鋪在紙"。是唐世確有其書。《新志》載陳鴻《開元昇平源》一卷，未知其内容如何，是否即此？

裴導　六官典故一百卷

《裴衡墓誌》（《西安碑林博物館新藏墓誌彙編》第五七一頁）云，河東聞喜人。"烈考常州録事參軍諱導。君，常州之嗣子也。常州府君精貫六經，合通百氏，修滯起廢，潛心振學，乃著《六官典故》百卷，賦《王業惟新》□章，別爲名家，冠軼文囿。"裴衡貞元十四年卒，其父裴導蓋玄宗至代宗時人。

鄭審　天寶故事

《通鑑考異》卷一四引"鄭審《天寶故事》云：'楊國忠本張易之之子，天授中，易之恩幸莫比，每歸私第，詔令居樓上，仍去其梯，母恐張氏絶嗣，乃密令女奴蠔珠上樓，遂有娠而生國忠。'其説曖昧無稽，今不取。"宋祝穆《古今事文類聚别集》卷一四"石架"條亦引《天寶故事》。鄭審，鄭州滎陽人。《舊書・惠文太子傳》云："審亦善詩詠，乾元中任袁州刺史。"《會要》卷六一云：開元"二十五年五月，監察御史鄭審檢校兩京館驛"。《大唐傳載》云："鄭公審，開元中爲殿中侍御史，充館驛使。"顏真卿《顏府君（允南）神道碑銘》云："與諫議大夫鄭審、郎中祁賢之每慶制及朝廷唱和，必警絶佳對，人人稱説之。"杜甫《八哀詩》"何人爲覓鄭瓜州"句下自注云："鄭秘監審也，大曆三年出爲江陵少尹。""鄭虔"下自注云："著作與今秘書監鄭君審，篇翰齊價。"《秋日夔府詠懷奉寄鄭監李賓客一百韻》云："鄭李光時論，文章並我先。"自注云："鄭審秘書少監，時謫貶江陵。"

中書故事

唐李翱《卓異記》"三拜中書"條云："燕國張説。按《中書故事》本云，説三拜此命，終始無玷，自古未有。"

顧況　轉運紀功頌一卷

《秘書目》著録。顧況早期仕履，史書記載不詳。《唐才子傳校箋》卷三考曰："大曆六至九年，況均在永嘉操備鹽務，當屬江南某鹽鐵轉運支使屬吏。"按，《舊書·劉晏傳》云："至德初，爲國用不足，令第五琦于諸道榷鹽以助軍用，及晏代其任，法益精密，官無遺利。""晏没後二十餘年，韓洄、元琇、裴腆、包佶、盧徵、李衡繼掌財賦，皆晏故吏。""當大曆時，事貴因循，軍國之用，皆仰于晏，未嘗檢轄。"《新書·劉晏傳》云："代宗立，復爲京兆尹、户部侍郎，領度支鹽鐵轉運鑄錢租庸使"，"晏乃自按行，浮淮、泗，達於汴，入於河。右循底柱、硤石，觀三門遺迹；至河陰、鞏、洛，見宇文愷梁公堰，廝河爲通濟渠，視李傑新隄，盡得其病利。"顧況當與其詩友包佶同爲劉晏故吏。顧況《華陽集》卷下《嘉興監記》云："相國劉公嘗以大監小州不相若也，故其職員不悉乎爵秩，其刀布必倍於租入。"即述劉晏之言也。故此頌當爲述劉晏轉運之功者也。

裴均　劉相使府舊事一卷

《秘書目》傳記類云："裴均述《劉相使府舊事》一卷。"《新書·裴行儉傳》附載裴均"元和三年入爲尚書右僕射，判度支"，"俄檢校左僕射、同中書門下平章事，爲山南東道節度使，累封鄖國公。以財交權幸，任將相凡十餘年"。其早年曾任諸暨尉、鹽鐵判官，盧綸有《送姨弟裴均尉諸暨》《送鹽鐵裴判官入蜀》詩，蓋亦劉晏故吏，此書亦述大曆中劉晏領度支等使時舊事也。

劉執經　唐劉相事迹一卷

《秘書目》傳記類云："執經述《唐劉相事迹》一卷。"執經爲劉晏之子，字長儒，官終吏部郎中。見《元和姓纂》卷五、《新書·宰相世系表》。《會要》卷五八稱"貞元元年比部員外郎劉執經"。獨孤及《毗陵集》卷一五《送渭南劉少府執經赴東都覲省序》稱其"典校秘書，秘書之職修；尉於渭南，渭南無秕政"。《宋志》有《劉中州事迹》一卷，不著撰人名氏，疑即此書。劉晏建中元年貶忠州刺史，賜死，後世習稱"劉忠州"，《唐摭言》卷一二"無名子謗議"亦稱之爲"劉中州"。

陳諫　劉相舊事論一卷

《秘書目》傳記類云："陳諫述《劉相舊事論》一卷。"《國史補》卷中云："陳諫者，市人，強記。""州縣籍帳，凡所一閱，終身不忘。"卞孝萱據拓片《唐故鄉貢進士潁川陳君墓誌》考陳諫郡望潁川，家居於吳，貞元十八年奉德宗詔，"貫籍從隸京兆"。其祖叔國子主簿，父璧婺州司兵參軍，故非市人（《陳諫與〈彭城公故事〉》，《四川師大學報》一九八六年第二期）。史書載其以"天下有名士"參與永貞革新，王叔文敗，由倉部郎中判度支出爲河中少尹，貶台州司馬，元和十年遷封州刺史，十五年移循州，長慶元年移道州。未載其早年仕履，唯《新書·劉晏傳》云："晏既被誣，而舊吏推明其功。陳諫以爲管、蕭之亞，著論紀其詳，大略以'開元天寶間，天下戶千萬。至德後殘於大兵，饑疫相仍，十耗其九。至晏充使，戶不二百萬。晏通計天下經費，謹察州縣災害，蠲除振救，不使流離死亡。初，州縣取富人督漕挽，謂之船頭；主郵遞，謂之捉驛；稅外橫取，謂之白著。人不堪命，皆去爲盜賊，上元、寶應間，如袁晁、陳莊、方清、許欽等亂江淮，十餘年乃定。晏始以官船漕，而定吏主驛事，罷無名之斂，正鹽官法，以裨用度。起廣德二年，盡建中元年，黜陟使實天下戶收三百餘萬。王者愛人，不在賜與，當使之耕耘織紝，常歲平斂之，荒年蠲救之，大率歲增十之一。而晏猶能時其緩急而先後之，每州縣荒歉有端，則計官所贏，先令曰：蠲某物，貸某戶。民未及困，而奏報已行矣。議者或譏晏不直振救，而多賤出以濟民者，則又不然。善治病者，不使至危惙；善救災者，勿使至賑給。故賑給少不足以活人，活人多則闕國用，國用闕則復重役矣。又賑給近僥倖，吏下爲奸，強得之多，弱得之少，雖刀鋸在前不可禁，以爲二害。災沴之鄉，所乏糧耳，它産尚在，賤以出之，易其雜貨，因人之力，轉於豐處，或官自用，則國計不乏。多出菽粟，恣之糶運，散入村間，下戶力農，不能詣市，轉相沾逮，自免阻饑，不待令驅，以爲二勝。晏又以常平法，豐則貴取，饑則賤與，率諸州米常儲三百萬斛。豈所謂有功於國者耶？'"當即撮取陳氏述論之大意。蓋陳諫"強記"，大曆中嘗爲劉晏領度支等使時舊吏，故述論劉晏舊事，結句謂其有功於國，宜也。或謂此句非陳諫之論，而爲宋史臣之評語，非也。"豈"乃"豈不""豈非"之省，古人自有此用法也。

附按：《新志》故事類著録"陳諫等《彭城公故事》一卷"，《通志》注亦謂"陳諫等撰"，《宋志》傳記類作"陳諫等《彭城公事迹》三卷"。卞孝萱以爲與《劉相舊事論》"雖然標題、卷數不同,卻是一本書",似非確論。以上三目俱稱"陳諫等",則其書非僅陳氏述論,斷可知也。《秘書目》以劉、陳、顧、裴四書相次著録,各作一卷,唯顧書下標"闕"字,爲宋紹興中所添注,謂南渡後闕佚。以此推之,"陳諫等《彭城公故事》一卷"者,當爲劉、陳、顧、裴四書之彙編,以其皆篇幅短小,合爲一卷。《秘書目》分別著録,各標爲一卷。《宋志》此條抄自《中興國史藝文志》,以一書爲一卷,而其時顧書已佚,故作三卷,又以所存三書書名皆有"事"字,故改爲"事迹"也。又,此四書貌似傳一人之事迹,實關乎帝王朝章典故,《新志》總冠以"故事",且以入故事類,宜可從也。其實已隱身於《新志》之内,惜乎名目不顯,兹破例補録,其亦古人別裁之遺意乎?

劉晏相公政事紀

敦煌寫卷斯○○七六號背有《宗緒上從兄某狀》云:"許借《劉晏相公政事紀》。"同卷前爲劉廷堅詩,此書似與劉廷堅者,宗緒蓋爲劉氏同族,未知是否劉晏後人?亦未知其與上述四書是否有關?

劉權　彭城公中興事贊

司空圖光啓三年撰《司空表聖文集序》,自述曾"補亡舅(名權,四歲能諷誦其舅水輪陳君賦,十六著《劉氏洞史》二十卷)贊祖《彭城公中興事》"等,"皆別編次",即未編入文集,而別行於世。據《新書·宰相世系表》,劉晏次子宗經,生倚,倚生權,平輿令。《新志》正史類附集史目云:"劉氏《洞史》二十卷,劉權,忠州刺史晏曾孫。"又,《輿地紀勝》卷一五○云:"劉權,按《悲心經碑跋》云:'乾符四年再銜恩命,却理陵陽。'"《寶刻叢編》卷三云:"《唐新立鎮南將軍劉表廟碑》,唐陵州刺史劉權撰并書。碑以廣明二年立。"則劉權乾符、廣明之際任陵州刺史，其卒當在廣明二年、光啓三年之間。

受降城故事

唐沈亞之《沈下賢集》卷一〇《西邊患對》注引"《受降城故事》云：'虜南下，望其塵高下則知衆寡。'"。唐中宗時，張仁願奏請乘虛奪取漠南之地，於河北築三受降城，以絶突厥南寇之路，其後繼任者屢事修建。三城乃唐戍邊要塞，宜唐人有此作也。

以上故事類，補十七種。

職 官 類

李淳風　典章文物志

《舊書·李淳風傳》云："所撰《典章文物志》《秘閣録》並《演齊民要術》等凡十餘部，多傳於代。"《新志》補録舊傳附載之書，幾無遺珠，而於此三書，僅録後者，或因前二書難以歸類也。《册府元龜》卷三一〇云："唐房玄齡貞觀初與杜如晦爲左右僕射，共掌朝政，至於臺閣規模及典章文物皆二人所定。"宋洪邁《容齋四筆》卷九云，《蔣魏公逸史》"多紀當時典章文物"，並議其得失數條，《文獻通考》卷二〇一謂之"大概辨訂官制之訛誤也"。故《典章文物志》當爲記載官制之書。

李淳風　秘閣録

李淳風貞觀初授將仕郎直太史局，十五年除太常博士，尋轉太史丞，二十二年遷太史令。龍朔二年，改太史令爲秘閣郎中，遂改授秘閣郎中。咸亨初，官名復舊，還爲太史令。故終其一生，皆任職太史局，達四十年之久。此書蓋述太史職掌及其見聞，而撰成于秘閣郎中任上。

杜儒童　中書則例一卷

《宋志》著録。《崇文目》《通志》前綴"唐"字，不著撰人名氏。

《新志》雜史類有杜儒童《隋季革命記》五卷，注云："武后時人。"《册府元龜》卷五五六云："杜儒童爲太州刺史，撰《隋季革命記》十二卷，傳於代。"《新書·武后紀》載，天授元年八月"癸亥，殺尚書右丞張行廉、太州刺史杜儒童"。

桓臣範　吏曹手鏡三十卷　刺史班條一卷

《桓臣範墓誌》（《補遺》第九輯第三六二頁）云，字士二，譙國龍亢人。官至左武衛大將軍。開元二十四年卒，年六十四。"嘗撰《吏曹手鏡》卅卷、《刺史班條》一卷，盛行於代，爨爨可觀。"按，《新書·桓彦範傳》載其弟臣範，官終工部侍郎，《宰相世系表》載爲京兆尹，俱誤。

唐玄宗　令長新戒一篇

《資治通鑑》卷二一四云：開元二十四年"二月甲寅，宴新除縣令於朝堂，上作《令長新戒》一篇，賜天下縣令。"其詞見《太平御覽》卷五九一、《册府元龜》卷一五八："我求令長，保乂下人。人之所爲，必有所因。侵漁放曠，賦役不均。使彼離散，莫保其身。徵諸善理，寄爾良臣。與之革故，政在維新。調風變俗，背僞歸真。教先於富，惠恤於貧。無大無小，以躬以親。青旌勸農，其唯在勤。墨綬行命，孰不攸遵。曷云被之，我澤如春。"宋歐陽修《集古録》卷六云："玄宗嘗自擇縣令一百六十三人，賜以丁寧之戒。其後天下爲縣者，皆以《新戒》刻石，今猶有存者，余之所得者六。""《新戒》凡六，其一河内，其二虞城，其三不知所得之處，其四氾水，其五穰，其六舞陽。"諸刻詳見《金石録》《寶刻叢編》《輿地碑記目》《通志·金石略》等。此篇單文，纔九十六字，以其碑本甚衆，且可謂後世縣級官箴之濫觴，特予補録。

張紹宗　蓬山事苑三十卷

張紹宗爲張懷瓘之父。《張中立墓誌》（《彙編》第二四九四頁)云："高祖紹宗，皇邵州武岡令，贈宜春郡太守。博學工書，著《蓬山事苑》卅卷，行於世。蘇許公爲之制《集序》，韋侍郎述撰《神道碑》。"蓬山，即蓬萊山，傳爲仙人所居。《後漢書·竇章傳》："是時學者稱東觀爲老氏藏室，道家蓬萊山。"李賢注："蓬萊，海中神山，爲仙府，幽經秘録，並皆在焉。"後世用作秘書省之別稱。王勃《上明員外啓》："更掌蓬山之務，麟圖緝譔。"《舊唐書·劉子玄傳》："蓬山之下，良直差肩；芸閣之中，英奇接武。"宋孫逢吉《職官分紀》卷一六載唐玄宗御制贊云："孫季良蓬山之秀，芸閣之英。"《文苑英華》卷七〇一張説《洛州張司馬集序》："蓬山芸觀之書。"宋羅畸《蓬山志》，書目皆列於宋匡躬《皇宋館閣録》、陳騤《中興館閣録》之間，故此書殆後世館閣録之濫觴也。《墓誌》以蘇頲制序、韋述撰碑爲榮，或以《蓬山事苑》爲其集名，非也。

王昌齡　鑑略五篇

《唐文粹》卷八八王昌齡《上李侍郎書》："昌齡常在暇日，著《鑑略》五篇，以究知人之道，將俟後命，以覿清塵。""鑑"原當作"鏡"，宋人諱改。李林甫開元二十年秋任吏部侍郎，主持吏部銓選，故王昌齡上此書論銓衡官員之方也。

趙□　衡鏡論

《趙公墓誌》(《續集》天寶〇七一)云："天寶十載六月十二日，廣陵郡六合縣丞趙公卒於洛陽客舍，春秋五十四。""其先天水人。""書讀萬卷，不爲人所知；藝窮六甲，不爲時所用，命矣夫！嘗著《衡鏡論》、《上吏部郎鄭公書》，自以爲班、揚之儔也。"《新志》有賀蘭正元《舉選衡鑑》三卷，"鑑"原當作"鏡"，宋人諱改。《唐大詔令集》卷五五《韋貫之吏部侍郎制》："俾居衡鏡之職。"卷一〇〇《誡勵兵吏部兩司敕》："至如兵吏兩司，是掌衡鏡。"《白孔六帖》卷七二："衡鏡亦曰藻鏡銓衡。"是書亦論銓衡官員之方者也。

韋述　唐職儀三十卷

韋述玄宗時居史職二十年，《舊書》本傳稱：自唐以來，"史才博識，以述爲最。所撰《唐職儀》三十卷"等，"凡著書二百餘卷，皆行於代"。是書不見於後世書目著錄，當早已亡佚。然唐杜英師《唐職該》一卷，宋時尚行於世。宋吕夏卿《唐書直筆》卷四云："得《職該》《六典》之書而百官志可完矣。"而據《中興目》記載，杜書乃"采《周禮》《六典》《具員》《唐職儀》《漢官志》《官品令》等，撮其員數品秩、掌隸職局、勳爵散試、歷代沿革著於篇"，其中《唐職儀》正爲其主要參考書籍。按，漢應劭撰《漢官儀》，南朝范曄、王珪、周興嗣等各撰《職儀》，爲此書書名所昉，宋楊侃《唐職林》、孫逢吉《職官分紀》等則其流亞也。

杜佑　唐外典職官紀十卷

《通志》著錄。古書常見"外典方牧""外典州郡"之說，此或專載地方職官制度者。職官之書，或統載内外百官，或分述宰輔臺省，專言地方者稀。《通典·職官門》二十二卷，其中卷三二、三二爲"州郡上""州郡下"。杜氏或嫌其簡略，故别撰是書。

唐典百官職紀二卷

《秘書目》《通志》著錄《唐百官職紀》二卷，《遂初目》"唐"下有"興"字，《説郛》本作"典"，俱不著撰人名氏。按，《舊書·李吉甫傳》載其"纂《六典》諸職爲《百司舉要》一卷"，疑此書亦據《六典》纂輯，則作"典"字爲是。

附按：《宋志》著錄孔至道《百官要望》一卷，其人無考，山東方志多謂之唐人，舊編據以補錄。周洪才《孔子故里著述考》疑即孔至，"名後衍一道字"，甚無據也。今以其原列宋楊侃《職林》之下，疑爲宋人，故删棄之。

會昌中唐雜品一卷

《秘書目》著録。《會要》卷六〇云："大和二年郊廟告祭，差攝三公行事，多以雜品。"《通考》卷五七載宋初"供侍殿中備灑掃之職役使雜品者隷内侍省"。故疑此書所記爲會昌中内侍省官品。《會要》卷八一云："會昌四年正月内侍省奏内侍省叙階長定格，著紫供奉官及銜内有賜紫官叙階不得過金紫光禄大夫，著緋供奉官及銜内有賜緋官叙階不得過正議大夫，著緑供奉官及銜内有賜緋官叙階不得過朝議郎。"殆即其要點也。

陸淳　唐堯宰輔圖一卷

《秘書目》《四庫闕書目》著録。"堯"字不可解，疑爲衍文。

蔣乂　宰相記三卷

《册府元龜》卷五五六云："又再居史職，前後二十年，著《大唐宰臣録》七十卷，《凌煙閣功臣秦府十八學士史臣傳》共四十餘卷，《宰相記》三卷。"前二書《新志》入雜史類。

大唐宰相歷任記二卷

《秘書目》《通志》著録，俱無"大"字，不著撰人名氏。《宋志》列梁載言《具員故事》之下，《四庫闕書目》故事類作梁宰言撰，"宰"當爲"載"字之訛。然《玉海》卷五六云："《唐宰輔圖》，《崇文目》職官類二卷，起高祖訖昭宗朝宰臣名氏，拜免年月。《中興書目》云《唐宰相歷任記》。"同書卷一二〇又云："《書目》有《大唐宰相歷任記》二卷，不知作者。紀高祖至昭宗朝宰臣名氏，拜罷月日。《崇文目》題云《唐宰輔圖》。"梁載言爲中宗時人，此書紀至昭宗時，絶非其所撰也。《唐宰輔圖》亦見於《通志》著録，云："起高祖，訖昭宗，宰相名氏拜免年月。"《通鑑考異》卷一〇"李義府超拜中書侍郎"條云："《宰輔圖》十一月自中書侍郎參知政事，今從之。"明《文淵閣書目》尚有《唐宰輔記》一卷,未知即此否?

元和會計錄三十卷

《秘書目》《通志》著錄,《遂初目》有《元和國計錄》,無卷數,俱不著撰人名氏。按,《新志》載李吉甫《元和國計簿》十卷,韋處厚《大和國計》二十卷,唐時尚無"會計錄"之名,此疑爲宋人據《元和國計錄》分篇改題。

曹瑤　國鏡十卷

此書宋代書目著錄紛歧,《崇文目》地理類:"《元和國記圖》一卷。"錢繹按:"《玉海》食貨類云,《崇文目》地理類有《元和國計圖》一卷。舊本計訛作記,今校改。"《秘書目》職官類:"曹臻撰《圖照》十卷。"《通志》地理類:"《圖照》十卷,曹臻撰。"《通志·圖譜略》:"曹臻《圖照》。"《遂初堂書目》故事類:"《唐國鏡》。"《宋志》地理類:"曹瑤《國照》十卷,又《元和國計圖》十卷。"陳樂素《考證》云:"《紹興目》及《通志》地理類有曹臻《圖照》十卷。臻、瑤,圖、國,形似。"清錢大昕《廿二史考異》卷七三云:"宋人避諱,往往改'鏡'爲'照',此兩書疑亦重出也。"曹瑤,生卒年里不詳。白居易《白氏長慶集》卷五二《日試詩百首田夷吾曹瑤授魏州兗州縣尉制》云:"魏、兗二帥以田夷吾、曹瑤善屬文,貢置闕下。有司奏報,明試以詩,五言百首,終日而畢,藻思甚敏,文理多通。賢侯薦延,宜有升獎。因其所貢郡縣,各命以官。"《登科記考》卷一九據以定爲長慶二年進士。故撰人當作曹瑤,"臻"字誤。書名當作《國鏡》,宋人避諱,或改作《國照》,或改作《元和國計圖》,或又誤"國"作"圖",或又誤"計"作記。宋羅濬《寶慶四明志》卷六曾引"《元和國計圖》云:貢吴綾、幹山藥。"

曹瑤　須知國鏡二卷

《宋志》地理類著錄。《中興目》曰:"唐左武衛兵曹曹瑤撰。

璠案《六典·户部》《十道纂》及採諸節府賦稅户額物産,京畿文武百官俸給,以至岳瀆山川、四夷八蠻,並撮其機要,使覽者纖毫無遺。"錢大昕《廿二史考異》卷七三謂"疑亦重出也"。然此書與《國鏡》十卷書名、卷數俱異,其一詳一略,與李吉甫《元和國計簿》十卷及《元和百司舉要》一卷正同,故疑其爲《國鏡》之簡略本也。

何慶　唐百官俸料一卷

《秘書目》著録,原列於曹璠與夏侯頗之間,疑爲唐人。《舊書·食貨志》中闕百官俸料一項,《新書·食貨志五》整卷具載之。其云:"唐世百官俸錢會昌後不復增減,今著其數。"此書所載,或即會昌之制,而爲《新書》所依據者也。

夏侯頗　鹽鐵轉運圖一卷

《秘書目》《通志》著録,又見於《通志·圖譜略》,無卷數。杜光庭《道教靈驗記》卷一三有咸通中上虞縣令夏侯頗,疑即其人也。

附按:《舊書·文苑傳下》云:司空圖"父輿,精吏術。大中初,户部侍郎盧弘正領鹽鐵,奏輿爲安邑兩池榷鹽使、檢校司封郎中。先是,鹽法條例疏闊,吏多犯禁;輿乃特定新法十條奏之,至今以爲便。入朝爲司門員外郎,遷户部郎中,卒。"

具員御覽五卷

《玉海》卷一二一引《實録》:"大中二年二月庚子,以知制誥令狐綯爲翰林學士,上欲知百官名數,綯曰:'六品以下官卑數多,皆吏部注擬,五品以上則政府制授,各有籍命,曰具員。'上命宰相作《具員御覽》五卷,上之,常置於案上。"《資治通鑑》卷二四八:大中二年二月"上命宰相作《具員御覽》五卷,上之,常置於案上"。時李德裕罷相,白敏求當國,崔鄲、馬植、韋琮、周墀等同平章事。宋江少虞《皇宋類苑》卷二八引

《蓬山志》曰："具員冊,小方冊子,可五六寸,蓋置懷袖也。每官位以黄紙標格之,一親王,二中書,三樞密院,四使相、節度使,五僕射、尚書,六三司使,七翰林侍讀、侍講、密直、龍圖閣學士,八中丞、丞、郎、給、舍、諫議、待制,九留後、觀察、防禦使。"宋制防禦使爲從五品,其以五品以上爲具員,蓋同唐制。

姚庭筠　御史臺記

《中興目》云："臺有記,始于武后時姚庭筠。其後韓琬、韋述嗣有紀者。"其以姚《記》與韓、韋二人之書並稱,當屬專書而非單篇,惜未見他書引述。姚庭筠,或作廷筠。景龍元年,宗楚客"引右衛郎將姚庭筠爲御史中丞,令劾奏元忠",事見《舊書·魏元忠傳》,詞載《冊府元龜》卷五二二。次年十二月,奏請奉行律令,不得隨事輒奏、故生疑滯,詞載《冊府元龜》卷五一六。《全唐文》卷六一九小傳謂"庭筠貞元九年官御史中丞",誤。

附按:言御史、翰林舊事之書,肇自唐人。《新志》《崇文目》《秘書目》《通志》例入職官類,《中興目》《宋志》改入故事類。此因唐宋之際故事衰而職官興,而御史、翰林俱有以"故事"爲名者,故南渡以後移此入彼,以求均衡也。前之國計簿,亦由地理改入職官,復改入故事,同此理也。

韋方質　御史臺條例

《通典·職官六》云,龍朔中"令地官尚書韋方質爲《條例》,删定爲四十八條"。

盧馴　御史臺三院因話錄一卷

《宋志》著録。《中興目》云："咸通中御史盧馴論訂三院稱謂、官曹儀式、百官坐次之制。大和中,舒元輿爲臺屬,所撰《御史臺新造中書南院記》並載於此。"《通志》《秘書目》無撰人,《遂初目》無"三院"二字。唐御史臺三院,一曰臺院,二曰殿院,三曰察院。唐人言御史臺事者數家,趙璘《因話錄》謂其"多載當時御史事迹,戲笑之言,故事甚略。"此書論訂制度,殆勝於流輩也。盧骈,咸通間進士,曾官御史、員外郎。游長安青龍寺,題詩有云:"壽夭雖云命,榮枯亦太偏"。涉旬出官,未逾月卒。時人以爲詩讖。事見《唐闕史》卷下、《唐詩紀事》卷六六。

咸通御史臺板榜

《遂初目》著錄。《五代會要》卷二一云:"禮部貢院逐年先書板榜,高立省門,用示舉人,俾知狀樣。"此蓋咸通中御史臺之告示板榜,後人抄錄成册,流傳於世者也。

張著　翰林盛事一卷

《宋志》著錄,《遂初目》不著撰人卷數。《崇文目》云:"記唐朝儒臣美事,凡三十八。"《中興目》云:"記儒臣盛事,凡三十有八條。"《讀書志》云:"記唐朝儒臣美事,凡三十八。"所釋幾乎相同,僅一二字略異耳。《書錄解題》云:"唐剡尉常山張著處晦撰,紀儒臣盛事,自武德中,迄於天寶。首載張文成七登科者,即著之祖也。"《通考》故事類引"陳氏曰"作"儒人",兩可也;職官類重出,又引"陳氏曰"云:"記唐朝儒臣美事,凡三十八人。"則誤以晁氏爲陳氏也。明李鶚翀《得月樓書目》尚載此書,清康熙中《佩文齋書畫譜》卷首"纂輯書籍"亦標列之,似明清之際尚存於世也。

張著爲張鷟之孫,張薦之兄。顏真卿《湖州烏程縣杼山妙喜寺碑銘》云:"右衛兵曹張著,兄薈,弟薦、蔿。"史傳載張薦深州陸澤人,然權德輿撰《張薦墓誌》稱爲"常山張君",其孫張讀著《宣室志》,陳氏亦謂"常山張讀聖用撰",蓋用常山國之古稱也。韓翃有《贈別上元主簿張著》詩,疑張著任剡尉及撰此書,介於任上元主簿、右衛兵曹之間,約在大曆初年。《會要》卷六一載，"建中元年三月，監察御史張著彈京兆尹兼御史中丞嚴郢"，"然著希楊炎之意彈郢，人頗不直之"。《舊書·梁崇義傳》載，朝廷爲安撫梁崇義，"遣御史張著齎手詔徵之"，此亦建中元年之事也。其後張著行事，邈無可考矣。

此書以"盛事"爲名，當因事立條。書目所謂"凡三十八"者，蒙上"美事"二字爲言，非闕字也。易言之"凡三十有八條"，義尤豁然。而《通考》誤引"陳氏曰"末增一"人"字，則謬以千里矣。唐無名氏《文場盛事》，《中興目》謂"所載皆唐人世取科第及父子兄弟、門生座主同時者"；竇氏《衣冠盛事圖》，《施注蘇詩》卷二六以"蕭氏自瑀至遘，八葉宰相，名德相望，與唐盛衰"爲比，足見"盛事"之義蘊也。此書佚文，如《玉海》卷一六七："開元年拜張說等十八人爲學士，于東都上陽宫含象亭圖像寫，御贊述之。"下注："其第五有馮朝隱。"《太平廣記》卷四九四："唐崔湜，弱冠進士登科，不十年，掌貢舉，遷兵部。父揖，亦嘗爲禮部，至是父子纍日同省爲侍郎。後三登宰輔，年始三十六。崔之初執政也，方二十七，容止端雅，文詞清麗。嘗暮出端門，下天津橋，馬上自吟：'春游上林苑，花滿洛陽城。'張說時爲工部侍郎，望之沓然而歎曰：'此句可效，此位可得，其年不可及也。'"宋范成大《吳郡志》卷二二："朱佐日，郡人。兩登制科，三爲御史。子承慶，年十六，登秀才科，代濟其美。天后嘗吟詩曰：'白日依山盡，黃河入海流，欲窮千里目，更上一層樓。'問是誰作？李嶠對曰：'御史朱佐日詩也。'賜彩百匹，轉侍御史。承慶嘗爲昭陵挽詞，入高等，由是父子齊名。"洵盛事也。其每條未必一人，如十八學士條，參《玉海》下條《翰林志》引文之注"張說至孫季良十七人贊"，蓋謂其少馮朝隱之贊，而此書十八學士之贊全，則此條人各一贊，未分軒輊，豈得謂張說一人乎？

此書佚文最爲後人所艷談者，莫如心織筆耕之典故。宋朱勝非《紺珠集》卷一一："《盛事》云：王勃能文，請者遺之，金帛盈積，人謂勃心織而衣，筆耕而食也。"又見《云仙雜記》卷九、《錦繡萬花穀》前集卷二四、《古今事文類聚》別集卷五、《記纂淵海》卷五五等引用，或誤作"舌織"。後世以心織筆耕喻文人之業，幾成人人習知之隱語矣。又，今人形容退休閒適爲"逍遥公"，比賽獲勝爲"奪錦"，亦典出此書所載中宗拜韋嗣立爲"逍遥公"，武后"奪錦袍"以賜宋之問。李肇《國史補》卷下評列"近代"詼諧等名人，有"隱語有張著"之目，殆即指此類隱語而言。

此書首載張鷟七登科，其事古書多有記載，無明引此書者。唯宋晏殊《類要》卷三四引云："張鷟文成負天下重名而王命爲尉，因著《才命論》以自明。"與同書卷一七吴兢、卷二六田游巖二事，俱注出《翰林故事》，其中田游巖事又見《太平廣記》卷二百二，注出《翰林盛事》，故知此三條不出韋執誼《翰林故事》，而爲此書之佚文，則宋代或有冠以此名之別本也。

唐人言翰林故事諸書，宋洪遵《翰苑群書》收錄李肇至丁居晦六家，遂以流傳至今。洪氏之書，《書錄解題》著錄爲三卷，陳氏謂"自李肇而下十一家及《年表》《中興後題名》共爲一書"，而傳世本或作二卷，或依十二家分爲十二卷，其所收《年表》前不過九家。《四庫總目》云："《文獻通考》所載尚有唐張著《翰林盛事》一卷，宋李宗諤《翰苑雜記》一卷。若合此二家，正足十一家之數。豈原本有之，而今本佚其一卷耶？"傅增湘《藏園群書題記·明內府寫本〈翰苑群書〉跋》曰："其說當爲可信。"實則純出臆測，羌無理據。蓋翰林學士院始設於開元二十六年，考其制度故事之專書，實肇始於元和中李肇《翰林志》，四庫館臣謂"言翰林典故者，莫古於是書"，洵非虛言。

而張著此書，所記多爲開元前儒臣文士，今存佚文更無一字道及翰林院。故岑仲勉《補唐代翰林兩記》云："彼所謂翰林，猶儒林之謂，與翰林學士無關。"《崇文目》以張書入傳記類，李書入職官類，蓋知其貌合神離，本非同種也。其後書目，憑名類書，同入職官或故事、典故類，流宕忘返，今亦從衆而已。故洪遵之不收張書，宜也。至於陳氏所藏《翰苑群書》，實與晁氏藏本相同，《讀書志》云："唐李肇《翰林志》、元稹《承旨學士院記》、韋處厚《翰林學士記》、韋執誼《翰林院故事》、楊鉅《翰林學士院舊規》、《皇朝禁林讌會集》爲一卷；錢惟演《金坡遺事》、晁迥《別書金坡遺事》、李宗諤《翰苑雜記》爲一卷；蘇易簡《續翰林志》、蘇耆《次續翰林志》、《學士年表》、《翰苑題名》、《翰苑遺事》爲一卷。"《學士年表》前確爲十一家，今本無錢惟演、晁迥、李宗諤三家，另有丁居晦《重修承旨學士壁記》一家，遂爲九家矣。此舉出自何時何人，待考。

韋執誼　翰林故事一卷

《秘書目》《通志》《書錄解題》《宋志》著錄。《中興目》云："貞元二年學士韋執誼撰，述貞觀以來翰林建置沿革。記云：自立此苑，連飛繼鳴者逾三十人，因以官秩、名氏次爲故事。今是書名氏皆闕。"今爲《翰苑群書》之第四家，書名中有"院"字。原記追溯貞觀弘文館至開元集賢院之變遷，及開元二十六年後翰林學士院之沿革，末云："自立院已往，五紀于兹，連飛繼鳴，數逾三十，而屋壁之間，寂無其文，遺草簡略於析編，求名時得於邦老，溫故之義，于斯闕如。群公以執誼入院之時，最爲後進，紀叙前輩，便於列詞，收遺補亡，敢有多讓。其先後歲月，訪而未詳，獨以官秩、名氏之次，述於（《職官分紀》卷一五作述爲）故事，庶後至者編繼有倫。貞元二年龍集景寅冬十月記。"據此，則貞元以前，翰院本無壁記、題名，韋執誼初非著書，乃補撰院記以書壁，而附以翰林學士三十余人之官秩、名氏耳。後人因其記中有"述爲故事"一語，補冠"翰林故事"之名，儼然專書矣。李肇《翰林志》云："題記名氏存於壁者自吕向始，建中已後，年月遷換，乃爲周悉。"此向壁虚造之説也。岑仲勉《翰林學士壁記注補記》云："據本記，開元後八人，至德後四人，寶應後六人，建中後八人，興元後二人，連同今記漏去之趙昂暨執誼自身，數恰三十。《故事》謂數逾三十，或並李泌等而計之也。"今本不僅有韋執誼前諸人題名，復有其後梁肅至李肇三十一人題名，此絶非韋執誼所題。蓋因韋氏此記，實爲諸家壁記之首，故宋孫逢吉《職官分紀》卷一五述翰林學士院，首以韋記，次序井然。而彙編諸家者，首尊李肇，故補編題名至李肇，以爲後移韋記張目也。

元稹　承旨學士院壁記一卷

《通志》《宋志》著録。《中興目》云："以十一賢名氏書坐隅，今名氏皆缺。"《書録解題》云："專載承旨姓名自貞元二十一年鄭絪至元和十五年杜元穎並稹爲十二人。又有李德裕、李紳、韋處厚三人，蓋後人所益。"今爲《翰苑羣書》之第二家，記後載十五人名氏、官名、出入、遷轉年月日甚詳，與陳氏所言合。丁居晦《重修承旨學士壁記》云："尚書元稹《承旨學士廳記》，舊題在東廡之右，歲月滋久，日爍雨潤，牆屋罅缺，文字昧没。"盧蹈大中十二年撰《唐故范陽盧氏滎陽鄭夫人墓誌銘》（《隋唐五代墓誌彙編·洛陽卷》十四册）云，祖絪，"尋加翰林學士、中書舍人，後爲承旨。翰林承旨，自公始也。""今之《翰林壁記》，公爲之首。"今本元稹記即以鄭絪爲首。

韋處厚　翰林學士記一卷

《宋志》著録。《中興目》云："長慶元年韋處厚撰，論得人之意。"《書録解題》云："唐侍讀學士萬年韋處厚德載撰。"今爲

《翰苑群書》之第三家。此亦單篇之文,無題名,《文苑英華》卷七九七題作《翰林院廳壁記》。文末有云:"時皇帝統臨四海之初元",故《中興目》謂長慶元年撰。岑仲勉《補唐代翰林兩記》云:"穆宗以元和十五年正月即位,故曰初元,非指長慶紀年之元年也,此亦可由記文所載元穎、傳師官位證之。"又:同年杜元穎撰《翰林院使壁記》,大和元年韋表微《翰林學士院新樓記》,唐末鄭璘《視草亭記》亦皆單文,且未見書目著錄,附載於此。三文宋人嘗收入《翰林雜誌》,前二者今見於《文苑英華》七九七及八〇九、《全唐文》七二四及六三七,後文已佚。

丁居晦　重修翰林壁記一卷

《書錄解題》云:"《重修翰林壁記》一卷,唐學士丁居晦撰,開成二年也。所記姓名迄於咸通,而獨無天寶大曆學士,爲不可曉。"今爲《翰苑群書》之第六家。呂思勉《翰林學士壁記注補》云:"天寶大曆自有學士,不過今題名以'開元後'統天寶,'寶應後'統大曆,讀之者不察,遂謂天寶大曆無學士。又開成二年五月十四日已前題名是居晦作記時一同錄出,已後則陸續題續。"按,據前引《讀書志》,晁氏、陳氏所藏《翰苑群書》未收丁居晦此記,其他宋代書目亦無一著錄,疑當時孤本流傳,而爲陳氏所得,後人添入今本《翰苑群書》。其題名之全而詳,過韋、元二家遠甚,洵足寶也。

賈言忠　御史本草

《太平廣記》卷二五五:"唐賈言忠撰《監察本草》云:'服之心憂,多驚悸,生白髮。時義云:裹行及試員外者,爲合口椒,最有毒。監察爲開口椒,毒微歇。殿中爲蘿蔔,亦曰生薑,雖辛辣而不爲患。侍御史爲脆梨,漸入佳味。遷員外郎爲甘子,可久服。或謂合口椒少毒而脆梨毒者,此由觸之則發,亦無常性。唯拜員外郎,號爲摘去毒。歡悵相半,喜遷之,惜其權也。"注出《御史臺記》。《紺珠集》卷七引《御史臺記》作《御史本草》。唐御史臺三院,一曰臺院,二曰殿院,三曰察院。《舊書·賈曾傳》云:"父言忠,乾封中爲侍御史。"當以《新書·賈曾傳》作監察御史爲是。《會要》卷二八載其總章二年任殿中侍御史,同書卷九五載其上元三年任侍御史。則嘗歷任三院,當以《御史本草》爲是。

侯味虛　百官本草

唐張鷟《朝野僉載》卷六:"唐户部郎侯味虛著《百官本草》,題御史曰:'大熱,有毒。'又朱書云:'大熱,有毒,主除邪佞,杜奸回,報冤滯,止淫濫,尤攻貪濁,無大小皆搏之。畿尉薄爲之,相畏還使,惡爆直,忌按權豪。出於雍洛州諸縣,其外州出者尤可用,日炙乾硬者爲良。服之長精神,減姿媚,久服令人冷峭。'"侯味虛萬歲通天元年任夏官郎中,附見《舊書·薛季昶傳》、《新書·杜景佺傳》。宋王楙《野客叢書》卷三〇:"唐侯味虛作《百官本艸》,賈志忠作《御史本艸》,或者謂前此未聞。僕謂此意祖范曄《和香方》,曄撰《和香方》悉以比類當時之士,所不同者,此以人彼以官耳。"

彭蟾　鳳池本草　廟堂龜鑑一百二十卷

《南部新書》卷一〇:"彭蟾,宜春人也。著《鳳池本草》《廟堂龜鑑》一百二十卷,廣明亂後遺墜。"明凌迪知《萬姓統譜》卷五四:彭蟾,字東贍,宜春人。好學不仕,以處士稱。重修《唐韻》及著《鳳池本草》《廟堂龜覽》,共一百二十卷,有詩十一首見《宜春集》。"清何文焕《歷代詩話》卷四七:"鳳池者,唐中書省有鳳池,時稱中書舍人爲小鳳,翰林學士爲大鳳,丞相爲老鳳。"

以上職官類,補三十五種。

雜傳記類

軒轅黃帝本行紀三卷

清錢曾《讀書敏求記》卷二傳記類云："《軒轅黃帝傳》一卷，闕撰者名氏。注中引劉恕《外紀》，殆是宋人所著歟？"阮元《揅經室外集》卷五《四庫未收書提要》云："《軒轅黃帝傳》一卷，不著撰人名氏，見錢曾《讀書敏求記》傳記類。曾於是編之前載有《廣黃帝本行記》一卷，亦無著書人姓氏。案注中引劉恕《通鑑外紀》、《蜀檮杌》等書，《蜀檮杌》張唐英所著，則此卷當是南宋人手筆。書中備載黃帝顛末及其子孫唐虞三代相承世數甚悉，可補《皇王大紀》之闕。"傅增湘《藏園群書經眼錄》傳記類云："《軒轅黃帝傳》不分卷，明刊本，十行二十字，白口，四周雙邊，注大字低一格。與《道藏》本小有異同。故宮藏書。"《正統道藏》未收其書，傅氏所謂《道藏》本未知何據。若傅氏鑑定無誤，疑當爲萬曆以後刊本。阮氏將其收入《宛委別藏》，流佈始廣。其卷尾有題記，稱"臣道一曰"云云，此其由元趙道一《歷世真仙體道通鑑》卷一《軒轅黃帝》抄出單行之證也。然趙氏此卷正文又抄自《雲笈七籤》卷一〇〇《軒轅本紀》，其增刪脫誤痕迹至爲明顯。如錢、阮二氏所指注引張唐英《蜀檮杌》、劉恕《通鑑外紀》，皆趙氏所竄入，《軒轅本紀》原注無之。而"帝推律定姓者十二""黃帝有九子各封一國"兩句下，原注："具在中卷。"此宋人明言所據原書分爲上中下三卷也。趙氏改前注爲"具在前"，而徑刪後注，所以掩其抄襲之迹也。

《軒轅本紀》乃合編原書三卷而來，據"具在中卷"之注文，可以逆推其上卷述黃帝君臣製作之事，自"黃帝理天下"以下之中卷述得天下之事，自"黃帝以天下既理"以下之下卷述"尋真訪隱，問道求仙"之事，末兩段附述子孫傳承。其正文所載之事，大多出於《莊子》《列子》《山海經》《世本》《竹書紀年》《史記》《列仙傳》《太上靈寶五符經序》《五岳真形圖》等隋唐以前古籍，其書殆不出宋代以後。而書中所云："玄女傳《陰符經》三百言，帝觀之十旬，討伏蚩尤。"又云："黃帝得玄女授《陰符經》義，能内合天機，外合人事。"《陰符經》唐初始盛行於世，是書蓋出於唐代。以書中避諱字考之，其言"至理之代""理天下""天下理""理日月之行""理民""理時""理代""理疾""理洪水"等近二十處，避唐太宗、高宗諱，而不避"旦""隆"二字。又武周時釋玄嶷撰《甄正論》，所引《黃帝本紀》與此最爲接近，當即同書異名，故疑此書出於高宗時。

《道藏》中收録《廣黃帝本行紀》一卷，首題"唐閬州晉安縣主簿王瓘進"，末稱"今大唐廣明二年辛丑歲"。《新志》《崇文目》傳記類、《通志》編年類、《宋志》別史類著録，俱作《廣軒轅本紀》三卷，《秘書目》道書類作《廣軒轅本行紀》一卷，唯《通志》道家類重出一部與今本全同。北宋時其書三卷俱存，時人殆因"尋真訪隱，問道求仙"之事俱在下卷，抽取編入道藏，遂得獨傳於世。或謂"軒轅本紀""即係轉録此文"，然其出於唐末，時代不合。且古之以"廣"名書者，多係增廣前人，若《廣雅》《廣蒼》之於《爾雅》《蒼頡篇》，唐人之《廣孝經》《廣人物志》《廣古今五行記》《道德真經廣聖義疏》，宋人之《廣韻》及諸"增廣""續廣""重廣"之書。則《廣黃帝本行紀》當爲"廣"《軒轅本紀》者，夫復何疑！二者記事並其次序大略相同，唯文字偶殊耳，其大異者僅三數處仙聖問答詳略之不同爾。如《軒轅本紀》記黃帝見廣成子至見中黃真人一段僅二百餘字，其中問答之語僅十六字，而王瓘之書往返問答，反復鋪陳，多達千四百余字，可知其所廣重點所在矣。

又《軒轅本紀》注文有曰："大夏國在西，去長安萬里"，"天竺去長安一萬二千里"，"衛公李靖用九天玄女法"，皆爲唐人口吻。"今飛龍司有吉良廄"，爲唐飛龍使六廄之一。"在上谷郡，今嬀州也"，據唐《括地志》而謂之今。知爲唐人舊注，然注中一引"李太白曰"，一述"唐至德二年"後事，則非高宗時作者自注，疑與王瓘自注同出一手，故大半相同也。

《軒轅本紀》之名，疑非全稱。佛教有《佛本行經》，述佛陀行迹並宣示教義。道教仿造《本行經》，述太上道君之仙迹道義。又有《玉皇本行經》《高上玉皇本行集經》等。高宗時尹文操撰《樓觀先師本行內傳》一卷，宋代尚行於世，書目著錄作《樓觀本行傳》《尹真人本行記》《尹喜本行記》。此書之作，大致與尹書同時，疑即受其影響，故當以"本行"爲名也。復觀古人稱引此書，《軒轅本紀》與《黄帝本紀》並見；書目著錄王瓘之書，《廣軒轅本行紀》與《廣黄帝本行紀》互出，則其全稱當作《軒轅黄帝本行紀》，殆無可疑。後人以一名兼二義，故"軒轅"與"黄帝"不並出；例黄帝爲皇帝，故"本行紀"爲"本紀"所取代也（詳參拙文《〈軒轅黄帝傳〉考》，《宗教學研究》二〇〇八年第五期）。

黄帝内傳三卷

《通志》《宋志》道家類著錄，後者作一卷，注云："籛鏗得於石室。"《秘書目》以下，俱作一卷，入傳記類。《中興目》云："題籛鏗得於石室，劉向校書得之，蓋依託云。"《讀書志》："序云籛鏗得之於衡山石室中，後至漢劉向於東觀校書見之，遂傳於世。"《書錄解題》："序云籛鏗游衡山，得之石室。劉向校中秘書，傳於世。誕妄不經，方士輩所托也。"宋人公認其出於依託，然未言其時代。明胡應麟《少室山房筆叢》卷一六謂，"此書今尚行世"，並斥之爲"唐宋以還怪譚陋説"。

宋高承《事物紀原》引用此書佚文最多，各條起首多有"黄帝伐蚩尤""黄帝斬蚩尤升爲天子""西王母"字樣，可依此輯其事目，編爲三節：

黄帝伐蚩尤：帝誓剪蚩尤，乃齋三日，以告上帝（卷二）。帝伐蚩尤，乃服衮冕（卷三）。帝與蚩尤戰，玄女授帝《九天九地八門六甲之術》（卷七）。玄女授帝金鉞以主煞。玄女請帝制甲胄、兜鍪以備身。玄女請帝制鎛鉦鐃以擬雷擊之聲。玄女請帝制旗幟以象雲物。玄女請帝制五彩旗指顧向背。玄女請帝制角一十四以警夜（卷九）。玄女爲帝制夔牛鼓，又請帝制鼓鼙以當雷霆。玄女爲帝制司南車當其前，記里車居其右。相風烏（卷二）。擒蚩尤於板泉之上，帝以金鉞斬之。懸首軍門以威天下，其衆流於八荒之外（卷一〇）。

黄帝升爲天子：因乘車輅。築城闕。建宫室。立臺榭。浚池沼。創舟楫（卷八），創杵臼，設棺槨，置塚墓（卷九）。地神獻草木，述播種之利，因之廣耕。蠶神獻彩絲，稱織紝之功，因之廣織（卷九）。乃命容成造曆以司天。命大撓造甲子正時（卷一）。因命蒼頡造文字以變質（卷四）。命邑夷造車以便民（卷九）。命勾芒等司五行，於是針經脈訣、天文地理、卜法算術、吉凶喪葬無不備也，凡伎術皆自軒轅始（卷七）。黄帝采首山之銅，鑄鼎於荆山（卷八）。

黄帝會西王母：王母既會帝於蓬萊，帝歸，乃築圓壇以祀天，方壇以祭地。黄帝始祀天祭地所以明天道。築壇墠（卷二）。西王母授帝白玉元始真容，置於高觀之上，時人謂之道觀。道士行禮（卷七）。王母會帝於嵩山，飲帝以護神養氣金液流暉之酒，又有延洪壽光之酒（卷九）。王母爲帝列七寶登真之床，敷華茸净光之褥。王母爲帝設九真十絶妙帳。王母遺帝博山爐。五明扇。王母授帝洞霄盤雲九華燈擎二。帝既與王母會於王屋，乃鑄大鏡十二面，隨月用之（卷八）。

此外，宋羅泌《路史》、王應麟《玉海》、潘自牧《記纂淵海》、明董斯張《廣博物志》、彭大翼《山堂肆考》等書所引，或較高承節引稍詳，皆有出於其外佚文，然皆可納入上述三節。以上諸書所引佚文，零星散亂，不成章段，而杜光庭《天壇王屋山聖迹序》引"《傳》曰"一大段七百餘字，亦當爲此書佚文；宋陳葆光《三洞羣仙錄》卷一三、七明引此書兩段佚文約二百字，皆言黄帝會西王母事，則可見其文字風格，文繁不錄。

由是觀之，此書蓋亦分爲三卷：上卷黄帝伐蚩尤，中卷黄帝升爲天子，下卷黄帝會西王母。書目多作一卷者，殆因卷帙短小，又合爲一卷也。其與《本行紀》相異處甚多，其大端有二：一爲上中兩卷内容相反，名物製造多移至稱天子之後，且製造者多有不同；二爲下卷述訪真仙，西王母由衆仙之一，而成黄帝獨會者，前卷九天玄女助伐蚩尤之功亦成獨大，以致佚文與王母、玄女相關者，條目近四分之三，字數占十之八九，幾成新版《漢武内傳》矣。其名曰《黄帝内傳》，宜也。則其所出時代，其在則天稱帝前後乎？蓋高宗末年，天皇天后，二聖並立，而女皇之勢，呼之欲出，時人以傳黄帝爲名，行抬王母之實，其撰述意圖，昭然若揭矣（詳參拙文《唐人黄帝傳記三種叙錄》，《宗教學研究》二〇一〇年第一期）。

唐高士傳

《太平御覽》卷七〇六引"《唐高士傳》曰：管寧自越海及歸，常坐一木榻，積五十餘年，未嘗箕服，榻上當膝處皆穿。"此事晉皇甫謐《高士傳》卷下述之尤詳，未知《御覽》節引皇甫謐書如此而誤標"唐"字，抑爲唐人所撰前代高士之傳删略如此乎？附按：《舊唐書·朱敬則傳》云："張易之、昌宗嘗命畫工圖寫武三思及納言李嶠、鳳閣侍郎蘇味道、夏官侍郎李迥秀、麟臺少監王紹宗等十八人形像，號爲《高士圖》，每引敬則預其事，固辭不就，其高潔守正如此。"於以見唐人高士之目，庸俗有至於斯者，附識於此。

王績　會心高士傳五卷

呂才《東皐子集序》云：王績"所著詩賦並多散逸，鳩訪未畢，且緝成五卷。又著《會心高士傳》五卷、《酒譜》二卷及注《老子》，並別成一家，不列於集云。"

武后　孝子傳二十卷

《舊書·則天皇后紀》云，"太后嘗召文學之士周思茂、范履冰、衛敬業"，令撰圖書凡十五種，《太平御覽》六〇一引《唐書》大致相同，兩《唐志》多已著錄，僅漏載《孝子傳》二十卷。

康希銑　自古以來清白吏圖四卷

顏真卿撰《康希銑墓誌》云：希銑字南金，顯慶三年明經登第，開元四年官終台州刺史，年七十一。"希銑政事優長，百僚所則，嘗爲《自古以來清白吏圖》四卷，仍自爲序贊，以見其志。宰相韋承慶、中書舍人馬吉甫美而同述焉，盛行於世。"

劉敦行　陳留古賢傳□卷

《劉敦行神道記》(《續集》第四七五頁)云：字名實，南陽人。累仕至太廟令，以親累，貶授施州別駕、硤鄂沂三州司馬。開元八載卒，年六十四。"自遠謫江國，常寡人務，聽訟餘間，留心著述。撰《□誡》三十卷，並前所撰《祭儀》一卷、《喪服》一卷、《陳留古賢傳》□卷，並□古典，實可傳於後。"

張氳　高士傳十卷　神仙記二十卷　河東記三十卷

元趙道一《歷世真仙體道通鑑》卷四一有傳，稱其嘗著《高士傳》十卷、《神仙記》二十卷、《河東記》三十卷等書，皆未行世。

臨川聖賢名迹傳三卷

《崇文目》《通志》著錄，列唐黃璞《閩川名士傳》之下，或爲唐人之作。《宋志》作《臨川名士賢迹傳》，注云名"一作賢"，賢"一作名"，列甘伯宗《名醫傳》之下。甘伯宗，生平無考。《新志》著錄其《名醫傳》，知爲唐人。雍正《江西通志·藝文》以此爲甘伯宗撰，未必可信。

鍾安禮　武成王備載十卷

《太平廣記》卷一一七引《聞奇錄》曰："郎中鍾安禮，好學多能，著《武成王備載》十卷。"開元十九年，始置太公尚父廟，以留侯張良配。肅宗上元元年，尊太公爲武成王，以歷代良將十人爲十哲。建中三年增爲六十四人配饗，自范蠡至郭子儀。貞元二年去十哲之名，但用古今名將配享。此當即總錄歷代良將事迹者，宋乾德三年修《武成王廟配饗事迹》三十卷，或即衍此書而成。

魏徵　隋靖列傳一卷

《宋志》著錄。王應麟《姓氏急就篇》卷上："靖氏齊靖郭君之後，《風俗通》又云單靖公之後。隋靖德玄。唐靖君亮，號陳留八俊，涇州別駕。"八俊之號，見《舊書》卷七十，然所記隋事。靖君亮又見於《中説·王道》篇，蓋與魏徵同爲王通門人。此書疑即隋世靖氏家傳。

褚亮　唐十八學士真贊一卷

《秘書目》《通志》傳記類著錄。《舊書》本傳云："尋遣圖其狀貌，題其名字、爵里，乃命亮爲之像贊，號《十八學士寫真圖》，藏之書府。"《新志》雜藝術類有閻立本畫《秦府十八學士圖》，此《真贊》當爲後人自圖中錄出單行者。贊各四句十六字，杜如晦、房玄齡、姚思廉、孔穎達、蘇世長五人之贊見於《舊書》本傳，餘見《玉海》卷五七。沈括《夢溪筆談》卷三："余家有閻博陵畫唐秦府十八學士，各有真贊，亦唐人書，多與《舊史》不同。姚束字思廉，舊史乃姚思廉字簡之。蘇臺、陸元朗、薛莊，《唐書》皆以字爲名。李玄道、蓋文達、于志寧、許敬宗、劉孝孫、蔡允恭，《唐書》皆不書字。房玄齡字喬年，《唐書》乃房喬字玄齡。孔穎達字穎達，《唐書》字仲達。蘇典籤名勉，《唐書》乃勖。許敬宗、薛莊官皆直記室，《唐書》乃攝記室。蓋《唐書》成于後人之手，所傳容有訛謬，此乃當時所記也。"

王覿　十八學士圖記

王覿，神龍元年任監察御史，見兩《唐書·李多祚傳》。《文苑英華》卷八三二王覿《十八學士圖記》云："覿每睹《十八學士圖》，空瞻贊像而已，輒各採本傳，列其嘉績，庶幾閱像者思其人，披文者思其人。"蓋嘗集諸公傳記爲一書，此文實其序耳。《玉海》卷五一："王覿有記，褚亮有贊，蔣乂有傳。"

李靖行狀一卷

《崇文目》《遂初目》著錄，未題撰人名氏。《通鑑考異》卷八云："今依《靖行狀》云：'昔在隋朝，曾經忤旨，及兹城陷，高祖追責舊言，公忼慨直論，特蒙宥釋。'但《行狀》題云魏徵撰，非也。按徵以貞觀十七年卒，靖二十三年乃卒，蓋後人爲之，託徵名。又敘靖事極怪誕無取，唯此可爲據耳。"

許敬宗　唐尉遲敬德碑一卷

《秘書目》著錄《□尉遲敬德碑文》一卷，不著撰人名氏。《金石錄》卷四載《唐尉遲敬德碑》上、下，云："許敬宗撰，正書，無姓名，顯慶四年三月。"碑石明代尚存，見明趙崡《石墨鐫華》卷六。

張鷟　方儲碑一卷

《秘書目》著錄《方儲碑》一卷，不著撰人名氏。此碑實即鄉邦之《方仙翁廟碑》，宋政和七年邑人列狀請賜廟額，上之於朝，故見於著錄。《嘉靖淳安志》卷七云："據《仙翁廟碑》，唐左臺監察御史張文成撰文，載神姓方，諱儲，字聖明。祖漢大司馬府長史汝南尹紘，因官吳中，避地江左，遂家歙之東鄉，故今爲丹陽郡人。太守周歆舉孝廉，漢帝解夢絲，衆莫能理，公拔劍斬斷，天子壯之。舉賢良方正，對策爲天下第一。除郎中，補章句令，除太常卿，兼洛陽令。封歙縣侯，食邑三百戶。漢和帝有事南郊，公以卜日有變，更擇時，上不從。已而天清氣斂，霧廓煙澄，郊還，責公欺罔，飲鴆而卒。又云公預知休咎，逆辨吉凶。有制追贈尚書令，賜東園秘器以葬。其後宋欽公盛德，使鍾離景耀以太牢致祭，贈龍襲將軍，兼洛陽令，開國公。又公之兄儕，關內侯，行南郡太守。弟儼，忠烈侯，太守丹陽，五官，召拜云麾將軍，辭仕不赴。爲尚書張林所譖，兄弟引刀自刺。其大略如此。"江南方氏，多爲方紘、方儲之裔，然二人之名不見於范曄《後漢書》。後世如宋濂《文憲集》卷七《方氏族譜序》所引"《新定別譜》則謂長史晋元熙間人，仙翁仕梁，在武帝時"，竟不知方儲爲漢人。惟謝承《後漢書》有方儲傳，佚文尚可稽考，劉昭注《續漢志》卷四亦引方儲對策之文，足證此碑內容之可信，是則不僅可備鄉邦之典故，亦且足補漢史之闕遺，故詳引如上。

附按：本書按例不錄碑文，以上二碑關涉史事或鄉賢，兹特予收錄。《秘書目》二碑前後尚有七碑，除末之《僧貫休碑》入五代外，疑皆唐碑。其中《□□橋碑》《□□源公碑文》二碑闕文，可據金石著錄補爲"唐圮""唐廣"。

郭元振傳一卷

《秘書目》《通志》著錄。此書佚文未見。又題李翺撰《卓異記》"相有二親"條云："代國郭元振，李邕撰《行狀》云：'自我有唐受宰相臣未有二親存者，唯元振而已。'"樂史《廣卓異記》卷四同，又卷三《詔寫古劍歌賜諸學士》引《郭元振家狀》，皆見於張説《郭公行狀》。

鳳池歷二卷

《書錄解題》著錄，云："記長孫無忌歷官本末及家世子孫。按《新志》，馬宇《鳳池錄》五十卷，李淑《書目》惟存五卷，記宰相名次事迹，非此書。"《說郛》有目無書，題上官昭容撰，未知何據。

宗楚客　薛懷義傳二卷

唐張鷟《朝野僉載》卷五："天后内史宗楚客性諂佞，時薛師有嫪毒之寵，遂爲作傳二卷。論薛師之聖，從天而降，不知何代人也，釋迦重出，觀音再生。期年之間，位至内史。"

武三思　張易之傳

唐張鷟《朝野僉載》卷五："梁王武三思爲張易之作傳，云是王子晉後身，於緱氏山立廟，詞人才子佞者爲詩以詠之。"

潘好禮　徐有功事迹

《通典》卷一六九載徐有功於則天朝執法守正，昭雪冤獄，凡四五千言，末注："徐公事迹，並潘好禮纂錄。"潘好禮，兩《唐書》有傳，開元中卒，是未及預撰《通典》，乃別有纂錄。羅隱《寄大理徐郎中》詩自注云："徐有功爲大理少卿，執法平恕，鄜城主簿潘好禮著論美之。"《册府元龜》卷七九二："潘好禮初爲鹿城縣主簿，則天朝徐有功爲地官員外郎，好禮深慕其爲人，因著論焉。"同書卷八三〇載其論凡八百餘字，《全唐文》卷二七九題曰《徐有功論》。合而觀之，潘好禮當曾纂錄徐有功事足迹，末附評論，編爲一書。

平貞昚　先君親友傳十卷

平貞昚，中宗時太子左庶子。嘗獻《孝經義》《養德傳》等，已見《新志》。唐張說《張燕公集》卷二〇《平貞昚神道碑》附載其著述云："凡撰《淳孝》《友悌》傳各一篇，以匡儲后；撰《先君親友傳》十卷，以篤故舊；撰《家譜》《家志》各十卷，以明系本；撰《河南巡察記》十卷，以辨風俗。""有文集十卷行於代。"

按，柳宗元《先君石表陰先友記》載其父生前友好六十七人名字，並略述其事迹。此爲十卷之書，其詳悉當遠過之，惜其父平直容、祖平子敬及其親友俱别無可考。

徐浩　廬陵王傳一卷

《宋志》著録。《書録解題》云："叙狄仁傑、五王事。"宋程大昌《演繁露》卷一一"五王桃李"條云："狄梁公既立中宗，薦張柬之、袁恕己、桓彦範、崔元暐、敬暉，五公咸出門下，皆自州縣拔居顯名，外以爲五公爲一代之盛桃李也。"注出"徐浩《廬陵王傳》"。葉大慶《考古質疑》卷四、吴曾《能改齋漫録》卷六引《狄仁傑家傳》，與此略同，似爲一書，且其叙事較《新志》著録之李邕《狄仁傑傳》三卷略爲可信。按，《舊書·狄仁傑傳》云："開元中北海太守李邕撰爲《梁公别傳》。"《資治通鑑》久視元年云："仁傑又嘗薦夏官侍郎姚元崇、監察御史曲阿桓彦範、太州刺史敬暉等數十人，率爲名臣。或謂仁傑曰：'天下桃李，悉在公門矣。'仁傑曰：'薦賢爲國非爲私也。'"《考異》引"《梁公傳》云：張柬之、桓彦範、敬暉、崔玄暐、袁恕己皆公所薦，公嘗退食之後謂五公"云云，叙事綦詳，然司馬光按云："柬之等五人偶同時在位，協力立功，仁傑豈能豫知其事，舉此五人，專欲使之輔立太子邪？且易之等若有可誅之便，太子有可立之勢，仁傑身爲宰相，豈待五年之後，須柬之等然後發邪？此蓋作傳者因五人建興復之功，附會其事，云皆仁傑所舉，受教於仁傑耳。其言譎怪無稽，今所不取。"

遠祖越國公行狀一卷

《崇文目》著録，《宋志》無"遠祖"二字，注云："唐鍾紹京事迹。"《通志》作鍾紹京撰，謬矣。鍾紹京助誅韋氏，景雲元年封越國公，見兩《唐書》本傳。既稱遠祖，則最早由其六代以後裔孫傳出。

姚崇家傳一卷

《秘書目》著録。

三相遺事一卷

《遂初目》著録,無卷數。《宋志》作《三朝遺事》一卷,注云:"載張説、姚崇、宋璟事。"則當以"三相"爲是。

崔暟　崔氏家記

《崔暟墓誌》(《彙編》大曆六二)云,博陵人,年十九,精《春秋左氏傳》登科,首拜雍州參軍事,累官庫部員外郎、守汝州長史,封安平縣開國男,神龍元年卒,年七十四。"嘗誡子監察御史渾、陸渾主簿沔曰:'吾之《詩》、《書》、《禮》、《易》,皆吾先人與吳郡陸德明、魯國孔穎達重申討覈,以傳於吾,吾亦以授汝。汝能勤而行之,則不墜先訓矣。'因修《家記》,著《六官適時論》。""公病革也,命二子曰:'吾所著書,未及繕削,可成吾志。'"按,崔暟,沔父,祐甫祖,兩《唐書》無傳,其名散見於《新書·宰相世系表》等處,作皓、晧、皚,皆誤。

王潚　南陽記

顔真卿《顔魯公集》卷七《歐陽琟墓誌》,記述歐陽琟安史之亂中任南陽節度副使,助魯炅守南陽事甚悉,且云:"其事具向城令王潚《南陽記》。"此殆記載魯炅守南陽事之專書,惜其早佚。兩《唐書》、《通鑑》所記南陽事殊略,未提及歐陽琟其人,魯公所述,足補史闕。

哥舒翰幕府故吏録一卷

《秘書目》《宋志》著録,當爲哥舒翰幕僚所撰。《通志》作"《幕府故吏録》一卷,哥舒翰撰",疑不可信。

張薦　同僚籍

《權德輿文集》卷二二《張薦墓誌》附載其著述,末云:"至若《宰輔傳略》《靈怪集》《同僚籍》《寓居録》等又數十編,自成一家之言。"《舊書》本傳末云："所撰《五服圖》《宰輔略》《靈怪集》《江左寓居錄》等，並傳于時。"《新志》據史傳補錄，故獨闕此書，又以《江左寓居錄》入雜家類，疑有不妥。蓋《同僚籍》者，當爲記述同僚之事，《寓居錄》次於其下，當爲記載早年寓居江左，尤其大歷中與顏真卿等登臨杼山，詩酒唱和之事，皆屬傳記之類也。

馬宇　將相別傳

《文苑英華》卷九四六《馬宇墓誌》載其著《將相別傳》等書，總四百八十八卷。此當爲當時將相之別傳，《新志》有馬宇《段公別傳》二卷，殆爲其中一種而已。

段公家傳

《通鑑考異》引《段公家傳》三條，其中記邠寧節度使白孝德提拔段秀實，表封張掖郡王，尤爲詳實。與馬宇《段公別傳》、柳宗元《段太尉逸事狀》並爲記述代宗時段秀實西北平叛之原始文獻。

陳翃　忠武公將佐略一卷

《秘書目》兵書類著錄，未題撰人。《宋志》傳記類："陳翃《郭令公家傳》十卷，又《忠武公將佐略》一卷。"《新志》《崇文目》《通志》著錄《郭公家傳》皆爲八卷，《將佐略》則石刻單行，《舊書》本傳云："參佐官吏六十餘人，後位至將相，升朝秩貴位，勒其姓名於石，今在河中府。人士榮之。"《金石錄》卷九云："《唐忠武公將佐略》上、下，陳翃撰，胡證八分書，貞元十二年六月。"南宋始附於《家傳》後爲其第十卷，《中興目》云："《將佐略》並人名在內，第九卷《行狀》，第十卷《將佐略》。"《讀書志》云："《汾陽王家傳》十卷，右唐陳翃撰。翃本汾陽王郭子儀僚吏，後又從事渾瑊幕府，故傳不名。第九卷錄行狀，第十卷錄副佐三十三人，大將二十七人，曰《忠武將佐略》。"其詳見於《集古録》卷八："唐《郭忠武公將佐略》（貞元十二年），陳翽撰。忠武公者，郭子儀也。翽之所書，亦云盛矣，猶言得其六七。蓋其官至宰相者七人，爲節度使者二十八人，尚書丞、郎、京尹者十人，廉察使者五人。據翽所得而書者六十人，而顯名于世者蓋五十人。雖喬琳、周智光、李懷光、僕固懷恩等陷於禍敗，然杜鴻漸、黃裳、李光弼、光進之徒，偉然名見於當時而垂稱於後世者，亦不爲少。"《玉海》卷一三四云："陳翽撰《忠武公將佐略》，録副佐三十三人，大將二十七人。官至宰相者七人，節度使二十八人，尚書丞、郎、京尹十人，廉察使五人。所書六十人，而顯名于世蓋五十人，猶言得其六七。"陳翽生卒年里不詳，廣德元年撰《元府君墓誌》，署"朝散郎行大理□□賜紫金魚袋陳翽撰"（《彙編》第一七五六頁），所闕當爲"少卿"二字。《新志》注云："翽嘗爲其僚屬，後又從事渾瑊河中幕。"盧綸詩題三稱"陳翽郎中"，又有《和陳翽郎中拜本府少尹兼侍御史獻上侍中因呈同院諸公》，當作於興元元年，本府爲河中府，侍中爲渾瑊。

史演　咸寧王定難實序一卷

《秘書目》著録"唐史演《咸寧王定難實序》一卷"，《宋志》無"唐"字，則當爲唐人史演撰《咸寧王定難實序》之書。咸寧王即渾瑊，從郭子儀復兩京，與李晟等破吐蕃，平朱泚、李懷光之亂。史演其人無考。唐人傳記多由僚吏編撰，如陳翽爲郭子儀撰《汾陽王家傳》，渾瑊部將有樂演明者，其史演爲其名之脱誤乎？然《秘書目》列於張昭之書下，其爲後晉史臣，曾受詔重修《唐書》，抑此書爲張昭據"唐史"以"演"述渾瑊戰功者乎？朱泚之亂，德宗幸奉天，興元元年正月一日下詔，進收京城將士並賜名"奉天定難功臣"，並以渾瑊爲行在都知兵馬使，後又命爲奉天行營副元帥，亂平，封咸寧郡王，馬燧獻定難樂曲。故此書當爲專門記述渾瑊平朱泚之亂過程，而非其全部戰功也。又，《文苑英華》卷八八六權德輿《渾瑊神道碑》云："又嘗慕《太史公自叙》，著《行紀》一篇，詞不矜大，而事皆明備。"

路隋　邠志三卷

《宋志》著録。《新志》《宋志》並載凌準《邠志》二卷，述其任邠寧節度掌書記、節度判官時之見聞，上起郭子儀，下至楊朝晟除使，而以李懷光之叛爲中心。然據《新書·路隋傳》，其父泌亦曾入渾瑊幕府，東討李懷光，奏署副元帥判官，從瑊會盟平涼，爲虜所執，死焉。隋後爲史官，其別撰同名之書，亦不無可能。然《宋志》所載，有以撰序之人誤作撰人者，如"楊齊宣《晋書音義》三卷"，今本附《晋書》後，乃何超撰，楊齊宣序。故路隋亦或僅爲凌準之書撰序而已。

陳岊　朝廷卓絶事記一卷

《秘書目》《宋志》著録。《遂初目》故事類有《卓絶記》《續卓絶記》二書，不著撰人卷數，疑前者爲此書簡稱，後者爲其續書。《讀書志》云："記唐朝忠賢卓絶五十事。"《全唐文》卷六八三云："岊官泗州徐城令。"又載此書序云："余宰邑秩滿，暫寓居於重光寺，空院塊然，無以遣日。緬想人生在駒之過隙，有美事高烈，猶可稱述，如碌碌凡愚，河魚草木，隨時凋落，蔑爾無聞。因思朝廷古今耳目相接，名賢碩德，遺芳餘躅，是非共五十餘條，載爲一卷。不敢傳諸好事，但自抒於鄙懷。時貞元十四年夏六月記。"

皎然　儒釋交游傳

釋皎然，俗姓謝，字清畫，湖州長城人。天寶中出家，先後居潤州長干寺、杭州靈隱寺，後定居湖州。《宋高僧傳》卷二九載其"凡所游歷，京師則公相敦重，諸郡則邦伯所欽"，"與武丘山元浩、會稽靈澈爲道交",又與李洪、陸羽、于頔、顏真卿、韋應物、盧幼平、吳季德、李萼、皇甫曾、梁肅、崔子向、薛逢、吕渭、楊逵等官員儒士交游,"或簪組,或布衣,與之交結,必高吟樂道,道其同者,則然始定交哉。故著《儒釋交游傳》及《内典類聚》,共四十卷,《號呶子》十卷,時貴流布"。

吳武陵　吳君志傳三卷

《柳宗元集》卷二一《濮陽吳君文集序》載,吳武陵與其同貶永州,"因奉其先人文集十卷,再拜請予以文冠其首","武陵又論次《志傳》三卷繼於末,其官氏及他才行甚具云"。按,序中未言吳君之名,《通考》别集類作吳德光,不知何據？

李商隱　李長吉小傳五卷

《宋志》著録。即《李賀小傳》,收入《樊南文集》。

蔡京　王貴妃傳一卷

《宋志》著録。或以爲宋蔡京爲徽宗王貴妃作傳,蓋不知唐有蔡京也。其爲鄆州人,早年爲僧,大和四年還俗。開成元年進士及第,五年遷監察御史。大中二年因吳湘案牽連,貶澧州司馬,後爲宣武軍節度從事。咸通二年,以權知太僕卿充荆襄巴南宣撫使,三年以檢校左散騎常侍、御史大夫充嶺南西道節度使,九月以統御無方,爲軍士所逐,敕自盡。其事散見於兩《唐書》、《云溪友議》等。

《通鑑考異》卷二二引"蔡京《王貴妃傳》曰：'帝疾亟,才人久視帝,而歸燕息處,濃妝潔服如常日,乃取所玩用物,散與内家淨盡,持帝所授巾,至帝前,已見升遐,容易自縊,而仆於御座下。'"且謂李德裕《文武獻替記》與之不同,"恐《獻替記》誤";康駢《劇談録》記孟才人事與此相似,"恐正是王才人,傳聞不同"。五代史臣未見此傳,故《舊書·后妃傳》"武宗王賢妃"有目無文,注云"事闕"。《新書》始傳其始末,與《考異》所引相參,知即據蔡傳改編,而頗多刪略。周勛初自《永樂大典》卷二九七二輯得《唐語林》一條佚文(《唐語林校證》第一〇八九頁),正王才人事,當源出蔡傳,且更接近原文風格。

成都幕府石幢錄二卷

《崇文目》著錄。《通志》錄作記,注云:"記賓佐姓名,起貞元,迄咸通。"宋《寶刻類編》卷四:"南卓:《石幢記》,張周封、郭圓撰,成都。"《新志》:"張周封《華陽風俗錄》一卷,字子望,西川節度使李德裕從事,試協律郎。"《唐詩紀事》卷五九:"郭圓,會昌中檢校司門外郎,爲劍南李固言從事。"南卓,大中黔南觀察使。合而觀之,蓋大和、會昌中李德裕從事張周封、李固言從事郭圓先後兩撰《石幢記》,並附幕僚官職名氏,皆由南卓書碑刻石,後人續加題名至咸通中,並拓寫爲二卷之書。附按:《崇文目》此書下又載《潭州刺史大厅壁記》,不著撰人卷數。《寶刻類編》卷四:"《江陵府官石幢記》,吳仲舒撰,張澤書,盧佐元題衆官,(董)挺篆額,貞元十三年,江陵。"皆與此相類也,前者時代無考,後者未見書目著錄,茲不另列。

趙櫓　鄉籍一卷

唐趙璘《因話錄》卷三:"余宗侄櫓,應進士時,著《鄉籍》一篇,大誇河東人物之盛,皆實錄也。同鄉中,趙氏軒冕文儒最著,曾祖父、祖父世掌綸誥,櫓昆弟五人進士及第,皆歷臺省。盧少傅弘宣、盧尚書簡辭、弘正、簡求皆其姑子也,時稱趙家出。外家敬氏先世,亦出自河中,人物名望,皆謂至盛,櫓著《鄉籍》載之。"

竇氏　唐衣冠盛事圖五卷

《秘書目》《通志》著錄。《玉海》卷五六同。大中時人蘇特撰《唐代衣冠盛事錄》一卷,已見《新志》。《施注蘇詩》卷二六云："《唐書》蕭氏自瑀至遘，八葉宰相，名德相望，與唐盛衰，世有《衣冠盛事圖》。"

李德裕　鼎足新志十卷

《秘書目》著録。王充《論衡·語增》云："夫三公鼎足之臣，王者之楨幹也。"《漢書·彭宣傳》云："三公鼎足承君，一足不任，則覆亂美實。"後世以鼎足爲三公宰輔之代稱。開元中李筌撰《中臺志》十卷，《讀書志》謂其"起殷周，迄隋唐，纂輔相邪正之迹，分皇王霸亂亡五類，以爲鑑戒"。李氏以"新志"爲名，疑即相對於《中臺志》而言。

釋允躬　録南中李太尉事一卷

日本僧圓珍《福州温州台州求得經律論疏記外書等目録》："允躬《録南中李太尉事》一卷。"此目編於唐宣宗大中八年，上距李德裕貶死不過六七年。《唐語林》卷七載李德裕與允躬事者三則："及南貶，有甘露寺僧允躬者，記其行事，空言無行實，蓋仇怨假託爲之。""及南竄，怨嫌併集，塗中感憤，有'十五餘年車馬客，無人相送到崖州'之句。又書稱'天下窮人，物情所棄。'鎮浙西，甘露寺僧允躬頗受知。允躬迫於物議，不得已送至謫所。及歸作書，言天厭神怒，百禍皆作，金弊爲鱷魚所溺，室宇爲天火所焚。談者藉以傳布，由允躬背恩所致。""在中書，不飲京城水，茶湯悉用常州惠山泉，時謂之水遞。有相知僧允躬白公曰：'公迹並伊、皋，但有末節，尚損盛德。萬里汲水，無乃勞乎？'"前二者皆述及允躬歸作書相誣事，後者微有誣意。唐張讀《宣室志》卷九載，德裕"嘗召一老僧問己之休咎"，僧"謂公曰：'公災戾未已，當萬里南行耳。'"，三日後又"告公曰：'南行之期，不旬日矣，不可逃。'"又安慰説當能還朝，"相國平生當食萬羊，今食九千五百矣，所以當還者，未盡五百羊耳"。後有人饋德裕四百羊，"僧歎曰：'萬羊將滿，公其不還乎。'""旬日貶潮州司馬，連貶崖州司户，竟没於荒裔也。"此事亦微有誣意，所謂"老僧"疑亦允躬，蓋暗引此書者也。

裴旦　李太尉南行録一卷

《崇文目》傳記類著録《李德裕南行録》，四庫本作一卷，錢輯本作四卷。《秘書目》傳記類、《通志》地理類"南行"作"南遷"，亦作一卷，俱無撰人。另，《崇文目》地理類别出無名氏《南行録》一卷，《書録解題》謂"一名《投荒雜録》"，爲房千里所撰；《秘書目》别集類之《南遷録》一卷，《通志》地理類注云"丁謂撰"，俱與此書無涉。

《通鑑考異》卷二三云："裴旦《李太尉南行録》載咸通二年九月二十六日右拾遺内供奉劉鄴表，略云：'子曄貶立山尉，去年獲遇陛下惟新之命，覃作解之恩，移授郴縣尉，今已没於貶所。'又曰：'血屬已盡，生涯悉空。'又曰：'孤骨未歸於塋域，一男又隕于江湘。'又曰：'其李德裕請特賜贈官。'敕：'依奏。'"司馬光謂與他書不合，"或者後人僞作之，非鄴本奏也"。"按劉鄴表云'去年獲遇陛下惟新之命，覃作解之恩'，則上此表在咸通元年，非二年也。"裴旦當爲裴坦之誤，僖宗相，《新書》有傳。李德裕大中初坐吴湘獄，貶死崖州，至咸通元年劉鄴表乞追雪，裴坦時任中書舍人。

鄭延昌　鄭畋行狀

《通鑑考異》卷二四云："鄭延昌撰畋《行狀》，乃云議蠻事無可證之，然當時所述恐不謬。"《新書·鄭延昌傳》云："鄭畋鎮鳳翔，表在其府，黄巢亂京師，畋倚延昌調兵食，且諭慰諸軍，畋再秉政，擢司勳員外郎，翰林學士。"

鄭畋事迹一卷

《秘書目》《通志》著録。

張球　南陽張延綬別傳一卷

敦煌寫卷伯二五六八號，首題《南陽張延綬別傳》，次署"河西節度判官權掌書記朝議郎兼御史中丞柱國賜緋魚袋張俅撰"。《傳》稱延綬爲河西節度金紫光禄大夫檢校尚書左僕射河西萬户侯南陽張公字禄伯第三子，以光啓三年三月授左千牛兼御史中丞。末題："於時大唐光啓三年閏十二月十五日傳記。"羅振玉《雪堂校刊群書叙録》謂延綬爲議潮諸孫行，無事迹可稱，然此傳可正史氏之訛，則可喜也。

張俅，亦作張球。敦煌寫卷中存其所撰碑、銘、傳、贊等約十餘篇，知其咸通五年前後任沙州軍事判官、將仕郎、守監察御史，十一年加朝議郎、檢校尚書主客員外郎、柱國、賜緋魚袋，光啓三年權掌歸義軍書記、兼御史中丞，乾寧間左遷節度判官、宣德郎、兼侍御史。金山國時去官，寓居沙州城，教授生徒。後梁乾化三年七十五歲。

李巨川　許國公勤王録三卷

《崇文目》《宋志》著録。《通志》注云："唐李巨川撰，記韓建迎昭宗東幸事。"《遂初目》録作傳，不著撰人名氏。《宋志》故事類重出李巨川《勤王録》二卷。李巨川爲韓建掌書記，撰此書以媚韓建。《通鑑考異》卷二六引用後評曰："李巨川著書，矯誣善惡，乃至於此。"《舊書·文苑傳》云："李茂貞犯京師，天子駐蹕于華。韓建以一州之力，供億萬乘，慮其不濟，遣巨川傳檄天下，請助轉餉，同匡王室，完葺京城。四方書檄，酬報輻湊，巨川灑翰陳叙，文理俱愜，昭宗深重之，即時巨川之名聞於天下。"殆據此書撮述之。《新書·叛臣傳》則特書韓建"與巨川謀"，請散殿後軍，誅李筠，圍諸王十六宅，"自是天子爪牙盡矣"，"巨川日夜導建不臣"云云。清王士禎《香祖筆記》卷四云："《舊唐書》爲李巨川作佳傳，列于《文苑》，始終無貶詞；《新唐書》則置之《叛臣傳》，特書其導韓建殺十六宅諸王及定州行營將李筠之罪。使非宋景文，則巨川首惡，網漏吞舟矣。"《新志》不載此書，蓋惡其人而廢其書也。

崔氏日錄一卷

《書錄解題》云："《崔氏日錄》一卷，不著名字，殘缺無始末。末有跋尾，亦不知何人，言此書出宋敏求家，考訂年月及所載人名姓甚詳。蓋廣明元年崔沆爲相，非其子弟即其門人爲之。字畫清麗，而其所記不過蒲飲、交通、評議，有以見唐末風俗之弊云。"以朱樸《日曆》例之，其崔沆自爲之乎？宋陶穀《清異錄》卷三云："唐末有以平生所歷郡縣，飲酒蒲博之事，所交婦人姓名年齒行第坊巷形貌之詳一一標表者，時人號爲針史。"

朱樸　日曆一卷

《秘書目》《宋志》著錄。兩《唐書·朱樸傳》載其無他才伎，以所善方士許巖士得幸，即日拜相，動爲笑端。元陸友《研北雜誌》卷上云："葉少蘊閱故書，得朱樸所爲《日曆》，自記其初得爲相時事。昭宗拔于國子博士以爲相，不可謂無意，然所謂朱樸，觀其言鄙樸險躁，妄庸人也。不知何以遽取重如此？"宋葉夢得《避暑錄話》無之，不知何據？或謂此書所記乃朱氏爲相時政事，以當時風氣度之，當亦陶氏所謂針史乎？

趙儹　進士登科記

王定保《唐摭言》卷一云："永徽以前，俊秀二科猶與進士並列，咸亨之後，凡由文學一舉於有司者，竟集於進士矣。由是趙儹等嘗刪去俊秀，故目之曰《進士登科記》。"吳曾《能改齋漫錄》卷四云："予家有唐趙儹撰《唐登科記》。"傅璿琮《唐代科舉與文學》以爲"王、吳所見即崔氏《顯慶登科記》，趙儹特序之耳。"儹貞元三年進士及第。

元和元年登科記

《唐摭言》卷二云："《元和元年登科記·京兆等第榜叙》：'天府之盛，神州之雄，選才以百數爲名，等列以十人爲首，起自開元、天寶之世，大曆、建中之年，得之者搏躍雲衢，階梯蘭省，即六月沖霄之漸也。'今所傳者始于元和景戌歲，次叙名氏，目曰《神州等第録》。"知其最異于此前諸記者，爲載入京兆或各府州送解進士之等第，且爲其後之登科記所仿效，故《摭言》所載等第事，亦始于元和元年。按，徐松《登科記考·凡例》云："《摭言》又有《元和元年登科記》，專載等第，謂之《神州等第録》。"其讀"今所傳者"以下爲叙語，又以《神州等第録》爲《元和元年登科記》之別稱，疑皆非是。

趙璘　登科記十三卷

趙璘，儇之侄，事迹參周勳初《趙璘考》。《東觀奏記》載大中十年鄭顥表云："行祠部員外郎趙璘採訪諸家科目記，撰成十三卷，自武德六年，至於聖朝。"宋董逌《廣川書跋》卷八云："秦始晦藏趙璘《登科記》，書本唐人，（中略）見首末盡亡。蓋自開元二十三年至貞元九年，其間亦又有缺剥，不可倫序，或遺去十年，或少三四年，在姓名中又泯滅過半。此書既久其存，宜若是，以趙儇所紀姓名，則又有異者，此不能盡考也。（中略）今所存纔六卷，而亡者十七八矣。雖然，猶幸以書字著顯而世存之，故今得有傳也。余嘗訪今藏書家，並官書所籍，殆無璘所撰登科人目，則此書尤可貴也。因録而藏之，並以舊記相參成十卷以傳。"按，唐人所撰登科記甚多，宋人尚頗及見，清徐松採群書所載，重撰《登科記考》。

鄭氏　女孝經一卷

鄭氏爲開元中侯莫陳邈妻，明人所編《玉臺文苑》誤爲陳邈。《四庫總目》卷九五儒家類存目："侯莫陳，三字複姓也。前載

《進書表》,稱侄女册爲永王妃,因作此以戒。《唐書·藝文志》不載,《宋史·藝文志》始載之。《宣和畫譜》載孟昶時有石恪畫《女孝經》像八,則五代時乃盛行於世也。其書仿《孝經》分十八章,章首皆假班大家以立言。《進書表》所謂'不敢自專,因以班大家爲主',其文甚明。陳振孫《書錄解題》直以爲班昭所撰,誤之甚矣。"按,《崇文目》小說類已載此書,非《宋志》始載之也。明李東陽《懷麓堂集》卷七三《女孝經圖跋》、清藍鼎元《女學識略》皆沿陳振孫之誤。侯莫陳,北魏賜姓,見《魏書·侯莫陳悅傳》。《唐大詔令集》卷四〇《册永王侯莫陳妃文》載,開元二十六年正月十八日,册右羽林軍長侯莫陳超第五女爲永王妃。《舊書·肅宗紀》載,至德元載七月,"逆胡害""永王妃侯莫陳氏"。侯莫陳邈當爲侯莫陳超之兄弟,而此書當撰於開元二十六年。按,此書宋代以來書目或入小說類,或入儒家類。《唐志》女訓之書皆附雜傳記類,兹從之。

韋澄　女誡

《新書·文藝傳》云:"韋元旦,京兆萬年人。祖澄,越王府記室,撰《女誡》傳於時。"越王即唐太宗第八子李貞。又,宋敏求《長安志》卷八平康坊:"西南隅國子祭酒韋澄宅。"

張氏　女則

《薛夫人張氏墓誌》(《洛陽新獲七朝墓誌》第一一九頁)云,張氏證聖二年卒,年七十四。據其子薛穎述云:"先妣年十六,門中以地兼惟梓,家偶世潘,中饋所歸,齊大斯可,爰膺禮擇,聿釐閫政。十八首育愚昧,廿一誕第四弟顗,廿七誕第五弟文休,廿九誕第六弟謙光。穎韶齔在辰,躬授小學,十歲而後,方從外傅,每至假暇歸休,仍課問所業,微涉謇滯,未嘗寬捨。先君以爲資地有在,何慮不出身而自苦苦之,一至於此。

對曰：'長便捍格，幼迺迷昏，習而成性，唯中間耳。急之尚其緩，況緩之邪？'且穎剛烈，故裁抑之。顗柔和，故容假之。求退由兼，此其所以異也，非有偏也。乾封中，穎丁艱闋，選爲齊州祝阿縣令，□未經吏，頗多縱誕，先妣導以清白，勖以公方。居纔半年，謬爲八縣最，州將以折節之速，訪而知之。由是盛微鏡煤母儀，遂以清介公方薦。既而部内奴犯十惡，主以他故匿之，穎念清介之名，不可私身爲利，因舉正其犯，謝病去官。然家道素貧，頗營計校，養羊酤酪，灌園鬻蔬。八九年中，遂至豐贍。内顧既是，無復進仕之心。先妣勸誘不行，因泣而垂責曰：'汝父臨亡，特以經史法律付汝，汝今但殖貨利，亦何殊於商農邪？且汝外有謝病之名，而内無貞隱之實，求之出處，竟欲何從？汝曰謝官，吾曲成汝志，今吾念汝仕，而獨此違吾，爲人子而母言不聽，大事去矣。'穎奉感激深重，遂復選爲烏江縣令。爾後十年，七應清白孝悌舉，累入朝散大夫，除臺郎，仍直麟臺，并待制觀正殿。先妣喜曰：'成汝父言，以慰吾意，如不？'時文休、謙光亦以廉平著稱，而俱拜五品。每笑謂諸婦曰：'我分前了，未知汝輩何如？'又誡諸孫曰：'《女儀》《女誡》及《列女傳》，雖不可不讀，要於時事未周。吾別令於《曲禮》中撰出數篇，目爲《女則》，其於言行，靡有不舉。汝等若能行之，子婦之道備矣。'又大門及大門殷太夫人並薨在隨代，先妣不及展箕箒之禮，然於齋忌祠祀，恒矜嚴若存。雖古人之事生，不是過也。嘗稱婦人有四可重，四可惡，二不急爲，亦宜深慎，詞多不復具錄。"

韋氏　女訓

《新書·列女傳》云："王琳妻韋者，士族也。琳爲眉州司空參軍，俗僭侈盛飾，韋不知有簪珥。訓二子堅、冰有法，後皆名聞。琳卒時，韋年二十五，家欲強嫁之，韋固拒，至不聽音樂，處一室，或終日不食。卒年七十五，著《女訓》行於世。"

劉氏　女儀

《因話錄》卷三云："刑部郎中元沛妻劉氏，全白之妹，賢而有文學，著《女儀》一篇，亦曰《直訓》。夫人既寡居，奉玄元之教，受道籙于吳筠先生，精苦壽考。"

以上雜傳記類，補六十二種。

儀　注　類

虞世南　君臣謚議一卷

《秘書目》小學類、《通志》經解類著錄。按，隋唐志例以謚法入經解，謚議入儀注，茲從之。

魏徵　類儀一卷

《通志》著錄，《秘書目》無撰人。《新志》禮類有魏徵《次禮記》二十卷，注云："亦曰《類禮》。"《舊書》本傳云："徵以戴聖《禮記》編次不倫，遂爲《類禮》二十卷，以類相從，削其重複，采先儒訓注，擇善從之。"不知二者有無關聯？

皇帝拜南郊儀注一卷

日本僧圓仁《入唐新求聖教目錄》著錄。《舊書·褚無量傳》云："中宗將親祀南郊，詔禮官學士修定儀注。國子祭酒祝欽明、司業郭山惲皆希旨請以皇后爲亞獻，無量獨與太常博士唐紹、蔣欽緒固爭，以爲不可。時左僕射韋巨源等阿旨協同欽明之議，竟不從無量所奏。"據《舊書·禮儀志》，事在景龍三年十一月。

康子元　東封儀注

《會要·修撰》云："開元十三年詔康子元等注解《東封儀注》以進。"《舊書·禮儀志》載，開元十二年，"詔中書令張説、右散騎常侍徐堅、太常少卿韋縚、秘書少監康子元、國子博士侯行果等,與禮官於集賢書院刊撰儀注。""玄宗將作封禪之禮,張説等參定儀注,徐堅、康子元等建議曰(下略)。"《舊書·張説傳》云:"説又首建封禪之議,十三年受詔與右散騎常侍徐堅、太常少卿韋縚等撰《東封儀注》。舊儀不便者,説多所裁正,語在《禮志》。"

張九齡　藉田儀注

《會要·修撰》云:"開元二十三年正月,敕中書令張九齡、光禄卿韋紹與禮官就集賢院撰《藉田儀注》。"

鄭洵　東宫要録十卷

《鄭洵墓誌》(《補遺》第七輯第六三頁)云:"肅宗初建儲君,撰《東宫要録》十卷奉進,存於秘閣。"

顔真卿　歷古創制儀五卷

此書宋代書目著録紛歧。《秘書目》小説類:"顔真卿《古律曆創制儀》五卷。"《通志》禮類、雜家類:"《歷代創制儀》五卷。"《中興目》:"《歷古創制儀》五卷,顔真卿撰。"《遂初目》儀注類:"顔魯公《歷古創儀制》。"《宋志》儀注類:"顔真卿《歷古創置儀》五卷。"疑當作《歷古創制儀》,因以"歷古"爲"自古"不經見,或妄改爲"古律曆""歷代",又或"制"音近而訛爲"置",又或"制儀"誤倒爲"儀制"也。

代宗大曆十四年薨,因《永徽》《開元禮》諱豫凶事,皆削"國恤"章,山陵禮廢,德宗命顔真卿爲元陵禮儀使,綴修儀注。殷亮《顔魯公行狀》云:"今上諒闇之際,詔公爲禮儀使。先自玄宗以來,此禮儀注廢闕,臨事徐創,實資博古練達古今之旨。所以朝廷篤於訕疾者,不乏於班列,多是非公之爲。公不介情,惟搜禮經、執直道而行已。今上察而委之,山陵畢,授光禄大夫,遷太子少師,依前爲禮儀使,前後所制儀注,令門生左輔元編爲《禮儀》十卷,今存焉。"《新志》著録作《禮樂集》。《通典·禮門》引用《大唐元陵儀注》約萬餘字，《唐文拾遺》卷二〇輯録爲一卷，並云"此即《禮樂集》之一也"。此書蓋即當時"搜禮經"以備儀注之修者，是否《禮樂集》之一，則難質言矣。

韋肜　開元禮義釋二十卷

《宋志》著録。按，開元二十年蕭嵩等奉敕撰《開元禮》一百五十卷，漸爲制訂唐禮之依據，至貞元五年敕以設科取士。《新書·選舉志》云："凡《開元禮》通大義百條、策三道者超資與官，義通七十、策通二者及第，散試官能通者依正員。"故唐人頗多爲之申釋大義。韋肜貞元中太常博士，宜有此作也。然《新志》禮類有韋肜《五禮精義》十卷，唐宋時人常與《開元禮》並行稱引，《宋志》此書及禮類之《五禮緯書》二十卷，俱無佚文可徵，豈皆同書異名乎？

開元禮義鏡略十卷

《中興目》著録，《宋志》"義"作"儀"。蕭嵩既撰《開元禮》，復撰《義鏡》一百卷。後世佛書有《開四分律宗記義鏡》《開宗記義鏡鈔》，殆受其名之影響。《續傳燈録》卷一六云："廣尋文義，鏡裏求形。"故當以作"義"爲是。此當爲《義鏡》之節略本。宋人避諱，稱引蕭嵩《義鏡》每作《義纂》，且其書《宋志》僅五卷，《中興目》云："止第一至第五卷。"故此節略本疑當出於唐代。

開元禮教林一卷

《宋志》著録。《秘書目》禮類作《開元禮義教林》。陳樂素《考證》云："《宋志》疑脱'義'或'儀'字。"按，以"林"命篇，始於《淮南子·説林》，唐有陸善經《新字林》，王方慶《諫林》，此又其例也。唐人又有《開元禮京兆義羅》，知"義鏡""義羅"者，猶言鏡照其義、網羅其義，而"教林"前不當有"義"或"儀"

字也。

柳冕　禘祫義證

《舊書·禮儀志》載，貞元七年議禘祫之禮，至八年正月"吏部侍郎柳冕上《禘祫義證》，凡一十四道，以備顧問"。十一年七月"左司郎中陸淳奏曰：臣尋七年百寮所議，雖有一十六狀，總其歸趣，三端而已。于頎等一十四狀並云復太祖之位，張薦狀則云並列昭穆而虛東嚮之位，韋武狀則云當祫之歲，獻祖居于東嚮，行禘之禮，太祖復延于西。謹按禮經及先儒之説，復太祖之位，位既正也，義在不疑。太祖之位既正，懿獻二主當有所歸。詳考十四狀，其意有四：一曰藏諸夾室，二曰置之別廟，三曰遷于園寢，四曰祔于興聖。"則所謂"《禘祫義證》凡一十四道"，乃指柳冕編録進上之十四狀，皆主復太祖之位。志中所録"吏部郎中柳冕等十二人議曰"云云，即其中之一，文繁不録。

裴澄　禮典十二卷

《舊唐書》卷一三《德宗紀下》載，貞元十一年閏八月"己丑，國子司業裴澄表上《乘輿月令》十二卷，《禮典》十二卷"。《玉海》卷五一引《會要》云："貞元十一年八月，國子司業裴澄撰《乘輿月令》十二卷，《理典》十二卷，上之。"《新志》著録其《乘輿月令》，當即採據史傳，而漏載此書，蓋偶疏也。

裴澄，河南少尹璩子，官蘇州刺史。見《新唐書》卷七一上《宰相世系表一上》東眷裴氏、宋范成大《吳郡志》卷一一牧守門。又唐殷亮《顏魯公行狀》載顏卿大曆中在湖州"延江東文士"修《韻海鏡源》，內有裴澄。《山西通志》卷六五《科目》："貞元中進士：裴澄，聞喜人，蘇州刺史。"《文苑英華》卷一八二録其省試詩《春雲》，其登第約在貞元初。《山右金石記》卷四穆員貞元八年撰《裴濟墓誌》云："母弟澄，檢校膳部郎中。"貞元十一年在國子司業任，約貞元末任蘇州刺史。

杜佑　唐禮圖十五卷

敦煌寫卷伯二九六七號内容爲喪服圖，首云："（前殘）誤爲古今服變廣狹制，以致差謬。今見淮南節度使杜佑進上新制《唐禮圖》十五卷，其有《喪禮服制度》一卷，精麤不差，輕重合宜，當窮本書理，深得其宜。故持此以匡時要。"其下列經冠裳裙之圖，圖下有文字詳解，與《通典》接近，當即杜氏原書之節録。杜佑貞元五年至十九年任淮南節度使，並於十七年進獻《通典》二百卷，其中禮凡一百卷，然有文無圖。寫卷泛言"窮本書理"，亦可狹義理解爲依據《通典》文字繪圖，則此書當爲彌補《通典》無圖而作，並於貞元十八、十九兩年内進獻。又，吴麗娱《唐禮摭遺》推測此寫卷係鄭餘慶《鄭氏書儀》。

裴冑　古今禮要

《新書·段文昌傳》云："荆州節度使裴冑採古今禮要爲書，數從文昌質判所疑。"《會要》卷一四、《舊書·禮儀志》載，大順元年禮院憑《曲臺禮》，欲以三太后祔享太廟，太常博士殷盈孫獻議非之，曰："《古今禮要》云：'舊典，周立姜嫄別廟，四時祭薦，及禘祫於七廟，皆祭。惟不入太祖廟爲別配。魏文思甄后，明帝母，廟及寢依姜嫄之廟，四時及祔皆與諸廟同。'此舊禮明文，得以爲證。"未知即此書否？《舊書》本傳載冑歷官甚備，貞元十九年卒於荆南節度使，惜未言其著述。

歷代沿革禮十卷

《秘書目》著録，列鄭珣瑜、王彦威書之間；《日本目》禮類著録《古今沿革》十卷，列《開元禮》與《郊祀録》之間；日本藤原通憲《通憲入道藏書目録》亦著録《沿革禮》一部十卷，疑爲同書異名，且出於貞元、元和之際。按，中唐人好言"沿革禮"，如《舊書·殷侑傳》稱其"精於歷代沿革禮"，杜佑《通典》總目云

"禮凡一百卷,歷代沿革六十五卷,開元禮三十五卷",白居易《策林》有《沿革禮樂》篇,俱其證也。又,"裴冑採古今禮要爲書",亦即考古今禮之沿革,然終無以證其爲同一書,姑兩列之。

崔曇　玉璽實錄一卷

《舊書·崔玄暐傳》云:"本名曇,以字下體有則天祖諱,乃改爲玄暐。少有學行,深爲叔父秘書監行功所器重。"中宗時官至中書令,後貶卒。"玄暐少時頗屬詩賦,晚年以爲非己所長,乃不復構思,唯篤志經籍述作爲事。所撰《行已要範》十卷、《友義傳》十卷、《義士傳》十五卷、《訓注文館辭林策》二十卷,並行於代。"《新書》本傳不附載諸書,而據以補入《新志》。《崔曇墓誌》(《彙編》開元二六)云:"有《文集》五卷,撰《玉璽實錄》《行已要範》各一卷、《義士傳》十五卷、《友于傳》十卷、《注文館詞林策》廿卷。"可證史書之《友義傳》爲《友于傳》之誤,並補其所著《玉璽實錄》、《文集》二種。《玉璽實錄》當即宋代所傳崔逢《玉璽譜》,然經後人續修,詳見下條。

附按:玉璽譜之類書兩《唐志》及《通志》入儀注類,宋代書目或入小學、故事(典故)、雜傳記等類。

嚴士元　傳國璽記一卷

《崇文目》著録《秦傳玉璽譜》一卷,不著撰人名氏。《玉海》卷八四引《中興目》曰:"《玉璽譜》一卷,博陵崔逢修,嚴士元重修,皇朝魏損潤色。叙秦傳國璽歷代傳授得失本末,迄於乾德五年。"其下注曰:"仁宗朝晏殊進《玉璽傳》、《記》及梁蕭《受命寶賦》。《傳》一卷,不載撰人名氏。"《書録解題》典故類云:"《秦傳玉璽譜》一卷,題博陵崔逢修,協律郎嚴士元重修,河東少尹魏德謨潤色。《國璽傳》一卷,無名氏所記,止唐肅宗。《傳國璽記》一卷,稱嚴士元,與前大同小異。"《宋志》小學類云："崔逢《玉璽譜》一卷，嚴士元重修，宋魏損潤色。"
古人記玉璽傳授者多家，而唐宋流佈最廣者，當推崔、嚴、魏三人遞修之《玉璽譜》。陳氏所言《國璽傳》《傳國璽記》，則始見於《通志》。予嘗考鄭氏採據書目爲《隋志》《新志》《崇文目》《秘書目》及宋人私家藏書目，其不見於前四目之書，多僅流行於民間，而未入宋代館閣。此二書殆即晏殊所進《玉璽傳》、《記》，蓋得自民間也。然《秘書目》仍未著錄，蓋因其與三修本"大同小異"，不爲館閣諸公所重，後世亦多於焉忽之，遂使三修之過程，難悉其詳，近代輯釋宋代書目者所解，尤其不得要領。今據《崔曅墓誌》，知其博陵安平人，神龍中封博陵郡王，著有《玉璽實錄》，與此"博陵崔逢"相符，則書目所載著《玉璽譜》之崔逢，疑即崔曅之訛也。繼考嚴士元其人，則足以證實此疑矣。

嚴士元見《元和姓纂》，官至國子司業。《文苑英華》卷九四四穆員《國子司業嚴公墓誌銘》，載誌主爲嚴損之之子，天寶中以門子經行擢宏文生，調參江陵府軍事。肅宗時三遷至大理司直，歷京兆府戶曹掾、殿中侍御史、虞部員外郎。拜河南令、刑部郎中，選國子司業。建中年間貶潮州司戶，遷連州刺史，換彬州，復拜國子司業。貞元八年卒，年六十五。嚴損之廣德二年卒，獨孤及《毗陵集》卷一一載其《墓誌》，稱"仲子曰士元，由殿中侍御史爲尚書虞部員外郎"，知前誌之嚴公即士元也。又劉長卿、李嘉祐並有《送嚴員外》詩，當在廣德、大曆之際。韋應物《寄二嚴》詩注："士良，婺牧。士元，郴牧。"則在貞元初年，士良爲士元弟。

陳氏謂"協律郎嚴士元重修"，而墓誌未載此職，或有疑之者。考大理司直從六品，協律郎正八品，嚴士元"三遷"期間嘗任此職，不足爲疑也。又嚴士元伯父嚴挺之，《舊書·李林甫傳》載其娶妻崔氏，或爲崔暈之族人。《新書·崔玄暐傳》附載其孫崔涣："起家亳州司功參軍，還調。於是入判者千餘，吏部侍郎嚴挺之施特榻試《彝尊銘》，謂曰：'子清廟器，故以題相命。'"嚴挺之未任吏部侍郎，此殆指開元二十一年以尚書左丞知吏部選。則嚴士元略年少於崔涣，與之相熟，從其處得崔暈《玉璽實錄》，至肅宗初任協律郎時重修之，當合乎情理也。《書錄解題》所載二書，《國璽傳》"止唐肅宗"，《傳國璽記》"稱嚴士元，與前大同小異"，蓋俱爲嚴士元所修本，未經宋人魏損"潤色"而"迄於乾德五年"者也。今姑以後一書名著錄焉。

宋趙彥衛《云麓漫抄》卷一五首載"博陵崔逢《傳國璽譜》內所載璽"之圖，其下文字敘述自"《左傳》襄公在楚，武子使季冶問璽書而與之"至"邪律德先入汴求璽少帝云先帝受命旋令玉工製造"五百餘言，似多撮述崔《譜》，復加議論，故下文云："崔《譜》又云秦璽兩面皆有文，不知何據？文如前。"趙氏南宋時人，所見當爲嚴士元續修本，甚或宋魏損再續本，仍稱作崔《譜》者，蓋以其所辯諸事多出崔氏原書之故也。

杜確　楚寶傳一卷

《書錄解題》典故類云："《楚寶傳》一卷，杜確撰。肅宗乾元二年楚州尼真如獻寶事。"史載肅宗上元二年，楚州刺史崔侁獻定國寶玉十三枚，表云："楚州寺尼真如者，恍惚上昇，見天帝。帝授以十三寶，曰：'中國有災，宜以第二寶鎮之。'"時肅宗已被疾，召代宗曰："汝自楚王爲太子，今天賜寶於楚州，天祚汝也，宜保之。"遂改元寶應，賜真如號寶和，改縣爲寶應。故陳氏所謂乾元，爲上元之誤。杜確，貞元太常卿、同州刺史、河中節度使。十三寶中，五寶爲天寶元年所得，八寶爲肅宗初得，故又謂之八寶。宋朱勝非《紺珠集》卷四闕名《八寶記》、曾慥《類說》卷七《唐寶記》，蓋皆此書之節錄。又《太平廣記》卷四〇四載《肅宗朝八寶》一篇，云出《杜陽雜編》，《古今說海》題爲《寶應錄》。《太平寰宇記》卷一二四載楚州刺史鄭輅撰《得寶記》碑，其人無考，疑亦據此書撮述書石耳。《新志》雜傳記類有《國寶傳》，不知即此書否？《書錄解題》此書下又云："《八寶記》一卷，無名氏，大觀二年。"則爲記徽宗大觀二年受八寶事，與此無關。

李商隱　使範一卷

《秘書目》《宋志》著錄。宋程大昌《演繁露》卷一一云："節將入界，每州縣須起節樓，本道亦至界首，衙仗前引旌幢，中行大將，打珂金鉦，鼓角隨後。右出李商隱所撰《使範》，在臺儀後。"同書《續集》卷二云："節使未有平章事，即不合稱臺階、臺造、鈞慈、鈞造；不兼郡牧，亦不合著某官銜，上事後早晚兩衙。右出李商隱所撰《使範》。"知爲專述節使禮儀之書。按，《新志》有王晉《使範》一卷，《宋志》儀注類、刑法類重出，《秘書目》儒家類又有無名氏《使範》一卷，此未知是否誤題？然宋吳曾《能改齋漫錄》卷二、高似孫《緯略》卷六俱引"宋沈攸之《使範》"，則固有各撰同名書之可能也。

李商隱　家範十卷

《宋志》著錄。按，《新志》家範入小說類，《宋志》儀注類、儒家類兩見，其儀注類之盧僎《家範》有《饋餉儀》，殆爲其特色，李商隱《家範》或亦多言禮儀，姑從《宋志》之歸類。

孟詵　吉凶禮一卷

《日本目》著錄。孟詵唐初隱士，開元初卒，兩《唐書》有傳，《新志》載其《喪服正要》二卷。

劉敦行　祭儀一卷　喪服一卷

《劉敦行神道記》（《續集》第四七五頁）載其官至"太廟令，以親累,貶授施州别駕、硤鄂沂三州司馬",開元八年卒。後述其貶官後"留心著述,撰《□誡》三十卷,並前所撰《祭儀》一卷、《喪服》一卷"等,"可傳於後"。其任太廟令疑在開元初年,太廟令職掌祭祀,此二書蓋即撰於任上。

楊垂　楊氏喪儀一卷

李翱《李文公集》卷四《去佛齋論》云:"故温縣令楊垂爲京兆府參軍時,奉叔父司徒命,撰集《喪儀》。其一篇云《七七齋》,以其日送卒者衣服於佛寺,以申追福。翱以楊氏《喪儀》,其他皆有所出,多可行者,獨此一事傷禮,故論而去之,將存其餘云。""叔父"爲代宗相楊綰,卒於大曆十二年,是書奉其命而作,當亦成於大曆中。史傳謂楊綰"雅尚玄言,宗釋道二教",追福之説,蓋承其意。唐末温州刺史朱褒《悼楊氏妓琴弦》詩云:"魂歸寥廓魄歸泉,衹住人間十五年,昨日施僧裙帶上,斷腸猶繫琵琶弦。"明高士奇《三體唐詩》卷一、彭大翼《山堂肆考》卷一一二並引此作注。知李文公欲論而去之,亦有所不能。

鄭珣瑜　凶儀一卷

《秘書目》《通志》著録。鄭珣瑜,德宗相,《新書》有傳。

韋武　家祭儀三卷

韋武貞元中官至京兆尹,《新書》本傳云:"帝以反正告郊廟,大兵後典章苟完,執事者時時咨武,武酌宜約用,得禮之衷,群司奉焉。"《會要》卷一三載京兆尹韋武議禘祫禮云云。《吕温集》卷六《韋武墓誌》稱其"服膺經籍,循性爲學,深於禮服"。"擢爲太常博士,草朝廷之儀,大事不繁,小事不略"。"上方以戡復之慶,親告郊廟,大兵僅解,百度各缺,執事憂惑,悉咨於公。公以變通之識,酌於宜□,備物約用,禮成掌中,群司遵行"。"與故相國鄭公珣瑜等同被推擇","分宰大邑"。"公所撰《家祭儀》三卷,《文集》十五卷,凡諸著述數萬言,並行於代。"

王涇　祠儀一卷

《宋志》著錄。《新書·禮儀志》云："貞元中太常禮院修撰王涇,考次歷代郊廟沿革之制,及其工歌祝號,而圖其壇屋陟降之序,爲《郊祀錄》十卷。"《新志》云："王涇《大唐郊祀錄》十卷,貞元九年上。"史書又載永貞元年遷高宗祔德宗,元和元年祧中宗祔順宗,兩事皆涇主議,一稱禮官,一稱太常博士。元和十四年,太常丞王涇上疏請去太廟朔望上食。此書爲《郊祀錄》中裁出單行者,抑別爲一書,無由確考。

李隨　吉凶五服儀一卷

《宋志》著錄,列王涇、獨孤儀之間。唐有數李隨,其中《登科記考》貞元十四年狀元及第,《舊書·穆宗紀》長慶三年秘書少監,《新書·宰相世系表》肅宗相李揆之侄、秘書監李隨,當爲同一人,時代相符,殆即其人也。

李隨　家儀一卷

《秘書目》著錄。

柏宗回　王公家廟錄五卷

《文苑英華》卷九四六羅袞《柏宗回墓誌》云:宗回字幾聖,踵父學《開元禮》,咸通中歷州縣,後爲著作郎。"上即位數年,承反正之後,將修太廟。時見饗九廟十二室,而實七代。議者以爲天子七廟,六經無九廟文。又欲以穆宗、宣宗爲二廟,僖宗爲一廟,出敬宗、文宗、武宗爲別廟。文武百官參議不能定,或薦君於相國徐君,遂擢授太常博士。及進議,請修奉九廟十四室。"遷虞部、倉部郎中,光化二年卒,年六十一。"撰《王公家廟錄》五卷,奏議論難宗廟之書萬有餘言。"

龐景昭　喪服譜一卷

《通志》著錄。《秘書目》昭作照,譜作制。龐景昭,壽春人,文宗時太常少卿、權知京兆尹龐嚴之父。

楊瑒　吉凶儀注

《舊書·楊瑒傳》云：華陰人。初爲麟游令，擢拜殿中侍御史。開元初遷侍御史，歷遷御史中丞、户部侍郎。出爲華州刺史十六年，遷國子祭酒，再遷大理卿。二十三年，拜左散騎常侍，尋卒。"瑒常歎禮儀廢絶，雖士大夫不能行之，其家子女婚冠及有吉凶之會，皆按據舊文，更爲儀注，使長幼遵行焉。"

李德裕　服飾圖三卷

《讀書志》云："《服飾圖》三卷，右唐李德裕編，共五十五事。"

唐大行皇帝崩服禮儀一卷

《秘書目》著録。

五服志三卷

《通志》《宋志》著録。《崇文目》禮類云："不著撰人名氏。據《江都》《開元》二禮，參引先儒所論輕重之制，蓋唐人所編次云。"

唐吉凶儀圖三卷

《秘書目》著録。《宋志》作《唐吉凶禮儀禮圖》。

雜禮要用一卷

《日本目》禮類著録，列王涇《郊祀録》之下，疑唐人所撰。

唐續時令儀

宋高似孫《緯略》卷七"三嚴"條："《唐續時令儀》曰：唐制日未明七刻，搥一鼓爲一嚴，侍中奏開宫殿門及城門。未明五刻，搥二鼓爲再嚴，侍中奏請中嚴，群臣五品以上俱集朝堂。未明二刻搥三鼓爲三嚴，侍中中書令以下俱詣西閤，奉迎鑾駕出宫，詣太極殿。"其説最近《通典》卷一二四《皇帝於明堂讀五時》之"鑾駕出宫"。

杜家立成雜書要略一卷

日本正倉院藏《杜家立成雜書要略》一卷，相傳爲奈良朝光明皇后書寫。包括三十六組書劄，體裁以四言句爲主。周一良《敦煌寫本書儀考》疑其成書於武德年間，書名之所謂立成，則出葛洪《抱朴子》。又據孫猛《詳考》，日本學者藏中進亦謂其成書於唐太宗即位以前，福井康順以爲即《杜家新書》。按，《隋書·杜正藏傳》云："又著文章體式，大爲後進所寶，時人號爲《文軌》，乃至海外高麗、百濟亦共傳習，稱爲《杜家新書》。"《北史·杜正藏傳》云："又爲《文軌》二十卷，論爲文體，則甚有條貫，後生寶而行之，多資以解褐，大行於世，謂之《杜家新書》云。"其書二十卷，當爲總論各種文體，必非此一卷之書儀也。梁劉勰《文心雕龍》所論文體，其章表、奏啓皆非普通書信，蓋其時書信未成正式文體，尚無定名，故此書謂之"雜書"也。杜氏兄弟三人並舉秀才，其弟杜正倫高宗時仕至中書令，亦擅著述，豈可謂杜家之書必出杜正藏哉。

許敬宗　月儀四卷

《日本目》著録。晉索靖嘗書《月儀》，今存傳世法帖，文載《全晉文》卷八四，皆用四言。《南史·任昉傳》："八歲，能屬文，自製《月儀》，辭義甚美。"《隋志》小学類："梁又《月儀》十二卷。"十二卷者，當爲月各一卷。許敬宗此書四卷，殆每季一卷也。又《初學記》卷四引王羲之《月儀書》、臺北故宫博物院藏真草兩體《唐人月儀帖》皆用四言，殆早期月儀俱不用四六文體。

十二月儀七卷

《日本目》列許敬宗後，或爲唐初月儀。

趙燈　新修書儀五卷

《日本目》著録。趙燈無考，附列於此。

唐初吉凶書儀

敦煌寫卷伯四〇二四號無書題，存八十八行，有《喪服儀》《服衣儀第十九》兩個子目。王重民《敦煌古籍叙録》云："喪服儀當爲第十八，蓋爲抄者所脱誤。"且謂"蓋與古人所作變除圖、喪服譜相類"，故擬名爲《喪服儀》。然書儀之凶儀部分亦言喪服，且此卷前部似有年序凡例殘文，與書儀體例相近，故周一良、趙和平等擬名爲《吉凶書儀》。其所出時代，多謂約高宗武后時。吳麗娛謂其"不諱世、基（期）字，喪服部分也無貞觀改制内容，應爲唐初書儀"。

又，敦煌寫卷斯一七二五號正面無書題，存一六八行，無子目，内容爲喪服制度及婦女吉儀，似爲某書儀之摘抄。譚蟬雪謂其喪服制度"是唐初舊禮"，姜伯勤謂其具有《顯慶禮》"其文雜以式令"之特徵，吳麗娛"認爲年代應在貞觀末期或高宗朝"。

又，敦煌寫卷伯三九〇〇號正面無書題，存七十九行，前部存七至十二月節候用語，其下題《箋表第二》，則前當爲《年序凡例第一》。周一良、趙和平定爲武后時書儀，吳麗娛曰："此件並無武周改字，避'世'而不避'葉'（高宗初定避昬、葉字），又有'聖略内昭'語，似也不刻意避武曌諱，姑存疑。"（凡敦煌書儀各條參周一良、趙和平《唐五代書儀研究》，中國社會科學出版社一九九五年；吳麗娛《唐禮摭遺》，商務印書館二〇〇年。）

朋友書儀一卷

敦煌寫卷斯六一八〇號題"《朋友書儀》一卷"，另有斯五六六〇號等十餘寫卷，分屬此書三個寫本。内容包括"辯（辨）秋夏春冬年月日""十二月相辯（辨）文"兩部分，前者按年、季、月、日分别羅列相關套詞用語，後者又分兩組，各以十二月序次，月各一劄，一組用四六文，有四言答書，一組用四言，無答書。由月儀脫胎而來，屬早期形態之書儀，吳麗娛考其成書"很有可能是在開、天之際"。

盧璥　書儀

《墓誌》（《洛陽流散唐代墓誌彙編續集》第一一〇頁）云，字子瑜。初以弘文館胄子擢甲科，授隨州司倉。又轉杭州司功，歷任句容、蘭溪、江陽令。武周久視元年卒於魏州司馬任上，年六十一。"君嘗撰《潤州記》及《書儀》，並行於世。"又卒前遺命"速即歸葬，殮以時服"，子微明、藏用"奉而行之"。

盧藏用　儀例一卷

敦煌寫卷伯三八四九號杜友晉《新定書儀鏡》尾部有"黃門侍郎盧藏用《儀例》一卷"及序文一篇，後爲《通例第二》部分。同書另一寫卷伯二六一六號題有《刪定儀諸家略集並序例第一》《通例第二》等子目，吳麗娛云："所謂《序例第一》就是《儀例》一卷。"疑不可從。前者所謂"諸家略集"即先列所據諸家書名、卷數，所謂"序例"則指所據諸家之序例。盧藏用殆離杜氏最近，次列於末，其前諸家因寫本殘損已不可知。後者《儀例》則爲盧藏用書儀之名稱。故其下爲盧藏用《儀例》之序，内云："春秋之時，子產、叔向，已有往復。爰至李斯、樂毅、少卿、子長，殆不可勝紀，並直陳其旨。至於稱謂輕重，闕而不聞。暨齊梁通賢，頗立標統。然而古今遷變，文質不同；南北士庶，風流亦異。致令晚生後學，無所取則。聊因暇日，纂述諸儀，務存簡要，以神未悟，士大夫之風範，盡在是矣。將以傳子弟，非敢出於户庭。古今書儀，皆有單復兩體，但書疏之意，本以代詞，苟能宣心，不在單復，既能叙致。"盧藏用景龍中黃門侍郎，轉工部侍郎、尚書右丞，開元初卒。

杜友晋　新定書儀鏡

敦煌寫卷伯三八四九號尾部有凡例二十八首，與伯三四四二號杜友晋《書儀》凶儀卷下凡例相同，其下爲盧藏用《儀例》書題、序文及《通例第二》，中間插有"《新定書儀鏡》吉上、凶下，杜友晋撰"一行題記。伯二六一六題有《删定儀諸家略集並序例第一》《通例第二》《四海弔答第三》三個子目，爲此書另一寫本。此外尚有伯二六一九背、伯三六三七號等約十個寫卷。此書爲伯三四四二號杜友晋《書儀》之"新定"簡本，其删除後者用於皇家之箋表及僧尼道士吉凶書儀，將其纂要分散於各條之中，增加"内族服圖""外族服圖""婦爲夫族服圖""内外族及四海弔答辭"，内容更爲簡略，切合民衆日用，流佈尤爲廣泛，故留存之寫卷獨多。

杜友晋　書儀鏡一卷

敦煌寫卷斯三六一號題"《書儀鏡·凶下》"，斯三二九號可與之綴合，全書應爲包括吉上、凶下之一卷本。另有三個寫卷分屬此書兩個不同寫本。此書拼合後存四百行左右，起吉儀"賀四海加官秩書題"，迄凶儀"四海弔答書儀二十首"。其凶儀與杜友晋《新定書儀鏡》凶儀部分相同，唯後者之内、外、夫族喪服圖等爲《書儀鏡》所無，而《書儀鏡》則增加諸多"四海"往來書疏。周一良、趙和平以爲其亦杜友晋撰，係爲"出門在外作官"者專門改編，撰作時間應在天寶六載以前。榮新江則謂《四海平蕃破國慶賀書》全錄邊疆將士往來書信，内多四鎮及平勃律事，書儀實經改造而成"安西書儀"，作者已非杜友晋。然其仍以《書儀鏡》爲名，亦或仍題杜友晋撰，寫本殘脱耳，兹爲之補題。

杜友晋其人無考，《崇文目》著錄杜有晋《書儀》，《四庫總目》以爲宋人（司馬光《書儀》提要）。《新志》列於儀注類之末，故王重民、姜亮夫等俱以爲唐末人，日本那波利貞以爲憲宗、文宗時人。周一良、趙和平考《書儀鏡》所稱職官，爲開元以後制度；多用"豫"字，不避代宗諱；又云"勃律小蕃，滅亡在即"，而唐平勃律在天寶六載，故定其成書在此年之前。然吳麗娛以爲平勃律之"主人公可能是封常清"，書儀"撰作時間應在天寶末或更晚一些"。而按榮新江之"安西書儀"説，則此事不宜作爲考證杜氏原書年代之依據。又鄭餘慶《書儀》序云："諸礼經繁綜浩大，卒而難以檢尋，乃有賢士撰集纂要吉凶書儀，以傳世所用，寔爲濟要。凡有十餘家著述，唯京兆杜氏制撰，比諸家儀礼，則今之行用七十八矣。"周一良、趙和平謂此"京兆杜氏"即指杜友晉，鄭氏《書儀》撰於"元和六七年前後，由此上推七十八年，京兆杜氏《書儀》適在開元二十五年左右成書"，似亦可商榷。宋代鄭氏《書儀》尚行於世，若有此明文，書目著録殆不致於失次如此也。且味序意，殆謂以"十餘家著述"相"比"，杜氏《書儀》"十七八"爲"今之""諸家"所"行用"矣。此贊其影響之大，與行用之年無涉。傳抄誤乙作"七十八"耳，非脱"年"字也。故杜友晉之著書，可粗定爲玄宗、肅宗之際，具體年代，尚難確考也。

盧僎　盧公範饋餉儀

《太平御覽》卷二五引"《盧公範饋餉儀》曰：凡八月旦上承露盤，赤松子承柏上露爲囊以膏面皮。古人用點炙杖，以梨枝爲之，及銀盞中有朱砂銀枝子也。"下注："盧公範者，盧懷慎之家法也。"同書卷三二又引"《盧公範》曰：九月重陽日上五色糕、菊花枝、茱萸樹，飲菊花、佩茱萸囊令人長壽也。"宋龐元英《文昌雜録》卷三記唐歲時節物云："八月一日則有點炙杖子，九月九日則有茱萸、菊花酒、餻。"與此最爲契合，疑龐氏該條其餘月份節物亦據此書也。清章宗源《隋書經籍志考證》據《御覽》著録，云："又作《盧公家範》，則範字非人名。"章氏所言甚是，此當讀作《盧公範·饋餉儀》，惜其失檢盧懷慎其人，仍誤以爲隋前之作也。盧懷慎爲玄宗相，以清儉著稱，兩《唐書》本傳述之甚詳。《新志》小説類載其姪盧僎《盧公家範》一卷，《宋志》入儀注類，此當爲其中之饋餉儀。敦煌《鄭氏書儀·節候賞物第二》云："八月一日賞點炙杖、朱碗子。"此書儀中之饋餉儀也，與上引佚文亦相契合，故别裁此儀於此。

獨孤儀　陸贄　紅亭紀吉儀一卷

《宋志》著録，注云："獨孤儀及陸贄撰。"《遂初目》作《江亭記》，無撰人卷數，當即此書。獨孤儀不知何人。陸贄，德宗相，事迹詳兩《唐書》本傳。《廣川書跋》卷八"于範書"條云："範書自序'感戀''增懷'，皆書詞所避。咸通間唐制不行於天下久矣，後生不習典禮，可以增歎也。梁制，箋書有'增懷'語者，不得答書。答中彼此感思乖錯者，州望須刺大中正處，入清議，終身不得仕。《唐紅亭紀》立制，凡稱'感'者徒二年，其法至重。梁制至唐雖未必盡用，然陸贄所定，行於貞元，不應咸通間盡廢，知當時唐之制度不能行於四方也。"按，鄭餘慶自言嘗與陸贄等"共議時用要省吉凶儀禮，因而病諸"，故元和中撰《書儀》。岑參《暮春虢州東亭送李司馬歸扶風别廬》詩有"紅亭緑酒送君還"之句，疑"紅亭"代指親友往來，《紅亭紀吉儀》則爲書儀之吉儀部分，故有書詞稱"感"處以徒二年之刑之制。

鄭珣瑜　書儀注一卷

《秘書目》著録。《宋志》作"鄭洵瑜《書儀》"，陳樂素《考證》云："《宋志》誤'珣'爲'洵'。"

删繁加要書儀一卷

日本僧宗叡《新書寫請來法門等目録》著録，注云："元和年中者。"

文儀集一卷

敦煌寫卷伯五五五〇號存開端十六行，首題："《文儀集并序》，忻州刺史□"（下殘）。序文殘甚，略可聯貫，略謂"我大唐馭曆，已從刪減，吉凶""莫不具之。幼童猶未能悉，是以""敷弘舊典""成一卷，刪彼廣記，添此時行"，其意從簡省，取便時用，然仍注重引據舊典，此於正文下雙行小字夾注見之矣。又有《内外官啓第三》《四海吉書〔第四〕》《外族吉書第六》《婦人條書》《尊卑弔答第九》五個子目，可逆推尚有《年叙凡例第一》《箋表第二》《内族吉書第五》。與杜友晉《書儀》體例相近，疑亦在鄭餘慶所謂"十餘家著述"之内。

附按：《日本目》小學類有《文儀集注》一卷，儀注類有《文儀注》十卷，總集家有《文儀集》一卷，並不著撰人名氏。《隋志》儀注類已有《文儀》二卷，梁修端撰。故此三者既不知其是否同書重出，尤難以定其所出時代，姑附於此。

沙州書儀一卷

敦煌寫卷斯一四三八號背存一七七行，近似表狀箋啓類書儀，通聯書寫，不分類目，蓋隨手寫録，未經編次。作者沙州陷蕃初期即貞元三年前後曾任沙州節兒（守使），後出家爲僧。其中上吐蕃贊普沙州寺舍利骨表、上瓜州節度使述氾國忠反抗吐蕃經過狀、請出家狀等爲任官時公文，其餘多爲官民僧衆間喜慶、存問、弔唁、祝頌等私人書啓模本，多爲客套用語，無具體人名、時間，而以"厶"代之，或作"厶姓厶名""厶姓名"。仍避唐諱，如"民"改"人"，"世"缺末筆。姜伯勤、史葦湘曾作考證，楊銘發現一件藏文文書提及氾國忠事，與此書儀爲同一人所作。趙和平擬名《吐蕃佔領敦煌初期漢族書儀》，兹以地名簡稱之，不曰"敦煌"者，以區別於其他敦煌寫本書儀也。

張敖　新集諸家九族尊卑書儀一卷

敦煌寫卷伯三五〇二號背首行題"《新集諸家九族尊卑書儀》一卷"，次行題"河西節度使掌書記試太常寺協律郎張敖撰"。次爲序："夫書儀者，籍在簡要，不在其多。但見古來撰述，紙數維繁，詞理歸一，足成奕言，□議尚虧。朝廷八座，群官參詳，輕重删略，亦在直言。且凡修書者，述往還之情，通溫涼之信。四時遞改，則月氣不同；八節推移，則時候皆別。今之所著，微舉宏縷，修從輕重，臨時剪裁。先標寒暑，次讚彼人，後自謙身，略爲書況。故知江海□遠，尚藉涓流；五岳崇高，猶假塵附。使童蒙易曉，一覽無遺，故曰《纂要書儀》，具載於後。"序後爲節候用語，正文有"封題樣""與重者書""與四海告別書""與未相識書""與僧人書""與道士書""相迎宴樂書""内族吉書""嫁娶祭文"等子目，爲敦煌寫本吉凶書儀中最爲簡要者。又，此書正文前二十餘行字迹零亂，有正書，有倒書，其中出現"大中六年""大中十六年""大中十九"三個年款。大中僅十三年，周一良、趙和平謂後兩個年號"是書手（氾文信）試筆時信手所書"，然"足可以推定張敖撰集《書儀》是在宣宗之時"。

張敖　新集吉凶書儀二卷

敦煌寫卷伯二六四六號首行題"《新集吉凶書儀》上下兩卷並序"，次行題"河西節度使掌書記儒林郎試太常寺協律郎張敖撰"，尾題"《要集書儀》一卷，天復八年歲次戊辰二月二十日學郎趙懷通寫記"。另有十一個寫卷，其中伯二五五六、伯三二四九號殘存書題，斯二二〇〇號卷尾有大中十年六月十一日題記，可證張敖爲宣宗時人。序稱："今朝廷遵用元和新定《書儀》，其間數卷，在於凡庶固無所施，不在於此。今採其的要，編其吉凶，録爲兩卷，使童蒙易曉，一覽無遺，故曰《纂要書儀》。"知其删略鄭餘慶《書儀》而成。序後爲節候用語，正文有"起居啓""賀正冬啓""賀端午獻物狀""四海參慰語並書狀""僧人書""俗人與道士書""内外族吉書""夫與妻書""妻與夫書""内外族題書狀樣""通婚書"及婚禮儀注等。其中婚禮儀注較詳，寫本僅抄吉禮一卷，並尾題改作《要集書儀》，殆亦重視婚禮之故也。

伯二六二二號前部殘，尾題作"《吉凶書儀》上下兩卷，大中十三年四月四日午時寫了"，抄録人爲"學郎"李文義。另有五個寫卷，俱無書題。殘存前數行喪禮儀注無子目，其後爲"四海弔答書儀""俗人弔僧道遭師主喪書及答書""口弔儀""弔尊卑儀""諸色祭文"，多與鄭餘慶《書儀》相合。其體例、行文、抄寫年代，俱與張敖《新集吉凶書儀》上卷相近，故姜亮夫《莫高窟年表》謂即其書之下卷凶儀部分。

王重民《敦煌古籍叙録》曰："'河西節度使'當是河西歸義軍節度使之簡稱，敖蓋張議潮之族人，得試太常寺，殆曾隨歸義軍節度使入朝歟？若然，蓋在長安得元和新定《書儀》，歸而删纂爲書，以備河西人士之用者。"又曰："自序不署年月，疑當纂成於咸通間，當時中朝通用元和新定本，而此本遂亦盛行於河西。"因其當時所見爲天復八年寫本，故作此推測耳。周一良、趙和平通考張敖所撰《書儀》十三個寫卷，而"推定張敖撰集《書儀》是在宣宗之時"，洵不刊之論矣。然其以《新集諸家九族尊卑書儀》内容簡略爲由，而判定其從《新集吉凶書儀》"脱胎而來"，"編寫年代應稍晚"，似有未達一間。前者寫卷中三個年款，"大中六年五月廿七日"未必"信手所書"，或即抄寫之日，比後者最早寫卷抄於大中十年早，則成書時間亦或略早。張義潮大中五年十一月除河西歸義軍節度使,至此纔僅半年,張敖"河西節度使掌書記"等署銜殆同時任命,若非張義潮子姪,恐不能有此待遇。而若後者編寫在前,則半年之内連撰兩書,並出現他人抄本,雖非絶無可能,然終概率較小。復以書名論之,前者"新集諸家",與杜友晉《新定書儀鏡》"删定儀諸家略集"、鄭餘慶《書儀》"凡有十餘家著述""采彼群儀"之口吻相近,已明言非據一書。又其書名中有"九族"二字,《日本目》著録隋李德林《九族書儀》一卷,或即其所採"諸家"之一乎?而後者無"諸家"字樣,其正文確係删略鄭氏《書儀》一家而來。最後以序文論之,前者幾乎全用四言,典雅古樸,自出機杼;後者前半多同鄭餘慶序,"今朝廷遵用元和新定《書儀》"以下述"新集"緣起,唯"使童蒙易曉,一覽無遺"句與前者之序相同。由此推測,張敖當曾於大中六年五月前據沙州陷蕃前傳入當地"諸家"書儀"新集"一簡略實用之書儀,甚至有可能編於張義潮歸唐之前,抄本改題當時之官銜耳。歸唐之後,復據"今朝廷遵用元和新定《書儀》"編撰新儀,以表示對唐室之忠心。而若謂後者先成,前者正文由其"脱胎而來",則爲何序文不僅未加説明,甚且幾乎完全不同,尤其删去"今朝廷"字樣,皆不可解者也。

河北吉凶書儀

敦煌寫卷伯四〇五〇、斯五六一三、俄一四三八號等十一個寫卷,均爲册頁裝,頁六七行,行十六七字,屬同一書儀,内容爲四海吉書和内外族凶儀告哀弔答書等。據考證爲"内地所寫而流入敦煌者",其中有"司空仁恩,察以公幹,擢拜河間長官","僕不才,蒙受臨河縣宰"等語句,可斷定作者約爲晚唐河北一帶節度使幕僚。抄寫於開成二年至梁開平二年之間。

以上儀注類,補五十七種。

刑法類

劉林甫　律議

《新書·劉祥道傳》云："父林甫，武德時爲內史舍人，典機密，以才稱。與蕭瑀等撰定律令，著《律議》萬餘言，歷中書、吏部二侍郎。"

貞觀敕九卷

《日本目》著錄。孫猛《詳考》云："日本清和天皇年号亦作'貞觀'，貞觀年間所頒敕、制，屢見《三代實錄》，此書或日本古籍。然日本《本朝法家文書目錄》著錄《貞觀格》一部十二卷、《貞觀式》一部廿卷、《貞觀儀式》一部十卷，未見《敕》。"按，以《日本目》前又著錄《開元皇口敕》一卷例之，此亦當爲唐太宗之敕也。

唐休璟　垂拱格後長行敕十五卷

《日本目》著錄作《後常行格》，不著撰人名氏。"常"原當作"長"，音義相近致訛；"格"原當作"敕"，因其列於《垂拱格》與《垂拱留司格》中間，傳抄者誤改。唐制每取敕旨之堪久長行用者，編入條格，如《新志》有開元《格後長行敕》《度支長行旨》。此義之長行，史書無作"常行"者。《唐會要》卷三九云："神龍元年六月二十七日，又刪定《垂拱格》及《格後敕》。尚書左僕射唐休璟、中書令韋安石、散騎常侍李懷遠、禮部尚書祝欽明、尚書右丞蘇瓌、兵部郎中姜師度、户部郎中狄光嗣等，同刪定至神龍二年正月二十五日已前制敕，爲《散頒格》七卷。又刪補舊《式》爲二十卷。"又見《册府元龜》卷六一二。《舊書·韋安石傳》附載其從祖兄子"巨源奉制與唐休璟、李懷遠、祝欽明、蘇瓌等定《垂拱格》及《格後敕》前後計二十卷。"《舊志》刑法類收律令格式而不收敕，《新志》據史書記載補録開元後敕書六種，而遺漏此書者，蓋因史未明言其成書，又未記卷數也。今參《日本目》之著録，唐休璟等修《格後敕》之全稱當爲《垂拱格後長行敕》也。

今藏德國柏林科學院東方學與亞洲歷史研究所吐魯番文獻中有一殘卷，存十六行，凡六條，每條之首皆冠以"敕"字。所引敕條，最遲者爲萬歲通天，又有文昌臺、鸞臺、夏官等光宅所改官名，且不見武周新字，不避唐玄宗諱，蓋爲垂拱後敕而編成於中宗神龍元年之前。然其書式類似《開元户部格》殘卷，故劉俊文曾據《日本目》擬題爲《垂拱後常行格》，後又改爲《神龍吏部留司格》。按，格後敕書式不詳，焉知其不能類似《開元户部格》？故其爲《垂拱格後長行敕》殘卷之可能性，尚不能輕易否定也。

孫猛《詳考》云，日本惟宗直本《令集解》據《古記》轉引《格後敕》，其中有兩條引文標明卷數。又曰："其引文所出卷數，一爲十三卷，一爲十四卷，其中又多爲《古記》所引；《古記》成書於天平十年左右，故若要爲《古記》所引，唯有此《垂拱格後敕》。又卷數未過十五，與著録相符，故《日本國見在書目録》此條亦有可能爲《古記》所引之《格後敕》。"孫氏復舉二例，謂此《格後敕》中兩條佚文，與《開元户部格》殘卷及《令集解》同條《令釋》所引《開元格》相同，此正格後敕之堪久長行用者編入條格之顯例也。

王仁昫　律注

敦煌寫卷伯二一二九號王仁昫《刊謬補缺切韻序》，自云"所撰《字樣音》，注《律》等"，約在武周後期。或以"注"字屬上，非是。《晉書·刑法志》云："明法掾張裴又注律，表上之。"《南齊書·孔稚珪傳》載其表云："敕臣與公卿八座共删注律。"《全齊文》卷一九收録，擬名爲"上新定律注表"。皆可爲述稱"注《律》",書名擬爲《律注》之佐證也。王氏武周後期任朝議郎、行衢州信安縣尉,縣尉别稱爲"捕賊官""捕賊尉",乃基層司法官員,其注《律》誠如所言:"昫祇務守職,絶私奉公。"唐初之律有二,即《貞觀律》《永徽律》各十二卷,王氏當注時行者,即《永徽律》。

唐具注律十二卷

《日本目》著録。顧名思義,似當爲有注之《律》,然疑與王仁昫注《律》非一事也。蓋"具注"一詞,見於《玉海》卷五五引《集賢注記》:"自置院之後,每年十一月内即令書院寫新曆日一百二十本,頒賜親王公主及宰相公卿等,皆令朱墨分佈,具注曆星,遞相傳寫,謂集賢院本。"以之名書,則晚唐五代敦煌寫卷多有《具注曆日》,最早者爲中和二年。此前六十多年,日本《弘仁式》記載有《具注御曆》二卷。此類具注,皆指原書所具之星象及吉凶宜忌等項,非後人所加注釋也。具注律與律之區别,疑當如留司格之於散頒格。唐格頒行以後,或又别編堪爲當司留用者爲留司格,殆多出便於本司官員行用之説明,故其卷數較散頒格爲多。如《永徽散頒天下格》七卷,《留本司行格》十八卷;《垂拱散頒格》三卷,《留司格》六卷。刑部留用之律,或亦與此相類,較頒行之律多出具注。

李林甫　開元律十二卷　律疏三十卷

唐武德中以《開皇律》爲准,加入五十三條格入,制定新律,七年頒行。貞觀中定律五百條,分爲十二卷,十一年頒行。永徽初,長孫無忌撰《律疏》三十卷。武后垂拱中,"律惟改二十四條,又有不便者,大抵仍舊"。至開元初,盧懷慎等"删定格、式、令,至三年三月奏上,名爲《開元格》"。六年,宋璟等"删定律令格式,至七年三月奏上。律、令、式仍舊名,格曰《開元後格》"二十二年,李林甫等"共加删緝,舊格、式、律、令及敕,總七千二十六條。其一千三百二十四條,於事非要,並刪之;二千一百八十條,隨文損益;三千五百九十四條,依舊不改。總成《律》十二卷,《律疏》三十卷,《令》三十卷,《式》二十卷,《開元新格》十卷。二十五年九月奏上。"

唐初至開元末律令格式之刪定,《六典》卷六、《通典》卷一六五、《會要》卷三九、《册府元龜》卷六一二並兩《唐書》等記載極其詳贍,兹據《舊書·刑法志》略撮其言及律者。然其律見於《舊志》者,唯裴寂《令律》十二卷、《律疏》三十卷;見於《新志》者,亦僅《武德律》《貞觀律》《永徽律》各十二卷、《律疏》三十卷。今人據史書所述,遂謂尚有《垂拱律》《開元七年律》《開元二十五律》《開元律疏》,進而推求日本《養老令》《令集解》、敦煌寫卷出自某年之律,今本《律疏》究爲永徽、開元之疏,日本學者尤樂道之。若以刪定條文言之,此固無不可也。而若以書名言之,不僅無所謂《垂拱律》云云,甚至《武德律》《貞觀律》《永徽律》亦歐陽修向壁虚造,唐人無其稱也。唯崔融《爲百官賀斷獄甘露降表》嘗云:"貞觀律唯有十卷,其《捕亡》《斷獄》兩卷,乃是永徽二年長孫無忌等奏加。"崔融武周時人,其謂貞觀中之律"唯有十卷",非以《貞觀律》爲書名也。此其故何耶?以上引"律、令、式仍舊名,格曰《開元後格》"與《舊志》之著録相參,蓋律爲國之大典,後雖有刪定,不易其名,《舊志》謂之《令律》,以别於律吕,冠以朝代則爲《大唐律》,注謂"裴寂撰",實則貞觀後之刪定寓焉,《日本目》亦唯有《大唐律》,皆獨一無二者也。令、式、格則凡有大型刪定,即冠以年號名之,故《舊志》有《武德令》《貞觀格》《永徽令》《永徽成式》《永徽中式本》《垂拱式》之目,尤以永徽後刪定之格爲多,兹不備列。故開元三次修法,後兩次俱嘗刪定律,然仍以《大唐律》爲名,三次俱刪定令、式、格,皆以《開元令》《開元式》爲名，唯因後二格曰《開元後格》《開元新格》，後追改前者爲《開元格》。《新志》據史書記載補録，故凡有删定卷數者，即冠以年號而列之，唯開元《令》《式》，僅次於《後格》之下，與史書唯於《新格》下詳記卷數者殊；史書唯言永徽撰《律疏》，未明言删定律，殆以有疏而連類著録其律，而史書明載開元二十五年《律》十二卷，《律疏》三十卷，卻未予著録，其自亂其例若此，遂令後人如墜迷霧，無所適從焉。茲依補志通例，仍録作《開元律》《開元律疏》，至於其删定之具體内容，史書綦詳易檢，不贅録焉。而垂拱改律，開元三年、二十五年删定令、式，已略述如上，不另列目焉。

敦煌寫卷伯三五九三號爲《名例律疏》卷一之殘，與新疆維吾爾自治區博物館、李盛鐸舊藏之《律疏》殘卷俱爲開元疏。北圖河字十七號寫卷尾題"《律疏》卷第二《名例》"，下有題記："開元二十五年六月廿七日知刊定中散大夫御史中丞上柱國臣王敬從上。刊定法官宣議郎行滑州酸棗尉明法直刑部武騎尉臣俞元祀，刊定法官通直郎行衛州司户參軍明法直中書省護軍臣陳承信，刊定法官承議郎前行左武衛胄曹參軍事飛騎尉臣霍晃，銀青光禄大夫守工部尚書同中書門下三品上柱國隴西郡開國公知門下省事臣牛仙客，兵部尚書兼中書令集賢院學士修國史上柱國成紀縣開國男臣李林甫。"《會要》卷三九、《舊書·刑法志》、《册府元龜》卷六一二、《新志》等俱以李林甫、牛仙客、王敬從、崔晃、陳承信、俞元祀爲序，蓋始修與奏上時之别，名字官職略異，則傳抄之誤也。此等尾題，與後世刻書於卷尾詳列校刊者人名相似，適足佐證其卷端題名無"永徽""開元"字樣，撰人當署長孫無忌而非開元諸公也。其正文與今本《唐律疏義》差别甚微，則今本亦當爲開元删定者，特與寫卷所據底本不同，後世抄刻又生歧異耳。

律附釋十卷

《日本目》著録。孫猛《詳考》云："日本《本朝法家文書目録》著録《律附釋》一部十卷。載其篇目：'第一《名例上》，第二《名例下》，第三《衞禁》，第四《職制》，第五《户婚》，第六《廐庫》《擅興》，第七《賊盗》，第八《鬥訟》，第九《詐僞》《雜》，第十《捕亡》《斷獄》。'《本朝書籍目録》政要類著録《律附釋》十卷。"日本學者或以爲日本"國書"，或以爲唐人所釋，或以爲既有唐人之《唐律附釋》，亦有日本人之《律附釋》。日本《令集解》《政事要略》《法曹至要抄注》等多種古籍引有佚文。孫氏曰："《律附釋》，正如其名，乃解釋《唐律》或《唐律》注中較爲重要詞語之書，較《唐律疏議》簡明、實用。其既有依據《唐律疏議》者，亦有補充《疏議》不足者，故受到日本歷代明法家之重視。"

宋璟　旁通開元格一卷

《宋志》著録。《崇文目》《通志》不著撰人名氏。"旁通"爲古人著書方式之一，如馬端臨《文獻通考》序云："參稽互考，曲暢旁通，而因革之故，可以類推。"又作"傍通"，如張守節《史記正義》序云："並音解注，引致旁通。"或本作"傍通"。《新志》醫術類有裴王廷《五色傍通五藏圖》，《宋志》以"旁通""傍通"名書者尤夥。

蕭旻　開元禮律格令要訣一卷

日本釋圓珍《福州温州台州求得經律論疏記外書等目録》云："開元蕭□尚書奏新删定《禮律舍令要决》一部，一十二條，凡一卷。"人名漫漶不清，《大正藏》校記疑作"汶"。《宋志》著録蕭旻《開元禮律格令要訣》一卷，四庫本作蕭昊。蘇晉仁曰："蕭旻曾爲莒縣丞，見《新唐書》卷二〇二其子《蕭穎士傳》。删定者爲蕭嵩，開元間任兵部尚書，《舊唐書》卷九九有傳。

'舍'字是'格'字之訛。"(《入唐五家求法目録中外典考》,《中央民族學院學報》一九八八年第五期。)按,此書與蕭嵩無關,其人亦非蕭穎士父蕭旻,而當作蕭炅。蕭炅,開元中累遷倉部郎中,二十一年爲河南少尹,二十二年以太府少卿領度支事,李林甫薦爲户部侍郎。嚴挺之謂之"伏獵侍郎",譏其早從官,無學術,不識伏臘之意也。尋領河西隴右節度使,爲吐蕃所敗。二十八年爲河南尹,多行不法。天寶初遷刑部尚書,兼京兆尹。八載,爲楊國奏忠劾奏貶官。因宋太宗曾改名炅,宋初《册府元龜》等避諱作蕭照。《新唐書・刑法志》述開元中盧懷慎、李林甫、宋璟三格"皆以開元名書"後,又云:"天寶四載又詔刑部尚書蕭炅稍復增損之。"殆即指上此書而言也。

按,《舊書・楊慎矜傳》載,天寶六載十一月,玄宗"詔刑部尚書蕭隱之、大理卿李道邃"等鞫之,賜自盡。《新傳》作"刑部尚書蕭炅",姓同而名異。嚴耕望《唐僕尚丞郎表》嘗考其爲同一人,"蓋名炅,字隱之"。武秀成考二人仕履多有不合,"蕭隱之與蕭炅並非同一人,'名''字'之説,不能成立"。又考《册府元龜》卷九三三載天寶六年事作"詔刑部尚書蕭照、侍郎蕭隱之、大理卿李道邃云云,故《舊書》'刑部尚書'下,抄手因尚書、侍郎同姓蕭氏而漏抄了'蕭炅侍郎'四字"(《〈舊唐書・楊慎矜傳〉"刑部尚書蕭隱之"考誤》,《古典文獻研究》二〇〇六年,總第九輯)。

唐開元格鈔一卷

《秘書目》《通志》著録。此不知何時人所抄,然《五代會要》卷九載後唐天成元年李琪奏大理寺見管四部法書内有《開元格》一卷,疑即此抄本。李琪謂之法書,當爲唐賢寫本。又,《日本目》著録《開元格私記》一卷,不知出唐人抑日本人之手歟？《遂初堂書目》職官類著錄《唐禄令》，敦煌寫卷中唐令、唐式殘卷，皆當爲《新志》某年令、式之一部份，兹並棄而勿録。

開元皇口敕一卷

《日本目》著録。奉宣口敕事，頗見於史籍。如《南齊書·樂志》："世祖口敕，付太樂歌之。"同書《垣崇祖傳》："上復遣荀伯玉口敕以邊事。"《舊書·褚遂良傳》："臣近於坐下，伏奉口敕，布語臣下，云自欲伐遼。"白居易《繚綾》詩云："去年中使宣口敕，天上取樣人間織。"玄宗口敕之例，則如《舊書·封常清傳》："中使駱奉仙至，奉宣口敕，恕臣萬死之罪，收臣一朝之效。"李邕《謝恩命遣高將軍出餞狀》："高力士奉宣口敕，以臣臨政，特命賜宴。"口敕尚有正便之分，如《舊唐書·肅宗紀》云："比緣軍國務殷，或宣口敕處分，今後非正宣，並不得行用，中外諸務，各歸有司。"甚至不啻正式公文，如《唐大詔令集》卷一一四有賈至《收葬陣亡將士及慰問其家口敕》。既曰正宣，則當有定制，如《六典》卷二五云："若有口敕，通事舍人承受，傳聲於階下，不聞者則中郎將軍告之。"口敕由史官或聽宣者記録，爲修史之重要依據，如《隋書·王劭傳》："劭在著作將二十年，專典國史，撰《隋書》八十卷，多録口敕。"《新志》起居注類附詔令目著録王《寫宣》十卷，《舊書·王起傳》云："起侍講時，或僻字疑事，令中使口宣，即以榜子對，故名曰《寫宣》。"

蕭昕　貞元定格後敕三十卷

《會要》卷三九《定格令》云："至貞元元年十月，尚書省進《貞元定格後敕》三十卷，留中不用。"按，此條緊接開元刪定格令事，爲中晚唐刪定格令之始，雖未施行，影響甚鉅。其記載僅見於此，始末不詳。考《册府元龜》卷六一二云："德宗大曆十四年六月《即位詔》曰：'律令格式條目，有未折衷者，委中書、門下簡擇理識通明官共刪定。自至德以來制敕，或因人奏請，或臨事頒行，差互不同，使人疑惑。中書、門下與刪定官詳決，取堪久長行用者，編入條格。'"注云："初以中書、門下爲刪定《格》《式》使，至建中二年罷之，其《格》《式》，委刑部刪定。"《會要》卷三九載開成元年三月刑部侍郎狄兼謨奏稱："自開元二十六年刪定格令後，至今九十餘年，中外百司，皆有奏請，各司其局，不能守至公。其間或恩出一時，便爲永式，前後矛盾，是非不同，吏緣爲奸，人受其屈。伏見自貞元已來，累曾別敕選重臣，置院刪定，前後數四，徒涉歷三十歲，卒未堪行。今若止令刑部大理官商量，重修格式，遽焚冗長，伏恐奸吏，翻緣此舞文。伏請但集蕭昕刪定《建中已來制敕》，分明比類，刪去前後矛盾，及理例重錯者，條流編次，具卷數聞奏行用，所刪去者，伏請不焚，官同封印，付庫收貯。"兩相對照，知《貞元定格後敕》即《建中已來制敕》，前者以修成進上言，後者以內容起始言。《舊書·蕭昕傳》載其仕履甚詳，未及此事。然謂其"貞元初兼禮部尚書"，與《會要》"尚書省進《貞元定格後敕》"相符。《新志》著錄狄兼謨《開成詳定格》十卷，從上引奏文可知當即據此分類改編而成。

鄭餘慶　格後敕三十卷

《舊書·刑法志》云："元和十三年八月，鳳翔節度使鄭餘慶等詳定《格後敕》三十卷，右司郎中崔郾等六人修上。"《會要》卷三九云："十三年八月，鳳翔節度使鄭餘慶等詳定《格後敕》三十卷，左司郎中崔郾、吏部郎中陳諷、禮部員外郎庾敬休、著作郎王長文、集賢校理元從質、國子博士林寶同修上。"

大和格五十二卷

《五代會要》卷九載後唐天成元年御史臺刑部大理寺奏，稱

"有《大和格》五十二卷"。《册府元龜》卷六一三作五十一卷。《新志》著錄《大和格後敕》四十卷、《格後敕》五十卷,注云:"初,前大理丞謝登纂,凡六十卷,詔刑部詳定,去其繁複,大和七年上。"此豈後之《格後敕》五十卷歟?

大中以後雜敕三卷

《國史志》《宋志》著錄。《通志》注云:"唐大中以後至昭宗朝詔敕。"《宋志》又出《大中後雜敕》十二卷,殆分卷不同耳。《秘書目》作《大唐後雜敕》,疑誤。

李保殷　刑律總要十二卷

《崇文目》著錄,不著撰人名氏。《宋志》有《刑法纂要》十二卷,亦不著撰人名氏,其書名相近,卷數、序次相同,疑爲同書異名。《舊五代史》本傳:"李保殷,河南洛陽人也。昭宗朝自處士除太子正字,改錢塘縣尉。浙東帥董昌辟爲推官,調補河府兵曹參軍,歷長水令,《毛詩》博士,累官至太常少卿、端王傅。入爲大理卿,撰《刑律總要》十二卷,與兵部侍郎郗殷象論刑法事。左降房州司馬。同光初授殿中監,以其素有明法律之譽,拜大理卿。未滿秩,屢爲人所制,保殷曰:'人之多辟,無自立辟。'乃謝病以歸,卒于洛陽。"同書《唐明宗紀》云:"天成四年五月丁丑大理卿李保殷卒。"按,端王爲昭宗子禎,天祐元年二月封,閏四月被害。故李保殷入爲大理卿亦當在同年。《舊五代史·刑法志》載梁太祖開平四年頒行律令格式,其下注云:"是時大理卿李保殷進所撰《刑律總要》十二卷。"其在唐亡前已任大理卿三年餘,或早已成書至此進之耳。

道僧格一卷

《日本目》著錄作《僧格》。孫猛《詳考》云:"惟宗直本《令集解》卷七《僧尼令》、卷八《僧尼令二》各引有數條,然題《道僧格》,當即此書。"則《日本目》前脱"道"字。中日學者嘗作輯考,尚有未諦。

太宗貞觀九年,沙門玄琬臨終前上遺表,請沙門犯罪不應與百姓同科。次年太宗下《度僧於天下詔》云:"多有僧徒,溺於流俗,或假託神通,妄傳妖怪,或謬稱醫筮,左道求財,或造詣官曹,囑致贓賄,或鑽膚焚指,駭俗驚愚,並自貽伊戚,動掛刑網,有一於此,大虧聖教。朕情深護持,必無寬捨,已令依附內律,參以金科,具爲條制,務使法門清整,所在官司,宜加檢察。"(《廣弘明集》卷二八)由其末尾數句可知,當時已令人依照佛家戒律,參考官方格令,編撰管理僧衆之條制。然道佛並爲二教,既不當此有彼無,亦不當寬嚴相異,蓋爲同一條制,而唐初道居佛上,宜名爲《道僧格》也。而律令格式刪定已近尾聲,"具爲條制"恰逢其時,其編成及頒行時間應該略晚,約在貞觀十一年後不久。

《大慈恩寺三藏法師傳》卷九云:"永徽六年有敕:'道士、僧等犯罪,情難知者,可同俗法推勘。'邊遠官人,不閑敕意,事無大小,動行枷杖,虧辱爲甚。"法師"乃附人陳前二事,於國非便",高宗連宣兩敕云:"其同俗敕,即遣停廢。""比爲法末人澆,多違制律,權依俗法,以申懲誡。冀在止惡勸善,非是以人輕法。但出家人等,具有制條,更別推科,恐爲勞擾。前令道士、女道士、僧、尼,有犯依俗法者,宜停。必有違犯,宜依條制。"玄奘則連上《謝僧尼等停依俗法條表》《重謝僧尼等停依俗法條表》,前表有云:"伏見敕旨,僧尼等有過,停依俗法之條,還依舊格。"玄奘所言"舊格",顯即永徽敕所言"條制",又即貞觀詔所言"條制",而由敕之並言"道士、僧等",玄奘之易"條制"爲"舊格",益證其俱謂《道僧格》也。此蓋《道僧格》施行十餘年後,高宗欲將僧道管理融入國家律令體系,即以俗世格令治之。然因玄奘之請，執行不到十年，即予停止，而"還依舊格"，此後長期相沿不改。《永徽令》及《開元令》中均無《僧尼令》，實爲"停依俗法之條，還依舊格"之標誌也。

又《會要》卷五〇載開元二十九年正月河南採訪使汴州刺史齊澣奏："其道士、僧尼、女冠等有犯，望准《道格》處分。所由州縣官，不得擅行決罰，若有違越，請依法科罪。"宋僧志盤《佛祖統紀》卷四〇節引此奏作："其僧道有過者，欲望一準僧道格律處分，所由州縣，不得擅行決罪。"今本《會要》訛脱殊甚，頗疑僧志盤所見本作《道僧格》，然其不知爲書名，以爲泛言道佛二教之戒律，因其佛教立場而以僧居道上，又臆增一"律"字，遂使此唐人明言《道僧格》之迹晦而不彰，惜哉！

金科類聚五卷

《日本目》著錄。金科代指法令。《藝文類聚》卷五四云："揚雄《劇秦美新論》曰：'金科玉條。'科條謂所施法律，金玉當珍之。"《唐律疏義》卷一七："金科雖無節制，亦須比附論刑。"《舊書·宋璟傳》云："令之所載，預作紀綱，情既無窮，故爲之制度，不因人以搖動，不變法以愛憎。頃謂金科玉條，蓋以此也。"以"金科"名書，中土始見於宋代書目，如《金科易覽》《金科玉律總括詩》《金玉律》《金科類要》，《日本目》著錄此書，則足證唐代以前早已有之。又其"類聚"二字，或受《藝文類聚》影響，其體例則爲法令分類編纂，故此書當爲唐人所撰。

趙綽　金科易覽一卷

《讀書志》云："《崇文目》有唐趙綽《金科易覽》一卷，《田氏書目》有蕭緒《金科易覽》三卷，當是綽初撰一卷，緒删改析之爲三爾。"《通志》《宋志》作趙緒，或由趙綽誤作趙緒，復由趙緒誤作蕭緒也。隋文帝時有大理少卿趙綽，以執法平恕著稱，豈《崇文目》誤隋爲唐歟？然太宗嘗詔"將軍趙綽護送突厥"，見《新書·突厥傳》。晁氏謂唐人，或即此人歟？

趙綽　律鑑一卷

《宋志》著録。《崇文目》《通志》俱不著撰人名氏。然《崇文目》列之於《金科易覽》下，其下又有《法要》等三書，陳樂素《宋史藝文志考證》云："《崇文目》云不著撰人，《宋志》置趙綽下，似趙撰，非。"

朱履霜　憲問五卷

《宋志》有《憲問》十卷，不著撰人名氏。《大唐新語》卷四云："朱履霜好學，明法理，則天朝，長安市屢非時殺人，履霜因入市，聞其稱冤聲，乘醉入兵圍中，大爲刑官所責。履霜曰：'刑人於市，與衆共之。履霜亦明法者，不知其所犯，請詳其按，此據令式也，何見責之甚？'刑官唯諾，以按示之。時履霜詳其案，遂拔其二。斯須，監刑御史至，訶責履霜，履霜容止自若，剖析分明，御史意少解。履霜曰：'准令，當刑能申理者，加階而編入史，乃侍御史之美也。'御史以聞，兩囚竟免。由是名動京師，當刑之家，或可分議者，必求履霜詳案，多所全濟。補山陰尉，巡察使必委以推案，故人或遺以數兩黃連，固辭不受曰：'不辭受此，歸恐母妻詰問從何而得，不知所以對也。'後爲姑蔑令，威化行於浙西。著《憲問》五卷，撮刑獄之機要。"

張鷟　妨難十九篇

張説《張燕公集》卷二三《張鷟墓誌》謂其父諱鷟，字成鷟。"外王父大理丞某，重世爲士，府君傳其憲章，博施精理。年十九，明法擢第，解褐饒陽尉。""調長子尉，换介休主簿、洪洞丞。""有旨差覆囚山南，輶軒所歷，全濟甚衆。府君以律有違經背禮，著《妨難》十九篇，書奏，帝下有司，而刪定之官，黨同妒異，竟寢其議。"調露元年卒，年五十二。

黄克昇　五刑纂經三卷

《崇文目》著録。《通志》云："唐黄克昇撰,雜抄律令格式。"《宋志》作黄克升《五刑纂要録》。

附按：黄克昇其人無考。武周時有一黄姓者,官司刑少卿,撰刑法之書,然其人名、書名俱失載。唐代黄姓名人無多,幾乎没有著書之人,甚疑即黄克昇也。《黄君墓誌》(《拾遺》第七輯第三三九頁)云,司刑丞元徹之長子,"吴季高之法理,奕世相傳"。"弱冠國子明經擢第,解拜蘭臺校書郎。"遷"鄘縣主簿、右豹韜衛胄參軍","又應八科舉及第,遷司直,尋加朝散大夫,拜司刑丞"。"尋而敬業構禍","乃命公爲湖州司馬。尋丁太夫人憂,罷職"。"服闋,除常州司馬。不踰年,有制以公早歷刑官,深閑憲意,除(闕七字,末當爲秋字)官郎中,尋遷司刑少卿。"天授二年,"或廢在寬弛,或失在淫濫,乃命公爲詳審使,兼命刊定隋唐已來律文。公遠摭(闕九字)之輕重,(闕三字)之廢興,括囊數百年,筆削千餘道","損益咸中,朝廷許能",授德州刺史。延載元年,制以其"往在棘林,備閑故事",復爲司刑少卿。同年以林胡侵犯河朔,遂權滄州刺史。"又拜澧州、徐州、澤州刺史,又轉饒州刺史","改授持節都督洪虔吉等五州諸軍事、洪州刺史"。"春秋七十有一,以長安四年四月廿二日,終於官舍。"

來俊臣　告密羅織經一卷

《大唐新語》卷一二："周興、來俊臣等,羅告天下衣冠,遇族者不可勝紀。俊臣案詔獄,特造十個大枷。""又與其徒侯思止、衛遂忠等,招集告事者數百人,造《告密羅織經》一卷,其意網羅平人,織成反狀。每訊囚,先布枷棒於地,召囚前曰：'此是作具。'見者魂魄飛越,罕不自誣。由是破家者已千數。"來俊臣輩殆不會以告密羅織自命,此蓋小説家言也。《舊書·刑法志》《酷吏傳》、《通典》卷一百七〇等史書援之入史，以貶黜邪惡，固史之大義也。

張履冰　法例六贓圖二卷

《宋志》著録，列於唐張戩前，《續通志》卷一六六題宋人，無據。《舊書·張暐傳》載其先天元年爲大理卿，並謂"子履冰、季良、弟暠皆居清列"，"其後履冰爲金吾將軍"。《册府元龜》卷八五載開元十三年遣人往各道疏决囚徒，内有"秘書丞張履冰往淮南道"，蓋即其人也。《墓誌》（《洛陽流散唐代墓誌彙編》第三七六頁）載其由"汝州長史入爲大理正，轉秘書、太常丞"，"尋遷水部、刑部、左司三郎中。"天寶十二載卒，年六十二。此書蓋其大理正或刑部郎中任上所作也。《唐律疏義》卷四："正贓唯有六色：强盗、竊盗、枉法、不枉法、受所監臨及坐贓，自外諸條皆約此六贓爲罪。"

田晋　章程體要二卷

《宋志》著録。《舊書·楊炎傳》載，建中二年盧杞召大理正田晋評楊炎贓罪，晋曰"論罪當奪官"。杞怒，謫晋衡州司馬，更召他吏繩之，曰"監主自盗，罪絞"。漢初張蒼爲章程，《舊五代史·刑法志》云："律令之書，政理之本，經聖賢之損益，爲古今之章程。"

盧正己　刑録三卷

《文苑英華》卷九四二《盧正己墓誌》載，正己本名元裕，避代宗諱改。肅宗時歷任劍南節度採訪等使、大理卿、刑部侍郎、工部尚書，代宗時任東都留守、太子賓客。大曆五年卒，年七十九。"公之議刑也，先帝以天下初定，禁網疏闊，朝廷郡國，廢革舊章，於是草具科條，制《刑録》三卷，以成後代法程，無爽侮，無佚罰矣。"《會要》卷四〇載，上元二年正月"刑部尚書盧正己奏"定贓估。尚書爲侍郎之誤。次年肅宗薨，書當撰於此年前。《册府元龜》卷六一二載,"寶應元年九月刑部侍郎盧元裕奏":"京城先因處分決殺者多,一死不可復生。望准式文處分,或決痛杖一頓者,式文既不載,亦請准重杖六十例不至死。"以上二奏皆寓守法輕刑之意,其書中亦當有相應内容。又同書卷八二五云:"盧正己寶應二年自刑部侍郎爲大府卿。"

何洛庭　道州律令要録

呂温《呂衡州集》卷三《道州律令要録序》:"某頃累忝官尚書省、御史臺,遍觀諸曹,多書令式格律於其屋壁。""此州法吏何洛庭,良吏也,與之撮其要,講其義,書於廳事之左。"

牛鳳及　中臺判集五卷

《日本目》著録。中臺爲尚書省别稱。《會要》卷五七云:"武德元年,因隋舊制,爲尚書省。龍朔二年二月四日,改爲中臺。咸亨元年十二月二十三日,改爲尚書省。光宅元年九月五日,改爲文昌臺。垂拱元年二月二日,改爲都臺。長安三年閏四月十五日,又改爲中臺。神龍元年二月四日,改爲尚書省。"兩《唐書》等亦載龍朔二年至咸亨元年、長安三年至神龍元年改尚書省爲中臺,日期或略有差異。是書當即編撰於此二時間段内。《史通·古今正史》云:"至長壽中,春官侍郎牛鳳及又斷自武德,終於弘道,撰爲《唐書》百有十卷。"《元和姓纂》卷五、《新書·宰相世系表》皆僅載此職。《唐文粹》卷五六李珏《牛僧孺神道碑》云:"高祖鳳及,中宗時爲春官侍郎。"長壽爲武周年號,非中宗時也。《會要》卷五九云:"光宅元年,改爲春官尚書。神龍元年,復爲禮部尚書。"相應中宗時當爲禮部侍郎,武后時纔或稱春官侍郎,然長壽中不稱中臺而稱都臺。唯杜牧《樊川集》卷七《牛僧孺墓誌》云:"鳳及,仕唐爲中書門下侍郎,監修国史,於公爲高祖。"中書門下侍郎一職唐初少見，不知起於何時？中晚唐鄭餘慶、令狐楚等嘗任此職，尤其《舊書·宣宗紀》載"守中書門下侍郎兼禮部尚書、同平章事、集賢殿大學士、上柱國、賜紫金魚袋鄭朗可監修國史"。若杜牧所言官職可信，則牛鳳及長壽中以春官侍郎身份修史，至長安三年已十年有餘，遷任中書門下侍郎，或與鄭朗同樣兼禮部尚書、監修國史，自較合理。然《中臺判集》所收，當爲科舉銓選之判文，唐初皆由吏部主持，開元二十四年，始改由禮部試進士、明經，頗疑牛鳳及長安三年已轉天官（吏部）侍郎，則其編撰此書更爲合理。惜史闕有間，無由證之也。

日本《令集解》據《古記》引《判集》二條，卷一〇僅引三句："布衣之時妻，至富榮之時，不聽離異也。"卷一三"孝子順孫"條所引爲一道完整判文。《古記》爲日本《大寶令》之注釋書，約成書於天平十年（唐開元二十六）之前。其所引《判集》當在此前成書並傳入日本。而《日本目》著錄六種判書中，其餘五書皆不以"判集"爲名，故中日學者公認此《判集》即《中臺判集》也。

敦煌寫卷伯三八一三號存擬制判文十九道，凡二百零一行。劉俊文《敦煌吐魯番唐代法制文書考釋》曰："卷中所載多初唐之事，如隋末離亂、從駕征遼及雍州地狹口分不足等，第一六五行又有'方今文明御曆'云云，可以推斷，此判集當係初唐之作，有可能作於文明之時。"並擬題爲《文明判集》。李世進則云："《文明判集》殘卷中所收判詞並非都作於同一時間，其時限有可能跨越整個初唐，其成書年代很可能爲開元初期，亦即八世紀初期，比文明之時要晚。"（《〈文明判集〉殘卷新探》，《中北大學學報》二〇〇九年第六期。）寫卷中有一道判文爲："婦女阿劉，早失夫幢，心求守志，情願事姑。夫亡數年,遂生一子。欵亡夫夢合,因即有娠,姑乃養以爲孫,更無他慮。其兄將爲恥辱,遂即私適張衡。已付娉財,剋時成納。其妹確乎之志,貞固不移。兄遂以女代姑,赴時成禮。未知合爲婚不?劉請爲孝婦,其理如何?阿劉夙鍾深釁,早喪所天,夫亡願事舅姑,不移貞節。兄乃奪其永志,私適張衡。然劉固此一心,無思再醮。直置夫亡守志,松筠之契已深;復兹兄嫁不從,金石之情彌固。論情雖可嘉尚,語狀頗欲生疑。孀居遂誕一男,在俗誰不致惑?欵与亡夫夢合,夢合未可依憑。即執確有奸,奸非奸,又無的狀。但其罪難濫,獄貴真情。必須妙盡根源,不可輕爲與奪。欲求孝道,理恐難從。其兄識性庸愚,未閑禮法。妹適張衡爲婦,衡乃剋日成婚。參差以女代姑,因此便成伉儷。昔時兄黨,今作婦翁,舊日妹夫,翻成女幢。顛倒昭穆,移易尊卑。據法法不可容,論情情實難恕。必是兩和聽政,據法自可無辜;若也愛冒成婚,科罪仍須政法。兩家事狀,未甚分明,宜更下推,待至量斷。"此文與日本《令集解》卷一三所引《判集》佚文大體相同,唯多出末四句,及"阿鄧"作"阿劉","張衡"作"張衝"等個別字詞差異,當爲傳抄所致。故孫猛《詳考》"疑所謂《文明判集》之敦煌殘卷,即牛鳳及所撰《中臺判集》",甚是;然其以爲此書撰成於文明元年、長壽中、長安三年至神龍元年間皆可,則爲游移之辭也。李世進考判文作者吳鞏、房密及與後者有同題判文者之生平,以推測其成書年代,頗多啓益,惜其未考陳齊卿其人。顏真卿《康希銑神道碑》載其告老歸越州後,"校書郎陳齊卿恒爲文酒之會"。康希銑開元三年致仕,次年卒。時陳齊卿已入官,則其與房密等當在此前參加科舉銓選。又《登科記考》以吳鞏爲開元十七年高才未達沉迹下僚科及第,然開元十三年吳鞏撰《唐太宗東巡致祭碑》,已官中書舍人,獨孤及《毘陵集》卷八自述開元十八年與吳鞏等十學士"考校甲乙丙丁科"。故吳鞏、陳齊卿、房密等參加科舉銓選俱不遲於開元初，上推長安三年至神龍元年不過十年左右，並非絶無可能，寫卷即《中臺判集》殆可定讞矣。

附按：判集《新志》及宋代書目多入集部，《通志》文類下設案判目。兹從《日本目》入此類。

康南華　代耕心鏡十卷

《崇文目》總集類著録《代耕心鑑甲乙判》一卷，《秘書目》類書類著録《代耕心鏡》十卷，並不著撰人名氏。《通志》文類案判目注云："《代耕心鑑甲乙判》一卷，唐南華張集唐代諸家判。"《宋志》總集類著録"南康筆《代耕心鑑》十卷"。此書撰人爲康南華（詳下），《通志》"康"訛作"唐"，又衍"張"字；《宋志》誤乙作"南康"，又誤"華"作"筆"。書名原作《代耕心鏡》，宋人避諱作"鑑"。舊編以爲一卷本爲自全書裁出"甲乙判"别行者，未予補録；而十卷本當包括科舉考試之多種文體，故補入總集類。今疑宋慶曆中館閣僅有一卷殘本，元豐後秘書省得十卷全書，亦皆甲乙判，故移入此類。《秘書目》書下注云"闕"，《通志》一卷本據《崇文目》，《宋志》十卷本據《四朝國史志》，知南渡後二本俱佚矣。

《顔魯公集》卷七《康希銑神道碑》云："侄刑部員外郎璀男美原尉南華撰《代耕心鏡》十卷，（闕六字）百二十卷。君之先君至南華，四代進士，登甲科者七人，舉明經者一十三人。"碑文撰於大曆十一年，康南華於文中述及諸人中年輩最晚，蓋登科未久，時任美原尉也。康氏一門，自希銑之父國安至南華四代，科舉登第者凡二十人，洵文場盛事也。顔碑又載"秀州長史元瓌著《干禄寶典》三十卷"，蓋爲舉子備考而作也。康南華復撰此書，"代耕"即以禄代耕之意，蓋與其族叔之作同意也。然由宋代一卷本之綴"甲乙判"三字，逆推其以專收判文爲異耳。宋洪邁《容齋隨筆》卷一〇"唐書判"條云："唐銓選擇人之法有四：一曰身，謂體貌豐偉；二曰言，言辭辯正；三曰書，楷法遒美四；曰判，文理優長。凡試判登科謂之入等，甚拙者謂之藍縷，選未滿而試文三篇謂之宏辭，試判三條謂之拔萃，中者即授官。既以書爲藝，故唐人無不工楷法；以判爲貴，故無不習熟，而判語必駢儷。今所傳《龍筋鳳髓判》及白樂天集《甲乙判》是也。自朝廷至縣邑，莫不皆然，非讀書善文不可也。"唐人以判爲貴，而尤爲舉子所重，宜乎判集之夥也。校其大端，則牛鳳及《中臺判集》，官選之判也；南華《代耕心鏡》，私選之判也；張鷟、白居易等判集，名公之判也。《文苑英華》收録判文，多有出自會稽康氏者。卷五二七唐南華《對修河堤不漑田判》，即康南華本人之判文，其姓誤作"唐"，與《通志》同，殆北宋時已然。同卷康元懷《對爲吏私田不善判》，顏碑康希銑季子"朝議郎前獲嘉丞元懷"。卷五三七康璀《對嗣足不良判》，顏碑謂康南華之父爲"刑部員外郎璀"，《全唐文》卷二六〇小傳謂武后時擢書判拔萃科。卷五一一《對文章判》、卷五一五《對小吏歡言判》、卷五一九《對歸胙判》、卷五三五《對參軍鷳子判》、《全唐文》卷三五一《對習卜算判》五道，皆康子元判，顏碑謂"佺秘書監集賢院侍講學士子元"。又龍成松曰："《全唐文》卷三九九六有康濯，開元時擢書判拔萃科，存判文《對太室擇嗣判》。同卷又有康子季，亦開元時擢書判萃科，存判文《對復陶以行判》《對孝女抱父屍出判》《對樂請置判縣判》三道。《全唐文》卷三五三有康季子《對事貌相似判》；卷九五七有季子康《對員外郎讓題劍判》《對刺史求青牛判》。結合康氏人物名字錯亂情況，疑二人皆爲康子季之訛。據《康希銑碑》和《(嘉泰)會稽志》卷一六所載康希銑家人碑刻，康希銑子以'元'爲排行，名中帶'玉'旁，如康元瑛、康元瑾、康元瑒、康元瑰，侄有康珽、康瓗，當省略了'元'字。又康希銑侄孫輩有康渭、康泚、康液、康泳、康令初、康令望，可見也有排行，只是排行系統不一。頗疑康子元、康子季爲同出康希銑某一兄弟之子，'元'爲大，'季'爲小。而康瓗爲康希銑孫輩中之人。"（《唐代粟特族裔會稽康氏家族考論》，《新疆大學學報》二〇一七年第三期。）二人判文亦多見於《文苑英華》，疑康氏判文皆源出《甲乙判》一卷，經由宋《文苑英華》等收錄而流傳於後世。然龍成松謂"康南華《代耕心鏡》或爲康氏家族判文總集，或者説是康希銑家族之家集"，似有欠妥。《通志》注云"集唐代諸家判"，則不僅收錄康氏判文甚明。且就所收判文言，康元懷、康瓗、康子元、康子季俱康南華之父輩，康瓗與康華同輩，而無曾祖康國安、祖康希銑之判文。疑因康元瓊《干禄寶典》已收，故康南華主要收錄父己兩輩判文，然不限於康氏，《文苑英華》中他姓與兩輩同時之判文，當亦多出其書也。

唐河西節度使判集

敦煌寫卷伯二九四二號長卷首尾俱殘，存二二八行。計有完整判文四十件，及三件牒及書劄，内容涉及河西管内甘、肅、瓜、沙及建康、豆盧等州軍賦税、兵士給養等事。王重民《伯希和劫經錄》擬名爲《歸義軍時代瓜沙等州公文集》，池田温《中國古代籍帳研究》稱之爲《唐年次未詳河西節度使判集》。其後又有河西巡撫使、河西觀察使、節度觀察處置使、河西節度觀察使判集等説。近年金瀅坤考證其爲楊休明任河西節度使時之判文，由其掌書記、判官撰寫編集（《敦煌本〈唐大曆元年河西節度觀察使判牒集〉研究》，《南京師大學報》二〇一一年第五期）。

陳岠　判範一卷

《秘書目》《通志》著録，疑即撰《朝廷卓絶事記》之陳岠，貞元中人。

吴康仁判一卷

《崇文目》《秘書目》《通志》《宋志》著録。李頻《黎嶽集》有《送太學吴康仁及第南歸》詩曰："因爲太學選，志業徹春闈。首領諸生出，先登上第歸。一榮猶未已，具慶且應稀。縱馬行青草，臨歧脱白衣。家遥楚國寄，帆對漢山飛。知已盈華省，看君再發機。"味其詩意，康仁當爲楚人，約宣、懿時在世。黄震雲《〈登科記考〉甄補》以爲咸通五年狀元，孟二冬謂其説可疑，當俟考。

白居易　百節判一卷

《秘書目》著録"白樂天《百節判》一卷"，《通志》作《百道判》。貞元十九年，白居易以書判拔萃選及第，故其"《百道判》新進士競相傳於京師"（元稹《白氏長慶集序》）。元稹《元氏長慶集》卷二三《酬樂天餘思不盡加爲六韻之作》自注："樂天先有《秦中吟》及《百節判》，皆爲書肆市賈題其卷云'白才子文章'。"《重酬樂天》："百篇書判從饒白，八米詩章未伏盧。"即《白氏長慶集》卷六六判五十一道，卷六十七判五十道，凡百一道。《百節判》又稱《百道判》，《新志》有駱賓王《百道判集》一卷、鄭寬《百道判》一卷，崔鋭《判》一卷，《通志》俱作《百道判》。又日本求法僧圓仁《入唐新求聖教目録》云："《判一百條》一卷，駱賓王撰。"《日本目》有《百節判》一卷，不著撰人名氏，當爲駱賓王、白居易二家之一。

大唐判書一卷

《日本目》著録。《日本目》又出《判樣》十卷，《判軌》一卷，《救急判罪》一卷，疑亦唐人所撰，然俱無可考，不另列目。

以上刑法類,補三十六種。

目　錄　類

魏徵　張玄弼　貞觀四部書目錄

唐初有無編撰書目之事,史無明文。明胡應麟《少室山房笔丛》卷一謂唐初"諸臣亦絶無目錄之修",後世多沿其説。然《舊書・魏徵傳》叙唐初校書事云:"貞觀二年,遷秘書監,以喪亂之後,典章紛雜,奏引學者校定四部書。數年之間,秘書圖籍粲然畢備。"以劉向故事推之,此次校書亦當編有書目。《隋書・經籍志》序云:"今考見存,分爲四部,合條爲一萬四千四百六十六部,有八萬九千六百六十六卷。"疑即據此書目言之也。清姚振宗《隋書經籍志考証》叙錄云:"按本志總序、篇序每云'今據見存',所謂見存者,據隋人見存官私書目,或亦據唐初人見存書目。"跋語又云:"其纂修《經籍志》也,以隋代官私書目所謂見存者類次爲長編,附以梁代之所有。"並謂《隋志》序所記部卷數"即其所抄長編之數,領其事者即就此數删除複重,寫爲定本"。此清人補志手法,殆非史志之正道也。

考《唐文拾遺》卷一六《張玄弼墓誌》云:"玄弼,字神匡,范陽方城人也。閥閱游宦之資,詳之碣文別傳。五歲而孤,志學,伏膺於大儒縠那律。律爲諫議大夫,紬書秘府。府君以明經擢第,隨律典校墳籍。八儒分畛,五墨殊途。劉歆析九流之區域,鄭默辯三閣之異同。五十五部,四十四家,訪寧朔之新書,禮窮莊敬;覽南陽之統論,易盡精微。緘籑秘文,委壺前記,並登靈府,一以貫之。逸思煙回,清飆霞舉。言同神遇,理葉天成,七徙職爲益州府功曹參軍事,以賢名征,册入甲科,未拜職,以龍朔元年五月十九日終於洛陽。春秋五十有五。"玄弼乃張柬之之父,見於《新書·宰相世系表》,谷那律兩《唐書》有傳,亦不載其校書事。張玄弼"以賢名征",據銘文"未終千日"一語,當在卒前三年,此前嘗"七徙職",以三年一任計,其"隨律典校墳籍"當在貞觀十年前後。故谷那律、張玄弼曾參與魏徵校書,當無疑義。墓誌於玄弼仕履以"七徙職"一語帶過,而特述校書事,殆因玄弼做出特殊貢獻,以"劉歆析九流之區域,鄭默辯三閣之異同"二語觀之,殆隱指其負責分類編目也。尤其"五十五部,四十四家",尚有説焉。梁阮孝緒《七録》分内外篇,凡五十五部,内篇略當後世之經史子集四部,凡四十六部(家、類)。外篇佛法録分五部,仙道録分四部。《貞觀目》《隋書經籍志》之分類,蓋參酌《七録》者爲多,故並仍分爲五十五部。然其四部内之家數,視《七録》俱有遞減,《貞觀目》減二家爲四十四家,《隋志》又減四家爲四十家,所減之家數殆皆補入佛法類也。何以知之?仙道書分類,《七録》《隋志》並同,此不應獨異也。而佛法書《開皇衆經録目》及《林邑目録》俱分爲七類,《大業衆經目録》分爲十一類,《貞觀目》之佛法類當據前者,而《隋志》當據後者。故《貞觀目》之分類,介於《七録》《隋志》之間,承前啓後,影響甚鉅。《隋志》序所稱"舊録",或疑爲《隋大業正御書目録》者,當即此目。其爲目似包括複本,而無所考辨,卷數雖多至八萬,難免重複相揉之譏。《隋志》既行,此目迅即亡佚,亦事之必然,然千百年來,竟至没而無聞,《隋志》編修之真相,亦暗而不彰,可無憾乎?今特詳述於此。

麟臺四部書目録一卷

《日本目》著録,無"四部"二字。孫猛《詳考》引日本具平親王《弘決外典鈔》曰:"《蒼頡篇》一卷,秦相李斯撰。《驎臺四部書目録》别有《蒼頡》二卷。""驎"爲"麟"字之異體,此當即《麟臺書目錄》之全稱也。漢代麒麟殿爲藏書之所，《初學記》卷一二引《三輔黃圖》曰："未央宮東有麒麟殿，藏秘書，即揚雄校書之處也。"武后時改秘書省爲麟臺，《舊書·職官志》云："秘書省隸中書之下。漢代藏書之所，有延閣、廣内、石渠之藏。又御史中丞，在殿内，掌蘭臺秘書圖籍。後漢桓帝延熹二年，始置秘書監，屬太常寺，掌禁中圖書秘文。後併入中書。至晉惠帝，別置秘書寺，掌中外二閣圖書。梁武改寺爲省。龍朔改爲蘭臺，光宅改爲麟臺，神龍復爲秘書省。"《會要》卷六五云："光宅元年九月五日改爲麟臺，監等並隨改名。神龍元年二月五日，復改爲秘書監如舊。"又，《舊書·職官志》序謂垂拱元年二月改秘書省爲麟臺，《唐六典》卷一〇、《初學記》卷一二、《通典》卷二六俱載天授初改秘書省爲麟臺。然陳子昂光宅、垂拱間任麟臺正字，《陳拾遺集》卷一《鹿尾賦并序》云："甲申歲，天子在洛陽，余始解褐，守麟臺正字。"同書卷九《諫雅州討生羌書》云："將仕郎守麟臺正字臣陳子昂昧死上言。"二文分別作于光宅元年、垂拱三年。又《舊書·文苑傳》記載，周思茂累遷麟臺少監，垂拱四年下獄死。可證光宅說較爲可信，武后臨朝稱制即改秘書省爲麟臺，《麟臺書目錄》當編撰於此後二十年内。然武后時薛克構、郭正一、王方慶、張昌宗、張易之、李嶠等先後任麟臺監，周思茂、鄧玄挺、王知敬、王紹宗、閻朝隱、李嶠等先後任麟臺少監，史傳俱未記載其校書編目之事，究不知其編成于何人任上？唯張九齡《曲江集》卷一九《徐堅神道碑》云："俄遷太子文學，時秘閣群籍，大抵訛謬，有敕召學士詳定，公實在焉，爲之刊輯，卷盈二萬，時輩傾倒，服其博達。"事在聖曆之前，則徐堅殆曾參與此目之編撰。又，《劉應道墓誌》（《續集》開耀〇〇一）載其貞觀中出補蜀某縣令，"所受官俸，悉繕寫經書","罷官東歸,得書六七千","上元三年遷秘書少監,又奉敕兼知國史事",儀鳳後"奉敕于門下省檢校四部群書,廣召四方碩學之士,刊定訛舛而進御焉"。此次校書下距聖曆二十二年,其成果當見之於此目矣。

續七志

《會要》卷三五:"開元三年,右散騎常侍褚無量、馬懷素侍宴,言及内庫及秘書墳籍,上曰:'内庫書皆是太宗、高宗前代舊書,整比日常令宫人主掌,所有欠缺,未能填補,篇卷錯亂,尋檢甚難,卿試爲朕排比。'至七年五月,降敕於秘書省、昭文館、禮部、國子監、太常寺及諸司,許官及百姓等就借寫之。及整比四部書成,上令百姓官人入乾元殿東廊觀書,無不驚駭。七年九月敕:'比來書籍缺亡,及多錯亂,良由簿歷不明,綱維失錯,或須披閱,難可校尋。令麗正殿寫四庫書,各於本庫每部爲目録。其有與四庫書名目不類者,依劉歆《七略》排爲七志。其經史子集及人文集,以時代爲先後,以品秩爲次第。其《三教珠英》既有缺落,宜依舊目,隨文修補。"

《舊書·馬懷素傳》云:"是時秘書省典籍散落,條疏無叙,懷素上疏曰:'南齊已前墳籍舊編,王儉《七志》已後著述,其數盈多。《隋志》所書,亦未詳悉,或古書近出,前志闕而未編;或近人相傳,浮詞鄙而猶記。若無編録,難辯淄澠。望括檢近書篇目,并前志所遺者,續王儉《七志》,藏之秘府。上於是召學涉之士國子博士尹知章等分部撰録,並刊正經史,粗創首尾。會懷素病卒,年六十。"

《新書·馬懷素傳》云:"有詔句校秘書,是時文籍盈漫,皆炱朽蟫斷,籤膡紛舛,懷素建白願下紫微黄門,召宿學巨儒,就校繆闕。又言自齊以前舊籍,王儉《七志》已詳。請採近書篇目,及前志遺者,續儉《志》以藏秘府。詔可,即拜懷素秘書監，乃詔國子博士尹知章、四門助教王直、直國子監趙玄默、陸渾丞吳綽、桑泉尉韋述、扶風丞馬利徵、湖州司功參軍劉彥直、臨汝丞宋辭玉、恭陵丞陸紹伯、新鄭尉李子釗、杭州參軍殷踐猷、梓潼尉解崇質、四門直講余欽、進士王愜、劉仲丘、右威衛參軍侯行果、邢州司戶參軍袁暉、海州錄事參軍晁良、右率府冑曹參軍毋煚、滎陽主簿王灣、太常寺太祝鄭良金等分部撰次，踐猷從弟秘書丞承業、武陟尉徐楚璧是正文字。懷素奏秘書少監盧俌、崔沔為修圖書副使，秘書郎田可封、康子元為判官。然懷素不善著述，未能有所緒別，會卒。"

《舊書・褚无量傳》云："无量以內庫舊書自高宗代即藏在宮中，漸致遺逸，奏請繕寫刊校，以弘經籍之道。玄宗令於東都乾元殿前施架排次，大加搜寫，廣采天下異本，數年間四部充備。仍引公卿已下入殿前，令縱觀焉。開元六年駕還，又敕无量於麗正殿以續前功。"

《新書・褚无量傳》云："初，內府舊書自高宗時藏宮中，甲乙叢倒，無量建請繕錄補第，以廣秘籍。天子詔於東都乾元殿東廂部彙整比，無量為之使，因表聞喜尉盧僎、江夏尉陸去泰、左監門率府冑曹參軍王擇從、武陟尉徐楚璧分部讎定，衛尉設次，光祿給食。又詔秘書省司經局、昭文、崇文二館更相檢讎，采天下遺書，以益闕文。不數年，四庫完治。"

《舊書・韋述傳》云："開元五年為櫟陽尉，秘書監馬懷素受詔編入圖書，乃奏用左散騎常侍元行沖、左庶子齊澣、秘書少監王珣、衛尉少卿吳兢并述等二十六人，同於秘閣詳錄四部書。懷素尋卒，行沖代掌其事，五年而成其總目二百卷。"

《新書・韋述傳》云："開元初為櫟陽尉，秘書監馬懷素奏述與諸儒即秘書續七志，五年而成。"

按，此次校書，似包括兩項目標，一曰"整比四部書"，二曰"其有與四庫書名目不類者，依劉歆《七略》排爲七志"。前者褚無量主之，後者馬懷素主之。然至二人相繼去世，猶未畢其功，後由元行沖總領其事，編成《群書四部錄》。故《續七志》實未成書。《新書・韋述傳》所謂"即秘書續《七志》，五年而成"，儼然已成，然參《舊傳》"五年而成其總目二百卷"，此《群書四部錄》之卷數也。明徐應秋《玉芝堂談薈》卷二九、顧起元《說略》卷一四並云："吳競《西齋書目》一萬三千四百餘卷，韋述《續七志》有二萬卷，李鄴侯插架三萬卷。"殆讀《舊書・韋述傳》"總目二百卷"，不知其爲所成書目之卷數，而誤以爲《續七志》所收圖書之卷數，並妄改爲二萬卷也。

開元麗正殿書錄

陸龜蒙《奉和襲美二游詩》云："偉矣開元中，王道真平平，八萬五千卷，一一皆塗鉛。人間盛傳寫，海內奔窮研。"第三句下注："案《開元麗正殿書錄》云。"當指書目著錄之卷數。開元初馬懷素"請採近書篇目及前志遺者，續儉《志》以藏秘府"，同時褚無量於東都乾元殿校內府藏書。又詔秘書省、司經局、昭文、崇文二館採天下遺書以益闕文。其後徙書麗正殿，並迅速編成《群書四部錄》，每書皆有敘錄，故書目卷數多達二百卷。然《會要》卷三五云："令麗正殿寫四庫書，各於本庫每部爲目錄。"此目錄疑與《群書四部錄》並非一回事，而爲麗正殿實際藏書簡目，沒有敘錄，而包括複本，故其著錄卷數多達八萬五千卷。宋孫逢吉《職官分紀》卷一五引《集賢注記》云："開元十九年冬，駕發京師。時集賢院四庫書總八萬九十卷。""其中雜有梁、陳、齊、周及隋代古書，貞觀、永徽、麟德、乾封、總章、咸亨舊本。"此錄增多近五千卷，疑爲開元末麗正殿藏書。

開元四庫書目四十卷

《崇文目》《通志》著錄。余嘉錫《目錄學發微》云："其時又別有《開元四庫書目》十四卷，見於《崇文總目》（見原本卷二十三，不著撰人名氏，非毋煚書，亦見《通志藝文略》），是宋初尚存。歐陽修等修《唐書·藝文志》，當即據此書。"錢輯本、四庫本並《玉海》卷五二引《崇文目》及《通志》著錄實皆作四十卷，無作十四卷者，故以卷數之異定其與毋煚《古今書錄》爲二書，頓失其據矣。然若以二書俱四十卷，遽定其爲同書異名，殆亦未見其可也。

晁公武於《崇文目》解題云："《國史》謂書錄自劉向至毋煚所著皆不存，由是古書難考。"可證北宋三朝、兩朝《國史志》俱無《古今書錄》，與《崇文目》同，且《國史》明言其不存，則《開元四庫書目》非即《古今書錄》明矣。然《秘書目》《宋志》並著錄《古今書錄》四十卷，《遂初目》無卷數，知北宋後期秘書省續編到其書，民間亦有流傳，《宋志》則當據四朝或中興《國史志》著錄也。《群書考索》前集卷一九引《中興目》曰："《古今書錄》，唐開元毋氏撰。初，玄宗內庫書籍皆是太宗、高宗先代舊書。開元七年，又借繕寫民間異書。九年，商（殷）踐猷等共修成《群書四部（錄）》二百卷。至毋氏略爲四十卷，名《古今書錄》。以經、史、子、集分四十（五）類，總五萬一千八百五十二卷，並有小序及注撰人名氏。今此錄雖非毋氏全書，而綱目大抵已是以其所定著書。"末句費解，疑衍"以"字。其書僅存"綱目"，殆指所著錄之書名、卷數，"定著"爲校定之意，"大抵已是其所定著書"即五萬多卷書具在無闕也。宋高宗紹興中，嘗刪《崇文目》《新志》《秘書目》之釋文、注文乃至撰人名氏，標明闕書，刻印頒行，作爲求闕書目。以宋例唐，"藏書之盛，莫盛於開元"，晚唐訪求遺書，殆亦嘗刪略《古今書錄》爲求闕書目，頒行天下，故此簡目流佈尤廣，以致兩宋仍見遺存也。簡本當僅一卷，然其書內標明原分之四十卷，故宋代書目仍著録爲四十卷，此猶《讀書志》著録《崇文目》，袁本作一卷，衢本作六十四卷，實同爲簡目也。

由此類推，《開元四庫書目》當非開元中所編之四十卷書目也。其編撰無聞，一也。若有此開元書目，宋人"古書難考"之嘆無由興焉，二也。《舊志》序次爲唐人之書，《新志》誤以爲隋前人之書者夥，知其所據之《開元四庫書目》當無解題，三也。此與《古今書録》簡目甚相類似，然其書名既異，著録之書稍多，當非同一書目也。《新志》序云開元"著録者五萬三千九百一十五卷"，較《古今書録》多二千餘卷，其故何在，釋者紛歧。武秀成以爲"本於《古今書録》，兼采《集賢書目》"（《〈新唐書·藝文志〉"著録"探源》，《周勳初先生八十壽辰紀念文集》，中華書局 2008 年），最爲近是。唯其堅執《开元四庫书目》與《古今书录》爲同書異名，似有未達一間也。宋無《古今書録》完本，已如上述，若謂其爲簡目之異稱，亟當思其何以有此異稱耶？《新志》又何不據之列爲"著録"，而將《集賢書目》之書補入"不著録"，以避免與《舊志》"著録"之矛盾耶？

以予觀之，《開元四庫書目》當係以《古今書録》簡目爲底本，復據《集賢書目》添加圖書，合編爲一卷，而仍題作四十卷也。韋述《集賢書目》一卷，當爲無解題之簡目，疑撰於開元末以後，較《古今書録》多出二千餘卷書，自極正常。大曆末郭晞嘗"以書府編簡多闕，上請《集賢書目》勘寫"（詳下），已經以之爲訪求遺書之依據，則晚唐採訪圖書官員將其添入《古今書録》簡目，合編成《開元四庫書目》，亦合乎情理之事也。李燾《續資治通鑑長編》卷二五云："太宗雍熙元年春正月壬戌，上謂侍臣曰：'夫教化之本，治亂之源，苟無書籍，何以取法？今三館所貯，遺逸尚多。'乃詔三館以《開元四庫書目》閱館中所闕者,具列其名,募中外有以書來上及三百卷,當議甄録酬獎。"《文獻通考》卷一七四、《玉海》卷四三、五二俱作太平興國九年,是年十二月改元雍熙,"四庫"作"四部"。可見宋人習以此書作爲訪求開元以前古書之依據,《新志》以之爲開元"著録"之資,良有以也。

天寶見在庫書目

《會要》卷三五云:開元"十九年冬,車駕發京師,集賢院四庫書總八萬九千卷。經庫一萬三千七百五十二卷,史庫二萬六千八百二十卷,子庫二萬一千五百四十八卷,集庫一萬七千九百六十卷。其中雜有梁、陳、齊、周及隋代古書,貞觀、永徽、麟德乾封總章咸亨舊奉制敕。二十四年十月,車駕從東都還京,有敕百司從官皆令減省,集賢書籍三分留一,貯在東都。至天寶三載六月,四庫更造《見在庫書目》,經庫七千七百七十六卷,史庫一萬四千八百五十九卷,子庫一萬六千二百八十七卷,集庫一萬五千七百二十卷。從三年至十四年,庫續寫又一萬六千八百四十三卷。"

宋孫逢吉《職官分紀》卷一五引《集賢注記》云:"開元十九年冬,駕發京師。時集賢院四庫書總八萬九十卷。經庫一萬三千七百五十三卷,史庫二萬六千八百二十卷,子庫二萬一千五百四十八卷,集庫一萬七千九百六十九卷。其中雜有梁、陳、齊、周及隋代古書,貞觀、永徽、麟德、乾封、總章、咸亨舊本。天寶三載,經庫七千七百七十六卷,史庫一萬四千八百五十九卷,子庫一萬六千二百八十七卷,集庫一萬五千七百二十二卷。至十四載,四庫續寫又一萬六千八百三十二卷。"按,二書所載皆源出韋述《集賢注記》,前者加詳,尤以獨載"造《見在庫書目》"爲可貴也。然其所載開元書數,《玉海》卷五二引《會要》同上,而《會要》卷六四又云"總八萬一千九百九十卷"，俱誤。《職官分紀》所引開元四庫卷數相加與"總八萬九十卷數"相符，則《見在庫書目》亦當以其四庫相加爲總五萬四千六百四十四卷。唐歷朝"奉制敕"所抄"舊本"，當爲前後相補，避其重複，而前朝古書，或視爲善本，不避重複，故開元總數多達八萬餘卷。唐人言貞觀至天寶藏書，皆稱八萬餘卷，唯千百等數異，皆當作如是觀也。天寶三載《見在庫書目》著錄總數較《古今書錄》之五萬一千八百五十二卷、《開元四庫書目》之五萬三千九百一十五卷漸次增加，頗疑開元總數即韋述《集賢書目》著錄之數，即雖名爲八萬餘卷，而去其重複少於天寶也。然《日本目》正史家《東觀漢記》下注引吉備真備曰："此書凡二本，一本百廿七卷，與《集賢院見在書》合；一本百四十一卷，與《見書》不合。又得零落四卷，又與兩本目錄不合。"吉備真備爲日本入唐副使，天寶十一載至長安，十三載歸國。其所見《集賢院見在書》當爲簡稱，末省"目錄"二字，蓋即天寶三載《見在庫書目》也。其著錄《東觀漢記》爲一百二十七卷，與《舊志》同，則《古今書錄》當亦相同。《新志》著錄爲《東觀漢記》一百二十六卷，《目》一卷，疑《集賢書目》《開元四庫書目》並同，此其微異者也。然《集賢書目》《見在庫書目》各得《集賢院見在書目錄》之半，或皆其簡稱耳，則韋述編目即在天寶三載，開元十九年並無編目之事，韋述《集賢注記》據籍帳之數言之耳。梁啓超《圖書大辭典·簿錄之部》據《會要》卷三五記載，又著錄"天寶十四載《四庫續寫書目》"，亦或籍帳之數而已，茲不另列。

郭晞　集賢群書新錄八卷

郭晞爲郭子儀第三子，兩《唐書》本傳載其戰功歷官甚詳。貞元十年卒，年六十二。《郭晞墓誌》（《西安碑林博物館新藏墓誌續編》第四一四頁）云："後丁內艱，哀毀過禮，外除月，制除檢校工部尚書，兼領秘書省事。公以書府編簡多缺，上請《集賢書目》勘寫，因著《新録》八卷。初，扃史稱曠廢日久，修之爲艱。公曰：'圖籍之興，繫於國本。所全者重，所略者輕。'遂躬自纂閲，留爲故事。"《舊書》本傳云："大曆十二年丁母憂，服除，加檢校工部尚書、判秘書省事。建中二年丁父喪，持服京城。"郭晞判秘書省事當在大曆十四年服除，至建中二年丁父喪之間，其著《新録》亦當在此兩年之内。《舊志》序云："禄山之亂，兩都覆没，乾元舊籍，亡散殆盡。肅宗、代宗，崇重儒術，屢詔購募。"《新志》序云："元載爲宰相，奏以千錢購書一卷，又命拾遺苗發等使江淮括訪。"此目所載，即兩朝購募所得也。

陳京　貞元御府群書新録

陳京《新書》有傳。《柳宗元集》卷八《陳京行狀》，載其貞元中任考功員外郎、司封郎中、給事中、秘書少監，"凡四命爲集賢學士"。"在集賢奏秘書官六員隸殿内，而刊校益理，納貲爲胥而仕者罷之。求遺書，凡增繕者，乃作藝文新志，制爲之名曰《貞元御府群書新録》。"陳京卒於貞元二十一年，而《舊書·禮儀志》載貞元八年正月考功員外郎陳京議禮，則其在集賢至少十四年，然此書當成於秘書少監任内，約貞元二十年前後。《玉海》卷五二已據柳文列《唐貞元御府群書新録》條。

唐秘閣四部書目四卷

《崇文目》著録《唐秘書目》四卷，錢繹按："《玉海》兩引《崇文目》，並作《唐秘閣書目》，舊本脱閣字，今校增。"《玉海》卷五二兩引，實作《唐秘書閣書目》。《通志》作《唐秘閣書目》四卷，《宋志》作《唐秘閣四部書目》，俱不著撰人名氏。末一書名當爲全稱，餘皆簡稱或有闕字。《北户録》卷三"相思子蔓"條崔龜圖注云："《四部目録》有韓憑書，叙事委悉，而辭義鄙淺,不復具記。"崔龜圖其人無考,當爲唐末人。所謂"韓憑書",疑即敦煌卷子《韓朋賦》,此等俗體賦被編入書目,當在中晚唐以後。又《讀書志》別集類云:"《唐四庫書目》有《綺莊集》十卷。"此集《新志》列於昭宗人之間,然《全唐詩》卷五六三云:"劉綺莊,毗陵人。初爲昆山尉,宣宗時官州刺史。"則似不當晚至昭宗時。《舊志》序云:"昭宗即位,志弘文雅,秘書省奏曰:'當省元掌四部御書十二庫,共七萬餘卷。廣明之亂,一時散失。後來省司購募,尚及二萬餘卷。及先朝再幸山南,尚存一萬八千卷。竊知京城制置使孫惟晟收在本軍,其御書秘閣見充教坊及諸軍人佔住。伏以典籍國之大經,秘府校讎之地,其書籍並望付當省校其殘缺,漸令補輯。樂人乞移他所。'並從之。"可見僖宗乾符中,晚唐藏書達到高峰,此目或爲當時所編。廣明之亂,僅有兩萬卷左右圖書,殆重在求書而非編目矣。

唐四庫搜訪圖書目一卷

《崇文目》《通志》《宋志》著錄,俱不著撰人名氏。《舊志》序云:"文宗時,鄭覃侍講禁中,以經籍道喪,屢以爲言。詔令秘閣搜訪遺文,日令添寫。開成初,四部書至五萬六千四百七十六卷。"《舊書·文宗紀》云:"開成元年秋七月戊辰朔,御史臺奏:'秘書省管新舊書五萬六千四百七十六卷,長慶二年已前,並無文案,大和五年已後,並不納新書。今請創立簿籍,據闕添寫,卷數逐月申臺。'從之。"《會要》卷三五載奏文稍詳:"自今已後,所填補舊書及別寫新書,並隨日校勘,並勒創立文案,別置納曆,隨月申臺。"又見同書卷六五。《新志》序云:"昭宗播遷,京城制置使孫惟晟斂書本軍,寓教坊于秘閣,有詔還其書,命監察御史韋昌范等諸道求購。"余嘉錫疑此爲文宗時秘閣搜訪之目,姚名達疑爲昭宗時諸道求購之錄,雖疑莫能定，其爲晚唐求闕書目殆屬可信也。

又，汪國垣《漢唐以來目錄統表》據《舊書·文宗紀》著錄《開成四部書目》，按云："此目不載兩《唐志》及《通志·藝文略》，或僅有整理，未曾流別。"昧"大和五年已後，並不納新書"之意，若視奏文所謂五萬餘卷爲書目著錄之數，則當編成於大和五年至開成元年之間，宜擬名爲《大和四部書目》。

王方慶　石泉公藏書目

《舊書·王方慶傳》云："方慶家多書籍，博學好著述，所撰雜書凡二百餘卷。""聚書甚多，不減秘閣，至於圖畫，亦多異本。諸子莫能守其業，卒後尋亦散亡。"《大唐新語》卷七、《新書》卷一一六記載略同。《歷代名畫記》卷一《叙畫之興廢》云："天后朝，張易之奏召天下畫工，修內庫圖畫，因使工人各推所長，銳意模寫，仍舊裝背，一毫不差。其真者多歸易之。易之誅後，爲薛少保稷所得。薛殁後，爲岐王範所得。王初不陳奏，後懼，乃焚之。時薛少保與岐王範、石泉公王方慶家所蓄圖畫，皆歸於天府。"諸書未言其編有藏書目錄，唯李德裕《李衛公別集》卷九《平泉草木記》云："余嘗覽想石泉公家藏《藏書目》，有《園庭草木疏》。"石泉公即王方慶，史傳稱其卒後藏書散亡，則此目殆爲方慶自編藏書目。衛公尚得見之，則晚唐仍存於世，殆亡於唐末五代也。

王方慶曾編藏書目錄，向不爲學人所知，竊謂此事有深堪注意者也。古人書目，每附載自撰之書於後，如《廣弘明集》卷三收錄梁阮孝緒《七錄序》，於目錄下附載阮氏著書，末云："右七種二十一帙一百八十一卷，阮孝緒撰，不足編諸前錄，而載於此。"即其明證。唐吳兢《西齋書目》，《讀書志》云："兢自撰書附於正史之末。"因吳氏所撰多爲紀傳體史書，故附於正史之末，此附於全目末之變體也。《園庭草木疏》二十一卷,亦王方慶自撰書,可見方慶此目,亦當附載其自撰諸書。王方慶所著書,《舊志》僅故事類載《公卿故事》二卷,《新志》著錄乃多至三十七種,四百二十七卷,爲唐人著書之冠。史傳所謂"二百餘卷"者,僅及其半爾。然諸書開元時官庫多未收藏,至宋世更亡佚殆盡,僅《宋志》傳記類載有《魏玄成傳》一卷,譜諜類載有《王氏譜》一卷。北宋《本草圖經》曾引王方慶《廣南方》、《嶺南方》三條,疑轉引自唐人醫書。南宋《中興目》復出《魏鄭公諫録》五卷,至今尚存,然其果爲方慶之書與否,疑莫能明也。故《新志》所補錄三十六種,當非依據唐宋官私簿錄,頗疑唐人嘗有據此目抄錄方慶著書名目者,歐陽修復據以盡數補入《新志》耳。余嘗論《新志》多采史傳雜著,所載未必宋世所存之書,此其顯例也。是則合《新志》所收,差堪復原此目附錄之舊,爰錄於下:

經部禮類:《禮經正義》十卷,《禮雜問答》十卷。小學類:《寶章集》十卷,又《王氏八體書範》四卷,《王氏工書狀》十五卷。

史部故事類:《南宫故事》十二卷。《文貞公事錄》一卷。職官類:《宫卿舊事》一卷。又撰《尚書考功簿》五卷,又《尚書考功狀績簿》十卷,《尚書科配簿》五卷,《五省遷除》二十卷。雜傳記類:《友悌録》十五卷,又《王氏訓誡》五卷,《王氏列傳》十五卷,《王氏尚書傳》五卷,《魏文貞故書》十卷。《王氏女記》十卷,又《王氏王嬪傳》五卷,《續妬記》五卷。儀注類:《三品官祔廟禮》二卷,又《古今儀集》五十卷。譜諜類:《王氏家諜》十五卷,又《家譜》二十卷,《王氏著錄》十卷。地理類:《九嵕山志》十卷。

子部儒家類:《諫林》二十卷。道家類:《神仙後傳》十卷。雜家類:《續世說新書》十卷。農家類:《園庭草木疏》二十一卷。小説類:《王氏神通記》十卷。醫術類:《新本草》四十一卷,又《藥性要訣》五卷,《袖中備急要方》三卷,《嶺南急要方》二卷,《鍼灸服藥禁忌》五卷。

集部總集類:《王氏神道銘》二十卷。

柳仲郢　西堂書目

《舊書·柳仲郢傳》云:"退公佈卷,不舍晝夜。九經、三史一鈔,魏晉已來南北史再鈔,手鈔分門三十卷,號《柳氏自備》。又精釋典,《瑜伽》《智度大論》皆再鈔,自餘佛書,多手記要義。小楷精謹,無一字肆筆。"《新書》本傳云:"家有書萬卷,所藏必三本:上者貯庫,其副常所閲,下者幼學焉。仲郢嘗手鈔《六經》,司馬遷、班固、范曄史皆一鈔,魏、晉及南北朝史再,又類所鈔它書凡三十篇,號《柳氏自備》,旁錄仙佛書甚衆,皆楷小精真,無行字。"宋高似孫《緯略》卷七引《柳氏家訓》曰:"余家昇平里西堂藏書,經史子集皆有三本。一本紙墨籤卷華麗者鎮庫,一本次者供覽(《海録碎事》卷一八作'長將隨行披覽'),又一本次者後生子弟爲業。"雍正《山西通志》卷一七五《經籍》著録作柳仲郢《西堂書目》,姑妄從之。

殷仲茂　十三代史目三卷

《秘書目》《通志》著録。《讀書志》云:"唐殷仲茂撰,輯《史記》、兩漢、三國、晋、宋、齊、梁、陳、後魏、北齊、周、隋史籍篇次名氏。國朝杜鎬以唐、五代書目續之。"《宋志》作"商仲茂《十三代史目》一卷",錢大昕《廿二史考異》卷七三云:"本姓殷,避諱追改。"《新志》載宗諫《注十三代史目》作十卷,當即注此,且因其已含殷仲茂之三卷書於内,故未載此書也。北齊楊松珍《史目》,節略《史》《漢》以下紀傳,創爲史目之體。下迄《隋書》,凡十三部正史,唐人目爲十三代史,蓋始於殷氏也。其後宗諫注之爲十卷,宋杜鎬續之爲《十九代史目》。宋時《魏書》有闕卷,曾取殷、宗之書補之。《魏書》卷五三末宋人按語云："宗諫《史目》、殷藏用《十三代史目》，惟高祐、崔挺，而無李安世。"同書卷八六傳末宋人按語又云："魏收書《孝感傳》亡，惟張昇事出宗諫《史目》，與《北史》小異"，"惟楊九齡《經史目錄》與《小史》同，九齡撰錄皆在殷仲藏、宗諫等後，是時正史已不完，往往取《小史》爲據，故同之。"殷仲茂一作殷藏用，一作殷仲藏，疑當以仲藏爲名，藏用爲字，茂字誤也。殷踐猷之從父殷仲容，貞觀至開元時人。容、藏義近，或即其兄弟乎？前考宗諫或爲武后至玄宗時後三國史學派之後勁，時代略晚，宜注其書也。

李匡文　十四代蠲疑史目

李匡文《資暇集》卷上云："陸璣字從玉旁，非士衡也。愚宗人大著作祝嘗有顯論。今秘閣西南廊新碑古人姓名，若此參誤多矣，故愚撰《十四代蠲疑史目》以別白也。"此偏重考辨十三代史及唐代《國史》中人名之誤，然既以"史目"爲名，亦當節略史文，未必純考人名也。李匡文所辨陸機字士衡與陸璣字元恪非一人，後世論之者甚多。

沈建　樂府詩目録一卷

《宋志》著錄，《崇文目》《通志》入樂類。沈建約德宗、憲宗時人，撰有《樂府廣題》，見前樂類。

以上目錄類，補十五種。

譜　牒　類

李公淹　山東士大夫類例三卷

《新書·儒學傳》云："唐興，言譜者以路敬淳爲宗，柳沖、韋述次之。李守素亦明姓氏，時謂'肉譜'者。後有李公淹、蕭穎士、殷寅、孔至，爲世所稱。"同書《李守素傳》云："時渭州刺史李淹亦明譜學，守素所論，惟淹能抗之。"

李公淹，史無傳，其事尚散見可考。《隋書·裴矩傳》云："曹旦長史李公淹、大唐使人魏徵等説旦及齊善行令歸順。旦等從之，乃令矩與徵、公淹領旦及八璽，舉山東之地歸於大唐。"《新書·南蠻傳》載貞觀元年太宗遣"員外散騎侍郎李公淹持節宣諭，暄等與溪洞首領皆降，南方遂定"。事又見《魏鄭公諫録》卷一。《通鑑》作李公掩，《考異》云："《魏文貞公故事》作李公淹，今從《實録》。"《崔汲墓誌》（《續集》長安一二）云："夫人趙郡李氏，父公淹，唐右司郎中、渭州刺史。"《李全禮墓誌》（《補遺》第八輯第五九頁）："祖諱公淹，皇吏部員外、左司郎中、建渭二州刺史。才行過人，平嶺南諸州，撰《適越記》三卷，爲天下所知。"李華《李遐叔文集》卷二《徐堅神道碑》云："夫人贊皇縣君趙郡李氏，北州望族，左司郎中公掩之孫，杭州刺史自抱之女。左司博古。"

李公淹之譜書，未見書目著録。唯宋鄧名世《古今姓氏書辨證》卷五"崔姓"云："舊定博陵崔爲次甲門，曇剛《類例》曰：'先崔昂，次崔季舒及齊州崔光。'李公掩《類例》則首崔楷，後季舒。又舊甲乙門者，崔楷、長瑜爲先，子樞、季舒次之。舊博陵在乙門者，曇剛以崔遹入第五件（門）。李公掩則首崔敬寬，次崔遹。"《大唐新語》卷九："代有釋曇剛制《山東士大夫類例》三卷，其假冒者悉不録，署云'相州僧曇剛撰'。左散騎常侍柳沖，亦明氏族，中宗朝爲相州刺史，詢問舊老，咸云自隋朝以來，不聞有僧曇剛。蓋懼見害于時，而匿其名氏耳。"《新書·儒學傳》載柳芳論氏族云："齊浮屠曇剛《類例》，凡甲門爲右姓。"李公淹《類例》殆與曇剛書同名同卷數，且亦撰於隋前，唐代官譜既修，僅流行於民間，仍爲人所重。《元和姓纂》卷二"韋氏"云"道入《山東類例》"，蓋猶以入譜爲榮也。不知此《山東類例》之爲曇剛抑李公淹耶？

魏徵　天下諸州姓氏譜一卷

宋鄧名世《古今姓氏書辨證》所引貞觀郡姓二十五條，凡二十七郡，一百七十六姓。其中卷五云："唐魏鄭公定《天下諸州姓譜》，以崔、張、房、何、傅、靳爲貝州清河郡六姓。"卷四〇云："唐魏徵定天下姓氏，平昌郡三姓，山陽郡五姓，皆有蓋氏。"其餘或曰"唐貞觀中定"，或曰"唐貞觀所定"，或僅曰"唐定"。向達、牟潤孫等謂出《貞觀氏族志》，日本池田温認爲皆來源於魏徵所定天下郡姓。唐耕耦考"宋時《貞觀氏族志》已經失傳"，且其所引郡名"三分之一與唐朝州郡建置不合，而是沿襲舊稱"，可見"魏徵撰定《天下諸州姓氏譜》在貞觀中，也就是説在《氏族志》正式公佈以前"，"來不及利用《氏族志》材料，而是輯自前代著作"（《敦煌四件唐寫本姓望氏族譜寫卷研究》，《敦煌吐魯番文獻研究論集》第二輯，北京大學出版社一九八三年）。

高士廉　氏族譜狀一卷

敦煌寫卷北圖位字七十九號，存四十六行。其前部記載各郡郡姓，凡郡六十六，二百六十六姓。後部爲狀文敕旨，云："以前太史，因堯置九州，今爲八十五郡，合三百九十八姓。今貞觀八年五月十日壬辰，自今已後，明加禁約，前件郡姓出處，許其通婚媾。結婚之始，非舊委悉，必須精加研究，知其曩譜，相承不虛，然可爲匹。其三百九十八姓之外，又二千一百雜姓，非史籍所載，雖預三百九十八姓之限，而或媾官混雜，或從賤入良，營門雜户，慕容商賈之類，雖有譜，亦不通。如有犯者，剔除籍。光禄大夫兼吏部尚書許國公士廉等奉敕，令臣等定天下氏族，若不别條舉，恐無所憑，准令詳事訖，件錄如前。敕旨：依奏。"末題"大蕃歲次丙辰後三月庚午朔十六日乙酉魯國唐氏苾蒭悟真記"，即抄於唐文宗開成元年。清末繆荃孫稱其爲《唐貞觀條舉氏族事件》，王仲犖採其說。陳垣《敦煌劫餘錄》定名爲《姓氏錄》，王重民、黃永武從之。向達認爲不是《姓氏錄》，而是《貞觀氏族志》，岑仲勉校本亦用此名。牟潤孫指出後部狀敕非敕定官文書，前部所舉郡名多襲前代，"是唐時山東大姓之衰宗破落户爲增高賣婚價格所僞託之《氏族志》"。唐耕耦謂其"抄摘前人著作"編成，故所載多爲唐代以前郡姓，其"年代應在唐武德五年以後至武周長安年間"，"可名之爲《天下姓望氏族譜》"。毛漢光認爲是民間士大夫私修譜，底本爲《貞觀氏族志》初奏本，寫作年代在天寶元年至寶應元年之間，華林甫對這一斷代作出補充考證。姜士彬、李錦繡、陳麗萍皆從後部狀敕與斯五八六一、伯三一九一號高度相似，認定其據李林甫新譜而造僞。

按，所謂李林甫新譜，《新志》著錄作《唐新定諸家譜錄》，《中興目》《書錄解題》作《天下郡望氏族譜》，北羽五九號寫卷題作《大唐天下郡姓氏族譜》。以殘卷與書目相參，李林甫新譜末亦有狀敕，除"天寶八載五月十日"與"貞觀八年五月十日"、李林甫與高士廉人名及官職兩相對應外，其餘文句基本相同。唐耕耦云："天寶八載敕只是重申貞觀舊令"，"天寶時官定郡姓，仍爲三百九十八姓，與貞觀時完全相同，是不可能的，改竄造僞痕迹，十分明顯。"既云重申舊令，則不當云造僞。而反謂此譜據李林甫新譜造僞者，尤非鑿論。此類姓望譜常用前代郡名，華林甫釋以天寶郡名，未見其可也。如其考斯二〇五二號寫卷處州乃沿隋代舊稱，以駁王仲犖大曆十四年改括州爲處州說，則其考此寫卷之"潯陽郡始置於天寶元年，廢於乾元元年"亦非，當爲《元和郡縣志》卷二九"晉惠帝分廬江之潯陽、武昌之柴桑置潯陽郡"之潯陽。華氏以天寶州郡對應爲釋，尤求之過深。如《太平寰宇記》杭州有餘杭、錢塘二郡，敦煌寫卷有餘杭、錢塘、鹽官三郡，此何時之郡制耶？高士廉等《貞觀氏族志》始撰於六年，頒行於十二年，其間抄摘前代舊譜，奏上簡譜以應急需，乃事理之常也。其郡名最晚者出於武德五年，又未按貞觀十三年所設十道編排，與狀稱貞觀八年相符。至其擬名，因其後有狀敕，而古有以狀名書者，如隋唐《志》載《氏族要狀》十五卷，南齊賈希鏡撰，茲仿擬作《氏族譜狀》。

李利涉　姓氏秘略三卷

《宋志》著錄。《四庫闕書目》誤作李立涉。《秘書目》《通志》無撰人名氏。唐嵩高山人李利涉，曾爲成玄英所注書作序，是高宗時人。《新志》載李利涉《唐官姓氏記》五卷，又《編古命氏》三卷，前書下注云：“利涉貶南方，亡其半。”後書《中興目》稱“永隆二年李利涉撰”。《新志》道家類成玄英《莊子疏》下注云：“永徽中流郁州，書成，道士王元慶邀文學賈鼎就授大義，嵩高山人李利涉爲之序。”

附按：《秘書目》《四庫闕書目》著錄《五聲類氏族》五卷，無撰人名氏。《宋志》：“李利涉《姓氏秘略》三卷，又《編古命氏》三卷，《五聲類氏族》五卷。”似連上“又”字而言，亦爲李利涉撰。因別無可考，不另著錄。

張九齡　姓源韻譜五卷

《崇文總目》著錄《姓源韻譜》五卷，不著撰人名氏。錢繹按：“曹大宗、張九齡並有此書，曹書《通志略》作四卷，《宋史・藝文志》一卷；張書《書錄解題》、《通考》並作一卷，《通志略》三卷，並與此不合，未知孰是。”陳漢章《補正》云：“是則張、曹二書卷數並與此合，至南宋張書止存三卷耳。”按，張書《通志》作五卷，曹書又見《四庫闕書目》作一卷。《玉海》卷五〇引

《中興目》云："《姓源韻譜》五卷，唐曹大宗採諸書述姓氏郡望，以四聲類之。又一本云張九齡撰，所存止三卷。"《讀書志》袁本作五卷，衢本作一卷，云："右唐張九齡撰。依《春秋》正典、《柳氏萬姓録》、《世本圖》，捃摭諸書，纂爲此譜，分四聲以便尋閲。"《通考》同衢本，而引作"陳氏曰"，今本《書録解題》爲清人自《永樂大典》輯出，此條疑據《通考》補入。所謂《柳氏萬姓録》，疑爲唐柳冲《大唐姓族系録》二百卷之俗稱，自宋鄭樵《通志·氏族略》、鄧名世《古今姓氏書辯證》卷一〇以下，乃出"漢有潁川太守聊某著《萬姓譜》"之説，而不知其妄也。又，明陳第《世善堂書目》尚載張書一卷，凌迪知《氏族博考》卷二："南氏，《姓源韻譜》云：'盤庚妃姜氏夢龍入懷，孕十二月而生，手把南字，長封荆州，號南赤龍。'"此條不見於宋人稱引，或即出自明代尚存之一卷本。

曹大宗　姓源韻譜五卷

宋代書目頗載曹大宗《姓源韻譜》五卷，且有明言爲唐人者，已見上條。又《容齋四筆》卷九云："姓氏之書大抵多謬誤，如唐《貞觀氏族譜》今已亡其本，《元和姓纂》誕妄最多，國朝所修《姓源韻譜》尤爲可笑。"並舉其洪氏下云"五代時有洪昌、洪杲皆爲參知政事"之誤爲例。因張九齡爲開元名相，而曹大宗其人無考，似洪氏所言"國朝所修"者即指曹書而言。故民國趙士煒輯考《中興目》，引洪氏之説後按云："是此書修于宋也，未悉孰是。"今人王力平點校《古今姓氏書辯證》，亦於前言中引洪氏之説"證此書爲宋人撰"。按，《宋志》地理類載曹大宗《郡國志》，當即唐釋慧琳《一切經音義》所引之《曹氏郡國志》，則唐亦有曹大宗其人。洪邁所見，或別一書，或宋人以二洪竄入曹書耳。

宋鄧名世《古今姓氏書辯證》引《姓源韻譜》二十九條，分見於卷一至四〇首尾十八卷內；又引《韻譜》十四條，除卷一九引一條外，餘皆見於後十卷內。其中僅卷一明標"曹大宗《姓源韻譜》曰"，卷三六明言"張始興公作《姓源韻譜》，在《廣韻》之前，凡二書同載姓氏，皆合以《韻譜》爲正"，餘皆不出主名。古人引書，或出全稱，或以簡稱，本無規律可言。然鄧氏並引曹、張同名書，或當有所區別，今觀其引文分佈，參以《中興目》曹書五卷全、張書三卷殘之記載，頗疑鄧氏所引《姓源韻譜》出曹書，《韻譜》出張書。

由鄧氏評語觀之，其於二書皆有貶辭。如《古今姓氏書辯證》殘宋本《序論三》云："應劭《風俗通》、何承天《姓苑》、賈執《英賢傳》、王僧孺《百家譜》，皆以明儒世學，疲精歲月，而後成書。唐人高士廉、李守素輩，往往採取爲正。自張九齡而下，至皇朝諸儒，益盡信之。然而因陋就誣，不可以訓。"書內言張書"誤矣"者數，指斥曹書者尤多而厲，如卷一五"喪"姓下云："唯《姓源韻譜》以爲楚大夫襄老後，誤矣。襄老姓屈，其後自爲襄氏。古人以奉葬爲襄事，亦不音喪，不宜附會而爲之說也。"然亦有如上引"合以《韻譜》爲正"之評，尤以卷三四"孟"姓下評價爲高："《姓源韻譜》曰：出自姬姓。魯威公生仲慶父，世爲魯卿，謂之仲孫氏。古謂庶長爲孟，故又曰孟氏。孟軻之後，世居高密，晋分高密，置平昌郡，因爲平昌安丘人：此平昌孟氏也。洛陽孟氏：晋孟欽有左慈之術，苻融欲誅之而不得；孟嘉九月九日登龍山，賞宴，風落其帽。東海孟氏：漢孟卿以學顯名。鉅鹿孟氏：漢孟敏嘗於太原荷甑，墜地不顧，郭林宗因勸之令學，後官至太尉；晋有幽州刺史孟業，肥大，帝秤之，重千斤；又宋有左僕射孟昶，弟顗，亦爲左僕射。武康孟氏：後涼有昌松太守孟禕。安平孟氏：魏有京兆太守孟康，嘗至郊界觀農桑，自刈芻飼馬，不煩於人。江夏孟氏：晋孟宗，嘗爲池監，自作鮓寄母，又冬泣竹而筍生。《姓源韻譜》載孟氏七望，皆詳明可據，他姓未能稱是，故盡錄之"。又殘宋本卷一"總目"多稱以《左傳》等修定，而唯稱"孟，以《左傳》合《韻譜》修定"，足見其價值也。

孔至　百家類例

《新書・儒學傳》云："孔若思，越州山陰人。""若思子至，字惟微。歷著作郎，明氏族學，與韋述、蕭穎士、柳沖齊名。撰《百家類例》，以張説等爲近世新族，掇去之。説子垍方有寵，怒曰：'天下族姓，何豫若事，而妄紛紛邪？'垍弟素善至，以實告。初，書成，示韋述，述謂可傳，及聞垍語，懼，欲更增損，述曰：'止！丈夫奮筆成一家書，奈何因人動搖？有死不可改。'遂罷。""時述及穎士、沖皆撰《類例》，而至書稱工。"

《封氏聞見記》卷一○云："著作郎孔至，二十傳儒學。撰《百家類例》，品第海内族姓，以燕公張説爲近代新門，不入百家之數。駙馬張垍，燕公之子也，盛承寵眷，見至所撰，謂弟埱曰：'多事漢。天下族姓，何關爾事而妄爲升降！'埱素與至善，以兄言告之。時工部侍郎韋述，諳練士族，舉朝共推。每商確姻親，咸就諮訪。至書初成，以呈韋公，韋公以爲可行也。及聞垍言，至懼，將追改之。以情告韋，韋曰：'孔至休矣，大丈夫奮筆，將爲千載楷則，奈何以一言而自動搖有死而已，胡可改也'。遂不復改。"

按，盧光濟《王涣墓誌》（見岑仲勉《金石論叢》）云："六代祖子奇，在開元朝推爲門户主，備於孔氏《類例》。"可見唐時孔書確以《百家類例》行世，世以入譜爲榮也。然《新志》未著錄，而另有孔至《姓氏雜錄》一卷，未知是否同書異名？《中興目》云："《姓氏古今雜錄》一卷，孔至載氏族冠冕昏姻之盛，又以方數甲乙紀之。"宋晏殊《類要》、鄧名世《古今姓氏書辨證》屢引之,多載一門之中貴盛事。
賈至　百家類例十卷
《會要》卷三六云:"乾元元年著作郎賈至撰《百家類例》十卷。其序旨曰:以其婚姻承家,冠冕備盡則存譜。大譜所記者,唯尊官清職,傳記本原,分爲十卷,爰列百氏。其中須有部折,各於當族注之,通爲百氏,以隴西李氏爲第一。"又見《册府元龜》卷五六〇。《玉海》卷五〇云:"按《賈至傳》,由單父尉拜起居中書舍人,徙岳州司馬。寳應初,召復故官。不曾遷著作郎,疑是孔至。"按,孔至撰《百家類例》時,張説之子張垍方得寵,蓋在天寳年間也,則此非孔至甚明。賈至天寳末爲中書舍人,乾元元年出爲汝州刺史,其間或曾轉著作郎,史文或缺,亦無足怪也。

天下五姓族望譜一卷
敦煌寫卷北羽五九號背面前端一行半爲某書信殘句,下一行題"《天下五姓族望譜》一卷"。陳麗萍曰:"關中、代北、山東、江南等地區皆有世胄大姓,其中崔、盧、李、鄭、王爲山東大姓,時人推爲諸姓之首,亦簡稱五姓。"若"這行字確爲别件姓望譜題名,就説明當時有專爲山東五姓所作之姓望譜。"(《敦煌本〈大唐天下郡姓氏族譜〉的綴合與研究》,《饒學與華學》,上海辭書出版社二〇一六年。)

按,《會要》卷三六云:"今流俗相傳,獨以崔、盧、李、鄭爲四姓,加太原王爲五姓,不經之甚也。"唐世流行之五姓,乃陰陽五行家説,用於堪輿、卜宅、卜墓、曆日等,以定吉凶,其起源甚早。漢王充《論衡·詰術》篇引《圖宅術》曰:"宅有五音,姓有五声。宅不宜姓、姓與宅相賊,則疾病死之,犯罪遇禍。""五姓之宅,門有宜向。"唐蘇鶚《蘇氏演義》云:"五音之配五姓,郭璞以收舌之音爲宫姓,以至齶上之音爲徵姓,以唇音爲羽姓，以舌著齒外之音爲商姓，以胸中之音爲角姓。又《青囊經》云：'城寨屋宅之地，亦以五姓配五行。'然則五姓之起，自郭璞始也。《前漢·王莽傳》卜者王况謂李焉曰：'漢當復興，君姓李，李者徵，徵火也，當爲漢輔。'按此五姓之説自漢已有之。"（宋高承《事物紀原》卷九引，今本無此條。）《隋志》五行類有《五姓歲月禁忌》《五姓登壇圖》《五姓墓圖》等。《舊書·呂才傳》引呂氏《陰陽書·叙宅經》嘗舉五音配姓氏數例："至於近代師巫，更加五姓之説。言五姓者，謂宫、商、角、徵、羽等，天下萬物悉配屬之，行事吉凶依此爲法。至如張、王等爲商，武、庚等爲羽，欲似同韻相求，及其以柳姓爲宫，以趙姓爲角，又非四聲相管。其間亦有同是一姓，分屬宫、商，後有複姓數字，徵、羽不别。驗於經典，本無斯説，諸陰陽書亦無此語，直是野俗口傳，竟無所出之處。唯《堪輿經》黄帝對於天老，乃有五姓之言。"敦煌寫卷中言五姓者多種，其分配方法不一。以伯二六三二背《五姓宅經》爲例，屬宫姓者有陰、采、氾、馮、關等七十二姓，屬商姓者有王、梁、陽、索、張、常等五十八姓，屬角姓者闕，屬徵姓者有李、史、田、鄭等六十五姓，屬羽姓者有吴、吕、馬、孟、賈等四十七姓。

以五姓編氏族譜，不涉吉凶宜忌，殆爲便利檢索。《書録解題》云："《天下郡望氏族譜》一卷，唐李林甫等天寶八年所纂。並附五音於後。"北羽五九號寫卷另存兩行，題"《大唐天下郡姓氏族譜》，大唐天寶八載正月十日京（晋）國公隴西郡臣李林甫"。陳氏所言《天下郡望氏族譜》與此同書異名，則陳氏所言"五音"亦當與《天下五姓族望譜》名異實同，蓋其來舊矣。

五姓徵氏二十卷

《崇文目》著録，《四庫闕書目》《通志》"徵氏"作"證事"，俱不著撰人名氏。《宋志》著録"林寶《姓苑》三卷,又《姓史》四卷,《元和姓纂》十卷,《五姓證事》二十卷",似以之爲林寶所撰。兹以書名中有"五姓",殆以五音編排,故次於此。又書名中"徵氏"二字,猶《魏書·禮志》"考氏定實",謂考定氏族也;又猶清錢邦寅《歷代輿地徵信編》,可謂"歷代氏族徵信編"也。宋人昧於其義,妄改爲"證事",則不知所謂矣。

陸羽　姓源解三十卷

《文苑英華》卷七九三陸羽《陸文學傳》云:"著《君臣契》三卷、《源解》三十卷、《江表四姓譜》八卷、《南北人物志》十卷、《吳興歷官記》三卷、《湖州刺史記》一卷、《茶經》三卷、《占夢》上中下三卷,並貯於褐布囊。上元年辛丑歲子陽秋二十有九日。"此傳撰於肅宗上元二年,其中提及八書,皆當著於玄、肅之際。常州先哲遺書本《梁溪漫志》引"源解"二字前有姓字,且下一書爲姓氏譜,則此爲姓源之書亦較合理。

陸羽　江表四姓譜十卷

見陸羽《陸文學傳》。《三國志·吳書·朱治傳》已有"吳四姓"。《世説新語·賞譽》云:"吳四姓,舊目云:'張文朱武,陸忠顧厚。'"裴注:"《吳録·士林》曰:'吳郡有顧陸朱張爲四姓。'三國之間四姓盛焉。"《新書·儒學傳》載柳芳論氏族云:"東南則爲吳姓朱張顧陸爲大。"又云:北魏"郡姓者,以中國士人差第閥閲爲之制,凡三世有三公者曰膏粱,有令僕者曰華腴,尚書領護而上者爲甲姓,九卿若方伯者爲乙姓,散騎常侍大中大夫者爲丙姓,吏部正員郎爲丁姓。凡得入者謂之四姓。"不知陸氏四姓指何者爲言?

沙州諸姓譜

敦煌寫卷伯二六二五號首尾俱殘,僅存張、陰、索三姓九十四行,王重民定名爲《敦煌名族志》。陳國燦考其"成於神龍元年武后退位之後不久",鄭炳林認爲"撰寫年代爲開元十一至十五年間"(《敦煌歸義軍史專題研究四編》,三秦出版社二〇〇九年,第三九頁)。又伯四〇一〇殘卷,王重民云:"殘文書十行,似爲傳志。"鄭炳林云,"此卷文書屬《敦煌名族志殘卷》,與伯二六二五號《敦煌名族志》實屬一卷",爲其索氏索靖傳之殘缺部分(《敦煌地理文書匯輯校注》,甘肅教育出版社一九八九年,第一一八頁)。按,《隋志》著録《益州譜》至《揚州譜》八種州姓譜,其中四種名爲"諸姓譜",陸羽前書,亦以"姓譜"爲名,此書當定名爲《沙州諸姓譜》。又,兩《唐志》無唐人州姓譜,兹補亦僅兩種,故相次著録焉。

殷寅　著姓略

《全唐文》卷三四一顔真卿《顔勤禮神道碑》云,顔氏"自黄門、御正至君父叔兄弟衆子姪揚庭、益期、昭甫、強學十三人,四世爲學士、侍讀,事見柳芳《續卓絶》、殷寅《著姓略》。"《舊書·韋述傳》附載:"殷踐猷,申州刺史仲容從子,明《班史》,通於族姓。子寅,有至性,早孤,事母以孝聞。應宏詞舉,爲永寧尉。"《顔魯公集》卷一〇《殷踐猷墓碣》云:"寅聰達有精識,能繼先父之業,有大名於天下。舉宏詞,太子校書、永寧尉。筆殺漫吏,貶移澄城丞。"其子殷亮,爲顔真卿從事。《新書·趙宗儒傳》云:"少與殷寅、顔真卿、柳芳、陸據、蕭穎士、李華、邵軫善,時爲語曰:'殷顔柳陸,李蕭邵趙。'謂能全其交也。"殷、顔二氏自隋至中唐,累世通婚,故《著姓略》載顔氏事尤詳。兩《唐志》有路敬淳《著姓略記》十卷,與此書名相似。

柳芳　續卓絶

顔真卿《顔勤禮神道碑》云,顔氏"自黄門、御正至君父叔兄弟衆子姪揚庭、益期、昭甫、強學十三人,四世爲學士、侍讀,事見柳芳《續卓絶》、殷寅《著姓略》。"《新志》有柳芳《永泰新譜》

二十卷，注云："一作《皇室新譜》。"《新書·儒學傳》載其論氏族千五百餘言，《全唐文》卷三七二收錄題作《姓系論》。此書未見書目著錄。《遂初目》故事類著錄《卓絕記》《續卓絕記》，無撰人卷數。疑爲陳岵《朝廷卓絕事記》及其續作，乃忠賢卓絕之事。此卓絕當爲氏譜之美稱，《新志》有《鮮于氏家譜》一卷，《讀書志》作《鮮于氏卓絕譜》。

唐相譜一卷

《宋志》著錄，注云："不知作者。"《中興目》云："不知作者。紀武德元年裴寂爲相，迄李忠臣大曆十四年拜平章事。末云：'今上大曆十四年五月即位，十五年正月一日改元建中。'所記宰相六人，至關播而止，蓋德宗時所譜也。"按，關播建中三年十月拜銀青光禄大夫中書侍郎同中書門下平章事，朱泚之亂，李忠臣降作僞相，興元元年受誅，故此譜當編於建中三、四年間。"所記宰相六人"甚費解，或"建中"當連下讀，謂建中宰相僅記六人耳。然此譜書目入譜牒類，而非職官或傳記類，疑未悉收武德至建中宰相，而有所選擇，殆即《書錄解題》所謂"大唐相門甲族"八十六家，《中興目》脱"八十"二字耳。詳見下文。

裴揚休　百氏譜五卷

《宋志》著錄。《玉海》卷五〇云："《唐百氏譜》，《書目》五卷，國子助教裴揚休撰。凡三百五十八姓，漢姓三百七，蕃姓一百二十五。"《小學紺珠》卷七"百氏譜"條："凡三百五十八姓，漢姓三百七，蕃姓一百二十五。唐裴揚休《百氏譜》。"趙士煒輯《中興目》作十卷，陳樂素考證《宋志》亦云："《玉海》卷五〇引《中興目》作十卷。"不知所據爲何本？明凌迪知《萬姓統譜·氏族博考》卷一〇："《百氏譜》一卷，裴揚休撰"。雍正《山西通志》卷一七五："宋裴揚休《百氏譜》五卷，一作三卷。"

裴揚休其人無考，今人亦有推斷其爲宋人者。《太平寰宇記》於若干州下記有郡姓和郡望，凡七十五郡、三百五十八姓，與此譜總數契合，豈即其所據乎？然此譜漢姓、蕃姓相加爲四百三十二姓，與總數不合，不知何故？《太平寰宇記》所記蕃姓甚少，如《會要》卷三六所謂"代北則有蕃姓元、長孫、宇文、陸、源、竇爲大"，僅扶風郡竇姓近之，尤難索解也。

附按：明《國史經籍志》載賈耽《百家譜》二十卷，未知何據。此志叢抄舊目，謬誤百出，未足爲憑，姑附載於此。

唐相門甲族　諸郡氏譜一卷

《書錄解題》云："《唐相門甲族》《諸郡氏譜》共一卷，不著名氏。《甲族》八十六家，《氏譜》自京兆八姓而下凡三百五十姓。"《玉海》卷五〇引《中興目》曰："《百家類例》一卷，工部侍郎韋述撰。又以大唐縉紳進姬周十八姓、大唐相門甲族八十六家附其後。""進姬周十八姓"不可通，疑爲"京兆八姓而下凡三百五十姓"之訛。

陳氏所謂二書共一卷者，原附於韋述《百家類例》後，然非韋述所撰也。《新志》有韋述《國朝宰相甲族》一卷、《百家類例》三卷。《崇文目》云："《宰相甲族》一卷，韋述、蕭穎士撰，記相門甲族王方慶、李義琰、崔元暐以下凡十四家。"《秘書目》《通志》逕作《大唐十四家貴族》，吳兢、韋述等撰。後人以《唐相門甲族》附於韋述之書後，殆即因其名與其《宰相甲族》相近，而不計二譜所記家數之迥異也。疑《唐相譜》"所記宰相六人"爲"八十六人"之脱，乃從武德至建中約三百位宰相中選取家世顯赫之名相八十六人，後人刪其拜相年月，僅錄人名，定爲相門甲族。

《諸郡氏譜》收錄"自京兆八姓而下凡三百五十姓"，與裴揚休《百氏譜》三百五十八姓極爲接近，若其三百五十姓不計京兆八姓，或爲脱漏"八"字，則完全相同。又"京兆八姓"之説，唯見於《太平寰宇記》卷二五："京兆郡八姓：韋、杜、扶、段、宋、田、黎、金。"而後者所記有郡姓總數亦爲三百五十八姓，此殆非偶然也。疑《諸郡氏譜》亦删略裴揚休《百氏譜》而成之簡譜也。明陸深《儼山外集》卷三〇云："唐重八姓，論相於此，至不許與他姓爲婚姻。自八姓而下，凡有三百五十姓。"蓋讀陳氏"《唐相門甲族》《諸郡氏譜》共一卷"云云，不知八姓爲郡望，而妄臆爲相門，生造"唐重八姓"之説，明人之妄，有如此者！

新集天下姓望氏族譜一卷

敦煌寫卷斯二〇五二號較爲完整，首題"《新集天下姓望氏族譜》一卷并序"，序云："夫人立身在世，姓望爲先，若不知之，豈爲人子。雖即博學，姓望殊乖，晚長後生，切須披覽，但看注脚，姓望分明。謹録元出州郡，分爲十道如右。"其中關内道八郡，隴右道四郡，山南道五郡，河東道名目列爲十郡，實有九郡，河北道名列爲十七，實有十六郡，淮南道四郡，河南道二十二郡，江南道二十郡，劍南道二郡，嶺南道無。存九道八十九郡七百八十七姓。均首列州郡、出幾姓，再列望姓。將隴右道排在第二，在河南等道前，當是敦煌本地人抄寫時所改。王仲犖考其有"處州松陽郡出五姓"之語，淳于複姓尚乃舊稱，而處州原名括州，唐德宗名适，大曆十四年即位後避諱改，唐憲宗名諄，元和元年改淳于複姓爲單姓于，故此譜成於大曆十四年至元和元年之間。華林甫則謂處州乃沿隋代舊稱，其不避代宗李豫諱，不用肅宗因惡安禄山而改之新地名，"舒州仍是同安郡、徑州仍是安定郡，安南都護府仍是安南，可見這個氏族譜作于唐肅宗至德二載九月之前"。然此譜之"新集"，當爲相對於天寶八載李林甫《天下郡望氏族譜》，而較其三百九十八姓已增多一倍，似不可能爲至德之前新撰,故學界仍多認定其作於貞元年間。時承平日久,且因科舉制度實行百餘年,庶族興起爲新興士族,雜姓大量跨入望姓行列,士庶界限日漸模糊,貴族政治轉向官僚政治、士族社會轉向庶民社會逐漸完成。

林寶　姓苑三卷

《宋志》著錄。《書錄解題》載《姓苑》二卷,云:"不著名氏。古有何承天《姓苑》,今此以李爲卷首,當是唐人所爲。"其書《世善堂書目》尚著錄,注云:"何承天,唐人,以李爲首。"或即林寶據何承天書改編者。林寶即撰《元和姓纂》者,李肇《國史補》歷數大曆以後專學者,云"姓氏則林寶。"其仕履參岑仲勉《元和姓纂新校注》。

林寶　姓史四卷

《宋志》著錄。《崇文目》《四庫闕書目》《通志》不著撰人名氏。

太宗文武聖皇帝行記一卷

《日本目》著錄。《舊書‧太宗紀》:"上元元年八月,改上尊號曰文武聖皇帝。天寶十三載二月,改上尊號爲文武大聖大廣孝皇帝。"此書當爲上元元年至天寶十三載間所編太宗後裔之行輩譜也。

黃帝大聖李氏譜一卷

《日本目》著錄。黃、皇古通用,黃帝即皇帝。開元初追謚高宗爲天皇天聖皇帝大聖。《册府元龜》卷三載天寶八載閏六月丙寅上"高宗天皇大帝尊謚曰高宗天皇大聖皇帝大聖",《舊書‧太宗紀》載"天寶十三載改謚曰天皇大弘孝皇帝"。此書當爲天寶八載至十三載所修高宗後裔譜也。

皇室内外諸分系圖一卷

《日本目》著錄。《新志》載皇室譜多種,有無與此同書異名者,則不可知矣。

李林甫　皇室新譜一卷

《秘書目》："明皇御制《天寶新譜》一卷。"《通志》："《天寶新譜》一卷，明皇撰。"《宋志》："李林甫《唐室新譜》一卷。"《玉海》卷五〇引《中興目》："《皇室新譜》一卷，李林甫撰，玄宗御制序。其譜言李氏之先出於高陽氏之子，咎繇爲堯理官，以官命族，因爲理氏。其後理證（徵）得罪於紂，證之子利正（貞）避難于伊侯之墟，食李而得全，因改理爲李氏。咎繇七代孫曰乾，字先果，天寶二年三月追尊爲先天太皇帝。乾生耳，字伯陽，乾封元年二月追尊爲混元皇帝。天寶三年三月，又加大聖祖。自此載唐二十帝。"趙士煒云："《唐志》《崇文目》並作李衢撰。"按，《新志》著錄李衢《大唐皇室新譜》一卷，又《皇唐玉牒》下注云："開成二年李衢、林寶撰。"知其爲文宗時人。唐室譜牒當不計武則天，自高祖至哀帝爲二十帝，此譜"載唐二十帝"，不特非李林甫始撰本，亦且已非李衢續編本，而經後人續至唐亡。宋代書目或題"明皇御制"，或題李林甫撰者，因前有玄宗御制序，且溯其源也。《舊書·玄宗紀》加李耳大聖祖亦在天寶二年，八載閏六月又册李耳爲聖祖大道玄元皇帝，此序未言及，譜序皆當作於此月之前。李林甫《天下郡姓氏族譜》題"大唐天寶八載正月十日"，皇室爲尊，當先撰此譜，約在正月元旦前後也。諸證環環相扣，可見李林甫並撰二譜，毋庸置疑矣。

李氏大宗譜

杜光庭《道德真經廣聖義》卷二："《李氏大宗譜》云：'李氏之姓，其先黃帝之後，姓公孫，曰軒轅。元妃西陵氏生昌意，昌意之妃方雷氏曰女節，感臺光貫日而生少昊，曰青陽氏。少昊次妃名修房，生大業，大業之妃名扶始，感白雲覆己而生皋繇，皋繇生伯益。伯益一名翳，帝舜封之於嬴，因姓嬴氏。翳妃姚氏生若水，若水生昌貴，昌貴生景僕，景僕生仲行。仲行爲周成王諸侯，諡曰非公。至宣王賜姓裴氏，裴氏之孫庭堅有女，貞潔不嫁，居楚國瀨鄉曲仁里，因食李實而有孕。歷八十一年，安愈無苦，常有神明潛衛其身，以周惠王之時二月十五日，因攀李樹，生於左脅。生而髮白，左掌中有玉印字，右掌中有七十卷經字，左腳下有敕字，右腳下有治字。生而能言，問父何在。母曰："吾貞潔不嫁，今則老矣。吾因食李實而孕，汝無父也。吾以處女而孕於汝，恐爲鄉里所笑。欲飲藥而去之，神人告吾，不令吞藥，及今八十一年矣。因食李而生，李即汝姓也。"既生而老，號曰老子。老子作七十二經以記天地鬼神之名，述無爲長生之道。娶天水尹氏之女，生子名貞利，當定王之時。'此一說也。今詳尹喜是康王大夫，昭王時爲關令。老君已度關授經，此即年代縣殊，先後差爽。雖譜書所載，恐非真的。然李姓所起，今亦載得姓之由也。"上條所言玄宗序，與李延壽《北史·序傳》、聖曆元年《周李君修佛龕碑》（見羅振玉《西陲石刻錄》）大同小異，此譜序之說融入《瀨鄉記》，更爲不經，疑出晚唐。

李氏郇王家譜一卷

《宋志》著錄。《新書·宗室世系表》郇王房："郇王禕，陳留太守，長平郡公。"《舊書·宗室列傳》："長平王叔良，高祖從父弟也。父禕，隋上儀同三司，武德初追封郇王。"李林甫出此房，或即其所撰乎？

李茂高　唐宗系譜一卷

《宋志》著錄"李茂嵩（一作高）《唐宗系譜》一卷"。唐有李茂高，蔣王惲六代孫，杭州刺史李構之孫，見《新書·宗室世系表》，約代、德時人，疑即其人也。

李衢　皇后譜牒

《會要》卷三六云："開成四年正月，敕大理寺少卿李衢修撰《皇后譜諜》。"同書卷三誤作"開元四年"。《册府元龜》卷五六〇云："李衢爲屯田郎中，文宗開成三年四月與沔王府長史林贊進所撰《皇唐玉錄（牒）》一百五十卷。四年爲大理少卿，又奉敕撰《皇后譜牒》。"同書卷一五三云：開成四年七月貶"大理少卿李衢爲光王府長史，懲贓罪也"。按，李衢撰《皇唐玉牒》，又見於《會要》卷六五、《舊書·文宗紀》等，其餘仕履無考，蓋因贓罪故也。

徐宗興　徐氏家譜

徐宗興《奏進家譜表》（《補編》卷五）云："敕定四海氏族，自周秦以來，分別較量。信安縣徐宗興、徐孝安、徐藩、徐文豐、徐方既、徐士休、徐子良、徐瑶、越州徐子奎、徐奎文、徐玠、婺州金華縣徐大品、徐徹、徐景興，奉川徐趣等，謹以《家譜》開説所生世裔，並狀申上。臣宗興等徐姓出東海偃王之後，本居海州，上祖元泊居東陽太未縣，後元泊公至琪官爵不絶，一州之内，姓爲甲門。"所謂"敕定四海氏族"指貞觀六年高士廉等撰《氏族志》，"以家譜開説所生世裔"則據舊譜續修新譜，其事當在貞觀六年至十二年間。

邵真　邵氏家譜

李罕撰《安陽邵氏墓誌》云："太宗朝，尚書司封郎中真，緝纂隳沉，分定七房。或以官呼，或以郡號。"（劉思怡《唐宗室大鄭王房李又玄夫婦墓誌考釋》，《西部學刊》二〇二〇年第二十三期）又，《古今姓氏書辯證》殘宋本"總目"云："邵，以唐人家狀修定。"

李利涉　盛氏譜

《古今姓氏書辯證》卷一〇"譙"姓下云："姜姓焦國本無其人，

姬姓焦侯正爲得氏之始,唐人李利涉載其説於《盛氏譜》中,雖略而可采。"宋羅泌《路史》卷一九"李利涉《盛氏譜》、孔至之説同以爲譙侯。"

平貞眘　家譜十卷　家志十卷

張説《張燕公集》卷二〇《平貞眘神道碑》云:"撰《家譜》《家志》各十卷,以明系本。"

温氏譜

顔真卿《顔魯公集》卷一六《顔氏家廟碑》云:"《國史》稱温大雅在隋與思魯同事東宫,彦博與愍楚同直内史省,彦將與游秦同典校秘閣。二家兄弟,各爲一時人物之盛。少時學業,顔氏爲優;其後職位,温氏爲盛。《温氏譜》亦載焉。"

崔暟　家記

《崔暟墓誌》(《彙編》大曆六二)云,博陵人,年十九,精《春秋左氏傳》登科,首拜雍州參軍事,累官庫部員外郎、守汝州長史,封安平縣開國男。神龍元年卒,年七十四。"嘗誡子監察御史渾、陸渾主簿沔曰:'吾之《詩》《書》《禮》《易》,皆吾先人與吴郡陸德明、魯國孔穎達重申討覈,以傳於吾,吾亦以授汝。汝能勤而行之,則不墜先訓矣。'因修《家記》,著《六官適時論》。""公病革也,命二子曰:'吾所著書,未及繕削,可成吾志。'"《舊書·孝友傳》:"崔沔,京兆長安人,周隴州刺史士約玄孫也。自博陵徙關中,世爲著姓。父暟,庫部員外郎、汝州長史。"

蔣冽　義興蔣氏大宗碑一卷

康熙《江南通志》卷一九一著録。蔣冽,義興陽羨人。父挺,國子司業,外曾祖高智周,高宗朝宰相。冽與弟涣,並進士及第,歷太子校書郎、監察禦史、考功員外郎,禮、户、吏三部侍郎,終尚書左丞。宋胡宿《文恭集》卷三九:"義興家墅濱禹湖

裴遵裕　門譜二十卷

《裴遵裕墓誌》(《補遺》第十輯第二二三頁)云，字仲良，河東聞喜人。歷鄆州須昌、冀州武強縣尉。天寶二載卒，年六十三。"府君贍智博物，通識多能，氏族頗精，著述尤麗，撰《門譜》廿卷。"其弟裴遵慶，肅代時宰相。

劉復禮　劉氏大宗血脉譜一卷

《通志》《宋志》著録，《崇文目》不著撰人名氏。諸目俱列於唐人前後。《元和姓纂》卷五河間劉氏："炫，隋大儒，生懷，懷五代孫復禮，唐工部郎中。"當即其人。

湛氏家譜

明《無錫縣志》卷四載丘丹貞元六年作《惠山寺宋司徒右長史湛茂之舊居誌》云："遽訪湛氏胄裔，山下猶有一二十族，得十三代略，執其譜書，筆墨塵蠹，年世雖遐，塋壟尚存。"

戴叔倫　戴氏世傳

梁肅《戴公神道碑》(《補編》卷五四)云，公諱融，字叔倫，譙國人。嘗師事蕭穎士。劉晏管鹽鐵，表授秘書正字，命主運湖南。拜監察御史。建中初，出補東陽令。李皋鎮衡湘、鍾陵，聯參二府軍事。由大理寺直遷殿中侍御史，換檢校尚書禮部郎中，兼侍御史。遷撫州刺史，罹謗受代。貞元四年起家爲容管經略使兼御史中丞，次年卒，年五十八。"論纂《戴氏世傳》，編《唐詩》。"按，碑載宋公微子之後九世，以戴爲謚，因以爲族，及自漢戴野、戴德、戴聖至戴叔倫世系，當即節略自《戴氏世傳》。

殷亮　殷氏家譜二十五卷

《殷亮墓誌》云："所制文筆，務於雅實。以情理爲先，精密温暢，得古今之中。世傳譜學，尤所諳練，著《家譜》廿五卷，分爲五宗,美惡必書,以示懲勸。"(田熹晶《新出土唐殷亮墓誌考釋》,《書法》二〇一四年第一期。)

于志寧　于氏家譜十二卷

《文苑英華》卷七三七于邵《河南于氏家譜後序》曰:"邵高叔祖皇朝尚書左僕射侍中太子太師燕國定公諱志寧,博學多聞,徇忠秉直,爲秦十八學士。其左右庶子不道,嘗撰《諫苑》三十篇諷之。凡有《文集》若干卷(行)於代。又述作之外,修集《家譜》,其受姓封邑,衣冠婚嫁,著之譜序,亦既備矣。歷一百七十餘年,家藏一本,人人遵守,未嘗失墜。洎天寶末,幽寇叛亂,今三十七年……舊譜散落無餘。"按,天寶末上推一百七十年,爲隋開皇五年,于志寧尚未出生,疑"七"爲"一"之誤,則此譜撰於貞觀十九年。又疑其當分爲十二卷,詳見下條。

于邵　河南于氏家譜十卷

于邵《河南于氏家譜後序》曰:"今且從邵一房,自爲數例。有若九祖長房今太子少保護國公頎,與邵同升於朝,股肱四聖,爲國元老,邵之弟也。有若九祖第三房今襄王府錄事參軍載,與邵同在就列,保家履道,爲宗室長,邵之兄也。各引才識子弟,參定其宜,從而審之,誰曰不可?又以子孫漸多,昭穆編次,紙幅有量,須變前規,亦《春秋》之新意也。今請每房分爲兩卷,其上卷自九祖某公至玄孫止,其下卷自父考及身已降,叠相補注。即令邵以皇考工部尚書爲下卷之首,此其例也。且諸房昭穆既同,尋而繹之,可以明矣。後能代習家法,述作相因,從子及孫,從孫及子,孫孫子子,興復宗祧,豈唯兩卷乎?將十部而彌盛矣。其文公第四子安平公房比建平公已上三房衣冠人物全少,今與文公第五子齊國公、文公第六子葉陽公、文公第七子平恩公、文公第八子襄陽公、文公第九子桓州刺史併以六房同爲一卷。就中第五卷已下，子孫皆名位不揚，婚姻無地，湮沈斷絕，寂爾無聞，但舊卷而已。後有遇之者、知之者，以時書之。其五祖九祖分，今叙在三卷，並錄之於後。時貞元八年歲在壬申八月朔日，金紫光祿大夫太子賓客上柱國襲恒山郡開國公于邵述。"

《新書·宰相世系表》于氏序云："于氏出自姬姓，周武王第二子邘叔，子孫以國爲氏，其後去'邑'爲于氏。其後自東海郯縣隨拓拔鄰徙代，改爲萬紐于氏。後魏孝文時復爲于氏。外都大官新安公栗磾生侍中、尚書令洛拔，洛拔六子：烈、敦、果、勁、洎、天恩。天恩，内行長、遼西太守，生太中大夫仁。仁生高平郡都將子安。子安生隴西郡守、建平郡公子提。子提生謹，字思敬，從西魏孝武帝入關，遂爲京兆長安人，仕後周，太師、燕文公，九子：寔、翼、義、智、紹、弼、簡、禮、廣。"即于邵所謂"九祖"。《世系表》正文以于寔、于翼、于義爲第一代，于邵所謂"九祖長房"于頔、"九祖第三房"于載分别爲于寔、于義七世孫，于邵爲九祖第二房于翼七世孫。故所謂"每房分爲兩卷，其上卷自九祖某公至玄孫止，其下卷自父考及身已降，叠相補注"，即此三房各以高祖于寔、于翼、于義至其玄孫即于邵祖輩五世爲上卷，于邵父輩以下五世爲下卷，未出生者將來補注。建平公即于義，隋潼州總管、建平剛公，爲于志寧之祖父。"文公第四子安平公"爲第四房于智，"比建平公已上三房衣冠人物全少"。"第五卷已下"指于志寧舊譜第五至第九卷，對應九祖第五至第九房，貞元中已與前四房"斷絕"聯繫，但家譜尚存"舊卷"，上文所謂"舊譜散落無餘"乃虛言耳，故于邵將其與第四房合成一卷，居於新譜第七卷。所謂"五祖"，當因于烈、于敦、于果、于勁、于洎、于天恩六兄弟中一人未入關（參下文鄭温子鄭濤例），餘爲上五世中之五房高祖，其譜三卷，"錄之於後"，共成十卷。此三卷當出于志寧舊譜，則其譜共爲十二卷。于志寧五祖譜亦爲五世，殆因于志寧乃爲九祖修譜，純出偶然，並非當時通行譜例；其九祖前三房傳至于邵一代已經七世，于邵斷爲以高祖至玄孫五世爲上卷，下五世爲下卷，則爲有意識之創舉，其所謂"須變前規""自爲數例"，蓋指此而言也。

宋歐陽修《文忠集》卷七一云："譜圖之法，斷自可見之世，即爲高祖，下至五世玄孫，而別自爲世。"既未言其所承，亦未自居新創，然後世皆推崇其爲"歐陽公族譜之法"。如明王樵方麓集卷三云："歐陽公采太史公《史記·表》、鄭玄《詩譜》，略依其上下旁行，作爲譜圖，上自高祖，下止玄孫，而別自爲世。使別爲世者，上承其祖爲玄孫，下繫其孫爲高祖。凡世再別，而九族之親備。推而上下之，則知源流之所自；旁行而列之，則見子孫之多少，是深得古大宗、小宗之遺意。"清萬斯大《學禮質疑》卷二云："自宋以來爲族譜者首歐陽氏、蘇氏，考歐譜采《史記·表》《鄭氏詩譜》，依其上下旁行，作爲譜圖，其五世則遷，實古者小宗之法。故其圖上自高祖，下至玄孫，而別自爲世。"而無人知其爲于邵所創譜例矣，豈不惜哉！

令狐峘　陸氏宗系碣一卷

《宋志》著錄，"峘"字右從豆。四庫本卷末考證"疑作峘"，《陝西通志》卷七四題爲令狐峘撰。"陸氏"疑原作"令狐"，涉下條"陸師儒《陸氏英賢記》"及陸景獻《吳郡陸氏宗系譜》而誤也。明凌廸知《氏族博考》卷一〇列《令狐宗系碣》一卷，未題撰人名氏，疑據《宋志》逕改也。《舊書》本傳載令狐峘爲德棻玄孫，修《玄宗實錄》一百卷、《代宗實錄》四十卷，官至秘書少監，順宗初卒。

陸庶　吳郡陸氏四十九枝族譜

明葉盛《水東日記》卷一五："今山陰陸氏譜有唐觀察使庶《吳郡陸氏四十九枝族譜》。"宋陸游《渭南文集》卷三五《奉直大夫陸公墓誌銘》云："吳郡陸氏方唐盛時號四十九枝，太尉枝最盛。"朱彝尊《曝書亭集》卷四九云："《游石橋記》，元和元年三月衢州刺史陸庶文。庶吳人宰相元方之曾孫、象先之從孫、希聲之從祖也。先世曰玩，仕至司空、侍中，贈太尉，其子姓號太尉支。元方、象先、希聲三世相。《唐新書·世系表》，庶歷官福建觀察使，當日以貴公孫領郡。"《新志》著錄陸景獻《吳郡陸氏宗系譜》，陸元方之子，陸庶之叔祖。

顧氏譜

《元和姓纂》卷八云："《顧氏譜》越王勾踐七代孫閩君搖，漢封東甌王。搖別封其子爲顧餘侯，因氏焉。初居會稽吳郡，漢分會稽爲吳郡，遂爲郡人。吳丞相顧雍弟徽，侍中，又居鹽官。徽十代孫越，陳黃門侍郎。生胤，唐著作郎，撰《國史》，餘杭公。生琮，尚書左丞、天官侍郎、平章事。生潤、俊，潤秘書監，俊齊安太守。宋倉部郎中顧訓，稱與琮皆周丞相徽後。六代孫纘，鄆州刺史。又吏部尚書顧少連、著作郎顧沆並吳人。""顧"字原皆作"露"，據岑仲勉説校改。"周丞相"疑衍。顧訓方志或稱漢人，或稱宋人，此所謂"稱"，疑引《顧氏譜》之説。末句當非譜文。

杜信　京兆杜氏家譜一卷

《宋志》著錄。《通志》《秘書目》不著撰人名氏。《書錄解題》謂"唐太子賓客杜信撰"，是京兆萬年人，杜佑之兄，與《新志》撰《史略》等書之杜信爲二人。

袁晞　姬姓錄

唐末司空圖《滎陽族系記序》，引鄭回《族系記》曰："旁稽户部侍郎鄭元哲《故家考》，及中書舍人袁晞《姬姓錄》。二公皆博洽大儒，訂核尤爲精絶，簿狀之或遺，名爵之或訛者，咸讞正之。故愚定此譜，頗自謂無所憾焉。"袁晞不知何時人？
《舊書·吕才傳》曰："黄帝之時，不過姬、姜數姓，暨于後代，賜族者多。至如管、蔡、郕、霍、魯、衛、毛、聃、郜、雍、曹、滕、畢、原、豐、郇，並是姬姓子孫。"《新書·宰相世系表》所載出自姬姓者，即有蕭、楊、王、魏、温、岑、張、于、柳、韓、郭、武、沈、邢、傅、狄、周、祝、鄭、常、喬、董、賈、令狐、段、路、白、蔣、畢、（武威）李、烏諸氏。此録博考姬姓衆氏，其中包括鄭氏，故鄭回記滎陽鄭氏族系，曾據以補遺正訛。

鄭元哲　故家考

司空圖《滎陽族系記序》引鄭回之言，提及"户部侍郎鄭元哲《故家考》"，且稱其與袁晞"二公皆博洽大儒"。《新書·宰相世系表》北祖鄭氏載，後魏侍中鄭幼儒六世孫元哲，官儀王文學。儀王璲爲玄宗第十二子，開元十三年，封爲儀王，永泰元年薨。《新表》所載官職，每與他書異，固不足以疑其非同一人也。劉知幾嘗撰《劉氏譜考》三卷，此鄭元哲與之同時而略晚，其《故家考》猶言"鄭氏譜考"，或受劉氏之影響。

鄭回　滎陽族系記二卷

《司空表聖詩文集》附録司空圖佚文《滎陽族系記序》，自述乾寧三年春，"再還居中條，觀隴西鄭回《族系記》：'回爲定著，桓公至温爲上篇，南陽至回爲下篇，且旁稽户部侍郎鄭元哲《故家考》，及中書舍人袁晞《姬姓錄》，二公皆博洽大儒，訂覈尤爲精絶，簿狀之或遺，名爵之或訛者，咸讞正之，故愚定此譜，頗自謂無所憾焉。'回，進士也，宜有以久其傳矣。"《舊書·南詔蠻傳》云："有鄭回者，本相州人，天寶中舉明經，授嶲州西瀘縣令，嶲州陷，爲所虜。閤羅鳳以回有儒學，更名曰蠻利，甚愛重之，命教鳳迦異。及異牟尋立，又命教其子尋夢湊。回久爲蠻師，凡授學，雖牟尋、夢湊，回得捶撻，故牟尋以下皆嚴憚之。蠻謂相爲清平官，凡置六人。牟尋以回爲清平官，事皆咨之，秉政用事。"予嘗以爲此鄭回天寶中所撰。然明宋濂《浦陽人物記》卷上云："濂少時嘗讀《唐書・宰相世系表》，謂白麟之後不傳，私竊信之。及觀司空圖《滎陽記》，則曰：'白麟生師愼，師愼生懷芬，懷芬生郜，郜生斌卿，斌卿生唐青州刺史庶，庶生侍中徽，徽生大理卿墉，墉生鱐，鱐生給事中薯，薯生宣州觀察使回。'又觀鄭燮生《遂安譜》，則曰：'回生弘。'"仙居《樂安鄭氏宗譜》載其始祖爲宣州觀察使鄭回，先祖爲五代鄭宏。鄭宏當即鄭弘，後世避諱而改。僧貫休《宿赤松山觀題道人水閣兼寄郡守》末句"因有新詩寄鄭宏"，即其人也。故鄭回當爲唐末進士。

鄭回自言"桓公至溫爲上篇，南陽至回爲下篇"，即分爲上、下二卷。《新書・宰相世系表》鄭氏序自"鄭氏出自姬姓，周厲王少子友封於鄭，是爲桓公"述至後魏鄭溫，下云："溫四子濤、曄、簡、恬。濤居隴西。曄，後魏建威將軍、南陽公，爲北祖。簡爲南祖。恬爲中祖。曄生中書博士茂，一名小白。七子白麟、胤伯、叔夜、洞林、歸藏、連山、幼麟，因號七房鄭氏。"鄭溫一系，自後魏迄唐，世爲高門。唐高宗時曾下詔，後魏隴西李寶、滎陽鄭溫等七姓十家，不得自爲婚，見《會要》卷八三、《新書・高儉傳》。《文苑英華》卷九〇〇李華《崔公神道碑》云："神龍中申明舊詔，著之甲令，以五姓婚媾，冠冕天下，物惡太盛，禁相爲姻。隴西李寶之六子，太原王瓊之四子，滎陽鄭溫之三子，范陽盧子遷之四子，盧輔之六子，公之八代祖元孫之二子，博陵崔懿之八子，趙郡李楷之四子，士望四十四人之後，同降明詔，斯可謂美宗族人物而表冠冕矣。"所謂"鄭溫之三子"，即指隨其入關之三子。其中次子南陽公鄭曄爲北祖，門族尤盛。鄭回撰譜，以鄭溫之前爲上篇，實即鄭氏遠祖譜系；鄭曄至鄭回爲下篇，實即後魏至唐末北祖鄭氏之譜系。《新志》著録《滎陽鄭氏家譜》一卷，不著撰人名氏，不知即此書否？

明陸深《儼山集》卷四二云："深偶記唐乾寧中司空表聖作《滎陽族系記》，文甚爾雅該洽。"即指此序而言，惜明清集本多未載録。劉氏嘉業堂叢書本《司空表聖詩文集》自明鄭大和《麟溪集·別篇下》輯録，有鄭氏原注云："此一卷，乃唐宋諸儒所作，繫遂安鄭氏所藏。"鄉邑遂安（今併入淳安），嚮稱文獻之邦。國初鄉賢藏書流散，頗爲京圖、滬博所收藏，至今沾溉學人云。

司空輿　家牒照乘傳

司空圖《司空表聖文集序》自云："其述先大夫所著《家謀照乘傳》等皆別編次。""先大夫"即司空圖之父司空輿。"家謀"即"家牒"，《説文》段注："《太史公書》借爲牒札字。"唐人每以"照乘"喻珠寶，如羅立言《賦得沽美玉》詩云："寶同珠照乘"，以此名譜，蓋珍重寶惜之意。司空圖《滎陽族系記序》云："愚自丙辰之亂前後，所蓄圖書七千四百卷，皆被陝軍所焚，獨司空氏之譜猶存者，以臥起每與之俱，故雖經喪亂弗失也。"蓋即指此譜而言。

苑氏家譜

《古今姓氏書辯證》卷二五"苑"姓下："唐人《家譜》云，商武丁孫受封於苑，因氏焉。"

素和氏家狀

《古今姓氏書辯證》卷三〇素和姓下云："唐嘉善府左果毅都尉誓狀云，其先出自顓帝，王子偁曾孫重黎，誅共工氏有功，堯命其子和仲居春官，代爲岳牧。和仲之孫宗處，代清素自守，百姓號曰素和，子孫氏焉。後趙有宜陽公素和明，即宗處之後也。北齊士開改姓和氏。"殘宋本"總目"云："素和，以唐人《家狀》修定。"

崔氏譜

宋趙德麟《侯鯖錄》卷五："微之作《鄭氏姊志》云：'余外祖睦州刺史鄭濟。'樂天作微之母《鄭夫人志》，亦言鄭濟女。而唐《崔氏譜》永寧尉鵬亦娶鄭濟女，則鶯鶯者乃崔鵬之女，於微之爲中表。"

林氏宗譜一卷

唐林蘊《林邵州遺集》收錄《宗譜序》《續慶圖序》《續慶圖後序》，略謂林氏之先，繫出殷王子比干之後。比干諫而死，夫人遯於長林石室，生子泉。周武王賜姓林氏，名之曰堅。晉室南渡，分爲懋、禄二支。禄守晉安、溫陵二郡，子孫相續，遂居於閩。唐無溫陵之名，殆爲後人誤入。宋鄭樵《通志》卷二六《氏族略第三》云："林氏，姬姓，周平王庶子林開之後，因以爲氏。"且斥譜家謂爲比干之後，不合古人受氏之義。"林氏在唐末爲昌宗，而特詳著，豈林寶作《元和姓纂》故爾？然林氏出比干之子堅之説，由寶傳之也。"林蘊略早於寶，所見《宗譜》殆出於貞元以前。明梁潛《泊庵集》卷五《林氏族譜序》云："至唐林氏在晉安者尤盛，高士廉等承詔定正天下氏族，凡九十八家，林氏首稱於晉安，所謂林黄陳鄭是也。其後族益繁，散處旁郡，多林氏，蓋皆禄之後。禄十五世曰饒州太守寵，寵子披，披子九人，同時爲州刺史者八人，曰端州刺史葦，始居莆田之前埭，號前埭林家者，葦之後也。"又云："其爲譜，則因唐之舊，而增續之，無有所易。"是明言林氏譜始於唐世。

程淘　程氏世録一卷

明程敏政《新安文獻志》卷九六上收録唐程淘《程都使世録》，《全唐文補編》卷八八題作《程氏世譜序》。序云："自淘而上止忠壯公（梁程靈洗），凡十三世，世居篁墩。"乾符五年，"黃巢別部入篁墩，淘之族人逃難解散"，"譜諜舊書幾於灰燼"。程淘兄程澐率衆依東密山爲寨拒守。昭宗景福二年，陶雅奏程澐爲歙州副兵馬統帥。程澐卒，程淘繼爲東密巖將。"聊因戰守之餘，謹輯世次之序"，"書以示子孫，知其辛苦如此。"程敏政《篁墩文集》卷一二《譜辨》云："淘公譜序稱：'行年七十，位不過巖將。'且其所序，皆天祐三年梁未簒唐以前之事，姑以是年爲始，等而上之七十年，則淘當生於文宗開成二年。"程氏所引宋元程氏族譜甚多，皆未言及此譜，殆久已亡佚，僅存此序耳。

以上譜牒類，補五十七種。

地　理　類

貞觀郡國志十卷

《通志》著録《貞觀郡國志》《元和郡國志》各十卷，後者當即《新志》所載《郡國志》十卷。《太平寰宇記》自序云："賈耽有《十道述》，元和有《郡國志》。"後者殆即《元和郡國志》十卷。然書内引《郡國志》《郡國記》佚文五百三十四條，其中卷三引稱"賈耽《郡國志》"，卷二五引稱"賈耽《郡國志縣道記》"，故今人多以之爲賈耽《元和郡縣記》之佚文。唯《太平寰宇記》卷一二〇云："《隋圖經集記》及《貞觀地志》云，黔中是武陵郡酉陽地。按，漢酉陽在今溪州大鄉界，與黔州約相去千餘里，今之三亭縣西北九百餘里别有酉陽城，乃劉蜀所置，非漢之酉陽，事已具武陵郡。《隋圖經集記》及《貞觀地志》並言劉蜀所置西陽爲漢西陽，蓋誤認漢涪陵之地也。"賀次君《括地志輯校》前言云："古籍徵引《括地志》，或稱魏王泰《坤元録》，或稱《貞觀地記》。"古書所引並無後一書名，當即指《貞觀地志》，然其書内卻未輯入此條。唐初已改郡爲州，此或非其原文，故胡三省注《資治通鑑》轉引，删前一《貞觀地志》。竊疑此或《貞觀郡國志》之别稱也。

李泰　坤元録一百卷

《日本目》著録，《宋志》作十卷，並作魏王泰撰。《玉海》卷一五引《中興目》曰："《坤元録》十卷，泰撰。"注云："即《括地志》也，其書殘缺。"疑亦删略《中興目》之解題。史載貞觀十二年，太宗第四子魏王李泰奏引蕭德言、顧胤、蔣亞卿、謝偃、蘇勖等撰《括地志》，十六年正月上。高宗時張楚金《翰苑》、釋慧祥《古清凉傳》已引其書，玄宗時徐堅《初學記》卷八存其全篇序文，張守節《史記正義》據以注釋地名。然北宋《崇文目》《秘書目》已不見著録，《太平御覽》未引其書，《太平寰宇記》《長安志》等引用條目亦不甚多。至南宋忽出《坤元録》十卷，《玉海》殆以爲五百五十卷之原書殘缺後改題《坤元録》。清孫星衍、王謨、今人賀次君、王恢在輯校《括地志》，皆徑將《坤元録》佚文收録，蓋亦以爲《括地志》與《坤元録》爲同一書也。

國内古籍引稱《坤元録》者，始於陸羽《茶經》卷下："《坤元録》：辰州漵浦縣西北三百五十里無射山，云蠻俗當吉慶之時，親族集會，歌舞於山上，山多茶樹。"杜佑《通典》引《坤元録》三條、《括地志》一條、《檢地志》六條，後者避德宗諱改。《太平寰宇記》亦並引《括地志》《坤元録》二書，《太平御覽》僅引《坤元録》四條。故清顧祖禹《讀史方輿紀要·凡例》注曰："宋《崇文目》云，《坤元録》一本，即《括地志》。按杜氏《通典》,《坤元》與《簡地志》並列,則非一書也。"《崇文目》蓋爲《中興目》之誤,正猶其誤"檢"作"簡",然"非一書"之說則頗有見地也。日本學者石井正敏等據《日本目》之著錄,亦疑其爲二書,且謂宋景德三年日本僧寂照入貢所言《混元錄》即《坤元錄》之誤。

日本《括地志》《坤元錄》二書流傳線索,似遠較國內詳贍可靠。《舊志》僅載《括地志序略》五卷,《新志》著錄《括地志》五百五十卷,又《序略》五卷,後者即抄自《舊志》,前者則實抄自史傳,非同時館藏之卷數也。《日本目》著錄雖僅一卷,然其注云:"魏王泰撰,元數六百卷,《圖書錄》只載第一卷。"日本山崎誠疑《序略》五卷當爲五十卷之誤,故合正文五百五十卷即爲六百卷,頗有道理,此爲其原書真正之卷數。日本宮內廳書陵部所藏《括地志》殘卷,存一百九十一行,約三千二百餘字,其中第六十九行尾題"《括地志》第一百廿三河南部兗州三(瑕丘縣、曲阜縣上)",第七十、七十一行首題"《括地志》第一百廿四(河南部)""兗州四(曲阜縣下)",可知殘卷乃跨原書兩卷,大致留存曲阜縣之內容。其体例:先敘建置沿革,然後以小注分類,其排列次第爲:山原、川谷、藪澤、城郭、郊廟、宮室、庠序。此後有殘缺,由殘卷曲阜縣前存末四行爲瑕丘縣"五襧冢"文字,可推知曲阜縣末至少應有聖賢冢墓,合計字數四千左右,約近《元和郡縣志》十倍,則其確屬五百五十卷原書之一部份。而日本僧善珠《因明論疏明燈抄》卷五引"《坤元錄》第七十四卷云:江南道道州(營道縣、唐興縣、江華縣)"云云,佚文凡一百七十六字。劉安志云:"《括地志》首敘關內道,其次河東道,其三河北道,其四河南道,該書在第一百二十卷左右敘河南道,依卷數安排而言,感覺順乎情理,並無扞格難通之處。而江南道位列第九道,其在……《坤元録》……卻系於第七十四卷,這與《括地志》卷數安排無法吻合,二者存在著明顯差異。""《坤元録》卷七四叙江南道道州,江南道之後緊接著叙嶺南道,最後叙四夷,所需内容和卷數不會太多,是書總卷數當不超過一百卷;再聯繫《日本國見在書目録》有關'《坤元録》百卷'之相關記載,從中不難看出,二者適可相互印證、互爲補充,表明《坤元録》實乃百卷之書。""或有可能就是《括地志》略寫本,即簡本。二書一詳一略,雖極有關聯,但並非同本。"(《括地志》與《坤元録》,《歷史地理》二十八輯。)

劉氏二書之説洵爲不刊之論,然其解釋二書三個卷次,以河南道第四、江南道第九爲言,竊恐未安也。以"《括地志》第一百廿三河南部兗州三(瑕丘縣、曲阜縣上)"推之,其前兩卷皆爲兗州及瑕丘縣,而河南道兗州前有虢、陝、穀、唐四州二十餘縣,不可能"第一百二十卷左右叙河南道",而當在第一百卷左右。若河南道第四,則關内、河東、河北三道僅佔一百卷。以"《坤元録》第七十四卷云:江南道道州"推之,道州約爲《括地志》第四百零七卷。若江南道第九,則其後半數州與嶺南道將佔一百四十三卷。兩相對照,即可知其完全不合事理也。四夷疑當附於相關都督府,即使殿於書末,因無州縣可言,卷數當無多也,故以"最後叙四夷"爲辭,仍無以釋此疑竇也。其實《通典》、兩《唐書》等史書記載貞觀十道,皆爲河南道第二、江南道第八,依此解釋二書卷次,即可豁然貫通。關内道三十二州近二百縣,且京畿附近多大州望縣,其獨佔一百卷毫不足怪。劍南、嶺南道次江南道之後,俱多偏遠州縣,則道州後雖有兩個半道,其佔一百四十三卷亦極正常,至少比河南道第四、江南道第九更加合理可信。

今人輯考《括地志》者,群惜孫星衍不以《序略》爲綱。岑仲勉

《〈括地志序略〉新詮》曰："《序略》中三百五十餘州，都是按道編排，(中略)與今《通典》、《舊》《新志》均略有不同，關内寄以河東，重發祥也；河北先乎河南，順地勢也；劍南次山南後，嶺南次江南後，取毗連也。《通典》諸書，均非一斷限時期之制，惟《序略》所載，則爲貞觀十三年一年度之制，吾故曰《括地志》遺文之最完部分，至可寶貴者也。"《序略》之主體爲"略"，即節略各州縣沿革地名爲詳細目録，故多至五卷甚或五十卷。《初學記》卷八所引"《括地志》曰"千餘言實僅其"序"耳，且其從三國説起，述"貞觀十三年大簿"後，以"依叙之爲十道也"一語結之。原序前部當叙周秦兩漢地理，因已引《續漢書·郡國志》等原始史料而删之；後部當述編撰體例始末，疑其中有十道次序之説明，因徐堅輩所重不在於此，而在於附注大簿所記"州府三百五十八"之名，故亦予删棄也。史書於貞觀十道設置經過，言之不詳，日本《括地志》殘卷尚題爲"河南部"，《舊書·高宗紀下》載儀鳳元年十二月遣使分道巡撫，始見"河南道""河北道""江南道"，此前常見"交河道""陝東道""靈州道"之類軍事地名。頗疑貞觀十三年要在調整州縣，十道尚處擬制階段，大簿止文書檔案耳，暫且按此州序編排，而隱含十道雛形，次序尚未議定耳。其故岑氏言之甚辯，奈標準不一何？實遠不如史書所載一以遠近重輕定先後爲合理也。其是否出自魏王泰輩修書時改定，文獻難徵，固難質言，《括地志》《坤元録》十道次序異於大簿而同於《通典》諸書，已可斷言。此後之重輯二書者，不可不知也。又，日本新美寬編、鈴木隆一補《本邦殘存典籍輯佚資料集成》、孫猛《詳考》於日本所存二書佚文有所輯考，可參。

坤元録抄二十卷

《通志》著録，不著撰人名氏。李泰《括地志》《坤元録》二書北宋館閣未見著録，甚至後者爲一百卷之書從未見人提及，其全本當早已亡佚，此抄本殆出唐人，北宋時尚流傳於民間也。予嘗謂凡《通志》不見於《隋志》《新志》《崇文目》《秘書目》之書，多據北宋私家書目著録，此又一例也。

此抄本内容疑有所側重。孫猛《詳考》云：日本"平安時期，貴族、皇家常自有名漢詩、漢文選題，繪成'唐繪''倭繪'之屏風，詩人墨客則依畫作詩，書詩於'色紙'，貼在屏風上。據記載，所書有《長恨歌》屏風、王昭君屏風、《新樂府》屏風、《月令》屏風、《劉白唱和集》屏風、《漢書》屏風、《後漢書》屏風、《文選》屏風、《文集》屏風等，而其中之一，即《坤元録》屏風。"又引伊勢貞丈《安齋隨筆・前編》卷一"坤元録御屏風"條曰："《坤元録》，《易》以乾爲天，以坤爲地，乃載唐土土地、山海等事之書也。撰出其山海澤川之名，繪以爲畫，依畫作詩，書詩於上，是爲御屏風也。"如大江匡房《江談抄》卷四《雜事》"五嶺蒼蒼雲往來，但憐大庾萬株梅"曰："廣州山中嶺有五，其一在大庾，嶺上多梅樹，南枝先花開。此屏風詩題目者，左大辨大江朝綱奉敕，自《坤元録》中撰進，三人作詩，即朝綱、文章博士橘直幹、大内記菅原文時也。參議大江維時蒙詔評定，采女正巨勢公忠畫，左衛門佐小野道風書。並當時秀才也。總八帖廿首，三人作六十首，選定江十首、橘二首、菅八首。作者瀝思，不如此詩。"魏王泰節略《括地志》五百五十卷爲《坤元録》一百卷，内容疑已側重於山水風物，故日本人以之爲山水詩畫題材也。宋代以後引《坤元録》十餘條，除《玉海》卷一五五"漢長樂宫在長安縣北故城中"轉引自《通典・州郡》外，無一例外皆記山水者。如《太平御覽》卷四七武夷山、雞巖、烏嶺；《太平寰宇記》卷五二通濟渠，卷五七龍淵宫，卷一〇〇石帆山，卷一〇一烏嶺山；《類要》瞿塘峽灔澦堆又作猶豫(《蜀中廣記》卷二一轉引)；《蜀中廣記》卷五二雅安山。《説郛》本《遂初目》著録《坤元録山水志》，連作一書，無撰人卷數。單行本《遂初目》，誤分爲二書。宋高似孫《剡録》卷二著録《山水志》，明代以後其名始漸盛行。故尤袤所藏當無《山水志》專書，而實即《坤元録抄》二十卷，因其專抄山水，故用"山水志"易"抄"字耳。《中興目》著録之《坤元録》十卷，疑亦此二十卷抄本之殘也。

吕才　方域圖

《舊書・吕才傳》云："太宗又令才造《方域圖》及教飛騎《戰陣圖》，皆稱旨。"按，《舊書・尚獻甫傳》於其長安二年卒前載："又令獻甫於上陽宫集學者撰《方域圖》。"而兩《唐志》有《長安四年十道圖》十三卷，當即尚獻甫卒後，其所"集學者"撰成之圖，逆推吕才所造《方域圖》即貞觀十道圖也。《新志》有《地域方丈圖》《地域方尺圖》各一卷，疑前者即《歷代名畫記》卷三所載裴秀《地形方丈圖》一卷，後者即《日本目》所載《方尺圖》一卷，又即吕才此圖也。《北堂書鈔》卷九六云："《方丈圖》，《晉諸公贊》云：司空裴秀以舊天下大圖，用縑八十疋，省視既難，事又不審，乃裁減爲《方丈圖》，以一分爲十里，一寸爲百里，備載名山、都邑，王者可不下堂而知四方也。"《舊書・賈耽傳》云："其令工人畫《海内華裔圖》一軸，廣三丈，從三丈三尺，率以一寸折成百里。"可見晉唐方丈圖皆以一寸爲百里，而方尺圖疑以一寸爲十里，略當晉代"舊天下大圖"也。

韋瑾　域中郡國山川圖經一卷

《宋志》著録。《玉海》卷一四、一五兩引《中興目》云："《域中郡國山川圖經》一卷，韋瑾撰。始關内，終劍南，據郡國山川爲之圖。"韋瑾見於《新書・宰相世系表》，父慶植，魏王府長史，或曾預撰《括地志》。故韋瑾撰此書，蓋有家學淵源也。

鄭績　古今録二百卷

賀知章《鄭績墓誌》(《補遺》第一輯第一一六頁)云："拜尚書職方員外郎，暨掌地圖，撰《古今録》二百卷。凡所著書，皆憲章遂古，貽範後昆。"《唐六典》卷五："職方郎中、員外郎、掌天下之地圖及城隍、鎮戍、烽候之數，辨其邦國、都鄙之遠近及四夷之歸化者。"《册府元龜》卷八五載，開元十三年遣"職方郎中鄭績往劍南道"疏決囚徒。此書約撰於此年前後，當記古今地理沿革。後賈耽撰《古今郡國縣道四夷述》四十卷，亦簡稱《古今述》，與此書名相近。

開元十道要略

《太平寰宇記》卷七一河北道營州、檀州、卷七四眉州俱引《開元十道要略》，卷一四〇西城縣引《十道要録》，卷一五六西州引《十道記要》，疑爲略稱。

韋述　開元十道録

《太平寰宇記》卷三三云："韋述《十道録》：(馬嶺)與同川、懷安、方渠等四縣並廢。"清王謨《漢唐地理書鈔》僅輯出此一條。按，《太平寰宇記》卷三九關西道宥州云："《唐十道録》云開元無户。"又云："按章述《十道録》開元領户、縣蕃户無定。"章述當爲韋述之誤。又同書卷一〇〇云："《開元録》曰：閩州，越地，即古東甌。今建州亦其地，皆蛇種，有五姓。謂林、黄等，是其裔。"(又見《太平御覽》卷一七〇。)卷一七〇云："《貞元録》(峰州)只有嘉寧、永化二縣，《通典》、《開元録》又有新昌。"卷一七一云："以上五州(陸州、福禄州、長州、武峩州、芝州)獨見《通典》，按《開元》《貞元》《郡國》《郡縣》《嶺南》《(南)海圖志》《記略》並無此郡。"《貞元》爲《貞元録》《開元十道録》省稱，可以推辭上引《開元》《開元録》《十道録》皆《開元十道録》省稱。又，《舊書·地理志》云："懷安，開元十年，檢括逃户置,因名懷安。"而此書又載懷安等"四縣並廢",似中間不應相隔太短。《太平寰宇記》所記諸州開元户數多同《元和郡志》,如宥州無户亦同,而據上引其自稱據韋述《十道録》,則《元和郡志》所據亦爲據韋述《十道録》,今人有據開元二十八年、開元二十年前後户部賬説,殆韋氏撰書即在此二年份也。

天寶元年郡縣簿一卷

敦煌寫卷敦博五八號存一百六十行,起隴右道成州同谷郡,至嶺南道澄州。前後俱殘,現存五道一百三十八州府,六百一十四縣,依次爲隴右道十六州、關内道二十四州,河東道十九州,淮南道十四州,嶺南道六十五州。向達稱其爲"地志",薛英群曾定名爲《郡縣公廨本錢簿》,榮新江稱之爲《天寶十道録》。向達、吴震、榮新江、李宗俊等將文書記事推斷爲天寶初年或天寶元年,馬世長謂乃開元十八年至廿六年間事,日本布目潮渢定爲開元二十三至二十五年編纂,亦有以爲唐中後期者。按,寫卷分道記載各郡(州)距離京與都里數、土貢、公廨本錢、所轄縣名、鄉數、俸禄等,而不記郡縣沿革、山川、名勝、古迹、掌故、風俗等,與《開元十道録》等普通地志不類。然公廨本錢僅爲其内容之一,以之命名,似有不妥。榮新江以敦煌地志注録公廨本錢,及其體例接近於《貞元十道録》殘卷,定名爲《天寶十道録》,較有道理,兹姑從之。

然仍有疑焉:據權德輿《貞元十道録序》,賈耽不務"洽聞廣記",而重"體國遠馭",故《貞元録》不記山川古迹等,似出其創制。且其首篇"廢置升降,提封險易,因時制度,皆備于編,而又考迹其疆理以正繆誤,採獲其要害而陳開置",後三卷記"縣距州、州距兩都,其書道里之數與其四鄰所抵"。今存佚文尤詳於郡縣廢置改隸,殘卷記廢州縣之名、縣距州里數,與之相符,而無"四鄙所抵",或謂其爲略本也。此書較之更略,而獨詳於公廨本錢,或非舊十道録之變體,而屬某種文簿之陳式也。《初學記》卷八云:"大業三年罷州爲郡,四年大簿凡郡國一百八十三。唐貞觀十三年大簿凡州府三百五十八。"《隋志》著録《州郡縣簿》七卷,殆爲包括"四年大簿"在内多個年份之簿。天寶元年改州爲郡,《舊紀》載爲郡府三百六十二,縣一千五百二十八,《通鑑》從《唐歷》《會要》《統記》作州三百三十一,此宜有"大簿"以記之,且當名爲"天寶元年郡縣簿",或即此書歟?

曹大宗　郡國志二卷

《宋志》著録。《中興目》云:"《郡國志》二卷,曹大宗撰。始於關内,終於嶺南。"未言時代,然其又載《姓源韻譜》撰人爲"唐曹大宗"。慧琳《一切經音義》引《郡國志》八條,其中卷八四"郟亭湖"條云:"案曹氏《郡國志》云在洪州豫章郡。"曹氏當即曹大宗。並稱"洪州豫章郡"爲天寶元年以後行文習慣,慧琳書撰於元和三年,其所引書當成於貞元以前,與《元和郡國志》爲二書。又卷九三引"《郡國志》云:'驩州,今交州安南管也。'"據《會要》卷七三:"調露元年八月七日改交州都督府爲安南都護府,至德二年改爲鎮南都護。大曆三年罷節度置經略使,仍改鎮南爲安南都護府。"故此書當撰於天寶元年至至德二年或大曆三年至貞元末之間。又明王禕《大事記續編》卷四四引"曹大宗《郡國志》:'楊葉洲在岳州巴陵縣。'"與《太平寰宇記》卷一一一、《資治通鑑》卷一六八胡三省注等異,似非出自轉引,疑其書明代尚存。

孔述睿　國史地理志

《舊書·隱逸傳》載孔述睿官"祕書少監兼右庶子,再加史館修撰。述睿精於地理,在館乃重修《地理志》,時稱詳究"。

《新書·隱逸傳》作"重次《地理志》，本末最詳"，皆述於貞元四年前，十六年卒。《册府元龜》卷五六〇云："孔述睿，憲宗元和中爲史館修撰，精於地理之學，重修《國史地理志》，時稱詳究。"其作"元和中"，誤也。按，此當在《新志》所載《唐書》一百三十卷内，以修志記載少見，姑別裁於此。

李詙　地志圖

《吕温集》卷三《地誌圖序》云："廣陵李詙，博達之士也。學無不通，尤好地理，患其書多門，歷世寖廣，文詞浩蕩，學者疲老。由是以獨見之明，法先聖之制，黜諸子之傳記，述仲尼之職方，會源流，考同異，務該暢，從體要，倬然勒成一家之説。猶懼其奥未足以昭啓後生，乃裂素爲方儀，據書而圖畫，隨方面以區别，擬形容而訓解，命之曰《地志圖》。"據下文所述，其内容囊括山川、物産、城郭、疆域、外國等自然人文地理，使用五種顔色，圖文並茂。《文苑英華》七三八校記云："集作彦。"李詙、李彦俱無可考。宋王象之《輿地紀勝》卷三七、《明一統志》卷一二作李彦博，則誤連下"博"字讀爲人名也。

許嵩　六朝宫苑記二卷

《宋志》著録。許嵩至德中撰《建康實録》，自序云："若土地山川、城池宫苑，當時制置，或互興毁，各明處所，用存古迹。"其書大體編年紀事，而尤加意於古迹，書中亦多載宫苑事。如卷七晉成帝咸和五年"九月作新宫，始繕苑城，修六門"，七年十一月"新宫成，署曰建康宫，亦名顯陽宫，開五門，南面二門，東西北各一門"，其下又各附三百餘字注文，詳述各代門牆之修改。

《崇文目》《通志》《遂初目》《書録解題》著録《南朝宫苑記》二卷，《宋志》作一卷，俱不著撰人名氏。宋周應合《景定建康志》徵引《宫苑記》三十餘條，二條前綴"南朝"。《至大金陵新志・新舊志引用古今書目》有《六朝宮苑記》，而書中所引俱作《宮苑記》。似古人即視二書爲同一書也。《景定建康志》卷二〇詳載《宮苑記》之十二門後云："考《宮苑記》陵陽、宣陽、開陽三門與《實錄》所向皆同，惟清明門在南面最東，而《實錄》乃在東面最南，今以《宮苑記》北對延熹門證之，即《實錄》誤矣。"又云："《實錄》都城上六門，而《宮苑記》之門乃十有二"，"乃知六門爲正，後又立六門，皆便門也"。是《實錄》與《宮苑記》大同小異，許嵩先撰《實錄》，以其所記宮苑尚略，且有小疏，後撰《宮苑記》，亦不無可能也。

附按，《太平御覽》引《建康宮殿簿》十餘條，俱不著撰人名氏。宛委山堂本《說郛》卷五九上抄錄五條，題張著撰，不足信也。

鄴中記一卷

《書錄解題》云："不著名氏，記自魏而下及僭僞都鄴者六家宮殿事迹。按《新志》有《鄴都故事》二卷，肅代時馬溫所作，今書多引之。"所謂"六家"指曹魏、石趙、冉魏、前燕、東魏、北齊六朝。唐前記載鄴都之書，有東晉陸翽《鄴中記》"惟記石虎之事"，北齊楊楞伽《鄴都故事》專記北齊鄴都掌故，隋裴矩匯成《鄴都故事》十卷，後二書北宋俱佚，而唐馬溫、劉公銳兩家之書尚存，南宋以後則此不題名氏之《鄴中記》最行於世。《四庫總目》云："今考是書所記，有北齊高歡、高洋二事，上距東晉之末已一百三四十年。又'寒食'一條引隋杜臺卿《玉燭寶典》，時代尤不相類。陳氏不以爲翽書，似乎可據。然唐歐陽詢《藝文類聚》作於太宗貞觀時，徐堅《初學記》作於玄宗開元時，所引翽書皆一一與今本合。又《鄴都故事》《唐志》雖稱肅、代時人，而《史通・書志》篇曰：'遠則漢有《三輔典》，近則隋有《東都記》，南則有宋《南徐州記》《晉宮闕名》，北則有《洛陽伽藍記》《鄴都故事》。'則《鄴都故事》在劉知幾之前，《唐志》所言，亦不足爲證。以理推之，殆翻書二卷，惟記石虎之事，後人稍摭《鄴都故事》以補之，併爲一卷。猶之《神農本草》郡列秦名，漢氏《黃圖》里標唐號，輾轉附益，漸失本眞，而要其實則一書。觀高歡、高洋二條與全書不類，而與郭茂倩《樂府詩集》所引《鄴都故事》文體相同，則此二條爲後人摭入翻書明矣，不得以小小舛異，盡舉而歸之唐以後也。原書久佚，陶宗儀《説郛》所載寥寥數頁，亦非完本。今以散見《永樂大典》者蒐羅薈稡，以諸書互證，刪除重複，共得七十二條，排比成編，仍爲一卷。"按，館臣所謂"是書所記"，蓋據《説郛》本爲言。翻書"惟記石虎之事"，而陳氏明言此書記"六家宮殿事迹"，又"多引""馬溫所作"，則其多出翻書者，絶不止三條而已。諸家言鄴都故事者，無不多引翻書，豈能輕言"要其實則一書"耶？此無的放矢之論也。此書寥寥一卷，固或淺人叢抄諸家而成，亦不知其爲唐爲宋，今據其引馬溫而未引劉公鋭，姑列於劉書之前。

劉公鋭　鄴城舊事六卷

《宋志》故事類著録，中華點校本"鋭"作"鉉"，四庫本作"鈜"。其地理類又載劉公鋭《鄴城新記》三卷，四庫館臣云："刊本'鋭'訛作'銜鉉'二字，據《唐書·藝文志》改。"陳樂素《考證》云："疑'鉉'字原爲小注，意謂'銜'一作'鉉'。"又云："'鋭''鉉''銜'，未知孰正。"《新志》《通志》地理類俱載劉公鋭《鄴城新記》三卷，當以"鉉"字爲是。清錢大昕《廿二史考異》卷七三疑《舊事》、《新記》爲一書。按，宋高承《事物紀原》引《鄴城舊事》四條。卷二"拍板"條引曰："華林園齊武成時穿池爲北海，中有密作堂，以船爲脚，作木人七，一拍板。"卷四"修國史"條引曰："北齊神武時，魏收自散騎常侍兼中書侍郎、修國史。"卷七云："《鄴城舊事》有冰井臺。"同卷"佛經"條引曰：

"永平十年經像初來也。"又《太平御覽》引《鄴城故事》四條，楊楞伽、裴矩、馬温之書皆稱"鄴都"，惟劉書稱"鄴城"，疑亦此書佚文。皆記漢魏至北齊舊事，疑合晉陸翽《鄴中記》、北齊楊楞伽著《鄴都故事》並有所補充。《新記》或記唐代鄴城地理風俗，未必爲一書也。

皇甫鑑　古城冢記二卷

《秘書目》《通志》《宋志》著錄《城冢記》一卷，《遂初目》無卷數，俱入地理類，不著撰人名氏。《宋志》注云："按序，魏文帝三年劉裕得此記。"陳樂素已指其年代不倫。《讀書志》類書類云："《古城冢記》二卷，右唐皇甫鑑撰。記古城所築之人姓名，初不及冢，而名曰《城冢記》，未知其説。"袁本作皇甫覽，並不知何許人。《太平寰宇記》引用《城冢記》十餘條，亦多"記古城所築之人姓名"，當即同一書也。然如卷二所引"新城南有太尉虞龥墓"，卷六五所引"南皮有石苞墓"，亦嘗由城而及冢，非"初不及冢"也。宋晏殊《類要》卷七引二條，謂鯀造九門城、齊桓公築鄴城，爲《寰宇記》所未引。

李氏　大唐列聖園陵記一卷

《秘書目》《通志》著錄《唐園陵記》一卷，《遂初目》作《唐列聖園林記》，無卷數，俱入地理類，不著撰人名氏。《書錄解題》傳記類云："《陵園記》一卷，唐宗正丞李(失其名)撰，光化元年序。"《宋志》傳記類云："李氏《大聖列聖園陵記》一卷。"注云："不著名。"陳樂素謂前"聖"字當爲"唐"之訛。按，宋敏求《長安志》於七陵之下注引《陵廟記》，一處前有"唐"字，當爲此書之異稱。其中六陵注文僅略記方位里數，偶與正文及注引《圖經》不同。唯太宗昭陵正文詳載陪葬諸王七、妃嬪八、宰相一十三、丞郎三品五十三、功臣大將軍以下六十四人之姓名、官名、封號，注云："按《陵廟記》圖，然所載陪葬諸臣姓名差舛,恐未得其詳,或有不當陪葬者,更須參校乃善。"其餘諸陵無論是否引用《陵廟記》,亦多注陪葬者,然僅稱官名或封號,疑皆依據此書,特未注明,且多有刪略耳。

州縣圖經十卷

《日本目》著録,注云:"關内道、河南道、河東道、河北道、山南道、隴右道、劍南道、[江]南道、淮南道、嶺南道各一卷。""州"原作"洲","江"字原脱,據孫猛《詳考》校補。唐貞觀中分置十道三百六十州,至天寶中改置十五道三百二十八州,是此尚爲唐初州縣之圖經。

附按:地記盛於漢魏,圖經載自《隋志》,而大備於唐宋,實爲考地理沿革、風俗掌故之淵藪。然唐李吉甫《元和郡縣志》序云:"古今言地理者凡數十家,尚古遠者或搜古而略今,採謡俗者多傳疑而失實,飾邦州而叙人物,因丘墓而徵鬼神,流於異端,莫切根要。至於丘壤山川,攻守利害,本於地理者,皆略而不書。"其於數十名家者已深致不滿,州縣圖經之等而下之,又不待言。盧求《成都記序》云:"先是,西蜀圖經甚備,朝野之士多寄聲寫録,主兹務者,不勝其煩,遂盡削而潛焚之。"故雖州府三年一造圖,著於功令;州縣一而再續修,遍及寰宇,然北宋以後,唐人圖經,漸次亡佚,至南宋幾無遺珠矣。此固事理之常,亦由編次失書也。宋初館閣,不録圖經,《新志》效顰,未補一書,遂使羣書所引"圖經",每不知其爲某州某縣,尤難定其爲唐爲宋。兹取載籍稱引之唐人圖經並著於録,其無州縣之名者姑妄補之,其有内外之證者嘗試考之,始於兩京,終於隴右。《御覽》《寰宇》所引圖經甚夥,清王謨據以輯録漢唐地理書,每統歸於郎蔚之《隋圖經》,近人則多視作唐圖經,蓋亦各有其理,惜難一概而論。今取疑似唐人者,稍加補録,文獻無徵者,企望高賢。唐人地記無多,即以附次其間云。

長安圖經

宋敏求《長安志》總叙末注云："所載皆用《圖經》舊文，按《圖經》所出盡取唐梁載言《十道志》。"程大昌《雍錄》卷一云："《長安志》者，本朝宋敏求所著也。古有《長安記》矣，至此改記爲志，明非一書也。宋氏家多書，如《宫闕記》《宫闕疏》《關中記》《廟記》《三輔黄圖》《三輔舊事》皆所采據矣，而制度因革，則多本諸《圖經》，《圖經》又皆本之梁載言《十道志》也。"卷四云："《長安志》者，宋敏求自言其書皆本諸《長安圖經》，又本諸梁載言《十道志》。"卷六"昆明池"條引"《長安志》曰：今爲民田。"注云："'今者'唐世作《圖經》時也。""《括地志》曰：'豐、鎬二水皆已堰入昆明池，無復流派。'《括地志》作於太宗之世，則唐初仍自壅堰不廢，至文宗而猶嘗加濬也。然則《圖經》之作，當在文宗後，故水竭而爲田也。"《長安志》明引《舊圖經》二十三條，其中卷一六"《舊圖經》曰：唐李筌於此遇驪山老母"云云，"《舊圖經》曰：唐初有異僧"云云，卷一八"《舊圖經》曰：唐明皇游幸"云云，明出肅代以後。然卷一一記太平興國寺，引"《舊圖經》曰：本唐紫微宫。天祐初爲寺。"若後一句亦爲引文，則當爲五代以後矣。

又，《長安志》卷七"東曰啓夏門"下注："按《長安圖》，東南角有進芳門。"張國淦《中國古方志考》云："當是唐時圖。"按，《長安志》凡六引《長安圖》，卷一一高望堆、夏侯冢，卷一三周氏陂三條，並以"《長安圖》曰"引出原文，且俱又見《文選》李善注，當同《史記·孝文本紀》司馬駰集解所引"如淳曰：《長安圖》"云云，乃漢時圖所附文字也。而張氏所言啓夏門及卷九立政坊、敦化坊三條，則皆據圖言其方位。元李好文《長安志圖》序云："《圖》舊有碑刻，亦嘗鋟附《長安志》後，今皆亡之。有宋元豐三年，龍圖待制呂公大防爲之跋，且謂之《長安故圖》，則此圖前世固有之，其時距唐世未遠，宜其可據而足徵也。"似以呂氏所據舊圖爲宋初之圖。以理度之，呂氏所謂"故圖"，當即宋氏所引《長安圖》，又即《舊圖經》之圖，張氏疑爲"唐時圖"，固屬可能。如元和八年河南尹許孟容進《東都圖》，其四年前曾任京兆尹，亦或曾進《長安圖》。故兹從張氏著錄焉。按，《通志》著錄《唐太極大明興慶三宫圖》一卷，未著撰人名氏，舊編據以補録，實爲呂大防《長安圖》一部分，兹刪正之。

元澄　秦京内外雜記一卷　蜀記一卷　西戎記二卷

《宋史·藝文志》傳記類著録。《類説》卷四節録《秦京雜記》十二條：唱杖、佛牙、報羅使、繩橛之戲、内人科、音聲樹、漢陂、石橋上卜行馬、壓驚錢、市語、雞粟、隨駕老鴉，未題撰人名氏。《説郛》卷四《西京雜記》又據之轉抄四條：報羅使、音聲樹、雞粟、石橋上卜行馬。宋吴曾《能改齋漫録》卷六云："唐元澄撰《秦京雜記》，載渼陂以魚美得名。"可知元澄爲唐人，"漢陂"爲"渼陂"之誤。所記多爲開元中"秦京"即長安故事，其中"壓驚錢"條之公使錢，爲唐代史料所僅見，尤有價值："李藹爲尹。故事，延英中謝，閣門等諸司事例共用三千緡，以公使錢充。藹至，見在才數緡，問吏何以取足，吏請問捕賊官韓銖。銖曰：'此易耳。請來日排衙，拖拽銖於庭，問西市，波斯客與漢客交雜，久而乃釋之。'藹儒者，不測其由。翌日，如言責銖。銖出，蕃商二百許家各送壓驚錢，凡得數千緡。乃以三千緡供庫，贏餘甚多。"京兆尹李藹不見記載，唯《太平廣記》卷一八三引《盧氏雜説》，稱李藹咸通二年進士及第，當非同一人。《永樂大典》卷二九四八引《秦京雜記》一條云："皇祐、嘉祐中未有謁禁，士人多馳騖請托。一人號望火馬,其中又一人號爲日游神,蓋曰有奔競故也。"實爲宋吴處厚《青箱雜記》之誤。

《舊書·突厥傳》載,開元九年"楊敬述爲涼州都督,遣副將盧公利、判官元澄出兵邀擊之","官軍大敗,元澄脱身而走"。《元和姓纂》卷四河南洛陽元氏:"澄,遂州刺史。"其弟之子貞元中任刺史,當與涼州判官元澄爲同一人,任遂州刺史當在開元後期。又,《金石萃編》卷七九大曆八年十二月華岳題名:"尚書虞部員外郎兼殿中侍御史元澄"。《韓愈集》卷二《題合江亭寄刺史鄒君》注云:"前(衡州)刺史元澄無政,廉使楊中丞奏黜之。"約爲貞元十八年事。《唐刺史考》以爲刺遂、衡者爲同一人,皆在貞元中,蓋失考開元中别有元澄之故也。《西戎記》《蜀記》與涼州判官、遂州刺史之身份相符,或皆同出元澄之手。然《新志》雜傳記、《崇文目》傳記類李德裕之書下,《宋志》地理類韋皋之書下,俱有《西戎記》二卷,與此是否同一書,蓋難言矣。

許孟容　東都圖

《册府元龜》卷一四載,"憲宗元和八年五月,河南尹許孟容進《東都圖》。"按,舊編疑即《通志》所載《洛陽京城圖》一卷,又疑其《長安京城圖》即上《長安圖》。後者《通志·圖譜略》作"楊佺期唐《長安京城圖》",楊爲晉人,始知鄭樵每冠"唐"字於《新志》所載隋前人之書上,而不悟其非也。《太平御覽》卷三、《太平寰宇記》卷一五八各引《洛陽地圖》一條,不知出何代?

游目記

段成式《酉陽雜俎·寺塔記》云:"武宗癸亥三年夏,予與張君希復善繼同官秘丘(書),鄭君符夢復連職仙署,會暇日游大興善寺,因問《兩京新記》及《游目記》多所遺略,乃約一旬尋兩街寺，以街東興善爲首，二記所不具，則別錄之。"又大同坊靈華寺："《游目記》所説刺柏，太和中伐爲殿材。"郭若虛《圖畫見聞志》卷五云："淨域寺西禪院門外有《游目記碑》云，王昭隱畫。"是爲專記京師寺塔者，而及於諸寺壁畫等事，故郭若虛引及之。

元積　京西京北圖一面　京西京北圖經四卷

《元氏長慶集》卷三五《進西北邊圖經狀》云："《京西京北圖經》四卷，右臣今月二日進《京西京北圖》一面，山川險易，細大無遺。猶慮幅尺高低，閱覽有煩於睿鑒；屋壁施設，俯仰頗勞於聖躬。尋於古今圖籍之中，纂撰《京西京北圖經》，共成四卷。""又大和公主下嫁，伏恐聖慮念其道遠，臣今具録天德城以北，至回鶻衙帳已來，食宿井泉，附於《圖經》之内。並別寫一本，與《圖經序》謹同封進。其《圖》四卷，隨狀進呈。"

元積　聖唐西極圖三面　京西京北州鎮烽戍道路等圖一面

《元氏長慶集》卷三五《進西北邊圖狀》云："《京西京北州鎮烽戍道路等圖》一面，右臣先畫《聖唐西極圖》三面，草本並畢，伏候面自奏論，方擬進呈。前月十一日於思政殿面奉聖旨云，諸家所進《河隴圖》，勘驗皆有差異，並檢尋近日烽鎮城堡不得，令臣所畫，稍須精詳。伏緣臣先畫《西極圖》，疆界闊遠，郡國繁多，若烽鎮館驛盡言，即山川榜帖太密，恐煩聖覽，不甚分明。愚臣數日之間，別畫一《京西京北州鎮烽戍道路等圖》已畢，纖毫必載，尺寸無遺。""其《聖唐西極圖》三本，伏緣經略意大事須面自陳，伏恐次及降誕務繁，未敢進狀候對。其《京西京北鎮烽戍道路等圖》並《序》，謹隨狀進呈。"

始平縣圖經

敦煌寫卷斯六〇一四號，首尾俱殘，僅存七行："□里西去武功縣驛廿□□/祥瑞五連槐樹/右武德元年生槐里鄉/芝草/

右總章元年生湯台鄉/芝草/右武德□年生龍泉鄉。"王重民稱之爲"殘志書",施萍婷改擬爲"殘地志",黄永武名其爲"殘志(武功縣驛)",鄭炳林命名爲《興平縣地志》。李并成考其"記唐武德元年、武德□年、總章元年之事,且不見武則天所造新字","所記應爲武功縣驛東部某地之事"。武功縣東爲京兆府興平縣,景龍中改爲金城縣,至德二年改爲興平縣。槐里、湯台、龍泉確爲其鄉名。故據以"定爲高宗時《始平縣圖經》"(《唐〈始平縣圖經〉殘卷研究》,《敦煌研究》二〇〇五年第五期)。按,道宣《集古今佛道論衡》卷二:"余又往始平之西二十餘里,渭水之北,槐里古城,基趾尚存,中有一家,訊問耆舊,斯家是誰,皆莫知其由。案《縣圖經》但述古城,亦不測其年代。"道宣之書撰定於麟德元年,尚在總章元年之前四年,故《始平縣圖經》早有編撰,高宗時已屬續修。

黎逢　鄭志

《文苑英華》卷八〇六梁肅《鄭縣尉廳壁記》云:"若風俗疆土,與置邑之年,代分于(集作爲)尉,今監察御史黎逢嘗編爲《鄭志》,藏在州府中,可覆視也。"黎逢,生卒年里不詳。韋應物有《答貢士黎逢》,知大曆十一年兩人在京酬唱。《唐詩紀事》卷三六云:"逢登大曆十二年進士第。"《唐摭言》卷五載其爲狀元。《唐會要》卷七六載其建中元年經學優深科及第。白居易《傷友詩》云:"死生不變者,唯聞任與黎。"注云:"任公叔、黎逢。"據梁肅記,黎逢殆曾任華州鄭縣尉,後爲監察御史。《鄭志》疑爲《鄭縣圖經》之異稱。《太平寰宇記》卷二九鄭縣"聖山"條引《舊圖經》,載垂拱四年事,或即此書佚文。

隴州圖經

《太平廣記》卷二九一"土羊神"條,記"隴州汧源縣有土羊神廟"事,注出《隴州圖經》。《太平寰宇記》卷三二云:"隋開皇五年改汧陰爲汧源縣，仍廢，而隴州如故。煬帝二年州廢，以屬縣併入扶風郡。義寧二年又於縣理置隴東郡，唐武德元年復爲隴州。""天寶元年改爲汧陽郡，乾元元年復爲隴州，至德宗升爲奉義軍節度。"疑爲高祖至德宗時圖經。按，周振鶴《古方志存目研究例説》(《復旦學報》，1987 年第 4 期)云："《廣記》是宋初四大類書之一，太平興國二年三月始編，次年八月即成。始編時全宋尚未統一，十國之中，吳越、北漢尚存，且南唐降宋不過二年，南漢之滅也才六年。因此《廣記》所引地記、圖經應多是唐朝五代以前所修。"

坊州圖經

《太平寰宇記》卷三五坊州"泥水"條："今按《圖經》，泥谷水在縣西北五十里，源自栲栳谷來。"武德二年置坊州，故此當爲唐人之作。

河南圖經

《太平御覽》卷七二引《河南圖經》二條："廣成澤在梁縣西四十里。""洛水自苑内上陽宫南瀰浸東注，當宇文愷版築之時，因築斜堤，今東北流。水衡作堰九所，形如偃月，謂之月陂。"華林甫謂隋唐梁縣不屬洛州河南郡，故此當爲河南道之圖經。又開元二十一年河南府改隸都畿道，故此當撰於唐代前期(《清儒地理考據研究・隋唐五代卷》，齊魯書社二〇一五年，下同)。按，據《通典》卷二七，隋煬帝時爲都水使者，尋改爲監。唐武德八年置都水臺，後改爲署，貞觀中復爲監，龍朔二年改爲司津監，咸亨元年復舊，光宅元年改都水監爲水衡，神龍元年復爲都水監。故此當撰於光宅元年至神龍元年之間。

平貞眘　河南巡察記十卷

《文苑英華》卷九二一張説《平貞眘神道碑》云："光宅初，肇建兩臺，分典百郡，服闋，授右臺監察御史，巡察河南，澄清郡邑。""撰《河南巡察記》十卷，以辨風俗。"

陳留圖經

蘇鶚《蘇氏演義》卷上："《陳留圖經》云：'漢封張良爲留侯，陳留是也。'今縣遂置留侯廟。此乃誤耳。"蘇氏辯陳留爲陳國之留地，正以別於張良受封之留地。漢置陳留郡陳留縣，後世分併廢改頻繁。以縣而言，《元和郡縣志》卷八云："隋開皇三年分浚儀縣置陳留縣，屬汴州。武德四年屬杞州，今汴州雍丘縣是也。"故郡縣並以陳留爲名之時不多，唐則僅天寶元年至乾元四年之間。疑此期間陳留郡撰圖經有此誤說，後陳留縣據以置廟也。《太平御覽》卷一五八引《陳留風俗記》後，引《圖經》二條，卷一五九又引一條，疑即此書。又《太平寰宇記》開封縣、倉垣縣並引《舊圖經》，皆唐陳留郡屬縣。此書所引州縣圖經，或分言爲"隋圖經""舊圖經""圖經"，疑所謂"舊圖經"皆出於唐代。

陝縣圖經

《太平御覽》卷六三："《陝縣圖經》曰：橐水，即魯水也。西北入城，百姓賴之，呼爲利人渠是也。"《隋書·盧賁傳》作"利民渠"，此與《北史·盧賁傳》《元和郡縣志》卷六俱作"利人渠"，避唐太宗諱也。

夏邑縣圖經

《文苑英華》卷八一〇孫公輔《新修夏邑縣城門樓記》："夏邑縣城樓，《圖經》即漢栗鄉侯之故墟。"此記有云"去年夏，聖人戒師於東方，宣武軍守臣劉公，慮以軍興勢危"。德宗時劉洽、劉昌、劉玄佐、劉全諒先後任宣武軍節度使，《圖經》當撰於德宗以前。

青州圖經

《太平廣記》卷三六"李青"條，高宗永徽元年李清得道事，注出《集異記》。内云："青州南十里有高山，俯壓郡城，峰頂中裂，豁爲關崖。州人家家坐對嵐岫，歸云過鳥，歷歷盡見。按《圖經》云，雲門山俗亦謂之劈山。"《太平御覽》卷一六〇、《太平寰宇記》卷一八記青州事，各引《圖經》一條。

歷城縣圖經

後周齊州開元寺僧義楚《六帖》卷二四引《歷城縣圖經》，記劉宋丹陽人秦隆於歷下見一野豬被虎所傷，爲之湯洗藥覆，夜夢其自稱絳山神，從岷山取得江水以謝。疑爲唐人之作。

兖州圖經

《會要》卷七〇載元和十四年六月兖海節度使曹華省并兖州萊蕪縣奏："案《圖經》，萊蕪貞觀三年廢入博城縣。"郭忠恕《佩觿》卷上"魯國泗水"下注云："泗音時，出《兖州圖經》。"

虹縣圖經

李吉甫《元和郡志》卷一〇宿州虹縣："《圖經》云：項羽墓在縣南六里。"此當爲元和以前所修之宿州虹縣圖經。李吉甫云："按羽死後高祖以魯公禮葬羽於穀城，在今鄆州東阿縣界，言在此，俗説之謬也。"

申州雜記及圖經

郭忠恕《佩觿》卷上"澌則申州川名"下注云："澌音師。出《申州雜記及圖經》。"申州，古申國地。北周改司州爲申州，隋大業二年改爲義州，武德四年復置申州，天寶元年改爲義陽郡，乾元元年復爲申州。郭忠恕由五代入宋，所引當爲唐人之作。

濮陽縣圖經一卷

《日本目》著録。《太平寰宇記》卷五七澶州濮陽縣昆吾臺條引《舊圖經》，疑即此書佚文。濮陽爲漢代古縣，亦爲郡名，唐屬濮州。武德八年，併昆吾縣入濮陽，圖經當撰於是年之後。

海州圖經一卷

《日本目》著録。東魏置海州,隋大業初改爲東海郡。唐武德四年復名海州,置總管府,後爲都督府。貞觀元年罷都督府。天寶元年,以海州爲東海郡。乾元元年,又復名海州。《明一統志》卷一三引《海州圖志》:"北控齊魯,南蔽江淮。"

遼州圖經

《太平御覽》卷一六三:"《圖經》曰:遼州樂平郡,《禹貢》冀州之域,春秋時其地屬晉,戰國屬韓,後屬趙,秦漢爲上黨郡。貞觀中避諱改爲儀州,後又爲箕州,復爲遼州。"其説多誤,據《會要》卷七〇:"儀州本遼州,隋末廢,武德三年又置遼州,八年改爲箕州,先天元年十二月二十三日改爲儀州,避玄宗嫌名也。"《舊書·地理志》:"天寶元年改爲樂平郡,乾元元年復爲儀州,中和三年八月復爲遼州。"此稱"遼州樂平郡",當爲唐末五代之作。

高平縣圖經

《全唐文》卷六一三武少儀《移丹河記》云:"高平古泫氏邑也,其沿代改名,圖經詳矣。"武少儀,憲宗時人,所引疑爲唐人之作。

李吉甫　河北險要圖

《新書·李吉甫傳》云:"吉甫請任薛平爲義成節度使,以重兵控邢、洺,因圖上河北險要所在,帝張於浴堂門壁,每議河北事,必指吉甫曰:'朕日按圖,信如卿料矣。'"

魏郡圖經

《太平御覽》卷七三:"《魏郡圖經》曰:愜山,古堰也,今謂之愜山。即漢成帝時河決金堤,蓋於此運土以塞河,頗愜當時人心,故謂之爲愜山。在今魏縣西。"華林甫"考魏縣亦始置於西漢,治今河北大名縣西南魏城,唐天寶三年徙治於今大名縣西北魏莊,而恡山在今大名縣北偏西",故定此圖經撰於天寶三年魏縣徙治後、乾元元年廢郡爲州前。

洺州圖經

趙元一《奉天録》卷二載馬燧頓軍於狗、明二山,問鄉老曰:"按《圖經》此山有名否?"二山俱在洺州境内。

贊皇縣圖

唐李德裕《會昌一品集》卷一九載《謝恩賜王元逵與臣〈贊皇縣圖〉又三祖碑文狀》。德裕爲文、武宗朝宰相,世爲趙郡贊皇人,曾封贊皇縣伯,王元逵尚壽安公主,時任成德軍節度使,趙州在其轄境,故武宗賜二人《贊皇縣圖》以示寵也。

莫州圖經

《太平廣記》卷六〇"郝姑"條,稱"郝姑祠在莫州莫縣西北四十五里"云云,注出《莫州圖經》。《舊書·地理志》云:"莫州上,本瀛州之鄚縣,景雲二年,於縣置鄚州。""開元十三年,以'鄚'字類'鄭'字,改爲莫。天寶元年,改爲文安郡。乾元元年,復爲莫州。"故此當撰於開元十三年後。

范陽圖經

《房山石經題記匯編》載遼統和二十三年《重修雲居寺碑記》云:"按《范陽圖經》,智泉寺僧靜琬見白帶山有石室,遂發心書十二部經,刊石爲碑。"同書又載《貞觀二年靜琬題刻》,遼初所引而紀唐事,當爲唐人之作。武德七年改涿縣置范陽縣,至明始廢;天寶元年改幽州置范陽郡,乾元元年復爲幽州,華林甫認爲此當爲縣志。

唐新州記

《明一統志》卷五保安州:"形勝:地屬河東,北控險阻。風俗:俗尚武藝。"並注出《唐新州記》。清《畿輔通志》卷一四云:"唐武德七年復置北燕州,貞觀八年改曰媯州,長安二年徙治居庸界,光啓中改置新州,兼置永興縣,爲州治,屬河東道。"疑爲光啓中置新州時所立碑記,明人尚得見之也。

夷陵圖經

陸羽《茶經》卷下:"《夷陵圖經》:黃牛、荆門、女觀、望州等山,茶茗出焉。"飲茶之風,唐世始盛,此當爲唐人之作。

朗州圖經

《太平廣記》卷一〇一"惠原"、三八九"古冢冢"兩條下注出《朗州圖經》。劉禹錫《競渡曲》題下注云:"競渡始于武陵,及今舉楫而相和之。其音咸呼云何在,斯招屈之義。事見《圖經》。"會昌元年狄中立《桃源觀山界記》云:"桃源山洞開顯,廡宇興創,神仙異境,具《武陵圖經》。"又云:"圖籍且久,事不能辯。"宋王象之《輿地紀勝》卷六八常德府:"唐《開元舊記》云:用包茅,三脊三莖生沅江者佳。"《全唐文》卷八〇五陳庶《蠹山廟狀》:"按《郡記》云:即楚附庸君城也。"唐武德四年平蕭銑,置朗州。天寶元年改武陵郡,乾元元年復爲朗州。宋爲常德府。唐人行文,州與郡、圖經與地記經常混稱,以上《朗州圖經》《武陵圖經》《開元舊記》《郡記》等,疑皆一也。

歸州圖經

《文苑英華》卷七八六王茂元《楚三閭大夫屈先生祠堂銘并序》:"按《史記》本傳及《圖經》,先生秭歸人也,姓屈名原,字靈均。"後文又曰:"元和十五年,余刺建平年之再歲也,考驗圖籍,則州之東偏十里而近,先生舊宅之址存焉。"周振鶴《古方志存目研究例説》曰:"後文之圖籍實則前文之《圖經》,唐人文章中常有圖牒、圖籍之説,實則圖經、地記之類的泛稱。王氏此文中之《圖經》自當爲《歸州(或建平)圖經》,作於元和以前。"按,其地爲吴建平郡之西部,晋宋以後因之,隋屬巴東郡之秭歸縣。武德二年割夔州之秭歸、巴東二縣置歸州,天寶元年改爲巴東郡，乾元元年復爲歸州。王氏所謂"刺建平"，用古稱耳。

源乾曜　夔州圖經

劉禹錫《劉賓客文集》卷九《夔州刺史廳壁記》云："故相國安陽公乾曜嘗參軍事，修《圖經》，言風俗甚備。今以郡國更名之所以然著於壁云。"是劉禹錫曾將其中述夔州沿革之文字書之於壁。《全唐文》卷五四四李貽孫《夔州都督府記》云："城東北約三百步有孔子廟，赤甲山之半，廟本源乾曜廨，常爲郡參軍，著《圖經》焉，其後爲宰相。今其地又爲孔子廟，傳者稱爲盛事矣。"按，史傳載源乾曜舉進士，景雲中累遷諫議大夫，開元中拜尚書左丞相。其任夔州參軍當在武周時。唐樊綽《蠻書》卷一〇："按《夔城圖經》云：夷事道，蠻事鬼。初喪鼙鼓以爲道哀，其歌必號，其衆必跳，此乃盤瓠白虎之勇也。俗傳正月初夜，鳴鼓連腰以歌，爲踏蹄之戲。五月十五日，招命騎健，畫概圖舟，十船同角，千人齊聲，唱鼓扣舷，沿江騰波而下。俗三月八日爲大節，以陳祠享，振鐸擊鼓，師舞爲敬也。"確乎"言風俗甚備"。又，宋王象之《輿地碑記目》卷四云："《舊圖經》，李國緯編。"乾隆《夔州府志》云："夔志源流，粵考往籍，唐時源乾曜所編之《夔州圖經》，李國緯所編之《舊圖經》，事遠年湮，皆蕩然無存矣。"李國緯當爲宋人，然不知其具體年代。宋吳淑《事類賦注》卷七、黃朝英《靖康緗素雜記》卷五、《資治通鑑》卷一六九胡三省注所引《夔州圖經》，不知爲唐爲宋。

盧求　襄陽故事十卷

《宋志》著錄。《秘書目》五卷，不著撰人名氏。盧求，《新志》載其《成都記》五卷，注云："西川節度使白敏中從事。"兩《唐書》附見其子《盧攜傳》。

穀城縣圖經

《太平寰宇記》卷一四五："固王古城在縣東北五里，按《穀城縣圖經》云：晉咸寧中封扶風王子暢爲順陽王，城內有順陽碑。"古城所在地，隋屬陰城縣。唐後省陰城，入穀城，屬襄州。宋乾德二年分穀城縣三鄉，置光化軍及乾德縣，後軍廢復舊。此於乾德縣下引《穀城縣圖經》，當撰於乾德二年之前。

鄧州圖經

《太平御覽》卷一六八鄧州："《圖經》曰：菊潭取界內菊潭水以名縣。"菊潭縣開元二十四年置，周顯德五年併入臨瀨縣，故此當爲唐人之作。

唐州圖經十卷

《日本目》著錄。武德五年置唐州，屬顯州。貞觀九年改顯州爲唐州。天寶元年改爲淮安郡；乾元元年復爲唐州。治所比陽，今河南泌陽縣。

閬山圖經

《太平御覽》卷四四："《閬山圖經》曰：閬山四合於郡，故曰閬中。"卷一六七："《圖經》曰：閬州閬中郡，《禹貢》梁州之域，春秋爲巴國之地，秦漢爲巴郡。"後魏置隆州，唐先天元年避玄宗諱改爲閬州。故此當撰於開元以後。貞觀中屬劍南道，開元中又屬山南道，天寶中屬劍南道，乾元中又屬山南道。

曹憲　揚州記

許嵩《建康實錄》卷五自注云："案曹憲《揚州記》，晉惠永寧二年，有石浮來建鄴，自入秦淮。夏架湖登岸二百餘步。百姓咸曰：'石來石來。'至明年，石冰果入揚州，遂據此地。"曹憲，揚州江都人，隋至唐初聲譽甚隆，著述頗多，事見兩《唐書·儒學傳》。《廣陵志》鄭興裔序云："唐曹憲始創《揚州志》，五代喪亂之餘，殘編斷簡，無復存者。"然《輿地紀勝》卷六、至正《金陵新志》所引《揚州記》，似爲此書佚文。

揚州圖經一卷

《日本目》著録。《太平御覽》《太平寰宇記》引《圖經》，其中有及揚州者，或出此書。《太平御覽》卷一六九揚州："《圖經》曰：江陽縣，本漢江都縣也，以在江之北，故曰江陽。"《太平寰宇記》卷一二三揚州江都縣"蜀岡"條："《圖經》云：今枕禪智寺，即隋之故宮。岡有茶園，其茶甘香，味如蒙頂。"同縣"輿浦""張公城"二條亦引《圖經》。同卷廣陵縣："按《州圖經》云：隋大業十二年，分江陽。又立本化縣于郡南，半邐合瀆渠，今城在西北一十八里。"卷一三〇高郵縣"土山"條："《圖經》云神居山。"按，《圖經》記及禪智寺茶，《劉長卿集》卷六《禪智寺上方懷演和尚》詩題下自注："寺即和尚所創。"則當撰於德宗以後。

又，《太平御覽》卷七二云："《揚子圖經》曰：六合縣東三十里，從岱石湖入，四里至溝中心，與陵分界。案《後漢書》，張綱爲廣陵太守，濟惠于百姓，勸課農桑，於東陵村東開此溝，引湖水灌田，以此號爲張綱溝。"華林甫以爲揚子縣之圖經，不確。《太平寰宇記》卷一二三廣陵縣："張綱溝在縣東三十里，從岱石湖入四里，至溝心中，與海陵分界。按《漢書》，綱爲廣陵太守，濟惠于百姓，勸爲農桑，于東陵村開此溝，引湖水灌田，以此立名。"是張綱溝在廣陵縣，而不在六合縣。《新書·地理志》："揚子，望，永淳元年析江都置。"是揚子縣從江都縣分出，而非廣陵縣。可見《揚子圖經》當爲州圖經，故記載廣陵縣張綱溝，兼及廣陵與海陵二縣分界。《寰宇記》該條居廣陵縣之末，下即記六合縣事，《揚子圖經》殆亦類似。故《御覽》該條殆非轉抄而來，而確係抄自原書，因原列廣陵縣下而條目前無"廣陵"縣名,誤添爲下之"六合"也。

淮陰圖經

陸羽《茶經》卷下:"《淮陰圖經》:山陽縣南二十里有茶坡。"天寶元年改楚州爲淮陰郡,乾元元年復舊。此記山陽縣茶,當爲郡圖經,且撰於天寶、乾元之際。《太平御覽》卷一六九楚州:"《圖經》曰:寶應縣本安宜縣,即漢之安平縣地屬,廣陵郡。"或亦此書佚文。

盱眙圖經

《太平御覽》卷四三引《盱眙圖經》四條,其第三條云:"長圍山周廻四里,在縣北七里,上置軍營,將士一千人守之。至德二年節度使高適置。按《宋書》云:'元嘉二十七年,宋文帝遣臧質拒魏太武帝,遂於梁山築長圍城,造浮橋,絕水路。'即此山,又改爲長圍山。當在楚州西南一百八十里。"其中提到至德二年高適置軍營,則當撰於代宗以後。又盱眙縣武德八年來屬楚州,宋乾德元年改隸泗州,故當撰於五代以前。

壽春圖經

《太平御覽》引《壽春圖經》六條,卷七二引有"芍陂在安豐縣"一語,華林甫謂此壽春應指郡,"唐天寶元年改壽州所置,乾元元年復爲壽州,故此《壽春圖經》當爲唐天寶、至德間之作品"。然其卷四三所引"莫耶山""雲母山""濠塘山"三條,與《太平寰宇記》卷一二八濠州鍾離縣所述略同,尤其雲母山"一名濠上山,在州東南四十里",顯然當以濠州爲是。同卷所引"九鬥山"條,《太平寰宇記》卷一二八在滁州全椒縣。其卷一七三所引明言"十宮在江都縣北五里長阜苑內",《太平寰宇記》卷一二三江都縣所述同。是六條中僅一條屬於唐壽春郡,求之隋前壽春地域,亦不得其所,竊甚惑之。下引盧璠《合肥辨》提及壽春《圖記》,當爲《圖經》之異稱。

滁州圖經

獨孤及《毗陵集》卷一七《琅琊溪述並序》云："李幼卿，字長夫，以右庶子領滁州。""按《圖經》，晉元帝之居琅琊邸而爲鎮東也，嘗游息是山。厥迹猶存，故長夫名溪曰琅琊。"末題大曆六年，《圖經》當撰於此前。《全唐文》卷七六一李瀆《荇溪新亭記》云："按《地圖志》，在皇道山之右。昔始皇途經是山，因以名焉。其下西永陽嶺，迸流於荇溪，此溪是也。"當爲《圖經》之異稱。

廬州圖記

《唐文粹》卷四六盧潘《合肥辨》云："肥陵，肥水之上也，在壽春。應劭云：'夏水出父城東南，至此與肥合，故曰合肥。'今按，肥水出雞鳴山，北流二十里許，分而爲二。其一東南流，經合肥縣南，又東南入巢湖；其一西北流，一百里出壽春西投於淮，二水皆曰肥。""今二州《圖記》皆不見夏水與父城，惡睹所謂夏與肥合者乎。"又同卷《冶父山辨》云："按《圖記》，今冶父山在廬江東北。"盧潘文宗朝官户部員外郎，大中時出爲新安太守，徙廬州刺史。其據廬、壽二州《圖記》駁漢應劭之説，殆亦《圖經》之異稱。

懷寧圖經

《太平御覽》卷四三引《懷寧圖經》二條，其中"玉鏡山"條引曰："貞元二年，從皖山東面忽然爆烈，皓然如玉，行路遠見，如鏡懸焉。其年刺史吕謂（渭）聞奏，因山改萬歲爲玉鏡鄉。"懷寧縣爲舒州治所，吕渭任刺史見《舊書》本傳。

和州圖經

劉禹錫《劉賓客外集》卷八《歷陽書事》詩序云："長慶四年八月，余自夔州轉歷陽。""至則考《圖經》，參見事，爲之詩。"詩首云："一夕爲湖地，千年列郡名。霸王迷路處，亞父所封城。漢置東南尉，梁分肘腋兵。本吴風俗剽，兼楚語音傖。"即據

《圖經》所記沿革風俗而發爲詩也。又云"沸井今無湧","雞籠爲石顆",對應於《太平御覽》四三引《歷陽圖經》曰："雞籠山在縣西北。《淮南子》云,麻湖初陷之時,有一老母提雞籠以登此山,因化爲石。今山有石狀如雞籠,因爲籠也。"《太平寰宇記》卷一二四引《和州圖經》曰："郡有沸井一所,在郡西一百步古城內。"其"土臺游柱史,石室隱彭鏗"兩句下自注："老君適楚,有臺在焉。彭鏗石室,在含山縣。"後者對應於《太平寰宇記》卷一二四："禱應山本名白石山,在(含山)縣西南八十里。《列仙傳》云:'歷陽有彭祖石室。'今山下有洞口,初俯僂而入,約十步乃漸高,廣莫知遠近。又有二石,龍鱗皆成,即彭祖所居之室。洞出鍾乳,常有石燕飛集。唐開元二十年敕禁採樵,賜名禱應山。大曆中有道士商棲霞,歷陽人也,居此絕粒三十年餘,身輕若飛。"此不見於唐宋時餘書,疑即源自劉禹錫所見《圖經》,則其當撰於貞元、元和年間。

附按：明焦竑《國史經籍志》著錄劉禹錫《和州志》八卷,清黃虞稷《千頃堂書目》卷六劉禹錫《和州志》八卷。予嘗考黃《目》千頃堂所藏者僅三之一,餘皆轉錄焦《志》等,焦《志》多錄鄭樵《通志》之書,鄭樵《通志》有抄《新志》者,《新志》有抄《舊志》者,致使黃氏有誤以唐初人爲宋明人者。然《通志》未載此書,宋有劉禹錫,見《江西通志》卷七五,未官和州,豈明果有劉禹錫其人其書乎？

盧璥　潤州記

《墓誌》(《洛陽流散唐代墓誌彙編續集》第一一〇頁)云,字子瑜,曾任句容令。"君嘗撰《潤州記》及《書儀》,並行於世。"

吳郡圖經

宋周應合《景定建康志》卷一六引庾信《哀江南賦》崔令欽注云："《吳郡圖經》以臯伯通所居,因名其橋曰臯,後人轉臯爲高。"元人《重修琴川志》卷一二唐劉允文《蘇州新開常熟塘碑銘》云:"常熟塘,按《圖經》云:南北之路,自城而遙,百有餘里,旁引湖水,下通江潮,支連脉分,近委遐輸。左右惟強家大族,疇接壤制,動涉千頃,年登萬箱,豈伊沿溯之功,實由灌溉之利。故縣取常熟,歲無眚焉。"崔令欽蕭、代時時人,劉碑撰於元和四年,此稱"吴郡",或撰於天寶年間。又《太平御覽》卷一七〇引《圖經》曰:"華亭縣本嘉興縣地,天寶十年置,因華亭谷爲名。"華亭亦蘇州吴郡屬縣,姑附於此。

陸廣微　吴地記一卷

《宋志》著録,《遂初目》無卷數。《書録解題》云:"《吴地記》一卷,唐陸廣微撰。多記古吴國事。唐末有秀州,天祐中始割嘉興縣置,故此記合二郡爲一。"《四庫總目》卷七〇云:"書中稱周敬王六年丁亥至今唐乾符三年庚申,凡一千八百九十五年,則廣微當爲僖宗時人。然書中虎疁一條,稱唐諱虎,錢氏諱鏐,改爲滸墅。""安得于乾符三年以董昌一偏將能使人諱其嫌名?且乾符三年亦安得預稱吴越?至錢俶于宋太平興國三年始納土入朝,當其有國之時,蘇州正其所隸,豈敢斥之曰錢氏?尤顯爲宋人之辭。則此書不出廣微,更無疑義。王士禎《香祖筆記》嘗摘其語兒亭,馮歡宅,公孫挺、陳開疆、顧冶子墓三條,又摘其琴高宅一條。於地理事實,皆爲舛謬。又案乾符三年,歲在丙申,實非庚申。上距周敬王丁亥,僅一千三百九十年,實非一千八百九十五年。於年數亦復差誤。觀其卷末稱纂成圖畫,以俟後來者添修。而此本無圖,前列吴、長洲、嘉興、昆山、常熟、華亭、海鹽七縣,而後列吴縣、長洲縣事爲多。殆原書散佚,後人采掇成編,又竄入他説以足卷帙,故訛異若是耶?以今世所行别無善刻,故姑仍吴琯此本録之,以存梗概,而附訂其牴牾如右。又《吴地記後集》一卷,蓋續廣微之書者,不著撰人名氏。前有題詞,稱自唐王郢叛亂,市邑廢毀,或傳記無聞,或廢興不一,謹採摘縣錄,據圖經,選其確實者列於卷後。所記建置年號,止于祥符元年,疑北宋人作。"清顧炎武《日知錄》卷三一嘗指其胥門"本伍子胥宅,因名"之説爲非,錢大昕《十駕齋養録》卷二〇則云:"吳江一縣,吳越有國日始置,而卷内有續添吳江縣云云,殆後人竄入。"

張搏　吳地記

明王鏊《姑蘇志》卷三九云:"張搏自湖州刺史移蘇州,辟陸龜蒙以自佐,種木蘭於木蘭堂,重修羅城,删治《吳地記》,并繪郡圖。"並按云:"《舊唐書》作乾符二年二月自湖移廬州。又《淝上英雄録》云:'楊行密微時,隨本兵都押衙統兵送搏赴蘇州任,屯兵吳苑。'據此,則自廬移蘇也,未審孰是。"《太平廣記》卷二三五云陸龜"與張搏爲廬江、吳興二郡倅"。陸廣微《吳地記》即成於張搏任上,則張搏"删治《吳地記》"似指同一事也。唯其既"辟陸龜蒙以自佐",何以此書又署陸廣微,爲不可解也。

杭州圖經

白居易《白氏長慶集》卷六八《錢塘湖石記》"瀕湖千餘頃田無凶年矣"自注云:"《州圖經》云:湖水溉田五百餘頃。"《全唐文》卷九一昭宗答錢鏐奏重修天柱觀敕曰:"卿考一境《圖經》,知列聖崇奉,親臨勝概,重葺仙居。"

陸羽　湖州圖經

顧況《華陽集》卷下《湖州刺史廳壁記》云:"其《舊記》,吏部李侍郎紓撰;其《圖經》,竟陵陸鴻漸撰。使君命況總兩家之説,俶落晉宋,訖于我唐,凡一百九十七人,及歷代良二千石儀形,略也鋪張屋壁。"末題貞元十有五年十二月。陸羽至德元年避亂居湖州，大曆八年至九年，爲湖州刺史顏真卿幕客，書即撰於期間，故顏氏述其事尤詳。《顏魯公集》卷一六《項王碑陰述》云："西楚霸王當秦之末，與叔梁避仇于吳，蓋今湖州也。雖滅秦而宰製天下，魂魄猶思樂茲邦，至今廟食不絶。其神靈事迹。具見竟陵子陸羽所載《圖經》。"同書卷四《湖州烏程縣杼山妙喜寺碑》云："有處士竟陵子陸羽《杼山記》所載如此，其塋殿廊廡，建立年代，並具于記中。"卷一三《梁吳興太守柳惲西亭記》云："今處士陸羽《圖記》云：西亭在城西南二里、烏程縣南六十步，跨苕溪爲之。昔柳惲文暢再典吳興，以天監十六年正月所起，以其在吳興郡理西，故名焉。文暢嘗與郡主簿吳均同賦西亭五韻之作，由是此亭勝事彌著。"《圖記》爲《圖經》之異稱。丘光庭《兼明書》卷五"白蘋"條稱爲《湖州圖經》且糾其謬曰："經典言蘋者多，先儒罕有解釋。《毛詩草木疏》亦未爲分子，而《湖州圖經》謂之不滑之蓴，大謬矣。"宋王象之《輿地紀勝》卷四："《吳興志》，陸羽作。"並引五條佚文，其中一條云："張志和與湖州刺史顏真卿，坐上云鶴翔集飛昇而去。"妄誕不經，絶非陸羽之辭。《太平寰宇記》卷九四、《嘉泰吳興志》亦各引《吳興志》一條、二條，未題陸羽之名。明宋雷《西吳里語》卷三載爲"《吳興志》十卷，陸羽作"，標爲十卷，尤不知其何所據也。

又，宋王象之《輿地紀勝》、潛説友《咸淳臨安志》引陸羽《二寺記》《武林山記》《靈隱寺記》等十餘條，元《無錫縣志》卷四載陸羽《惠山寺記》一篇，皆記江浙輿地風物之單篇，附記於此。

陸羽　吳興太守歷官記三卷　湖州刺史記一卷

《文苑英華》卷七九三陸羽《陸文學傳》自述載之，"太守"二字據下引碑文增補。陸羽肅宗至德元載避亂居湖州，於上元二年撰此傳，書即成於此五六年間。宋歐陽修《集古録》卷八、費袞《梁溪漫志》卷一〇引此傳，俱云《茶經》外"他書皆不傳"，而湖州並誤作潮州，陸羽行歷與潮州無涉。三國吳分吳、丹陽二郡置吳興郡，中間僅梁末二年改爲震州，陳復爲吳興郡，隋仁壽二年置湖州。故陸氏分爲二名，前者記隋前吳興太守，後者記隋唐湖州刺史，實等同一書也。

宋王象之《輿地碑記目》卷一云："《太守歷官記》，在墨妙亭；自晉王逸少，洎陳任忠，凡四十四人。"談鑰《嘉泰吳興志》卷一四《郡守題名》云："唐大曆中，刺史裴清始撰《歷官記》，首於王羲之，終於任忠，四十四人，勒於謝傅碑陰。前吳後隋，闕而靡聞也。""《唐刺史題名》，廣德中李紓始立，自武德以來名氏官秩，遷就歲時，悉追書之。正（貞）元中刺史李詞及滕宗諒繼此誌刻，迄於吳越納土，凡一百三十九人。"明宋雷《西吳里語》卷三云："《吳興太守歷官記》，晉太守謝公碣之陰，唐人所勒也。蓋自晉王逸少洎陳任忠，忠見別條，凡四十四人。《湖州刺史題名記》，唐廣德元年補闕內供奉李紓撰。後記，貞元十六年華陽顧況撰。又後題，貞元十七年刺史李詞。"清《佩文齋書畫譜》卷四八引《金石錄》云："《吳興太守歷官記》，正書，無姓名。"諸書皆未提及陸羽，蓋失考於陸氏自傳也。

周振鶴《古方志存目研究例說》曰："顧況此記寫于德宗貞元五年，說明在此之前，湖州至少已有兩部唐代所撰地志。李紓舊記不見於任何書目，賴顧況此文以存名。""所謂李舊記，可能是地記，也可能就是圖經，只不過寫在陸羽之前。"其說非也。《輿地碑記目》卷一云："《湖州刺史題名記》，唐廣德元年李紓撰；後記，貞元十六年顧況作。"可見"李紓舊記"乃相對於"顧況後記"，並非相對於"陸羽《圖經》"而言，且僅爲"題名記"，並非"圖記"。而且李紓、裴清之記，當僅爲撰寫碑記，其題名實即據陸書刻之於石而已。此由李、裴二人之記與陸氏二書題目之大同小異,可知也。陸氏《歷官記》三卷,非謝安碑陰所能容納,當不僅題名而有記事,則《刺史記》體例當亦相同也。李紓之記約晚於陸書兩三年,裴清之記亦晚數年而已,其題名無以異於陸書也。貞元至宋代,李詞、滕宗諒續添上元後新任刺史,迄於吳越,而其前之太守、刺史題名,仍沿陸書之舊也。紙書易毀,而碑石久存,後人據題名而重考其事,易程其功矣,斯可謂名亡而實不亡者乎!

顔真卿　湖州石柱記

陳思《寶刻叢編》卷一四引《集古錄目》:"《唐湖州石記》,碑字殘缺,不見年月及書撰姓名,驗其字畫,顔真卿書也。凡湖州諸縣,皆記其山川、前古陵墓。"宋人據碑刻收入《顔魯公集》卷一三,題作《吳興地記》。明徐獻忠《吳興掌故集》卷四云:"《吳興地記》,顔真卿作。凡山川、陵墓、古迹皆入記,刻之石柱,故又名《石柱記》。"清鄭元慶撰《石柱記箋釋》,《曝書亭集》卷三五載朱彝尊序曰:"湖州石柱在宋初字已漫漶,歐陽永叔謂筆畫奇偉,非顔魯公不能書。於是宋次道集魯公文刻於金石者,編爲十五卷,則《石柱記》存焉。孫莘老守湖州,聚境内碑碣,築墨妙亭貯之,凡三十餘通,《記》其一也。所載山川、陵墓、廟宅,旁及屏風、竹帳、雉尾扇。顧唐設六縣,而記遺其二,或當日有之,而次道編集時殘闕,未可知爾。余友鄭元慶芷畦既輯《府志》成書,又别釋《石柱記》一卷以行。"

沈常　武康土地記

宋王象之《輿地紀勝》卷四:"《武康土地記》,沈常撰。"同卷引"楊侃《隋録》云:沈常居荻塘,家貧,燒荻讀書。"《嘉泰吳興志》:"《武康土地記》,唐福州侯官縣尉郡人沈常作。"又云:"諸書引楊侃《隋録》云:吳興沈宏居荻塘,家貧好學,每夜然荻自照讀書。"明徐獻忠《吳興掌故集》卷四、宋雷《西吳里語》卷三俱云"唐福州侯官縣尉郡人沈常作"。《新志》總集類有沈常《總戎集》三十卷，列於晚唐著述間。然《通志》注云："唐沈常集軍中詔令表檄，自戰國至隋。"則或爲隋唐之際人也。

丘光庭　烏程縣圖經

《文苑英華》卷八〇八楊夔《烏程縣修建廨宇記》："丹陽余公以再命尹于烏程"，"先是，縣之秋曹尉蘇許公頲釋褐之官也，公始至，兼戎曹務。遇上巳節，郡有角抵之戲，郡守出觀，則司戎者職其事。因乘小艇往來，以檢馭不整。郡治之南，溪波浩洋。許公馭楫以涉，而舟覆焉。衆皆駭惋，謂不可援。俄聞空中有言曰："無損蘇公。"忽有幹流以出其舟，而許公存焉。彼同溺者，俱不爲水困。俗旌其地爲蘇公潭。大曆中，縣令李晤，則故相國紳之先也。相國誕於縣署，幼弄之歲，墜於縣之東池，逾數刻，忽若有物翼出於池面，相國略不爲苦。二者皆縣之故事，而《圖經》不載。公乃檄請於邑人太學博士丘光庭，編輯遺墜，其或善未書、能未紀者，罔不畢錄。"明徐獻忠《吳興掌故集》卷二云："丘光庭，烏程人。列太學博士。嘗承縣令余蟾檄請，編集吳興遺事，羅隱有酬光庭詩。"《同治湖州府志》卷七四云："丘光庭，烏程人。太學博士。乾寧時，烏程尹餘蟾以《圖經》不載蘇許公、李相公故事，乃檄請光庭編輯遺墜。其或善未書、能未記者，罔不畢錄。"楊記撰於昭宗乾寧三年，則烏程縣原有《圖經》，乾寧中縣令余蟾檄請丘光庭續修之也。《光緒烏程志》著錄爲丘光庭《吳興遺事》。

越州都督府圖經二卷

《日本目》著錄。唐武德四年，平李子通，置越州，設總管府。七年，改爲都督府。天寶元年，改爲会稽郡。故此書當撰於武德與天寶之間。《臺州金石錄》卷二載宋建隆二年《天臺般若新寺磚塔記》:"按《越都圖經》□古碑云:'梁朝岳陽王者,是昭明太子第三子,即梁蕭詧是第二生梁王是也,於赤城山頂,造磚塔三所,中有如來舍利四十九顆。'"疑即源出此書。

孟簡　會稽圖經

宋施宿《會稽志》卷一四:"俞僅,蕭山人。一門四代,兄弟十五人,老幼八十餘口,並經術貞廉。僅遭親喪,哀毁骨立,爲鄉里所稱。觀察使孟簡書於《圖經》,以勵風俗。"孟簡元和九年,出爲越州刺史、兼御史中丞、浙東觀察使,十二年入爲户部侍郎,見兩《唐書》本傳。《新書·孝友傳》叙列唐以孝悌名通朝廷、得書于史官者,有"諸暨張萬和、蕭山李渭、許伯會、戴恭、俞僅"。其中俞僅殿末,則此數人或皆孟簡奏報朝廷、載名《圖經》者也。宋王十朋《會稽三賦》卷上、《梅溪後集》卷一《會稽風俗賦》云:"李唐刺史,九十八公,首有龐玉,顯有姚崇,《圖經》十子,郡續稱雄。"注:"唐太守題名記九十八人,總管龐玉爲首。其最顯者姚玄之,後爲開元賢宰相。其以名見於《圖經》者十人:李大亮、竇懷仁(正)、薛平、陸亘、楊於陵、李遜、薛成(戎)、元縝(積)、王式、式弟龜。"宋王象之《輿地紀勝》卷一○王式條:"《舊經》云甚有威略惠政。"此所謂《圖經》《舊經》殆宋人續修,然其中僅元積及王式兄弟晚於孟簡,故"十子"之七皆當見於孟簡《圖經》者也。

處州圖經

《太平御覽》卷一七一處州引《圖經》二條,一條明稱"處州縉雲郡",一條記"麗水縣有惡道"云云。隋平陳改永嘉爲處州,尋廢處州,立括州。天寶元年改爲縉雲郡,乾元元年復爲括州,大曆十四年避代宗諱改爲處州。惡道即惡溪,大中中刺史段成式有善政,怪族自去,改曰好溪。此《圖經》當撰於建中至大中年間。

永嘉圖經

陸羽《茶經》卷下："《永嘉圖經》：永嘉縣東三百里有白茶山。"《太平御覽》卷一七一："《圖經》：漢冶縣之地，後漢改爲章安縣。"

台州圖經

徐靈府《天台山記》云："天台觀在唐興縣北十八里，洞柏山西南瀑布巖下。《圖經》舊云，吳主孫權爲葛仙公所創，最居形勝。"又云："《圖經》云：白云先生（唐司馬承禎）從靈墟至華頂兩處，從來朝謁不絶。"此記撰於寶曆初，《圖經》當撰於元和以前。又，宋釋智圓《述涅槃玄義發源機要》卷四云："《台州圖經》曰：管竹山在縣東南五里，高二十丈周回二里，其下舊有潭。唐武德年中。邑人請天台國清寺灌頂尊者講于光明寺時，此潭之魚取者甚衆，尊者率道俗於潭側講《金光明經》，誘漁者令止其采捕。一夕忽暴風雨至，旦視之，乃爲洲矣，故號爲安洲。"下文又引《皇朝新修圖經》，則前引者當爲唐人之作也。

鄂州圖經

《文苑英華》卷八一〇閻伯瑾《黃鶴樓記》曰："州城西南隅有黃鶴樓者，《圖經》云：'費禕登仙，嘗駕黃鶴返憩於此，遂以名樓。'"宋祝穆《方輿勝覽》卷二八引張栻云："黃鶴樓以山得名也，而唐《圖經》何自而爲怾説，謂費文禕仙去，駕鶴來憩于此。閻伯理記中，乃實其事，而或者又引梁任昉記所謂駕鶴之賓，乃荀叔偉，非文禕也。此皆因黃鶴之名，而世之喜事者妄爲之説。"又見祝穆《古今事文類聚·續集》卷七、《輿地紀勝》卷六六。隋平陳改郢州爲鄂州，煬帝初州廢，復爲江夏郡。唐武德五年平蕭銑，復置鄂州。閻伯瑾記題永泰元年，《圖經》當撰於武德至廣德年間。《太平寰宇記》卷一一二鄂州崇陽縣"伏波祠"條,引《舊圖經》,亦當爲唐人之作。

武昌記

《太平御覽經史圖書綱目》有"皮零《武昌記》",書中所引一作"史苓《武昌郡記》",一作"史筌《武昌記》",餘十六條不題撰人。隋杜公瞻《編珠》卷一、唐虞世南《北堂書鈔》卷一二一所引亦作史筌。故清章宗源《隋書經籍志考證》著録爲:"《武昌記》,卷亡,史筌撰。"今人劉緯毅《漢唐方志輯佚》題爲"晋史筌撰",且謂其名又作皮零、史岑、史苓,"異寫頗多"。因北魏酈道元《水經注·江水》已引《武昌記》一條,唐徐堅《初學記》亦多有引用,定其爲晋人,庶幾近是。然劉氏所輯二十一條佚文中,其輯自《太平御覽》之"北濟湖"條明言"元嘉初",爲宋文帝年號;"九宫山"條提及"晋安王",最早者爲宋晋安王劉子勛,齊梁陳亦各有晋安王,此尚可將史筌時代略爲後推以作解。又"印山"條稱在"奉新縣","望夫石"條稱在"武昌郡奉新縣",南唐改新吳爲奉新,隋唐以來廢置不常,其地皆屬洪州豫章郡。此亦可以宋人偶改用新地名作解。唯《太平御覽》卷四八引"《武昌記》曰:鐘臺山在縣東南一百里,上有桃花洞,洞側有李邕讀書之所,荒基遺址,石室花木猶在。上有一石臺,臺上有一鐘,或時鳴響,遠近皆聞,故名鐘臺山也。"李邕爲唐名人,劉緯毅徑將此條輯入,而不悟其非者,蓋由世人歷來以爲古書所引《武昌記》皆爲一書之故也。

宋本《太平寰宇記》卷一一三引《武昌記》曰:"隋開皇九年黄普授桂州刺史,不得到任,領五百户住闒闠城。使人韋焜取東界江州廢永興縣,別置永興縣。至十一年,使人牛弘併永興入富川縣。十八年,改富川縣爲永興縣,居高陵故城。唐大曆十三年觀察使吳仲孺以縣在東北角,百姓往來隔山湖,奏移居富池深湖側。至貞元八年,觀察使何士幹奏移居長安鄉深湖口置縣，即今縣是。"其盡記隋唐事，非史筌《武昌記》明矣。因四庫本等闕此卷，少有人知，劉緯毅亦未輯入。姜川、趙德科《武昌記輯考》（二〇〇一年鄂州印製）此條僅輯前半，且云："這條《武昌記》佚文，原條目即爲'故永興縣'。佚文中有'隋開皇九年'等字樣，這是《武昌記》爲隋開皇時或在此稍後所撰之切證。"其又考宋人纂修、清文廷式輯錄《壽昌乘》中，"釣臺""石臼""殊亭"三條出"雷氏《武昌記》"，如"雷氏《武昌記》云：殊亭者，唐代宗廣德之元馬向所作也。"遂將光緒《武昌縣志》等所引五條涉及唐代以後者定爲其佚文，並謂"吳主微時嘗隱于此"指唐末吳王楊行密，"可知雷氏《武昌記》産生於五代"。"早在李唐開國之前，武昌即已是郡廢縣存，因此雷氏《武昌記》只能是唐武昌縣地記。"其全書將三十五條佚文一分爲三，凡晉史筌《武昌記》佚文十五條，隋佚名《武昌記》佚文十二條，五代雷氏《武昌記》八條。

按，《太平寰宇記》所記唐大曆、貞元事，亦屬佚文，二氏節取前半，而立"隋佚名《武昌記》"之説，甚牽強也。"吳主"條見《方輿勝覽》卷二二，下引"羅隱詩：吳王微時隱此山，興都去後綠潺潺"，又下"散花洲"條云："世傳周瑜敗曹操于赤壁，吳王迎之至此，釃酒散花勞軍士，謂之吳王散花洲。"羅隱晚年依吳越錢鏐，其詩文中之"吳"皆指孫吳，無指楊吳者，故"五代雷氏"之説，亦難以成立也。薛季宣《浪語集》卷三〇《武昌土俗編序》云："《武昌記》舊有成書，世久不見，中更俶擾，並與《圖經》而失之。近縣令唐時顧遺墜之罔收，倩故家子雷某追録《圖經》中事，收拾采綴，十舉四三，譌謬不倫，比比而是。"同卷《武昌土俗編敘》云："《武昌土俗編》鋟木於紹興壬午。"據《建炎以来繫年要録》卷一一三記載，紹興七年八月詔"知武昌縣唐時俟秩滿並令入對，以權湖北宣撫判官張宗元言其政績也"。同書卷一二〇又載,紹興八年六月"右承直郎鄂州武昌縣令唐時特改右通直郎"。可見雷氏《武昌記》爲紹興八年前武昌縣令唐時"倩故家子雷某"編撰,薛季宣斥其"譌謬不倫",別撰《武昌土俗編》二卷,於紹興三十二年刻印行世。則北宋《太平御覽》《太平寰宇記》等所引非雷氏《武昌記》,斷可知矣。

考《唐文粹》卷六五舒元輿《唐鄂州永興縣重巖寺碑銘并序》云:"大曆十三年遷縣於長慶鄉,寺亦與遷。貞元八年縣又遷之長樂深口,寺亦隨動。"《輿地碑記目》卷二云:"《唐重巖寺記》,在軍城景德寺,唐太和元年舒元輿撰。"舒氏所記與佚文契合,若曾參考《武昌記》,則其當撰於貞元至大和年間。若佚文之"奉新縣"非宋人所改,則當成書於南唐改新吳爲奉新之後、宋太平興國初於永興設興國軍之前。然隋唐以後,武昌、永興縣屬鄂州江夏郡,新吳或奉新縣屬洪州豫章郡,故佚文"武昌郡奉新縣"於史不合。疑此所謂《武昌記》者,仍以舊《武昌記》所記吳、晉武昌郡爲範圍,既收舊記原文,且續補南朝隋唐事。宋初舊記已佚,《太平御覽》《太平寰宇記》所引超出唐人之佚文,皆出新記也。

江夏圖經

《太平御覽》卷四八引《江夏圖經》八條,其中五條明言某山相對於縣之方位,當爲江夏縣之圖經。華林甫云:"考江夏縣係隋平陳後改汝南縣置,治今武漢市武昌。'白雉山'條佚文內,尚有'自晋宋南陳以來'之語,則此《江夏圖經》爲隋唐之作無疑。"按,"黃鶴山"條佚文曰:"舊傳云,昔有仙人控黃鶴於山,故以爲名。"與《鄂州圖經》費禕登仙之説相近。又《太平寰宇記》卷一一二云:"江夏縣舊十鄉,今十五鄉。"又云:"隋開皇十年使人韋焜就州東南焦樓度下置,大業十三年州賊董道沖陷沒其縣,遂廢。洎唐武德四年又權置縣宇,貞觀三年移于城南平地置。又《縣圖》云:'縣先一十八鄉,于大曆二年分金城、豐樂、宣化等三鄉置永安場,今十五鄉存焉。'"可見隋唐縣治異地,而佚文所記某山距縣里數,皆爲唐時縣治,當撰於唐代。唐由十八鄉分出三鄉爲十五鄉,約唐末五代減爲十鄉,宋復增爲十五鄉,故《縣圖》當指唐《圖經》。同卷"治唐山"引"舊記云:先是,晉宋之時依山置治,故以爲名","金水"條引"舊記云:有金雞從雞趙山南飛產金于此,故名金水",疑亦指唐《圖經》所記也。

漢陽郡圖經

《通典》卷一八三岳州巴陵郡:"《漢陽郡圖經》云:'赤壁城一名烏林,在郡西北二百二十里,在漢川縣西八十里,跨漢南北。'此大誤也。曹公既從江陵水軍沿流,已至巴丘,則今巴陵郡赤壁只在巴陵郡之下,軍敗引還南郡,劉備、周瑜水軍追躡,並是大江之中,與漢川西殊爲乖角。今據《括地志》爲是,當在巴陵、江夏二郡界。其《漢陽郡圖經》及俗説,悉皆訛謬。"又見宋本《太平寰宇記》卷一一三、《輿地紀勝》卷七九、宋范致明《岳陽風土記》。武德四年分沔陽郡置沔州,天寶初改爲漢陽郡,乾元元年復爲沔州。其後廢置不常。其《圖經》既爲杜佑所引用,當撰於天寶、至德年間,故宋趙彦衛《云麓漫鈔》卷六徑引作"唐《漢陽圖經》"。

岳州圖經

《韓愈集》卷三一《黄陵廟碑》云:"湘旁有廟曰黄陵,自前古立,以祠堯之二女舜二妃者,庭有古碑,斷裂分散在地,其文剥缺。考《圖記》,言漢荊州牧劉表景升之立,題曰《湘夫人碑》。今驗其文,乃晉太康九年。又其額曰《虞帝二妃之碑》,非景升立者。"《全唐文》卷七一九蔣防《汨羅廟記》云:"唐文宗太和二年春，防奉命宜春，抵湘陰。""按《圖經》，汨冬水二尺，夏九尺，則爲大水也。古之與今，其汨不甚異也。"同書卷八〇二《湘君廟記》云："是山去郡郭二十里而近，人未嘗敢居其中。按《圖經》，此山不受穢惡，無猛獸。"此爲咸通四年巴陵縣令李密思撰，或爲巴陵縣之圖經，姑附於兹。

豫章圖經

《太平御覽》卷四八"南昌山""松門山"、卷六五"蜀水"條並引《豫章圖經》。華林甫云："'蜀水'條佚文中，有豐城縣、南昌縣之名，然所引《漢書·地理志》爲今本所無，可見書名中'豫章'，非僅局限於豫章一縣。"並考豐城、南昌二縣同時存在，僅有南朝及唐貞元至天祐年間，"此《圖經》亦應修成於此二時段内"。

豫章古今記一卷

《四庫總目》云："考《隋書·經籍志》有雷次宗《豫章記》一卷。宋王象之《輿地碑記目》又云，次宗作《豫章古今志》。是編首引次宗語，末云次宗於元嘉六年撰《豫章記》，則必非雷書。觀所紀至唐而止，有皇唐、大唐之語，似爲唐人之作矣。書分郡記、寶瑞記、寺觀記、鬼神記、變化記、神祠記、山石記、冢墓記、翹俊記等九部。記載寥寥，絕無體例，疑依託者雜鈔成之也。"按，《宋志》著録雷次宗《豫章古今記》三卷，與隋唐《志》之《豫章記》一卷殆已非同一書。《遂初目》著録《豫章古今記》《豫章古今志》二書，前者列古地記之間，殆雷次宗原書，後者列唐宋方志之間，殆即是書。四庫著録浙江范懋柱家天一閣藏本，宛委山堂本《説郛》卷六七收録者，題下注"雷次宗"，尚有城闕、術藝、水沙、津濟、泉池井，共計十四部。年號最晚者爲顯慶，另有開元寺、天寶觀，無中唐以後記事。又《太平廣記》卷二九三云："石人神在豐城縣南，其石狀似人形。先在羅山下水中，流潦不没。後有人於水邊浣衣，挂著左臂，天忽大雨，雷電霹靂，石人臂折，走入山畔。時人異之，共立爲祠，每有靈驗，號曰石人神。"注出《豫章古今記》。今本僅有"石人祠廟在豐城南"一語，確乎"記載寥寥"，然似爲傳抄本刪之，唐人原書不爾也。又按，《雲仙雜記》引董慎《續豫章記》，董慎其人見於《太平廣記》，唯《雲仙雜記》多妄誕不經，今姑附錄於此。

江州圖經

《文苑英華》卷八四九李湜《唐江州沖陽觀碑》云："沖陽觀者，梁普通三年刺史邵陵王奏置。""右對崇巖，左瞻穹岫，排雲掩日，背陰向陽，狀若幃屏，《圖經》之載數矣。"碑文稱唐高祖、太宗、高宗、中宗、睿宗皆以廟號，而稱玄宗獨云"開元神武皇帝"，又提及"刺史趙郡李訥"，據《唐刺史考》李訥開元十四年至十七年爲江州刺史，《廣異記》載"趙郡李湜以開元中謁華岳廟"，蓋李湜嘗於李訥任上至江州，並撰此碑文也。"《圖經》之載數矣"，殆謂《江州圖經》開元前已修數次。

《太平御覽》卷六五："《九江圖經》曰：甘泉水在縣南甘泉驛之南，其水味甘，飲訖又有餘香，因以名焉，其山即曰甘泉山。按《州圖經》云：'昔山頂有船柂，從頂沿流而下，土人亦名爲柂下溪。桓伊爲九江刺史，嘗遣左右齎糧尋山之奧，冀覿非常，乃至一處，見有大湖，湖側有敗船，當時聞有柂流下，甚疑惑，後聞有船，方驗。'"周振鶴云："此《九江圖經》爲縣圖經，其外另有州圖經。"即視爲平行引用之二圖經，並由後之"州"推斷前之"九江"爲縣。"九江本爲郡名，歷代從來未作過縣名。因此在這裏九江圖經只好理解爲九江郡治之圖經，可見古人之命名爲圖經，也不很嚴格。"華林甫則"推測原本爲九江郡之圖經"，"應爲隋大業間之作品，内引《州圖經》當爲大業以前之圖經。"按,此二說疑皆非是。唐宋江州爲潯陽郡,然晚唐宋初時人習稱九江。如《新志》載張容《九江新舊錄》三卷,注云:"咸通人。"宋程大昌《禹貢論》卷上云:"張僧監《潯陽記》方列九名","樂史《寰宇記》、李宗諤《九江圖經》亦皆本僧監所記"。李宗諤即李昉第三子,史稱七歲能屬文,端拱二年登進士第,卒年四十九。所謂《祥符圖經》即其主持編撰,此或其中之一,或其早年單撰之書。要之,《太平御覽》所引《九江圖經》或爲宋初州圖經,其所引則當爲唐人之作。《太平寰宇記》引《圖經》二條、《州圖經》四條,"甘泉水"條文字稍異,如"九江刺史"作"江州刺史",蓋亦據《九江圖經》轉引而未明言也。

韓昱撰　張密注　江州事迹三卷

《宋志》著錄。《新志》雜史類有韓昱《壺關錄》三卷,《通志》注云:"昱遭安史之亂,追述李密、王世充事。"《新志》地理類連載張密《廬山雜記》一卷、張容《九江新舊錄》三卷,後書下注:"咸通人。"然《全唐文》卷八九三朱遵度《棲賢寺碑》引後書亦稱"張密《九江新舊錄》",則此書當爲肅宗時韓昱撰,咸通中張密注。

虔州圖經

《宋高僧傳》卷一〇《唐洪州開元寺道一傳》云:"唐虔州西堂釋智藏,姓廖氏,虔化人也。元和九年四月八日終,諫議大夫韋綬追問藏言行,編入《圖經》,太守李渤請旌表,至長慶元年諡大覺禪師云。"《太平寰宇記》卷一〇八:"《虔州圖經》:章貢二水合流爲贛,其間置邑,因爲贛。"《太平御覽》卷一七〇:"《圖經》曰:贛縣,章貢二水雙流,至縣合爲贛水,其間置邑,因以名縣。"又《太平御覽》卷四八、七五引《南康圖經》二條。

饒州圖經

《太平寰宇記》卷一〇七《饒州》云："餘干山，按《舊經》，其山曲轉相向，狀如羊角。天寶六年敕改爲餘干山。"又云："洪崖山，按《舊經》云：古老相傳，昔有洪崖先生居此山。《列仙》（闕）洪崖子也。山之陽有洪崖寺，山中有洪崖壇，每旱祈於此焉。"此宋初所引，稱之爲《舊經》，而言及唐事，或出唐人歟？又《太平御覽》卷一七〇《饒州》云："《圖經》曰：以山川蘊物珍奇，故名饒。"《太平寰宇記》引《郡國志》，文與此同。按，唐梁載言《十道志》云：饒山"以其山郁珍奇，故名也。"《郡國志》之説殆出於此，而《圖經》又襲用其文。

信州圖經

《太平御覽》引《信州圖經》五條，卷四八"鄧公山"條記"總章二年邑人鄧遠經刺史豆盧公陳開山之便"，"儀鳳二年邑人祭山，山隱陷焉"，"後人立鄧公廟焉"。又"龍虎山""鶴嶺山"條均提到貴溪縣，乃永泰元年分弋陽、餘干等縣置。卷六七"師溪水"記"昔有隱士胡超居於此處，衆人師之"，其人爲高宗、武后時道士，長安三年解化。又卷一七〇引"《圖經》曰：唐上元元年正月，江淮轉運使元載以此邑川原夐遠，關防襟帶，宜置州治，可賜名信州。"史書多載乾元元年割衢州、饒州、建州、撫州置信州，故此約爲晚唐之圖經。

王德璉　鄱陽記一卷

《秘書目》《通志》著録王仲通《鄱陽記》一卷。《遂初目》作王休璉《鄱陽記》，《宋志》作王德璉《鄱陽縣記》一卷。洪邁《容齋五筆》卷六云："鄱陽素無圖經地志，元祐六年餘干進士都頡始作《七談》一篇，叙土風人物云：'張仁有篇，徐濯有説，顧雍有論，王德璉有記。'"又云："其所引張、徐、王、顧所著，今不復存，更爲可恨也。"是書之外，《通志》又有王德璉《番禺記》一卷。諸書記載紛歧，其人名至有三說，德璉、休璉當有一誤，又作仲通，則當爲名與字之別。書名多無"縣"字，當爲郡記，而《宋志》獨作"縣記"，《通志》又出《番禺記》，皆誤也。《全唐文》卷九〇二收録王德璉《饒州記序》云："僕幸因隨牒，謬齒周行，覽原隰之形，訪古人之迹，撰《饒州記》上下二篇。至於林苑丘園，立時爲記，青溪紫府，創目亦書。撰張仁之篇，按徐湛之説。"《漢書·匡衡傳》"隨牒在遠方"顔師古注："隨牒謂隨選補之恒牒不被超擢者。"《舊書·趙憬傳》云："隨牒藩府。"故王德璉當爲饒州刺史屬官，其書參考張仁、徐湛之書，並經實地考察而編成。"其營縣廢興，各依界分"，確爲州郡之記。序後部又云："前中書令杜使君、中書令薛使君，屈棟幹之資，臨江湖之服，既多惠愛，金石已銘，古老傳談，豈煩載述？其在此時，略復書之，庶後披文，玩其典麗也。刺史南安縣開國男龐使君，爰自參牧，改臨此地，曾未期月，惠化已覃。"周振鶴《古方志存目研究例説》云："《饒州記》之撰，當在高宗末年，王德璉應是初唐時人。""薛使君者即薛振（元超），據兩《唐書》本傳，薛于高宗永隆二年爲中書令，弘道元年卒于任上，此前曾爲饒州刺史，時當在顯慶、龍朔間。龐使君者，爲龐同福。據《姓纂》卷一，同福曾爲饒州刺史，時代雖未明言，但同福之兄同善於高宗乾封元年官右金吾將軍，則同福爲饒州之時也不會相去太遠，與王德璉序繼薛使君之後之記載相符。杜使君者當爲杜正倫，爲中書令在高宗顯慶二、三年間。杜爲饒州不見於兩《唐書》，但杜氏爲中書令者僅正倫一人，時代與薛、龐亦正相合，非其莫屬。《饒州記序》稱杜爲'前中書令'而于'薛中書令'則不加'前'字，故頗疑此記作于薛任中書令時（即永隆、弘道間），而其時龐同福大約正在饒州刺史任上。"其時未分置信州，故《元和郡縣志》《太平廣記》《太平御覽》《太平寰宇記》等書記載饒州、信州事，皆引用《鄱陽記》。佚文多記唐前事，偶有標明爲徐湛（或作諶）或王德璉者，多數則未標明。劉緯毅《漢唐方志輯佚》多歸於徐書，而"石藏山"條明引"徐諶《鄱陽縣記》云：中有鍾乳十數穴"，乃列王德璉書下。竊疑《北堂書抄》《初學記》所引當據徐氏原書，晚唐以後則當據王書轉引耳。又《太平寰宇記》卷一〇七"樂平山"條："按《鄱陽記》云：其山有石似墨山。天寶六年敕改爲樂平山。"《太平御覽》卷一九四："《鄱陽記》曰：白雲亭在縣西南，旁對干越亭而峙焉，跨石城之危，瞰長江之深。隨州刺史劉長卿題詩曰：'孤城上與白雲齊'，因以白雲爲名。"俱及高宗以後事，疑爲後人竄入。

玉山縣圖經

《太平寰宇記》卷一〇七信州玉山縣引《縣圖（經）》云："證聖三年，分衢州常山、須江二、饒州弋陽縣共二十鄉爲玉山，至乾元元年隸信州。"又引"《舊記》云：溪元乾淺，秋冬不通舟船，故名乾溪。或謂干字，誤也。"當撰於中晚唐。

撫州圖經

顏真卿《顏魯公集》卷九《魏夫人仙壇碑銘》云："初夫人既渡江，遍游名山，至臨川郡臨汝水西，立壇置精舍院，東百餘步造冢壙，又於石井山建立壇場，往來游憩，歲月深久，榛蕪淪翳，雖備載《圖經》，而略遺無迹。"同書卷一三《唐撫州南城縣麻姑山仙壇記》云："大曆三年真卿刺撫州，按《圖經》南城縣有麻姑山，頂有古壇，相傳云麻姑于此得道。"是大曆三年前撫州已有《圖經》。

宣城圖經

《太平御覽》卷四六引《宣城圖經》十條，皆記當塗、溧水、涇縣諸山，當爲郡之圖經。當塗、溧水隋時屬丹陽郡，唐武德末年先後改隸宣州，天寶元年改宣州爲宣城郡。故華林甫云：
"《宣城圖經》應爲天寶、至德間之作品，與唐初李善注《文選》
所引《宣城郡圖經》絶非一書。"又，《太平御覽》卷四一五"宛
陵管氏女"，《全唐文》卷七二九崔龜從《書敬亭碑陰》"宛陵北
有昭亭山"，皆引自《宣州圖經》一條，華林甫亦定爲隋圖經。
然下文唐韋焕有以宛陵代稱宣州之例，其説亦未必也。

范傳正　宣州記

《永樂大典》二二六一"青土湖"條："《宣城志》：在縣北七十
里，以湖土青色故名。東西長一十里，南北袤八里。湖水西
流九里，與句溪合。《舊經》引范傳正《宣州記》云：'宣州自爲
五湖。'今蕪湖、丹陽湖隸太平州，固城湖隸建康府，惟此湖與
北埼湖存焉。"張國淦《永樂大典方志輯本》將後三句亦當作
佚文，劉緯毅《漢唐方志輯佚》則僅將《舊經》前當作佚文，皆
誤也。《舊書》本傳載范傳正憲宗時歷歙、湖、蘇三州刺史，擢
宣歙觀察使，"時游西邊，著《西陲要略》三卷"。據其仕履，固
有撰《宣州記》之可能。然前數句明引《宣城志》，太平州、建
康府各始置於宋真宗、高宗時，俱非其原文也。《舊經》當爲
宋人《宣州圖經》，細味引文上下，蓋謂范傳正以青土湖、蕪
湖、丹陽湖、固城湖、北埼湖爲宣州之五湖也。《周禮・職方
氏》有東南揚州"其浸五湖"之説，漢虞翻以滆湖、洮湖、射湖、
貴湖就太湖爲五，吳韋昭以胥湖、蠡湖、洮湖、滆湖就太湖爲
五，前四者皆太湖一灣；唐張守節以太湖東岸五灣爲五湖，曰
菱湖、游湖、莫湖、貢湖、胥湖，其實一湖也。范傳正曾刺湖、
蘇二州，固熟於此論，而宣州亦近太湖，故次州境所接五灣爲
五湖，亦艷談而已。

涇縣圖牒

《全唐文》卷七九一韋焕大中三年撰《新修湖山廟記》："宛陵

涇縣十八鄉戶四萬。""邑圖牒載山高三百丈,上有湖水,山因名也。涇民札瘥,禱之必瘳;涇田水旱,禱之必豐。"

池州圖經

《太平御覽》卷一七〇:"《圖經》曰:池州池陽郡,《禹貢》揚州之域,春秋及秦漢爲鄣郡之地,吳爲石城縣,隋爲秋浦縣,唐武德中置池州。"按,《圖經》未記貞觀元年廢池州,永泰元年割秋浦、青陽、至德三縣置池州,其即撰於武德中歟?

歙州圖經

宋羅願《新安志序》云:"唐有《歙州圖經》,國朝太平興國中詔編《廣記》,往往摭取之。"其書卷四"石橋院"載,元和五年前刺史韋綬嘗"索《圖經》閱之,巖在(休寧)縣西六十里,有石室、講堂、佛像"。《太平廣記》《太平御覽》引用《歙州圖經》佚文八條,多記唐事。如《太平廣記》卷四六六"赤嶺溪"條之浮梁縣,乃天寶元年改新昌縣所置。卷四二五"洪氏女"及《太平御覽》卷一七一引文中,均有祁門縣,乃永泰二年所置。《太平御覽》卷一七一引文之績溪縣,乃大曆二年所置。《太平廣記》卷一一八"程靈銑"條末云"故檢校刑部郎中程皓即其後也",《封氏聞見記》卷八稱"大曆中刑部郎中程皓",卷九稱"檢校刑部郎中程皓",《寶刻叢編》卷四著錄程皓大曆七年所撰碑記。《太平御覽》卷四一五"章項"條,有"時刺史劉贊嘉之"之語,劉贊爲歙州刺史約在建中二年以後。《太平廣記》卷一九二"汪節"條,有"德宗甚寵惜,累有賞賜"之語。以上紀事集中於天寶至貞元年間,殆非偶然,其即元和五年前韋綬索閱之書歟?

歙縣圖經

《太平御覽》四六"北黟山"條引《歙縣圖經》,云"舊名黃山,天寶六年敕改焉",又云"浙江東西宣、歙、池、饒、江等州山,並是此山之支脈明矣"。其中池州永泰元年復置,當撰於其後。同書卷六六"黃墩湖"條與《太平廣記》卷一一八"程靈銑"條內容相同,文字半之,疑同源異寫耳。其無末"故檢校刑部郎中程皓即其後也"句,殆因撰於大曆中,其時程皓尚在世也。

婺源圖經

《太平廣記》卷四二五"洪貞"條,載開元中有蛟龍變爲道人,歙人洪貞以弟子之禮師之,頗有方術,後居於祁南之迴玉鄉,將圖非望,州發兵就捕,獲數十人,而貞竟不知所在。注出《婺州圖經》,華林甫考爲"婺源"之訛。《太平寰宇記》卷一〇四云:"唐開元二十四年鄉人洪貞叛,聚徒於此,至二十八年置縣以鎮之。"則此事確爲唐時縣圖經所當載。佚文中提到黃山,上條謂天寶六年敕改,則此當撰於是年之後。

荆湘記

《太平寰宇記》卷一一二:"隋平陳後,置鄂州治于此,以江夏郡爲縣,居舊汝南縣界,《荆湘記》云'金水北岸有汝南舊城'是也。"隋平陳後改汝南爲江夏縣,蓋唐以後汝南舊城久廢,始有此言,故當爲唐人之作。

湖南風土記

《太平御覽》卷一七一:"《湖南風土記》曰:長沙下濕,丈夫多夭折,俗信鬼,好淫祀,茅蘆爲室,頗多越風。"湖南一詞,始見於肅、代時設置湖南觀察使、兵馬使等官職,故當爲晚唐五代之作。

張謂　湘中記一卷

《宋志》無撰人,《書錄解題》云:"《長沙風土碑》一卷,唐潭州刺史河南張謂撰。前有碑銘,後有《湘中記》,載事迹七十件。"張謂河內人,河南誤。《唐詩紀事》卷二五云,謂登天寶二年進士第,奉使長沙,作《長沙風土記》。《方輿勝覽》卷二三載《長沙土風碑》，題"張謂銘並序"，云："巨唐八葉，元聖六載（大曆六年），正言待罪湘東，郡臨江湖。"正言即張謂之字。

長沙圖經

《太平御覽》卷四九"五溪山"條引《長沙圖經》曰："在縣西北五十八里，高二里，北入朗州界"云云，當爲縣圖經。長沙縣爲隋初改臨湘縣置，朗州爲隋開皇十六年改嵩州置，故此有可能爲唐人之作。

衡山圖經

《太平御覽》卷四九引《衡山圖經》二條："小廬山一名浮丘山，在縣西一百八十里，高六里三十步，東西二十里，南北四十里，言其山似九江廬山，故名小廬山。又故老相傳，謂浮丘公上昇之所，兼有道觀存焉。""静福山在縣北五十里，有梁廖冲者，守清虛爲本，郡主簿、西曹祭酒、湘東王國常侍，大同三年家於此山，先天二年飛昇於此山，後刺史蔣防敬慕高風刻石焉。"周振鶴、華林甫俱以爲衡山縣之圖經，非也。小廬山在潭州益陽縣，連州在連州桂陽縣，後者今屬廣東省，離湖南衡山縣約七百華里。故此衡山當指南岳廣大地區，約當吳之衡陽郡，與上文之《武昌記》相似也。因圖經原文往往前無縣名，《太平御覽》《太平寰宇記》引用時或未加，或誤加，讀之不審，確易張冠李戴也。

蔣防史書無傳，然爲著名傳奇作家，今人考其生平甚明。其碑文載於《唐文粹》卷六五，稱廖冲"以梁大通三年家此山，光大二年去此山，春秋九十七"，知佚文"大同"聲誤，"先天"形訛也。又自稱"長慶末余自尚書司封郎中、知制誥、翰林學士得罪，出守臨汀，尋改此郡"，即指由汀州刺史移連州刺史也。故此當撰於文宗以後。

唐末李冲昭天復二年撰《南岳小録序》云："遍閲古碑及《衡山

圖經》《湘中説》，仍致詰于師資長者，岳下耆年，或得一事，旋貯篋笥。今據所得，上自五峰三澗，古來宫觀藥院，至於歷代得道飛昇之流，靈異之端，撮而直書，總成一卷，目爲《南岳小録》。"其"西靈觀"條云："按《圖經》云，梁天監五年建置。"其書專記衡山，然此書亦或非州縣圖經，而爲專記南岳諸山及其古迹者，則衡山本身固爲所重，李氏所引或即此也。

茶陵圖經

陸羽《茶經》卷下："《茶陵圖經》云：茶陵者，所謂陵谷生茶茗焉。"《太平御覽》卷八六七引作《茶陵縣圖經》。茶陵爲漢縣，隋廢，聖曆元年分攸縣復置，屬衡州，故當撰於唐代。《太平御覽》卷一七一"衡州"下又引作《圖經》，故清陳運溶與《輿地紀勝》三事合輯爲《衡州圖經》。

道州圖經

清陳運溶輯《太平御覽》一條、《輿地紀勝》四條，後者皆記及唐事，最晚者爲"江華令瞿君善篆籀，元次山《陽華寺等銘》《㝠樽銘》《舜廟狀》《舜祠表》皆其所書也。"瞿令聞爲江華縣令、書諸碑皆大曆中事，故此當撰於中晚唐。

郴州圖經

劉禹錫《和楊侍郎初至郴州紀事書情題郡齋八韻》詩注："州北棲鳳麟，《圖經》云，常有威鳳降於寒梧也。"楊於陵元和十一年由户部侍郎貶爲郴州刺史，此當撰於是年之前。

邵陽圖經

《全唐文》卷七一三潘滔《文公祠記》曰："按《邵陽圖經》，公姓文諱斤。晉咸康中爲高平令，隱於此山，得道羽化，故名文仙山。"潘滔，元和時人。此當撰於貞元以前。

福州圖經

《太平御覽》卷一七〇引《福州圖經》《圖經》各一條，《太平寰宇記》卷一〇〇引《圖經》曰："唐永泰二年置,以年號爲縣名。"並云："按《晉安記》,東晉永嘉之亂,渡江衣冠士族多依于此,以求安堵。當此之時必有縣,後人或更改《圖經》,未甚詳悉。"《資治通鑑》卷二七九胡三省注："唐懿宗咸通二年分連江及閩置永泰縣,屬福州。《福州圖經》云:'永泰縣,唐永泰二年置,以年號爲名。'"陳置閩州,唐開元十三年爲福州,故此當撰於唐代。

建州圖經

《太平廣記》卷三九七"鳴鐃山"條,注出《建州圖經》。《太平御覽》卷一七〇建州亦引《圖經》一條。宋陸佃《埤雅》卷九引陳昭裕《建州圖經》,其人無考,疑爲宋人。

漳州圖經

明萬曆元年刊《漳州府志》卷首、清乾隆《漳州府志·藝文》並載《漳州圖經序》云："謹按,本州在《禹貢》爲揚州之南境,周爲七閩之地,秦漢爲東南二粵之地。漢武平粵,爲東會稽治縣,並南海揭陽之地。晉宋以來,爲晉安、義安二郡之地。皇唐垂拱二年十二月九日,左玉鈐衛翊府左郎將陳元光平潮州寇,奏置州縣。敕割福州西南地置漳州,初在漳浦水北,因水爲名。尋以地多瘴癘,吏民苦之,耆壽余恭訥等乞遷他所。開元四年,敕移就李澳州置郡,故廢綏安縣地也。自初置州,隸福州都督府。開元二十二年四月二十二日,敕割隸廣州。二十八年,敕復隸福州。州本二縣:一曰漳浦,即州治也;一曰懷恩。二十九年十一月二十二日,敕以戶口逃亡廢之,並入漳浦,又割泉州龍溪縣隸本州。大曆十一年,福建觀察使皇甫政奏割汀州龍巖縣來屬。十二年五月二十七日,敕從之。天寶元年,改爲漳浦郡。乾元元年,復爲漳州。興元二年,刺史柳少安請徙治龍溪,福建觀察使盧惎錄奏。貞元元年十一月十六日，敕從之。遂以龍溪城爲州定，管龍溪、漳浦、龍巖三縣。山川清秀，原野坦平。梁山記董奉之游，九侯傳夏后之祀。趙佗故壘，越王古城，營頭之雉堞依然，嶺下之遺基可識。陳將軍忠貞冠代，王使君勳烈標時，周先輩之奇才，潘侍郎之重德。大同有九虬之瑞，開元出祥云之符。靈迹應祈，筋山屏盜。遺芳未泯，勝概可尋。蔚爲江外之名邦，不特閩中之要地。凡諸可紀，悉具於後。"

二志並題序文撰人爲"宋吳與，奉議郎"，光緒《漳州府志》逕改序文爲《祥符圖經序》，張國淦《中國古方志考》又據以著録爲"宋吳與撰《祥符漳州圖經》"。宋梁克家《淳熙三山志》卷八載懷安縣有"大觀三年知縣吳與"。嘉靖《龍溪縣志》載：吳與"字可權，登元豐五年進士第，歷四會、餘干令"，"通判潮州"。"凡歷七仕，悉以餘俸收書，分經、子、史及星、曆、醫、卜，各以類例，餘二萬卷，有《文集》藏於家。"未載其任漳州官員並纂圖經事，且其登進士第晚於祥符中修州縣圖經七十餘年，不可能參與編纂《祥符圖經》。

序文提及年號始於"皇唐垂拱二年"，終於"貞元元年"，且無一語涉及宋代，"皇唐"尤爲唐人口吻。故《全唐文》卷五一三收録此文，小傳僅云："吳與，貞元時人。"蓋其人無考，姑據序文言之也。王曉巖云："僅依據沿革叙至貞元而定爲貞元時人所撰，其理由並不充分。叙漳州史事云：'陳將軍忠貞冠代，王使君勳烈標時，周先輩之奇才，潘侍郎之重德。'這是四位唐代人物，陳將軍是指左玉鈐衛翊府左郎將陳元光，他於垂拱二年'平潮州寇，奏置州縣'，其事在貞元以前，姑且不論。然而其餘三人均在貞元以後。"據其所考，周先輩指周匡物，潘侍郎指潘存實，先後於元和十一年、十三年進士及第。王使君則指王潮，光州刺史王緒渡江陷漳州，王潮殺之，遂有漳州之地,並攻占泉州,兼任泉州刺史,"招懷離散,均賦繕兵,吏民悅服",昭宗因建威武軍于福州,以潮爲節度福建管內觀察使,是序文所謂"王使君勳烈標時"也。故王氏推斷"此序不可能出自貞元時人之手",吳與則即宋人,因其家富藏書,"皆三館四庫所無"(《大清一統志·漳州府古迹》),"從他家中發現此序,誤認爲是他所撰","此序大約出自於唐朝末年人之手,作者姓名已佚"(《〈漳州圖經序〉撰作時代考辯》,《文獻》一九九四年第二期)。按,序文既已隱記昭宗時事,則最早當爲唐末,最晚可推至南唐保大四年改漳州爲南州前,則序文稱"皇唐"、不記改南州及宋初復爲漳州,皆屬合理也。

陰弘道　益州山川圖

《太平寰宇記》卷七二云:"陰引道《益州山川圖》引李膺記云:'阿育王使鬼兵造八萬四千塔,雒縣、廣都、晉原各有一也。'"《蜀中廣記》卷五作"陰宏道",知"引"爲"弘"之訛,"宏"爲避諱改也。《陰弘道墓誌》(《長安高陽原新出土隋唐墓誌》,第五二頁)云:"父顥,梁尚書、金部郎,隨(隋)儀同大將軍、昌城縣令,以儒學知名。公天才奇偉,命世挺生。一見不遺,五行具覽。九流七略,莫不窮其妙賾,盡其精微。年十七舉秀才,隨(隋)蜀王號曰神童,留而不遣,雅相期遇,敬之若賓。""貞觀元年,詔賜束徵,令定曆,除國子助教。七年,又徵授太常博士,制《大唐新禮》,又加奉義郎,奉敕爲大學士,於弘文館修書。""著書論、算術、詩賦凡百餘卷,盛行於世"。

鄭暐　蜀記三卷

《新志》著錄鄭暐《益州理亂記》三卷,《崇文目》同,傳記類又有《蜀記》三卷,並不著撰人名氏。《宋志》傳記類亦作鄭暐撰。《書錄解題》地理類云:"《蜀記》二卷,唐鄭暐撰。雜記蜀事、人物、古迹、寺觀之屬。"《玉海》卷一六："《蜀記》三卷,唐鄭暐載建蜀之因及人物古迹。"鄭暐見於《新書・宰相世系表》,官華陰尉。宋扈仲榮《成都文類》卷二三王剛中《續成都古今集記序》云："昔清獻公刪取張彭、勾延慶、鄭暐、盧求、(張)周封等書爲《成都古今集記》三十卷。"《太平寰宇記》引楊雄、李膺、段氏《蜀記》,未引鄭暐《蜀記》。《太平廣記》卷三七四"鼉靈"、卷四六七"法聚寺僧"二條注出《蜀記》,法聚寺爲隋蜀王秀所造,疑爲此書佚文。

成都圖經

杜光庭《道教靈驗記》"成都卜肆支機石驗"云："今成都小西門之北福感寺南嚴真觀是也,有嚴君通仙井,《圖經》謂之嚴仙井,及支機石存焉。"《太平寰宇記》卷七二"成都城周地"條亦引《圖經》記張儀築城事。

靈池縣圖經

《全唐文》卷二七五薛稷《朱隱士圖贊》："《靈池縣圖經》云:朱桃椎者,隱士也,以武德元年,於蜀縣白女毛村居焉。草服素冠,晦名匿位,織履自給,口無二價。後居棟平山白馬溪大磐石山。石色如冰素,平易如砥,可坐十人。石側有一樹,垂陰布護於其上,當暑熾之月,茲焉如秋。桃椎休偃於是焉。有好古之士,多於茲游。朱公或斬輪以爲資。前長史李厚德,後長史高士廉,或招以弓旌,或遺以尺牘,並笑傲不答。太子少保河東薛稷爲之圖贊。"薛稷爲睿宗時太子少保,此當撰於唐初。朱桃椎事又見《舊書・高士廉傳》《新書・隱逸傳》及《大唐新語》卷一〇。

新津縣圖經

《太平廣記》卷一九一"朱遵"條,注出《新津縣圖經》。《太平寰宇記》卷七五新津縣"瞿君祠"條引《圖經》,或同一書。新津縣舊屬益州,垂拱二年属蜀州。

彭州圖經

《太平御覽》卷一六六:"《圖經》曰:唐垂拱二年以九隴縣置彭州,取古天彭闕以爲名。"上句爲"宋置晋壽郡",後一字訛作"陽",故華林甫標作"晋《壽陽圖經》"且謂"所標'晋'字,乃五代之晋也"。古地名壽陽者多,唯與彭州無涉,"陽"實爲"郡"之誤。

高駢　西川羅城圖

崔致遠《桂苑筆耕集》卷一一《寄幽州李可舉太保》,開列"《西川羅城圖》一面"等贈品,並云:"去年嘗傳雅旨,欲覽微功,乃徵於墨妙筆精,遍寫彼長途峻壘,宛如縮地,不止移山。"此在高駢幕中代書。同書卷一六又有《西川羅城圖記》。僖宗乾符中,高駢任成都尹、劍南西川節度觀察等使,以咸通中成都兩遭南詔圍攻,子城迫窄,奏請築羅城,即崔文所謂"築四十里之新城"(或曰二十五里、三十三里)。事詳《成都文類》卷二四王徽《創築羅城記》。高駢曾具圖上進,僖宗詔曰:"創築羅城,大新錦里,其爲雄壯,實少比儔。"見《舊書》本傳。

維州圖經

《太平御覽》卷一六六:"《圖經》曰:武德中白苟羌首領以地内附,因於羌故城置維州以領之。"維州乾元元年没吐蕃,貞元時復之,元和中再没。故此當撰於武德至乾元年間或貞元、元和之際。按,此下數州,原亦夷地,唐始創置州縣,未嘗没於吐蕃,維既尚有《圖經》,彼豈繄我獨無?信矣,"西蜀圖經甚備"!盧求之語,不我欺也。

奉州圖經

《太平御覽》卷一六六:"《圖經》曰:奉州云山郡,本蠻夷之地,南接土蕃,爲夷之塞。武德中,羌夷内附,立奉州,取其奉順王命爲名。"《舊書·地理志》云："貞觀三年處生羌,置西仁州,八年改爲奉州。"

悉州圖經

《太平御覽》卷一六六："《圖經》曰:唐顯慶三年,割當州三十里左封縣,界內有悉唐川,因名爲悉州。"舊屬隴右道,後屬劍南道。

靜州圖經

《太平御覽》卷一六六："《圖經》曰:靜州靜川郡,土地與唐當州同,唐永徽四年置。"

拓州圖經

《太平御覽》卷一六六："《圖經》曰:拓州蓬山郡,土地與當州同,唐顯慶三年置州,取其拓封疆爲郡之名。"《元和郡縣志》卷三三作"柘州",且云:"儀鳳元年置,以山多柘木,因以爲名。"兩《唐書·地理志》作"柘州",一稱"永徽後置",一稱"顯慶三年開置"。

鄭績　拓州記一卷

《鄭績墓誌》(《補遺》第一輯第一一六頁)載其任左金吾冑曹時,"充吐蕃分界使,因撰《拓州記》一卷,深明長久,有識稱之"。據其仕履及唐蕃形勢,疑爲中宗時金城公主和親前後事。其書名爲《拓州記》,可證《圖經》爲是,諸史作"柘州"俱誤。

恭州圖經

《太平御覽》卷一六六："《圖經》曰:恭州恭化郡,北接土蕃,地與當州同,唐顯慶中置,恭州取恭慕王化爲名。"

黎州圖經

《太平御覽》卷一六六引《圖經》一條,記事止於"後周破羌夷立黎州"。《太平廣記》引《黎州圖經》三條,其中卷三九七"聖鍾山"條云："黎州聖鍾山，古老傳此山有鍾，聞其聲而形不見。南詔犯境，鍾則預鳴。唐天寶、大和、咸通、乾符之載，群蠻來寇，皆有征也。昔有名僧講《大乘經論》，鍾亦震焉。乾寧中，刺史張惠安請門僧京師右街淨衆寺惠維講《妙法蓮花經》一遍，此鍾頻鳴，如人扣擊，知向所傳者不謬矣。"昭宗乾寧中，下距唐亡僅十餘年，故此當撰於唐末或五代。

黎州漢源縣圖經

《太平廣記》卷四〇九"旌節花"條，注出《黎州漢源縣圖經》。同書卷二七〇"義成妻"條，注出《黎州圖經》，亦記漢源縣事。漢源縣原隸雅州或登州，武周大足元年復置黎州後，改屬黎州。此當撰於是年之後。

黎州通望縣圖經

《太平廣記》卷四〇六"娑羅綿樹"，注出《黎州通望縣圖經》。同書卷四六二"黎州白鷺"條，注出《黎州圖經》，亦記通望縣事。通望乃天寶元年改陽山縣置，故此當撰於天寶以後。周振鶴云："唐代後期，黎州僅領漢源、通望二縣，而二縣皆有圖經，同時又另有《黎州圖經》，一應俱全。唐宋圖經之盛，可見一斑。"

姚州圖記

張九齡《曲江集》卷一一《敕吐蕃贊普書》云："彼中鐵柱，州圖地記，是唐九徵所記之地。"武德四年置姚州，因州人多姓姚，故名。神龍三年，唐九徵擊姚州叛蠻，建鐵柱於滇池以勒功。開元二十二年吐蕃與唐朝爭議地界，索要西洱河地，張九齡以"州圖地記"證其爲唐地，其中載及唐九徵建鐵柱事，當爲開元初所撰。

巂州圖

《舊書·德宗紀》載，貞元十三年"五月丙戌朔韋臯收復巂州，畫圖來上"。按，巂州至德二年南詔叛唐，巂州没於吐蕃，至是異牟尋遣弟湊羅棟、清平官尹仇寬等二十七人入獻地圖方物請復號南詔，西川韋皋奏與東蠻合力，大破吐蕃，收復巂州。

玄武縣圖經　金水縣圖經

《太平寰宇記》卷八二云："景龍二年採銅利害使、西臺侍御史奏稱：'梓州玄武縣、簡州金水縣競銅官坑，按兩縣《圖經》，其銅官山合屬玄武縣，請徙銅官於山南二里。'"開皇三年改五城爲玄武縣，屬益州，武德三年割屬梓州。隋金淵縣屬益州，武德元年以避高祖諱改爲金水縣，屬簡州。此兩縣《圖經》當撰於唐初。

劍州圖經

《太平寰宇記》卷八四引《舊圖經》三條，其記臨津縣沿革云："唐先天二年改始州爲劍州，其縣屬焉。"引《圖經》二條，梓潼縣"長卿山"條云："唐元宗幸蜀，遥見山上有窟，近臣奏：'此漢司馬相如讀書之窟。'敕改爲長卿山。"另《太平御覽》卷一六六劍州亦引《圖經》一條。疑當撰於中晚唐之際。

郭茵　陰平縣記

《輿地碑記目》卷四云："《陰平縣記》，唐大中六年郭茵撰。"《輿地紀勝》卷一八六隆慶府山川形勝："地湧香泉，池名百頃，山河橫壯，人性謙和。"注出"唐大中六年郭茵《陰平縣記》"。《寶刻叢編》卷一八："《唐陰平縣記》，唐鄭綱撰，無書人名氏，大中六年五月十八日記。"《六藝之一録》卷八四引作"鄭茵"。《蜀中廣記》卷九六又作"周茵"。鄭綱大曆末曾爲西川掌書記，然大和三年已卒。餘俱無考。

瀘州圖經

《民國合江縣志》載張元濟《劉真人記》："天復元年，元濟奉詔來牧瀘,因覽《圖經》,知安樂山在合江縣,乃劉先生修道之處。具狀奏乞聖旨,蒙降敕命依奏施行。元濟據圖籍之所傳,慮勝事之或泯,次爲傳記,用廣其聞。"則記文所述隋劉珍事,乃據《圖經》撰次,是當爲唐人之作。

渝州圖經

《太平廣記》卷三九"仙池"、卷三九九"渝州灘"二條,俱注出《渝州圖經》,均記江津縣仙事。前條云:"渝州仙池在州西南江津縣界,岷江南岸。其池週迴二里,水深八尺,流入岷江。古老傳者,有仙人姓然,名獨角。以其頭有角,故表其名。自揚州來居此,池邊起樓,聚香草置樓下。獨角忽登樓,命僕夫燒其樓,獨角飛空而去,因名仙池。見有石巖一所,向岷江而見在。"其本事見《太平寰宇記》卷一三六引李膺《益州記》:"江州縣西南有仙池,昔有仙人居此,池側置樓,多植香草于此樓下。忽一夕縱火,天降紫雲,飄然而去。後人尚指此地爲香草樓。"二者文體異代,而此頗近唐人小説矣。尤其獨角形像,唐前古書不經見,似受《大唐西域記》卷二"獨角仙人"之影響,故當爲唐人之作。《法苑珠林》卷四一引《述異記》亦有"獨角者""入舍前江中變爲鯉魚"之談,蓋亦受佛經影響。

陵州圖經

《太平廣記》卷三九九"鹽井"條,注出《陵州圖經》。内載"萬歲通天二年,右補闕郭文簡奏",當撰於唐代。

康州圖經

《太平寰宇記》卷一六四康州:"西北至西京,《舊圖經》五千一百五十里。"其無至東京里數,而僅據《舊圖經》記至西京里數者,宋西京即唐東都洛陽,蓋唐宋圖經各記至兩京里數,而宋"新置州圖經上未有至東京里數也"(同書卷一六〇英州),逆推舊州僅記至西京里數者,據唐人地志所載至東都里數,而此則爲唐人圖經也。
白州圖經
《全唐文》卷八六一劉崇遠《新開宴石山記》：" 宴石山者，在白州博白縣之西鄉，與馬門灘伏波公之祠鄰近。《圖經》既云八年改越州爲廉州云：'昔有神人稱陳越王，今有古宮基址，見在廉州合浦。'"唐武德五年置越州，八年爲姜州，十二年州廢，乾元元年復爲廉州，故此當撰於中晚唐之際。
韶州圖經
《韓愈集》卷一〇《將至韶州先寄張端公使君借圖經》："願借《圖經》將入界，每逢佳處便開看。"韓愈元和十四年貶潮州，十月量移袁州，路過時向韶州刺史張蒙借閱《韶州圖經》。
桂州圖經
莫休符《桂林風土記》云："按《圖經》云：'吳甘露年分郁林象郡爲桂林。'今以《魏書》證之，甘露乃高貴鄉公曹髦所紀年號，非《吳書》也。"明張鳴鳳《桂勝》卷三載唐元晦《叠彩山題記》云："按《圖經》，山以石文橫布，彩翠相間，若叠彩然，故以爲名。"莫休符光化中任融州刺史，元晦會昌五年七月前任桂管觀察使，所引《圖經》蓋爲唐人之作。又《會要》卷七一云："長慶二年十二月，桂管觀察使殷侑奏：'當管縣名與陵號同，及與諸州縣名同，總四縣。一縣與肅宗陵號同，桂州建陵縣，今按《圖經》牒，有修仁鄉，伏請改爲修仁縣。永豐縣，與信州永豐縣同，按《圖經》，縣下有豐水，請改爲豐水縣。富州開江縣，與開州開江縣同，按《圖經》，江系馬援所開，請改爲馬江縣。思唐州平原縣，與德州平原縣同，按《圖經》，縣下有思和水，請改爲思和縣。'從之。"所謂"《圖經》牒"，當爲各州據《圖經》呈報觀察使之文牒，是長慶二年前桂州已有《圖經》也。據奏文，僅知其載建陵縣有修仁鄉，永豐"縣下有豐水"。吳置永豐縣，隋開皇十年省入陽朔縣，武德四年復置，則此當撰於武德、長慶之間。

臨桂圖經

《太平御覽》卷六五：“《臨桂圖經》曰：灘水出縣南二十里柘山之陰，西北流至縣西南，合零渠，五里始分爲二。昔秦命御史監史禄自零陵鑿渠，出零陵，下灘水是也。”明張鳴鳳《桂故》卷一云：“隋以前首縣皆名始安，未有桂稱”，“至唐乃改首縣名曰臨桂”。《新書・地理志》云“貞觀八年更名”，《元和郡縣志》卷三六、《太平寰宇記》卷一六二並云“至德二年改爲臨桂”，故此當撰於貞觀或至德之後。

考《史記》《漢書・嚴安傳》載“監禄”鑿靈渠，韋昭注云：“監御史名禄也。”張晏注云：“監郡御史也，名禄。”此作“御史監史禄”，則姓史名禄矣，唐前無是説也。《新書・李渤傳》載其寶曆中出爲桂管觀察使，“桂有灘水，出海陽山，世言秦命史禄伐粤，鑿爲漕”，“渤醹浚舊道，障泄有宜，舟楫利焉”。宋周必大《文忠集》卷一六五云：“後得桂管觀察使孟威《重修零渠記》云：‘零渠乃陽海山水一派也，謂之灘水。舊説秦命史禄吞越嶠，而首鑿之。”孟威咸通中桂管觀察使，其所謂“舊説”，殆即源自李渤。《寰宇記》又云：“隱山在州之西郊，先是榛莽翳薈，古莫知者。唐寶曆初，李渤出鎮，遂尋其源。”隱山蓋柘山北麓無名小山，李渤於山中尋得灘水之源，而戲呼之耳。“灘水出縣南二十里柘山之陰”，實爲李渤尋源所得，則“秦命御史監史禄”當亦其最早形之筆端，《圖經》《新傳》皆從其説耳。

又《寰宇記》興安縣“秦鑿渠”條云：“在縣南二十里，本灘水，自柘山之陰，西北流至縣西南，合靈渠，五里始分爲二水。昔秦命御史監史禄自零陵鑿渠至桂林。”與此條佚文幾乎相同。

武德四年析始安縣置臨源，大曆四年更名全義，宋避太宗諱改爲興安。臨源者，臨近水源也。殆古人唯知灕水源出縣境，未定具體地點，遂以命之。臨桂者，臨近桂水（即灕水），非水源所在也。故佚文之"縣"當指全義縣，非臨桂縣，則此《圖經》不當屬縣而應屬州也。古人圖經，或以州名，或以郡稱，或以古地，或以雅號，本無一定。此則以首縣稱，殆特以立異之爲，亦無足怪也。本編於無州郡名之圖經，例補冠州名，不得已也。殷侑所言《圖經》若成書已久，則李渤在任時命人續修，固不無可能，而元晦、莫休符所引或即此也。

桂陽記

《太平御覽》卷八一二："《桂陽記》曰：臨賀山有黑銀。"清陳運溶輯出此條，並引《梁書·劉杳傳》，謂魏楊元鳳撰。然宋本《太平寰宇記》卷一一七引《桂陽記》，記及武德中置郴州，則當爲唐人之書。

嚴州圖經

莫休符《桂林風土記》曰："牂牁水，在嚴州。州門長河，其源從牂牁流下，八十餘丈。本州《圖經》所載。"《太平御覽》卷一七二云："唐乾封三年置嚴州，地在嚴岡之側因爲名。《圖經》曰：'州門有長河，水深八十餘丈，從牂牁河流下。'"州因巖岡得名，字當作"巖"，然古書多如此，姑從其舊。唐河北道、淮南道、劍南道、嶺南道皆嘗置嚴州，此屬嶺南道。其置州有載爲調露二年者，亦高宗年號也。則此當撰於乾封或調露至長慶之間。按，劉緯毅《漢唐方志輯佚》輯出《太平御覽》佚文一條，以爲浙西之嚴州，不知其唐爲睦州，宋平方臘之亂，始改嚴州也。

富州圖經

據上引桂管觀察使殷侑奏，長慶二年前《圖經》載富州有開江縣,"江系馬援所開"。《太平寰宇記》卷一六三轉引殷侑奏作:"按《圖經》云,其江是後漢伏波將軍馬援所開。"又載開寶五年"廢富州之思勤、馬江二縣"。又《元和郡縣志》卷三六云:"武德五年重置靜州,貞觀八年改爲富州。"則此當撰於貞觀、長慶之間。

思唐州圖經

據上引桂管觀察使殷侑奏,長慶二年前《圖經》載思唐州有平原縣,"縣下有思和水"。思唐州唐永隆二年置,開元二十四年爲羈縻州,建中元年爲正州。則此當撰於建中、長慶之間。

宜州圖經

《太平寰宇記》卷一六八宜州龍水郡云:"此一郡見《貞元錄》,即不述創制年月。《通典》與諸志不載。按《圖經》云:'見管四縣一場,又管羈縻十六州,砂銀兩監。數內溫水、思順等十二州地理相近,見管逐州山川、四至、户口、城縣、河江、古迹,可得而觀。其文蘭等四州,最居偏僻,有州縣且無廨宇,所有賦租,宜州差人徵催。'皇朝因之。"由末句推之,所引當爲宋前《圖經》。同卷又云:"四縣唐貞觀四年置。"則此當撰於貞觀四年以後也。

邕州圖經

《太平寰宇記》卷一六六:"《邕州圖經》云:俗恌嗇澆薄,内險外蠢,椎髻跣足,尚雞卜及卵卜。提、氐、俚、獠有四色,語各別,譯而方通也。又在州晉城縣蠻渠歲時于石溪口通商,有馬會。《説文》曰馬會,今之獠布。以竹灰爲鹽,不事五味。"《太平御覽》卷一七二引作《圖經》,止於"卵卜"。按,武德四年置南晉州,貞觀六年改爲邕州都督府,管十州。羈縻州二十六,其一曰左州。知"在州"當爲"左州"之誤,其管縣五,史失其名。劉宋沈懷遠《南越志》之晉城縣,當在其内。《嶺表錄異》卷下云："夷人通商於邕州石溪口,至今謂之獠市。"知"獠布"當爲"獠市"之誤。《隋書·南蠻傳》云："南蠻雜類與華人錯居,曰蜒,曰獽,曰俚,曰獠,曰㐌。"《寰宇記》同卷又云："司馬吕仁高唐先天二年奏:'奉敕差副使韋道貞、滕崇、黃居左等巡諭,勸築城隍,其州百姓悉是雕題鑿齒,畫面文身,并有赤褌、生獠、提、㐌相雜,承其勸諭,應時修築。'自後毁壞,不復重修。"知"俚"即"赤褌"。其所記俱與唐開元以前邕州相符,蓋"卵卜"以下亦皆佚文也。其兼記羈縻州,則當爲邕州都督府之圖經。《寰宇記》同卷又載"景雲中司馬吕仁高於南岸引開小水""右件州屬桂管,爲近邕州西北,遠屬桂州不便,司馬吕仁高奏,景雲二年敕屬邕州",疑皆出《邕州圖經》,且當撰於吕仁高後不久,其在開天之際歟?

羅州圖經

唐劉恂《嶺表錄異》卷中"鹿子魚"條:"余曾覽《羅州圖》云:州南海中有洲,每春夏,此魚跳出洲,化而爲鹿。"《太平御覽》卷九三九引同,《太平廣記》卷四六四引作《羅州圖經》。周振鶴《古方志存目研究例説》曰:"羅州南朝梁始置,治石龍(今廣東化州縣),隋大業初廢。因此《羅州圖》當作于梁、隋之間。曾覽其人僅存名姓,事迹無考。"華林甫則謂"隋、唐有兩個羅州,均南臨大海","唐武德五年置羅州於石城(今廣東廉江市東北),北宋開寶五年廢","無法判斷《羅州圖經》是隋還是唐之作品"。按,《太平寰宇記》卷一六七"廢羅州"條記載甚詳,略謂宋元嘉三年檀道濟於陵羅江口築石城,置羅州,齊、梁、陳因之。隋煬帝初州廢。唐武德五年於石龍縣地復置羅州,領石龍、石城等十一縣。六年移羅州于石城縣之舊所,割石龍等六縣置南石州。可見羅州宋置,非梁也;治石城,非石龍也;唐復治於石龍,非石城也;次年移治石城,別置南石州,是分爲二州,非有兩羅州也。二氏讀之不審,大失原意。又《太平寰宇記》卷一五八引"《圖經》云:海中有魚,形如鹿。每五月五日夜悉登岸,化爲鹿,小於山鹿。此洲内乃百姓魚鹽之地也。"此當近於《圖經》原文,劉恂殆略引其意,文字頗有異同。劉恂昭宗光啓二年前嘗任廣州司馬,所引《圖經》當爲唐人之作。

安南都護府圖經

崔致遠《桂苑筆耕集》卷一六《補安南録異圖記》云:"交趾四封,《圖經》詳矣。然而管多生獠,境邇諸蕃,略採俚譚,用標方誌。安南之爲府也,巡屬一十二郡(峰、驩、演、愛、陸、長、郡、諒、武定、武安、蘇茂、唐林),羈縻五十八州。府城東至南溟四百餘里,有山橫亘,千里而遥。邃穴深巖,爲獠窟宅,蠻蜑之衆,六種星居。鄰諸蕃二十一區,管生獠二十一輩。水之西南,則通闍婆、大食之國;陸之西北,則接女國、烏蠻之路。"漢置交趾郡,又置交趾刺史以統九郡,故交趾可指唐之交州,亦可指安南都護府。此記雖非《圖經》序,然由下文可推測其爲都護府之圖經,不限於交州也。安南都護府治交州,其餘所管州郡,屢有變遷,如《唐六典》卷三云:"安南驩、愛、陸、峰、湯、芨、福禄、龐。"《舊書·地理志》云:"管交、武峨州、粵、芝、愛、日、福禄州、長、峰、陸、廉、雷、籠、環、崖、儋、振、瓊、萬、安等州。"《新書·地理志》記陸、峰、愛、驩、長、福禄、湯、芝、武峨、演,羈縻州四十一。《元和郡縣志》卷三八云:"管交州、愛州、驩州、峰州、陸州、演州、長州、郡州、諒州、武安州、唐林州、武定州、貢州","羈縻州三十二"。與此記最爲接近,唯一稱郡,一稱州,且次序不同,"蘇茂"作"貢州",及羈縻州少二十六爲異耳。《舊書·懿宗紀》云:咸通六年秋"高駢自海門進軍破蠻軍,收復安南府,自李琢失政,交阯淪没十年,蠻軍北寇邕容界,人不聊生,至是方復故地。"此與大中中收復隴右相似,而當時張義潮曾遣使獻《天寶隴西道圖經》,疑此亦天寶中安南都護府所撰《圖經》,時天下改州爲郡,故此亦稱郡也。《元和郡縣志》蓋亦記天寶所管,唯年份不同,故大同小異也。

吳降　安南録異圖

崔致遠《桂苑筆耕集》卷一六《補安南録異圖記》又云:"有柔遠軍從事吳降,嘗集是圖,名曰《録異》,叙云:'久觀遐蕃,目擊殊形,手題本事。'"柔遠原爲安南都護府福禄州屬縣,貞元七年置柔遠軍。吳降因高駢收復安南後,"洞獠海蠻",莫不歸服,遂圖録其風俗異事,如崔氏所記:"管内生獠,多號山蹄,或被髮鏤身,或穿胸鑿齒,詭音嘲哳,奸態睢盱。其中尤異者,臥使頭飛,飲於鼻受,豹皮裹體,龜殼蔽形,搗木絮而爲裘,編竹苦而作翅,生養則夫妻代患,長成則父子争雄。縱時有傳譯可通,亦俗無桑蠶之業,唯織雜彩挾布,多披短襟交衫。或有不縫而衣,不粒而食,死喪無服,嫁娶不媒,戰有排刀,病無藥餌,固恃險阻,各稱酋豪。"明陳耀文《天中記》卷四六"不録"條注:"《安南録異圖》:鑿齒、穿心、飛頭、鼻飲者,皆遺風也。"即據此記略言之耳。此記撰於中和三年,爲吳降"集是圖"之下限。

高駢　安南開海路圖

崔致遠《桂苑筆耕集》卷一一《寄幽州李可舉太保》,開列高駢贈品有"《安南開海路圖》一面",下云:"頃者銅柱南標,金墉西建,開八百里之險路,則云將驅石,雷師劈山。"即指該圖。《舊書·僖宗紀》載,咸通八年安南都護高駢奏:'南至邕管,水路湍險,巨石梗塗,令工人開鑿訖,漕船無滯者。'降詔褒之。"五代孫光憲《北夢瑣言》卷二"高駢開海路"條云:"安南高駢奏開本州海路,初交趾以北距南海有水路,多覆巨舟,駢往視之,乃有横石,隱隱然在水中,因奏請開鑿,以通南海之利。""交廣之民,至今賴之以濟焉。"

李公淹　適越記三卷

《李全禮墓誌》(《補遺》第八輯第五九頁):"祖諱公淹,皇吏部員外、左司郎中、建渭二州刺史。才行過人,平嶺南諸州,撰《適越記》三卷,爲天下所知。"《新書·南蠻傳下》云:貞觀初"員外散騎常侍韋叔諧、員外散騎侍郎李公淹持節宣諭,暄等與溪洞首領皆降,南方遂定。"又見《魏鄭公諫錄》卷一、《資治通鑑》貞觀元年。

續南越志

《太平寰宇記》卷一五七引《續南越志》三條,一記"唐天后朝增城縣"事,一有"唐玄宗幸蜀""德宗幸梁""僖宗狩蜀"之語,而不言昭宗幸華州,疑昭宗初人續宋沈懷遠《南越志》者也。《太平御覽》卷一七二:"《十道志》曰:'黨州寧仁郡,秦桂林郡地,唐置黨州。'《南越志》曰:'黨州寧仁郡有京觀,即古征黨洞殺俘虜處。'"唐永淳元年開古黨洞,立黨州。垂拱三年州廢,神龍元年復置,天寶元年改寧仁郡。故此當爲《續南越志》佚文,其中"古征"二字當乙正。

天寶隴西道圖經

《會要》卷七一:"大中五年七月,刺史張義潮遣兄義譚將《天寶隴西道圖經》、户籍來獻,舉州歸順。"

元載　河西隴右地形圖

《舊書·元載傳》云:"大曆八年蕃戎入邠寧之後,朝議以爲三輔已西無襟帶之固,而涇州散地不足爲守。載嘗爲西州刺史,知河西隴右之要害,指畫於上前曰:'今國家西境極于潘源,吐蕃防戍在摧沙堡,而原州界其間。原州當西塞之口,接隴山之固,草肥水甘,舊壘存焉。吐蕃比毁其垣堵,棄之不居,其西則監牧故地,皆有長濠巨塹,重複深固,原州雖早霜黍稷不蓺,而有平涼附其東,獨耕一縣,可以足食。請移京西軍戍原州。""兼圖其地形以獻","會載得罪乃止"。

成州圖經

《太平寰宇記》卷一五〇云:"按《成州圖經》,舊有長道、漢陽、上禄等四縣。"同卷又云:"唐武德元年復置成州,領上禄、長道、潭水三縣。貞觀元年以潭水屬巖州,又割廢康州之同谷縣來屬。"後以吐蕃侵擾,百姓流移,並廢爲鎮。咸通十三年復置長道縣,屬秦州。故此當撰於貞觀元年至天寶末廢縣之間,時屬隴右道。貞元五年權置行成州,割屬山南道。

武威圖經

《全唐文》卷三一一孫逖《爲宰相賀武威郡石化爲面表》:"按《圖經》,貞觀九年,鳳凰集於此,故名嘉瑞鄉,其天寶山在此鄉界。"

沙州圖經五卷

敦煌寫卷斯二五九三號,存起首六行,爲書之序目及沙州總叙部分。據序目,全書共分五卷,卷一爲沙州之部,卷二、三、四爲敦煌縣之部,卷五爲壽昌縣之部。其中提到證聖元年年號,且云"又奉今年二月二十七日敕","付王孝傑並瓜州、沙州審更檢問"。王孝傑證聖元年七月爲肅邊道行軍大總管以擊吐蕃,萬歲通天元年三月,孝傑戰敗、罷官。所謂"今年二月二十七日"當指萬歲通天元年二月二十七日,時王孝傑尚未罷官,此書即撰于當年。又伯五〇三四號,首尾俱殘,存二百十七行。所記爲壽昌縣烽戍、佛寺、縣學、社稷壇、山澤泉水渠澗、古關古城等以及屬壽昌縣之石城、播仙二鎮之城堡、物產、祠寺、道路等條。據前卷序目推測,當爲《沙州圖經》卷

第五之殘卷。用武周新造"初"字,而不避玄宗諱"基"字,當爲武周寫本。此書爲沙州最早圖經,其後各沙州地志中壽昌縣之部皆祖據此本而有所節略。

沙州都督府圖經五卷

敦煌寫卷伯二〇〇五、二六九五號,皆殘失前部,各存五百十三行、七十九行,後者與前者尾部內容相同,然多出尾題"《沙州都督府圖經》卷第三"。可以推知其書與《沙州圖經》同樣分爲五卷。羅振玉稱其"叙述詳贍,文字爾雅",有功於史地之學。"此書之作,殆在開、天間,有開元之紀年,記事止開元而止,而不及天寶以後,避唐諱。"王重民以爲作於武后證聖年間,故卷中多頌揚武后之語,開元以下當係後人增入。後人考定其爲《沙州圖經》卷三之開元四年後增修本,至永泰二年,沙州升爲都督府,改名《沙州都督府圖經》。殘卷始水渠訖歌謡,所記水渠、泊澤、池堰,僅都鄉渠見於高居誨《於闐記》,東鹽池見於《元和郡縣圖志》。其他如苦水獨利河與湖泊等,他書均不見載。所記城塞驛站,如漢武長城舊塞,十九驛之名稱建置,均爲古今地理書所不載。又如效□城在沙州東北,而不在州西,辛賢武所開井泉,在州北,不在州西,足訂《漢書》孟康注及《西域志》訛誤。崔不意爲漁澤都尉,而非漁澤尉,足補《漢志》顏注之失。亭燧之燧不是隧,足正《匈奴傳》師古隧道之曲解。沙州爲涼舊疆,所記諸涼遺事,可以據校明人輯刻《十六國春秋》。

西州圖經

敦煌寫卷伯二〇〇九號,首尾俱殘,僅存中間五十六行。羅振玉《敦煌石室遺書》曰:"審其文乃《西州志》也。以證新舊兩《唐書·地理志》多合,惟兩《志》均言西州領縣五,爲高昌、柳中、蒲昌、天山、交河;《新志》則有前庭無高昌,而於前庭注曰：'本高昌，寶應元年更名。'今此卷所載凡六縣：曰高昌，曰前庭，曰柳中，曰蒲昌，曰天山，曰交河。交河、高昌、前庭並載。疑《唐志》及諸地志誤也。""又案西州本高昌，貞觀十四年平高昌，置西州都督府，開置縣。天寶元年改交河郡，乾元元年復爲西州，至貞元六年陷於吐蕃，大中五年沙州首領張議朝逐虜守者，以十一州地圖獻，中有西州，後分三部：曰和州回鶻，曰阿薩蘭回鶻，曰高昌。均服屬於遼，此唐至五代數百年間西州之沿革也。至此志之作，竊意當在乾元以後、貞元以前。新開道下有'見阻賊不通'語，是作志時尚未淪於吐蕃之證。且其叙丁谷、寧戎兩窟風景文字爾雅，尤非唐中葉以後所能爲也，又卷中丁谷窟云'西去州二十里'，聖人塔條云'在州子城外東北角'，則此書之名當是《西州志》而非《交河郡志》，又可知矣。"王重民《敦煌遺書總索引》、黃永武《敦煌遺書最新目録》皆改名爲《西州圖經》。

趙憬　北征雜記一卷

《書録解題》傳記類云："《北征雜記》一卷，唐宰相趙憬撰。貞元四年，咸安公主下降回紇，憬副關播爲册禮使，作此書紀行。"《舊書》本傳載其字退翁，天水隴西人。"拜給事中，貞元四年回紇請結和親，詔以咸安公主降回紇，命檢討右僕射關播充使，憬以本官兼御史中丞爲副。前後使回紇者，多私齎繒絮，蕃中市馬回以窺利，憬一無所市，人歎美之。"仕終中書侍郎、同中書門下平章事，十二年卒，年六十一。

李憲　入蕃道里記

《舊書》本傳云："（元和）入爲宗正少卿，遷光禄卿。穆宗即位，以大和公主降回鶻，命金吾大將軍胡證充送公主使，命憲副之。使還，獻《入蕃道里記》。"仕至嶺南節度使，大和三年卒，年五十六。按，《新書》本傳作《回鶻道里記》。大和公主和親,取道邠州、豐州、天德軍入回紇,乃唐與北蕃交通之主線,即所謂"邠州舊路"也。《舊書·回紇傳》記此次使事近千字,凡出使官員、經過、禮儀等俱詳載之。尤其末節謂使者至自廻紇,追憶"可汗遣數百騎來請與公主先從他道去",且言"前咸安公主來時,去花門數百里即先去",胡證以"今未見可汗,豈宜先往",及最後册封儀式,皆非親歷者不能道,殆即據李憲此記也。

田牟　入蕃行記八卷

《册府元龜》卷五六〇云:"田牟文宗時爲入吐蕃使,大和八年四月進宣索《入蕃行記》,圖一軸並圖經八卷。"按,此當以"行記"爲總書名,"圖"與"圖經"分指圖、文。田牟,史無傳。此次使事亦未見他書記載。後會昌中田牟爲天德軍防禦使,請以沙陀等部落兵擊回紇,李德裕以爲不可,命牟招誘嗢没斯來降。大中十三年,由左金吾大將軍復爲武寧節度使,次年卒。

王名遠　西域圖志

《會要》卷七三云:"龍朔元年六月十七日,吐火羅道置州縣使王名遠進《西域圖志》,並請于闐以西、波斯以東十六國分置都督府及州八十、縣一百一十、軍府一百二十六,仍以吐火羅立碑以記聖德,詔從之。以吐火羅國葉居遏換城,置月氏都督府;嚈噠部落活路城,置大汗都督府;阿落羅支國王居伏寶瑟城,置條支都督府;解蘇王居數滿城,置天馬都督府;骨咄施國王居沃沙城,置高附都督府;罽賓國王居遏紇城,置修鮮都督府;失范延國王居伏戾城,置麟鳳都督府;石汗那國王居艦城;置悦船州;護時犍國王居遏密城,置奇沙州;但没國王居恒没城,置和默州;烏拉喝國王居摩竭城,置旅獒州;多勒建國王居低保那城,置崑墟州;那俱密國王居褚瑟城,置抜州;護密多國王居模達城,置烏飛州;久越得建國王居步師城；置玉庭州。"《通典》卷一九三、《玉海》卷一六引《會要》俱作《西域圖記》。

達國論二卷　十六國圖一卷

《日本目》著錄"建國論二十六國圖一"，抄本例删"卷"字，"六"下有空闕，故孫猛《詳考》定作"《建國論》二十六卷、《國圖》一卷"，而引賈耽受詔撰《國圖》及唐制各地並外國、外族所上地圖均稱《國圖》爲釋，似嫌寬泛無當。其所引小長谷惠吉《解説稿》曰："或當作《建國論》二卷、《十六國圖》一卷。"説蓋近是，然於"建國"無説也。竊疑首字非"建"，而當爲"達"字。《周禮·秋官》載"野廬氏掌達國道路"，《樂記》云"周道四達，禮樂交通"，賈耽著《皇華四達記》。故達國者，中華文化所達之域外蕃國，此處即指西域十六國也。蓋二書前論後圖，相輔相成者也。其與王名遠請於十六國置都督府及州縣或許有關，姑附於此。

西域圖經

《崔思忠墓誌》(《西安碑林博物館新藏墓誌彙編》第三五三頁)載，崔氏聖曆二年鎮安西，多有善政。"護西域者，嘉其功績，編入圖經。"墓誌撰於開元十五年，則此圖經，當成於聖曆至開元之間。許敬宗顯慶三年上《西域國志》，蓋嘉運開元末撰《西域記》，此蓋介於其間者。

蓋嘉運　西域記

《唐會要》卷一〇〇云："開元中，安西都護蓋嘉運撰《西域記》云：'堅昆國人皆赤髮綠睛，其有黑髮黑睛者，則李陵之後。'"蓋嘉運開元二十四年至二十九年任北庭都護，此與《通典》卷一九九等偶誤作安西都護。

西域俗聞傳記

慧琳《一切經音義》卷二三云："室羅筏悉底者，此云聞者城。

《西域俗聞傳記》云：'昔於此處有一老仙修習仙道，後有少仙從其受學，厥號聞者。老仙殁後，少仙建立此城，即以少仙之名爲其城稱。然國都號爲憍薩羅，但以就勝易彰故城取國號耳也。'"

突厥本末記

《太平御覽引用書目》著錄。《通典》卷一九三引《突厥本末記》云："突厥窟北馬行（《太平御覽》卷七九六作自突厥北行）一月，有短人國，長者不踰三尺，亦有二尺者。頭少毛髮，若羊胞之狀，突厥呼爲羊胞頭國。其傍無他種類相侵，俗無寇盜。但有大鳥，高七八尺，常伺短人啄而食之。短人皆持弓矢，以爲之備。"既云"本末"，當撰於唐初滅東、西突厥，或天寶四載唐與回鶻滅後突厥之後。

賈言忠　高麗山川道里

劉肅《大唐新語》卷八："賈言忠數歲能諷書日萬言，七歲神童擢第，事親以孝聞。遷監察御史，時有事遼海，委以支度軍糧，還奏便宜，遷侍御史。高宗問遼東事宜，言忠奏遼東可平，畫其山川地勢，皆如目見。"《舊書·賈曾傳》云："父言忠，乾封中爲侍御史，時朝廷有事遼東，言忠奉使往支軍糧。及還，高宗問以軍事，言忠畫其山川地勢，及陳遼東可平之狀，高宗大悦。"又見《新書·賈曾傳》《會要》卷九五、《太平御覽》卷二二七、《太平寰宇記》卷一七三等。

程大辨　東征記二卷

李邕《李北海集》卷六《桂府長史程府君神道碑》云："公諱某，廣平新安人。考大辨府君，泗水、六合二縣宰，撰《東征記》兩卷，藏之秘府。"其人據明程敏政《新安文獻志》卷六二名文英，卒於開元十六年，則其父當爲高宗、武后時人，或嘗參與東征高麗之役，歸而追記其見聞也。

馬宇　新羅紀行

《文苑英華》卷九四六《馬宇墓誌》載其"遷主客員外郎,使於海東。復命,授興元少尹",著《新羅紀行》等書,總四百八十八卷。《順宗實錄》卷二云:永貞元年二月"兵部郎中兼中丞元季方,告哀于新羅,且册立新羅嗣王,主客員外郎兼殿中監馬宇爲副"。此書當爲馬宇歸國後所撰。

巍山起因記

日本京都有鄰館藏《南詔圖傳》,圖畫卷有"奇王蒙細奴羅"及其子"興宗王羅盛"對語旁二耕牛及犁,及細奴羅家靈異事迹,題記稱:"信博士内掌(常)侍酋望忍爽臣張順、巍山主掌内書金券贊衛理昌忍爽臣王奉宗等申,謹按《巍山起因》《鐵柱》《西洱河》等記,並《國史》上所載圖書,聖教初入邦國之原,謹畫圖樣,並載所聞,具列如左。"文字卷末稱:"洎中興皇帝問儒釋耆老之輩,通古辯今之流,崇入國起因之圖,致安邦異俗之化,贊御臣王奉宗、信博士内常侍酋望忍爽張順等,謹按《巍山起因》《鐵柱》《西耳(洱)河》等記,而略叙巍山已來勝事。時中興二年戊午歲三月十四日謹記。"南詔舜化貞中興二年當唐光化二年。唐史記載南詔,如《舊書·西南蠻傳》云:"南詔蠻,本烏蠻之別種也,姓蒙氏。""國初有蒙舍龍,生迦獨龐,迦獨生細奴邏,高宗時來朝,細奴邏生邏盛,武后時來朝。"其中未提及巍山。明謝肇淛《滇略》卷一:"唐貞觀末,册龍佑那十七代孫張樂進求爲首領大將軍,時有哀牢夷細農邏者耕于蒙之巍山,有祥異,所居成聚,樂進求遂遜國而去之。自是諸酋分立爲六詔,而南詔强盛,開元間遂并五詔,朝廷遣使册爲雲南王。"卷九:"唐初其裔曰細奴邏者,耕於巍山,數有祥異,白國王張樂進求因以位讓之,遂自立爲奇王。"清馮甦《滇考》卷上云:"永徽四年,張樂進求讓位於蒙詔細奴邏。"故所謂"巍山起因",即指高宗時細奴邏建立蒙舍詔。此當爲南詔建國歷史與傳説之最早記載,疑撰於武周以後。

鐵柱記

《南詔圖傳》自言"按《巍山起因》《鐵柱》《西洱河》等記"編撰,又引"《鐵柱記》云:初,三賧白大首領將軍張樂盡求並興宗王等九人共祭天於鐵柱側,主鳥從鐵柱上飛憩興宗王之臂上焉。張樂盡求自此已後,益加驚訝。興宗王乃憶,此吾家中之主鳥也,始自忻悦。此鳥憩興宗王家經於一十一月後,乃化矣。"按,今存南詔鐵柱上鑄"維建極十三年歲次壬辰四月庚子朔十四日癸丑建立",爲南詔蒙世隆年號,當唐咸通十三年。《滇略》卷二云:"白崖古廟中有鐵柱,諸葛武侯定南中,歸以紀功也。至唐咸通間,蒙酋世隆復重鑄之。故郭松年《大理行記》以爲非武侯所立,不知張樂進求時已有鐵柱矣。"《滇考》卷上云:"鐵柱者,諸葛武侯所立也。歲久剥泐,進求重鑄之,既成,合酋長九人祭天於柱,細奴邏與焉。"諸葛亮立鐵柱、張樂進求重鑄之説,元代以前未聞,疑不可信。《大唐新語》卷一一云:"唐九徵爲御史,監靈武諸軍。時吐蕃入寇蜀漢,九徵率兵出永昌郡千餘里討之,累戰皆捷。時吐蕃以鐵索跨漾水、濞水爲橋,以通西洱河蠻,築城以鎮之。九徵盡刊其城壘,焚其二橋,命管記閭丘均勒石於劍川,建鐵碑於滇池,以紀功焉。"《舊書‧中宗紀》云:神龍三年六月"戊子,姚巂道討擊使、侍御史唐九徵擊姚州叛蠻。破之,俘虜三千計,遂於其處勒石紀功焉。"《新書‧吐蕃傳》云:"靈武監軍、右臺御史唐九徵爲姚巂道討擊使,率兵擊之。虜以鐵絙梁漾、濞二水,通西洱蠻,築城戍之。九徵毁絙夷城,建鐵柱於滇池以勒功。"可知神龍三年唐九徵始立鐵柱,張樂盡求等共祭之説出於編造,然其所出年代殆亦甚早。考張九齡《曲江集》卷一一《敕吐蕃贊普書》云："彼(波)州鐵柱，前書具報，一言不信，朕豈厚誣，更以相仍，便非義也。鐵柱書，唐九徵所作，百姓咸知，何不審之？"又同卷同名敕書云："近得來章，又論蠻中地界，所有本末，前書具言，贊普不體朕懷，乃更傍引遠事……至如彼中鐵柱，州圖地記，是唐九徵所記之地，誠有故事，朕豈妄言？"此開元二十二年唐蕃爭議地界事也。蓋開元中南詔叛唐，與吐蕃結盟，已否認唐九徵立鐵柱事，而仿三代禪讓傳説，編造鐵柱共祭故事，以示其國傳自白蠻，其即《鐵柱記》之所由作乎？

西洱河記

《南詔圖傳》自言"按《巍山起因》《鐵柱》《西洱河》等記"編撰，又引"《記》云：西洱河者，西河如耳，即大海之耳也。主風聲，扶桑影照其中，以種瑞木，遵行五常，乃壓耳聲也。二者河神有金螺，金魚也。金魚白頭，額上有輪，蒙毒蛇繞之，居之左右，分爲二耳也。而奠祭之，謂息災難也。"此當爲南詔人自撰之《西洱河記》。

附按：《通典》卷一八七、《新書·南蠻傳》、《唐會要》卷九八、《太平寰宇記》卷一七七、《太平御覽》卷七九等所載西洱河風俗詳略不同，方國瑜《雲南史料目錄概説》以爲貞觀末"梁建方出兵至松外蠻及西洱河，完成任務後，回師撰此役立功及見聞爲書，且流傳於世。故後來史籍轉録，惟同出一書而取捨不同也。又梁建方作書，合松外蠻與西洱河事而叙之，故後人轉録兩地之事往往相混，惟《風土記》之文爲西洱河事，與松外無涉"。其説疑不可從。杜佑及宋人所據，當爲唐人《實録》《國史》，謂據梁建方《西洱河風土記》，純屬臆測之辭，一也。唐代使者、將領等自邊疆域外返京，例撰行記。武德中韋仁壽將兵五百人至西洱河，承制置八州十七縣。神龍中唐九徵擊姚州叛蠻，建鐵柱於西洱河。而梁建方討松外蠻，敗蠻酋雙舍，群蠻亡竄山谷，建方分遣使者勸降，其本人似未至西洱河，則焉知其原始記錄者非韋仁壽、唐九徵等，而必爲梁建方耶？二也。唐初西洱河一帶主要有昆明蠻（昆彌）與西洱河蠻（河蠻），北有西趙蠻、東謝蠻，東有東爨烏蠻、西爨白蠻，其後建立六詔，開元以後爲南詔所統一。唐從巂州征西洱河，中經松外、東洱河，若梁建方輩撰述見聞，當包括三地群蠻。《新書·南蠻傳》所謂"松外（諸）蠻尚數十百部（落），大者五六百户，小者二三百"，蓋謂除昆明蠻等主要蠻族以外，松外、東洱河、西洱河一帶"尚"有衆多數百户之大小部落；下半段"自夜郎、滇池以西皆莊蹻之裔"云云，則明爲總記滇西諸蠻風俗，獨以此段所記爲西洱河風俗而誤混作松外蠻，未見其可，三也。

張氏國史

《南詔圖傳》自言"按《巍山起因》《鐵柱》《西洱河》等記"及《國史》編撰，又"按《張氏國史》云：雲南左將軍張樂進求、西洱河右將軍楊牟棟、左將軍張矣牟棟、巍峰刺史蒙盛羅、勳公大部落主段宇棟、趙覽宗、施棟望、李史、頂主青細異等九人共祭鐵柱時"，且稱張樂進求爲"都知雲南國詔"，故《國史》非南詔之國史，而爲《張氏國史》。疑當爲南詔統一後，依照三代禪讓傳説而編撰。後世相傳諸葛亮南征，立白子國國王仁果十五世孫龍佑那爲酋長，賜姓張氏，據有雲南，或稱昆彌國、白國、白子國、建寧國。傳十七世至張樂進求，貞觀二十三年封爲首領大將軍，因蒙舍詔強盛，舉國遜位於細奴邏，當爲後世之訛變。今據《張氏國史》及《鐵柱記》佚文，則張樂進求爲興宗王蒙盛羅所滅，而非奇王細奴邏，且當在武周前後，而非貞觀二十三年或永徽四年。又佚文所謂"西洱河右將軍楊牟棟",殆即《新書·南蠻傳》所載顯慶元年西洱河大首領楊棟,餘多於史無徵。

南詔圖志

《新書·南詔傳》載,貞元十年,雲南王異牟尋大破吐蕃於神川,"乃遣弟湊羅棟、清平官尹仇寬等二十七人入獻地圖、方物",請復號南詔。疑此前南詔已編有圖志。

南詔圖傳二卷

日本京都有鄰館藏《南詔圖傳》,有嘉慶二十五年成親王題跋,張照《天瓶齋書畫題跋》卷下亦曾提及,知清代中葉尚在國內,後爲日本人收藏。乃南詔中興二年王奉宗、張順奉舜化貞詔敕繪製,圖畫卷繪"觀音七化"故事,各有題記,文字卷復作詳細說明。包括梵僧點化奇王細奴邏爲南詔王、梵僧教化愚民、興宗王邏盛等祭鐵柱、中興王舜化貞等奉祭觀音、西洱河傳說等,屬佛教宣傳作品,而非南詔地志,因其關涉南詔歷史,姑附於此。其畫爲原本抑爲摹本,是否有後人補畫或補題,學界尚有爭議。

達奚弘通　雲南風俗記一卷

《崇文目》地理類末載《雲南風俗記》一卷,《玉海》卷一五、卷一六兩引該目,皆未題撰人。《宋志》著錄"達奚洪(一作通)《海外三十六國記》一卷,《雲南風俗錄》十卷"。前者《新志》作"達奚通《海南諸蕃行記》",後者是否即《記》一卷,是否亦達奚所撰,未易斷言。方國瑜《雲南史料目錄概說》徑謂《崇文目》《宋志》作達奚洪撰,非是。《中興目》謂《海南諸蕃行記》爲大理司直達奚弘通撰,知作達奚洪、達奚通者,皆脫一字,又宋人諱弘作洪也。方國瑜云:"《魏書·官氏志》所載宗族,有達奚氏。唐代知名者有河南尹達奚珣、青城令達奚思敬、姚州都督達奚守珪,即其族姓也。"按,開元末皮邏閣歸唐，玄宗賜名蒙歸義，進爵雲南王，詔與姚州都督達奚守珪共禦吐蕃。若達奚弘通爲達奚守珪子侄輩，其受命出使雲南，遠至海南，歸撰二書，固屬可能。明謝肇淛《滇略》卷八作李充《雲南風俗記》，且以爲唐人，方氏謂"因轉錄萬曆《雲南志》所載李充《益州記》之後爲《雲南風俗記》，而誤爲李充作。"其説甚是。

韋齊休　雲南行記二卷

《宋志》著録。《崇文目》《通志》無撰人名氏。《讀書志》云："齊休長慶三年從韋審規使雲南，紀其往來道里及其見聞。序謂雲南所以能爲唐患者，以開道越嶲耳，若自黎州之南清溪關外盡斥棄之，疆場可以無虞，不然憂未艾也。及唐之亡，禍果由此。"《新志》載《雲南行記》一卷，或疑即此書。然其書列竇滂《雲南別録》後，卷數亦異，疑別是一書。

釋常愍　游歷記

常愍禪師，并州人。約高宗初附舶南征，往訶陵國。舶沉身没，年五十餘。事見義净《大唐西域求法高僧傳》卷上。遼釋非濁《三寶感應要略録》卷上第十北印度僧伽補羅國沙門達磨流支感釋迦像驚感應、第二十九造毗盧遮那佛像拂障難感應，並注"出常愍《游歷記》"。另，第一優填王波斯匿王釋迦金木像感應，注出"《游歷記》"等，《游方記抄》亦謂其佚文，觀其文風與上二條迥異，疑非是。

釋慧超　往五天竺國傳三卷

慧琳《一切經音義》卷一〇〇云慧超有《往五天竺國傳》三卷，其書書目不載，慧師行業，釋氏記録多弗及。近代於敦煌發現此書殘卷，内有"開元十五年十一月上旬至西安"云云，則書成於玄宗朝也。記周游五天竺行程，及宗教、國土、物産、風俗，往往可資考證。

杜環　大食國經行記

《通典》卷一九一云："族侄環隨鎮西節度使高仙芝西徵,天寶十載至西海,寶應初,因賈商船自廣州而回,著《經行記》。今之所纂,其小國無異聞者,則不暇錄焉。"杜佑敘大食國,即據此書。近人王國維作《校錄》,丁謙作《考證》。

唐夷狄貢一卷

《宋志》著錄,《遂初目》作《唐夷狄貢錄》。《中興目》云："《唐夷狄貢》一卷,始於北突厥,終於師子國,而以雜記附焉,並唐貞觀以來諸國貢獻等事。"《唐會要》卷一○○載："貞觀二十一年三月十一日,以遠夷各貢方物,其草木雜物有異於常者,詔所司詳錄焉。"如葉護獻馬乳葡萄,康國獻金桃,伽毗國獻鬱金香,罽賓國獻俱物頭花,伽失畢國獻泥樓缽羅花,健達國獻佛土葉,泥婆羅國獻波棱菜,薛延陀獻拔蘭鹿,波斯國獻活褥蛇,西蕃咄祿可汗獻金卵雞,又得西蕃造石蜜、葡萄酒之法,蓋皆此書所當紀者。

四蕃異物志

《太平寰宇記》卷一九八："《四蕃異物志》云:貞觀二十一年,薛延陀獻疾麈,毛如牛,角大如麀。"

釋法琳　廬山記一卷

《宋志》著錄。魯西奇《隋唐五代山岳志考》(《九州學林》總第七期)云："《法琳別傳》稱琳早年曾于'金陵楚郢,負帙問津',《開元釋教錄》亦謂琳'少而出家,游獵儒釋,博綜詞義,金陵楚郢,從道問津,自文苑才林,靡不尋造',則謂其曾游棲廬山,記其見聞,亦屬可能。據上引各傳,法琳游廬山當在棲止青溪之前,則《廬山記》之撰亦當在《青溪山記》之前。"

釋法琳　青溪山記一卷

《崇文目》《通志》著錄。《傳教大師將來越州錄》不著撰人。

虞世南《法琳集序》云，法琳"隋開皇之末隱於青溪山之鬼峪洞""十有餘年"，"撰《青溪山記》一卷，見行於世"。彥琮《唐護法沙門法琳別傳》卷上："因撰《青溪山記》，可八千餘言，理趣鏗鏘，文詞婉麗，見傳於代，故闕錄焉。"

釋神邕　天台地志二卷

《宋高僧傳》卷一七云，字道恭，姓蔡氏，開元二十六年敕度，後居越州焦出大曆寺。"末游天台，又纂《地志》兩卷。"貞元四年卒，年七十九。《天台山方外志》稱神邕有《天台山記》，未言卷數。宋陳耆卿《赤城志》、釋智圓《述維摩經略疏垂裕記》《述涅槃玄義發源機要》等頗引神邕《天台山記》《山圖》，殆有記有圖，合稱《天台地志》。其所記廣涉天台山水古迹，不僅限於釋教流傳也。

陸淳　天台山三亭記一卷

日僧圓珍《福州溫州台州求得經律論疏記外書等目錄》："《天台山三亭記》一卷，台州陸質郎中記。"

天台略錄一卷

日僧圓仁《日本國承和五年入唐求法目錄》及《入唐新求聖教目錄》中均著錄有《天台略錄》一卷，不著撰人。

徐靈府　天台山記一卷

《書錄解題》著錄云："《天台山記》一卷，唐道士徐靈府撰。元和中人也。"王象之《輿地紀勝》卷二云："徐靈府，天目山人，居天台靈盖峰虎巖石室，凡十餘年。會昌初，詔起之，辭不出，遂絕粒。嘗著《元鑑》五卷，《天台記》二卷。"宋人載徐靈府平生蹤迹，頗爲凌亂，或云開元中注《文子》以進，或稱大中咸通中道士，皆不足據。唐趙璘《因話錄》謂靈府元和初爲南岳道士田良逸弟子，而《天台山記》篇末自述："靈府以元和十年自衡岳移居台嶺。定室方瀛，至寶曆初歲，已逾再閏，修真之暇，聊采經誥，以述斯記，用彰靈焉。"正相符合。日僧最澄《傳教大師將來目録》著録"《南岳並天台山記》一卷"，注云"五紙"，當即徐靈府所撰。其後日本亦佚《南岳記》，而僅存《天台山記》，凡五千餘言。近代復由日本傳入，黎庶昌刻入《古逸叢書》，又收入《唐文拾遺》。其記天台舊迹，前人故事，尤詳於司馬承禎。所引《舊圖經》《圖經》，蓋亦記天台山者，不詳何時人作。靈府之書，《天台志》稱又有《天台山水録》一卷，《絳雲樓書目》載《台山靈異録》，已佚，未審其真僞。記司馬承禎事尤詳。

徐靈府　天台山小録一卷

《日本比丘圓珍入唐求法目録》、《智證大師請來目録》著録，日僧圓珍《福州溫州台州求得經律論疏記外書等目録》云："《天台山小録》一卷，或題《國清靈聖傳》，於天台山國清寺寫取。"則當爲天台國清寺諸高僧大德之略傳。然宋陳耆卿《赤城志》頗引"徐靈府《小録》"及"徐靈府《記》"，皆多記天台山水古迹，未知是否同一書？

元結　諸山記一卷

《宋志》著録。《崇文目》《通志》無撰人名氏。光緒《湖南通志·藝文》作《湘中諸山記》。《遂初目》有《武夷諸山記》，觀《歲時廣記》《類説》卷七等引《諸山記》，似即同書。

元結　九疑山圖記一卷

《宋志》著録，《通志》不著撰人名氏。永泰丙午爲道州刺史時所撰，記文今載《次山集》卷九。

羅浮山記一卷

段公路《北户録》卷三引《羅浮山記》："增城縣南，廻溪之側，多相思樹，號相思亭送行之所贈也。"卷二"斑皮竹笋"條詳引"舊記"約二百言，載貞元五年李復命陸羽圖而記之等事。

僧應物　九華山録一卷

《崇文目》總集類著録，《通志》地理、總集類重出，各注"釋應物撰""唐僧應物集"。《宋志》著録"僧應物《九華山記》二卷，又《九華山舊録》一卷"。後者又見《通志》地理類，不著撰人。《宋高僧傳》卷二〇《化城寺地藏傳》末云："大中中僧應物亦紀其德哉。"《太平御覽》卷四六九引《九華山録》佚文二條，一叙九華得名，一載及龍潭。今存應物詩二首《題化城寺》《龍潭》。蓋皆源出此書也。《説郛》存宋周必大《九華山録》，記游九華形勝，兼録詩詞題詠。疑應物此書爲其濫觴，而存録古詩尤多，故原入總集類；因其亦多記游文字，或又改入地理類；北宋滕宗諒《九華山新録》既出，後人遂改名此書爲《九華山舊録》也。

李歸一　王屋山記一卷

《宋志》著録。《書録解題》云："唐乾符三年道士李歸一撰。"王屋山爲道教十大洞天之首，唐玄宗時道士司馬承禎隱居於此，杜光庭有《天壇王屋山聖迹序》。

青城山圖經

杜光庭《青城山記》末云："四面山峰，各有名字，載於《圖經》矣。"

陸禋　續水經

宋文瑩《玉壺清話》卷七云："唐陸禋《續水經》嘗言：蛇雉遺卵於地，千年而生蛟龍屬。漢武帝元封中，潯陽浮江親射蛟於江中，獲之，乃是也。其蛟破殼之日，害於一方，洪水飄蕩，吴人謂之發洪。"據此引似類小説家言。陸禋無考，江少虞《皇宋類苑》卷六〇引作陸侲。

竇叔蒙　海濤志一卷

《通志》《秘書目》《書録解題》著録。明《文淵閣書目》卷四："《海濤志》一册。"《集古録》卷八云："唐竇叔蒙《海濤志》，大曆中。""其書六篇,一曰海濤志,二曰濤曆,三曰濤日時,四曰濤期,五曰朔望體象,六曰春秋仲月漲濤解。余向在揚州得此志,甚愛之,張於座右之壁,冀於朝夕見也。已而夜爲風雨所壞。其後求之凡十五年,而復得斯本。"《寶刻叢編》卷一三又引歐陽棐《集古録目》云:"其説以月朓朒候濤汐之進退,并《竇氏濤日時疏》一篇,越州刺史孟簡撰。皆陶悆書,朱巨題額,不著刻石年月。"石在温州。余靖《武溪集》卷三《海潮圖序》:"昔竇氏爲記,以謂潮虚於午,此候於東海者矣。近燕公著論,以謂生於子,此候於南海者也。"《全唐文》卷四四○收録第一篇,題作《海濤論》。世無單行本,僅清俞思謙《海潮輯説》全載之。

丘光庭　海潮論一卷　海潮記一卷

《崇文目》《宋志》小説類著録,後者別集類重出《海潮論》。《通志》《玉海》卷一五引《中興目》俱有"論"無"記"。收入《全唐文》卷八九九。

錢棲業　太虚潮論一卷

《秘書目》著録,《宋志》入别集類。《通志》不著撰人。《書録解題》云:"《太虚潮論》一卷,永泰縣令錢棲業述。末稱天祐六年。"福州永泰縣,咸通二年析連江及閩置,天祐六年唐已亡,閩中尚奉唐正朔也。

賀知章　會稽洞記一卷

《通志》著録。會稽陽明洞天,即古禹穴,道教三十六洞天之第十一洞。唐神龍中置懷仙館,開元中敕方士葉天師設醮而龍見,因改龍瑞宫。《會稽志》所載又有風、玉、金庭、玉京、仙巖、潺溪、石人、吳山、薔薇、仙姑、真溪等洞。

以上地理類,補二百一十六種。

史部凡十二類,六百五種。

卷三 子 部

儒 家 類

丁公著 孟子手音一卷

《宋志》著録。宋孫奭《孟子音義序》云："爲之音者則有張鎰、丁公著"，"二家撰録，俱未精當，張氏則徒分章句，漏落頗多，丁氏則稍識指歸，僞謬時有"。清馬國翰《玉函山房輯佚書》："惟孫奭《音義》載其説，據以輯録。宋熙時子《孟子外書注》亦引一則，編次卷后。孫序謂'丁氏則稍識指歸，僞謬時有'，今觀所引，頗詳考證，足與趙注相發明，則經芟削之餘，所存者固皆醇義也。"

李景儉 孟子評

柳宗元《與呂道州温論非國語書》："往時致用作《孟子評》，有韋詞者告余曰：'吾以致用書示路子，路子曰：善則善矣，然昔之爲書者，豈若是摭前人耶？'韋子賢斯言也。余曰：'致用之志以明道也，非以摭《孟子》，蓋求諸中而表乎世焉爾。'"柳宗元《獨孤君墓碣》云："李景儉致用，隴西人。"《舊書》本傳稱字寬中。

林慎思 續孟子二卷

《崇文目》曰："慎思以爲《孟子》七篇非軻著書，而弟子共記其言，不能盡軻意，因傳其説，演而續之。"南宋書目亦多載之，而劉希仁、程鉅夫二序並謂《新志》有此書，豈今本脱之歟？《閩書》曰："慎思字虔中，長樂人，咸通十年登第，自校書郎至水部郎中，萬年縣令"，後死於黃巢起義。所著《續孟子》《伸蒙子》並傳世。此書十四篇，大抵假借古人，推闡孟子之義，《四庫提要》謂類乎莊、列之寓言，然時有至理。

王涯　説玄一卷

南宋書目多著録此書，《讀書志》曰："涯始於貞元丙子，終於元和己丑，二十六年間，注《太玄》爲六卷，今不之見，獨此書行於世。凡五篇：明宗、立例、揲法、占法、辨首。"今存。按，涯注《太玄》，已載《新志》。李肇《國史補》曰："王相注《太玄經》，常取以卜，自言所中多於《易》筮。"考唐代史籍中別無姓王名相者，而涯相憲宗、文宗，李肇與之同時而年輩略晚，蓋敬而不名也。

杜元穎　太玄經傳三卷

《通志》《秘書目》、高似孫《子略》並著録。

唐太宗　金鏡一卷

《太平御覽》五九一引《唐書》曰："太宗著《金鏡述》，以示群臣。"以下詳載全文。《玉海》卷二八引《實録》曰："貞觀二年正月庚午，著《金鏡述》以示侍臣。"又引虞世南《聖德論》曰："著《金鏡》《帝範》，論君臣之道，序仁義之方，商略古今，以爲監誡。"王應麟曰："按《實録》，是書一卷，凡千八百餘言，《四部書目》乃没其名。或謂儒家《序志》一卷，列諸《帝範》之上者即此，是又無據。"又，《玉海》卷二八云："太宗召林弘遠撰《金鏡書》三十卷。"其説晚出，不知何據？

唐太宗　前代君臣語録屏風本一卷

《日本目》總集類著録，"語"原作"詔"，不著撰人。《唐會要》卷三五載，貞觀"十四年四月二十二日，太宗自爲真、草屏風，以示群臣"。宋代以後真書已佚，僅存草書殘卷，出南宋祝寬夫摹本。祝氏淳熙九年跋曰："右唐太宗屏風書，余從兄季平家所藏，蓋從祖紹興初爲江西曹屬，以重賂得於北人之南渡者。凡十一幅,皆絹素也。"嘉泰四年,奉議郎知臨安府餘杭縣主管勸農公事王允初作跋并刊於石,其搨本及臨摹本遂傳於世,然已非舊貌。其書唐代流入日本,傳世殘本"齊桓公觀管仲疾"條與"魏文帝好射雉"條之間,有"前代君臣語錄,屏風書第六"兩行,知其書名當作"前代君臣語錄";"蜀劉備□破劉璋"條與"殷紂爲長夜飲"條之間,有"或(惑)溺第十一"五字,當爲其篇名之一。唐憲宗亦嘗製《前代君臣生平事迹》十四篇,書於屏風,蓋效法太宗爲之,《新志》載於儒家類,兹從之補録。

韋公肅　帝範注十二篇

《舊書·敬宗紀》曰:寶曆二年五月"辛未,秘書省著作郎韋公肅注太宗所撰《帝範》十二篇進。"《唐會要》同。《册府元龜》卷六〇一:"韋公肅爲秘書著作郎,注太宗《帝範》十二篇上獻,德宗有詔付集賢,仍令别寫一本進内,賜公肅錦綵一百疋。"又見《册府元龜》卷六〇六。太宗《帝範》,《新志》有賈行注四卷,是唐時已有二注。日本舊刊本《帝範》二卷,《永樂大典》本四卷,注皆簡潔,而不題名氏,不詳其爲賈爲韋也。

帝範贊一卷

《日本目》著録。

王德　臣軌纂注二卷

《經籍訪古志》著録日本舊抄本《臣軌》二卷,曰:"首題《臣軌序》,御撰,鄭州陽武縣臣王德纂注,上卷末記垂拱元年撰。又記臣德纂述曰:其《臣軌》中所引正經及子史者,其正經之義,則皆取先儒舊注,不敢更生異見,其老子之義(此句原作"其史",據《日本訪書志》改),則唯取河上公焉,餘皆出自愚心,亦不師祖往説矣。

畢粹　皇箴一篇

《墓誌》(《彙編》咸亨七四)云,字思温,東平人。貞觀五年,蒙召預本州進士,仕止德州平原縣丞,咸亨三年卒,年八十三。"屬纘之際,造《皇箴》一篇,鑑□替於前王,成匡救於今帝。"

徐齊聃　經典至言二卷

徐齊聃,《新書》有傳,咸亨四年卒。《墓誌》(《大唐西市博物館藏墓誌》第一九八頁)附載其"所撰《經典至言》二卷"。

李浦　補履書十卷

宋葉廷珪《海録碎事》卷一八:"李德川舉進士不第,唐則天就拜右拾遺,不受。著《補履書》十卷,皆雄、軻之旨,時號補履先生。"《蜀中廣記》卷九四:"《補履書》十卷,唐通泉李浦德川著,本孟軻、揚雄之旨,世號補履先生。德宗幸褒中,丞相張延賞表薦之,拜右拾遺,不就。再詔見,賜緋衣,正色執辭,當朝敬懼。"《萬首唐人絶句》卷一七王昌齡《别李浦之京》,則當爲則天時人。

張氲　大周昌言十卷

《歷世真仙體道通鑑》卷四一云:張氲"嘗注《老子》、《周易》、《三禮》、《谷梁》,又著《高士傳》十卷、《神仙記》二十卷、《河東記》三十卷、《大周昌言》十卷,皆未行世。"《舊志》儒家類著録《百里昌言》二卷,注云:"王旁撰。"《新志》作王滂,皆王勃之誤。《文苑英華》卷六九八王勃《上百里昌言疏》云:"陳百里之術宣於政者。"蓋以周文王以百里興之典取名。此書以"昌言"爲名,蓋效仿王勃之書,茲亦補入儒家類。

何彦先　帝圖秘録十卷　政論二卷

張九齡《曲江集》卷一三《爲何給事進亡父所著書表》云:"臣父某官某乙,往歷樞近,志勤忠益,至於霸王大略,軍國要務,事關興替,言涉箴規,因著十篇,名曰《帝圖秘録》。"《墓誌》

(《洛陽流散唐代墓誌彙編續集》第一三〇頁)云："至於算皇王之理,畫軍國之宜","皆見公所著《帝圖秘録》十卷、《三國戰策》十二卷、《政論》兩卷。"

李述　忠經一卷　經邦書

《墓誌》(續集)開元〇九九)云,字處直,相州人。未弱冠,明經擢第。後歷太常博士、太子文學、少府少監等職,開元十年卒,年五十八。"著《忠經》一卷,《經邦書》一部,並《文集》十卷,見行於代。其《經邦書》數章未就,落簡猶存。"

褚無量　心鏡三十篇

見蘇頲撰《墓誌》。疑與《新志》著録之褚氏《翼善記》俱言修齊治平之要。

張説　治聖要言十卷

《秘書目》儒家類、類書類兩見。《宋志》"治"作"法",未著撰人。

柴憲　中道論　通教論

《墓誌》(《彙編》開元二三七)曰："惟公宅乎中庸,樂在名教。""嘗著《中道》《通教》二論,注《周易》,撰《三傳通志》廿卷。"疑二論亦爲儒家言。

趙有孚　王政殷鑑

《墓誌》(《珍稀墓誌百品》第一四二頁)云,字全誠,天水西縣人。天寶八年卒。"專精傳易,博究群藝,凡在經史,無不通悟。"任太子通事舍人時,"撰王政殷鑑一部,豈遑辨於非白,將契理夫又玄,上以輔聖君,下以昭令德。"

鮮于向　坤樞十卷

《舊書·李叔明傳》曰："閬州新政人,本姓鮮于氏,代爲豪族。兄仲通,天寶末爲京兆尹、劍南節度使。兄弟並涉學。"顏真卿撰《墓誌》曰："君諱向,字仲通,以字行。""凡著《坤樞》十卷、《文集》十卷，並爲好事者所傳。"其少好俠，年二十餘尚未知書，後勵精爲學，年近四十舉鄉貢進士高第。晚年"移漢陽郡太守，下車閉閣，唯讀玄經以自適"。宋李綱《梁溪集》卷一三四《衍數序》曰："乾兑之金位於西而盛於西北，震巽之木位於東而盛於東南，離火有君相，坎水有降升，坤艮之土有始終，五運六氣，坤樞之數行矣。"竊疑"玄經"指《易》經，《坤樞》涉《易》理。按，此書原補列入雜家類，今移正。

崔鍠　六官適時論

崔鍠《舊書》附見其子《崔洞傳》，庫部員外郎、汝州長史。《墓誌》（《彙編》大曆六二）稱其撰《六官適時論》。按，此條原補列入禮類，今移正。

陸羽　君臣契三卷

見陸羽《陸文學傳》。

李鉉　李子正辨十卷

《秘書目》《宋志》雜家類著錄，《崇文目》列儒家類之末，"辨"作"辭"，俱不著撰人名氏。唐段成式《酉陽雜俎》卷八曰："李鉉著《李子正辨》，言至精之夢，則夢中身人可見"，且舉劉幽求夢亡妻事爲證。又見宋錢易《南部新書》卷辛。幽求夢妻事，盛爲唐人所豔稱，白行簡《三夢記》之一即記此也。《雜俎》引李鉉之言，而不及白氏記，則李鉉當爲玄宗至憲宗時人。《唐書》有四李鉉，以時代推之，此人當爲嘉興令元琰之子。

李翺　中庸説

宋黃震《黃氏日抄》卷二五《讀禮記》云：《中庸》"至唐李翺始爲之説"。《經義考》卷一五一據以著錄，標曰"未見"。按，黃氏之説，疑化自朱熹《中庸集解序》："至唐李翺，始知尊信其書，爲之論説。"而朱子之説，則指李翺自謂得子思《中庸》之學，著《復性》三篇，故繼而評曰："然其所謂滅情以復性者，又雜乎佛老而言之。"今以其説影響於儒學甚巨，且懼時賢疏漏之譏，仍以著録焉。

李宗閔　五常傳二十卷

《會要》卷三六云：大和九年，"宰臣兼集賢大學士李宗閔準宣與校理修撰等撰《五常傳》二十卷，並《目録》一卷，進上。"《玉海》卷五八引，末注"賜宗閔等九人錦綵銀器"，蓋修書者凡九人，惜不得詳考。

姚康　帝王政纂十卷

《舊書・宣宗紀》云，大中五年十一月太子詹事姚康獻《帝王政纂》十卷。《唐會要》卷三六作《帝王政統》。姚康，字汝諧，南仲孫。登元和十五年進士第，試右武衛曹參軍，劍南觀察推官，左司員外郎判户部案。大和中受賄，貶嶺南尉，後仕兵部郎中，金吾將軍，大中年間終太子詹事。著有《統史》《科第録》，已載《新志》，而前書撰人誤作姚康復。

劉千　渾議五篇

《墓誌》(《河洛墓刻拾零》第五九一頁)曰："撰《渾議》五篇，採希夷之奧域，得渾淪之精粹。"或讀"渾議"爲渾淪之議，且謂"希夷""渾淪"並爲道家之詞，此書當屬玄學之説。按，劉氏"洞曉六經百家之説"，乃以經學爲其根柢。且《墓誌》序文之"考覈象數，纂群微於太素，索衆妙於重玄"，銘文之"象數之微，深探其奇"，皆直指此五篇之要旨在象數。疑其説上繼漢易象數學，下啓宋人先天學，誠儒學與理學之轉關也。

張弧　素履子一卷

《崇文目》《通志》《宋志》著録，弧或作宏，又作弘。四庫本、《道藏》本分三卷，並題張弧。凡十四篇，篇名首字皆爲履，依次配以道德忠孝仁義等字，意謂踐履道德等也。《四庫總目》曰："其援引經史，根據理道，要皆本聖賢垂訓之旨，而歸之於正,蓋亦儒家者流也。"

以上儒家類,補三十二種。

道 家 類

魏徵　老子要義五卷

唐杜光庭《道德真經廣聖義序》引。嚴靈峰《周秦漢魏諸子知見書目》引吕知常《進道德經表》:"魏徵相唐,作嵩山之正義",且疑即此書。魏徵隋未曾隱嵩山爲道士,貞觀初撰《群書治要》,内有《老子治要》一卷,就河上公注本,選其大要。

朱桃椎　老子注

范應元《古文集注》引。嚴靈峰謂高祖時隱士,不確。貞觀初高士廉爲益州大都督府長史,禮敬朱桃椎,事見《大唐新語》卷一〇。元趙道一《歷世真仙體道通鑑》卷四三:"一云得道於蜀中玉珍山,有《養生銘》《茅茨賦》《水調歌》《撼(當作感)庭秋》等作遺世,大較自述隱遁之樂與内丹訣云。"

郭雲　老子注

范應元《古本集注》引,僅校數處。《墓誌》(《唐文拾遺》卷一六)載其萬年人,字仲翔,涼州刺史,定遠縣開國銀青光禄大夫,貞觀五年卒,年五十九。或疑僞誌。又《郭信墓誌》(《續集》久視〇〇九)云:"曾祖雲,弱齡好學,早擅專門;晚歲談玄,籠羅經史。齊邢州南和縣丞。"此郭雲爲北齊人。

顔師古　玄言新記明老部五卷

敦煌寫卷伯二四六二,題"秘書監上護軍琅邪縣開國子顔仙字師古"。首尾均殘缺,存二百一十行,前三十七行爲《老子道德經序訣》,第三十八行以下爲卷題和正文。卷一、四、五俱題"玄言新記明老部",卷三題作"老子玄言新義"。説明《老子》各章章旨,卷五至"以正治國"章止,下闕。其卷四云:

"上篇卅七章認明常道，即以道爲經初，此卷卅四章，通辨上德下德，亦以德爲經。"以"此卷"統言《德經》部分。《舊志》著録《玄言新記道德》二卷，云王弼注；《新志》著録王肅《玄言新記道德》二卷。此書或與之大同小異，而由二卷折分爲六卷。

劉進喜　老子疏六卷

《廣聖義序》引。杜光庭稱爲隋道士，入唐，高祖曾令講《老子》，見《大唐新語》卷一一及《新書·陸德明傳》。貞觀中爲道門鋒領，與佛徒論辯，《續高僧傳》卷一三曰："貞觀中廣延兩教，時黄巾劉進喜創開《老子通諸論》，道岳乃問以道生一二，徵據前後，遂杜默焉。"陳子良《辯證論序》稱"有道士李仲卿、劉進喜等並作庸文，謗毀正法。"焦氏《老子翼·附録》謂其説宗旨在明重玄之道，則陳隋唐初老學之主流也。

孔穎達　老子疏二卷

嚴靈峰引朱得之《老子通義凡例》曰："全書六十四章，上篇三十章，下篇三十四章，適孔穎達之數。"張登雲注："孔穎達疏《老子》云：修之邦。蓋避漢諱改作國。"亦不知二氏何據。

蔡子晃　老子注

《讀書志》叙張君相《三十家注老子》引。《續高僧傳·慧淨傳》載貞觀十三年集諸官臣及三教學士於弘文殿，慧淨與道門鋒領蔡晃等抗論。《玄奘傳》載貞觀十九年敕令翻《老子》五千言爲梵言，以遺西域，玄奘方爲翻譯，"道士蔡晃、成英等竟引釋論中百玄意用通道經"，又起爭辯。蔡晃即蔡子晃、成英即成玄英，並以明重玄之道爲宗旨。

道憑法師　集老集莊紀一卷

見海雲撰《大法師行記》。道憑貞觀年間高僧法融弟子，見《續高僧傳·法融傳》。

張惠超　老子志玄疏三卷

《宋志》著錄。《廣聖義序》引作二卷，其疏明重玄之道。嚴靈峰疑即顯慶東明觀道士張惠元。

黃玄頤　老子注

嚴靈峰云薛致玄《開題科文疏》引。《老子翼附錄》："王希夷隱嵩山，師黃頤，學養生，喜讀《周易》《老子》。"顯慶三年進僧道士各七人入內，中有黃頤、李榮等人。嚴疑黃頤字玄頤，如成玄英之稱成英、蔡子晃之稱蔡晃一例也。

黎元興　老子注義四卷

杜光庭《廣聖義序》云："成都道士黎元興作《注義》四卷。"武周時釋玄嶷撰《甄正論》卷下："自唐以來，即有益州道士黎興、澧州道士方長，共造《海空經》十卷。"黎興即黎元興，方長全名方惠長。盧照鄰《盧昇之集》卷七《益州至真觀主黎君碑》，殆即其人，內稱"法師出家入道，三十餘年"，"於咸亨二年正月十八日寢疾"。

胡超　老子義疏十卷

《廣聖義序》引。嚴靈峰疑即高宗朝道士胡慧超，又疑爲曹魏時潁川胡昭字孔明者。按，《新志》載道士胡慧超《神仙內傳》一卷，沖虛子《胡慧超傳》一卷。又《朝野僉載》卷五："周聖曆中洪州有胡超僧，出家學道，隱白鶴山，微有法術，自云數百歲。則天使合長生藥，所費鉅萬，三年乃成，則天服之，以爲神妙，望與彭祖同壽，改元爲久視元年，放超還山。"《太平御覽》卷六七引《信州圖經》："昔有隱士胡超居黃蘗山師溪"。則胡超爲唐初道士，望重一時，然中晚唐以後，事迹不顯，記載已頗多傳聞異辭，至杜光庭乃稱之仙人。《新志》之胡慧超或亦一人。

尹文操　老子簡要義五卷

尹文操撰。《廣聖義序》引。《通志》載《老子道德簡要義》五卷,元景先生撰,元景當爲景先之訛,文操之字也。隴西天水人,年十五奉敕出家,貞觀時任昊天觀主,兼知崇聖觀。高宗時授銀青光祿大夫,行太常少卿,武后垂拱四年卒。《尹尊師碑》載其著述有"《祛惑論》四卷,《消魔論》三十卷,《先師傳》一卷,奉敕修《元元皇帝聖紀》一部,凡十卷,總百二十篇,篇別有贊"。兩《唐書》俱無其人,稽之《道藏》,亦未載其書,今特詳録於此。

楊上器　太上玄元皇帝道德經注二卷

楊上器,生平待考。《舊志》:"《太上玄元皇帝道德經》二卷,楊上器撰。《太上老君玄元皇帝聖紀》十卷,尹文操撰。"《新志》道家類失載此書,所附神仙類亦無尹文操書,而著録"楊上器注《太上玄元皇帝聖紀》十卷",疑《舊志》前一撰字原作注,《新志》誤連下讀,而脱其前後。史載高宗乾封元年,自泰山還次亳州,幸老君廟,追號曰太上玄元皇帝,則此書必撰於其後。

王暉　老子注二卷

《廣聖義序》引,暉誤作從革從是。嚴靈峰亦失考,僅據原引題以洪源先生,且殿於杜引諸書之末。《道藏》有《老子玄珠》,其序已收入《全唐文》,叙其生平云,王暉,法名玄覽,廣漢綿竹人。喜言人之死生藏否,年四十七,益州長史李孝逸召見,後恩度爲道士,住至真觀,號洪源先生,則天神功元年卒。序又謂其出家前曾注《老經》兩卷,當即此也。

王暉　老子口訣二卷

《廣聖義序》引。《玄珠録序》曰:"諸弟子請釋《老經》,隨口便書,記爲《老經口訣》兩卷,並傳於世。"

王暉　老子玄珠二卷

《廣聖義序》引,今存《道藏》內。序稱:"諸弟子每諮論妙義,詢問經教，凡所受言，各錄爲私記。太霄謹集諸子私記，分爲兩卷，並爲序傳，題曰《玄珠》'，是此書爲其弟子王太霄編集。又此序亦嘗別行於世，《秘書目》載王霄《玄珠序傳》一卷，即此，而於撰人名氏脱一太字。

盧主簿　老子注

王勃《别盧主簿序》曰："林慮主簿法靈地，達於藝，明乎道，詮柱下之理，駁河上之義，撮其綱統，成其卷軸，吾儕服其精博，時議稱其典要。"是盧嘗注《老子》，惜名氏無考。盧照鄰《五悲文》自謂晚受乎《老》《莊》，然其待死病榻，未嘗爲林慮主簿也。

封言道　道德經注

《墓誌》（《西安碑林全集》第一〇六四頁）曰："道德者，老教之宗極也，注《道德經》焉。"

王德表　老子注

見《墓誌》（《彙編》聖曆二八）。

劉如璿　老子注

《墓誌》（《續集》長安〇〇七）云，諱璿，字如璿，天水上邽人。以明經登第，官至秋官侍郎、衛州刺史、兗州刺史等。長安元年卒，年七十二。"注《金剛般若》及《老子》，並行於代。"

唐睿宗　老子注

《崇文目》著録《道德經疏》二卷，"集河上公、葛仙翁、唐睿宗、明皇諸家注"。嚴靈峰云，趙至堅《道德真經疏義》引。

徐邈　老子注四卷

《廣聖義序》引，稱道士。嚴靈峰曰："此係唐人，當非晉人作《莊子音》之姑幕人徐邈也。"按，《通志》載撰《老子西昇經》者數人，有一徐道邈，列成玄英、李榮之間。李渤《真系》述唐高宗時茅山道士王遠知，謂"潘師正、徐道邈同得秘訣，爲入室弟子"。唐人常省人名中第二字，或即其人也。

趙堅　老子講疏六卷

杜光庭《廣聖義序》云："法師趙堅作《講疏》六卷。"宋董思靖《道德真經集解》序引杜氏作趙志堅。《通志》："《老子義疏》四卷，趙志堅撰。"《宋志》作"趙至堅《道德經疏》三卷"。王重民、嚴靈峰並以爲二人二書，一列唐末，一列宋末。《道藏》收録趙志堅《道德真經疏義》，闕上經三卷，下經《德經》三卷亦闕十六章。大抵明修身養性之理，不引他説。趙至堅當即趙堅，其書本六卷，宋時脱爲四卷、三卷，故著録有異耳。宋曾慥《道樞》卷二引司馬承禎云："吾近見道士趙堅造《坐忘論》七篇。"《道家金石略》載唐柳凝然傳録《坐忘論》，亦云："近有道士趙堅，造《坐忘論》一卷七篇。"蓋開元以前人也。

司馬承禎　三體道德經

司馬承禎爲唐朝高隱，曾與睿宗論《道德經》無爲之旨，載《舊書》本傳。又謂"承禎頗善篆隸書，玄宗令以三體寫《老子》經，因刊正文句，定著五千三百八十言，爲真本以奏上之。"據嚴靈峰引彭耜之説，事在開元三年。嚴氏且曰："傳天台山崇道觀有漆書本，當早已遺佚矣。"

張説　老子注

《新書·儒學傳》云："開元初詔中書令張説舉能治《易》《老》《莊》者，同進講。"史傳未言其自有撰述。宋張氏《道德真經集註》卷首王雱序（明唐順之《稗編》卷六八題作《老子註解序》）云："今世傳註釋，王弼、張説兩家，經文殊舛，互有得失，害於理意者不一。今輒參對，定於至當，而以所聞，句爲之解。"嚴靈峰據此著録張説《老子注》，然王雱之意或謂明皇御注本經文爲張説所定耳。

何思遠　老子指趣二卷　老子玄示八卷

杜光庭《廣聖義序》云："直翰林道士何思遠作《指趣》二卷，

《玄示》八卷。"《太平廣記》卷三三云，申元之開元中徵至京師，止開元觀，"時又有邢和璞、羅公遠、葉法善、吳筠、尹愔、何思達（明抄本達作遠）、史崇、尹崇"等。岑仲勉《翰林學士壁記注補》云：杜氏"其下又書高宗時之太子司議郎楊上善，則光庭所引，固不盡循年代先後，惟翰林供奉實始玄宗，故附於此。"按，《金石録》卷七云，唐張尊師碑，何思遠撰，天寶六載正月立。知其天寶中尚在世。

王光庭　老子契源注二卷

杜光庭《廣聖義序》云："太原少尹王光庭作《契源注》二卷。"《通志》《秘書目》並載有《道德經契源》一卷，無撰人名氏，或即此書。王光庭，與張説友善，張説《送王光庭》詩云"同居洛陽陌"。山西出土《薛儆墓誌銘》，署"前考功員外郎太原王光庭撰"，立於開元九年，十三年張説撰薛儆之妻《大唐鄎國長公主神道碑銘》。開元十年，張説往朔方巡邊，王光庭等十七人作《奉和聖制送張尚書巡邊》詩，又有《奉和聖制答張説扈從南出雀鼠谷》之作，見《文苑英華》卷一七七、一七一。又，《金石録》卷六云："《唐延安縣幽堂碑》，王光庭撰。"天寶九載《王思莊墓誌》（《西安碑林博物館新藏墓誌彙編》四七〇頁）載其第三子爲"左領軍衛懷仁府别將光庭"。與此未必爲同一人。

尹愔　老子新義十五卷

杜光庭《廣聖義序》云："諫議大夫肅明觀主尹愔作《新義》十五卷。"《新書・儒學傳》云："尹愔博學，尤通老子書。初爲道士，玄宗尚玄言，有薦愔者，召對，喜甚，厚禮之，拜諫議大夫，集賢院學士，兼修國史"，開元末卒。

張景尚　老子注

《墓誌》（《河洛墓刻拾零》第三二二頁）云，字希望，南陽西鄂人。十七制舉登第,授亳州永城縣丞,累遷太子舍人。以儲後獲戾,出爲陵州仁壽令。"進所撰《大隱集》,並注《老子》等一百八卷,特見褒錫,除鄂州別駕。"開元二十八年卒,年七十二。

張氳　老子注
見元趙道一《歷世真仙體道通鑑》卷四一。

薛季昌　老子金繩十卷　老子事數一卷
《廣聖義序》引。季昌爲司馬承禎弟子,衡岳道士,居降聖觀。

蕭諒　老子注二卷
《墓誌》云:字子信。歷官鴻臚少卿、臨汝郡太守等,天寶二載卒,年四十七。"從政之暇,注《老子》兩卷,不尚浮詞,務存道意,開後學之未悟,契前聖之先覺。"(參毛陽光《洛陽出土唐書家蕭諒墓誌及相關問題研究》,《中原文物》二〇一六年第三期。)

李少康　道德經傳
獨孤及《毗陵集》卷八《李少康神道碑》載其爲唐宗室,歷任青州、常州、徐州刺史、睢陽太守,天寶三載卒,年六十四。"晚節好禪味,耽道論,嘗傳《道德上下經》五千言,爲之訓解,以究微旨。"

崔藏之　老子注
《墓誌》(《補遺》第十輯第二二四頁)云,字含光。"結廬嵩山,著書數萬言,坐忘四五載。知身是幻,見法皆空。因詣大照禪師,摳衣請益,頓悟先覺,無生後心。開元初,上方闢圖書之府,徵内外之學,麗正學士、左常侍元行沖與沙門一行特表薦聞,召入麗正殿,詳注《莊》《老》。公以進而無位,退不得隱,遂應進士,一舉登科。其年,上所注《老經》,制補集賢院直學士。"官至膳部員外郎。天寶九載卒,年五十七。按,元行沖開元七年任左常侍，崔藏之注書當始於此後不久；集賢院開元十三年置，上書當在此年。

彭仲甫　道德經注

《墓誌》（《洛陽流散唐代墓誌彙編續集》第三八〇頁）云："以開元廿九年十一月廿六日上注《道德經》，恩敕拜校書。""尤好玄言，易象道書，皆特爲之傳解。"

崔沔　老子道德經注

見《墓誌》（《彙編》大曆六〇）。沔父崔皚傳《詩》《書》《禮》《易》之學，尤好《老子》，沔學蓋受之父祖。仕履詳兩《唐書》本傳，新傳謂其字善沖，誤，碑與舊傳俱作若沖，用《老子》語典也。

賈至　道德經述義十一卷　道德經金鈕一卷

杜光庭《廣聖義序》云："吏部侍郎賈至作《述義》十一卷、《金鈕》一卷。"

吳筠　老子注

嚴靈峰謂李霖《取善集》引其説。按，《新書・吳筠傳》載其天寶中待詔翰林，"獻《玄綱》三篇。帝嘗問道，對曰：'深於道者，無如《老子》五千言，其餘徒喪紙劄耳！'"李引或出《玄綱論》，未必別有注釋之書。

秦系　老子注

《老子翼・附錄》曰："秦系，會稽人，天寶末避亂剡溪。客泉州南安，有大松百餘，系結廬其上，穴石爲硯，注《老子》，彌年不出，人號其所居爲高士峰。"按，此據《新書・隱逸傳》。秦系《山中贈張正則評事》詩："終年常避喧，自注五千言。"

申甫　老子疏五卷

杜光庭《廣聖義序》云："道士沖虛先生、殿中監申甫作《疏》五卷。"《册府元龜》卷五四：大曆"七年二月光天觀道士檢校殿中監冲虛先生申甫上言,請下制誡天下道士,增修道法,許之。四月,申甫又上言玄真觀、開元觀、望天觀並載先帝聖謚,請至諱日,各于其觀行香從之。""十三年乙巳新作乾元觀,置道士四十九人","仍遣道門威儀申甫司其事"。

李約　老子道德真經新注四卷

《秘書目》《宋志》著録。《通志》《子略》並載李納《老子注》四卷,納當爲約之訛。《老子翼·附録》曰:"唐兵部郎李約,勉之子也,注《道德經》四卷。其説謂世傳此書爲神仙虛無言,又詆太史遷先黄老而後六經之失,此流俗之言也,以我觀之,六經乃黄老之枝葉爾。"今存《道藏》内,不分章,二十五章句作:"人法地地、法天天、法道道、法自然",與各家獨異。

陳皆　老子道德經注二卷

《墓誌》(《彙編》貞元一三〇)曰:"公以世濟不泯之德,而養真繕性,凡著書用黄老爲宗。以專氣致柔,注《老子道德經》二卷。"

韋渠牟　老子釋文

見權德輿撰《墓誌》。

王真　道德真經論兵要義述四卷

《通志》著録。王真,貞元四年賢良方正能直言極諫科及第,後以朝議郎出領漢州諸軍事,充威遠軍使。元和四年進此書,憲宗嘗手詔褒美之。今存《道藏》内,專採《道德經》中論兵戰之要旨,加以闡述。其書《廣聖義序》引作《論兵述義》上下二卷,然王真《進書狀》已有"令離爲四卷"之語,則其來舊矣。

吳善經　道德經小解二卷

《通志》《子略》著録,《崇文目》《宋志》並不著撰人名氏。《新志》載其《道德經注》,注云貞元中人。嚴靈峰云,吳善經,縉雲仙都人，年十七入嵩山爲道士。憲宗朝召入內殿披讀符函，賜以金帛。爲瓊執之師，在洛下，年九十餘不衰，元和九年羽化。

瓊執　天書玉字道德經二卷

嚴靈峰引杜光庭《神仙感遇傳》稱："憲宗時，以天書玉字寫《道德經》二卷。"嚴疑黃冠故弄玄虛，改變古文字體，模擬符籙之所爲。

田歸道　老子疏義

《田法師玄堂銘》(《續集》大和〇一九)云，京兆人，"父歸道，高道不仕，欲□黃老，參授上法，號玄靖先生。深希微之妙旨，得河上之真宗。所著《疏義》，玄之□也。"此與中宗時太仆少卿之田歸道非同一人。

李磎　明無爲二篇　老子義説一篇

《北夢瑣言》載司空圖撰《李磎行狀》，稱其撰"《明無爲》上下二篇，《義説》一篇"，當爲兩種《老子》雜論，前者上下二篇合爲一卷。

陸希聲　老子指略並問答

《遂初目》著錄。希聲昭宗時官户部侍郎，事迹詳《新書》本傳。所著《道德真經傳》以儒解老，今傳，此未知是否一書。

賈清夷　道德經手疏四卷

《秘書目》著錄，《遂初目》作《老子疏》，無卷數。《通志》作《老子義疏》、賈青夷。宋董思靖《道德真經集解》序云："藏中所存，李約、賈清夷、王顧、杜光庭等皆唐人，且不著於全書，始知所錄猶有未盡。惜名存書亡者，十蓋八九。"

王顧　老子道德經疏四卷

《宋志》《遂初目》《子略》並著錄，《秘書目》《通志》作王顧等。董逌《藏書志》曰："王、顧等奉玄宗命所注經疏。"則似即玄宗御疏。然玄宗時廣聚道流，王、顧二氏並無尤孚衆望之輩，即預御疏，亦無由獨得主名，且董氏不詳其字號，疑衍《通志》而強爲立說也。嚴靈峰"疑系集王弼、顧歡、盧裕等各家所注而成"，亦可備一説。

谷神子　諸家道德經二卷

《宋志》著録，注曰："河上公，葛仙公、鄭思遠、唐睿宗、玄宗疏。"《崇文目》釋文此注前後又稱"不著撰人名氏"，"叙其自疏"，則非獨集他人疏者也。按，《讀書志》載谷神子注《老子指歸》十三卷，而兩《唐志》有同名同卷數之書，題馮廓撰。晁氏因疑谷神子即馮廓。明人叢書内又有《博異記》，題谷神子還古撰，胡應麟首以晚唐詩人鄭還古當之，余嘉錫考其里貫事迹稍詳，欲以證成其説。竊惟還古二字，義與（鄭）思遠通，而音與馮廓、王顧並近，頗疑《太平廣記》所謂仙人鄭思遠字還古，號谷神子，玄宗時人，先注《老子指歸》等書，載《舊志》而音訛作馮廓。後又集明皇疏等成此書，間亦"叙其自疏"，而己之名氏或有或缺，《崇文目》遂以爲無名氏集鄭思遠等疏，又不知思遠何許人，姑列葛仙公後。王顧者，或亦還古之音訛。《宋志》知爲谷神子所集，亦不知其爲鄭氏矣，又從舊録載王顧疏。至晚唐詩人鄭還古，則唐宋元諸書提及者多矣，俱未稱之爲谷神子。明人題《博異記》谷神子還古撰者，蓋涉鄭思遠誤，實則當爲唐末谷神子裴鉶。重檢趙士煒《宋國史藝文志輯本》，知王重民已疑谷神子即鄭思遠，惜未得其説之詳。

安丘　老子指歸五卷

杜光庭《廣聖義序》云："道士安丘作《指歸》五卷。"列胡超、尹文操之間，似爲唐人。按，漢成帝時人安丘望之，晉皇甫謐《高士傳》卷中、《後漢書・耿弇傳》注引嵇康《聖賢高士傳》載其事較詳。《隋志》:"《老子指趣》三卷,毌丘望之撰。"又注稱"梁有漢長陵三老毌丘望之注《老子》二卷"。《舊志》:"《老子章句》二卷,安丘望之撰。《老子道德經指趣》四卷,安丘望之撰。"《新志》:"安丘望之《老子章句》二卷,又《道德經指趣》三卷。"杜氏似不應將其誤作唐人。

王玄辯　老子河上公釋義十卷

《廣聖義序》引,道士。嚴靈峰疑即《新志》之王玄古,又曰:"明重玄之道。"焦氏列明重玄之道者無之。

車惠弼　老子疏七卷

《廣聖義序》作車弼,嚴從《道德真經注疏》並李霖《取善集》引,疑車弼字惠弼。《老子翼附録》作車玄弼,明重玄之道。

龔法師　老子集解四卷

《廣聖義序》引。

任太玄　老子注二卷

杜光庭《廣聖義序》云:"通義郡道士任太玄《注》二卷。"按,眉州通義郡,武德二年始析嘉州置,其爲唐人無疑矣。

符少明　道德經譜二卷

《通志》《國史志》《子略》《宋志》並著録,作扶少明。《崇文目》曰:"道士扶少明,不詳何代人。以《道德經》章句,略爲義訓。"《廣聖義序》引及焦氏《國史經籍志》作符少明《道譜策》。按,以上諸人並無考,今略依《廣聖義序》先後編次。杜光庭所引之可考者,唯王真一人入貞元後,疑自安丘以下,亦多爲初唐人。若車惠弼,《讀書志》叙張君相《三十家注老子》已言及之,而張君(道)相書載《舊志》,是車與成玄英等約略同時可知矣。又松靈(羅)仙人,宋(宗)文明,嚴姑列杜光庭前,據《讀書志》叙三十家、《廣聖義序》《老子翼附録》之序次,當爲唐前人,今不録其書。

杜光庭　道德真經廣聖義疏三十卷

《通志》《宋志》著録。《崇文目》曰："以明皇注疏演其義。"首列經文，分八十一章，次明皇注、疏，次光庭疏義。杜氏疏義採摭衆説，而以闡釋明皇御注爲主，故名廣聖義。此書卷數，諸家著録並三十卷，《經籍訪古志》謂日本舊抄本亦三十卷，《道藏》本析爲五十卷。光庭字賓聖，唐末天台山道士，僖宗時入蜀，居青城山。蜀主王建賜號廣德先生，進號廣成先生。除諫議大夫，進户部侍郎。光庭著書甚多，《新志》並不著録。此書序題天復元年，則撰於唐亡以前，今録於編。

劉應真　道德經解意

見《浙江通志》引《括倉彙記》。

偃松子　老子注二卷

《通志》《子略》並著録。《秘書目》作注《老逋道德經》，逋字疑誤（參雜家類《灌畦暇語》條）。三目俱列唐人前後。

李若愚　新歌注道德經一卷

《通志》《子略》著録，《崇文目》不著撰人名氏。《宋志》及《古本集注》引並作《道德經注》，當即一書。諸家著録，列唐人前後，《新書‧宰相世系表》有三李若愚，姑以著録。

盧重玄　列子注八卷

《通志》著録。重玄或作重元，范陽人，盧藏用之弟，景龍三年茂才異等科及第，官至司勳郎中。此書宋陳景元云曾於潛山見之，清嘉慶中秦恩復據宋治平監本重刊，序稱："恩復訪求十餘年，得於金陵道院。《楊朱》一篇，注佚其半。"與《道藏》内金人高守元《沖虛至德真經四解》所收盧注同，故阮元、嚴靈峰疑即據此本録出發刊，非別見盧氏注本也。書中題通事舍人，沈汾《續仙傳》亦載開元二十三年通事舍人盧重元等迎張果於常州，知重玄奉詔注書，即在開元末年也。其書羽翼張湛注,頗有可採,所徵引各籍,亦多與古本相同。

陸善經　列子注八卷

《日本目》著録。

殷敬順　列子釋文二卷

《讀書志》《書録解題》著録,《通志》未著撰人名氏。敬順不詳何時人,晁、陳並題唐當塗縣丞,清人有疑"殷敬順乃宋人而托名唐人者"(《鐵琴銅劍樓藏書題跋集録》第二一一頁)。按,殷敬順《釋文》原本相傳爲徐靈府所書,當在晚唐以前。唐段成式《酉陽雜俎·續集》卷四曰:"《列子》云:'瓦摳者巧,鈎摳者憚,黃金摳者昏。'殷敬順敬訓曰:'彄與摳同。'"則固爲唐世行書。宋陳景元據景德監本《列子》經文,參校乙正百六十字,附於書後。明清以來,《列子》注本多以張湛注及殷敬順《釋文》合爲一編。

王績　莊子注

《新書》本傳稱,績"以《周易》《老子》《莊子》置床頭,他書罕讀也。"吕才編其文集,序稱又有《莊子注》等書,不在集内。

柴朗　莊子訓解

《柴朗及夫人楊氏墓誌》(《大唐西市博物館藏墓誌》第三三九頁)云:"尤好《莊》《易》,爲之訓解。綜妙核微,理暢幽秘。引而伸之,觸類而長之。大而不撅,細而不失,存象寓言之能事畢矣。"

李氏　莊子剖滯七卷

《墓誌》(《西安碑林博物館新藏墓誌彙編》第一五六頁)云,高祖從父弟、淮安王李神通之女,封懷德縣主。"誦《法華》,爲《指迷》三卷;讀《莊子》,爲《剖滯》七篇。"咸亨四年卒,年五十五。

崔藏之　莊子注

見《墓誌》(《補遺》第十輯第二二四頁),稱其"詳注《莊》《老》"。

文如海　莊子正義十卷

《秘書目》《子略》《讀書志》《國史志》《宋志》並著錄，書名或作注，或作疏。趙希弁《讀書後志》曰："如海明皇時道士也。以郭象注放乎自然，而絶學習，失莊生之旨，因再爲之解，凡九萬餘言。"嚴靈峰云：陳景元《莊子闕誤》、褚伯秀《南華義海纂疏》並引，有宋元刊本，已殘。

文如海　莊子邈一卷

《宋志》著錄，《秘書目》《遂初目》並不著撰人名氏。其書論《天地》《天道》《天運》《刻意》《説劍》《漁夫》《列禦寇》八篇章旨及意義。《道藏》本附宋賈善翔《南華真經直音》後，《四庫未收書目提要》謂此書是否爲賈著或即文如海書，難以確定，翁獨健署爲賈撰。

張烜　莊子通真論三卷　南華真經篇目義三卷

張烜撰。《宋志》著錄。張烜，唐玄宗時人，預撰《開元禮》《初學記》等書。開元十六年右拾遺，十八年爲集賢院直學士，遷監察御史，天寶二年貶官。

韋渠牟　莊子會釋

見權德輿撰《墓誌》。

張九垓　莊子指要

權德輿《張隱居莊子指要序》曰："隱居者九垓，别號渾淪子，治《莊子》内、外、雜篇，以向、郭舊注未盡採其旨，乃爲之訓釋，猶懼學者之蕩於一端，泥於一説，又作三十三篇指要以明之。"

莊子音訓事義十卷

《日本目》著錄。

南華仙人莊子義類十二卷

《日本目》著錄。天寶元年封莊子爲南華真人。按，《日本目》

著録方守一《莊子音義》十卷等多種，俱時代無考，兹不著録。以上二種，原列諸書之末，味其書名，亦類唐人著述，姑予補録。

朱玄　文子注十二卷

趙希弁《讀書後志》著録，曰："唐朱玄注，缺《府言》一篇，或取默希子注補焉。"《玉海》卷五三同。按，《新志》載注《文子》者二家，即後魏李暹、默希子徐靈府，唐朱玄注《文子》，則僅此記載。考唐代史籍無朱玄其人，而宋代書目中别載《文子注》十二卷，撰人之名各有小異，《通志》《遂初目》作朱弁，《秘書目》作朱并，《宋志》作朱棄。《道藏》内有《通玄真經注》七卷，題"宋宣義郎試大理寺主簿兼括州縉雲縣正儀注"，學者遂謂即朱熹之祖朱弁所撰，唯與書目著録之朱玄注是否即一書，則尚無定論。竊謂玄、弁、并、棄四字皆形近，書目著録絶不重出，卷數亦同，其爲一書殆無庸疑也。唯作宋朱弁撰則疑竇多端：《宋史·朱弁傳》附載其著書八種，所記不可謂不詳，而獨不見此書，一疑也；趙希弁明指爲唐人，《宋志》等亦列其書於李暹、徐靈府書之間，二疑也；《秘書目》《通志》多據北宋書目，故宋朱弁《曲洧舊聞》等書不見於二目，而獨載此書，三疑也；《道藏》本題銜與《宋史》本傳不合，卷數獨異，而所謂括州爲唐大曆十四年前之地名，四疑也。根此四疑，則宋朱弁之説，未見其可也。考顔真卿《湖州烏程縣杼山妙喜寺碑》，自叙其延集文士，著《韻海鏡源》，内有壽州倉曹朱弁等嘗同修，未畢，各以事去。則唐玄宗時有一朱弁，其人爲壽州倉曹，後轉任縉雲縣令，固合唐代官制。天寶元年詔號《文子》爲《通玄真經》，朱弁意圖干進，撰注《文子》以上，更在情理之中。編《道藏》之人，見《宋史》朱弁有傳，以爲即其人，乃補題爲宋人耳。宋杜道堅謂徐靈府於明皇時撰《文子注》，或亦涉朱弁注事而誤歟？嚴靈峰著録爲二書，而此書列天寶間，似亦以爲唐人。

彭構云　通玄真經注

宋祖無擇《龍學文集》卷六《詠震山巖彭徵君釣台》詩序云："彭構云，宜春人，力學多通，尤善講《易》，陰陽圖緯，無不精究。注《通玄真經》，辭理深遠，世所推重。隱居不求聞達。唐天寶中，刺史李璟以其名聞，上遣使者齊延丘以蒲輪徵之，凡三往始至。玄宗欲官之，徵君辭焉，堅乞歸鄉。上元元年六月卒，年六十三。"《江西通志》卷一二二引唐盧肇《震山巖記》云："構雲善黄老言，寶應中詔以玉帛召先生，不至。"寶應爲上元後一年號，僅一年，疑爲天寶之誤。祖氏所述，當有所據。

何璨　亢倉子注三卷

《新志》著録王士元《亢倉子》二卷，其人即爲《孟浩然集序》作序之宜城人王士源，而未言有注。《讀書志》始著録作"何璨注"，《直齋書録》作三卷、何粲注。《道藏》本《洞靈真經》，題何璨注，上中下三卷，合三篇爲一卷。《玉海》卷五三云："今本五卷九篇，自《全道》至《兵道》，何璨注。"《四庫簡明目録標注》云："宋本題曰《新雕洞靈真經》，凡五卷，何璨注，後有音義二葉，刊誤一葉。"四庫本題"唐何粲注"，提要云："柳宗元《讀亢倉子》稱：'劉向、班固録書，無《亢倉子》，而今之爲術者，乃始爲之傳注，以教於世。'則注自宗元時已有。"豈柳宗元所見，即何氏注本歟？

四子統略一卷

《秘書目》《通志》著録。丁培仁《增注新修道藏目録》題作"唐"，云："四子指《莊子》《文子》《列子》《亢倉子》。四子'真經'之名出自唐代，史載唐玄宗開元二十九年，立崇玄館，置生徒，令習《老》《莊》《列》《文》，準明經例考試。""天寶元年，玄宗詔封莊子爲南華真人，列子爲沖虛真人，文子爲通玄真人，庚桑子爲洞虛真人，其四子所著書改爲真經。《金石萃編》卷八十五有天寶元年二月二十日褒封四子詔。自此，四子真經專指《莊》《列》《文》《亢》四部書。"

范乾九　四子治國樞要四卷

《讀書志》著録，曰："唐范乾九集，四子謂《莊子》《文子》《列子》《亢倉子》。其意以爲黄老之道，内足以修身，外足以治國，周王得文子之言，趙王納莊周之論，皆能興邦致治，故採其書有益治道者，分爲二十門。"《通志》《宋志》作二卷，《秘書目》一卷，"九"作"元"，書名亦皆有小異。乾九不知何時人，《通志》載僞唐范朝《襲古書》，焦氏《國史經籍志》亦作范乾元撰，則南唐人也。

列子莊子抄

敦煌寫卷伯二四九五，今藏法國巴黎國立圖書館。題"列子莊子抄"，自"楊子鄰人亡羊"至卷末"取金之時不見人但見金耳"止，正文多混入張湛注中，尚有脱文。《莊子》卷中"民"字缺末筆，"治"字不缺，當系太宗朝寫本。有日本《沙州諸子二十六子》排印本。

陳皆　則陽子九篇

《墓誌》(《彙編》貞元一三○)云，陳皆"凡著書用黄老爲宗"，"以寓詞明道，著《則陽子》九篇"。《莊子·寓言》云："寓言十九。"晉郭象注："寓，寄也。以人不信己，故託之他人，十言而九見信也。"《莊子·則陽》假託則陽見楚王，闡述恬淡清虛之旨，貶抑貪競權勢之心。王士元以《莊子·庚桑楚》爲本，著《亢倉子》三卷九篇。陳氏蓋效仿之，取《則陽》爲本，更取諸子文義相類者成編，故篇數相同，疑其卷數亦與《亢倉子》相同。

珞琭子　玄筌子一卷

《秘書目》《通志》著録。《道藏闕經目録》卷下則稱"珞琭子注《玄筌》"。《莊子·外物》云："筌者所以在魚，得魚而忘筌。"是書蓋亦假託玄筌子爲名，闡述斯旨者也。世傳《珞琭子三命消息賦》，珞琭或謂王子晋，或稱陶宏景，辨僞家則謂宋人假託，予疑亦出於唐人也。

宋琇　道訓十卷

《墓誌》（《大唐西市博物館藏墓誌》第五六七頁）云，字秀，世爲河西著姓，後家洛陽。開元二十八年卒，年二十八。"嘗著《道訓》十卷以見志，由是遐邇聆聲，莫不欽尚矣。"

房䇳　道性論一篇

唐皎然《杼山集》卷六《哭吴縣房䇳明府》，稱其"著論識不偏"，句下注："公著《道性論》一篇。"又有注云："房公昔日就沈道士學長生之術。"獨孤及《毘陵集》卷九《一公塔銘》載靈一與"清河房從心相與爲塵外之友，講德味道，朗誦終日"。

以上道家類，補九十二種。

法　家　類

李正卿　管子指要注二卷

《墓誌》（《彙編》二二四〇頁）云，字肬生，揚州江都人，李善之曾孫。官至司農、衛尉二少卿，出爲淄、綿二州刺史。會昌四年卒，年七十四。誌稱正卿"注《管氏指要》兩卷"，卷數與杜佑《指略》同，豈即其注本歟？

李瓉　韓非子注二十卷

王應麟《玉海》卷五三云：《韓子》"今本五十六篇，注不詳名氏。"宋乾道本《韓非子》清代從朝鮮傳入，亦未題注者。元何犿《韓子迂評序》云："舊本有李瓉注，鄙陋無取，盡爲削去。"

明焦竑《國史經籍志》著録《韓子》，亦題李瓚注，殆本何氏之説也。《四庫總目》云："瓚爲何代人，犴未之言。王應麟《玉海》已稱《韓子》注不知誰作，諸書亦別無李瓚註《韓子》之文，不知犴何所據也。"陳奇猷《校注・附録》云："查《舊唐書》卷一七六、《新唐書》卷一七四、《唐語林》卷六皆有李瓚其人，爲李宗閔之子，疑即注《韓子》之李瓚。《舊唐書》云：'瓚，大中朝進士擢第。令狐綯作相，特加獎拔，瓚自員外郎知制誥，歷中書舍人、翰林學士。綯罷相，出爲桂管觀察使，御軍無政，爲卒所逐，貶死。'《魏書・劉昞》傳云：'昞注《周易》《韓子》《人物誌》《黃石公》《三略》，並行於世。'今混入正文之注，疑即劉昞所作之《韓子注》。劉昞《韓子注》行於世。劉昞在前，李瓚在後，故劉昞注之混入正文者，而李瓚不知其非《韓子》之文而加注也。"按，宋名李瓚者稀，而兩《唐書》有五，或爲其中之一，然是否李宗閔之子，蓋難質言矣。

附按：《管子》一書，《通志》《書録解題》《讀書志》《宋志》著録及今本俱作二十四卷，題唐房玄齡注。舊編據以補録，拙著《管子研究》已考定爲宋楊忱合劉向校定本十八卷與唐尹知章注殘本十九卷爲一，改編爲二十四卷，並偽題作房玄齡注，今予刪除。

以上法家類，補二種。

名　家　類

王氏　擬公孫龍子論

王氏失名，《文苑英華》卷七五八載其自序，稱咸亨二年於宗人"王師政處見《公孫龍子》，遂擬此作。篇卷字數皆不逾公孫之作，人物義理皆反取公孫之意，以幸食代白馬，以慮方代指物，以達化代通變，以香辛代堅白，以稱足代名實。"又據此序,則唐初行世之《公孫龍子》殆即王師政所出之本。

陸羽　南北人物志十卷

見陸羽《陸文學傳》。《玉海》卷五七《唐廣人物志》條引《中興目》云:"陸羽有《南北人物志》十卷。"當亦據此傳述之,非宋世尚存也。

沈中黃　解言二卷

《墓誌》(《彙編》大中一四○)云,字中美,本吴興人,生長秦雍,好學工文。"爲《解言》上下各十九章,設賓主問答,析辯名理,不容秋毫,則揚子《解嘲》、士衡《連珠》,未足比也。《解言》既行於世,聲光震耀,卿士拭目,鄉薦神州,名在殊等,貢於有司,第登甲科。"開成二年登第,官至大理司直,大中十二年卒,享年六十七。按,此書原補列入別集類,今移正。

孫郃　四明郡才名志

《讀書志》別集類:"唐孫郃,字希韓,四明人。乾寧四年進士。好荀卿、揚雄、孟氏之書,慕韓愈。爲校書郎,河南府文學。"《宋高僧傳》卷二七《唐明州國寧寺宗亮傳》曰:"樂安孫郃最加肯重,著《四明郡才名志》,序諸儒駿士外,獨云釋宗亮多爲文士先達做仰焉。"宋陳耆卿《赤城志》卷三二:"孫郃作《才名志》云,前進士莫彦修,本貫鄞川,徙居台州。"宋羅濬《寶慶四明志》卷八:"《四明才名記》云,孫郃博學高才,唐末授左拾遺。"出於後人口吻,元袁桷《延祐四明志》卷四引此,稱"見《四明才名注》",當出後人序跋或注文。

以上名家類,補四種。

縱橫家類

元冀　鬼谷子指要

柳宗元《辯鬼谷子》曰:"元冀好讀古書,然甚賢《鬼谷子》,爲其指要幾千言。"

以上縱橫家類，補一種。

雜　家　類

呂氏　續呂氏春秋十餘卷

《文苑英華》卷九七〇梁肅《呂公神道表銘》：河東蒲人，呂仁誨子。二十舉孝廉，歷任博昌主簿、營丘、文安二丞、洺水令。開元二十五年卒。早年"治《古文尚書》《左氏春秋》"，晚年辭官，居濟源王屋山，"逍遥樂道，以漆園、鷃冠之言爲師，時閲歷代史，究興敗治亂之端，參以立身行道之義，著書十餘卷，號《續呂氏春秋》，草稿未就"。永泰中，其子遷檢校秘書少監，"以公所著書上聞"。呂溫《東平呂府君墓誌銘》（《續集》貞元六〇）稱梁肅爲"從外兄"，則此人當爲呂溫從祖。

袁孝政　劉子注十卷

《宋志》著録，注云孝一作希。《讀書志》曰："北齊劉晝孔明撰，唐袁孝政注。凡五十五篇，言修心治身之道，而辭頗俗薄。"《書録解題》作五卷，曰："劉晝孔昭撰，播州録事參軍袁孝政爲序，凡五十五篇。案，《唐志》十卷，劉勰撰，今序云：'晝傷己不遇，天下陵遲，播遷江表，故作此書。時人莫知，謂爲劉勰，或云劉歆、劉孝標作。'孝政之言云爾，終不知書爲何代人。其書近出，傳記無稱，莫詳其始末，不知何以名晝字孔昭也。"今本無袁序。劉晝見《北齊書·儒林傳》，與袁序不甚合，不知孝政何據。《黄氏日抄》曰："《劉子》之文類俳，而又避唐時國諱，以世爲代，往往雜取九流百家之説，引類援事，隨篇爲證"，"或者袁孝政之自爲者耶？"《四庫簡明目録》著録亦十卷，而萬卷精華樓藏明本爲二卷五十四篇。又考《日本目》著録《劉子》三本，卷數各爲十、五、三，則宋明以來諸本，或亦各有所據歟？

李淳風　感應經三卷

《宋志》著録。《中興目》曰："載物類相感爲韻語而注釋之。"《崇文總目》小説類有《感應經》三卷，舊抄本注云"闕"。陳詩庭云："《宋志》有東方朔、李淳風二書，未知孰是。"《秘書目》小説類兩見《感應書》一卷，未題撰人。

楊庭光　符瑞圖十卷

張彦遠《歷代名畫記》卷三《述古之秘畫珍圖》云："《符瑞圖》十卷，行日月，楊廷光並集孫氏、熊氏圖。"同書卷九云："楊庭光，與吴（道子）同時。佛像、經變、雜畫、山水極妙，頗有似吴生處，但下筆稍細耳。"

群書疏二十二卷

《日本目》著録，列魏徵《群書治要》下，疑即其注疏之作。《新志》有劉伯莊《群書治要音》五卷。

僧瑗　郁子三卷

《宋高僧傳》卷四云：釋僧瑗，字辯空。姓郁氏，高平昌邑人。年十三，依虎丘寺慧嚴法師爲弟子。後依慧詡禪師受具足戒，聽常樂寺聰法師《三論》，詣江寧融禪師求學心法。永昌元年卒，年五十一。"撰《武丘名僧苑》一卷，注《郁子》兩卷，《文集》三卷。"

蓋暢　道統十卷

《墓誌》（《彙編》神功一三）云，字仲舒，信都人，因官徙居新安。學洞六爻，文該四始，起家進士，仕至曲阜令。"秩滿歸家不仕，以文史自娛，著《道統》十卷，誠千古之名作，一代之良才。"

崔釋　經史稽疑

見《墓誌》（《河洛墓刻拾零》第一四七頁）。

徐融　帝王旨要一卷

《崇文目》四庫本不著撰人名氏，錢氏輯釋本補題作崔融，疑誤。《通志》儒術類作三卷，徐融撰；《宋志》雜家類同，"旨要"作"指要"。徐融，南吳時爲昇州刺史徐知誥（即南唐烈祖李昇）賓客，乃心楊氏，爲徐所殺，見宋陶岳《五代史補》卷三、清吳任臣《十國春秋》卷一〇。故其著書當在唐亡前後，仍予補録。

張仁亶　九諫書一卷

《秘書目》著録，作張仁稟，末字爲"亶"之訛。敦煌寫卷伯三三九九，首題"幽州都督張仁亶上《九諫書》"，次爲進書表，正文存"九諫"中之一至三。敦煌殘卷《新集文詞九經抄》《文詞教林》各引佚文數則。仁亶，武周神功元年冬閏十月檢校幽州都督，聖曆元年八月遷并州都督長史，書即撰於其間。後因避睿宗李旦嫌諱改名仁願。事迹詳兩《唐書》本傳。其九諫之目爲諫暴亂，納直諫，省重刑，用輕典，均賞罰，息人怨，簡牧宰，棄貪佞，委賢良。《新志》有郭元振《九諫書》，未知是否同一書。

臧嘉猷　皇王十翼七卷

日本藏明万历《新修南昌府志》卷一八云："臧嘉猷，進賢人。開元中州牧吳兢召之，不赴，著《無求論》以見志。又著《皇王十翼》七卷。兢名其鄉曰真隱，里曰正吉，以旌異之。又以所居爲旌賢坊。天寶中，左相李適、尚書張均復以嘉猷學究天人，洞識精微，薦用，竟以親老，不愿仕。歸著《德政》八章以獻，朝廷嘉其節，賜束帛。屢徵，皆不起。年八十二卒。"

臧嘉猷　史玄機論一卷

《宋志》著録。

帝皇龜鏡圖二卷

王維《奉勅詳〈帝皇龜鏡圖〉狀》云："《帝皇龜鏡圖》兩卷令簡

擇訖，進狀。""伏如所示之圖，謂之自古帝皇圖即可矣；謂之龜鏡圖，伏恐稍乖名實。又多不出於正經，或取諸子之説。又取曹植《飛龍篇》、摯虞《庖犧贊》等，是一時文章之語，非正經本傳之事。至如堯之茅茨不翦，土階三尺，就之如日，望之如雲；舜之逐竄四凶，舉十六族，臣歌九德，君撫五弦等善事；夏桀之瑶臺瓊室，殷紂之肉林酒池等惡事。蓋畫如此之類，乃成龜鏡之圖。至於伏羲生時，伏羲之墓，女媧腸化，摶土爲人，如此之流，豈爲龜鏡？"

何昌浩　九流指要十卷

《墓誌》云，廬州潛人，何彦先孫。"早尚屬文，兼志博覽。著《九流指要》十卷，事窮造化，義盡幽微。"曾任澤州參軍、光州定城縣丞、鄧州司户參軍等。永泰二年卒，年五十二。（參趙振華《洛陽古代銘刻文獻研究》，三秦出版社二〇〇九年，第一七〇頁。）

于休烈　五代帝王論

《舊書》本傳云："休烈尋轉工部侍郎、修國史，獻《五代帝王論》，帝甚嘉之。"《太平廣記》卷一六四引《談賓錄》云："休烈獻《五代論》，肅宗甚嘉之。"唐人所謂五代，爲梁、陳、北齊、北周、隋，如張絢古著《五代新記》二卷。

史好直　惟新政典五卷　道規五篇

《墓誌》（《西安碑林博物館新藏墓誌續編》第四三六頁）云："公以爲士生於世，有以居業，三德之用，忠爲先，皇極之地，政爲本。始於大曆四年，進《惟新政典》五卷，皇帝曰俞，恩獎加等，編付史册。""至十三年，上在穆清，垂衣思治，公又獻《道規》五篇，極三微六宗之要。"三微，三正也。六宗，天地四時也。王者受命改正朔，禋于六宗，故《道規》亦極論王政之要者也。

劉晏　三教不齊論一卷

《日本目》著録，不著撰人。又見日本僧入唐求法僧最澄《傳教大師將来越州録》、空海《御将来目録》、圓珍《福州温州台州求得經律論疏記外書等目録》及釋永超《東域傳灯目録》。敦煌寫卷斯五六四五，首缺，尾題："謹議《三教不齊論》，劉晏述。"其旨在微諫代宗崇佛，以圖糾正時弊。

韋渠牟　三教會宗圖

權德輿撰《墓誌》，稱其"撰《莊子會釋》《老子》《金剛經釋文》《孝經》《維摩經疏》《三教會宗圖》共十餘萬言"，又載顔真卿"嘗稱遺名子洞徹三教，讀佛書、儒書、道書向三萬卷，又多言其神奇之迹"。宋周應合《景定建康志》卷一七："大曆中處士韋渠年亦隱於此，號遺名子，顔真卿題其所隱之堂曰'遺名先生三教會宗堂'。"疑此爲大曆中隱居鍾山時所作。《舊書》云："渠牟少慧悟，涉覽經史。初爲道士，後爲僧。""貞元十二年四月，德宗誕日，御麟德殿，召給事中徐岱、兵部郎中趙需、禮部郎中許孟容與渠牟及道士萬參成、沙門譚延等十二人，講論儒、道、釋三教。渠牟枝詞游説，捷口水注；上謂其講辭有素，聽之意動。"

覃季子　覃子子纂

柳宗元撰《墓誌》稱其"取鬻、老、管、莊、子思、晏、孟下到今，其術自儒墨名法，至於狗彘草木，凡有益於世者爲《子纂》，又百有餘家。"且云黜陟使嘗取其書以名氏聞，除太子校書。

馬總　意樞二十卷

《宋志》著録。馬總有《意林》三卷，或分爲六卷，似即《舊書》本傳所謂《子抄》。然史傳稱其著書百餘卷，抑《子抄》不僅指《意林》一書歟？《宋志》並載二書，姑從之。

劉軻　黃中通理三卷

見劉軻《與馬植書》。唐范攄《雲溪友議》卷中："劉侍郎軻者，韶右人也。幼之羅浮九疑，讀黃老之書，欲學輕舉之道。"五代王定保《唐摭言》卷一一："劉軻慕孟軻爲文,故以名焉。少爲僧,止于豫章高安縣南果園後,求黃老之術,隱於廬山,既而進士登第,文章與韓、柳齊名。"《易·坤·文言》云："黃中通理,正位居體,美在其中,而暢於四支,發於事業,美之至也。"宋胡瑗《周易口義》卷一："今六五之君子,有此黃中之德,故能通天下之物理也。"

程昔範　程子中謨三卷

《因話錄》卷三曰："廣平程子齊昔範未舉進士日,著《程子中謨》三卷,韓文公一見,大稱歎之。"後宰相李逢吉見其書,"特薦拜左拾遺,竟因李公之累,湮厄而没。"《灌畦暇語》亦云："子齊初應舉時,行其文卷,有所謂《中謨》者,大爲昌黎韓公愈所賞。"《浯田程氏宗譜》卷二錄六十八世："諱昔範祖,字子齊,兄弟幼孤自立,力學能文。憲宗元和十四年舍人庚承宣下擢進士第。"後錄其初舉及擢第後事迹,與《因話錄》卷三、《唐語林》卷三大致相同。所錄座主、所試賦詩及韋、章二人事,皆與徐松《登科記考》相合。徐氏因《唐語林》云昔範爲庚承宣知舉時登第而繫於十三年承宣第一年知舉時,未允,當移正。

苗臺符　皇心三十卷

《唐摭言》卷三："苗臺符六歲能屬文,聰悟無比。十餘歲,博覽群籍,著《皇心》三十卷。"大中八年,年十六及第,十七不祿。《新志》載其《古今通要》四卷,注云："宣、懿時人。"

樂朋龜　五書一卷

《宋志》著錄。《北夢瑣言》卷五載："樂公舉進士,初陳名事,謁李昭待郎,自媒曰:'別於九經、書史及《老》《莊》《八都賦》外,著八百卷書,請垂比試。'"又謂其於制誥不甚簡當,僖宗時任侍郎。

朱朴　俟命論三卷

《秘書目》著録。朴相唐昭宗。

丘光庭　兼明書五卷

《宋志》凡三見，經解類作三卷，禮類作四卷，雜家類作十二卷。《書録解題》作二卷，《遂初目》無卷數。唯《秘書目》作五卷，與今本同。其書雜考諸經、《文選》、字書等，凡十二類，一百四十一條。引據賅博，考證精詳，有功於經義。丘光庭《唐書》無傳，《四庫總目》據羅隱有贈光庭詩以定光庭爲五代人。然羅隱卒於後梁初，而《書録解題》稱光庭爲唐國子太學博士，余嘉錫又考其乾寧中已爲博士，即或入梁，其著書亦或在唐末。

丘光庭　規書一卷

《秘書目》《宋志》著録。

陳岳　陳子正言十五卷

《唐摭言》卷一〇云：陳岳晚年從豫章鍾傳，爲同舍所讒，退居南郭，以墳典自娱，嘗著《春秋折衷論》《聖紀》，"以所爲述作，號《陳子正言》十五卷。"考《唐語林·言語》引"陳子曰"二節，言涉晚唐史事，而唐末五代號陳子者他無聞，頗疑即出陳岳此書。後承周勳初教授手澤教以沈曾植《海日樓劄叢》卷六已先我疑之。見聞不廣，紕漏孔多。謹此附識，以鳴謝忱。

李磎　品流志五卷

宋孫光憲《北夢瑣言》卷六載，司空圖撰《李磎行狀》，稱"其平生著文，有《百家著諸心要文集》三十卷，《品流志》五卷，《易之心要》三卷，注《論語》一部，《明無爲》上下二篇，《義説》一篇"。舊編以爲《品流志》乃晉摯虞《文章流别志論》之流亞，故補入集部。今細味諸書名目，似前一書爲總名，後五書爲分名，

《品流志》對應於"百家著",殆品評百家學術者,故改入此類。

同谷子　十代興亡論二卷

後蜀何光遠《鑑誡錄》卷二云:"天復中,昭宗播岐時","有成州同谷山逸人,戴一巨笠,跨一青牛,琴袋酒壺俱在牛上,因稱同谷子,不顯姓名。直詣行朝,上書兩卷,論十代興亡之事,叙四方理亂之源。"《新志》雜家類著録朱敬則《十代興亡論》十卷,兹仿之擬名、歸類。

灌畦暇語一卷

《書録解題》著録,曰:"雜取史傳事,略述己意。"《四庫總目》據其唐太宗一條稱臣、稱皇祖,又稱近吴道玄師張顛筆法,又引韓愈詩,以爲中唐以後人。朱熹嘗稱世有《灌畦暇語》一書,《説郛》亦節録之,至明代已頗殘。今本凡三十二條,皆列舊文於前,而稱老圃以論斷之,雅近黄老宗旨。《秘書目》載偃松子注《老逋道德經》,亦爲宋以前人,唯此逋字是否子字之誤,抑或與此老圃有關,則不可知矣。

王湛　遺誡一卷

楊炯《楊盈川集》卷八《王湛神道碑》云:字懷元,雍州人。從高祖起兵,入唐仕爲通事舍人、虞部郎中,歷商、郎、冀、瀘等州刺史。咸亨三年卒,年九十三。"躬覽載籍,著《遺誡》十八章,盛行於代。法文王《周易》之變,象尼父《孝經》之篇。"此書當爲模仿《孝經》,分成十八章,以垂誡子孫。

徐慈政　門誥十二篇

《墓誌》(《河洛墓刻拾零》一六一頁)云,字子憲,其先高平人。隋大業中舉高第。曾爲李建成僚屬,後不得進用,以壯武將軍致仕。麟德二年卒,年七十七。"探幽文藝,養浩丘樊,雅重方書,尤好述作。其表疏□諫及雜文筆,並命削稿,唯撰《門誥》十二篇藏於家。"

劉敦行 □誡三十卷

《神道記》(《續集》第四七五頁)載其開元初貶授施州別駕、硤鄂沂三州司馬，"自遠謫江國，常寡人務，聽訟餘間，留心著述，撰《□誡》三十卷"等，"並□古典實，可傳於後"。唐宋書目著錄"訓誡""集誡""紳誡"之類書，多入儒家或雜家類。

韓休 家訓

宋周紫芝《太倉稊米集》卷五一《劉氏家訓序》云："昔韓休、穆寧皆撰《家訓》，以遺子孫。開元(當作貞元)間言家法者，尚韓、穆二家，其後子孫皆有賢行，能世其族。"韓休，長安人。開元中官至宰相，二十七年卒，年六十八。兩《唐書》本傳載其生活儉樸，家教甚嚴，其七子"皆有學尚"，韓滉尤有父風。柳玭《柳氏序訓》云："祖母韓夫人，相國休之曾孫，相國滉之孫，僕射貞公皋之長女，家法嚴肅儉約，爲搢紳家楷範。"《新書·穆寧傳》云："先是，韓休家訓子姓至嚴。貞元間，言家法者，尚韓、穆二門云。"史傳雖未明言其撰《家訓》，然穆寧確有《家令》之撰，周氏之說或有所據。

李翰 蒙求三卷

《崇文目》《讀書志》《書錄解題》《通志》《宋志》並著錄，翰或誤從水旁，《四庫總目》遂題爲五代晉人。自後考之者甚多，《鄭堂讀書志》已知其爲《新書》李華及蕭穎士傳中之李翰。《經籍訪古志》載古本《蒙求》，首有天寶五年李良薦表，李華序，題安平李瀚撰注。余嘉錫進而詳考其人其書，此不具錄。其書取古人言行美惡，屬對類事，編成四字句，依韻序次，凡二千餘言，又自撰注，轉相敷演，約萬餘事，以訓童蒙。又敦煌寫卷伯二七一〇爲白文卷子本，始李良進表之後段，次李華序，訖正文第二十八句"周處三害"止。伯四八七七爲冊葉註文本，兩葉四面，自"袁盎卻坐"註文至"李郭仙舟"一句止。《新志》載王範《續蒙求》，當即續此。

顏真卿　家教三卷

《秘書目》著録。敦煌寫卷伯二六〇七，起"勤讀書鈔示頵等"，訖"路温舒少牧放羊欲"，其後殘缺未完，共四紙七十三行，存十六則勤學故事。顏真卿有子名頵，岑仲勉《跋敦煌抄本唐人作品兩種》云："此乃顏真卿劄記所得以示其子頵、碩等也。"其第七條曰："魏武、袁遺，老而彌固，此皆少學而至老不倦也。曾子七十乃好學，名聞天下；荀卿五十始游學，猶爲碩儒。"似爲魯公晚年所抄，故獨重是理。然卷首"勤讀書"爲魯公夫子自道，其"鈔示頵等"者，未必僅此一事，頗疑此即《家教》三卷之殘帙耳。殘卷所引《顏氏家訓・勉學篇》獨多，與今本文字多有異同，今人考校《家訓》，每多援用校勘，足見其價值。

穆寧　家令一卷

穆寧，懷州河内人。爲人剛正，有氣節。德宗時以秘書監致仕。貞元十年卒，年七十九。《舊書》本傳云："寧好學，善教諸子，家道以嚴稱。事寡姊以悌聞。通達體命，未嘗服藥。每誡諸子曰：'吾聞君子之事親，養志爲大。直道而已。慎無爲諂，吾之志也。'"其四子均"以家行人材爲縉紳所仰"，時人稱"贊俗而有格爲酪，質美而多入爲酥，員爲醍醐，賞爲乳腐，近代士大夫言家法者以穆氏爲最高"。《新書》本傳云："寧居家嚴，事寡姊恭甚。嘗撰《家令》訓諸子，人一通。又戒曰：'君子之事親，養志爲大，吾志直道而已。苟枉而道，三牲五鼎非吾養也。'"

皇甫氏　家範一卷

《文苑英華》卷七二六梁肅《送皇甫七赴廣州序》："予同郡皇

甫生,膚清氣和,敏學而文。嘗纂《家範》數千言,自遠祖漢太尉、晉玄晏先生以還,門風世德,焕耀篇録,生聿修之志可觀矣。"知其書編録皇甫嵩、皇甫謐以下嘉言懿行。皇甫湜行七,然爲睦州人,與梁氏非同郡,非其人也。

陳皆　教子中典二卷

《墓誌》(《彙編》貞元一三〇)云:"以立家必子,序《教子中典》三卷。"蓋仿《尚書·吕刑》"刑新國用輕典,刑亂國用重典,刑平國用中典"命名也。

陳崇　陳氏家法一卷

《宋史·陳兢傳》云,陳伯宣遷居德安,其"子崇爲江州長史,益置田園,爲《家法》,戒子孫,擇群從掌其事,建書堂教誨之,僖宗時嘗詔旌其門"。宋胡旦《義門記》云:"崇以治家之道必從孝道始,乃撰《家法》,垂示將來。""至道中,陳氏上《家法》一篇,送史館繕寫,賜王公各一本,使知孝義之風焉。"《永樂大典》引《江州志》,録有陳崇大順元年所撰序。晚清、民國各地義門陳氏家譜多載《陳氏家法》三十三條,或有後世竄入内容。

于義方　黑心符一卷

宋陶穀《清異録》卷上"女行"門收録,末云:"右萊州長史于義方《黑心符》一卷,録以傳後。黑心者,繼婦之德名也。"凡千餘言,極言禦妻正家之道。

辯才家教一卷

敦煌寫卷斯四三二九、伯二五一五,前有序稱"昔辯才者,是不可思議人也,是善知識,教化閻浮提衆生成道"云云。此辯才或屬虛構,或即唐朔方龍興寺僧辯才。俗姓李氏,襄陽人,又作辨才。大曆十三年卒,年五十六,謚能覺。是書凡十二章,存失題第八章,貞女章第九,失題第十章,五字教章第十一,善惡章第十二等五章。假託學士問,辯才答,多爲韻語。

大意以修身治家爲主,糅合釋道之說,而總歸於儒。

太公家教一卷

此書宋人書目均未著錄,然唐李翱《答朱載言書》列舉理是而辭章不能工之書,已言及"俗傳《太公家教》",知其盛行於民間。宋王明清以爲"當是唐村落間老校書爲之,太公者猶曾高祖之類,非渭濱之師臣"。南宋以還,北方遼、金、滿各族及高麗繼續用爲課蒙讀本,女真字及滿文譯本且見於載籍。近代敦煌出現此書殘卷三十餘件,學者續有考辯。王重民謂其書乃取《六韜》中姜太公對文王所說嘉言懿行,敷衍以成,成書年代約當安史亂後。或謂其序稱"余生逢亂代,長值危時",當指"作者生於隋末大亂之時","其成書年代當在公元七世紀下半葉"。(參劉安志《〈太公家教〉成書年代新探》,《中國史研究》二〇〇九年第三期。)

武王家教一卷

敦煌寫卷斯四七九、伯二六〇〇等十一件,題"武王家教",常與《太公家教》合抄。假託太公與武王問對,文句亦與《太公家教》近似,而少有韻致。顯爲後人之託名,並仿《太公家教》中部分內容演義而成。抄寫年代最早者爲大中四年,故當撰於此年之前。

新集嚴父教一卷

敦煌寫卷伯三七九七等四件,首題"新集嚴父教",凡九首家訓詩,僅二百七十多字。

古賢集一卷

敦煌寫卷伯三一七四、斯四九七二等十一個殘卷,或首題"《古賢集》一本",末云"集合古賢作聚韻,故令千代使人知"。復原全本爲七言四十韻,八十句,乃集合古人事迹,撰成長篇歌詩,以訓童蒙者。伯三一一三末署清泰二年抄寫,當作於中晚唐。

以上雜家類，補四十八種。

農 家 類

栽植經三卷

《類説》卷六引《廬陵官下記》曰："世傳《栽植經》三卷。"《酉陽雜俎·續集》卷一〇稱："杜師仁（《説郛》引作李君鄂）嘗見《栽植經》三卷，言木有病酣心者。"

王旻　山居要術三卷

《中興目》《宋志》著録。《崇文目》《讀書志》《書録解題》作王旼，《通志》作王珉。諸家皆未言何代人，而唐韓鄂《四時纂要》曾引《山居要術》，大約即王旻此書，或省作《要術》。宋余靖曾家藏此書，祖無擇向之借閲，各有《答祖太博借〈山居要術〉》《題余尚書〈山居要術〉》詩。可見其書宋代流行頗廣。《宋志》又載王旻《山居雜要》三卷，《山居種蒔要術》一卷，當爲宋人別題之異稱。至明陳第《世善堂藏書目》，尚載有王旻《山居要述》一書，"述"當爲"術"之訛。清王聞遠《孝慈堂書目》有王旻《山居録》一卷，注曰："唐太和，昆山葉氏藏本。"是其書清代尚有單行之本。元人所編《居家必用事類全集》戊集"種藝類"之下，題"唐太和先生王旻《山居録》"。《太平廣記》卷七二"王旻"條云："太和先生王旻，得道者也，常游名山五嶽。"後隱居衡山，"天寶初，有薦旻者，詔徵之，至則於内道場安置，學通内外，長於佛教。"又稱旻"長於服餌"，"好勸人食蘆菔根葉，云'久食功多力甚，養生之物也'。"天寶七載，"旻乃請於高密牢山合煉，玄宗許之，因改牢山爲輔唐山，許旻居之"。而《居家必用》所引"種芋"條云："茅山玄靖先生勸余食芋，云補中益氣無比。"茅山道士李含光，天寶七載賜號玄靖。顔真卿《李含光碑》則云："玄宗詔山人王旼強請先生楷書上經一十三紙，以補楊、許之闕。"二者適可互證，王旻與王旼爲同一人，其奉詔至茅山請李含光書寫《道德經》上卷，當在天寶七載退居牢山之前，而其著書則在退居牢山後不久。《居家必用》種藝、種藥、種菜、果木、花草、竹木六類諸條，不一一標注出處，似俱出《山居錄》，然其中雜有宋代以後事，當爲後人竄入。又其注文每引"別本"，至有同條下引兩"別本"者，可證宋代此書別本之多。

王從德　農家事略六卷

雍正《浙江通志》卷二四六著錄《農家事略》六卷，注出《黃巖縣志》，王從德著。同書卷二三八引《黃巖縣志》："唐大理少卿王從德墓，在十一都金家罌口，題石柱云：'東洋王長公之墓。'王晟《王公墓誌銘》：'公咸通進士，三擢至景福爲大理少卿，自錢塘避難至寧溪，卜居東山之洋，以天成二年丙戌偕夫人賈氏厝此。'"其說晚出，且宋王稱《東都事略》之前，未有以"事略"名書者。

陳廷章　水輪賦一卷

陳廷章生平不詳，《全唐文》載其賦六篇，入時代爵里無考卷內。考司空圖《中條王官谷序》自注稱："亡舅名權，四歲能誦其舅水輪陳君賦。"劉權爲劉晏曾孫，即使與司空圖同時生，亦當在文宗開成年間，而其時《水輪賦》必已盛傳於世，人始以"水輪陳君"稱廷章，其生活年代約當在憲宗至懿宗年間。賦述水轉筒車之形制、運轉及功用等頗詳，且述及水輪優於轆轤、桔槔之處，有助於農技史之研究。

陸龜蒙　耒耜經一卷

《書錄解題》著錄。原載《笠澤叢書》《甫里先生文集》內，故唐宋公私書目無之，南宋始別本單行，明清以下叢書則多予收錄。所記農具五種，而犁之形制尤爲先進。按，本編例不錄單篇，然此等專門作品，古人少所撰作，傳世尤稀，後世視之彌珍，今特爲著錄。

陸龜蒙　漁具泳一卷

收入《説郛》《水邊林下》等叢書，參上條。

李緒　相馬經一卷

《日本目》曰："《相馬經》一卷，申屠撰。"其人或姓申名屠，或複姓申屠而脱名，皆屬可能。然日本源順《倭名類聚抄》卷一一凡九引"李緒《相馬經》"，其名字形相近，疑申屠爲李緒之訛。漢晋各有李緒，皆與相馬無涉。《舊書·高祖二十二子傳》載，霍王元軌"長子緒最有才藝，上元中封江都王，累除金州刺史，垂拱中坐與裴承光交通被殺，神龍初與元軌並追復爵位。"唐張彦遠《歷代名畫記》卷一○稱其"多才藝，善書畫，鞍馬擅名"。《宣和畫譜》卷一三亦謂其"能書畫，最長於鞍馬，以此得名"，又曰："杜子美嘗觀曹霸畫馬而有詩曰：'國初已來畫鞍馬，神妙獨數江都王。'則緒爲一時之所重，其可知歟？今御府所藏三。"畫馬者須知馬之習性，其著此書，自屬可能。復考源順所引九條佚文中，"汗溝欲深"，常見於《伯樂相馬經》等書；"食槽欲寬""排鞍肉欲成，成猶平也""承鐙肉欲垂"三條與《説郛》本徐咸《相馬書》略同，後者末條作"乘鐙"。《舊志》著錄徐成《相馬經》一卷，然徐咸書之《寶金篇》《寶金歌》皆長篇七言詩，似非唐初文體，疑宋人僞作，有意題作徐咸耳。雍正《山西通志》卷一七五列徐賢《相馬經》於唐代，則又音近而誤。馬鐙漢晋考古發現中有之，其名則始見於《南齊書·張敬兒傳》。食槽、排鞍、承（乘）鐙三名此外晚出於宋明文獻，仍不常見。由是觀之，此書不出漢晋之李緒，而當爲唐江都王李緒所撰，可無疑義矣。《隋志》《舊志》載《相馬經》多種，《新志》牛馬書一無增加，是豈唐朝無此類書哉，編次失之也。

常知非　相馬經一卷

《宋志》著錄,列谷神子前。《日本目》作知非撰,偶脱姓耳。按,常衮諸父名無名、無欲,又有西河尉常非月,皆玄宗時人,而以無、非入名,豈同族同輩人歟?

谷神子　辨養馬論一卷

《宋志》著錄,注曰,養馬一作養良馬,谷神子一作鬼谷子。《崇文目》《通志》並作《辨養良馬論》,不著撰人名氏。唐有撰《博異志》之谷神子,或疑即鄭還古,又有注疏《老子》者,或疑爲馮廓、鄭思遠,唐末又有谷神子裴鉶,此未知誰撰。

穆蠡　皇帝醫相馬經三卷

《讀書後志》著錄,云唐人,"集伯樂、王良等六家書成此編,皇帝斥神農也。"或疑皇帝爲黄帝之誤,假託以斥神農。然敦煌殘卷中黄帝每作皇帝,是不誤也。按,《日本目》著錄《要集相馬經》一卷,當亦集多家而成;《崇文目》《通志》著錄《周穆王相馬經》三卷,或由穆蠡而僞作穆王,疑皆同一書也。

李石　司牧安驥集三卷　司牧安驥方一卷

《宋志》著錄。《四庫總目》醫家類存目著錄《永樂大典》本《安驥集》三卷,不著撰人名氏,前有僞齊時刊書序,稱阜昌五年盧元賓進呈《司牧安驥集方》四册,命有司看詳開印,以廣其傳云云。明刊本《安驥藥方》俱題宋李石撰,卷數亦有分合。宋李石紹興末始官太學博士,黜成都學官,乾道中再入爲郎,後歷知州,終成都轉運判官,無阜昌五年前著書之可能。唐李石,元和中擢第,辟李聽幕府,主後務,大和中爲行軍司馬,歷官至宰相。王毓瑚以爲即所撰也。其書爲宋元明三代獸醫必讀書,多次增刊,今人校注本題唐李石等著。

造父　水牛經三卷

《四庫總目》醫家類存目著録《永樂大典》本,曰:"造父未詳何許人。原序有曰:'唐則天垂拱二年八月,收得水牛有病證。造父奏言,水牛與黃牛形貌相同,治法不等,若依黃牛用藥,誤矣。造父別立醫書共四十五證,有方有論,並無差誤。'但其詞俚陋,蓋方技家聞古有善禦之造父,誤以爲唐人而托之也。"王毓瑚疑爲姓唐名造父。按,此書宋代書目未載,亦不見古書引用,甚至唐代醫書中專治水牛方亦極罕見,僞託固亦可能,然謂僞託者不知造父而誤以爲唐人,則豈如是之陋哉!《日本目》牛馬書俱載於五行類,内有《水牛圖》一卷。又,唐相韓滉曾任浙東西兩道節度使,擅畫牛羊。其幕下巡官戴嵩師之,不善他物,唯善水牛而已。嵩弟嶧亦善水牛。張符善畫牛,亦有得於韓滉。事見《歷代名畫記》卷一〇、《宣和畫譜》卷一三。則唐代南方水牛使用增多,此書撰於唐人,亦未可知也。

賈耽　醫牛經

《宋志》著録,注云卷亡。《通志》有《醫牛經》一卷,不著撰人名氏,疑即此。隋唐志有《相牛經》,而無《醫牛經》,自相牛變而爲醫牛,其間不唯名稱變易,當亦隨之以科學成份之增多,書目之著録,乃由五行改入農家,又入醫家。此一過程,蓋完成於唐宋之交,《證類本草》引書有《過牛經》,又作《治過牛經》,以及賈耽此書,則最早之醫牛專書也。耽相德宗,史傳稱其嗜觀書,尤精地理,"至陰陽雜數罔不通",是有兼通牛醫之可能。李時珍《本草綱目》所引《賈相公牛經》,是否即賈耽書,則不可知矣。

賈耽　百花譜

《類說》卷七引《海棠記》曰:"唐相賈耽著《百花譜》,以海棠爲花中神仙。"或説宋人王禹偁作。

李德裕　平泉山居草木記一卷

《崇文目》《通志》《宋志》著錄，或無山居二字。《讀書志》曰："記其別墅奇花異草樹石名品，仍以詠歎其美者詩二十餘篇附於後。"李德裕爲晚唐宰相，平泉即其洛陽別墅名。德裕嘗以花木記及歌詩篇錄銘之於二石，後人集爲一書。《説郛》等叢書收錄，文字似有脱落。

陸羽　顧渚山記二卷

《讀書志》著錄，曰："羽與皎然、朱放輩論茶，以顧渚爲第一。"《書錄解題》入地理類，作一卷，曰："鄉邦不貢茶久矣，遺迹未必存也。"綜合二人所記，此書當爲記載顧渚山茶事者，而兼涉有關茶之古迹。《秘書目》《宋志》亦一卷。《宋志》又出《茶記》一卷，《通志》作《茶記》三卷，宋蔡襄《茶錄》引《顧渚山茶記》，疑並即此。又考皮日休《茶中雜詠序》稱陸羽始爲《茶經》三卷，"後又獲其《顧渚山記》二篇，其中多茶事"，則晁氏所見，或猶其舊，其他皆經後人分合也。《崇文目》有《茶記》二卷，無《茶經》，周中孚疑爲錯字者，亦未必也。《唐文拾遺》收陸羽《顧渚山記》，當非全書。

裴汶　茶述

蔡襄《茶錄序》稱"唐陸羽《茶經》、裴汶《茶述》皆不第建品，唐末，然後北苑出焉。"裴汶見於《新書·宰相世系表》《郎官石柱題名》，元和初祠部員外郎，湖州刺史。貞元中常袞爲建州刺史，建茶稍著，故裴氏《茶述》未及載之。宋代建安北苑所貢茶，號爲天下最。

温從雲　茶説

皮日休《茶經序》曰："太原温從雲，武威段碣之各補茶事十數節，並存於方册。"宋葉清臣《述煮茶小品》稱："予少得温氏所著《茶説》，嘗識其水泉之目有二十焉。"唐張又新《煎茶水記》

曰："曾於一楚僧處見雜記一卷,末題《煮茶記》,載陸羽爲李季卿論水次第二十種。"疑即溫氏書。

陸龜蒙　品第書三卷

陸龜蒙《甫里先生傳》："先生嗜茶,置小園于顧渚山下,歲入茶租十許,薄爲甌蟻之費。自爲《品第書》一篇,繼《茶經》《茶訣》之後。"一篇,《唐才子傳》卷八作"一編"。陸氏《奉酬襲美先輩吳中苦雨一百韻》詩云:"酒幟風外颭,茶槍露中擷。歌謡非大雅,捃摭爲小説。"自注云:"茶芽未展者曰槍,已展者曰旗。龜蒙嘗著稗説三卷。"歌謡當指《茶中雜詠》十首,"小説""稗説"當指《品第書》三卷。

蘇廙　仙芽傳

宋陶榖《清異録》卷四曰:"蘇廙《仙芽傳》第九卷載《作湯十六品》,謂湯者茶之司命。"蘇氏不知何許人,此當亦茶書。《説郛》收其《十六湯品》,明清書目亦有著録《湯品》者,稱爲唐人。

王績　酒譜二卷

見吕才《東皋子後序》。兩《唐書》本傳稱其待詔門下省,特判日給斗酒,時人呼爲"斗酒學士",追述焦革酒法爲經,又採杜康、儀狄以來善酒者爲譜,各一卷。李淳風見而悦之,曰:"君,酒家南董也。"五代鄭遨纂輯古今酒事,爲《續酒譜》十卷,以續王績之書。今其書不傳,而集内詩文如《醉鄉記》《五斗先生傳》亦備言酒德。

崔端己　庭萱譜一卷

《崇文目》《通志》著録,俱題同塵先生。考《説郛》卷一一七載唐末人所撰《聞奇録》曰:"崔端已,字安道,善酒令,著《庭萱譜》,稱同塵先生。有魏溫者,不知是崔撰,嘗問曰:君曾覽同塵先生《庭萱譜》乎?"端己不詳何時人,然魏溫見於《元和姓纂》,《宋志》列此書於《貞元飲略》前,疑得其實。

竇常　貞元飲略三卷

《崇文目》《秘書目》《宋志》著錄，《通志》不著撰人名氏，貞或作真，又作正，避仁宗嫌名也。《秘書目》又出竇常《酒錄》三卷，葉德輝按曰："《新唐志》《宋志》農家類有竇苹《酒譜》一卷"，蓋以竇苹爲竇常，不知竇苹宋人，著《唐書音訓》，其書何得見於《新志》？竇常，大曆進士，仕至國子祭酒，長慶元年卒，《新書》有傳。

皇甫松　酒孝經一卷

《宋志》著錄。皇甫松，湜子，晚唐詩人，著《醉鄉日月》三卷。《崇文目》載《酒孝經》，云隋劉炫撰，此恐誤。

王敷　茶酒論一卷

敦煌寫卷伯二七一八，首題"《茶酒論》一卷並序，鄉貢進士撰"，抄寫於宋開寶三年。另有三個殘卷缺脫較多。茶酒兩家辯論，而結之以水，大體爲四言韻文，傳奇小説之體。

李章武　錦譜

《歷代名畫記》卷三："其古之異錦，具李章武所集《錦譜》。"章武不見於兩《唐書》，傳奇小説有《李章武傳》，唐李景亮撰，稱其字飛，其先中山人，敏博工文學，時人比之晉之張華，大和末官成都少尹。《通志》《秘書目》有《錦譜》一卷，不知是李書或宋沈立書。

員半千　香譜

宋洪芻《香譜》引。

張彥遠　閒居受用

宋趙希鵠《洞天清錄》序稱："唐張彥遠作《閒居受用》，自首載齋閣應用，而旁及醞醢脯羞之屬。"

張台　錢錄二卷

《秘書目》著錄，《通志》作三卷，《國史志》《宋志》作一卷。《讀書志》類書類云：" 梁顧烜嘗撰《錢譜》一卷，唐張台亦有《錢錄》兩卷。本朝紹聖間，李孝美以兩人所纂舛錯，增廣成十卷，分八品。"據《登科記考》，張台於大中十三年崔鋋下及第。出土《柏氏墓誌》（《碑林集刊》第四輯），題"外甥前鄉貢進士張台撰"，知其爲柏良器外孫、柏耆之甥。

張説　錢本草一卷

《通志》《秘書目》著録。

附按：時令、豢養、種藝、茶酒等書，諸目歸類大異，或另立新類，《新志》則農家、小説二類互見，今從《通志》食貨類例，而並以其書入農家類。

李林甫　月令並時訓詩一卷

《通志》著録。李林甫預明皇删定及注《禮記月令》事，《宋志》别出李林甫《注解月令》一卷，而無此書，或即一書歟？疑御注《月令》或有附時訓詩於末，後人改題李林甫撰也。

孫思邈　齊人月令三卷

《宋志》著録。《崇文目》，《通志》俱作一卷，人或作民。又見《太平廣記》《歲時廣記》等書徵引。

杜仲連　月令詩一卷

《通志》著録。杜仲連，京兆人。生卒年不詳。《元和姓纂》卷六杜氏："元道，將作少匠，生昆吾、仲連。昆吾，坊州刺史；仲連，太原令。"其父元道卒於開元中，陳思《寶刻叢編》卷八引《京兆金石録》云："《唐太僕少卿杜元道碑》，唐韋述撰，子昆吾書，裴耀卿題諱，殷承業書額，開元二十四年。"其兄杜昆吾，開元十一年任衛州司馬，撰《趙郡李氏墓誌銘並序》，志石出土于河南洛陽。清趙之謙《補寰宇訪碑録》卷三："杜昆吾《石龕象銘》，天寶七載十月，四川南江。"銘文見《金石苑》卷二，謂昆吾字景山，先謫官中部郡司馬，天寶六載任郡太守，此似爲其最後歷官。杜仲連蓋亦玄宗時太原令，與李林甫同時，疑其《月令詩》與李林甫詩同爲《删定禮記月令》而作。

岑賁　月璧一卷
《宋志》著錄。岑賁，中宗、睿宗相岑羲之子，官右驍衛倉曹參軍。

孫翰　月鏡二卷
《秘書目》著錄，不著撰人。《宋志》鏡作鑑，避諱也。孫翰不知何時人，《新志》載其《錦繡谷》五卷，《通志》注云："錦繡谷乃所居山名。"蓋隱居於廬山之錦繡谷。

韋慎微　咸鎬故事一卷
《中興目》著錄。《讀書志》曰："纂長安自元日至除夜朝廷慶賀事。"《書錄解題》稱此書與李綽《秦中歲時記》"大同小異，竟不知何人作也。末卷卻有'神鬼大者號儺公母'一語。按《館閣書目》，《秦中歲時記》一名《咸鎬歲時記》"。

李綽　輦下歲時記一卷
《宋志》著錄。李綽，趙郡人，唐膳部郎中，梁初感傷疇昔而作書。《讀書志》曰："綽經黃巢之亂，避地蠻隅，偶記秦地盛事，傳之晚學。"按，此二書與《新志》所載李綽《秦中歲時記》大同小異，或宋代歧出者。《通考》列爲三書，《宋志》載李氏二書。

唐四時寶鏡
《歲時廣記》引。《說郛》本僅十條，採《漢儀》等書，叙四時之事，當亦輯抄而成。

唐金門歲節
《歲時廣記》引。疑陳氏未必果見其書，而從《雲仙散錄》等書轉引。《雲仙散錄》所稱諸書，多妄誕不經。

以上農家類，補四十種。

小 説 類

顏師古　獬豸記一卷

《秘書目》《宋志》傳記、小說類並著錄，《通志》入傳記類。

郎餘令　冥報拾遺二卷

《法苑珠林》卷一一九著錄，題"唐朝中山郎餘令字元休龍朔年中撰。"此書不見書目著錄，《法苑珠林》《太平廣記》引有佚文，清楊守敬輯錄本分四卷，今人岑仲勉、方詩銘續有輯校。

林登　續博物志

宋曾慥《類說》卷二三收錄《續博物志》二十三條，涵芬樓本《說郛》卷六節錄七錄，題林登撰，未言其爲何代人。昌彼得《說郛考》疑爲宋人。李劍國《唐五代志怪傳奇叙錄》考林登書佚文僅三條，林登爲元和以後人。按，《太平廣記》卷二一〇黃花寺壁條，記後魏元兆作法除妖畫事，末注"出林登《博物志》"。卷三二七蕭思遇條，記蕭於陳天嘉元年虎丘艷遇西施事，別本注出《續博物志》。此二條皆記南北朝事，略事鋪演，體近唐人傳奇，或即林登所爲。《元和姓纂》卷五有林登，北齊散騎侍郎林勝曾孫，約生活於開元以前，殆即其人也。

孔慎言　神怪志

顧況《戴氏廣異記序》云："國朝燕公《梁四公傳》、唐臨《冥報記》、王度《古鏡記》、孔慎言《神怪志》、趙自勤《定命錄》，至如李康成、張孝舉之徒，互相傳說。"慎言爲孔穎達曾孫，開元初蒲州解縣令，歷官至黃州刺史。此書僅李翰《蒙求注》《太平御覽》卷五五九引王果一條。《隋志》載《孔氏志怪》，與此非一書。

張說　五代新説二卷

《宋志》著錄。疑與今題徐炫撰之《五代新説》並即《新志》雜史類之張絢《古五代新記》（中華本如此標點，疑撰人當作張詢古，則天時人），然《宋志》列爲二書，今姑著錄。

張説　鑑龍圖記一卷

《宋志》著錄。《中興目》曰："記開元揚州鑄鏡祥異。"揚州舊貢江心鏡，見李肇《國史補》卷下。《類説》卷二八載《異聞集》，引《鏡龍記》，當即此。

陸藏用　神告錄一卷

《宋志》著錄。《異聞集》引此書，陸藏用無考，今從《宋志》列張説下。

南巨川　續神異記

《酉陽雜俎》卷一三曰："南巨川嘗識判冥者張叔言，因撰《續神異記》，具載其靈驗。叔言判冥鬼十人，十人數內，兩人是婦人。"巨川肅宗時給事中。

戴孚　廣異記二十卷

顧況《戴氏廣異記序》曰："譙郡戴君孚，至德初，天下肇亂，況始與同登一科。君自校書，終饒州錄事參軍，時年五十七，有文集二十卷，此書二十卷，用紙一千幅，蓋十餘萬言。"宋代祇《秘書目》著錄其書一卷，注曰闕，而《太平廣記》收錄約三百條，記事或在貞元以後，則當爲誤收。明代以來流傳之六卷本，當是從《太平廣記》內抄出，今人方詩銘有輯校本。又張宗祥題《説郛》本《廣異記》曰："後二則二十卷本未見"，張氏《鐵如意館隨筆》亦提及《廣異記》二十卷，似張氏尚見二十卷本。

陸羽　謔談三篇

《陸文學傳》自云："有仲宣、孟陽之貌陋，相如、子雲之口吃"，"卷衣詣鄴黨，著《謔談》三篇。"《新書·隱逸傳》云："貌侻陋，口吃而辯"，"匿爲優人，作《詼諧》數千言。"《白孔六帖》卷六一云："陸羽爲優人，作《詼諧》數千言。"

李士訓　記異

郭忠恕《汗簡》引,自稱大曆初得《古文孝經》,傳與李白。

道明　還魂記

敦煌寫卷斯三〇九二,卷首題"謹按《還魂記》,襄州開元寺道明,去大曆十三年二月八日",爲冥司誤爲龍興寺道明而勾攝冥府,得親眼目睹新樣地藏菩薩尊像,還魂後圖寫真容,傳之於世。此與《新志》著錄之戴少平《還魂記》相類。

崔韶　靈怪記

莫休符《桂林風土記》"徐氏還魂"條云:"昔西漢武帝有神通之異,南朝有干寶述幽府冥秘之言,蘇泉、崔韶亦紀靈怪,牛丞相著三卷《妖錄》。"元和十一年,補闕張宿誣構韋貫之朋黨,貶禮部員外郎崔韶爲果州刺史。蘇泉不知何人?牛僧孺有《玄怪錄》十卷,《妖錄》三卷或其中部份,不另補錄。

鄭餘慶　鄭氏談綺一卷

《崇文目》《通志》《宋志》著錄。明《文淵閣書目》類書類尚載之,注曰闕。

張敦素　夷堅錄二卷

《秘書目》著錄。趙與時《賓退錄》卷八引洪邁《夷堅己志序》曰:"昔以夷堅志吾書,謂與前人諸書不相襲。後得唐華原縣尉張慎素《夷堅錄》,亦取列子之説,喜其與己合。"張端義《貴耳集》卷上云:"憲聖在南内,愛神怪幻誕等書。郭象《睽車志》始出,洪景盧《夷堅志》繼之。唐已有此集,三卷。夷姓,堅名也。"其書名曰集,又作三卷,晚出之説,疑不可從。其書名典出《列子・湯問》:"大禹行而見之,伯益知而名之,夷堅聞而志之。"敦素作慎素,則避宋光宗趙惇嫌名而改。《太平御覽》卷三一引《雜異書》一則,末注:"亦出《夷堅錄》,亦是開元已後事。"《唐語林》卷六:"張敦素《夷堅錄》云:'宗正卿李琬善羯皷,有士子以雙鐵槌賣之,還二十緡,其人怏怏,琬復資之。客有怪其厚價,琬乃取一盤底至平者,以二槌重重安盤中,灌水其中,曾無泄漏。琬曰:至精所至,其貴在兹。'某案南卓郎中《羯皷錄》但云李卿妙於羯皷,不言有得槌事,則敦素之言非耶?"李琬德宗初仕終宗正卿,見《唐會要》卷八三、《舊唐書》卷一二,則此書必撰於貞元以後。《新志》編年類載張敦素《建元曆》,列劉軻前,疑即憲宗時張敦實之族人。

柳宗元　龍城錄一卷

《宋志》著錄。《書錄解題》曰:"稱柳宗元撰,龍城謂柳州也。羅浮梅花夢事出其中。《新志》無此書,蓋依託也,或曰王銍性之作。"王銍僞作之説,首見於北宋末《春渚紀聞》,後人多沿襲其説,洪邁《容齋隨筆》卷一〇則謂劉燾所作。程毅中《唐代小説史話》稱,唐韓愈、殷堯藩、宋蘇軾之詩文中並已用《龍城錄》典故,僞託之説尚可商榷。

柳公權　柳氏小説舊聞六卷

《宋志》著錄。叢書收錄,或作《小説舊聞記》,或作《舊聞記》,多出《三水小牘》,似非原書。然《詩話總龜》已引《小説舊聞》,似亦宋以前書。

麻安石　祥異集驗二卷

《秘書目》著錄,不著撰人。《宋志》作三卷,題麻安石撰。《太平廣記》引佚文七條,述及"麻安石唐貞元中至壽春,謁太守楊承恩,安石在道門,習學推步";"唐寶曆二年,范陽節度使朱克融獵鹿,鹿膽中得珠","或問麻安石曰:'是何祥也?'"則安石乃貞元至大和間術士,所記似皆當時之祥異事。

裴約言　靈異志五卷

《宋志》著錄。《太平廣記》引《靈異記》二條、《靈異錄》一條,殆爲此書佚文,述及白行簡事,此書當撰於大和以後。

盧弘正　昭義軍別録一卷

《宋志》著録,《秘書目》《遂初目》並作《昭義記室別録》。盧弘正,兩《唐書》有傳,《新書》作盧弘止。

白居易　續座右銘一卷

《日本目》著録。收入《唐文粹》卷八〇。

李德裕　志支機寳一卷　幽怪録十四卷

《宋志》著録。唐牛僧孺撰《玄怪録》,宋人避諱,亦作《幽怪録》,疑此爲誤題。然牛僧孺書《宋志》已著録,其書十卷,亦與此不合。《北夢瑣言》卷七稱:"近代朱崖李太尉、張讀侍郎小説,咸有判冥之説",是李德裕確有小説之作。

韋瓘　周秦行紀一卷

《秘書目》著録。《讀書志》曰:"唐牛僧孺自叙所遇異事,賈黄中以爲韋瓘所撰。瓘,李德裕門人,以此誣僧孺。"此書本題牛僧孺撰,李德裕《周秦行紀論》、皇甫松《續牛羊日歷》並曾據以攻擊牛僧孺。宋初《賈氏談録》始稱:"世傳《周秦行紀》,非僧孺所作,是德裕門人韋瓘所撰。開成初曾爲憲司所劾,文宗覽之,笑曰:'此必假名,僧孺是貞元中進士,豈敢呼德宗爲沈婆兒也!'事遂寢。"韋瓘事迹附見《新書·韋夏卿傳》,岑仲勉認爲韋非李德裕門人,行輩在德裕先,此書非其僞作。近人又有疑皇甫松作者。

皇甫松　續牛羊日歷

《續談助》卷三稱《牛羊日歷》後有皇甫松《續記》,《通鑑考異》卷二十引皇甫松《續牛羊日歷》一條。《唐摭言》卷一〇稱:"松,丞相奇章公表甥,然公不薦。因襄陽大水,遂爲《大水辨》,極言誹謗。"則確有續作此書之可能。

李復言　搜古異録十卷

《宋志》著録,列牛僧孺《玄怪録》後,似即《新志》之《續玄怪錄》。然其書五卷,《宋志》亦已著録。《南部新書》甲集稱:開成五年,"李景讓典貢年,有李復言者,納省卷,有《纂異》一部十卷。"當即此書。

薛漁思　河東記三卷

《讀書志》著録,曰:"亦記譎怪事,序云續牛僧孺之書。"《秘書目》不著撰人名氏。洪邁《夷堅支志》癸集序提及"薛浼思之《河東記》",則漁似當作浼。薛氏不知何時人,《太平廣記》等書引有佚文,多叙貞元大和間事,當即成書於此後不久。

焦璐　搜神録三卷

《宋志》著録,《秘書目》無撰人名氏。疑即《新志》之《窮神秘苑》,然彼書爲十卷。

段成式　新纂異要一卷

《秘書目》著録,《通志》入傳記類。

段成式　錦里新聞三卷

《宋志》著録。

劉願　知命録一卷

《宋志》著録,《秘書目》不著撰人名氏。劉願不知何許人,《書録解題》稱唐人,凡二十事。《秘書目》《通考》並列李商隱前。清《澹生堂藏書目》尚著録。

李商隱　雜纂一卷

《秘書目》《通志》《宋志》著録,或入類書類。《書録解題》稱:"唐李商隱義山撰,俚俗常談鄙事,可資戲笑,以類相從。今世所稱殺風景,蓋出於此。又有別本稍多,皆後人附益。"《宋志》別出《李義山雜纂》,當係一書重出。魯迅《中國小説史略》以爲出《北里志》所稱中和李就今亦號義山者之手,亦無顯證。傳世本多與敦煌唐寫本《珠玉抄》相同者,可知此書即非商隱之作,亦必爲唐人舊本。

陳寬　二十五等人圖一卷

《秘書目》著録。其書久佚，近世重出於敦煌千佛洞，文無殘缺，然竟卷無圖，與標題不合。羅振玉稱："其文理猥拙，訛脱滿紙，乃鄉曲陋儒取《文子》之説，敷衍成書"，採材兼及《論語》《老子》等書。《登科記考》稱陳寬大和八年狀元及第。《唐文粹》七四載《穎亭記》，末題"唐大中庚午歲三月九日丁亥攝陽翟令陳寬記"，當即其人。

陸勳　陸氏集異記二卷

《讀書志》著録，曰："語怪之書也，凡三十二事，言犬怪者居三之一。"《宋志》作《集異志》。今本四卷，不止三十二事，言犬怪者亦不多，殆非原書。又有陸勳《志怪録》，凡三十事，亦與晁氏不合。陸勳大中十二年兵部員外郎。

李諷　撰林五卷

《宋志》著録，列鄭餘慶《談綺》前。《新書·宰相世系表》有五李諷，此不知誰撰。

皇甫氏　原化記三卷

《秘書目》著録，《通志》作一卷。《太平廣記》引有佚文，多記唐代故事，紀年至大和止，作者當爲晚唐人。

聞奇録三卷

《崇文目》《宋志》著録。《書録解題》作一卷，稱唐末人。《太平廣記》引佚文，記有唐昭宗時事，當作於其後。

孫棨　北里志一卷

《秘書目》《讀書志》《書録解題》《遂初目》《宋志》並著録。《北夢瑣言》卷九曰："唐末有《北里志》，其間即孫尚書儲數賢平康狎游之事，或云孫棨舍人所撰。"《唐摭言》卷一〇謂趙光遠撰，非是。今本亦作孫棨撰，序稱中和四年。孫棨字文威，自號無爲子，嘗隨計史，久寓長安，恣游狹邪。曾與鄭谷同爲諫官,歷侍御史,翰林學士,中書舍人。

劉山甫　金溪閒談十二卷

《北夢瑣言》卷七曰:劉山甫著《金溪閒談》十二卷,"愚嘗略得披覽,而其本偶亡。"《瑣言》所云聞於劉山甫者,當即出此書,凡十數條,記事自僖宗西幸至光化中,或撰於唐亡前。山甫,彭城人,乾寧中爲王審知判官,不知所終。

孫廣　嘯旨一卷

《崇文目》不著撰人名氏,《通志》入道家符籙類,作玉川子撰,《宋志》二本並載,今存明本亦有二種。唐封演《封氏聞見記》卷五稱:"永泰中大理寺評事孫廣著《嘯旨》一篇。"

以上小説家類,補四十種。

天　文　類

星占書一卷

敦煌寫卷伯二五一二,羅振玉《雪堂校刊群書叙錄》云:"此卷作者姓名不可知,然中有'自天皇以來至武德四年二百七十六萬一千一百八歲'語,是撰此書者爲唐初人矣。"又謂其備載甘、石、巫咸三家内外官星總二百八十三座,一千四百六十四星,與《晉書·天文志》所載武帝時陳卓總三家所著星圖之官星數正合。卷中所載玄象詩,記述星躔方位,爲五言韻語,而王希明《步天歌》以七言韻語記二十舍諸星,玄象詩殆在此歌之前。

敦煌星圖

敦煌寫卷斯三三二六,卷首殘缺,無標題,抄錄有雲氣雜占四十八條、全天星圖二十五幅等。李約瑟擬名爲《敦煌星圖》,並謂抄寫於五代時。馬世長《敦煌星圖的年代》據雲氣雜占中有"臣淳風言"之語,認爲全卷皆李淳風所輯錄,而抄寫於中宗時。又,敦博五八號寫卷背面存星圖紫微垣部分及占雲氣書,以彩色圖形繪成雲氣圖,凡八十圖,下附有説明。約撰於晚唐,抄於五代。

李鳳　天文要録五十卷

《日本目》著録,不著撰人。日本平安後期藤原通憲《通憲入道藏書目録》亦曾著録,寬平四年所撰《三代實録》卷二九已見引録,其後《政事要略》《諸道勘文》《朝野群載》《親長卿記》等俱引之。今有内閣文庫藏抄本等傳世,存卷一至卷五十内之二十六卷,凡一萬四千零五條。序述據司馬談父子《星傳》、唐都《西晉紀》、郗萌《春秋災異》等十五種天文星占書,削其繁訛,採其合理,編爲此書。題"大唐驎德元年五月十七日,河南左中郎將李鳳序"。李鳳,高祖第十五子。先後封幽王、虢王,歷任鄧、虢、豫、青四州刺史。上元元年卒,《舊書》稱年五十二,《墓誌》(《唐李鳳墓發掘簡報》,《考古》一九七七年第五期)稱年五十三。按,《日本目》又載《天文要録日災圖》一卷、《天文要録月災圖》一卷,蓋此書第二、三卷之單行本,不另著録。

天文要録私記一卷

《日本目》著録。此書前載有陳卓、李鳳二家《天文要録》,陳卓爲晉太史令,其書《隋志》作《天文集占》,故疑此書乃就李鳳之書而撰。

薩守真　天地瑞祥志二十卷

《日本目》著録。《通憲入道藏書目録》僅載《天地瑞祥志》第十六(月令之部)。日本《三代實録》等書常與《天文要録》同時稱引,今有尊經閣文庫藏本等傳世,存卷一、卷七、卷十二、卷十四,卷十六至卷二〇,凡九卷。序云:"臣廣集諸家天文,披攬圖讖。災異雖有類聚,而□□相分。事目雖多,而不爲條貫也。""今鈔撰其要","以類相從,成爲廿卷"。"物阻山海,耳目未詳者,皆據《爾雅》《瑞應圖》等,畫其形(色),兼注四聲,名爲《天地瑞祥志》也。"末題"麟德三年四月□日大史臣薩守真上啟"。孫猛《詳考》謂薩爲薛之誤,且考《昭陵碑石》刊拓本《薛賾墓誌》,載其黃州黃岡人。"探綜流略,考覽經緯,步三光之朓側,推二氣之盈虛,不出戶庭,洞精機妙。""授太史丞,遷太史令。自昔兩正司和,四官欽象,巫咸著星辰之志,姬旦貽略景之書,年代浸遠,次舍寥落,繆占瑣說,異端競起。先生識悟玄通,性理明瞻,芟翦浮偽,斷以經術,物色禎祥,信同符契。"故疑薛守真或其後人。

李淳風　渾天方志圖一卷

《宋志》著錄。《舊書·天文志》稱,李淳風刊定《隋方志圖》,頗爲詳悉,所注郡邑多依用。貞觀中撰《法象志》,始以唐之州縣配焉。

附按:《宋志》此下列李淳風名下者尚有《太陽太陰賦》二卷,《日月氣象圖》五卷,《上象二十八宿纂要訣》一卷,《日行黃道圖》一卷,《月行九道圖》一卷,《雲氣圖》一卷,《九州格子圖》一卷,與《新志》著錄之李淳風書相雜。《四庫總目》術數類存目《觀象玩占》條曰:"夫古書日亡而日少,淳風之書獨愈遠而愈增,其爲術家依託,大概可見矣。"宋代書目天文、兵家、五行等類載李淳風、李靖、袁天綱、僧一行諸人之書,動輒數十,蓋多依託。然宋世去唐未遠,所存秘笈未必不有出於《新志》之外者。《新志》以簡略著稱,持與《隋志》相較可知。鄭樵《通志·校讎略》論編次失書曰:"《唐志》於天文類有星書無日月風雲氣候之書,豈有唐朝而無風雲氣候之書乎?編次之時失之矣"。他如射覆、軌革、炮炙、人倫、婚書諸類目亦然。是《新志》不載,未必皆偽,亦未必盡佚,復有編次失之者在。其書既佚,真偽無從判明,亦不知偽書定出何代,今仍依《漢志》之例,從其所托時代爲次。其繁不勝收者,則統予附載,不另出條目。

李淳風　天心紫微圖歌一卷

《崇文目》《通志》著録。

李淳風　天文經注

遼釋希麟《續一切經音義》卷二:"李淳風注《天文經》云:天駟一名天馬,二星爲右服右驂,二星爲左服左驂也。"同書卷五、卷一〇兩引《七曜天文經》,或即李淳風所注之經,又即《隋志》所著録之《婆羅門天文經》二十一卷也。又史載開元七年罽賓遣使獻《天文經》,是李淳風所不及見也。

李淳風　玉曆通政經三卷

《書録解題》著録,《宋志》云不知作者。清人《平津館鑑藏書籍記》《廉石居藏書記》著録俱作二卷,凡三十四篇,未言其僞。《四庫總目》術數類存目以爲南宋人依託,不過採摭唐以前各史天文五行諸志,略損益之。又謂天文占驗,多不足憑,即真出淳風,亦無可取。

李淳風　天象賦注一卷

《秘書目》著録,注張衡之書。趙希弁《讀書後志》稱注人原題諸葛亮,但注中引用晉事,決非亮也,當爲李淳風。《中興目》曰:"備述衆星名義,如古賦之體。一本云《大象賦》,楊炯撰,畢懷亮注。"今存清抄本《大象賦》,原題張衡撰,苗爲注,顧廣圻跋文據《新志》《崇文目》定撰人爲李播,又依《宋志》定注人爲苗爲,《販書偶記》從之。《宋志》書名下之注文皆雙行小字,此"苗爲注"三字非注文,當連下讀作"苗爲注張華《小象賦》。"宋張邦基《墨莊漫録》引張衡《天象賦》,與抄本略同,注引張華、李淳風説,當即出張華《小象賦》及李淳風此書注。至《新志》載李播《天文大象賦》一卷,注云李臺集解,或別是一書。故顧氏之説，疑不可從。

乾坤變異錄一卷

《書錄解題》著錄，曰："雜占變異，凡十七篇。"列李淳風、武密之書間。《宋志》五行類亦作一卷。今存明抄本六卷，題李淳風撰。清錢曾《讀書敏求記》載《乾坤變異錄》四卷，曰："李淳風收覽古今變異事，勒成三十六篇，釐爲四卷，序而傳之。"與陳振孫所言尚且不合，恐不足信。《讀書敏求記》又載李淳風《天文占書類要》四卷，亦不見於宋代書目。

李世勣　二十八宿纂要訣一卷　日月運行要訣一卷

《宋志》著錄。李世勣，本姓徐，後避太宗偏諱，但名勣。唐初名將，兩《唐書》本傳未言其精天文，然此二書列僧一行之書前，當即所撰。

康氏　天文總論十二卷

《中興目》《宋志》著錄，未題撰人。《通志》注云："右上武衛兵曹康氏撰。"《玉海》卷三云："《崇文目》有康氏《天文總論》十二卷，《乾象新書》引《天文總論》。"按，上武衛兵曹乃唐官，隋前未見。又《開元占經》卷七八："武密曰：'客星入箕則有風雨。'《天文總論》曰：'客星入箕有土功事，守箕則秋冬水災。'"疑與武密俱武周時人。

天文經

《唐會要》曰："開元七年罽賓遣使獻《天文經》。"《玉海》曰："《乾象新書》嘗引之。"

南宫説　九曜占書

見《唐會要》卷四二渾天圖條，開元八年修。南宫説，中宗時太史丞，開元中由太子右司禦率至太史監，曾撰《光宅曆草》十卷，又預撰《大衍曆》。

七曜巡行一卷

《日本目》著録於《唐七曜符天曆》與下一書之間。

僧一行　七曜星辰別行法一卷

《日本目》著録,不著撰人。日本僧《惠運律師書目録》注曰:"一行造。"安然《諸阿闍梨真言密教部類總録》卷下注曰:"一行,運。"蓋謂一行撰,惠運攜歸日本也。今本序云,玄宗皇帝開元初,一行和尚忽作法,下諸星辰所管之鬼,被敕法所録教治。于時録奏玄宗,後玄宗幸蜀,有人於高力士家傳得本。此法一一通於神,通名爲《西國七曜別行法》。

僧一行　二十八宿秘經要訣一卷

《宋志》著録。

僧一行　大定露膽訣一卷

《秘書目》《通志》著録。《宋志》入五行類,不著撰人名氏。《通志》列爲竺國天文。

梁令瓚　五星二十八宿神形圖一卷

《讀書敏求記》著録,稱"結銜云:奉議郎守龍州別駕集賢院待制仍大臣梁令瓚。相傳此册從唐本繪畫。"是其書作於預注《禮記月令》同時,開元九年,梁令瓚以率府兵曹參軍與僧一行造黃道儀,後終恒王府司馬。《六藝之一録》引茅維《南陽名畫表》,載梁張僧繇《五星二十八宿圖》,梁令瓚篆書星法,當即此。

開元新度入象星經

《玉海》卷一引《中興書目》云:"《玄象隔子圖》一卷,序云依《開元新度入象星經》修定,凡二百八十四座,總一千四百六十四星。"《舊書·天文志》云,開元九年,一行奏請太史令測候星度,梁令瓚因造游儀木樣,置儀於靈台以考星度,其二十八宿及中外官與古經不同者,凡數十條。此書殆即當時所撰天文圖經。

玄象隔子圖一卷

《宋志》著録。《中興目》曰："依《開元新度入象星經》修定，凡二百八十四座，總一千四百六十四星。不知作者。"《通志》作《隔子圖》，《崇文目》作《格子圖》。

僧不空　文殊菩薩所説宿曜經一卷

《崇文目》著録。《通志》入曆數類，天文類又出不空譯《宿曜》二卷。《日本目》曆數類有《宿曜》一卷，無撰人名氏。《秘書目》作《宿要經》三卷。不空事迹詳《宋高僧傳》卷一本傳，印度錫蘭人，開元、天寶中兩度入唐，大曆中卒，謚大辨正廣智三藏，譯著頗多。清俞正燮《癸巳存稿補遺》曰："戊辰秋得明藏優字函唐不空譯《文殊師利菩薩及諸仙所説吉凶時日善惡宿曜經》二册，其目亦見《唐志》曆算類中，誠佳書矣。"今檢《新志》，並無此書。

崔良佐　渾天論

《新書·崔元翰傳》云，父良佐，齊國公日用昆弟。擢明經甲科，補湖城主簿，以母喪，遂不仕。治《詩》《易》《書》《春秋》，撰《演範》《忘象》《渾天》等論數十篇。前二論《新志》據以補録，注云"卷亡"，此偶失之耳。

趙蕤　長短經天文篇一卷

《崇文目》《通志》《中興目》著録。當即《新志》所載《長短要術》內別出單行者。《玉海》卷三云，《乾象新書》嘗引之。

陳晋　天文私記一卷

《日本目》著録。《新書·蕭穎士傳》有一陳晋，與當世名人游，或即其人。

徐承嗣　星書要略六卷

《崇文目》《通志》《國史志》《宋志》並著録。徐承嗣，貞元初待詔翰林,遷司天監,與夏官正楊景風等造《建中貞元曆》。生平事迹見《貞元新定釋教目錄》卷一七、兩《唐書·曆志》。

崔寓　神象氣運圖十卷

《宋志》著錄。《河北通志稿·藝文》謂即肅宗時吏部侍郎安平崔寓。

桑道茂　大方廣經神圖曆一卷

《宋志》著錄,注云一作大廣方。桑道茂,德宗時術者,兩《唐書》有傳。

大象列星圖一卷

無名氏撰,《崇文目》《通志》著錄,《秘書目》大象作天象。《太平御覽》卷六引,謂北斗七星主秦至隋七國,似爲唐人之説。

閭丘崇　大象玄機歌三卷

《崇文目》著錄,《通志》注云:"試太子校書閭丘崇撰。"《宋志》作一卷,注云:"本三卷,殘缺,閭丘業撰。""業"當爲"崇"之誤。清黄鍾駿《疇人傳四編》卷四列作唐人,云:"與《小象千字詩》《通元玉鑑頌》《括星詩》《大象曆》等,皆《步天歌》之類也。"

通占大象歷星經三卷

《通志》著錄。《道藏》本殘存二卷,在董字號内。四庫所據天一閣藏本六卷,每卷第一行有董七、董八等字,用《千字文》記數,蓋亦出《道藏》殘本也。明余寅《同姓名錄》卷五云前漢甘公著,不知何據?《四庫總目》云:"大抵每星爲圖,而附以占説。有宋、汴、蔡、幽諸州名,似是唐人之詞。始於紫微垣之四輔,由角亢歷二十八舍,至壁宿而止。然多舛誤,次第亦顛倒不倫,蓋已爲傳鈔者所竄亂矣。"

秤星靈臺秘要經一卷

《道藏》收錄,其首條"攘災星法"記郭璞禳火事後云:"後一行與李筌撰《聿斯經》卷内收之,余恐師巫以爲取資之具。乾寧中勘其疏,已去之,更不備載。今復慮年紀綿邈,流落其本,故別録之。"似爲全經之序,下有禳法、禳火、水、土、闇曜等條及洞微限歌,當出唐末。

以上天文類,補三十四種。

曆　算　類

傅奕　漏刻新法
《舊書》本傳稱,奕曉天文曆數,武德三年進《漏刻新法》,遂行於時。

瞿曇羅　經緯曆法九卷
《新書·曆志》稱,高宗時戊寅曆推步既益疏,李淳風作《甲子元曆》以獻,與太史令瞿曇羅所上《經緯曆》並行。《唐會要》卷四二曰:"太史瞿曇羅上《經緯曆》九卷,詔令與《麟德曆》相參行。"

儀鳳曆三卷
《日本目》著録。兩《唐書·曆志》無一語及之,當未嘗施用。

崔釋　律曆正朔書
見《墓誌》(《河洛墓刻拾零》第一四七頁)。

南宫説　景龍曆
《唐會要》卷四二曰:"神龍元年太史丞南宫説奏,《麟德曆》加時浸疏遠,詔更治《乙巳元曆》,至景龍中成之。"適睿宗即位,罷之。《舊書·曆志》謂:"皆舊法之所棄者,復取用之,徒云革易,寧造深微,尋亦不行。"而《新書·曆志》略載其曆術,阮元謂五代時萬分術蓋出於此矣。

崔昌　大唐五行應運曆
《新書·王勃傳》曰:"天寶中太平久,上言者多以詭異進。有崔昌採勃舊説,上《五行應運曆》,謂承周漢,廢周隋爲閏。右相李林甫亦贊祐之。"玄宗下詔採用,楊國忠爲相始罷。事在天寶九載,參《舊書·玄宗紀》及《禮儀志》。

瞿曇悉達　九執曆

《新書·曆志》曰:"《九執曆》者,出於西域,開元六年詔太史監瞿曇悉達譯之。"僧一行曾用其法,《開元大衍曆》内有《立成法天竺九執曆》二卷。今惟《開元占經》卷一〇四詳載九執法。清人以爲印度古曆,爲西法所自出,注意者漸多。

韓穎　至德曆

《新書·曆志》曰:"肅宗時,山人韓穎上言《大衍曆》或誤。帝疑之,以穎爲太子宮門郎,直司天台。又損益其術,每節增二日,更名《至德曆》。起乾元元年用之,訖上元三年。"據《唐會要》,乾元元年六月十七日頒行新曆。

徐昂　元和觀象曆

《新書·曆志》曰:"憲宗即位,司天徐昂上新曆,名曰《觀象》。起元和二年用之,然無篰章之數。至於察斂啓閉之候,循用舊法,測驗不合。"又曰:"《觀象曆》今有司無傳者。"

曹士蒍　曹公小曆一卷

《崇文目》《通志》《宋志》著錄。《新志》載其《七曜符天曆》一卷,《七曜符天人元曆》三卷,注云建中時人。《新五代史·司天考》曰:"唐建中時曹士蒍始變古法,以顯慶五年爲上元,雨水爲歲首,號符天術,然世謂之《小曆》,行於民間。"是《曹公小曆》即《七曜符天曆》,宋代書目中又有作《合元萬分曆》者,諸目著錄紛雜。《宋志》尚有曹士蒍《符天經疏》一卷,疑亦一書。唯《通志》《宋志》載此,並稱李思議重注,《崇文目》所載,當亦此本。李思議不知何代人。

楊緯　符天曆一卷

《宋志》著錄,注曰:"緯一作繹"。《通志》曆數類正曆目載《合乾新曆》一卷，楊緯撰，列曹士蒍《合乾曆》三卷後，當即《符天曆》之別名。此等曆書爲中晚唐流俗所用，五代始採其術入正曆，鄭氏不知合乾即符天，入之正曆，誤矣。又於七曜重出《七曜符天人元曆》，而改易卷數，謬甚。楊氏不見於兩《唐書》，僅《六藝之一錄》引鄭杓《書法流傳圖》，有一楊緯，元和中左拾遺楊歸厚之侄，或即其人。

七曜曆日　七曜二十八宿曆

咸通六年日本僧人宗叡《新書寫請來法門等目錄》著錄。唐禁私家收藏七曜曆，見《唐律疏義》卷九。敦煌殘卷內有《七曜曆日》多種，是民間尚頗流行。

周傑　極衍二十四篇

《十國春秋・南漢五》稱："周傑精於曆算，唐開成中登進士，起家弘文館校書郎，擢水部員外郎，遷司農少卿。常以《大衍曆》數有差，因敷衍其法，著《極衍》二十四篇，以究天地之數。"傑後入南漢，知司天監事，卒年九十餘。據上述此書當作於唐亡前。

劉孝孫　張丘建算經細草

古算經多有細草，附本書而行。劉孝孫細草亦"聊依術而衍其數"（李銳語），附於李淳風注本。今宋本《張丘建算經》題李淳風等注，唐算學博士劉孝孫細草，書內稱"草曰"者是也。

江本　一位算術九篇

黃鍾駿《疇人傳四編》卷四曰："江本撰《三位乘除一位算法》二卷，又以一位因折進退，作《一位算術》九篇，頗爲簡約。"末注據《新志》《玉海》。《新志》著錄者僅《一位算法》二卷。《玉海》卷一〇略及其人其書而已。舊編據以補錄《一位算術》。今按，黃氏實據宋孔傳《白孔六帖》卷三三，其"三位乘除瀘"

條云："唐江本撰《三位乘除瀍（一）位算法》二卷,以一位因折進退,作一(位)算術九篇,頗爲簡要之法。出《崇文總目》。"無"又"字,似江本所撰實僅一書。江本,史書未言何時人。日本古抄本《臣軌》卷末記,作於長安四年,已引江本論《臣軌》之言,知爲則天時人。

徐仁美　增成玄一算經三卷

《宋志》著錄,列僧一行與陳從運之書間。《宋史·律曆志序》叙唐陳從運算書後,稱："復有徐仁美者,作《增成玄一算法》,設九十三問以立新術,大則測於天地,細則極於微妙,雖粗述其事,亦適用於時。"似亦以爲唐人。《疇人傳四編》卷四列宋人卷内,論曰："元一算莫詳其術,沈括謂爲增成一法,不用乘除,但補虧就盈,疑立天元一,權輿於此焉。"

陳從運　三問田算術一卷

《崇文目》不著撰人名氏,《宋志》列陳從運《得一算經》下,或謂即所撰。《宋史·律曆志序》稱："唐試右千牛衛胄曹參軍陳從運著《得一算經》,其術以因折而成,取損益之道,且變而通之,皆合於數。"陳從運,未詳何時人,《崇文目》《通志》著錄其《得一算經》,俱作陳運。

龍受益　求一算術化零歌一卷

《宋志》著錄,《崇文目》作《解注求一化零歌》,《秘書目》作《求一算術歌》。《新志》載龍受《算法》二卷,注云貞元人,宋代書目並作龍受益。黃鍾駿"疑即大衍求一術,然據楊輝《算法》及沈括《筆談》,所稱求一乘除術,與秦九韶不同。受益之書與諸書相合與否,俱未可知,當以俟之博物君子。"

龍受益　新易一法算範九例要訣一卷

《宋志》《通志》《秘書目》並著錄。按,受益所撰算書,《秘書目》著錄者尚有《注算範九例訣》一卷,《算範訣》二卷,疑亦此書別本。其書北宋及南渡初頗行於世，而南宋諸藏書目録多不見著録，至晁公武《讀書志》，始載《六問算法》五卷，稱"並《化零歌》附"。此五卷之書，《宋志》未載，而明《世善堂書目》尚有之，撰人誤作龍受一。《宋志》所載，似較近唐代原貌，而《六問算法》，則南宋人所編集歟？

魯靖　五曹乘除見一捷例演算法一卷

《宋志》著録此書，列魯靖《新集五曹時要術》後，黃鍾駿謂即所撰。魯靖不知何人，據《新志》編次之序，似爲初唐人。然《新書·曆志》稱："邊岡用算巧，能馳騁反覆於乘除間，由是簡捷、超徑、等接之術興。"此書由書名觀之，似當爲唐末五代間人所撰。

敦煌石室算書一卷

敦煌寫卷，首尾殘缺，有十二題可讀。書中五等男，爲開元天寶遺制，知爲唐人算書。敦煌唐寫本算書，又有《算經》一卷並序，《立成算經》一卷。《算經》多爲《孫子算經》語，引例與《石室算書》相同，可見爲當日地方成法。《立成》中之九九表，始九九，終一一，及籌算縱横制度，並可見當時算書之義例，所使用數碼，與宋代以後數碼相接近。

曹唐　算經

《遂初目》著録，《疇人傳四編》卷五曰："曹唐著《算法》，與賈憲書同時刊。或云唐末進士，賦《游仙詩》。"

以上曆算類，補二十二種。

兵　書　類

魏徵　兵書要八卷

《日本目》著録。

李靖　李衛公兵法三卷

《通典》引，清汪宗沂輯爲三卷。《太平御覽》引書目亦有《衛公兵法》，是宋初尚存。《宋志》載《兵書》三卷，列李靖所著書後，疑即此。

李靖　李衛公問對三卷

李靖對太宗問兵事。《通志》《讀書志》《書錄解題》並著錄，《遂初目》作《李衛公兵法問答》。宋陳師道《後山談叢》、何薳《春渚紀聞》、邵伯溫《邵氏聞見後錄》皆以爲阮逸所托，晁公武亦謂："史臣謂李靖兵法，世無完書，略見於《通典》。今《對問》出於阮逸家，或云依杜氏附益之。"辨僞家以爲其説確鑿，無待更辨。但陳師道等人不過祖述蘇軾聞於老蘇之言，别無顯據，非如四庫館臣所稱"不約而同。"馬端臨、姚際恒則疑爲神宗時所定之本，文出《通典》。然今《問對》採自《通典》者實不甚多。其書宋代列爲《武經七書》之一，而後人褒貶，有如天壤。鄙之者莫如明胡應麟，《四部正譌》稱"其詞旨淺陋猥俗，兵書最無足採者"，又謂"當是唐末宋初俚儒村學綴拾貞觀君臣遺事、杜佑《通典》原文，傅以閭閻口耳"而成。而宋戴少望《將鑑論斷》譽之曰："興廢得失，事宜情實，兵家術法，爛然畢舉，皆可垂範將來。"清俞正燮亦謂："衛公問答，語極審詳，真大將言也。"《四庫總目》亦謂其"於兵家微意，時有所得，亦不至遂如應麟所詆耳"。予遂進而論之曰：僞託之説，實針其淺陋而發。吴曾《能改齋漫錄》卷一四曰："今《對問》出於阮逸家，或曰逸因杜佑附益之也。然予家有李靖《六軍心鏡》數卷，其文淺近，豈僞書耶？"周中孚以爲《宋志》載有《六軍鏡》三卷，當即《問對》，則不知《新志》自有《六軍鏡》矣。《六軍鏡》文辭淺近，未必即僞，而《問對》之淺陋亦未必如人言之甚，則二書同出李靖，亦未可知。且《太平御覽》引書有《衛公兵法》，《宋志》李靖所著書間有《兵書》三卷。此書即真出阮逸之手，亦當曾參考舊本，必不如汪宗沂所説："阮逸欲自伸其談兵之議論,假衛公以徵名。"且若曰蓄意造僞,而以草示老蘇,似非事理之常。(參拙文《阮逸僞託〈問對〉說質疑》,《中國典籍與文化》2010年第2期。)

李靖　集太公兵法

《遂初目》著錄。李靖曾受命撰集兵法,《問對》稱古代兵法"大體不出三門四種而已。"所謂三門,即太公謀八十一篇,太公言七十一篇,太公兵八十五篇;又以權謀、形勢、陰陽、技巧爲四種。其於太公兵法,推崇至矣。此書則不知果係李靖撰集,抑後人據《問對》之說附益而成歟?

李靖　衛國公手記一卷

《崇文目》著錄,《通志》無國字,《宋志》衛作魏。

李靖　叙白起神妙行軍法三卷

《通志》《宋志》著錄,《崇文目》軍作兵。

李靖　兵家心術法一卷　明將秘要三卷　大六壬用兵太一心機略法一卷

《通志》《秘書目》著錄。《通志》心術後無法字,略法作要略。

李靖　韜鈐秘術一卷　總要三卷　李僕射馬前訣一卷

《宋志》著錄。

李靖　兵鈐新書一卷

《中興目》著錄,曰:"載靖與秦王論兵如《問對》書。"《宋志》注云不知作者,則亦後人所編。

易靜　兵要望江南一卷

《讀書志》著錄,曰:"題云黃石公以授張良者。按其書雜占行軍吉凶,寓聲於望江南詞,取其易記憶。《總目》云武安軍左押衙易靜撰,蓋唐人也。"《宋志》作《神機武略歌》。《崇文目》《通志》書名前有"神機武略"四字,後有"詞"字。今存本後或有"歌"字。明清以來,世傳《李衛公兵法望江南》《白猿奇書望江南詞》等十數種書，題李靖撰，並不見於宋代書目，知爲此書別本。《四庫總目》曰："是書詳述兵家占候凡三十二門，各以望江南詞括之。又題李靖撰，蓋以望江南調始德裕，亦封衞國公，此書以望江南淡兵，遂合兩衞公而一之耳。"

李世勣　六十甲子內外行兵法一卷

《宋志》著錄。《崇文目》有《六十甲子行軍法》一卷，《通志》有《六十甲子軍法》一卷，並不著撰人名氏，疑即此書。

李淳風　天目經注三卷

《日本目》著錄。《天目經》歷代書目皆未載之，當脱衍於佛家五眼説，言兵占之書。

李淳風　諸家秘要三卷　行軍明時秘要一卷

《宋志》著錄。

李淳風　倚馬立成法二卷

《讀書志》著錄，曰："兵行占候之書也。淳風，太宗時人，而此書起九宮法，至貞元六年庚午，假託以行其書，亦非淳風本真也。"

江融　九州設險圖

《元和姓纂》卷一曰："唐起居郎江融，撰《九州設險圖》。"《舊書·魏元忠傳》稱："時有左史江融，撰《九州設險圖》，備載古今用兵成敗之事，元忠就傳其術。儀鳳中，吐蕃頻犯塞，元忠赴洛陽上封事，言命將用兵之工拙。"

王適　行軍立成七十二局一卷

《宋志》著錄。王適，武后時幽州人，官至雍州司功，《畿輔通志》謂即所撰。

王洛客　軍要十篇

《墓誌》（《中國古代碑帖拓本》第一〇五頁）云，字炅，太原祁人。神龍間授長寧府記室，尋試大著作郎。延和元年卒，年六十。"往在并州,常慨虜郼有塵,胡沙風海,遂著《軍要》十篇,以示天兵中軍大使南陽公張瑄公,覽而行焉。"張瑄公即張仁願,本名仁亶,後避睿宗諱改。神龍三年,突厥入寇,仁願代朔方軍總管,大破之,蓋曾行用洛客之軍謀也。

張説　八陣圖十卷　經二卷

《唐會要》卷三六曰:"開元十七年九月十一日,上令左丞相張説修《八陣圖》十卷,《經》二卷,成。"

風后八陣圖

《子略》卷一稱:"獨孤及作《風后八陣圖記》有曰:'唐天寶中,客有得其遺制於黃帝書之外篇,裂素而圖之。'"宋代書目著錄《風后握奇八陣圖》之類書甚多,《朱子語類》謂唐李筌始爲之。今存《風后握奇經》一卷,並附圖。《四庫總目》云:"疑唐以來好事者因諸葛亮八陣之法,推演爲圖,托之風后,其後又因(獨孤及)此記,推衍以爲此經,並取記中握機制勝之語以爲名。"

李筌　軍旅指歸三卷　通幽鬼訣二卷

《宋志》著志。筌約玄宗代宗時人,著《陰符經疏》《太白陰經》等書,稱少室山人,號達觀子。《集仙傳》謂其仕至荆南節度副使,仙州刺史。

李鼎祚　兵鈐手歷一卷

《宋志》著錄。《新志》載李鼎祚《連珠明鏡式經》十卷,注云:"開耀中上之。"清劉毓崧跋其所撰《周易集解》,頗考鼎祚仕履,謂事在肅宗乾元年間。宋吳曾《能改齋漫錄》則稱《連珠》乃"修梁元帝、陳樂產、唐呂才六壬書。"梁元帝、樂產亦並有兵書,此書或亦修其學。

李光弼　將律一卷

《宋志》著錄。《新志》載李光弼《統軍靈轄秘策》一卷,又名《武記》。明《世善堂書目》則有《李臨淮兵法》二卷。

劉貺　武指

《通典》卷二〇〇：" 劉起居貺《武指》曰：'嚴尤之議辨而未詳，班固之論詳而未盡。推而爲言，周得上策，秦得其中，漢無策焉'云云。杜佑評曰：" 可謂篤論，言詳理切，度越前古。"《新唐書》卷二一五《突厥傳》亦引之。按，貺弟秩，好言兵，著有《止戈記》《指要》等。疑《武指》亦爲貺所著兵書，不止三策而已。

劉秩　指要三卷

《舊書·劉知幾傳》稱其第四子劉秩，撰《政典》《止戈記》《至德新議》及此書。中間二書《新志》兵書類著録，疑此亦兵法之大要，與其長兄劉貺所著《武指》相類。

安國兵法三卷

《日本目》著録，未著撰人。《大日本古文書》卷三《正倉院文書》天平二十年六月十日《寫章疏目録》作一卷。高麗僧一然《三國遺事》卷二云，大曆二年北宫庭中三星墜地等異象，"據《安國兵法》下卷云：'天下兵大亂。'於是大赦修省。"則此書當成於大曆以前，分上、中、下三卷。唐時傳入日本，元時高麗尚存之。

魏生兵要十卷

劉禹錫《魏生兵要述》自云守吴中時，有巨鹿魏生將所著來謁。其書十篇，始自黄帝伏蚩尤，終於隋氏平江南，語春秋戰國事最備。

李正卿　中權略四十卷

《墓誌》(《彙編》會昌四〇)曰："撰《中權略》四十卷。""中權"一詞，出於《左傳》宣公十二年。唐人習以指兵機權略。如《唐大詔令集》卷三六玄宗《授榮王琬安北大都護制》曰："宜加外總之名，俾授中權之略。"宋蘇洵著《權書》，其叙引曰："《權書》，兵書也，而所以用仁濟義之術也。"正卿此書，當亦兵家之言。按，此書原補列入法家類，今移正。

令狐梅　會昌武備三十卷

令狐通次子，不見於兩《唐書》。其《墓誌》敘事頗詳，郁賢皓有專文據以論李德裕及晚唐黨爭。碑文稱李德裕平上黨之亂，梅"乃爲陳兵師之要"，"因著兵書三十卷，號曰《會昌武備》，盡天下之要害，窮古今之玄微，以示李公。"德裕披考旬日，以爲"腐儒開卷，可以決勝千里，真不世之宏業也"。

紀燮　孫子注三卷

《讀書志》著錄，曰："唐紀燮集唐孟氏、賈林、杜佑三家所解。"按，《隋書·經籍志》稱："梁有《孫子兵法》二卷，孟氏解詁。"兩《唐志》尚有之，晁公武以孟氏爲唐人，誤。杜佑未聞有《孫子注》，此或集《通典》内之釋文，或爲杜牧之誤。

陸希聲　吳子說

《讀書志》載《吳子》三卷，云："唐陸希聲類次爲之說，圖國、料敵、治兵、論將、變化、勵士，凡六篇。"今世所傳《吳子》一卷，篇目與此合，則亦陸氏類次之本，希聲之說殆爲後人删去矣。

李安遠　軍誡三卷

《日本目》著錄。列魏徵、李靖之書後，當爲唐人。作者姓名中間一字不可識，似爲安字脫末一筆。安遠唐初大將，數從李世民征討。

唐賢秘密書一卷

《通志》著錄，列爲兵陰陽書。

以上兵書類，補四十種。

五　行　類

卜筮書

日本存唐寫本一卷，末題"《卜筮書》卷第二十三、式三"。書內諱丙不諱隆,當寫於玄宗前,撰作時代不詳。其占命用時,或出唐初歟?

袁天綱　易鏡玄要一卷

《通志》《宋志》著録,《秘書目》作《鏡玄要論》。

袁天綱　人倫龜鑑相賦一卷

《秘書目》著録,《通志》無"相"字。

袁天綱　骨法一卷

《通志》著録,《秘書目》無撰人名氏。

袁天綱　相笏經三卷

《秘書目》著録,《通志》作一卷。

袁天綱　氣神經五卷

《通志》《秘書目》著録。《崇文目》作三卷,《宋志》作二卷,並不著撰人名氏。

袁天綱　九天玄女墜金法一卷

《宋志》著録,注云:"一作孫思邈。"文瀾閣抄本袁天綱《九天元女六壬課》,或即此。按,《宋志》此書下有他書十部,《袁氏藝文金石錄》並作袁天綱撰,其中《相書》《要訣》已見《新志》,餘不具録。

袁天綱　玄成子一卷

《宋志》著録。

袁天綱　太乙命訣一卷

《書録解題》著録,曰:"妄人假託。"

李淳風　五行元統一卷

《宋志》著録,《中興目》曰:"雜論五星六曜。"

李淳風　周易薪冥軌一卷

《通志》著録,《秘書目》"薪"作"折",《宋志》不著撰人名氏,"軌"作"訣"。明陳第《世善堂書目》尚載之。

李淳風　應上象修造妙訣一卷

《通志》《秘書目》著録。此宅書也。敦煌唐寫本《宅經》載當時所傳二十四種宅書，内有李淳風《宅經》。

李淳風　觀燈法一卷

《崇文目》《讀書志》著録，與《占燈（觀）法》非一書。《秘書目》《宋志》又有《玄（立）觀經》。

李淳風　歷監天玄主物簿三卷

《秘書目》著録，小説類重出，作《天玄主物名簿》，並不著撰人名氏。《宋志》雜藝術、農家類兩見，作李淳風撰。

李淳風　運元方道

《遂初目》著録。

李淳風　地理訣一卷

《秘書目》著録。《書録解題》有《地理少》一卷，曰："稱李淳風，亦未必然。"

李淳風　步穴要訣一卷　馬上尋山訣一卷　六十花甲子歌一卷

《秘書目》《通志》著録。

李淳風　十二宫人式歌一卷　雜占一卷

《宋志》著録。

附按：《宋志》此下有書三十六部，中雜淳風所著書，如《三元經》，疑多爲托名淳風者，繁不具録。又《説郛》載李淳風《質龜論》，《宋志》祇謂"李淳風得之石室"。又載唐邵諤《望氣經》，邵爲宋高宗時人，見《宋史·律曆志》，今不録二書，附記於此。

李淳風　推背圖一卷

宋岳珂《桯史》稱，淳風作《推背圖》，五代時其學益熾，民間多有藏本。太祖即位，禁之不絶，乃令取舊本自己驗之外，皆紊其次而雜書之，凡爲百本，使與存者並行，人遂棄弗藏矣。

《宋志》載之,不著撰人名氏。《太平廣記》卷一六三曰:"唐太宗之代有秘記,云唐三代之後,即女主武王代有天下",亦未言撰人。《五代史補》卷一稱:"民間傳讖曰《五公符》,又謂之《李淳風轉天歌》。"

吕才　軌限周易通神寶照十五卷　楊烏子改墳枯骨經一卷

《宋志》著錄。

吕才　陰陽遷造賓遑經一卷

《通志》《秘書目》著錄。

吕才　諸雜推五姓陰陽等宅圖經一卷

敦煌唐寫本,題朝散大夫太常卿博士吕才推。敦煌《宅經》列當時所傳二十四種宅書,蕭吉《五姓宅經》後有吕才《宅經》,疑即此書,當是在蕭吉書基礎上而作。

吕才　拔沙經六卷　靈山秀水經一卷

《通志》著錄。《讀書志》亦載《拔沙經》,稱:"地理書,畫山水之形成圖,蓋依託者。"按,吕才刊正《陰陽書》,削其淺俗,存其可用。《舊書》本傳略載其《宅經》《禄命》《葬書》等篇。

李淳風　一行禪師　葬律秘密經十卷

《宋志》著錄,不知何人所集。

李靖　遁甲萬一訣一卷

《讀書志》著錄,《通志》不著撰人名氏。晁公武按曰:"遁甲之書見於《隋志》凡一十三家,則其學之來亦不在近世矣。以休、生、傷、杜、景、死、驚、開八門,推國家之吉凶,通其學者以爲有驗,未之或試也。"此書《世善堂書目》尚載之。

李靖　陰陽二遁甲局二卷　六壬雕科三卷

《秘書目》《通志》著錄。

李靖　四神雷公文一卷

《秘書目》著錄。

李靖　候氣秘法三卷　六十甲子占風雨一卷　九天玄機八神課一卷

《宋志》著録。

道憑法師　集五兆書一卷

見海雲《大法師行記》。

五兆要訣略一卷

敦煌唐寫本。

元兢　禄命厄會經一卷

《宋志》著録。元兢撰有《古今詩人秀句》等書，約高宗時人，羅根澤疑即元思敬。

王暉　遁甲四合圖

王太霄《玄珠録序》稱，暉教人九宫六甲、陰陽術數，作《遁甲四合圖》，甚省要。

嚴倉曹　推命録

陳子昂《贈嚴倉曹乞〈推命録〉詩》曰："聞道沈冥客，青囊有秘篇。九宫探萬象，三算極重玄。"是倉曹嚴某作有命書。按，禄命家言，自周以來有之，至唐吕才，獨著論以深絶之。後世儒士，祇知有子平術，稍博學者讀韓文而知有李虚中，猶謂其命術不用生時，及見虚中《命書》多稱四柱，遂指爲宋人依託。清韓泰華據陳子昂詩，稱此爲後世子平術之始。敦煌唐寫本中，有《推十二時人命相屬法第三十五》殘卷，尤爲唐人命術用時之顯證。

李該　三命一卷

《秘書目》著録。李淳風之子名該，仕至太史令；又有撰《地志圖》之李該，見《吕温集》，此不知何人。三命之術，亦據人出生年月日支干推算禄命也。

楊龍光　九宮要訣一卷　九宮詩一卷

《宋志》著錄。

楊龍光　三運大運歌一卷　相詩一卷

《秘書目》《通志》著錄。前書《通志》無撰人。《新志》載楊龍光《推計祿命厄運詩》一卷，列王希明前。楊龍光九宮、三算並用，與陳子昂詩合，且無三命之名，知其法唐初新創未久，猶未足與九宮鼎立也。

孫思邈　坐照論並五行法一卷

《宋志》著錄。

王遠知　易總十五卷

《龍城錄》曰：高宗"上元中，台州一道士王遠知善《易》，於觀感間曲盡微妙，善知人死生禍福，作《易總》十五類，世秘其術。"按，《龍城錄》世疑爲僞書，其言王遠知事亦頗怪誕。兩《唐書》所傳之道士王遠知，琅邪人，貞觀九年卒，亦詭行幻怪者流，此豈唐人附會其事者歟？

僧一行　庫樓經一卷

《宋志》著錄。《秘書目》《通志》作《鬼綱庫樓修造法》。

僧一行　諸家要術宅經一卷　二宅黃黑道秘訣一卷　相山取地訣一卷　相字書一卷　雜相歌一卷　選日旁通法一卷

《秘書目》《通志》著錄。諸書之外，《通志》又出《風水訣經》一卷，《古墓圖》一卷，《秘書目》又出《地理訣》一卷。又一行相法，據宋錢世昭《錢氏私記》引其自述，稱"得古人相法，相人之法以《洪範》五福六極爲主，觀其所由，察其所安，可得大概"。

僧一行　祿命詩一卷

《秘書目》著錄。

僧一行　肘後術一卷　靈轄歌一卷　金歌四季氣色訣一卷

《宋志》著錄。

附按：李淳風、一行等人所著書，宋代書目中屢見不鮮，蓋多依託。然《四庫總目》稱其書"獨愈遠而愈增"，則未必也。就書目言之，實以北宋之《秘書目》《崇文目》著錄最繁，南宋後《通志》《宋志》蓋多據之，而其時公私藏書目所載已鮮，知此等書多出於唐至北宋。但文獻無徵，其書果出依託否，尚不得確指，欲知其定出何代何人，尤所難能，存而不論可也。曾見某刊載一文，曰《一行著述叙略》，謂唐別有"杭州竹林寺一行，於山經地理，占擇瑩兆之學，頗爲著名"，遂將《新志》釋氏、五行類一行所著數書及宋人多出之書，盡歸其人名下，即《唐書》本傳亦在所不顧，可謂勇於疑古矣。然張遂一行之"精於曆象陰陽五行"，尤爲世所共知，其舍此就彼，予不知其可也。且《宋高僧傳》言及之一行，與郭景純齊名，與僧泓同時，其何以知即竹林寺僧一行，亦百思不得其解。所可知者，作者其不知陰陽五行爲何物，郭景純爲何人，亦不知僧泓之附見《舊書·一行傳》歟？以二十世紀科學家視一行，其意美則美矣，起一行於地下，必不敢當也。

邢璹　太一日計立成圖

《日本目》著錄。

張果先生選日歷一卷

《秘書目》著錄。世傳《張果星宗》《通玄先生五星論》爲明人依託。

趙蕤　相術一卷

《秘書目》《通志》著錄。

李筌　通仙歌一卷　金華覆墳經一卷

《通志》著錄。後一書又見《秘書目》，《宋志》作《清華經》三卷。《金華經籍志·存疑》署宋李筌，又引《雲笈七籤》"李筌號達觀子"云云，謂未知是否一人。

李筌　占五行星度吉凶訣一卷

《宋志》著録。

陸羽　占夢三卷

見《陸文學傳》。

新集周公解夢書一卷

敦煌唐寫本。以所夢對象及時日等分爲二十三章。序稱三魂六魄,夢是神游,此魂夢相通觀念,始盛於唐,所解之夢,亦多可於六朝隋唐故事中得其依據。《宋志》有《周公解夢書》三卷,列唐柳璨夢書後,或即此而卷數有分合。敦煌殘卷内又有《別解夢書》,當爲此書之附翼。

裴仲卿　玄珠囊骨法一卷

《宋志》著録。《秘書目》有《玄珠囊》一卷,無撰人名氏,當即此書,仲卿爲玄宗相裴耀卿之族兄。

王希明　太一寶鑑略一卷

《秘書目》《通志》著録。《新志》載王希明《太一金鏡式經》十卷,注云開元中詔撰。鄭樵題銜爲唐拾遺内供奉。明《國史經籍志》有王希明《太一紫經秘訣》三卷,未知何據。

王希明　聿斯歌一卷

《書録解題》著録,曰:"青羅山布衣王希明撰,不知何人。"按,《新志》有王希明《丹元子步天歌》,或以爲王希明自號丹元子。鄭樵《通志·天文略》則曰:"隋有丹元子,隱者之流也,不知名氏,作《步天歌》,王希明纂漢晋志釋之。"疑陳氏所謂青羅山布衣,亦涉丹元子而誤繫。

趙自勤　三命測神歌一卷

《秘書目》《通志》著録。自勤,《元和姓纂》稱河南人,官司水員外郎。《新志》小説類載其《定命録》,注云天寶秘書監。

李鼎祚　易髓三卷　目一卷

《宋志》著録。

封演　元正占書一卷

《宋志》著録。注曰："一作正元。"或當作貞元，宋人避廟諱改。

劉烜　元中袪惑遁甲經三卷

《崇文目》《通志》著録。《宋志》無遁甲二字，作一卷。《通鑑考異》寶應元年引《代宗實録》："秘書監韓穎、中書舍人劉烜善候星曆，乾元中待詔翰林，頗承恩顧，與李輔國昵狎。時上軫憂山陵，廣詢十兆，穎等不能精慎，妄有否藏，因是得罪，配流嶺南。既行，賜死於路。"《新書·宦者傳》亦稱起居舍人劉烜，善步星，當即其人。

桑道茂　禄命要訣一卷

《通志》《秘書目》著録。

桑道茂　九宫一卷　三命吉凶一卷

《宋志》著録。

孟常謙　命書九篇

柳宗元撰《墓誌》，稱其事德宗、順宗，仕至安州刺史兼侍御史，貶柳州司馬。又曰："孟氏之孤曰遵慶，奉其父《命書》九篇，爲善狀一篇"，請撰碑文。

李虛中　命書三卷

《讀書志》著録。《通志》作《命術》一卷，《命術補遺》一卷，《宋志》作《命書格局》二卷。四庫本自《永樂大典》抄出，仍編爲三卷。虛中字常容，韓愈爲作《墓誌》，稱李沖十一代孫，晁公武據《元和姓纂》考作八代。貞元十一年進士及第，元和中仕至殿中侍御史。韓愈稱虛中"學無所不通，最深五行書，以人之始生年月日所直日辰，支干相生勝衰死王相斟酌，推人壽夭貴賤利不利,輒先處其年時,百不失一二。"宋朱翌《猗覺寮雜記》卷上曰:"虛中命術,不用生時,今之閱命者,乃並與時參考。"《四庫總目》遂據"後半乃多稱四柱,其說實起於宋時",定其書爲依託。紀昀後自加駁正,謂韓愈所稱"日辰"即時。余嘉錫博考衆籍,以爲三命用時,四柱亦兼論胎,"三命、四命、五命,名雖不同,其揆一也。"又謂舊推虛中爲子平術之始祖亦非,初唐之占命已用時。今本題鬼谷子撰,李虛中注,前有序稱:"司馬季主於壺山之陽遇鬼谷子,出逸文九篇,論幽微之理,虛中爲掇拾諸家注釋成集。"書中卷首六十三條無標目,爲後人誤置,有標目者恰爲九篇。余氏謂其書"實虛中所作,傳其術與注其書者,皆托之於鬼谷,其注則宋人所作",又疑"序乃後來術士之所依託。"然書目中以注人作撰人者屢見不鮮,如王涯之於《元和姓纂》,楊齊宣之於《晉書音義》。鬼谷子所撰說過於荒誕,而李虛中見稱於韓愈,後人題以《李虛中命書》亦在情理中,不足以據此疑其序。或李虛中確曾得一九篇之命書,如前述孟氏所撰,(虛中略晚於孟氏,先後官侍御史,親得其傳,亦未可知。)遂據以立說,又撰此序,以自神其術歟?

珞琭子三命消息賦一卷

宋代書目頗載珞琭子賦及後人注本,四庫館臣自《永樂大典》中抄出者,尚有徐子平、曇瑩二家所注。珞琭子之名氏,有周靈王太子子晉、梁昭明太子、陶弘景等說,皆不足據。珞琭子者,取《老子》"琭琭如玉,珞珞如石"之意,其人當爲"達觀之士不顯其聲名者"。唯《四庫總目》據晁公武說,稱"宣和、建炎之間,是書始行,則當爲北宋人所作",其說似不可信。徐子平是否由五代入宋之人,固不可確知,杜崇龜乃由唐入五代者,曾注《珞琭子消息賦》,見《秘書目》《通志》,則唐末似已有此賦。《崇文目》《通志》《宋志》又載《五行家國通用圖曆》

一卷,亦題珞琭子撰。

李申　三命通玄論三卷

《崇文目》著録,《通志》題銜翰林待詔。

李遂　通玄三命論三卷

《宋志》著録。《秘書目》《通志》並無論字。

崔寬　東武算略一卷

《秘書目》著録。

朱昭　形神外論一卷

《秘書目》著録。《宋志》"朱"作"米"。

按：以上四書,書目並著録於唐人著述間,《唐書》有其人,或且同名者甚多,究未知誰撰,姑録於此,以俟博聞者詳考。

人倫龜鑑

慧琳《一切經音義》卷二〇引。《崇文目》《通志》《宋志》著録孫知古《人倫龜鑑》三卷。兩《唐書・朱泚傳》載,代宗時遣中使孫知古宣慰魏州,《宋高僧傳》卷九稱慧忠有"在家弟子開府孫知古",似即此人。然《秘書目》《通志》皆載孫知古《慶曆傳信集》三卷,則爲宋人矣。

袁隱居　陰陽占訣歌

《太平廣記》卷七二引《宣室志》云,貞元中有袁隱居,家於湘楚間,曾爲李吉甫算其仕禄,果驗。隱居著《陰陽占訣歌》一百二十章,李公序其首。

李吉甫　三命大行年入局韜鈐三卷

《崇文目》《通志》著録。《宋志》作《三命行年韜鈐秘密》二卷。

李吉甫　大行年秘術三卷　行年禄命骨一卷

《秘書目》《通志》著録。

畢中和　搩蓍法

劉禹錫《辨易九六論》曾引其説,柳宗元《與劉夢得書》稱："中和承一行僧得此法。"《通志》《秘書目》有不爲子《揲蓍法》，《通志》《宋志》又有青城山人之同名書，三書並佚，内容不得其詳。

劉啓明　新修中樞秘頌太乙明鑑法五卷

《崇文目》《通志》著録，鄭樵稱"唐劉啓明撰"。

劉啓明　六壬軍帳賦一卷

《崇文目》《通志》著録，《宋志》無撰人。《四庫總目》術數類存目僅稱是書見於焦氏《經籍志》、錢曾《讀書敏求記》，失考矣。所言臨戎傳式之法，以四時識神之雌雄，亦《玉帳經》之流也。

劉啓明　占候雲雨賦一卷

《崇文目》著録，《通志》"雲"作"風"。《宋志》有《雲雨賦》一卷，注曰："《崇文總目》有劉式啓明《占候雲雨書》，即此也。"不知"式"爲衍字歟？抑其人名式字啓明歟？此及下二書，《崇文目》《通志》入天文類。

劉啓明　雲氣測候賦一卷

《通志》《宋志》著録。

麻安石　災祥圖一卷

《宋志》著録。麻安石有《祥異集驗》，其佚文自言"安石在道門，習學推步"，乃貞元至大和間術士。

劉啓明　定風占詩一卷

《崇文目》著録。《通志》注云："忠武軍節度巡官劉啓明撰。"《宋志》作三卷。

劉啓明　人元秘樞三卷

《通志》著録。《崇文目》"樞"作"術"，《宋志》書名後有"經"字，俱不著撰人名氏。

占雲氣書一卷

敦煌唐寫本。其書包括《觀雲章》《觀氣章》兩部分，文字内容散見於《隋書·天文志下·雜氣》《乙巳占》卷九及《通典》卷二六二"風雲氣候雜占"條，所繪雲形亦具中晚唐雲形之特徵，當爲中晚唐人據諸書輯録而成。

李寬　人元秘樞經一卷

《宋志》著録。《湖南通志》作唐衡陽人，兩《唐書》有八李寬，亦未必也。

胡乾　遁甲經一卷

《讀書志》著録，云："唐胡乾撰。李氏《書目》曰：此九天玄女之術，推九星、八門、三奇、六儀之法。"

員卓　遁甲專征賦一卷

《崇文目》《通志》著録，《遂初目》《宋志》不著撰人名氏。員卓不知何人，書目列唐人間。今存《太乙遁甲專征賦》一卷，書中無一語及太乙，二字當爲誤加，或題明員卓撰，與焦氏《經籍志》合。其書或經後人改竄，員卓則決非明人也。《袁氏金石藝文録》有唐袁卓《遁甲專征賦》，且云見《道定外函叢書》，疑即《秘書目》所載袁卓《天一遁甲顓征賦》，亦此書也。袁、員以何者爲是，則不可知矣。

七曜禳災法一卷　六壬名例立成歌二卷

日本僧人宗叡《新書寫請來法門等目録》著録。

徐琬　六壬啓蒙纂要一卷

《通志》著録，稱爲唐人。《宋志》無"六壬"二字。

曹士蔿　羅計二隱曜立成曆一卷

《書録解題》著録，曰："稱大中大夫曹士蔿，亦莫知何人，但云起元和元年入曆。"士蔿，建中時人，此當爲後人依託。

朱奉　青羅立成曆一卷

《書録解題》著録，曰："司天監朱奉奏。據其曆起貞元十年甲戌入曆，至今乾寧四年丁巳，則是唐末人。""奉"或作"鳳"。

《四庫總目》天文演算法類存目載《青羅曆》，無卷數，不著撰人名氏，館臣疑即此書。又謂"稽其年代，不甚相合，卷數亦多少互異，疑不能明也"。

沈芝　源髓歌六卷

《書錄解題》著錄，稱爲唐人。又謂有《後集》三卷，妄也。

張劫　太一元精秘訣歌

宋路振《九國志》卷六云，長葛人，善推步之學，從王建討王仙芝，入蜀，歷眉、邛二州刺史，卒。劫曾"總占候之要，著《太一元精秘訣歌》七十一首以獻，僖宗奇之"。

皮日休　支干定命圖一卷

《秘書目》《通志》著錄。支干蓋指年月日之支干，即三命之術也。

顧蒙　大順圖三卷

《唐摭言》卷一〇云，宛陵人，博覽經史，深究內典。庚子亂後，萍梗江浙間。中和甲辰，淮浙荒亂，避地至廣州，未幾疾終。"蒙頗窮《易》象，著《大順圖》三卷。"

由吾裕　式心經略三卷

《通志》《宋志》著錄。由吾裕不知何人，《新志》有由吾公裕《葬經》三卷，二目已載，別出此書。

孫季邕　會元經二十四卷

《讀書志》著錄，云："集諸家相地書，芟其鄙陋無驗者成是書。"孫季邕或作孫李邕，有《葬範》三卷，此未知是否一書。

張思賢　葬錄三卷

敦煌寫卷，署銜歸義軍節度使押衙兼參謀守州學博士將仕郎。序稱歸義軍節度南陽張公諱承奉令集諸家諸著，删除淫穢，多取漢丞相方朔之要言，凡七十二家。題大唐乾寧三年五月。

宅經

敦煌殘卷内有《宅經》數件，未知是否一書。其中伯三八六五號，首尾殘缺，存千數字，綜論占宅頗詳，當爲全書之序。中列《皇帝二宅經》及李淳風、吕才等二十四家《宅經》，稱其旨大同小異。"今採諸家秘驗，分爲二十四路，八卦九宫，配女男之位，定陰陽之界，考異休咎，並無出於陰陽二宅，此即養生靈之聖法也。"末曰："可以家藏一本，用誡子孫，秘之寶之，可名《宅境》云耳。"其書之内容已約略可見，書名則又作《宅境》，書中且附有圖。《通志》所載宅經如《保生二宅經》《陰陽二宅圖經》《陰陽二宅心鑑》，書名各得此序之一端。

宅經二卷

舊題《黄帝宅經》。《四庫總目》曰："考書中稱《黄帝二宅經》及淮南子、李淳風、吕才等《宅經》二十有九種，則作書之時，本不僞稱黄帝。特方技之流欲神其説，詭題黄帝作耳。其法分二十四路，考尋休咎。"則其書與敦煌《宅經》頗相近似，唯多出五家舊説耳。館臣又謂《宋志》有《相宅經》一卷，疑即此書。然《秘書目》《通志》《宋志》所載宅經頗多，如張煦《囊金二宅》及王澄宅書五種，書目皆載於唐人著述間，此書淵源，究無從確定。

占卜書卜法

敦煌寫卷。

相書

敦煌寫卷，凡九件，寫有三十六篇，第一篇佚名。其書以所相人體部位分篇，包括從頭部、軀幹、五官、六府至腳部、毫毛等所有部位。

李暹　靈棋經一卷

《通志》著録，《宋志》作李進注《靈棋經》。疑《宋志》"進"字誤，而《通志》脫"注"字。鄭樵謂遑唐人，《唐書》有五李遑，此不知究爲何人。舊傳《靈棋經》有唐李遠叙，《日本訪書志》稱日本古本載之，亦不知二者是否有關。

丘延翰　三曆會同

《永樂大典》載之。宋代書目著錄《三曆會同》二本，一不著撰人名氏，一稱劉氏，不知《大典》何據。按，丘延翰不見於兩《唐書》及唐人雜著，明《堪輿類纂》載宋吳景鸞《進陰陽天機書序》，稱唐開元時人，而叙事妄誕不經。《通志》《宋志》載丘延翰所著書七種，今存《天機素書》四卷，亦題唐丘延翰撰。諸書觀其名即不類唐人所著，今並屏棄不錄。

張大素　太素脈法一卷

宋莊季裕《雞肋編》云："澧州有卒李文和者，能診太素脈，知吉凶。余後得其書，以十二經配十二辰，如五行家分宮之法，身命運限，亦各有術，逐日隨支，輪脈直事，故目下災福，纖悉可見。其書序云，本唐隱者董威輦以授張太素，太素始行其術，故以爲名。"張太素當作張大素，史傳未言其有五行之學，似無由假託於彼。世傳《太素脈法》一卷，序稱唐末樵者得仙人所遺，則又非莊氏所見本矣。《四庫總目》謂出嘉祐間，而未知莊氏此説，亦疏於考證矣。《珍本醫書集成》本作《訂正太素脈秘訣》，張太素述，亦未言其時代。《通志》醫方類有《黃帝傳太素脈訣》一卷，未知即此書否？

以上五行類，補一百二十種。

雜藝術類

僧彥悰　後畫錄一卷

《讀書志》著錄，曰："品長安名畫，凡二十七人。"彥悰，京兆大慈恩寺沙門，玄奘弟子，《宋高僧傳》卷四有傳。張彥遠《歷代名畫記》叙畫之興廢曰："隋沙門彥悰、唐御史大夫李嗣真、秘書正字劉整、著作郎顧況,並兼有《畫評》,中書舍人裴孝源有《畫録》,竇蒙有《畫録拾遺》,率皆淺薄漏略,不越數紙。"是唐時書名作《畫評》,朱景玄《唐朝名畫録》引作《續畫品》。《通志》作《畫品》,而彥悰誤作彥保。郭若虛《圖畫見聞志》始作《後畫録》。張彥遠稱此書"傳寫脱錯,殊不足看",是原書在唐時已若存若亡。《歷代名畫記》所徵引者二十七人,當非全書,《讀書志》所載之本,即後人自張氏書中輯録而成。今傳本序亦謂所録凡二十七人,實僅二十六人,末一人李湊,《四庫總目》考爲李林甫之侄,知其書出於依託。余紹宋曰："此編乃作僞者掇拾《名畫記》所引而成,鄭法輪、劉烏兩條偶未檢得,遂至遺漏,而故增一李湊,不悟時代未符。"是今本又非晁氏所見之舊矣。

裴孝源　貞觀公私畫録一卷

《通志》《遂初目》《宋志》著録。《圖畫見聞志》叙諸家文字,列有是書,書名亦作《公私畫録》,惟明《國史經籍志》作"史",與今本合。《新志》有裴孝源《畫品録》一卷,注曰："中書舍人,記貞觀顯慶年事。"此書序稱："大唐漢王元昌每燕時暇日,多與其流商權精奥,以余耿尚,嘗賜討論。遂命魏晉以來前賢遺迹所存,及品格高下,起於高貴鄉公,終於大唐貞觀十三年,秘府及佛寺並私家所蓄,共二百九十八卷,屋壁四十七所,目爲《貞觀公私畫録》。"與前注文不合,似爲兩書。今本所列,皆隋代收藏官本,壁畫亦止於隋楊契丹,又與序文不合。其體例先列畫名,後列作者,按品格高下序次,目下小注,每以梁《太清目》之有無分别之,蓋記前代舊藏,至貞觀初尚存爾。張彥遠謂:"裴孝源都不知畫,妄定品第,大不足觀。"然此録實爲古畫名目之僅存者,後人紛紛紀載,皆其所濫觴也。考張彥遠《名畫記》引孝源《畫録》，記寺院壁畫諸條，與此書多符。《四庫總目》云"皆此書所無"，不知何故？疑此書品第前代名畫，皆有依據，而記壁畫及別記貞觀、顯慶年事之書則獨出胸臆，即張彥遠所深致不滿者也。其書與序自相矛盾，或經後人改竄，唯序末"又集新録"云云，《四庫總目》謂重遝不明者，宋黃休復《益州名畫録·趙德玄傳》徵引不誤，館臣偶未察及耳。

李嗣真　古今畫人名一卷

《讀書志》《書録解題》著録。朱景玄《唐朝名畫録》序稱："自國朝以來，唯李嗣真《畫品録》，空録人名，而不論其善惡，無品格高下，俾後之觀者將何以覽焉？"然張彥遠《歷代名畫記》引李嗣真説，俱有論斷，文辭亦妙。同是唐人，而所見迥異。《讀書志》載李嗣真《續畫記》（又作《名畫記》）一卷，且稱"又有《古今畫人名》一卷"。則嗣真所作，本有二書，《續畫記》即《新志》已載之《畫後品》，張彥遠所徵引者也；《古今畫人名》即朱景玄所言空録人名之《畫品録》也。今存《續畫品録》一卷，題李嗣真撰，《四庫總目》稱與此書體例合，然爲明人剽姚最之書爲之，葉德輝則斷爲宋時坊本。

韓幹　雜色駿騎録

見郭若虛《圖畫見聞志》。韓幹玄宗時以善畫馬見稱於世。

張懷瓘　畫斷

見郭若虛《圖畫見聞志》。《唐朝名畫録》序稱："以張懷瓘《畫品斷》神妙能三品定其等格上中下。"則其品第與所撰《書斷》相近，其精審亦當如之。今其佚文略見於張彥遠《歷代名畫記》。黃休復《益州名畫録》引張懷瓘曰："昔武帝博雅好古，鳩集名畫"云云，疑出此書之序。

徐浩　畫評一卷

《宋志》著録。

竇蒙　齊梁畫目録一卷

《書録解題》著録。

竇蒙　歷代畫評八卷

《通志》著録。按，竇蒙有《畫録拾遺》，唐宋史志並著録。明唐志契《繪事微言》所採録之書，有《畫録補遺》一篇，且稱彥悰、李嗣真諸家書"前不及漢，後不該唐，故皆不録，兹所補遺，蓋前與後俱補者也"云云。其書補一百四十三人，至初盛唐而止，余紹宋謂"似爲中唐時人作。昔唐竇蒙有《畫録拾遺》，與此編書名相類，頗似蒙作。然《唐書·藝文志》已注云卷亡，則明末時不應復出。"按，竇蒙書既見載於《宋志》《圖畫見聞志》，則明代尚存，亦未可知。

張璪　繪鏡一篇

張璪字文通，吳郡人，官檢校祠部員外郎。元稹詩曰："張璪畫古松，往往得神骨。"張彥遠《名畫記》曰："璪尤工樹石山水，自撰《繪境》一篇，言畫之要訣，詞多不載"。郭若虛《圖畫見聞志》叙諸家文字篇中亦載之。余紹宋據明人所引，疑其書至明初尤存。

劉整　續畫評

劉整不知何時人，《歷代名畫記》卷一〇僅言其任秘書省正字，善山水，有氣象。前引叙畫之興廢篇列顧況前。

張又新　畫總載一卷

《秘書目》《通志》《宋志》著録。張又新元和九年進士第一，歷官右補闕，終左司郎中。

馬朗　唐采畫録一卷

《秘書目》著録《采畫録》一卷，注云"闕"。《通志》作"《唐采畫錄》",蓋鄭樵以爲唐人舊籍,遂於書名前補一"唐"字。二目俱未題撰人,而同列於張又新之書前。宛委山堂本《説郛》卷九〇收録《采畫録》(四庫本無之),題唐馬朗撰。方以智《通雅》卷三二云:"唐馬朗言晉明帝師王廙,衛協師曹不興。"即出於此。楊家駱《唐代遺籍輯存》史部傳記類據以著録。謝巍《中國畫學著作考録》云:"是篇專述師承關係,乃《采畫録》中之部分文字,疑陶宗儀録自唐宋人之類書中。唐代采畫之舉,張彥遠《歷代名畫記》卷一《叙畫之興廢》篇有云:'太宗皇帝特所耽玩,更於人間購求。'卷二《論鑑識收藏購求閲玩》篇,有記專事采畫者,如肅宗、代宗時,有侍御史、集賢直學士史惟則充使博訪圖書。頗疑馬朗曾充采畫使之職。"按,唐有括訪異書使、括圖書使等職,未見采畫使一名。唐宋類書今存者尚夥,無一引及此書,而原書宋世尚見著録,則《説郛》或據原書節録。然細檢其所載,皆晉隋之際善畫者師承傳授,自"晉明帝師王廙",迄隋"王仲舒師孫尚子"止,凡三十餘人,二百餘言,與《歷代名畫記》卷二《叙師資傳授南北時代》師承全同,惟首句"古之善畫者各有師承",陸探微、姚曇度、袁昂、田僧亮、鄭法士前各標宋、南齊、梁、北齊、隋諸朝代,"師於"皆僅作"師"爲異爾。《名畫記》此下尚載唐初二閻至王紹宗之師承,此本無之。頗疑原書已佚,此乃明人自彥遠書中抄出,僞稱馬朗舊本爾。

蕭祐　古書古畫二十卷

《舊書》本傳曰:"祐博雅好古,尤喜圖畫,前代鍾王遺法,蕭張筆勢,編序真僞,爲二十卷,元和末進御。"《山東通志·藝文》據以著録。

張諗　吳畫説一篇

張彥遠《歷代名畫記·吳道子傳》曰:"親叔祖主客員外郎諗

有《吳畫説》一篇。"蓋專論道子畫者也。

韋蘊　唐畫斷一卷

《宋志》著録。按，唐張懷瓘有《畫斷》，朱景玄《唐朝名畫録》亦名《唐畫斷》。《太平御覽》引書目有《唐畫斷》，無撰人名氏，余紹宋指爲韋氏所撰，未言何據。考《太平廣記》卷二一二吴道玄條引《唐畫斷》，中援張、朱二家之説，疑即此，蓋韋氏據二家書改編而成。然韋蘊約代宗德宗時人（詳下《九鏡射經》條），尚在朱氏之先，不應有此作也。疑此書撰人原題韋韞，即韋莊之父，《宋志》誤以爲一人，猶陳振孫之誤韋蘊爲韋韞耳。劉道醇《宋朝名畫評》卷一又謂："唐有《名畫斷》，第其一百三十人姓名。"當即此書。張氏書記畫人之數已無考，朱氏書所記凡一百二十四人，則此書所增者，其唯晚唐六人歟？

王叡　不絶筆畫圖一卷

《崇文目》列顧況後，《通志》《宋志》則並列五代宋人間，《秘書目》無撰人。《宋詩紀事》有一王叡，號靈轂子，崇寧間人，則其書不得載於《崇文目》。且所收詩《全唐詩》列唐炙轂子王叡名下，宋時"靈"俗體作"灵"，與"炙"形近易譌，則所謂宋靈轂子王叡，殆即唐炙轂子王叡之誤也。又考宋黄伯思《東觀餘論》卷下《跋盤線圖後》："右《盤線圖》，唐王叡叙而傳之，以爲唐諸王之遺迹。然余頃於吴中見劉季孫景文家有此畫一卷，古題云宋武帝東征劉毅，道廬山，隱士宗炳獻一筆畫一百事，帝賜以犀柄麈尾，與此本大同小異，所畫物象存者亦五十餘種，匠意簡古，筆勢若出一手，然後知是畫非唐人能爲。王叡以爲唐諸王畫，誤矣。"則書目著録者，即《盤線圖》，唐王叡叙而傳之耳。

張彦遠　名畫獵精六卷

《讀書志》著録，曰："記歷代畫工名姓，自始皇以降至唐朝，及論畫法並裝背褾軸之式,鑑別閱玩之方。"明毛晋《汲古閣書跋·歷代名畫記》曰:"今此書罕傳,即彥遠自叙,亦止云《歷代名畫記》,而不及其名,意大略相似耳。"《四庫總目》據《圖畫見聞志》題無名氏撰,且列張懷瓘書之後,斷曰"必非張彥遠之作"。周中孚以晁氏所言校《歷代名畫記》,曰:"是書所謂歷代畫工名姓云云,即卷一之第三篇;裝背褾軸之式即卷三之第四篇;鑑別閱玩之方,即卷二之第五篇;論畫法即各卷諸篇是也。蓋其初稿曰《名畫獵精》,後續成歷代小傳,另編爲是記。"其說頗有可採,然亦未必如余嘉錫所許之確鑿可據,書名獵精,即有獵取《名畫記》之精華,而刪去畫工小傳之可能。余氏又謂"《遂初堂書目》雜藝類亦有《名畫獵精錄》",猶不知《秘書目》《通志》載其書,俱作二卷,故稱彥遠并其卷帙,載入《名畫記》之首。

王維　畫學秘訣一卷

此書明《國史經籍志》始載之,《四庫總目》謂句格似南宋人語。又有《山水論》六百餘言,或題李成,或題王維。余紹宋曰:"起首'凡畫山水,意在筆先,丈山尺樹,寸馬豆人,遠人無目,遠樹無枝,遠山無石,遠水無波'數語,甚爲精到,疑右丞本有畫訣口授相傳,有此數語,後人乃傅益以成此篇。"考韓拙《山水純全集》引王右丞曰:"路欲斷而不斷,水欲流而不流",似北宋已有其書。

畫品錄

宋黃休復《益州名畫錄》曰:"唯好事者收得《畫品錄》,定王宰、韋偃之畫爲妙品。"王、韋並中唐人,而黃書作於景德初,則此爲唐末五代人所作可知。

歷代名畫人姓名一卷

《秘書目》著錄。余紹宋《書畫書錄解題》、謝巍《中國畫學著作考録》俱列於宋人著述間。按,此書後依次著録《采畫録》、唐張又新《畫總載》、蜀僧仁顯《廣畫録》,似略按時代先後排列,疑爲唐人著述。又,宋袁文《甕牖閑評》卷六:"《本朝名畫人氏》云:《大相國寺碑》稱寺有十絶,大殿内彌勒聖容乃唐中宗朝僧惠雲于安業寺鑄成,光照天地,爲一絶;睿宗親感夢,于延祐元年七月二十四日改舊相國寺爲大相國寺,禦題牌額,爲二絶;王温重裝聖容,金粉肉色,並門外善神,爲三絶;大殿内有吴道子畫《文殊維摩像》,爲四絶;供奉李秀刻佛殿障日九間,爲五絶;明皇天寶四載,令邊思順修建排雲寶閣,爲六絶;石抱玉畫《護國除災患變像》,爲七絶;明皇勅車道政依于闐國傳樣畫《北方毗沙門天王》,爲八絶;瓊師畫梵王及東廊障日内畫《法華經二十八品功德變相》,爲九絶;西庫北壁僧智儼畫《三乘因果入道位次圖》,爲十絶。"謝巍《考録》據其所載畫家皆爲唐代人,又稱"明皇"而不稱"玄宗",而定其成書"在天寶之時,或在至德、乾元間"。且云:"唐張彦遠《歷代名畫記》亦記有數絶,文字與此書稍有不同。張氏之書成于大中年間,則晚於是書近百年,張氏所記數絶,蓋取材於《本朝名畫人氏》。"此可聊備一說,然竊甚疑之。最顯著者,十絶之說乃轉引自《大相國寺碑》,郭若虚《圖畫見聞志》卷五"相藍十絶"條引碑文略同。其十絶皆爲唐時之事,僅可證碑作於唐,不可謂引碑之書亦出於唐,其理至爲明顯。謝氏略碑而直引其書,且據之考成書時代,甚欠妥當。開元中李邕曾撰《大相國寺碑》,碑文今存,僅述及前數絶。北海名盛,玄宗乃至肅、代之際,不當遽有易碑之事,故叙及十絶之碑,疑當出於中唐以後,而徵引此碑之書,更在其後矣。謝氏所謂彦遠記有數絶,查無明文,不知其何所指?與十絶之說最相似者,莫如《宋高僧傳》卷二六《唐東京相國寺慧雲傳》,其述前三絕尤詳，不遑備引。其重裝聖容者乃温王，即韋后矯詔立爲皇太子者。袁文引作王温，或屬傳寫誤倒；郭若虛引作"匠人王温"，則謬種流傳矣。傳末又簡略述及四絕："天寶四載造大閣號排雲"；"文殊維摩是王府友吳道子裝塑；又開元十四年，玄宗東封回勑車政道往于闐國，摹寫天王樣就寺壁畫焉；僧智儼募衆畫西庫北壁《三乘入道位次》，皆稱奇絕。今之殿宇皆大順年火災之後蓋造，宋太祖重修，翰林待詔高益筆迹壁畫，時推筆墨之妙矣。"十絕已得其七，所據殆亦此碑。疑此碑爲"大順年火災之後蓋造"時所立。至袁氏之書，多稱本朝，以文例言，其所引《本朝名畫人氏》當爲宋人之書，書名正仿唐人《歷代名畫人姓名》；而袁氏所引佚文或即因宋初重修大相國寺，高益畫壁，時人推重，方於唐之十絕，故書中連類叙及耳。

李靖　弓訣一卷

《宋志》著録，《崇文目》《通志》俱不著撰人名氏。

員半千　射訣

宋高承《事物紀原》卷九引。

嚴悟　射法指訣一卷

《崇文目》《通志》著録，《宋志》載《法射指訣》一卷，無撰人，疑即此。

馬思永　射訣一卷

《通志》《宋志》著録，《中興目》曰："十篇，論體法，辨弓箭弦及射親之要。"《秘書目》作思永《射訣》，脱姓。唯《讀書志》《通考》稱唐王思永，曰："思永射學於成都工曹嚴悟，因取悟法著書十篇，每篇首必稱師曰。"疑與前爲一書。

田逸　射經一卷

《通志》著録，《宋志》作四卷，皆列唐人著述間，唐王堅道《射訣》採其説。

張宗　射經

張宗不知何人，韋蘊自云從其學，唐王堅道曾採其説。

韋蘊　九鏡射經一卷　射訣一卷

《國史志》《宋志》著録。《崇文目》《通志》已載《九鑑射經》，並不著撰人名氏。《書録解題》"九"作"幾"，曰："唐檢校太子詹事韋韞撰。製弓矢法三篇，射法九篇。又叙其學射之初，有張宗者授之訣，爲《射訣》。"考《新書·宰相世系表》，韋莊之父名韞，然未言其官職。韋續之族弟蘊，官檢校太子詹事，與陳氏所言合，是當從《宋志》作韋蘊，約代、德時人。

張仲素　射經三卷

《宋志》著録。仲素，憲宗時中書舍人。

張仲殷　射訓一卷

《國史志》著録，《書録解題》曰："監察御史張仲殷撰。《中興書目》云本朝人，果也不當名犯廟諱。"《通志》無撰人，《宋志》"殷"避諱作"商"，並列於唐人著述間。考《太平廣記》卷三〇七引《原化記》曰："户部郎中張滂之子曰仲殷，於南山内讀書，遂結時流子弟三四人。仲殷性亦聰利，但不攻文學，好習弓馬，時與同侣挾彈，游步林藪。"遇一老人頗善射，仲殷乃拜乞射法，盡得其妙。"仲殷藝日新，果有善射之名，受其教者，雖童子婦人，即可與談武矣。"後游於東平軍，教得數千人而卒。是仲殷在唐時頗以善射名。張滂亦見於《唐書》，德宗時任户部侍郎，與此微異。又考宋初紀旦取"韋蘊舊編，仲既新訓"等書，撰《廣弓經》，"仲既"當即"仲殷"之誤。且又新舊對言，知仲殷實傳韋蘊之術，小説所謂老人者，即韋蘊也。《崇文目》《通志》無張仲殷，而載張商《九章射術》三卷、《射口訣》一卷，疑亦"殷"避諱作"商"，又脱"仲"字。其所謂九鏡、九章者,當即由韋蘊書內有射法九篇而得名,非別有他意。書目中冠以此等字樣者,《通志》尚有《射鑑九圖》一卷,《宋志》作《九鑑射圖》,疑亦出此二人之手。

王堅道　射訣一卷

《國史志》《秘書目》《通志》《宋志》並著錄。《中興目》曰:"唐王堅道案田逸、張宗、王琚、韋蘊等經纂爲此書,有四戒、三謹、五善、五難、二合、三開、五病,隨題立注,從注加詩。"《通志》又有無名氏《五善正鵠格》一卷,程正(匡之諱)柔《五善射序》一卷,當即唐末五代人衍此書之五善説而爲專書者。

李將軍　手訣一卷

《玉海》卷七五《廣弓經》條引《中興目》曰:"紀旦取韋蘊舊編,仲旣新訓,《李將軍手訣》,王堅道歌詩,削浮辭成此書。"宋代書目中多著錄李廣《射評》一卷,書名後或有"要略""要録"字樣,凡十五篇,陳振孫曰:"依託也,鄙淺無奇。"疑即此。紀旦所引其他三書皆唐人所撰,則此書亦出唐人可知,初似未曾托名李廣。

吕才　三局象經圖解

《舊書》本傳曰:"太宗嘗覽周武帝所撰《三局象經》,不曉其旨,乃召才使問焉。才尋繹一宿,便能作圖解釋。(蔡)允恭覽之,依然記其舊法,與才正同。"

王積薪　鳳池圖一卷

《通志》著錄。唐薛用弱《集異記》載積薪從玄宗入蜀,途中得一婦人指示攻守殺奪救應防拒之法,"自是積薪之藝絶無其倫,即布所記姑婦對敵之勢,終不可解,至今棋圖有焉。"《新志》載其《金谷園九局圖》一卷,《通志》謂是"開元中王積薪、馮汪二人於太原尉陳九言金谷第弈棋,爲《金谷園圖》",此則別是一書。《宋志》有王積薪等《棋訣》三卷、《棋勢論並圖》一卷。

顧師言　三十三鎮神頭圖

唐蘇鶚《杜陽雜編》卷下云，大中中日本國王子來朝，王子善圍棋，上敕顧師言待詔爲對，弈至三十三，師言以鎮神頭一招勝之。"今好事者尚有顧師言《三十三鎮神頭圖》。"

張柬之　投壺經二卷

《日本目》兵家類著録，禮類別出，書名前有"新撰"二字。

張柬之　彈棋經一卷

《秘書目》《通志》《書録解題》著録。《隋志》僅有徐廣譜一卷，後世不見著録，則《日本目》兵家類所載《彈棋經》一卷，似出唐人，或即此歟？《宋志》作《張學士棋經》。《讀書志》曰："未詳撰人，序稱《世說》曰：'魏武帝好彈棋，宫中皆效之。難得其局，以妝奩之蓋形狀相類，就蓋而彈之。俗中因謂魏宮妝奩之戲。'按《西京雜記》云，劉向作《彈棋典論》，云前代馬合卿、張公子皆善彈棋。然則起於漢朝，非自魏始，《世說》誤矣。"《太平御覽》卷七五五引《彈棋經》序及後序，後序提及長慶、唐順宗，不知何時人作。

彈棋譜一卷

《詩話總龜》前集卷三〇引《古今詩話》曰："彈棋，今人罕爲之。有譜一卷，蓋唐賢所爲。其局方二尺，中心高如覆盂，其巔爲小壺，四角微起。李商隱詩云：'玉作彈棋局，中心最不平。'謂其中高也。樂天詩云：'彈棋局上事，最妙是長斜。'謂其抹角長斜，一發過半局。今譜中具有此法，柳子厚叙用二十四棋者，即謂此也。"

崔令欽　六博

《北户録》卷二"桄榔炙"注："崔令欽《六博》云：握槊，胡戲。"

陸秉　木射圖一卷

《秘書目》《通志》《讀書志》著録。晁氏稱爲唐人，曰："爲十五苟以代侯,擊地球以觸之。苟飾以朱墨字,以貴賤之。朱者,仁、義、禮、智、信、溫、良、恭、儉、讓;墨者,慢、傲、佞、貪、濫。仁者勝,濫者負,而行一賞罰焉。"按,宋仁宗時有一陸秉,而《唐書》無此人,不知晁氏何據。

李翱　五木經一卷

《通志》《書錄解題》《宋志》著錄。陳氏所載,尚有圖例,又稱:"元革注,蓋古樗蒲之戲也。"《宋志》亦別有圖一卷,不知何時佚去。其書連注在內,僅逾一頁,明毛晉刊《李翱文集》,收在第十八卷中。然此書久有別行之本,《日本目》著錄之《樗蒲經》,疑即此,茲姑仍載之。又《説郛》載柳宗直《樗蒲志》有目無書,亦未見書目著錄。宗直,柳宗元之弟。

以上雜藝術類,補四十一種。

類　書　類

歐陽詢　麟角一百二十卷

《宋志》著錄,《崇文目》《通志》不著撰人名氏。書名取《蔣子萬機論》"學者如牛毛,成者如麟角"之意。宋晏殊《類要》引十二則,皆注明卷次,自卷六至卷八十九不等,可證書目著錄卷數不虛,其門類可考知者有《文章門》。其引及《列女傳》《三十國春秋》《宋起居注》及朱超詩等,大都與唐宋類書所引略同。又《太平御覽》卷三四一釋信旛,引《麟角》百數十言,則其引用他書,或亦多轉出此書者。

麟角抄十二卷

《崇文目》《通志》《宋志》著錄。

虞世南　兔園策十卷

《讀書志》著錄,曰:"奉王命纂古今事,為四十八門,皆偶儷之語。至五代時,行於民間,村塾以教學童,故有'遺下《兔園册》'之誚。"此所謂"遺下《兔園册》"者,五代人譏馮道之語,見《北夢瑣言》。《瑣言》又稱:"然《兔園册》乃徐庾文體,非鄙樸之談,但家藏一本,人多賤之也。"《秘書目》載此書,未著撰人名氏。王國維《觀堂集林》卷二一疑即杜嗣先書,曰:"世南入唐,太宗引爲記室,既與房玄齡對掌文翰,未必令撰此等書,豈此書盛行之際,或並三十卷爲十卷,又以世南有《北堂書抄》,故嫁名於彼歟?"然《日本目》總集類已載《兔園策》九卷,當即此書,與杜書書名卷數皆異。唐初諸王府竟爲此等書,觀堂所疑恐非是。

杜嗣先　兔園册府三十卷

《宋志》著錄,別集類又出杜嗣先《兔園策》十卷,《遂初目》無撰人卷數。《困學紀聞》卷一四曰:"唐蔣王惲令僚佐杜嗣先仿應科目策自設問對,引經史爲訓注。惲,太宗子,故用梁王兔園名其書,馮道《兔園策》謂此也。"《墓誌》(《補編》第二一〇二頁)云,"少好經史,兼屬文筆","年十八,本州察孝廉。明(顯)慶三年,釋褐蔣王府典簽。""其所撰《兔園策府》及雜文筆合廿卷,見行於時。"此書殆撰於顯慶、龍朔之際,時嗣先未滿三十歲。敦煌所出内有此書寫卷數帙。

魏徵　勵忠節四卷

《宋志》著錄,題魏玄成,魏徵之字也。《秘書目》入雜家類,不著撰人名氏。按,《宋志》唯此書並《祥瑞圖》題魏玄成撰,或疑皆後人依託爲之。

王伯璵　勵忠節抄十卷

《宋志》著錄。敦煌寫卷斯一四一一、一八一〇、伯三六五七、二七一一等十餘件,存謙卑、推讓、家誡、賢行、言行等三十七部類,殆近原書十分之三四。最早者爲後唐寫本,内諱世、民、治,不諱顯、隆,當爲高宗時人所撰。唐無王伯璵,而有王璵、成伯璵，然皆開元以後人。殘卷内有"臣聞"字樣，可知魏徵原書乃供太宗及臣下閱覽。王伯璵所抄卷數反超魏書兩倍有餘，殆與唐代佛書以抄爲疏相似，乃據魏書添加事類者也。

王勃　平臺秘略十篇

《新書》本傳曰："沛王聞其名，召爲府修撰，論次《平臺秘略》，書成，王愛重之。"楊炯《王子安集序》云："征爲侍讀，奉教撰《平臺鈔略》十篇。"其十篇之目，曰孝行、貞修、文藝、忠武、善政、尊師、褒客、幼俊、規諷、慎終，即其書所分之十類也。《文苑英華》卷七五五、七八四各收其論、贊十篇。劉汝霖《王子安年譜》繫此事於麟德二年，時年十六。又漢代梁孝王築東苑，大治宮室，爲複道，自宮連屬於平臺三十餘里，後世以東苑、平臺代指宗室藩王。唐張大素撰《平臺百一寓言》三卷，其得名同此。

徐彦伯　修文要録一卷

《秘書目》著録。彦伯武后時以文章擅名，與韋崇、李亘並稱河中三絶，預撰《三教珠英》《武后實録》，歷仕修文館學士，太子賓客。

康顯　累壁十卷

見《康希銑墓誌》。許敬宗等撰《累壁》四百卷，時康顯約已入仕，曾爲修書學士，此爲預撰其書抑爲别撰之書，蓋不可考。

王貞　韻苑十卷

《墓誌》(《彙編》長壽二一)云："字弘濟，太原人。釋褐陳州項城縣丞，制授均州司法參軍事，尋轉水衡監丞。放浪詞林，遨情書囿，莫不義殫玄隫，理極鉤深，摭微妙於百家，緝爲《韻苑》十卷，成文章之管轄，啓才人之户牖。"

褚無量　帝王要覽二十二卷

見蘇頲撰《墓誌》。兩《唐志》有《帝王要覽》二十卷，不著撰人名氏。隋唐志似有偶收當時人著述而不標撰人之例，或即褚氏所撰歟？唯其卷數不同，抑或他人所撰同名之書。按，原補列入儒家類，今移正。

張説　燕公事對十卷

《宋志》著録，原無撰人。《中興目》曰："題唐張燕公撰。採經史屬辭比事，間作詩語記之，凡一百十四門。意出於張説。"《新志》載《玄宗事類》一百三十卷，《初學記》三十卷，注曰："張説類集要事以教諸王，徐堅、韋述、余欽、施敬本、張烜、李鋭、孫季良等分撰。"晁公武則以張説類書與開元詔撰爲二事，或張説獨成此本，開元中增撰爲二書歟？

孟詵　錦帶書八卷

《宋志》著録，《秘書目》作《錦帶》三卷。南宋以後又流傳《錦帶》一卷，《書録解題》時令類曰："梁元帝撰。比事儷語，若法帖中章草月儀之類也。"四庫本題梁昭明太子蕭統撰，館臣謂："詳其每篇自叙之詞，皆山林之語，非帝胄所宜言，且詞氣不類六朝，亦復不類唐格，疑宋人案《月令》集爲駢句，以備箋啓之用，後來附會，題爲統作耳。"然慧琳《一切經音義》、宋高承《事物紀原》俱引有《錦帶前書》。《日本目》已載《錦帶書》三卷，注曰："一、二、三。"疑《秘書目》之三卷本，與之相同，唐宋時國内外流傳者皆僅爲"前書"，而其八卷完本宋初館閣中尚存，《宋志》則據三朝或兩朝《國史志》著録，確可信據。

十道語對一卷

《秘書目》著録於孟詵書後。

李齊莊　事解十卷

《宋志》著録，《秘書目》無撰人名氏。《新書·宰相世系表》《郎官石柱題名》有一齊莊，李思行之堂兄弟，官倉部員外郎，乃高祖時人，不知即其人否？今姑從《宋志》，列玄宗時人間。

陸善經　續古今同姓名録二卷

梁元帝撰《同姓名録》，自《梁書》本紀、隋唐志以下皆作一卷，入雜傳記類，晁公武以爲類書之始，《讀書志》載其書三卷，則並"陸善經續增廣之"而言。陳振孫亦曰："有陸善經者，續之至五代時。"世無傳本，唯《永樂大典》中有元葉森續補之本，於兩家所補，皆標注分明，不與原書相混。四庫館臣録爲《古今同姓名録》二卷，陸氏所續在焉。

張九齡　珠玉抄一卷

《通志》著録，《秘目目》無玉字。敦煌所出雜抄一卷，首尾完具，題曰"一名《珠玉抄》，二名《益智文》，三名《隨身寶》"，卷尾又題《珠玉新抄》一卷，當即此。其書原流傳於民間，《新志》不載者，蓋鄙其淺俗也。《大元通制條格》卷五曰："村莊各社請教冬學，多係初識文字之人，往往讀《隨身寶》《衣服雜字》之類，枉誤後人，皆宜禁約。"知此書在元代，流通始受限制，隨即失傳。然古書多亡，此書得以重見天日，固有神於考證。如王重民曰："所記經籍一門，均係當時最通行之書，不啻一部唐人《書目答問》也。"

碎金抄十卷

《崇文目》《通志》著録。《史略》卷四曰："張九齡有《珠玉抄》，唐人有《碎金抄》。"按，明代書目著録以碎金名書者甚多，余嘉錫《内閣大庫本碎金跋》謂其書雖分別部居，頗類《書抄》《御覽》之體，然既無所引證，又不盡涉詞藻，蓋小學類字書之屬。是此等書皆由唐鄭氏《字寶碎金》增衍而來。

劉廣　稽瑞一卷

《崇文目》《秘書目》《通志》《宋志》著録，或入傳記、雜家類。《中興目》曰："考圖史符瑞爲駢儷韻語而注其所出。"諸目並未言何時人，清瞿鏞《鐵琴銅劍樓書目》謂，《通鑑》天寶十一載詔改吏兵刑部爲文武憲部,時官文部尚書者爲楊國忠,肅宗時復舊制,今劉賡自序有"文部尚書奏天下端"云云,則劉賡當爲唐人,書即成於天寶至德間。其書集上古迄六朝休祥之事,編爲四言韻語。所引古書,皆自注明,清代以來輯佚校勘學者多曾利用。

顏真卿　金鑾秀集二十卷

《通志》著録。《秘書目》鑾作巒,《宋志》集作蕊。唐因金鑾坡以爲門名,與翰林院相接,故得爲學士者稱金鑾以美之。金鑾殿大學士,則後梁敬翔始爲之,疑此書名當以焦氏《經籍志》作《金鑾啓秀集》爲是。

鄭虔　會粹

《新書》本傳、《封氏聞見記》卷一〇並稱:天寶初,鄭虔爲協律郎,集當世異聞,著書八十餘卷。有竊其稿者,上書告虔私修國史,虔倉皇焚之,坐謫十年,後還京師,授廣文館博士。所焚書既無別本,後更纂録,率多遺忘,猶成四十餘卷,國子司業蘇源明名其書爲《會粹》,取《爾雅》"會粹舊説"也。時人盧象贈詩曰:"書名《會粹》才偏逸",《唐會要》卷八九泉貨條引一則,亦作《會粹》,當爲蘇冕《會要》所引,知其書中唐時已行世。杜甫《八哀詩》注又稱"公著《薈蕞》等書",宋馬永卿《嬾真子》卷五以爲書名當從杜注,"自謂其書繁多而皆碎小之事也"。唐末段公路《北户録》引《會最》多條,又引"鄭公虔曰",是書名又作《會最》,所記實甚瑣碎,亦頗符本傳所謂"虔學長於地理,山川險易,方隅物産"云云。

元寬　百葉書抄

寬,元稹之父,德宗初官至舒王府長史。元稹爲其兄、姊撰墓誌,並言其父嘗叢集群言,裁成《百葉書抄》(又作書要),兄得其書,日課寫千言,三年乃卒業。然懼夫百氏之徒,一歸我囿,所不樂也,故世莫得傳。

陸贄　青囊書十卷
《宋志》著錄。《新志》有竇蒙同名書。贄爲元寬之婿,作此書當亦可能。

元積　類事十卷
《秘書目》積作慎,《通志》作穆,當並係字誤。積有《類集》三百卷,此或簡本歟?

劉濟　九經類義二十卷
《崇文目》《通志》著錄,《宋志》義作議。劉濟兩《唐書》有傳,德宗時襲父爵爲幽州節度使。本傳未言其學,《宋志》載張楚金之書後,《畿輔通志》謂即所撰。

蘇冕　古今國典一百卷
《宋志》著錄。冕撰《會要》行於時,記唐之典制,此書史傳未載。《册府元龜》卷五五六載,廣德二年詔集賢院撰《歷代書志》。卷六〇七載歸崇敬大曆中與諸儒官同修《通志》,崇敬知禮儀志,衆稱允當。疑即此書。又陸游《南唐書》載徐鍇撰同名書,亦百卷。

新集文詞九經抄一卷
敦煌寫卷。序稱"包括九經,羅含内外,通闡《三史》,是要無遺,今古參詳,禮儀咸備。"是雜輯群書佳言粹語者,所引者尚有張仁亶《九諫書》等佚書數種。

馬宇　纂寶　折桂錄
見《墓誌》。

李太華　康國集四卷
《宋志》著錄。《新志》有李太華《掌記略》十五卷,不知何人。

姚勖　起予集四十卷
《宋志》著錄。勖乃姚崇玄孫,長慶初擢進士第,終夔王傅。

鄭嵎　雙金五卷

《宋志》著録,嵎一作嶎。嵎有《津陽門詩》,《唐才子傳》僅言其字賓光,大中五年進士。《書史會要》謂長安人,善八分。《鄭琯墓誌》(《彙編》大中九一)提及稍詳:"有弟曰嵎,少耽經史,長而能文,舉進士高第,歷名使幕,揚州大都督府參軍。"又日本存宋熙寧二年刊本《雙金》僅一卷,分玄象等十八門。不著撰人名氏,而序題宋景德四年閏五月,不知是否宋人撰。

李商隱　金鑰二卷

《通志》《遂初目》《宋志》並著録。《中興目》曰:"太學博士李商隱以帝室、職官、歲時、州府四部分門編類。"《書録解題》又曰:"大略爲箋啓應用之備。"

温庭筠　記室備要三卷

《秘書目》《宋志》著録,原入總集類。

郁知言　記室備要三卷

敦煌寫卷。知言無考,題鄉貢進士,序稱:"咸通中游護軍常侍太原王公幕府,被命撰此三卷,分其事類合二百八十六首。"上中兩卷爲官牘,上自天子慶賞,下至內外百官,各具一式,下卷爲四季書儀,惜已殘缺過半。《新志》類書類有李途《記室新書》(晁公武稱分四百門),總集類有李太華《掌記略》《新掌記略》,知此等書晚唐作者甚多,今並亡佚。唐代記室格式,賴此存於萬一。

李慎微　理樞一卷

《宋志》著録,注云微一作徽。《秘書目》無撰人名氏。慎微,憲宗相李絳之孫。

李若立　籯金五卷

敦煌寫卷。若立事迹無考,寫卷題小室山處士,書內有東都、西京明堂各篇,則若立必係唐人。書名蓋取《漢書·韋賢傳》

"黄金滿籯"爲義,自述纂書之例曰:"採摭諸經,參詳衆史,纂當時之行事,緝隨物之恒務,庶無煩博覽,而卒備時須。舉其宏綱,撮其機要,合成百篇,分爲五卷。"殘卷中又有一部,書名前有略出二字,爲張球唐末五代之際抄略之本。

皇甫鈺　歷代君臣名位鄉里十卷

《墓誌》(《補遺》第十輯第四〇五頁)云:"好古嗜學,手不釋卷。經史九流,文集紀傳,曁方外著述,山川草木之書,莫不畢覽。常以編策繁廣,學者難周,乃分諸事,條紀於簡牘,各以類聚,凡千餘卷。"似屬"隨意纂録"之類書,然多"未立名號者",其撰成命名者有"《歷代君臣名位鄉里》凡一十卷"。

許塾　童子洽聞記一卷

《崇文目》《宋志》著録,並不著撰人名氏。《讀書志》有《洽聞記》三卷,曰:"不題撰人,分二十門,雜記經史名數。或題《童子洽聞記》,云唐許塾撰。"

翰林要海

段公路《北户録》卷三引。

丘光庭　古今姓字相同録一卷

《讀書志》著録。此書《崇文目》《秘書目》《通志》《遂初目》《宋志》並著録,書名皆略有小異,又或入雜傳記、姓氏、小説諸類,紛雜不備録。

以上類書類,補四十一種。

明堂經脈類

素問音訓並音義五卷　素問改錯二卷

《日本目》著録。按,《素問》之名起於漢晉間,唐前注其書可考者僅全元起一家。此二書唐宋書目並未載,又非日本人所撰,殆出於隋唐間人,仍以著録焉。

楊玄操　素問釋音一卷　素問醫療訣一卷

《宋志》著録。注曰：音一作言。《通志》有無名氏《素問音釋》一卷，或即此。

楊玄操　黄帝八十一難經注九卷

《日本目》著録。《讀書志》有《吕楊注八十一難經》一卷，《通考》作五卷。《宋志》楊玄操書下有《秦越人難經疏》十三卷，疑即此書，以篇爲卷也。序稱："余性好醫方，問道無惓，斯經章句，特承師授。既而鈲研無惓，十載於兹。""此教所興，多歷年代，非唯文句舛錯，抑亦事緒參差，後人傳覽，良難領會。今輒條貫編次，使類例相從，凡爲一十三篇，仍舊八十一首。吕氏未解，今並注釋，並别爲音義。"題前歙州歙縣尉，然不知何時人。日丹波元胤《中國醫籍考》曰："開元中張守節作《史記正義》，於《倉公傳》，採録楊序及説，則知爲初唐人。其演注全在於王翰林（明王九思）《集注》中。"

楊玄操　八十一難經音義一卷

《日本目》著録。

楊玄操　明堂音義二卷

《日本目》著録。《醫家千家文》引作《明堂經注》，兩《唐志》有楊玄（孫）注，未知即一書否。

楊玄操　鍼經音一卷　脈經音一卷

《日本目》著録。《宋志》楊玄操書下有《黄帝脈經》一卷，疑即此《脈經音》，後有《脈訣》一卷，或亦楊氏所撰歟？

李世勣　脈經一卷

《崇文目》《通志》《宋志》著録。

甄權　脈訣賦一卷

《通志》著録，甄權撰有《脈經》一卷。

王勃　黃帝八十一難經注

楊炯《王勃集序》稱其"注《黃帝八十一難》，幸就其功，撰《合論》十篇。"王勃自述遇曹夫子（元）於長安，得其術。乃錄師訓，編附聖經。

蘇游　玄感脈經一卷

敦煌唐抄本，不題撰人名氏，避旦諱，當抄於睿宗後。《新志》有蘇游《玄感傳屍方》，此方疑亦蘇游撰。《全唐文》小傳僅謂開耀時人。考王太霄《玄珠錄序》言及蘇游《靈驗記》，杜光庭《道教靈驗記序》則稱始平蘇懷楚《元門靈驗記》，則其人字懷楚，始平人也。又《通志》《宋志》並有《玄門脈訣》一卷，疑即此書。

孫思邈　鍼經一卷

《秘書目》《通志》《宋志》著錄。

孫思邈　明堂經圖

《中國醫籍考》云見《千金翼方》。

王冰　玄珠

王冰《素問次注序》稱"辭理秘密，難粗論述者，別撰《玄珠》，以陳其道。"《通志》有王冰《玄珠密語》十卷，《宋志》書名前有"素問六氣"四字，作一卷。然宋林億等已稱："王氏《玄珠》世無傳者，今有《玄珠》十卷，《昭明隱旨》三卷，蓋後人附托之文耳。雖非王氏之書，亦於《素問》第十九至二十四卷頗有發明。"是其書宋人已指爲僞書。《道藏》本十七卷，二十七篇，大抵本《素問》五運六氣說而敷衍之，罕言治序，頗涉占卜祥瑞之術，非純爲醫家言，故《四庫總目》改入術數類。又《讀書志》有王冰《天元玉册》，《宋志》入曆算類，或即所謂《昭明隱旨》，唯卷數頗異。

延齡至寶診脈定生死三部要訣一卷

《通志》《崇文目》並列張尚容之書前，疑即張氏所據之書。

張尚容　延齡至寶抄一卷

《宋志》著録,《通志》無"至"字,《崇文目》無"至寶"二字。《太平廣記》卷四徐福條引《廣異記》,有開元中御醫張尚容,當即其人。

李議忠　黃帝三部灸經音義一卷

《日本目》著録。《三部灸經》即《甲乙經》,然其名始見於《舊志》,議忠疑是唐人。

黃帝甲乙經私紀二卷

《日本目》著録。范行準《醫方簡録》列唐人間,云《醫心方》引之。

點烙三十六黃經一卷

《讀書志》著録,曰:"不著撰人,唐世書也。《國史補》曰:自茗飲行於世,世人不復病黃疸。"《太平聖惠方》卷五五載其全文。《崇文目》有《三十六黃方》一卷。

平脈略例一卷

敦煌寫卷。述診脈方法及定位,二十四種氣脈及十九種脈象之主病,文字與敦煌《脈經》及《玄感脈經》相出入,當爲唐人撰。

五臟脈候陰陽相乘法一卷

敦煌寫卷。主論五臟五行屬性及各臟生克影響等,與《千金要方》有關部分相似。

灸經一卷

敦煌寫卷。繪有人體穴位之灸療圖譜,尚能辨認者計十八圖。

新集備急灸經一卷

敦煌寫卷。抄於咸通二年,書名下題曰"京中李家於東市印",則此書初刻於長安。序稱彙集諸家灸經,以爲偏遠州縣救急治病所用。

百病鍼灸

《醫心方》引。

吴希言　山兆鍼灸經一卷

《通志》《宋志》著録,《崇文目》兆家從目旁。希言不知何人,范行準云《銅人鍼灸經》引。

耆婆脈經一卷

《秘書目》《通志》著録。敦煌殘卷有此書。

李涉　清溪子脈訣一卷

《通志》《秘書目》著録。原無撰人名氏,唐清溪子李涉通醫學,或即其人。

銅人鍼灸經七卷

《四庫總目》著録

明堂灸經八卷

《四庫總目》著録,題西方子,不知何人,《中國醫籍考》云收在《聖惠方》卷九九、一〇〇,且謂非出於唐以後之人者。

以上明堂經脈類,補三十一種。

醫　術　類

楊玄操　本草注音一卷

《日本目》著録。操字原無,范行準據《酉陽雜俎·續集》加,又謂注音當作音義。

甄立言　藥囿三卷

《日本目》著録。囿字原上有草旁,疑即《本草藥性》。

蔣孝琬　雜注本草一卷

《日本目》著録。孝琬顯慶中官太醫令,預撰《本草》,孝或作季。

仁諝　新修本草音義一卷

《日本目》著錄，《本草和名》引。疑即聖曆司禮博士辟閭仁諝。

蘇澄　本草

《酉陽雜俎・續集》卷四引《傳記》曰："有患應聲病者，問醫官蘇澄，曰：自古無此方，今吾所撰《本草》，網羅天下藥物，亦謂盡矣，試將讀之，應有所覺。"《朝野僉載》作張文仲事，注："一曰問醫蘇澄。"據《新書・宰相世系表》澄爲隋蘇威之孫，官沁州刺史，未言其爲醫官。疑即蘇敬，然《外臺秘要》嘗引《蘇澄方》，仍以著錄焉。

陳憲　內經藥類四卷　新舊本草十卷

見《墓誌》（《彙編》開元二三七）。

孫思邈　太常分藥格一卷

《崇文目》《宋志》著錄。

孫思邈　芝草圖三十卷

《宋志》著錄。

唐玄宗　天寶單方藥圖

蘇頌《本草圖經序》曰："明皇御製，又有《天寶單方、藥圖》，皆所以叙物真濫，使人易知，原診處方，有所依據。二書失傳且久，散落殆盡，雖鴻都秘府，亦無其本。《天寶方書》，但存一卷，類例粗見，本末可尋。"《宋志》載《天寶神驗藥方》一卷，當即此僅存之單方，今則僅見於《本草圖經》之徵引。

徐儀　藥圖

《本草圖經》卷九積雪草條引，在段成式前，當爲唐人徐儀，見於《元和姓纂》《新書・宰相世系表》《郎官石柱題名》，約肅宗時祠部員外郎。

楊損之　刪繁本草五卷

《崇文目》《通志》《宋志》著錄。掌禹錫曰："唐潤州醫博士兼節度隨軍楊損之撰。以《本草》諸方所載藥類頻繁,難於看檢,刪去其不急,並有名未用之類,爲五卷。不著年代,疑開元後人。"

蕭炳　四聲本草四卷

《崇文目》《通志》《宋志》著録。掌禹錫曰:"唐蘭陵處士蕭炳撰。取藥名每上一字,以四聲相從,以便討檢,凡五卷,前進士王收序。"按,蕭炳生平不詳,方志中或以爲五代人,或作元人,妄誕不足據。范行準疑蕭亮與炳爲兄弟行,則高宗武后時人矣。然考《嘉祐本草》卷七黃連條引此書,有今處州云云,則當爲代宗大曆十四年以後人。且作序之王收,《雲溪友議》卷上謂開成二年進士,是此書當作於武宗宣宗時。

本草韻略五卷

《崇文目》《通志》《宋志》著録。諸目並列蕭炳書前後,今仍著於録。

杜善方　本草藥性事類一卷

《崇文目》作《本草本性類》,《通志》《宋志》作《本草性類》,今據《嘉祐本草》。掌禹錫曰:"京兆醫工杜善方撰,不詳何代人。以本草藥名,隨類解釋,刪去重複,又附以諸藥制使,畏惡解毒,相反相宜者爲一卷。"范行準云,《本草和名》引。

南海藥譜一卷

《崇文目》《宋志》著録,《通志》作七卷。掌禹錫曰:"雜記南方藥所產郡縣,及療疾之驗,無倫次,似唐末人所作,凡二卷。"按,李時珍謂即蕭代時李珣所撰《海藥本草》,不知何據,李珣今人考爲五代時人。書目皆列爲二書,今從之。

本草新注　本草抄義　本草疏　本草注證　藥性字類

范行準《醫方簡録》據《醫家千家文》《醫心方》《本草和名》《説文繫傳通釋》等書徵引著録。

王勃　醫語纂要論一卷　醫語序一卷

《通志》著録。前一書《秘書目》《宋志》並無論字。《新書》本傳曰："勃嘗謂人子不可不知醫，時長安曹元有秘術，勃從之游，盡得其要。"

釋藥性藥決

范行準《醫方簡録》分別據《和名類聚抄》《嘉祐本草》引著録。按，《嘉祐本草》引書有《藥性論》《藥總訣》，並題陶弘景撰，或即此，非唐人書也。

張文仲　法象論一卷

《宋志》著録。《崇文目》有《法家論語》，《秘書目》《通志》有《法象語論》，並不著撰人名氏，疑即此書。

張文仲　四時輕重術一卷

《新書》本傳曰："文仲仕武后時，至尚藥奉御。文仲論風與氣尤精，後集諸言方者與共著書，詔王方慶監之。文仲曰：'風狀百二十四，氣狀八十。'著《四時輕重術》凡十八種上之。"《舊傳》作《四時常服及輕重大小諸方》。《外臺秘要》卷一四："臣文仲言：臣準敕，諸名醫集諸方爲一卷"，即此。卷内所載張文仲《療諸風方》九首，乃元希聲所集。敦煌殘卷内有張文仲醫方書斷片，未知出此書，抑或出《隨身備急方》歟？

元希聲　行要備急方一卷

《崇文目》《通志》《宋志》著録。《外臺秘要》引。希聲事迹見崔湜撰《墓誌》。

孫思邈　千金秘要備急方一卷

《崇文目》《通志》《宋志》著録，無撰人，《證類本草》引作《孫真人備急方》。

孫思邈　玉函方三卷

《宋志》著録。《醫家千字文》引《玉函方序》，《證類本草》引

《玉函方》，無撰人。

孫思邈　禁經二卷

《秘書目》《通志》著錄。《讀書敏求記》云，宋仁宗命林億等校刊《千金方》，乃以此書附列其後。

胡愔　胡愔方二卷

《通志》著錄，《宋志》作《補瀉內景方》三卷。

鑑真　鑑上人方一卷

《日本目》著錄。

蔣淮　藥證病源歌五卷

《通志》《宋志》著錄。《崇文目》有《證病源》五卷，無撰人名氏，疑即此書。慧琳《一切經音義》卷三，遼釋希麟《續音義》俱引《藥證病源》，似即此書。兩《唐書》無蔣淮。唯肅宗時有蔣淮，擢書判拔萃科。然唐初許、蔣等家時稱名醫，則盛唐前後有蔣淮撰此書當亦可能，《秘書目》《通志》又有無名氏《藥證》一卷，若亦係此書，則南渡前後已大部亡佚。

蔣淮　療黃歌一卷

《崇文目》《宋志》著錄。《通志》有無名氏《療黃經歌》一卷。按李肇《國史補》之說，則此書亦當出於茶飲盛行以前。

韋宙　玉壺備急方三卷

《宋志》著錄。《崇文目》《通志》有《別集玉壺備急大方》一卷，《秘書目》壺作臺，並不著撰人名氏。

唐宣城公　大和濟要方一卷

《通志》著錄。《崇文目》作五卷，《宋志》要作安，並不著撰人名氏。

王冰　啟玄子元和紀用經一卷

《宋志》著錄，前題葉長文，蓋序而傳之也。今本前有許寂序，虛誇難信，無葉長文序。其書宋明時少見流傳，李時珍著《本草綱目》亦未引用。《中國醫籍考》曰："然檢其文,決非宋以後物,且與陳氏(言)《三因方》所引相合,則要爲古書無疑矣。"

安塸　萬全方三卷

《通志》著録,《外臺秘要》引。《崇文目》無撰人,《宋志》作安文恢,注云全一作金。

吴希言　醫門括源方一卷

《通志》《宋志》著録。《經心方》所引《醫門方》,疑即此書。

吴希言　風論仙兆經二卷

《崇文目》《通志》著録,《宋志》作一卷,仙作山,注曰:兆一作髓。

經驗方二卷

《秘書目》著録,范行準云《外臺秘要》引,然王燾書成於天寶中,而《證類本草》卷六甘草條引《經驗方》曰:"崔宣州衍傳赤白痢方",崔衍爲宣歙池觀察使在德宗時,此書當成於此後不久,王燾不及見。疑宋人引其書校《外臺》竄入耳。

極要方十卷

《日本目》著録,《醫心方》引。

支義方　通玄經十卷

《宋志》著録。支義方原作文義方,《崇文目》《通志》皆載支義方《通玄經》,而《通志》僅爲一卷,稱周人。《日本目》連出無名氏《通玄方》二部,俱十卷,與《宋志》略相符合。張文仲醫方中言及支太醫,《外臺秘要》引支太素法,知當時支氏擅醫者多矣,疑鄭樵所謂周爲武周。

支觀　通玄方十卷

《宋志》著録。參上條。

塞上方三卷
《崇文目》《通志》《宋志》著録。《證類本草》引。

楊天業　三十六種風論一卷
《崇文目》著録，《通志》《宋志》天作大、太。疑並係楊太僕之誤。《新志》有楊太僕《醫方》一卷，注曰："失名，天授二年上"，《幼幼新書》引楊太僕《醫方》，撰人亦誤作楊太鄴。楊太僕與張文仲同時，蓋亦曾預撰療風氣諸方，退而作此論。《宋志》又有楊大鄴《嬰兒論》二卷，附載於此。

備急單驗藥方一卷
敦煌寫卷。卷内避治字諱，當爲高宗後之唐寫本。序稱鳩集單驗，救急易得，服之立效者一百八方，以人有一百八煩惱，合成此方。"刊之巖石，傳以救病，庶往來君子録之備急。"是此書原刊石，此卷他人寫録。

諸醫方髓一卷
新疆吐魯番出土殘卷。

雜療病藥方
敦煌寫卷。尚存二十五方，内有首載於《唐本草》之外來藥，當撰抄於唐代。

唐人選方
敦煌寫卷。有三斷片，字體、款式、體例均同，原爲一書，名缺，考者擬定此名。卷内有唐代醫家姓名，武周新字，當爲武則天朝寫本。

大唐延年方
范行準《醫方簡録》據《醫心方》引著録。《和名類聚抄》引《大唐延年經》，范疑與此爲一書。

蘇楚方　韋慈藏方　爽師方　張惟澄方
敦煌寫卷，范行準《醫方簡録》著録。

蔣孝瑜方　顏仁楚方　蘇澄方　李虔縱近效方　楊孔思方　蕭亮方

范行準《醫方簡錄》據《外臺秘要》引著錄。

李世勣方　蘇敬方　杜正倫方　蔣孝璋方　蔣孝琬方　李邕方　楊正進方　柳宗元救三死方　黎幹方　韋丹方　斗門方

范行準《醫方簡錄》據《本草拾遺》《證類本草》等引著錄。范氏所錄者尚有醫方多種，名氏皆缺，兹僅錄其有名氏者，略存唐代醫家之一斑。至《斗門方》，則《證類本草》徵引頗多，又作《斗門經》，特爲著錄。

成汭方

成汭撰。《證類本草所出經史方書》有之。汭原作訥，引文有"江陵府節度使進狶薟丸方"云云。成汭唐末專制荊南，史傳稱其"晚喜術士，餌藥瀕死而蘇"，疑即所撰，訥字誤。

明堂五臟論一卷

敦煌寫卷。避世不避治，當爲初唐寫本。

孫思邈　五臟旁通導養圖一卷

《秘書目》《通志》著錄，《宋志》導養作明鑑。

吳兢　五臟論五卷

《通志》著錄。吳兢有《五臟論應象》，此別出之書。

張尚容　大五臟論一卷　小五臟論一卷

《崇文目》《通志》《宋志》著錄，尚或誤作向、南，容或誤作客。李絳《兵部手集方》引張尚容《五臟論》，見《證類本草》卷一〇。

梅崇獻　醫門秘錄五卷

《崇文目》《宋志》著錄，《通志》列醫方類五臟目內。

張果　傷寒方論一卷

《崇文目》《通志》《宋志》著錄。

李涉　傷寒論二十卷

《宋志》著錄。唐李涉自號清溪子，大和中官至太學博士，事迹詳《唐才子傳》。《河南通志》謂即所撰。

吳昇　三家腳氣方論一卷

《崇文目》著錄。《宋志》題三家爲蘇敬、徐王、唐侍中。《通志》注曰："集蘇徐唐三家稍異者。"《外臺秘要》曰："吳氏竊尋蘇長史、唐侍中、徐王等腳氣方，身經自患，三二十年。各序氣論，皆有道理；具述灸穴，備說醫方。咸言總試，但有效驗，比來傳用，實愈非虛。今撰此三本，勒爲二卷。色類同者，編次寫之，仍以朱題蘇徐唐姓號，各於方論下。傳之門內，以救急耳。"

周禮　腳氣論一卷

《日本目》著錄。

李暄　新撰腳氣論三卷

《崇文目》著錄。《通志》曰："以三家之說不論風土，述江淮、嶺南、秦川之異。"二目並於《嶺南腳氣論》外別出此書。

廣南攝生方三卷　治嶺南衆疾經效方一卷

《通志》著錄。後一書《秘書目》無衆疾二字。范行準云《嶺南衛生方》引。

治勞瘵方一卷

范行準據《本草圖經》引著錄，曰："《崇文目》《通志》《宋志》等並有《五癆論》一卷，疑即此書。"

徒都子　膜子外氣方一卷

《崇文目》著錄，《通志》《宋志》書名無子字。《聖濟總錄》卷四曰："諸家方書論水氣甚詳，未嘗言膜外氣者。唐天寶間，有徒都子者，始著膜外氣方書，本末完具，自成一家。"

僧智宣　發背論一卷

《崇文目》《通志》《宋志》著錄於白岑書前。

白岑　發背論十卷

《崇文目》著錄，《通志》《宋志》並作一卷。《國史補》卷上曰："白岑嘗遇異人，傳發背方，其驗十全。"後淮南節度使高適脅取其方，終不甚效，岑死於九江，驛吏收其囊中，乃得真本，太原王昇之寫以傳佈。《蘇沈良方》卷七又稱："後魯國孔南得岑方，爲《王傳號靈方》，今具於後。"今本《蘇沈良方》傳寫脫漏，僅存一序及方數條。

釋波利　吞字帖腫方一卷

《崇文目》著錄。《通志》《宋志》作唐波馳波利奉詔譯。敦煌寫經中有題"罽賓沙門佛陀波利奉詔譯"之佛經，《宋高僧傳》有傳。

謝道人　天竺眼論

《外臺秘要》卷二一節錄此書，又作《天竺經論眼》。王燾曰："隴上道人撰，俗姓謝，住齊州，於西國胡僧處授。"

龍樹眼論一卷

無名氏譯，《崇文目》《通志》著錄，《日本目》論作經。《讀書志》作三卷，曰："佛經龍樹大士者，能治眼疾。或假其説，集治七十二種目病之方"。《醫心方》引。

龍樹菩薩眼論

無名氏譯，存《朝鮮醫方類聚》內。範行準曰："以上蓋從同一原書中譯出之三種譯本，今唯此書較完。"

醫眼鍼鈎方論一卷

《崇文目》《通志》著錄。

僧普濟　廣陵正師口齒論一卷

《崇文目》著錄，《通志》廣作唐，《宋志》正作王。鄭樵曰："普濟，唐供奉僧。"

僧普濟　口齒玉池論一卷

《崇文目》著錄，《通志》池作地。

沖和先生　口齒論三卷

《通志》《宋志》著録,《崇文目》沖作中。唐沖和先生姜撫,多方術,開元中獻食藥石法,未知即其人否？

藺道者　仙授理傷續斷方四卷

今存,一本斷作秘,一卷。此書宋代書目並失載,焦氏《經籍志》始著録《接骨仙方》二卷,撰人作藺道。明清傳本甚稀,嘉慶間錢秀昌乃云傷科無專書,故作書補之。此書叙正骨手法之十四個步驟、方法、方藥,並記載損傷科止血、手術復位、牽引、擴創、填塞、縫合等具體操作方法及驗方。藺道者不知何許人,僅書前無名氏序稱長安僧人,會昌中還俗,以術傳密友。又考《證類本草》卷一三合歡草條曰："陳藏器、日華子皆云,《續筋骨經》中不言。"是陳藏器前已有傷科書矣。

崔禹錫　食經四卷

《日本目》著録。禹錫,崔融之子,登顯慶三年進士第,開元中書舍人。《和名類聚抄》引。

韋巨源　食譜一卷

陳藏器《本草拾遺》引。近代《江蘇國學圖書館總目》著録。陶穀《清異録》云,韋巨源撰《食帳》。《説郛》本前有後人題曰："巨源拜尚書令,上燒尾食。其家故書中尚有《食帳》,今擇奇異者略記。"又載謝諷《食經》,似亦唐人。而題唐鄭望之撰之《膳夫録》則言及宋事。明人之陋也如此。

朱思簡　食經

《醫心方》及傳抄日本卷子本《食禁》引。

新撰食經七卷

《日本目》著録,原列崔禹錫書後。

孫思邈　孫真人食忌

《證類本草》引。

張鼎　食經

陳藏器《本草拾遺》引。張鼎曾增改孟詵《食經》爲《食療本草》，掌禹錫曰："《食療本草》，唐同州刺史孟詵撰，張鼎補其不足者八十九種，並舊二百二十七條，凡三卷。"陳氏引此書外，又引《食療》，當即此八十九種，今全載《證類本草》內。唯與敦煌寫卷相較，已非唐本之舊。張鼎天授中任左史（《舊書·禮儀志》），後任侍御（儲光羲詩）。

食禁一卷

《日本目》著錄。日本卷子本《食禁》當即此書，內引孟詵《食經》，猶未經張鼎增補，似出唐初人之手。唯所引《膳夫經》，未見書目著錄，若即陽曄《膳夫經手錄》，則出晚唐矣。又引《本草食禁》，疑即《食療本草》所引《食禁方》，不知何時書。

唐玄宗皇帝雜忌

范行準云《養生類纂》引。按，《日本目》有《食注》一卷，題御注。《日本目》僅標御製、御撰者，皆玄宗書，疑此亦然，或即是書歟？

咎殷　食醫心鑑三卷

《崇文目》《通志》著錄，《宋志》作二卷。鄭樵曰：成都醫博士咎殷撰。《四川通志》謂殷撰《導養方》三卷，當即此書別名。《朝鮮醫方類聚》所援，有論十三首，方二百九首，尚得知其梗概矣。

段文昌　鄒平公食憲章五十卷

陶穀《清異錄》曰："段文昌丞相尤精饌事，自編《食經》五十卷，時稱《鄒平公食憲章》。"《山東通志》著錄爲《食經》二卷。

許仁則　子母秘錄十卷

《崇文目》《通志》著錄，《宋志》作張傑撰。仁則，貞觀時人，兩《唐書》附見《裴敬彝傳》，《冥報記》稱爲"高陽許仁則。"

昝殷　産寶三卷

《通志》《宋志》著録，《崇文目》無撰人名氏。前蜀周頲序曰："昝殷《産寶》，深入醫門。乃大中歲，相國白敏中傷兹婦人，多患産難（晁公武曰：其家有因免乳死者），詢訪名醫，思救人命。或人舉殷，相國迎召，問其産乳，殷乃撰方三卷，贄於相國。相國重其簡要，命曰《産寶》。"凡五十二篇，三百七十八方，周頲作三論附於前。《讀書後志》作二卷二百七十八首，誤。趙希弁又稱殷爲僞蜀人，陳自明稱爲朱梁時人，亦誤。《朝鮮醫方類聚》徵引，有三百二十餘方，證以宋人唐慎微、陳自明所引，已十得八九。《經籍訪古志》載《經效産寶》三卷，宋槧日本人補抄，題唐節度隨軍昝殷撰集。

時賢　産經一卷

此書宋代書目俱失載，《寶素堂藏書目録》作二卷。《經籍訪古志·補遺》著録明本《産經》二卷，曰："熊宗立《醫學源流》曰：'郭慶（稽）中作産後二十一論，與唐時賢産前十八論合謂之《胎産真經》。即是書也。"蓋時氏原本十八問，後人以郭氏等説附爲二卷。時賢題唐翰林學士賜紫金魚袋，他無考。

孫思邈　玉關要決

《幼幼新書》引，又作《玉關決》。

孺子方

陸羽《茶經》下引，列《枕中方》後。

紫陽道士　保元七聖至寶方

《元和紀用經》引。

唐内翰　小兒宫氣集三卷

《崇文目》《通志》著録。《證類本草》引集作方，宫當爲疳之形訛。

小兒五疳二十四候論一卷

《崇文目》《通志》《宋志》著錄。民國《河南通志》作張文仲撰，殆以《宋志》列文仲書後。

小兒方例一卷

日本卷子本。所引有《子母秘錄》《廣利方》等，殆唐人書。

宇文士及　妝臺方一卷

《崇文目》《通志》著錄。《宋志》作《妝臺記》六卷。《説郛》本《妝臺記》題唐宇文氏，全記衣服髮式，至有宋理宗時事，謬甚。

楊氏　妝臺寶鑑集三卷

《通志》《宋志》著錄。楊氏即士及妻南陽公主。

張昇玄　昇玄子造化伏汞圖一卷

《宋志》著錄。《秘書目》《通志》入仙道類，《西溪叢語》卷下引。

神仙藥名隱訣一卷

《秘書目》《宋志》著錄。《西溪叢語》卷下引，有"今《圖經》引梁隋間方書"云云。

王道沖　石藥異名要訣一卷

《崇文目》《宋志》著錄。

穆修靖撰　羅公遠注　靈芝記五卷

《崇文目》《宋志》著錄。《秘書目》小説類不著撰人名氏。

吳昇　宋處　新修鍾乳論一卷

《宋志》著錄。《崇文目》無撰人，《通志》吳昇作吳弁。《外臺秘要》引。

周君巢　威靈仙傳一卷

《秘書目》著錄。君巢，貞元十一年進士，官河南司錄，韓柳與之有詩文往來。唐《崔氏海上方》曾載之，《嘉祐本草》卷一二又引"嵩陽子曰：余家於滑臺"以下論酸棗近百言，是所著尚不止此也。

李翱　何首烏傳一卷

《書録解題》農家類著録，曰："初見唐《李翱集》，今後人增廣之耳。"文亦無多，然《崇文目》已載之，仍以著録焉。

劉復　周廣傳

《明皇雜録》載，開元中吴中名醫紀明，嘗授秘訣於隱士周廣。上聞其名，徵至京師，欲授以官爵，周固請還鄉。水部員外郎劉復爲周作傳，叙述甚詳。

以上醫術類，補一百三十五種。

子部凡十六類，七百二十三種。

卷四 集 部

別 集 類

杜之亮集一卷

《日本目》著録,亮誤作高。《元和姓纂》卷六云:"公瞻,隋著作郎,生之松、之亮、之元。之松,唐許州刺史;之亮,司勳員外。"

朱子奢集五卷

《日本目》著録。貞觀國子司業,史傳稱其善文辭,通《春秋》。存文五篇,詩一首。

陸淳 東皋子集略二卷

《宋志》著録。王績詩文,初由吕才編爲五卷,唐宋史志並載之。《崇文目》始載《東皋子集》二卷,《秘書目》作《王績删東皋子》,蓋皆陸淳所删之本。元明以後,五卷、二卷本少見流傳,通行本並作三卷,或即據删節本另加分卷者。清代復出五卷抄本,多載詩文九十餘篇。

元思敬集一卷

《日本目》著録。思敬名兢,以字行。著《詩格》。《舊書·文苑傳》稱其"以文藻知名"。《全唐詩逸》卷中録其《蓬州野望》詩一首,出《文鏡秘府論》引。

新注王勃集十四卷

《日本目》著録。王勃集見於唐宋書目者有三十卷本、二十卷本,此十四卷注本不知出何人,後世亦未見流傳。

王勃文一卷

《日本訪書志》著録卷子本古抄《王子安文》一卷,僅三十篇序,云是武后時人之筆。《宋志》有王勃《雜序》一卷,當即此。此卷有不見於今本《王子安集》者,羅振玉已輯入《王子安集佚文》。

盧昇之集一卷

《日本目》著錄。盧照鄰,字昇之。其集《新志》著錄者二十卷,此一卷之本後世未見流傳。

田游巖集一卷

《日本目》著錄。唐隱士,高宗時授崇文館學士,進太子洗馬,垂拱中放還山。《唐文粹》載其贈宋之問詩一首。

姚納集十四卷

《日本目》著錄於《田游巖集》下。納,生平待考。

武媚娘一卷

《日本目》著錄於《則天大聖皇后集》之下,蓋亦屬之武后也。《武媚娘》本樂曲名,見於唐崔令欽《教坊記》。又名《斌媚娘》《舞媚娘》,宋郭茂倩《樂府詩集》卷七三錄陳後主《舞媚娘》詩二首,庾信一首,解題引《樂苑》曰:"《舞媚娘》《大舞媚娘》並羽調曲也。"隋太子楊勇宴宮臣,左庶子唐令則歌《武媚娘》之曲,是隋前已有此曲。然《舊書》卷五一曰:"高祖未受命時,天下歌《桃李子》;太宗未受命時,天下歌《秦王破陣樂》;高宗未受命時,天下歌《側堂堂》;天后未受命時,天下歌《武媚娘》。"唐張鷟《朝野僉載》卷一曰:"永徽後,天下唱《武媚娘》歌,立武氏爲皇后。"是高宗時此曲特盛,當爲則天造勢之結果。此書既入別集,疑則天自撰或文士代撰之歌詩也。《樂府詩集》卷八〇錄則天《如意娘》一首,亦其好撰此類歌詩之旁證也。

武后 金輪萬歲集五十一卷 聖母神皇垂拱後集三十卷 聖母集十卷

《日本目》著錄,未著撰人名氏,前者下注云"一卷目錄"。武周如意二年九月，上加金輪聖神皇帝號，後又改年號爲天册萬歲、萬歲登封、萬歲通天。兩《唐志》著録武后集有二，《垂拱集》一百卷、《金輪集》十卷。此傳入日本之別本，卷數不同。《全唐詩》存詩四十六篇。

楊齊哲集二卷

《日本目》著録。《全唐詩》無世次爵里可考卷内載其《過函谷關》詩，此詩《唐詩紀事》採自《初學記》。楊齊哲弘農人，聖曆中預修《文思博要》等書，長安四年爲洛陽縣尉，上《諫幸西京疏》，見《唐會要》卷二七，《册府元龜》卷五四四。

張野人集十卷

《日本目》著録。《全唐詩逸》載殘句一。

李澄之集三卷

《日本目》著録。《舊書·文苑傳》云："神龍中，有尉氏李登之，善五言詩，蹉跌不偶，六十餘，爲宋州參軍卒。"《唐詩紀事》卷一七録其《秋庭夜月有懷》詩一首，亦作李澄之。

賀蘭遂集一卷

《日本目》著録。日本大江維時編《千載佳句》引賀蘭遂殘句十二聯。《全唐詩逸》卷中輯出十一聯，遺漏一聯，又誤作賀蘭邏，注云"一作遂"。其中有《北京内宴》詩，玄宗開元十一年置北都於太原，天寶元年改爲北京，則賀蘭遂必爲天寶以後人。《元和姓纂》卷九河南洛陽賀蘭氏有名公遂者，入唐已六代，約在代宗前後，時代相符，疑即其人。賀蘭遂又有《觀北城宫殿》詩，則曾至長安。其詩多觸景思鄉之作，有"遼陽客路千峰引，薊北鄉心片月知"之句，蓋曾久客遼陽。千唐誌齋新藏《賀蘭遂墓誌》(《補遺》第十輯第三四一頁)，僅謂其字德仁，元和三年卒，年五十三，餘皆空言而已，疑出僞託。

李嵩文集三卷

《通志》《秘書目》著録,疑即《唐詩紀事》之李嵩。

張諤集一卷

《日本目》著録。《舊書·睿宗諸子傳》云,岐王範好學工書,雅愛文章之士,與閻朝隱、劉庭琦、張諤、鄭繇篇題唱和。《全唐詩》收詩十二首,《全唐詩逸》卷上據《千載佳句》收入其殘句二聯。

李範　惠文太子集十卷

《日本目》著録。睿宗第四子,本名隆範,避玄宗諱去隆字,封岐王。《新書》本傳云:"好學,工書,愛儒士,無貴賤爲盡禮。與閻朝隱、劉廷崎、張諤、鄭繇等善,常飲酒賦詩相娛樂。又聚書畫,皆世所珍者。"《述書賦》云:"梁園筆壯,樂府文雄。"注云:"王多能好事,有文詞,特爲歌者所唱。"其詩今存《同李士懷長安》等五聯,載《全唐詩逸》卷中,自《千載佳句》輯得。

吳嚴集十卷

《日本目》著録,列李範集下,生平待考,今姑從之。《全唐詩逸》卷中收録石嚴《苦熱》詩一聯,原載《千載佳句》卷上,疑與吳嚴爲同一人。

李河間集三卷

《日本目》著録,列徐彦伯之前,當爲唐初人。陳尚君《新唐書藝文志補—集部別集類》云:"《唐刺史考》卷一四載,李奐曾任河間太守,李澄、李禕曾爲瀛州刺史,均未見有別集流傳。"按,三人皆晚於徐彦伯,説尚可疑。且此李河間不當僅於河間太守或瀛州刺史中求之,唐又有李姓封於河間者數人。其中李孝恭貞觀初以功臣封河間郡王,無詩文傳世。李義府仕至中書令、右相,封河間郡公,其集卷數志傳記載互異,有三十、三十九、四十卷之別,皆與此三卷殊爲懸絶。頗疑此李河間當爲李湛。湛,瀛州饒陽人,義府少子。六歲,授周王府文學。神龍初,累遷右散騎常侍,襲封河間郡公。以誅張易之兄弟功,拜右羽林大將軍,進封趙國公。復授左散騎常侍,歷果、洺、絳三州刺史,累轉左領軍衞大將軍。開元十年卒。《全唐詩逸》卷中收李堪殘詩四句,出《文鏡秘府論》,原作李湛。

楊諫文集一卷

《秘書目》著錄。玄宗時曾官永樂丞,存詩文八篇。據《新書·宰相世系表》,諫官至岳州刺史。

敬括　南充郡太守敬集一卷

《日本目》著錄,原闕其名。考南充郡唐武德中始置,敬氏曾任此職者僅括一人,天寶中不諧楊國忠而外除,見兩《唐書·敬晦傳》。集蓋編於大曆六年去世後,因避代宗諱而不名。存文十七篇,詩一首。

楊凌文集

《通考》著錄。大曆進士,史傳稱"最善文,終侍御史"。而柳宗元稱:"大理評事楊君少以篇什著聲於時","晚節遍悟文體,尤邃著述",其所爲序論賦頌,皆文人之選。按,此集宋代已不見流傳,《通考》據柳宗元所作後序著錄。存詩近二十首,文僅一篇。

吴德光文集十卷

《通考》據柳宗元序著錄。德光,吴武陵父。按,《通考》僅此二書不出書目,亦爲例不純也。

裴度集三卷

《通志》著錄,《宋志》作二卷,《秘書目》集作文。裴度歷仕四朝,身繫國家安危者垂三十年,實爲一代名相,而其集《新志》竟失載。今存詩文猶有五十餘篇。

林藻集一卷

《通志》《遂初目》《宋志》著録。《書録解題》曰："唐嶺南節度副使莆田林藻緯乾撰。藻貞元七年進士,試《珠還合浦賦》,叙珠去來之意,人謂有神助焉。"存文三篇,詩三首。

林藴集一卷

《通志》著録。《書録解題》曰："唐邵州刺史林藴復夢撰。藻之弟也,見《儒學傳》。藴之父披,蘇州别駕,有子九人,世號'九牧林氏',其族至今衣冠詩禮。以藴所爲父墓碑考之,其八子爲刺史司馬,其一號處士,而披之父爲饒陽郡守,祖爲瀛州刺史,蓋亦盛矣。"存文三篇。

獨孤郁集一卷

《通志》著録,《秘書目》集作文。獨孤及子,元和秘書少監,有雅名。存文五篇。

馮定文一卷

《秘書目》著録。宿弟,貞元中進士,仕至左散騎常侍。其文名遠播,新羅、西蕃頗傳所作《黑水碑》《商山記》等文。

蔣防集一卷

《遂初目》《宋志》著録,《宋志》又出《賦集》一卷。長慶司封員外郎,翰林學士,知制誥,後爲袁州刺史。以《霍小玉傳》知名後世。今有詩文三十餘篇。

西平公集二卷

《日本目》著録,疑爲唐西平郡公段嶷集。《新書·段秀實傳》云,秀實孫嶷,"自鄭、滑節度使入爲右金吾大將軍,封西平郡公"。

楊汝士文一卷

《秘書目》著録。元和四年進士,仕終刑部尚書。存文二篇,詩八首。

李漢文一卷

《秘書目》著錄。大中宗正少卿。少事韓愈，通古學，屬辭雄蔚。存文三篇。

任疇文一卷

《秘書目》著錄。會昌太常博士。存文二篇。

權審文一卷

《秘書目》著錄。權德輿侄，累官常侍。今無文傳世，詩二首。

段成式集七卷

《宋志》著錄。成式與李商隱、溫庭筠俱行十六而均工駢文，時稱三十六體。其詩文好用奇字僻典，據鄭谷《故少師從翁隱巖別墅》詩自注，似其從祖父鄭薰曾爲段集作前序。存詩文數十篇。

張讀文一卷

《秘書目》著錄。僖宗時位終尚書左丞，今存所著《宣室志》，別無詩文。

李羲叟　文筴子集要五卷

《秘書目》著錄。《舊書·李商隱傳》曰："弟羲叟，亦以進士擢第，累爲賓佐。"無詩文傳世。

盛均文一卷

《秘書目》著錄。《新志》類書類有盛均《十三家帖》，注曰："字之材，泉州南安人，昭州刺史。"

陳汀　五源文集三卷

《宋志》著錄。《新志》僅載其賦一卷，注曰："字用濟，大中進士第。"

顧雲　鳳策聯華三卷

《崇文目》《秘書目》《通志》《宋志》並著錄。《書錄解題》曰："多以擬古爲題，蓋行卷之文也。雲，咸通十五年進士。"陳氏所言甚是，鄭谷有《顧雲下第住京偶有寄勉》詩，曰："《鳳策聯華》是國華"，注謂："顧雲著述目爲《鳳策聯華》。"《中興目》曰："顧雲撰並序，有《續魏徵遺表》《代尉遲敬德答隱太子箋》《補十八學士寫真像贊》《安西都護府重築碎葉城碑》，大抵皆因舊事而作。"此書唐宋俱頗盛傳，而《新志》載顧雲別集六種，獨不及之，殊不可解。《秘書目》《宋志》等又有《敬亭新筆》《昭亭雜筆》各五卷，疑即合爲《昭川總載》十卷者，不另列。

羊昭業集十五卷

《宋志》著錄。唐末進士，與顧雲同時相交往。今僅存詩一首。

康軿　九華雜編十五卷

《宋志》著錄。《秘書目》總集類無撰人名氏。康軿，又作康駢，著有《劇談錄》。乾符四年進士，官崇文館校書郎。

吳蛻　文場應用三卷

《秘書目》著錄。《十國春秋·吳程傳》曰："父蛻，大順中登進士，解褐鎮東軍節度掌書記。"今存文一篇。

陸長源　筆語一卷

《秘書目》著錄陸潛《筆語》一卷，後又有陸長源《筆語》一卷，葉德輝以爲重出。長源字泳之，貞元中爲宣武節度司馬總留後事，軍亂遇害。存詩三首。

崔致遠　中山覆簣集五卷　詩賦三卷

《秘書目》著錄。致遠高麗人，賓貢及第，曾爲高駢淮南從事，中和年間歸國。其進《桂苑筆耕》等書狀（即所謂自序）曰："浪迹東都，筆作飯囊，遂有賦五首，詩一百首，雜詩賦三十首，共成三篇。爾後調授宣州溧水縣尉，公私所爲，有集五卷。蓋勵爲山之志，爰標覆簣之名，地號中山，遂冠其首。"《新志》載其《四六》一卷、《桂苑筆耕》二十卷。

盧肇　文標集三卷

《讀書志》《遂初目》《書錄解題》著錄，宋人許巠、童説先後編集，童本今存。

王榮　麟角集一卷

《遂初目》《宋志》俱載《王榮詩》一卷，今《麟角集》有記曰："宋紹興乙卯八代孫藏任著作郎，於館閣校讎，見先郎中省題詩，錄附之。"是此集原僅賦四十五篇，省題詩二十一首當即書目著錄之詩一卷，宋紹興中始附此集後。此賦集、詩集出何時何人所編，則不可考矣。

王梵志詩二卷

《日本目》著錄。《秘書目》《宋志》作一卷。梵志生平事迹史書失載，《太平廣記》卷八二引《史遺》，所言神誕不可信。其詩唐代盛行於民間，王維曾稱之爲"梵志體"，寒山子、拾得當曾受其影響。宋人偶有引及，然傳本甚稀。敦煌卷子中有約二十種梵志詩斷片，原書分上中下三卷。自劉復以下，有多種輯校本。

元思敬詩一卷

《日本目》著錄。《舊書·文苑傳》曰："思敬總章中爲協律郎，預撰《芳林要覽》，又撰《詩人秀句》兩卷傳於世。"

趙彦昭詩一卷

《遂初目》《宋志》著錄。景龍中爲中書侍郎，以權幸進，後貶江州別駕。《全唐詩》編其詩爲一卷。

鄭愔詩一卷

《秘書目》著錄。武后殿中侍御史，附武三思，後被殺。《全唐詩》編其詩爲一卷。

武三思詩一卷

《秘書目》著錄。明高儒《百川書志》云詩十四首，今存詩八首。

崔湜集二卷

《日本目》著録。《宋志》作《崔湜詩》一卷,《遂初目》詩作集。景雲中書令。《全唐詩》編其詩爲一卷。

徐鴻詩一卷

《秘書目》《遂初目》著録。胡震亨《唐音癸籤》列在初唐集間,不知何人。又有《許恭集》十卷,《宋志》《唐音癸籤》並著録,疑爲許敬宗之誤。

武平一詩一卷

武平一撰。《遂初目》《宋志》著録。平一名甄,以字行。武后時畏禍,隱嵩山。中宗雖宴豫,嘗因詩規誡,然不能卓然自引去,開元中被謫,卒。《全唐詩》編爲一卷。

崔署集一卷

《遂初目》《書録解題》詩集類著録。署或作曙,開元末進士登第,卒。《唐才子傳》稱:"工詩,言詞款要,情興悲涼,送別登樓,俱堪淚下。"《全唐詩》編其詩爲一卷。

閻防詩一卷

《宋志》著録。開元末進士,後隱居終南山。傳世僅《河岳英靈集》所載詩五首。

李白集二卷

魏顥編。宋敏求曰:"熙寧元年,得唐魏萬所纂白詩集,凡廣四十四篇。"是爲李白詩最早結集,魏序今存。

李白歌行集三卷

《日本目》著録。宋敏求稱:"治平元年得王溥家藏李白詩集上中二帙,凡廣一百四篇,惜遺其下帙。"或即此本之存於宋代者。

李白度北門集一卷

《秘書目》著録,《通志》別集、制誥類兩見。清王琦《李太白集注》卷三〇引劉少彝曰："《度北門集》當是供奉翰林時代言之草，豈《通考》所謂《翰林集》者故已彙入？然今本無一字存者，其爲湮佚無疑矣。余考《舊唐書》之《經籍志》、《新唐書》之《藝文志》及《太白列傳》皆不載此書，而他籍亦鮮有言之者，豈亦南唐之翰林學士李白所作耶？抑李白度者其人名，《北門集》者其書名，而後人誤讀之耶？聊志于末，以俟博學者辯之。"

李峴集一卷

《遂初目》《宋志》著錄。乾元中書侍郎，存詩文各一篇。

張謂詩一卷

《宋志》著錄，《秘書目》詩作集。天寶二年進士，肅宗時尚書郎，大曆初出爲潭州刺史，後爲禮部侍郎，卒年不詳。《唐才子傳》稱："工詩，格度嚴密，語致精深，多擊節之音。"《全唐詩》編其詩爲一卷，存文八篇。

皇甫曾集一卷

《書錄解題》《秘書目》《遂初目》《宋志》並著錄，集或作詩。皇甫冉之弟，天寶進士，仕歷侍御，會事貶舒州司馬，陽翟令。《全唐詩》編其詩爲一卷。《文苑英華》所收曾詩四首，《全唐詩》以其三作皇甫冉、郎士元詩，而遺其一。

王季友詩一卷

《宋志》著錄。《書錄解題》詩作集，曰："元結《篋中集》有季友詩二首，今此集有七篇，而《篋中》二首不在焉。杜詩所謂豐城客子王季友者，意即其人耶？"季友代宗時入李勉江西觀察使幕，其後事迹不詳。《全唐詩》收其詩十一首，其中《玉壺冰》爲誤收。

陳蛻詩一卷

《讀書志》著錄，曰："唐陳蛻，未詳其行事。集有《長安十五詠》,自序曰:'蛻生長江淮間,以詩句從賊,近十餘年矣。今我后撫運,澤及四海,蛻復得爲太平人'云云,蓋肅代間人也。"《唐詩紀事》又曰:"其《華清宮詩》有夢裏換春秋之句。"按,安史亂時江淮相對安定,疑此賊指黃巢,其人即徐鍇《陳氏書堂記》之陳蛻,參前《論語品類》條。

陳潤詩一卷

《秘書目》著錄。《唐詩紀事》曰:"大曆間人,終坊州鄜城縣令,樂天之外祖也。"《舊書·張鎰傳》稱,大曆五年,除濠州刺史。存詩八首。

包何詩一卷

《秘書目》《遂初目》《書錄解題》著錄,詩或作集。包融之子,大曆起居舍人。《全唐詩》錄其詩爲一卷。

包佶詩一卷

《崇文目》《秘書目》《遂初目》《書錄解題》《宋志》著錄,詩或作集。包何之弟,貞元中仕終秘書監。與兄並以詩鳴,時稱二包。《唐才子傳》稱:"佶天才贍遠,氣宇清深,神和大雅,詩家老斲也。"《全唐詩》編其詩爲一卷。又包佶詩文,唐代曾有編集,梁肅作序。

徐浩詩

《秘書目》《遂初目》著錄,並無卷數。徐浩肅宗時任中書舍人,四方詔令,多出其手,遣辭贍遠,而書法至精。貞元初終彭王傅。《全唐詩》錄其詩二首,童養年補一首。空海《獻墨本十部表》有徐侍郎《寶林寺詩》一卷,今有帖本存世,詩亦收入《全唐詩》。

鮑防　雜感詩一卷

《宋志》著錄。貞元中仕終工部尚書。《新書》本傳曰:"防於詩尤工,有所感發,以譏切世敝,當時稱之。"蓋亦言其雜感詩。

《崇文目》《宋志》等又載《鮑防集》五卷，宋敏求、曾鞏等考爲鮑溶之作。《全唐詩》所載鮑防詩八首，僅三首確係其詩。

張聿詩一卷

《秘書目》著錄。建中進士，白居易有《張聿都水使者制》《張聿可衢州刺史制》。存詩五首。徐松《登科記考》據白居易《報衢州張使君》詩注，考證張使君長慶三年登日試萬言科。陳尚君補正謂，衢州張使君即張聿，見岑仲勉先生《翰林學士壁記注補》。但聿於貞元二十年自秘書省正字充翰林學士，長慶四年刺衢州，寶曆中自屯田郎中拜睦州刺史，其登科顯然不會遲至長慶三年。《全唐詩》卷三一九："張聿，建中進士。"未詳所據，大致可以相信。其萬言登科，當在建中、貞元間，確年無可考。

楊寧詩一卷

《秘書目》著錄。楊虞卿之父，貞元長安尉。

柳郟詩一卷

《讀書志》著錄，曰："集有與李端、盧綸輩相酬贈詩，大曆間進士也。"今存贈別詩二首，郟或作郴。按，柳宗元族人柳談，談又作淡，字中庸，與李端、盧綸並有贈和之作。《遂初目》《宋志》俱有《柳談詩》一卷，疑與此爲一人。

衛準詩一卷

《崇文目》《宋志》著錄，準俱作單。《唐詩紀事》載殘句二，曰："右張爲取作《主客圖》。準大曆五年登進士第。"

長孫佐輔集一卷

《書錄解題》著錄，曰："按《百家詩選》云：'德宗時人，其弟公輔爲吉州刺史，往依焉。'當必有所據也。其詩號《古調集》。"今存詩近二十首。

李益集二卷

《書錄解題》著錄，《讀書志》《宋志》作詩一卷，《遂初目》作《李君虞集》。則宋明以來，其集刊本不一，今存最早者爲明刊宋本。大曆四年進士，大和初仕至集賢學士右散騎常侍。史傳稱其工詩，"每一篇成，樂工爭以賂求取之，被聲歌，供奉天子。至《徵人早行》等篇，天下皆施之圖繪。"益曾自輯從軍詩五十首，別集單行，而晁公武稱："今集有從軍詩五十篇而無此詩（徵人早行詩），惜其放逸多矣。"則似搜集於亡逸之餘。《全唐詩》編爲二卷。

冷朝陽集

《遂初目》著録，無卷數。大曆四年進士，貞元兼監察御史。《唐才子傳》稱："朝陽工詩，在大曆諸才子，法度稍弱，字韻清越不減也。"存詩十一首。

羊士諤詩一卷

《讀書志》《遂初目》《書録解題》《宋志》並著録。貞元元年進士，元和中官至户部郎中。《唐才子傳》稱其詩"妙造梁選，作皆典重。"《全唐詩》編其詩爲一卷。

劉叉詩二卷

《書録解題》著録。《讀書志》《宋志》作一卷。叉或作又、义，客韓愈門，李商隱有《劉叉傳》。《唐才子傳》稱其："工爲歌詩，酷好盧仝、孟郊之體"。又謂"詩二十七篇，今傳"，《全唐詩》所載同。

竇鞏詩一卷

《秘書目》《宋志》著録。竇叔向之子，兄弟五人並工詩，有《聯珠集》。褚藏言有《竇鞏傳》曰："佳句不泯，傳於人間。文集散落，未暇編録。"此一卷或即後人從《竇氏聯珠集》等書中録出者。存詩四十首。

姚系詩一卷

《秘書目》著録，姚崇之曾孫，貞元元年進士。存詩十首。

賀蘭朋吉詩一卷

《秘書目》著錄,《宋志》朋作明,詩作集。與賈島相酬唱,存詩一首。

莊南傑集一卷

《書錄解題》著錄,《宋志》有莊南傑《雜歌行》一卷。《唐才子傳》曰:"南傑與賈島同時,曾從受學。工樂府雜歌,詩體似長吉。"《全唐詩》及其《補遺》錄其詩九首,今人又考得二十首,凡二十九首。

陳羽詩一卷

《宋志》著錄,《遂初目》《書錄解題》詩作集,曰:"唐東宮衛佐陳羽撰。貞元八年,陸贄下第二人。"宋蔡居厚《詩史》曰:"陳羽有詩百餘首,《古意》一篇,集中所無。"《全唐詩》編其詩六十餘首爲一卷。

熊孺登集一卷

《書錄解題》《宋志》著錄。《遂初目》有《熊登集》,當爲脱孺字。元和中,爲西川從事,與白居易、劉禹錫善,多贈答。存詩三十首。

張仲素詩一卷

《秘書目》《宋志》著錄,《遂初目》詩作歌詞。貞元十四年進士,官終中書舍人。仲素善文賦,有法度,詩則多警句,尤精樂府。《全唐詩》錄其詩一卷三十八首,然出《三舍人集》之外者無幾。

楊衡詩一卷

《秘書目》《宋志》著錄,《遂初目》詩作集。天寶中與李群等隱廬山,號山中四友,貞元中登第,卒於長慶後。存詩五十餘首。

李約詩一卷

《宋志》著錄。李勉之子,元和中仕爲兵部員外郎。存詩十首。
陸暢集一卷
《遂初目》《宋志》著録。元和元年進士,後官鳳翔少尹。《新書·韋皋傳》曰:"暢字達夫,皋雅所厚禮。始,天寶時,李白爲《蜀道難》篇以斥嚴武,暢更爲《蜀道易》以美皋焉。"韓愈、孟郊俱與之唱和。《全唐詩》編其詩爲一卷。

徐凝詩一卷
《宋志》著録,《遂初目》詩作集。元和間有詩名,方干師事之,元、白與之唱和。《全唐詩》録其詩一〇一首,今人補遺五首。

李殷 古風詩一卷
《遂初目》著録,《宋志》作《古風詩》。當爲大曆才子李端之姪殷,獨孤及《頓丘李公墓志》稱爲才子,舉秀才甲科。

李廓集一卷
《遂初目》《書録解題》《秘書目》《宋志》並著録,集或作詩。李程之子,元和進士,仕終武寧節度使。以詩名聞於時,與賈島相友善。《全唐詩》録其詩十八首,孫望從《又玄集》補輯一首。

袁不約詩一卷
《秘書目》《宋志》著録,《書録解題》詩作集。長慶三年進士,仕至職方員外郎。存詩四首。

吴武陵詩一卷
《宋志》著録。元和進士,長慶太學博士,後貶潘州司户參軍卒,與柳宗元友善。《全唐詩》録詩二首,童養年補一首。

費冠卿詩一卷
《秘書目》《宋志》著録。元和二年進士,隱居池州九華山。《全唐詩》編其詩爲一卷,童養年補一首。

趙陽山居詩一卷
《秘書目》著録,《宋志》無"山居"二字,俱列唐人間。唐以趙陽爲人名地名者,俱無可考。宋郭若虛《圖書見聞誌》卷二載五代關同有"趙陽山居"等圖傳於世。

王叡　聯珠集五卷

《宋志》著錄"王叡《炙轂子》三卷,又《聯珠集》五卷"。《唐詩紀事》曰:"炙轂子,王叡也,元和後詩人。"《新志》有炙轂子《詩格》一卷,列賈島之書後。《全唐詩》錄其詩九首,其中二首又作王轂作。《解昭君怨》一首,《宋詩紀事》亦收錄,云宋王叡作,號靈轂子,崇寧間人,所據乃小說家言,或以唐人作宋人也。

鄭渥詩一卷

《宋志》著錄。大中山南西道節度使,存詩二首。

潘咸集一卷

《宋志》著錄,《書錄解題》曰:"不知何人,與喻鳧同時。"《全唐詩》錄其詩五首,云咸一作成,又作誠。

丁稜詩一卷

《宋志》著錄,《遂初目》詩作集。會昌三年進士,存詩二首。

林滋詩一卷

《秘書目》著錄。會昌三年進士,存詩六首。

劉駕　古風詩一卷

《崇文目》《秘書目》著錄,《遂初目》《書錄解題》詩作集,《宋志》作《古風詩》。大中六年進士,咸通中仕終國子博士。《全唐詩》編其詩爲一卷,混有他人之作,確出其手者猶有六十餘首。

儲嗣宗集一卷

《書錄解題》著錄,《秘書目》《宋志》集作詩。大中十三年進士,官校書郎。《全唐詩》錄其詩爲一卷,童養年補一首。

鄭巢詩一卷

《秘書目》《宋志》著錄,《遂初目》詩作集。大中進士,曾游杭州刺史姚合門下，與兩浙名僧相與酬唱，不仕而終。《全唐詩》編其詩爲一卷。

蔡融詩一卷

《崇文目》《宋志》著録。黄伯思《東觀餘論》校正《崇文總目》條曰："蔡融、來鵬皆唐人，見《丹陽集》。"

司馬札集一卷

《秘書目》《遂初目》《書録解題》著録，《唐詩品彙》卷二二札作禮。《全唐詩》編其詩爲一卷。其詩又題作《司馬先輩集》。詩集題稱"先輩"，則亦曾登第。與儲嗣宗同時，相與唱和。

邵謁集一卷

《遂初目》《書録解題》《宋志》著録，集或作詩。謁咸通中爲國子生，溫庭筠主試，榜謁詩三十餘首於堂，稱"標題命篇，時所難著。"然謁竟不得第而死。陳振孫云集後有安定胡賓王者爲之序，或疑即胡曾。宋李希聲《詩話》稱亡友李秉彝家藏邵謁詩八十篇，當即宋代傳世篇數。至明代《百川書志》著録之集，僅詩二十八首。《全唐詩》編其詩爲一卷，凡三十二首。

李鄂　歌行一卷

《秘書目》著録，咸通安南都護，無詩傳世。

李昌符集一卷

《遂初目》《書録解題》著録，《宋志》集作詩。咸通四年進士，僖宗時位至使相。存詩三十六首。

翁綬詩一卷

《秘書目》著録。咸通六年進士，存詩十餘首。

林寬集一卷

《遂初目》《書録解題》著録。《全唐詩》編其詩爲一卷，有送李頻、許棠詩，唐末人也。

周繇集一卷

《遂初目》《書錄解題》著錄。咸通十三年進士，官至德令。《全唐詩》錄其詩爲一卷。

唐求集一卷

《秘書目》《遂初目》《書錄解題》著錄，求或作球。與顧非熊同時。《全唐詩》編其詩爲一卷，宋版《唐山人集》今存。

喻坦之集一卷

《遂初目》《書錄解題》著錄。咸通中舉進士不第，久寓長安，與李頻爲友。存詩十八首。

汪遵　詠史詩一卷

《崇文目》著錄。汪遵，《秘書目》作汪尊，《通志》作江遵，《宋志》作王遒，注云一作遵，蓋並字誤。咸通七年進士，與鄉人許棠友善，工爲絕句詩。《全唐詩》錄其詩爲一卷，亦多爲詠史之作。

胡曾　詠史詩三卷　詩一卷

《宋志》著錄，《秘書目》前一書作《覽古詠史集》。《通志》《書錄解題》無《詩》一卷。咸通中舉進士不第，曾爲高駢荆南從事，延唐縣令。其《詠史詩》廣爲傳誦，唐末五代時陳蓋、米崇吉先後爲作評注，今存。《詠史詩》一百五十首外，《全唐詩》所載尚有他詩十一首，是確有一卷之詩集別行於世。

周曇　詠史詩八卷

《崇文目》《通志》《宋志》著錄。《百川書志》作三卷，百九十五首。《全唐詩》小傳曰："唐末守國子直講。《詠史詩》八卷，今編爲二卷。"是其詩並無遺佚。

孫元晏　六朝詠史詩一卷　覽北史三卷

《宋志》著錄。前一書撰人原作孫晟晏，當爲字誤。《全唐詩》小傳曰："孫元晏，不知何許人，曾著《詠史詩》七十五首，今編爲一卷。"是其詩尚存,《覽北史》則盡佚矣。又有冀訪,亦不知何許人,有《詠史》十卷,《宋志》列孫元晏之書前,疑並皆唐末五代人也。

崔道融　東浮集十卷

《遂初目》始著録,未言卷數,《書録解題》載爲九卷,曰:"自稱東甌散人,乾寧乙卯永嘉山齋編成。蓋避地於此。今缺第十卷。"《宋志》有《崔道融集》九卷,當即此書。道融事迹見《十國春秋》,别有《申唐詩》三卷。《唐才子傳》誤與此爲一,所引"收拾草稿,得五百餘篇",即出此書自序。《全唐詩》編其詩爲一卷。

許彬詩一卷

許彬之名,一作琳,又作郴。咸通時頗著詩名,舉進士不第,中和間爲婺州軍事判官。《唐才子傳》卷七曰:"王周、劉兼、司馬札、蘇拯、許琳、李咸用等數人,雖有集相傳,皆氣卑格下。"《唐音癸籤》卷三〇載《許郴詩》一卷。《全唐詩》編爲一卷。

蘇拯集一卷

《書録解題》著録,《宋志》集作詩。光化中人,生平不詳。《全唐詩》編其詩爲一卷。

周濆集一卷

《遂初目》《書録解題》著録,《宋志》集作詩。不知何人,《唐音癸籤》列晚唐集間。《全唐詩》録四首。

蔣吉集一卷

《書録解題》著録。存詩十五首。

劉鄴詩三卷

《宋志》著録,無詩傳世。

文丙詩一卷

《書録解題》《宋志》著録。《全唐詩補遺》録詩五首。

王希羽詩一卷

《秘書目》《宋志》著録。天復元年登第，時年七十餘，爲田頵上客。存詩一首。

林嵩詩一卷

《宋志》著録。乾符二年進士，官至金州刺史。存詩一首。

杜荀鶴　唐風集三卷

《書録解題》著録，《讀書志》作十卷，《宋志》作二卷。《崇文目》作詩集一卷，《遂初目》作集。今存宋本《唐風集》三卷，有顧雲景福元年序，稱所著五七言三百篇，分上中下三卷，目曰《唐風集》云云。

張鼎詩一卷

張鼎撰。《宋志》著録。《唐才子傳》曰：景福二年崔膠榜進士。工詩，集一卷，今行。"按，此張鼎無詩傳世。玄宗時有司勳員外郎張鼎，存詩三首。此集不知何人？

韋莊　浣花集二十卷

《崇文目》《通志》著録。《讀書志》作五卷，曰："集乃其弟藹所編，以所居即杜甫草堂舊址，故名。僞史稱莊有集二十卷，今止存此。"韋藹序稱其兄庚子前凡著歌詩文章數十通，兵亂後所存無幾，爾後迄（天復）癸亥歲，"又綴僅千餘首"，"次爲□□□，目之曰《浣花集》。"則集本二十卷，晁氏所見已殘缺不全，《書録解題》著録者，乃僅一卷。《宋志》所載十卷，爲南宋書棚本，今存。《四庫提要》曰："疑後人析五爲十，故第十卷僅詩六首也。"韋莊前蜀時仕至吏部侍郎平章事，卒於武成三年。所著《諫疏集》等今佚，當爲唐亡後之作，今不著録。

吳蛻　一字至七字詩二卷

《秘書目》《四庫闕書目》《宋志》著録。今無詩傳世。

黄寺丞詩一卷

《宋志》著録,注曰:"不著名,題唐人。"

羅虬　比紅兒詩一卷

《讀書志》《遂初目》《書録解題》並著録。《宋志》作十卷,誤。羅虬咸通乾符中與宗人羅隱、羅鄴齊名,號稱三羅。杜紅兒,雕陰官妓,虬取古之美女,作絶句百首以比之,盛行於世,今存。

李浣　歌行一卷

《秘書目》著録。李磎之子,昭宗時與父同遇害。《全唐詩》録詩六首。童養年據《北夢瑣言》補一首。

楊復恭詩一卷

《秘書目》著録,《通志》《宋志》並作《行朝詩》。唐末宦官,擁立昭宗,尋即被殺。

蔣玄暉詩一卷

《秘書目》《宋志》著録。玄暉助朱温弑帝,温車裂之而歸罪焉。

王道珪　哀江南賦注一卷

《崇文目》著録。

竇永賦一卷

《宋志》著録。《歷代名畫記》卷三提及"延王友竇永"。延王玢,玄宗第二十子。然考竇蒙《題述書賦語例字格後》云,其弟竇臮"平生著碑誌詩篇賦頌章表,凡十餘萬言,較其巨麗者,有天寶所獻《大同賦》《三殿蹴踘賦》","晚年又著《述書賦》"。可見竇臮曾編有文集,而尤長於賦。"臮"字每誤作"泉""衆""永"等,如《通志》云:"《述書賦》三卷,竇永撰,竇泉注。"此疑《述書賦》以外之雜賦也。

韓琮　東征賦注

《太平寰宇記》卷五引。長慶四年進士,大中湖南觀察使。

俞巖賦集一卷

俞巖撰。《宋志》著録於《蔣防賦集》後,不知何人。

鄭潰賦集二卷

鄭潰撰。《宋志》著録，《秘書目》潰作續。《全唐文》收入鄭潰《吹笛樓賦》，云僖宗時人。《新書・宰相世系表》有鄭潰，羽客子。

李希運　兩京賦一卷

《秘書目》著録，《宋志》列崔葆《數賦》前，不知何人。疑即《文苑英華》卷四四、《唐文粹》卷二所載李庚《兩都賦》，内云：“傳今皇帝一十四聖。”當作於武宗時。

毛濤　渾天賦一卷

《宋志》著録，注云濤一作鑄。康駢《劇談録》列舉大中咸通後以文章著稱者，内有毛濤，事迹不詳。

章孝標　悲甘陵賦注一卷

《宋志》著録。此賦隋唐志不著録，《宋志》稱劉惲撰，張龍泉、章孝標注。劉、張不知何人，孝標元和十四年進士，大和中嘗爲山南道從事，試大理評事。

侯圭賦集五卷

《宋志》著録。《崇文目》有《江都宫賦》一卷，題侯圭撰，楊守業注，《通志》署爲後唐人。然楊守業爲梁石州刺史，《全唐文》稱侯圭爲僖宗時人，當可從。

吴融賦集五卷

《宋志》著録。龍紀元年進士，天復中翰林承旨。

朱鄴賦三卷

《崇文目》《宋志》著録，《通志》作一卷，列《薛逢賦》前。存二文賦。

楊士達　擬諷諫集五卷

《宋志》著録，《崇文目》《秘書目》不著撰人名氏。《新志》載釋氏書《禪關八問》一卷，注曰：“楊士達問，唐宗美對”，或即其人。

元稹制集二卷

李紳注。《崇文目》《通志》著録。

韓愈　西掖雅言五卷

《宋志》著録。《中興目》曰："序云：餘暇擬作，自大制令逮於百執事，取詩書雅言之意，以西掖之號冠於篇。或云非愈所作。"《崇文目》《通志》並不著撰人名氏。

錢珝制集十卷

《宋志》著録。珝昭宗乾寧二年至光化三年掌制，今存制文數篇。

李靖誥白一卷

《秘書目》著録。《日本目》有《李特進集》一卷，疑即李靖，貞觀八年授。

郭子儀表奏五卷

《宋志》著録。《秘書目》《遂初目》表奏作奏議，一卷。

賀知章　入道表一卷

《崇文目》《通志》《宋志》著録。

于公異奏記一卷

《宋志》著録，《遂初目》書名後有集字。

裴休狀三卷

《秘書目》《通志》著録。

令狐綯表疏一卷

《通志》《宋志》著録。《崇文目》有《薦子集及表疏》一卷，當即此。《舊書》本傳"綯罷權軸，既至河中，上言曰：臣男滈"云云，即出於此也。

鄭畋表狀略三卷

《宋志》著録。

王鐸　南燕染翰集十卷

《崇文目》著録，《通志》注曰："王鐸鎮滑州日箋記。"《宋志》有李景略《南燕染翰》二十卷,未知是否此書誤題。

張道古　五危二亂表一卷

《秘書目》著録,又出《諫疏》一卷。此表乾寧四年上,見《通鑑考異》乾寧四年引。

朱閱　金臺倚馬集九卷

《崇文目》《宋志》著録,並不著撰人。《通志》文類表章目注云:"唐朱閱撰。"丹陽人,武后相朱敬則十二代孫,殿中侍御史。《唐文粹》卷四六載其《歸解書彭陽公碑陰》云:"公尹洛禮陳商,爲鄆薦蔡京,茬京辟李商隱,予偶不識公耳。"彭陽公即令狐楚。朱閱蓋唐末人,曾爲某公捉筆,亦如三人之見重於令狐楚,故以燕太子丹筑黄金臺禮賢、晉袁宏倚馬作露布文二典自名其集也。

沈文昌　記室集三卷

《通志》著録。《十國春秋》卷一一載其在田頵幕中,草檄罵朱温,極加醜詆。

盧嗣業　愈風集十卷

《崇文目》《通志》著録。盧簡求子。

樊景表狀集五卷

《宋志》著録。《崇文目》《通志》作《樊景四六集》。按,以上四人,《通志》俱題云唐人。

劉蜕　折要目集一卷

《秘書目》著録。劉蜕有《文泉子》十卷,然據其《上崔尚書書》,尚有《舊拔刺書》一卷,《雜歌詩》二卷,此疑即前一書。

牛僧孺論集一卷

《崇文目》著録,《通志》無集字。

孫處約文集三十卷

見《墓誌》(《彙編》咸亨六八)。存文一篇。

王義方文集十卷

見《舊書》本傳。存文三篇。

徐齊聃集三十卷

《墓誌》(《大唐西市博物館藏墓誌》第一九八頁)云:"所著文章,並行於代。總百川於筆海,吟萬籟於詞條。太宗賢妃,先君之姊也。文詞綺豔,標冠前修。賢妃挾左芬之才,先君韞太沖之筆,然每不欲以雕蟲尚人。成輒削稿,今編次遺失之筆,成集卅卷。"

喬師望集

盧照鄰《駙馬都尉喬君集序》云:"凡所著述,多以適意爲宗;雅愛清靈,不以繁詞爲貴。足以傳諸好事,貽厥孫謀,故撰而存之,凡爲若干卷云爾。"

陸鑑集

林寶《元和姓纂》卷一〇:"從典孫鑑,有集。"從典隋南陽主簿,其孫約爲高宗時人。

王義方文集十卷

《舊書》本傳末云撰《文集》十卷。

麴昭祖文集二十卷

《册府元龜》卷八四〇:"麴昭祖爲司膳卿,頗以詩詠流譽,有文集二十卷。"《新書·西域傳》云,高昌王裔、西州刺史麴智湛有子昭,好學,昭歷司膳卿,頗能辭章,弟崇裕有武藝,永徽中封交河郡王。《新志》著録《麴崇裕集》二十卷,疑即其兄集之誤。

高玄景集二十卷

《高元思墓誌》云:"孝玄景,特徵侍文武聖皇帝諷讀,修《文思博要》,加朝請大夫、沂和二州刺史、弘文學士。""又曩在蜀中,嘗多文會,相與唱和,編成卷軸,有集廿卷,見重於時。"

(參高慎濤《新出墓誌所見唐人著述輯考》,《圖書館雜誌》二〇一四年第八期。)

司馬慎微文集五卷

《墓誌》云,河内温縣人。曾爲大總管左將軍李謹行管書記,表奏箋記,咸公之所述。調露二年卒,年四十八。其子"捃拾公遺文,勒成五卷"。(參張紅軍《唐代司馬慎微墓誌考》,《中國國家博物館館刊》二〇一二年第十期)。

封言道文集六十卷

《墓誌》(《西安碑林全集》第一〇六四頁)曰:"前後製詩賦碑誄等迄成六十卷。"

杜嗣先集二十卷

《墓誌》(《補編》第二一〇二頁)云,"少好經史,兼屬文筆","其所撰《兔園策府》及雜文筆合廿卷,見行於時。"

賈言忠　樂府雜詩二卷

郎餘令編。盧照鄰序曰:"樂府者,侍御史賈君之所作也。""中山郎餘令雅好著述,時稱博物,探亡篇於古壁,徵逸簡於道人,撰而集之。""凡一百一篇,分爲上下二卷。"按,此書原補列入總集類,今移正。

王德表集五卷

見《墓誌》(《彙編》聖曆二八)。

張希元集

張説撰《洛州張司馬集序》云,起儀鳳,迄景龍,凡若干卷。

孫景明文集十卷

《孫澄墓誌》(《彙編》頁七九四)云,吳郡富陽人,天授元年卒。"長子景明,有才無命,時年十八,所著文集一十卷。"

劉如璿文集四十卷

《太平廣記》卷二六九引《御史臺記》,稱劉氏"好著述,文集四十卷行於代"。《墓誌》（《續集》長安〇〇七）稱其"五歲誦騷雅，七歲讀詩書，兼解綴文，每有奇句"，"所作彈文詩筆等總三十餘卷"。今存一文。

孔季詡集五卷

見張説《孔補闕集序》。兩《唐書》附見其祖孔紹安傳。

平貞眘文集十卷

見張説撰《墓誌》。

王洛客集三十卷

《墓誌》（《中國古代碑帖拓本》第一〇五頁）云，神龍間授長寧府記室，"時公主奢僭，窮極邸第，乃上《西亭賦》以諷，公主納焉"，"凡所著述成卅卷"。按，洛客爲詩人王之渙伯父，嘗從王勃游。

朱敬則集十卷

《册府元龜》卷八四〇云，朱敬則"有集十卷，行於世"。

何彦先文集二十卷

《墓誌》（《洛陽流散唐代墓誌彙編續集》第一三〇頁）載其有"《文集》廿卷"，並讚其"開四始之英，漱六經之潤"。

康顯文集十卷

見顏真卿撰《康希銑墓誌》。

王易從集二十卷

見蘇頲撰《墓誌》。存詩一首。

張紹宗集

《張中立墓誌》稱蘇頲曾爲之製《集序》，韋述撰《神道碑》，今並不傳。

崔玄暐文集五卷

見《墓誌》（《彙編》開元二六）。

李問政集三十卷

《墓誌》（《補遺》第十輯第一三四頁）云，字就列，隴西成紀人。

年十九,進士高第。解褐扶溝尉,累遷吏部郎中,出爲慈州、和州刺史,貶授鄭州別駕。開元八年卒,年六十九。"好學善屬文。""雅善爲理,尤好著書,有集卅卷行於代。"

樊侃集二十卷

《墓誌》(《洛陽流散唐代墓誌彙編續集》第一七八頁)云:"公諱侃,字侃,南陽人也。"仕至使持節都督梁鳳興洋等四州諸軍事、梁州刺史,開元七年卒,年六十二。"公博極墳典,尤精詞律,有集二十卷,行之於代。"《文苑英華》卷四一四有《授樊侃(《總目》作侃)益州司馬制》。

鄭齊望集二十卷

《墓誌》(《補遺》第十輯第二一八頁)云,進士擢第,補益州成都縣尉。後歷舉詞擅文場、藻思清華、學該流略後等科,官至太子洗馬。開元八年卒,年四十五。"有集廿卷行於時。"

李暢集三十卷

《墓誌》(《續集》第五一九頁)云:"雖久□吏職,而常敦文史,有集三十卷,傳於後。"

盧照乘文集　盧照容文集　盧照已文集

《墓誌》(《文物》二〇〇七年第六期)曰:照已,字炅之,范陽涿人。"君之昆弟八人,咸能知名當代,有若照乘、照鄰、照容,泊君並弱冠秀出,皆擅詞宗。翰墨浹於寰瀛,文集藏於天閣。""入爲國子司業,進所撰文集。敕書褒美,特付秘閣。"開元七年,"聖製《平胡詩》《偃松詩》二章,詞臣畢和,君感音進和"。"他日又撰進亡兄照鄰、照榮(原文如此)等文集。"

崔知實文集十卷　崔懸解文集五卷　崔谷神文集三卷　崔尚文集二十卷

《崔尚志文》(《補遺》第九輯第三六四頁)云:"曾王父君實,隋射策甲科,唐朝請大夫、許州司馬,《文集》十卷,藏於秘府。

王父懸解，進士高第，坊州宜君縣丞，《文集》五卷，行於世。考谷神，制舉高第，陝州河北縣尉，《文集》三卷。"崔尚"文集廿卷行于時"。

沈全交文集十卷

《舊書·沈佺期傳》云："弟全交及子，亦以文詞知名。"《墓誌》云："常縱酒埋迹，抒懷托諷，蓋文章在於一門矣，《文集》十卷。"開元十二年卒，年六十一。（參高慎濤《新出墓誌所見唐人著述輯考》，《圖書館雜誌》二〇一四年第八期。

鄭績集五十卷

《墓誌》（《補遺》第一輯第一一六頁）云："重以有書一萬卷藏於家，有集五十卷傳於代。"

李述文集十卷

見《墓誌》（續集）開元九九）。

徐玄之文集十卷

徐玄之，又作元之，建昌人。開元中湖州、曹州刺史。《明一統志》卷五二載其有《文集》十卷。《全唐詩》卷七七七收其詩一首。

張景尚　大隱集

《墓誌》（《河洛墓刻拾零》第三二二頁）曰："進所撰《大隱集》，並注《老子》等一百八卷。"

王泠然集

《唐才子傳》卷一稱其"工文賦詩"，"有集今傳"。《墓誌》（《北京圖書館藏中國歷代石刻拓本彙編》第二十五冊第三頁）云："所著篇什，到今稱之，洛陽猶爲之紙貴。"《全唐文》收其文十一篇，《全唐詩》存其詩四首。敦煌文書中存《寒食篇》一首。

趙有孚集三十卷

見《墓誌》（《珍稀墓誌百品》第一四二頁）。

崔日用文集

崔祐甫《崔府君集序》載其集收録"碑頌志論章表贊序,凡五十餘首,詩幾三百篇"。《全唐詩》收詩九首,殘句二。

韓休文集二十卷

韓休,玄宗時宰相。《舊書·文苑傳》載張説之評:"韓休之文,如太羹旨酒,雅有典則,而薄於滋味。"《墓誌》(《文物》二〇一九年第一期)云:"公所著文集凡廿卷。"

盧脁文集十卷

《盧脁墓誌》云,官深州司馬,開元廿一載卒,年五十九。"《文集》十卷,行於代。"(參高慎濤《新出墓誌所見唐人著述輯考》,《圖書館雜誌》二〇一四年第八期。)《盧士玠墓誌》(《補遺》第十輯第三三六頁)稱其祖脁"天縱高文,爲世師表,《龍門篇》之什,人到於今稱之"。《盧處約墓誌》(《補遺》第八輯第一五四頁)云:"曾祖脁,年十七,擢進士上第。著《龍門篇》,播於洛中。"

劉眘虛集五卷

万历《南昌府志》卷一八稱其"有集五卷行於世"。《全唐詩》收其詩十五首。

徐嶠文集三十卷

見《墓誌》(《河洛墓刻拾零》第三三九頁)。《全唐文》僅存其文一篇。《全唐文》卷九五九收徐□一文,岑仲勉《讀全唐文劄記》考爲徐嶠。同書卷二六七徐嶠下收二文,實爲徐嶠之,非同一人。

沈從道文集四十卷

《墓誌》(《洛陽流散唐代墓誌彙編續集》第三二八頁)云,字希言,吳興烏程人,居洛京。仕至廣平郡太守,天寶元年卒,年八十一。"《文集》卌卷,見行於時。"

陳周子　雜詩及至人無心數賦一卷

見《墓誌》(《彙編》天寶三六)。

李霞光文集二十卷

《墓誌》(《彙編》第一六〇〇頁)名泐不詳，字霞光。歷任葉縣尉、大理評事、著作佐郎、太子舍人等職，天寶五年卒。"新賦《道詩》廿七章"，"其餘文集廿卷，並言補於世"。

李曜卿文集十卷　李叔卿文集　李春卿文集

《金石萃編》卷九四《三墳記》，記睿宗時工部侍郎李適三子，早仕宦而不壽，歿于天寶十年前，最少弟李季卿撰記，宗人李陽冰以玉筯刻之。其人皆有文章，曜卿"賦古樂府廿四章，左史韋良嗣爲之叙，《文集》十卷"。叔卿"□□□卷，行於世"，當指文集若干卷。"□卿""《文集》百一十二篇"，岑仲勉《貞石證史》考其名爲春卿。

楊仲嗣文集十三卷

《墓誌》(《新中國出土墓誌·河南卷貳》第三二三頁)云："所著文章集十三卷，嘗與左相陳公唱和，編之簡牘云。"楊元琰之子，楊貴妃之兄，天寶十載卒，年七十二。

盧招集五卷

《墓誌》(《彙編》第一七〇七頁)云：字子思，范陽人。明經登第，調補魏郡冠氏縣尉。天寶十三載卒，年五十三。能詩賦，工爲判詞。"所著詩賦雜文等五卷"。

李湍文集

《李府君墓誌》(《彙編》長慶八)云，公祖樂壽府君"有文集數卷行於代"。其人名湍，乾元中瀛州樂壽丞。

張軫集三卷

見《墓誌》(《彙編》天寶一一一)。《全唐詩》録其詩一首，列無世次爵里可考卷内。

楊拯集十卷

見李華撰《集序》,稱凡詩賦贊序頌記策一百七十五篇,今並佚。《新書·卓行傳》作楊拯。

蕭立集五卷

見獨孤及撰《集序》。

李少康集二十卷

獨孤及《毗陵集》卷八《李少康神道碑》:"公雅善屬詞,有集二十卷。"

崔沔集三十卷

見李華撰《集序》。存文十四篇,詩一首。

鮮于向文集十卷

顏真卿撰《墓誌》云,"頗工文而不好爲之",晚年忤楊國忠,"貶邵陽郡司馬,灌園築室,以山泉琴酒自娱,賦詩百餘篇"。"凡著《坤樞》十卷、《文集》十卷,並爲好事者所傳。"

韓洸文集十卷

《韓公墓誌》(《秦晋豫新出墓誌蒐佚續編》第一○○七頁)云:"叔父諱洸",開元中獻《南郊頌》,天寶中充翰林學士,"文集十卷行於代。"韓休之子,肅宗上元中仕至諫議大夫。《宋高僧傳》卷一九《唐成都淨衆寺無相傳》:"乾元三年資州刺史韓洸撰碑。"

席豫文集　權倕文集

權德輿《伏蒙十六叔寄示喜慶感懷三十韻因獻之》詩注:"王父古羽林錄事府君,與席文公建侯友善。又與蘇司業源明、包著作融爲文章之友,唱酬往復,各有文集。"德輿祖父名倕,席豫字建侯,蘇、包集已見《新志》。

權澈集二十卷

見獨孤及撰《墓誌》。《全唐詩》無世次爵里可考卷内録其詩一首。孫望據《鳳臺志》補一首,知爲天寶時人,然未考此碑。《集序》李華所作,今亦不存。

權無待文集二十卷　權同光文集二十卷

權德輿《權若訥文集序》云:"公歿後二十餘年,德輿先人筮仕河朔,始類公之文章爲三十卷,成都府君、長安府君各二十卷。"未遑序引,遇幽陵兵亂,故其篇皆亡。又《契微和尚塔銘》云:"考同光,皇河南縣尉長安縣丞翰林詳定學士,與伯兄益州成都縣尉無待、仲兄歙桂梓三州刺史若訥,三人同以大名舉進士擢第,文章之美,爲當時冠首。"《新志》僅載《權若訥集》十卷。

趙令則集

見獨孤及撰《墓誌》。

殷寅文集

《殷亮墓誌》云,"烈考諱寅,以文學孝友稱","有文集"。(參田熹晶《新出土唐殷亮墓誌考釋》,《書法》二〇一四年第一期。)

鄭洵文集二十卷

《墓誌》(《補遺》第七輯第六三頁)載其撰《東宫要錄》十卷及琴譜,又曰:"所著述及詩賦,共成二十卷。""著述"當指詩賦外其他體裁之文。

白鍠集十卷

白居易《白府君事狀》云:"幼好學,善屬文,尤工五言詩,有集十卷。年十七明經及第。"由鹿邑縣尉歷仕至鞏縣令,大曆八年卒,年六十八。白居易之祖,此似其少時文集。

李昂文集三十餘卷

唐有二李昂,一爲考功員外郎,即《唐才子傳》所載者;一爲倉部員外郎,即此人也。《墓誌》(《洛陽新獲七朝墓誌》第二八二頁）云：字季江，官至檢校倉部員外郎。大曆十三年卒，年七十三。"其述作有大雅之風格，本於簡要，不尚浮華"，"《文集》殆卅餘卷"。按，此與開元考功員外郎李昂非同一人，《李昂妻韋氏墓誌》（同上書第二九四頁）云："時宗有執憲者，與公名同，彼則詩聞，我則筆著。"

張翃文集十二卷

《墓誌》（《彙編》建中一）云，安定人，官至郴州刺史。大曆十三年卒，年七十。"既博綜墳籍，兼通子史，尤精意文章，爲中書舍人郗昂所許，稱風雅六義復起於公，著文集十二卷。"

張翔文集十卷

《墓誌》（《彙編》建中二）云，翃弟，官至殿中侍御史。大曆十四年卒，年五十六。"有文集十卷，爲當時宗範。"

樊湊文集二十卷

《墓誌》（《補遺》第十輯第二七八頁）云，邢州內丘縣令，建中元年卒，年七十二。"裁成章句，鏗若金玉，凡廿卷，時輩愛慕，稱稟二雅之風。"

孔巢父　徂徠集十卷

《集千家註杜工部詩集》卷三引蔡夢弼曰："巢父善屬文吟詩，有《徂徠集》行於世。"《闕里文獻考》載其集十卷，不知何據？《舊書》本傳云："少時與韓準、裴政、李白、張叔明、陶沔隱於徂來山，時號竹溪六逸。"

劉復文集三十卷

《墓誌》（《補遺》第八輯第九八頁）云，登大曆進士第，官水部員外郎。貞元九年卒，年七十三。"有文集三十卷，凡五百餘篇。"《全唐詩》收詩十六首。

李棲筠文集

權德輿撰《集序》，稱"公之文，簡實而粹精，朗拔而章明"，且評及其《書志》《四先生碑》《五君詠》《貢舉議》等。李吉甫之父。

崔秀文集
見王仲舒撰《集序》。

陳京集
柳宗元撰《行狀》，稱其撰《北都賦》，傳於天下。"有文章若干卷，深茂古老，慕司馬相如、揚雄之辭，而其詁訓多《尚書》《爾雅》之説，紀事樸實，不苟悦於人，世得以傳其稿。"存詩二首。

覃正夫　巢居子二十卷
《北夢瑣言》卷五曰："唐貞元中，秭歸人覃正夫著《巢居子》二十卷，辭韻挺特，風調凜然，真得武都之刀尺也。"《新志》有《譚正夫集》一卷，當即其人。

戴孚文集二十卷
見顧況《戴氏廣異記序》。

元宗簡集三十卷
白居易撰《集序》，稱著格詩一百八十五，律詩五百九。

任佶詩二卷
見李翱撰《墓誌》。

朱晝詩一卷
見空海《獻雜文表》。元和進士，存詩三首。

朱千乘詩一卷　雜文一卷
見空海《獻雜文表》。元和衛尉寺丞。存文一篇，殘句一。

高郢集
高似孫《史略·通鑑參據書》載之。然《通鑑考異》大曆二年所引僅高郢書奏二，未言其集。存文二十四篇。

李約集
張彥遠《歷代名畫記》卷一〇引李約《繪練紀》，注曰："具《李約員外集》。"存文二篇。

張諗集

張彥遠《歷代名畫記》卷九："親叔祖主客員外郎諗,有《吳畫說》一篇,在本集。"

劉軻　翼孟三卷　豢龍子十卷

白居易《代書》："今其讀書屬文,結草廬於巖谷間者,猶一二十人。即其中秀出者,有彭城人劉軻。軻開卷慕孟軻爲人,秉筆慕揚雄司馬遷爲文,故著《翼孟》三卷、《豢龍子》十卷,雜文百餘篇。"《翼孟》又見劉軻《與馬植書》,《宋志》別集類尚著錄,明《國史經籍志》入儒家類,《上座主書》作《翼孟子》。又相傳夏時劉氏始祖劉累學擾龍于豢龍氏,故劉軻以豢龍子自命也。

崔元亮文集

見白居易撰《墓誌》。存文一篇。

謝觀集四十卷

《墓誌》(《彙編》咸通六四)云："生世七歲,好學就傅,能文。及長,著述凡冊卷,尤攻律賦,似得楷模,前輩作者,往往稱許。"《新志》僅載《謝觀賦》八卷。

盧子獻文集

《墓誌》(《補遺》第八輯第二一二頁)云,范陽人,獲子,會昌三年卒。"賦訟箋檄,傳在人口。尤善諷刺,偏攻五言。凡爲詩數百首,皆韻契宮徵,調淒金石。或旅次寓題,游行紀事,見之者莫不綴簡附策而去。"

李正卿文集四十卷

見《墓誌》(《彙編》會昌四〇)。

張知實集三十卷

《墓誌》(《碑林集刊》第十一輯)云："嘗著詩賦文表,集成三十卷。"

李畫　金門小集二十卷

見《墓誌》(《彙編》大中一一五)。

楊牢集三十卷

《墓誌》(《彙編》大中一三七)云："字松年,弘農人,祖稷,考茂卿。"誌主之名字原脱,參《新書·李甘傳》,知即楊牢。又《唐語林·夙慧》云,牢有詩集六十卷。存詩二首,殘句若干。

高玄䇎集

《永樂大典》卷二六〇四引《高玄䇎集·侯真人降生臺記》,記大中五年河南府永樂縣中條山陽道靜院道士侯道華修道昇仙事。《山西通志》卷六〇、一百七十一並稱咸通三年邑宰高元䇎。

崔文龜文集

《墓誌》(《大唐西市博物館藏墓誌》第九四八頁)云,字昌九,大中十三年卒,年二十七。"君生平所爲古文七十首,賦十首,歌詩八百二十首,書啟文志雜述共五十三首。又作《玄居志》十八篇,擬詩人之諷十篇,尚未絶筆。"

高璩集三十卷

《墓誌》云："字瑩之,望渤海,姓高氏。"元裕之子。仕至兵部侍郎、同中書門下平章事,咸通五年卒,年四十七。"凡著詔誥、詩賦、贊述、表檄三十卷"。(參胡可先、楊瓊《新發現唐代宰相高璩墓誌發覆》,《浙江大學學報》二〇二一年第二期。)

孫絢文集十卷

《墓誌》(《補遺》第六輯第一九三頁)云,字佩之,曾任崇文館校書郎、同州郃陽縣尉等,乾符二年卒,年六十五。"處詞場十五年,與計偕十二舉,著文百篇,編之十軸。"

李當文集四十卷

《墓誌》云,李益之子,官至刑部尚書。乾符四年卒,年七十九。"前後賦詩七百篇,並制誥表疏碑誌,勒成四十卷,行於世。"(參胡可先《新出土唐代文學家李當墓誌考索》,《陝西師範大學學報》二〇一八年第一期。)

崔鋋文集

郭若虛《圖畫見聞志》卷五曰:"故崔鋋郎中文集有《王氏筆管記》,體類韓退之,記畫。"《太平廣記》卷二一四引《盧氏雜說》無集字。此人當非昭宗時邠州節度副使崔鋋,事迹無考。

陸龜蒙　吳興實錄四十卷

《北夢瑣言》卷六稱陸氏"著《吳興實錄》四十卷、《松陵集》十卷、《笠澤叢書》五卷"。後二書收詩文四百八十一篇,後人裒集一百七十一篇合編爲《甫里集》,蓋多出《吳興實錄》也。

陳陶　癖書十卷

《北夢瑣言》卷五曰:"大中年,洪州處士陳陶著《癖書》十卷,聞其名而未嘗見之。"注謂:"或云《癖書》是鍾離從事陳岳所著,今兩存之。"

陳岳集

見《唐摭言》卷一〇。

姚巖傑集二十卷

見《唐摭言》卷一〇。存詩一首。

臨川公主集

《新書·諸帝公主傳》云,太宗之女,下嫁周道務。工籀隸,能屬文。高宗立,上《孝德頌》。《墓誌》(《彙編》永淳二五、《續集》永淳九)云:字孟姜,永淳元年卒,年五十九。"雅好經書,尤善詞筆","所撰文筆及手寫諸經,又畫佛像等,並流行於代,可謂九旋如德"。

王氏　天寶迴文詩一卷

高適《高常侍集》卷十《爲東平薛太守進王氏瑞詩表》云，"范陽盧某母瑯琊王氏"，"去景龍二載，撰《天寶迴文詩》，凡八百一十二字"。

李季蘭詩一卷

《崇文目》《通志》《書録解題》《宋志》並著録。《通志》《宋志》注曰："唐女道士李裕"，《唐才子傳》曰："季蘭名冶，以字行。"《全唐詩》録李冶詩十六首，注云冶一作裕。與劉長卿同時，長卿稱之爲"女中詩豪。"《中興間氣集》亦盛讚其詩。然其詩傳世較少，後世與薛濤詩合刻爲二卷。

薛濤　錦江集五卷

《讀書志》著録。此爲北宋蜀刻本，晁公武死後，旋即失傳，故衢本《讀書志》僅載《薛洪度詩》一卷，《書録解題》作《薛濤集》一卷。後世書目及《全唐詩》所載亦皆爲一卷。濤字洪度，又稱薛校書，蜀中妓，與元稹相唱和。

魚玄機詩集一卷

魚玄機撰。《書録解題》《宋志》著録。咸通中西京咸宜觀女道士，《三水小牘》記其事頗詳。其集則《北夢瑣言》已稱"有集行於世。"清代黄丕烈曾獲宋本《唐女郎魚玄機集》，並影刻行世。

徐月英詩集

《北夢瑣言》卷九曰："江淮間有徐月英，名娼也，亦有詩集。"存詩二首。

牛應真　遺芳集

《太平廣記》卷二七一引《紀聞》云，牛肅長女應貞，適弘農楊唐源。著文章百餘首。後遂學窮三教，博涉多能。年二十四而卒。工爲賦頌，文名曰《遺芳》。

宋若昭集

《女論語》王相注曰："有詩文若干卷,並所注《女論語》行世。"

司馬承禎集

《道家金石略》(第一二一頁)衛憑《大唐王屋山中巖臺貞一先生廟碣》："若述作之奇偉,見於本集。"宋陳葆光《三洞群仙錄》卷一一引《神仙傳》："有集行於世。"

慧静師集三卷

《日本目》著録,俗姓房氏,隋時即擅道譽,貞觀中主紀國寺、普光寺,有《續古今詩苑英華集》。存文三篇,詩四首。

玄奘集九卷　玄奘集一卷

《日本目》著録。《全唐文》收録其表啓等三十七篇。

惠澄詩一卷

《宋志》著録。高宗時汾州啓福寺僧。

僧瑗文集三卷

《宋高僧傳》卷四《周虎丘山寺僧瑗傳》載其有"《文集》三卷"。

波崙集一卷

《日本目》著録。波崙武周時頗預譯經事,見《宋高僧傳》卷一、二。存文二篇。

復禮集十卷

《日本目》著録。復禮武周時預義淨等譯事,時人目爲"譯主"。《宋高僧傳》卷一七本傳云,俗姓皇甫氏,少出家住興善寺。尤工賦詠、善於著述。禮之義學時少比儔,兼有文集行於代。存文一篇。

慧融文集三卷

見《宋高僧傳·遺則傳》。慧融居牛頭山,傳北宗,號牛頭學。元和中遺則序集其文爲三卷。

靈一集一卷

《遂初目》《書録解題》著録，《宋志》作《僧靈一詩》。俗姓吴，開元末於揚州出家，寶應元年終於杭州龍興寺，年三十六。與皇甫冉等相酬唱，頗負盛名。劉禹錫曰："世之言詩僧多出江左。靈一導其源，護國襲之。清江揚其波，法振沿之。"《全唐詩》編其詩爲一卷。

神邕集十卷

見《宋高僧傳》卷一七本傳。天寶末兵亂東歸，居故鄉法華寺，皇甫曾、張河、嚴維、吕渭、丘丹、陳允初賦詩往復，盧士式爲之序引。邕時綴文句，有集十卷，皇甫曾爲序。

不空表制集六卷

《日本訪書志》著録，曰："不空西域人，唐代宗時贈司空，所翻經律甚多，亦兼通外典。此表制集皆其當肅代兩朝所上表啓及答制也，末附徐浩所撰不空碑文一首。此集南北藏皆不載，蓋已佚矣。首題司空大辨正廣智三藏和尚表制集卷第一，次行題上都長安西明寺沙門釋圓照集。圓照之序在第一卷内，目録附於卷後，古式也。"《宋高僧傳·圓照傳》作《不空三藏碑表集》七卷。

乘如文集三卷

見《宋高僧傳》卷一五本傳。代宗時京兆安國寺上座，集亦圓照所編。存文一篇。

一行制表集三卷

圓照編集。

利言集二卷

圓照編集。圓照，《宋高僧傳》卷一五有傳，代德時西明寺僧。傳稱："照務其搜集，專彼研尋。著《大唐安國寺利涉法師傳》十卷，集《景雲先天開元天寶誥制》三卷，《肅宗代宗制旨碑表集》共二卷,《不空三藏碑表集》七卷,《兩寺上座乘如集》三卷,《僉定律疏一行製錶集》三卷,《翻經大德翰林待詔光宅寺利言集》二卷,《建中興元貞元制旨釋門表奏記》二卷,《御題章信寺詩太子百寮奉和集》三卷。"

普門子集

宋釋志磐《佛祖統紀》卷一〇云,禪師普門,岳陽何氏,家於常州儀興。登進士第。後出家,居南岳寺,自稱普門子。善屬文,尚古意,其辭簡健,歷指習禪者之弊。貞元八年卒,年八十四。"門人曇環集遺文二百篇行於世。"存文二篇。

總悟　鍾山林下集

貞元二十年石洪爲作序,見《集古跋》卷八。

太閑集一卷

《日本目》著録。《全唐詩逸》録大閑《代雷孝廉送經州李判官》詩殘句,當即其人,然不知究在何時,太、大亦不知何者爲是。

無可集一卷

《遂初目》《書録解題》《宋志》著録。賈島從弟,少出家青龍寺。工詩,多爲五言,與姚合、馬戴、厲玄等多有酬唱。《全唐詩》編其詩爲二卷。無可之俗名,諸書失載。於武陵有《懷賈區》詩,貫休《讀賈區賈島集》詩且曰:"區終不下島,島亦不多區。"疑賈區即無可。

廣宣　紅樓集

見《酉陽雜俎・續集》卷五。廣宣以詩供奉,歷憲穆兩朝,居安國寺紅樓院,寶曆中被逐,文宗時再入安國寺。《新志》已載其與令狐楚唱和詩一卷,《百川書志》有《僧廣宣詩》一卷,僅應制詩十四首,當爲明人所編。今存詩十七首。

文暢　碧雲集一卷

《宋志》著録。韓愈、吕温、權德輿等皆有送文暢上人詩,當即其人。

棲白集一卷

《書録解題》著録,《宋志》作《僧棲白詩》。江南僧,後徙居長安薦福寺。大中間,以詩供奉,歷三朝。詩名頗盛,賈島、貫休等均與之唱酬。存詩十六首。

玄泰集

見《宋高僧傳》卷一七本傳。玄泰居衡山東之七寶臺寺,與德山同時。傳稱:"筆若有神,曾作《佘山謡》,遠邇傳播,達於九重","又爲象骨偈,諸禪祖塔銘歌頌等,好事者編聚成集而行於代焉。"

宣鑑　德山集一卷

《崇文目》《通志》《宋志》著録。《東觀餘論》曰:"德山在郎州。蓋宣鑑禪師,乃唐僖宗朝人。"宣鑑事迹見《景德傳燈録》卷二十。

宗亮詩集

見《宋高僧傳》卷二十七本傳。俗姓馮氏,開成中出家,卒年八十一。傳稱"詩集三百餘首,讚頌並行於代。"

員相文集

見《宋高僧傳》卷二十九本傳,稱卷數三十餘。

若冰師集

見劉鄴《讀惠山若冰師集因題故院》詩,若冰當早於劉鄴。《全唐詩》有若水《題慧山泉》詩一首,疑即其人。

處默詩一卷

《宋志》著録。吴越僧,《宋高僧傳》稱貫休七歲出家,"與處默同削染",裴説有《哭處默上人》詩,當卒於唐亡前後。存詩八首。

貫休　西岳集十卷

貫休字德隱，俗姓姜氏，唐末高僧。乾寧中居荊州龍興寺，與吳融相遇。融離荊州，休以詩稿一集贈之，凡十卷，號《西岳集》，光化二年，融題序於卷之首。休後入蜀，王建賜號禪月大師。其弟子曇域集師詩文，爲《禪月集》三十卷，《讀書志》《宋志》著錄，今存本爲二十五卷，補遺一卷。《書錄解題》所載《禪月集》祇十卷，當即《西岳集》之改名，而非曇域所編之本。

尚顏　荊門集五卷　供奉集一卷

《宋志》著錄。《書錄解題》載尚顏《供奉集》一卷，是尚顏詩集宋時不止一本。尚顏姓薛氏，字茂聖，工五言詩。其享年頗久，梁開平中尚在世，然唐末已有編集，顏蕘、李洞並有《顏上人集序》。《全唐詩》編其詩爲一卷。按，唐末詩僧多有集，似皆入五代，今不具錄。

悟真　百歲書一卷　十二時一卷

敦煌寫卷，署敕授河西都僧統賜紫沙門。悟真事迹見陳祚龍《悟真之生平與著作》。

讀史編年詩一卷

敦煌唐寫本，序稱："編年者，十三代史閒，自初生至百歲，賦其詩以編紀古人百年之迹。"《新志》載趙嘏《編年詩》三卷，即其類也。

智嚴十二時一卷

敦煌寫卷。鄜州開元寺觀音院法律師，曾至西天求法。

以上別集類，補三百二十六種。

總　集　類

李善　文選音義十卷

《日本目》著錄。《新志》李注外尚有《文選辨惑》十卷，或即此。

李邕　文選義釋

《新書》本傳稱，其父善注《文選》，釋事而忘意，書成，使邕補益之。邕附事見義，善以其不可奪，故兩書並行，《讀書志》李注條曰："邕更加義釋，解精於五臣。今釋事加義者兩存焉。"今本李善注，事義兼釋，似爲邕所改定。然《四庫總目》考善注《文選》，在顯慶中，是時邕尚未生。又據李匡文《資暇集》，善之定本，本事義兼釋，不由於邕，遂謂《新書》喜採小說，未詳考也。

馮光震　文選注

《玉海》卷五四引《集賢注記》曰：開元中，"馮光震奉敕入院校《文選》，上疏以李善舊注不精，請改注，從之。光震自注得數卷。"《大唐新語》卷九曰："東宫衛佐馮光震入院校《文選》，兼復注釋。解'蹲鴟'曰：'今之芋子，即是著毛蘿蔔。'"蕭嵩譏其錯謬，又以先代舊業，欲就其功，奏請王智明、陸善經等助之，事竟不就。

陸善經　文選注

日本古抄本《文選集注》引。蕭嵩主持之注釋《文選》事，未就其功，善經當於其後發憤而成其一家之注。周祖謨曰："考唐代之精於《文選》學者，有李善、公孫羅、陸善經、五臣諸家。""善經之書，史志均未著録，惟《玉海》卷五十六謂陸氏嘗於開元二十年與王智明、李元成同修《文選》未就。今古本《集注》引其書者，抑後日獨修之本歟。"(《問學集》第一九〇頁)屈守元跋《文選集注》，以爲陸注尚在五臣及公孫羅注之上(見《海角濡樽集——羅繼祖先生八十壽辰紀念文集》)。

文選抄韻一卷

《日本目》著録。

小文選九卷

《日本目》著錄。

孫絢　西漢群臣言事章疏十六卷

《墓誌》(《補遺》第六輯第一九三頁)云："子史諸書,抄覽略遍。著《西漢群臣言事章疏》,總二百五十章,勒成一十六卷。"

封言道　陳朝文會集三卷

《墓誌》(《西安碑林全集》第一〇六四頁)曰："又撰《陳朝文會集》三卷,發揮鼓動,鴻博偉麗矣。"

大唐新文章十六卷

《日本目》著錄。

王等四子集三卷

《日本目》著錄。當即王勃等初唐四傑。

康元環　干祿寶典三十卷

見顏真卿撰《康希銑墓誌》。希銑嗣子。神龍三年材堪經邦科及第,秀州長史。《宋志》有《干祿寶典》二十七卷,不著撰人名氏,列《代耕心鏡》之後,當即此書,則宋代尚存,唯佚去三卷。

康南華　代耕心鏡十卷

《宋志》著錄,撰人誤作南康筆。《秘書目》類書類無撰人名氏。《崇文目》《通志》則僅載《代耕心鏡甲乙判》一卷,鄭樵注謂："唐南華張集唐代諸家判",亦有誤衍之字。《康希銑墓誌》曰："侄刑部員外郎璀男美原尉南華撰《代耕心鏡》十卷、(闕六字)百二十卷。"希銑開元初終台州刺史,南華爲其從孫,其舉進士,官美原尉當在天寶以後。此書《秘書目》注曰闕,南宋諸家書目不見著錄,似已亡於南渡之際,《宋志》當據北宋國史志載之。唯北宋所編諸家判書及總集,猶得採摭,故《全唐文》所收諸康氏判,當即展轉出於此書,而康南華誤作唐南華、康元環誤作康元懷。南華別撰一書百二十卷,惜碑文脱六字,書名不可確考。然其卷數與日本古抄本《文選集注》一百二十卷殆正相同,且其曾祖康國安有《注駁文選異義》二十卷,見於《新志》著録,則南華固有《文選》學之家學淵源,故頗疑所闕六字爲"昭明文選集注"或"注梁昭明文選"。《墓誌》撰於大曆十一年,而周勛初推測《文選集注》撰於貞元以前,時代亦相符合,則拙疑或非絶無可能也。

貞觀集一卷　大周朝英集十卷　天寶集九卷　開成集三十卷

《日本目》著録。《天寶集》重出一本,作三卷。諸書皆以唐代年號等爲集名,疑唐人所編。今存之《翰林學士詩集》止録貞觀詩,敦煌寫本《唐人選唐詩》皆爲開天詩,似與此等書有關,《大周朝英集》疑即《存撫集》,參各條。

李磎　百家著諸心要文集三十卷

見《北夢瑣言》卷六。

沈師黃家集二十卷

見《墓誌》(《彙編》大中八四)。按,原補列入別集類,今移正。

陳好古家集二十卷

見《墓誌》(《彙編》景福三)。按,原補列入別集類,今移正。

許敬宗　文館詞林彈事四卷

《崇文目》著録。《通志》曰:"許敬宗集晉宋齊梁以來者,舊有千卷。"《宋志》有《晉宋齊梁彈文》四卷,《秘書目》彈作襌,俱不著撰人名氏,當即此。

李商隱　梁詞人麗句一卷

《書録解題》著録。曰:"集梁明帝而下十五人詩,並鬼詩童謡。"《吟窗雜録》載之,《四庫總目》斥爲依託。羅根澤以爲商隱詩取法齊梁,自云"往往咽噱於任范徐庾之間",則集梁詞人麗句,並非不可能。

詩篇十卷

《大唐新語》卷九記慧靜撰《續英華詩》十卷後曰:"今復有《詩篇》十卷,與《英華》相似,起自梁代,迄於今朝,以類相從,多於慧靜所集,而不題撰集人名氏。"惠靜(又或作惠淨)書《續高僧傳》《崇文目》《讀書志》亦並作十卷,而新舊《唐書》獨作二十卷,或疑即混入無名氏《詩篇》言之,恐無是理。《日本目》載《續古今詩苑英華》十卷,《注續詩苑英華》二十卷,則《唐書》所載爲有注之本,後世不存耳。據劉肅所言,此書當爲惠靜書之別本,無名氏略有增補,或即出贊成其事之庾初孫、韋山甫輩歟?

續詩苑英華抄一卷

《日本目》著錄。

翰林學士詩集一卷

《經籍訪古志》著錄。卷末書"集卷第二",旁注小字"詩一",且別有《墓誌下》一卷,似爲唐初詩文總集之殘卷,森立之曰:"是書舊題翰林學士,亦未詳其誰。今檢書中所載,許敬宗詩居多,而目録每題下稱同作幾首,似對敬宗言,則或疑敬宗所撰歟?"影刊本陳田序贊成其説,曰:"翰林學士開元時始置,集皆初唐人詩,無縁得加此名。集有御詩而題翰林學士,亦殊不典。"集中收詩六十首,並貞觀八年至貞觀末之作,而許敬宗詩達二十首。今人陳尚君考爲敬宗集殘卷。按,《宋志》有"許恭崇文館詞林詩一卷",或以撰人爲許恭,然其人絶不見於史書。疑宋人諱敬作恭,又誤宗爲崇,書名當作《文館詞林詩》,即許敬宗編撰《文館詞林》時集預撰諸人詩而成。其書流入日本,或曾題以《貞觀集》之名,後人又以多學士應制詩,乃題以《翰林學士詩集》。

上官儀　月題詩注

《日本目》著録"月題詩，上官儀注"，無卷數。孫猛《詳考》謂上條"《杭越寄詩》二十二"末二字當屬此條，而校正爲"十二月詩題"。蓋因下條《文儀集》爲十二月儀相關詩文，故以爲此亦當作十二月詩，而不顧原名"題"在"詩"前，徑作乙换。竊疑《杭越寄詩》即《新志》《通志》著録之《名公唱和集》，確爲二十二卷，而"月題詩"可解作以十二月爲題之詩，則孫氏之説未必可從也。

李壽昌　樂府集十卷

《崇文目》著録，列崔融書後。《宋志》作朱壽昌，宋徽宗時有其人，故陳漢章曰："朱壽昌所編之書，安得見於《崇文目》？"《宋志》此書後載蔣或《廣樂府集》三卷，其人又撰《記室定名集》，頗似唐末五代人，疑即見於《新志》之蔣文或。宋劉次莊有《樂府集》十卷，陳振孫疑其因唐人舊本而增廣之，則或即此歟？

玄鑑　續古今詩集三卷

《宋志》著録。

荆揚挺秀集二卷

《日本目》著録。殷璠《河岳英靈集》卷中儲光羲詩下曰："此例數百句，已略見於《荆揚集》，不復廣引。"殷璠別有《丹楊集》一卷，《日本目》已載之，亦未著撰人。此書是否殷璠撰，則不可知。《日本目》所載一方人士集尚有《河南集》十卷，《豫章集》十五卷等，疑亦唐人所集。

芮挺章　國秀集三卷

《宋志》著録。《書録解題》曰："唐國子進士芮挺章集李嶠至祖詠九十人詩二百二十首。天寶三載，國子進士樓穎爲序。"蓋據書前之序云爾，此序今本無作者姓氏。《四庫總目》稱編内實八十五人，詩二百十一首。集内收有芮挺章、樓穎詩，館臣極詆其互相標榜之陋。又書中稱王維爲尚書右丞，是乾元二年後之事，殆爲後人所改竄。

貞元英傑六言詩一卷

見空海《獻書表》。

令狐楚　唐御覽詩一卷

《書録解題》著録。曰："纂劉方平而下迄於梁鍠，凡三十人，詩二百八十九首，一名《唐新詩》，又名《選進集》，又名《元和御覽》。"唐末段公路《北户録》卷三引，即作《元和御覽》。《宋志》無此書，而載其《纂雜詩》一卷，或此書又一别名。陸游跋曰："《盧綸墓碑》曰：'元和中章武皇帝命侍臣採詩，第名家得三百十一篇，公之章句奏御者居十之一。'今《御覽》所載綸詩三十二篇，正所謂居十之一者也。據此，則《御覽》爲唐舊本不疑，然碑云三百十一篇，而此才二百八十九首，蓋散佚多矣。"所録多爲中唐近體詩。

戴叔倫　唐詩

梁肅撰《墓誌》曰："編唐詩，稱其自本與有國風頌，凡數十萬言，草稿未就。"

高仲武　詩甲集五卷　詩乙集五卷

《宋志》著録。仲武自稱渤海人，生平不詳。今存其《中興間氣集》二卷，起至德初，迄大曆末，凡二十六人，詩一百四十首，此當别是一書。

張爲　前輩詠題詩二卷

《崇文目》著録。《通志》不著撰人名氏，注曰："採唐開元至大中以來詠題之詩三百五十篇。"《宋志》輩作賢，三卷。杜光庭《毛仙翁傳》載張爲大中十二年後，以進士身份薄游長沙，落魄數載，後隱釣臺。與方干、周朴善。《秘書目》有無名氏《詠題集詩》三卷,疑亦此書。

韋莊　又玄集三卷　採玄集一卷

《宋志》著錄。《崇文目》《通志》並僅載《又玄集》一卷,《遂初目》有《唐又玄集》,《秘書目》有《採玄集》。日本傳本《又玄集》有光化三年韋莊自序,稱"昔姚合選《極玄集》一卷,傳於當代,已盡精微。今更採其玄者,勒成《又玄集》三卷",則作三卷者是。序謂才子一百五十人,名詩三百首,今本詩人一百四十二人,詩亦三百首。而《唐才子傳》乃曰:"莊嘗選杜甫、王維等五十二人詩爲《又玄集》。"所言恰與其上卷合,則宋代以後所傳一卷之本,實即其上卷,《秘書目》《宋志》之《採玄集》或亦此本。

鍾安禮　資吟集五卷

《崇文目》《宋志》著錄,列唐人間。《通志》題爲梁人,疑非是。《太平廣記》卷一一七引《聞奇錄》曰:"郎中鍾安禮好學多能,著《武成王備載》十卷,選諸家詩爲《資吟集》五卷。"

臺閣集

王欽臣《王氏談錄》曰:"公(王洙)嘗言隋王劭作《讀書記》,唐人有《臺閣集》,纂當世名人詩。今此二書人家罕有存者。"

名賢集句詩一卷

《通志》著錄,曰:"並唐人詩"。《唐音癸籤》列有《名賢絕句詩》,疑集字誤。集句詩宋人喜爲之,或言其體自王安石始。

檀溪子道民　連璧詩集三十二卷

《崇文目》《通志》《宋志》著錄。

垂風集十卷

《崇文目》著錄,《通志》注曰:"張籍等十人詩。"《宋志》作一卷。

虎丘寺題真娘墓詩一卷

《通志》著錄,曰:"唐劉禹錫等二十三人詩。"陸廣微《吳地記》

曰："寺側有真娘墓,吳國之佳麗也,行客才子多題詩墓上。有舉子譚銖,作詩一絶,其後人稍稍息筆。"譚銖,會昌進士。

諸朝彥過顧況宅賦詩一卷

《崇文目》《通志》著錄。按,以上五集,未詳何代人撰,書目俱列唐人間,《真娘墓詩》今人題作唐佚名輯,仍以著錄。

吏部集一卷

《日本目》著錄。

唐省試詩集三卷

《宋志》著錄。《通志》有《中書省試詠題詩集》二卷,注曰:"集唐中元以來中書所試詩筆。"據《東觀餘論》,此即襲《崇文目》舊釋,而輯本作一卷,疑誤。

三舍人集一卷

此集載《唐詩紀事》卷四二,末曰:"右王涯、令狐楚、張仲素五言七言絶句共作一集,號《三舍人集》,今盡録於此。"元和中王涯曾爲起居舍人,令狐楚、張仲素任中書舍人,然王涯、令狐楚後並拜相。

高正臣　高氏三宴詩集三卷

所載皆同人會宴之詩,以一會爲一卷,各冠以序,一爲陳子昂,一爲周彥暉,一爲長孫正隱。三會正臣皆預,故彙而編之,與宴者凡二十一人。《書斷》曰:"高正臣,廣平人,官至衛尉卿。"此書詩後叙正臣及周思鈞事獨詳,而與《書斷》合。其書宋代書目未載,《四庫總目》曰:"蓋當時編次詩歌,裝襧卷軸,如蘭亭詩之墨迹流傳,但歸賞鑑之家,故不著藏書之録。後好事者傳抄成帙,乃列諸典籍之中耳。"

張光祚　唱和集

《墓誌》(《續集》大曆〇二九)云:"妙年以縱橫術干二千石,奏補易州滿城縣丞。""襲隱於大寧山,與山人王道、徵君朱順更相唱和,有手集數卷行於代。"大曆十一年卒,年四十六。

僧圓照　章信寺詩三卷

見《宋高僧傳》卷一五本傳。

白居易　九老詩一卷

《秘書目》《通志》著録。香山九老會詳見白詩。四庫本附《三宴詩集》後,館臣謂:"卷尾有'夷白堂重雕'字,考宋鮑慎由字欽止,括蒼人,元祐六年進士,著有《夷白堂集》,此或慎由所刊歟?"

杭越寄和詩一卷

《秘書目》《通志》著録。《宋志》作《元稹白居易李諒杭越寄和詩集》。按,《日本目》著録"《杭越寄詩》二十二",孫猛《詳考》謂"'十二'二字,當屬下一條"。竊疑彼即《新志》《通志》著録之《名公唱和集》二十二卷,而此《杭越寄和詩》一卷及《宋志》之《名公唱和集》四卷,皆爲其殘卷。正如日本既有二十二卷完本,又有僧圓仁所攜歸之《杭越寄和詩並序》一帖或《杭越唱和詩》一卷(見《慈覺大師在唐送進録》《入唐新求聖教目録》)。蓋長慶初白樂天爲杭州刺史,元微之爲浙東觀察,與東南郡守文士相酬唱,每以筒竹盛詩往來,參與者不僅三人,卷帙繁多,至宋代存世者僅四卷本、一卷耳。

吳越唱和集

宋胡仔《漁隱叢話前集》卷三八引《蔡寬夫詩話》云:"文饒(李德裕)鎮京口,時樂天正在蘇州,元微之在越州,劉禹錫在和州。元、劉與文饒唱和往來甚多,謂之《吳越唱和集》。樂天惟首載《和文饒薛童觱栗歌》一篇,後遂不復有。"

元稹　元白唱和因繼集十七卷

白居易《因繼集重序》曰:"《因繼集》卷且止於三可也。"《和微之二十三首序》曰:"況曩昔唱酬,近來因繼,已十六卷,凡千餘首矣。"《白氏長慶集後序》曰:"又有《元白唱和因繼集》共十七卷,其文盡在大集内録出,别行於時。"元稹又嘗欲編次《元白往還詩集》,未果,見白居易《與元九書》。

存撫集十卷

《唐會要》卷七七曰:"武周天授二年,發十道存撫使,以李嗣真等爲之,合朝有詩送之,名曰《存撫集》十卷,杜審言、崔融、蘇味道等詩尤著焉。"《南部新書》略同。按,疑即《日本目》之《大周朝英集》十卷。後開元中張孝嵩出塞,其送行歌詩編爲《朝英集》三卷,即沿襲此書之名。

徐彦伯　白雲集

《舊書·李適傳》曰:"睿宗時,天台道士司馬承禎被徵至京師。及還,適贈詩,其詞甚美,當時朝廷之士無不屬和,凡三百餘人。徐彦伯編而叙之,謂之《白雲記》,頗傳於代。"《大唐新語》卷一〇稱"撮其美者三十一首。"司空圖《壽星集述》引《國史》書名作《白雲集》。

賀監歸鄉詩集一卷

《通志》著録。賀監,《秘書目》作賀鑑,《宋志》作宗鑑,並係字誤。天寶三載,賀知章歸會稽,帝賜詩,百官餞送,史傳雜著記其事者甚多。《會稽掇英總集》卷二載玄宗《送賀知章歸四明》詩並序,及李林甫等三十六人應制詩。

蕭昕　送邢桂州詩一卷

《宋志》著録。蕭昕初爲哥舒翰掌書記,後歷仕肅代德三朝,官至太子少師。《唐國史補》稱"近代詠字有蕭昕"。參《唐文粹》卷九八《送桂州邢中丞序》。

李遜　謝亭詩集一卷

《崇文目》著録。《通志》注曰:"唐李遜鎮襄陽,以所送行詩筆於襄陽謝亭。"《宋志》作許孟容,孟容年輩長於李遜,不當爲之編集,恐亦在送行者之列,詩今不存。

送白監歸東都詩一卷

《通志》《秘書目》《宋志》著録。當爲大和元年白居易由蘇州刺史赴秘書監任時之送行詩。

送毛仙翁詩集一卷

《宋志》著録,載《唐詩紀事》卷八一。牛僧孺、韓愈等二十一人贈詩,後有杜光庭序,即所謂《毛仙翁傳》,稱"今睹朝彦贈仙翁文集"云云,則唐人當時所編也。

唐人選唐詩

敦煌寫卷,編號爲伯二五六七。羅振玉曰:"以卷中避諱考之,尚爲唐中葉寫本,而書名不可知,故署之曰《唐人選唐詩》。"所選詩人有李昂、王昌齡、丘爲、陶翰、李白、高適六家,均開元天寶間人。則豈即《日本目》之《天寶集》歟?其他尚未影印流傳之唐人詩集殘卷尚多,書名作者並不可考,不具録。

雲謡集雜曲子一卷

敦煌唐寫本。編選唐人詞三十首,調名有八,皆見於崔令欽《教坊記》。

唐初表草十卷

《通志》著録,曰:"顔師古、張九齡等十人所作。"《崇文目》《宋志》並作一卷。

開元宰相奏請狀二卷

宋敏求《春明退朝録》卷下曰:"唐宰相奉朝請,即退延英,止論政事大體,其進擬差除,但入熟狀畫可。今所存有《開元宰相奏請狀》二卷,鄭畋《鳳池稿草》内載兩爲相奏擬狀數卷,秘府有《擬狀注制》十卷,多用四六,紀其人履歷、性行、論請,皆宰相自草。"《通鑑考異》開元二年引《開元宰相奏》,即此。

貞元制敕書奏一卷

《宋志》著録。《崇文目》貞避諱作正,《通志》誤作王。

咸通初表奏集一卷

《崇文目》《遂初目》《宋志》著錄。《文獻通考》引《中興藝文志》曰："唐夏侯孜、令狐綯、于綜、白敏中等作，集者不知名。"

唐賢啓狀一卷

《秘書目》著錄。洪邁《容齋三筆》卷八曰："故書中有《唐賢啓狀》一册，皆泛泛緘題，其間標爲獨孤常州及、劉信州太真、陸中丞長源、吕衡州温者，各數十篇，亦無可傳誦。時人以其名士，故流傳至今。"按《秘書目》總集類著錄署題唐賢之書甚多，集者並不知名，疑出宋人之手，不具録。

白居易 禮部策十卷

《崇文目》著録，《宋志》無作者名氏，《通志》曰："白居易應制舉，自著策問，而以禮部試策附於卷末。"白居易《策林序》稱"分爲四卷"，殆就其自撰者言之。

唐奏議駁論一卷

《宋志》著録，《崇文目》《通志》無唐字。鄭樵謂唐人集。

楊協 論苑十卷

《崇文目》《宋志》著録。楊汝士之孫協，字興樂，未知即其人否。

景雲先天開元天寶誥制三卷 肅宗代宗制旨碑表集二卷 建中興元貞元制旨釋門表奏記二卷

僧圓照撰。見《宋高僧傳》卷一五本傳。

以上總集類，補七十四種。

文 史 類

韋述 史例一卷

《舊書》本傳曰："國史自令狐德棻至於吴兢，雖累有修撰，竟未成一家之言。至述始定類例，補遺續闕，勒成《國史》一百一十三卷,並《史例》一卷,事簡而記詳,雅有良史之才。"

南卓　駁史三十卷
《雲溪友議》卷中曰:南卓"撰《駁史》三十卷,與馬《史》殊貫,班《書》小異,三國二晉以下之文多被攻難。每於朝野權論,莫能屈之者,惟吳武陵郎中、劉軻侍御俱服其才識也。"

吳武陵　十三代史駁議十二卷
《秘書目》《宋志》著録。《舊書・吳汝納傳》曰:"武陵進士登第,有史學,與劉軻並以史才直史館。武陵撰《十三代史駁議》二十卷。"《玉海》卷四九引此亦作二十卷,與兩書目著録有異,不知何者爲是。

劉軻　十三代名臣議十卷
《唐文粹》卷八八劉軻《上座主書》自述貞元、元和中"歲月悠久,浸成書癖,故有《三傳指要》十五卷、《十三代名臣議》十卷、《翼孟子》三卷,雖不能傳於時,其於兩曜無私之燭,不爲墮棄矣"。

韋籌　唐書唐史解
《唐才子傳》卷六載杜牧爲"大和二年韋籌榜進士"。《唐會要》卷三六曰:"開成三年八月,右拾遺韋籌進《唐書唐史解》表,共五通。"《册府元龜》卷五五九作"左拾遺""《書史解》",且載史館奏曰:"《春秋》《尚書》最爲前史,事言異貫,義體兩存。今韋籌所著意,實即師古,欲使本朝大典與千古同風。然漢氏已還,更立史法,稽其指要,事歸詳盡。伏以聖唐御宇,向三百年,聲教遠垂,文物大備,祖功宗德,傳之不朽。本紀、實録之外,復有注記、典曆,蓋史氏職司,大體簡略,久已著定,遽難變更。臣等參酌古今,須歸的當。況歷代編紀,名號實繁,雖統制各殊,悉傳示於後。伏請以籌所進之書,藏於史館,待其著述功畢,令與舊史兼行,則國朝典法,今古咸備。"細味其意,韋籌上表五通,建議模仿《尚書》《春秋》,編撰"唐書、唐史",詳"解"其說,並附進所撰史書以示例。《唐文粹》卷四六載韋籌《文之章解》,可參。

李匡文　十四代蠲疑史目

《資暇集》卷上曰:作《毛詩疏》之陸機"字從玉旁,非士衡也,愚宗人大著作祝嘗有顯論。今秘閣西南廊新碑,古人姓名,若此參誤多矣,故愚撰《十四代蠲疑史目》以別白也。"其說陸機字當從玉旁,宋人多信從之,錢大昕等並謂強作解釋。

杜正倫　文筆要決一卷

《日本目》小學類著錄。《新書》本傳曰:"正倫工屬文,嘗與中書舍人董思恭夜直,論文章。思恭歸,謂人曰:'與杜公評文,今日覺吾文頓進。'"

上官儀　筆札華梁二卷

《秘書目》著錄,"札華"二字作"九花"。《日本目》不著撰人名氏。《類說》引《詩品》《詩人玉屑》引李淑《詩苑類格》,載有上官儀說詩有六對,又說詩有八對,去其重複,實止十對。其九對與《文鏡秘府論》所載古人同出對相同,可知其說乃唐初所習知者。

文筆式二卷

《日本目》著錄。空海《文鏡秘府論》等書曾大量徵引其文,論文筆十病得失及八階等,與劉善經、上官儀之書多雷同。羅根澤等以爲隋代人作,張伯偉《唐五代詩格叢考》一文疑出武后時期。盧盛江謂出"《筆劄華梁》之後,元兢《詩髓腦》之前"(《文笔式年代考》,《文史》二〇〇三年第一期)。

王方則　文筆範一卷

《日本目》著錄。王方慶之從兄,字玄憲,官至光祿卿。

大唐文章博士嫌吾文筆病書一卷

《日本目》著錄。

褚亮　古文章巧言語一卷

《文鏡秘府論》南卷《論文章》引無名氏論秀句文："皇朝學士褚高,貞觀中奉敕與諸學士撰《古文章巧言語》,以爲一卷",遺漏尚多,不通之甚。貞觀學士無褚高,當爲褚亮之誤。此書蓋唐人集秀句之濫觴也。

僧玄鑑　續古今詩人秀句二卷

《崇文目》《宋志》著録。《唐音癸籤》卷三一曰："《古今詩人秀句》,吳兢同越僧玄鑑撰,二卷。皎然訾其所選不精,多採浮淺之言,無益詩教。"然皎然《詩式》原文曰："國朝協律郎吳兢與僧玄鑑集秀句",未必即同撰,諸家書目並著録爲二書,且此書名前有續字,似爲續兢書。又吳兢未爲協律郎,《新志》作元兢者是,羅根澤疑即總章中協律郎元思敬。

詩髓腦注一卷

《日本目》著録。《詩髓腦》爲元兢所撰,《新志》誤作《宋約詩格》。空海攜歸日本,在東土影響甚大,紛紛仿作,至有"家家髓腦"之説,此注或亦出日本人所爲。

崔融　唐朝新定詩體一卷

《日本目》著録,原無撰人名氏。《文鏡秘府論》屢引《崔氏新定詩體》,而日本古書稱空海游學於唐,獲崔融《新唐詩格》等書而歸,後作《文鏡秘府論》,可知此崔氏即融也。崔融爲文華婉典麗,當時朝廷大筆,多出其手。所論有十體、九對、文病、調聲等節,與《詩髓腦》頗爲接近,所謂新定,當爲與齊梁時對言。

詩格

敦煌寫卷。所存自第一名對至第七賦體對之名目,與《文鏡秘府論》二十九種對之前七種完全相同。當作於初盛唐之間。日本僧人攜歸之書目有《開元詩格》一部,《日本目》載《詩格》三卷,疑即此。

詩式

空海《文鏡秘府論》引此書"六犯"條。張伯偉曰："本書作者當與崔融同時或稍前。《宋史藝文志》八著録唐代僧辭遠《詩式》十卷，不知是否即爲此書。"按，《宋志》元兢與元（玄）鑑之書間，載辭遠書以及許文貴（一作貢）《詩鑑》一卷，似爲唐人。然下接司馬光、姚合，則排列失次，未足深據。且空海所引書，當於《日本目》内求之，疑爲《八病詩式》一卷。

釋法藏　百屬篇一卷

《日本目》著録。

高仲武　格律異門論及譜三篇

影宋抄本《中興間氣集》孟雲卿下評語曰："余感孟君好古，著《格律異門論及譜》三篇，以攝其體統焉。"

王損之　絲綸點化二卷

《宋志》著録。《秘書目》類書類有王損之《點化》二卷，《通志》《秘書目》别集類有無名氏《絲綸點化》十卷。《全唐詩》收王損之詩一首，云貞元十四年進士第。

王昌齡　詩中密旨一卷

《唐志》有王昌齡《詩格》二卷，今所存爲《詩格》《詩中密旨》各一卷，與《書録解題》《宋志》著録同，或《新志》之《詩格》，已兼包《密旨》。傳世唐人詩格，陳振孫已致其疑，《四庫總目》謂率出依託，鄙倍如出一手。然空海《獻書表》有王昌齡《詩格》一卷，所著《文鏡秘府論》引"王氏論文"，亦有見於今本者，故羅根澤謂昌齡二書恐非皆僞。

李嶠　評詩格一卷

《書録解題》著録，曰："嶠在昌齡之前，而引昌齡《詩格》八病，亦未然也。"張伯偉稱："後人僞託李嶠之《評詩格》，實即剪取崔氏（融）書而成。"舊題唐李嶠撰。

白居易　金針詩格三卷

《宋志》著録，《讀書志》曰："居易自謂與劉禹錫、元稹皆以詩擅名當世，撮詩之體要爲一格，以病得針而愈，詩亦猶是也，故曰《金針集》。"《通考》引作金鍼。此當出白氏書序，今《吟窗雜録》本序中無之，則當爲《書録解題》所載一卷之本。明人又採三卷本之殘文及一卷本加以改編。張伯偉曰："從當時科舉考試以詩格爲依據，而應舉士子又以白居易等人爲典範來看，白氏曾著有《金針詩格》一書恐亦不能斷然否定。即使此書不出於白氏之手，但從《二南密旨》《風騷要式》等書中對《金針詩格》理論的沿襲來看，其成書年代不會在晚唐以後。"考《雲仙雜記》引《白氏金鎖》數條，如"能詩之士，雨泡滅則得意，香煙斷而成吟"，張祐"口吻生花"，當即此書，益知其確出唐代。

白居易　文苑詩格一卷

《書録解題》著録，曰："稱白氏，尤非也。"羅根澤以爲其僞作年代，在歐陽修提倡古文以後。張伯偉謂其説無據，或爲晚唐五代人僞託。

李宏宣　緣情手鑑詩格一卷

《書録解題》著録，曰："未詳何人，當在五代前。"今本題李洪宣撰，羅根澤謂其内容較齊己、虛中書簡單，所引詩人，亦無五代以後人，殆在齊己前。

任藩　文章玄妙一卷

《書録解題》著録，曰："唐任藩言作詩聲病、對偶之類。凡世所傳詩格，大率相似，余嘗書其末曰：論詩而若此，豈復有詩矣！唐末詩格汙下，其一時名人著論傳後乃爾，欲求高尚，豈可得哉！"按，《通志》載任博《文章妙格》《詩點化秘術》各一卷，《秘書目》詩作新。任博未知即此任藩否？

王維　詩格一卷

《宋志》著録。

張爲　唐詩主客圖一卷

《書録解題》著録，曰："所謂主者，白居易、孟元卿、李益、鮑溶、孟郊、武元衡，各有標目。餘有升堂、及門、入室之殊，皆所謂客也。近世詩派之説，殆出於此，要皆有未然者。"《宋志》作二卷，《通志》作三卷，《秘書目》一卷本外又出無名氏《唐詩主客集》六卷。可見此書宋代有多種本子，今本一卷。《紀曉嵐文集》卷九曰："張爲《主客圖》一卷世無刊本，殆佚久矣，其文時散見《唐詩紀事》中，長夏養屙，即原序所列八十四人，一一鉤稽排纂之，可以考者，猶七十有二。張氏之書，幾還舊觀矣。"

倪宥　詩圖一卷

《崇文目》《通志》著録。《宋志》作《詩體》，《秘書目》作《金體律詩例》。倪宥不知何人，《新志》載其《文章龜鑑》一卷，諸目又別出此書。

鄭谷　國風正訣一卷

《宋志》著録。《唐才子傳》曰："谷撰《國風正訣》一卷，分六門，摭詩聯，注其比象君臣賢否，國家治亂之意，今並傳焉。"是元時尚存。

鄭谷　今體詩格一卷

《秘書目》著録，原無撰人名氏。《詩人玉屑》卷二引《緗素雜記》曰："鄭谷與僧齊己、黃損等共定《今體詩格》曰，凡詩用韻有數格，一曰葫蘆，一曰轆轤，一曰進退。"鄭谷卒於梁開平中，此書或晚年在袁州，齊已往謁時所作。《十國春秋·黃損傳》謂此書"爲湖海騷人所宗。"

夏侯籍　詩評一卷

《秘書目》著録。《北夢瑣言》卷一一載，夏侯長官曾依懿宗相夏侯孜,卒。"其子名籍,學吟詩,入西川依託勳臣,爲幕下從事,時人號爲夏侯驢子。"

范攄　詞林一卷

《宋志》著錄,《秘書目》別集類作二卷。范攄著《雲溪友議》,《新志》注稱咸通時人,而書中言及乾符中事,與方干生同時,居同邑(會稽)。《友議》六十五條中,詩話居十之七八,《四庫總目》稱:"逸篇瑣事,頗賴以傳。又以唐人説唐詩,耳目所接,終較後人爲近。"則范氏別撰此書,固亦可能。

白居易　白氏制朴三卷

《崇文目》《通志》著錄,《宋志》作一卷,或入類書類。《玉海》卷六四曰:"《白氏制朴》一卷,居易裒類制詞事語,以備撰述之用。(以上當出《中興目》)元稹詩曰:'白樸流傳用轉新'。注云:'樂天於翰林中書取書詔批答詞等,撰爲程式,禁中號曰《白樸》,每有新入學士求訪,寶重過於《六典》也'。"宋王楙《野客叢書》卷三〇曰:"檢《唐藝文志》及《崇文總目》無聞,每訪此書不獲,適有以一編求售,號曰《制樸》,開帙覽之,即微之所謂《白樸》者是也。爲卷上中下三,上卷文武階勳等,中卷制頭、制肩、制腹、制腰、制尾,下卷將相刺史節度之類。此蓋樂天取當時制文編類,以規後學者。"

白行簡　賦要一卷

《宋志》著錄。

紇干俞　賦格一卷

《崇文目》《通志》《宋志》著錄。《通志》注曰:"渭南尉。"岑仲勉《元和姓纂四校記》謂即紇干息,又作泉。元和進士,自中書舍人觀察江西,歷工部侍郎,節制南海,累贈封雁門公。

以上文史類,補三十六種。

集部凡三類,四百三十六種。

總計四部,凡四十二類,二千八十七種。

主要參考引用文獻

唐魏徵　隋書　中華書局點校本。
後晉劉昫　舊唐書　中華書局點校本
宋歐陽修　新唐書　中華書局點校本
元脫脫　宋史　中華書局點校本
日藤原佐世　日本國見在書目錄　古逸叢書本
孫猛　日本國見在書目錄詳考　上海古籍出版社二〇一五年
宋王堯臣　崇文總目　清錢東垣等輯
陳漢章　崇文總目輯釋補正
宋佚名撰　清葉德輝考證　秘書省續編到四庫闕書目
宋陳騤撰　趙士煒輯考　中興館閣書目輯考
宋晁公武撰　趙希弁考　昭德先生郡齋讀書志
宋晁公武撰　姚應績編　清王先謙校衢本郡齋讀書志
宋尤袤　遂初堂書目
宋陳振孫　直齋書錄解題（以上並現代出版社一九八七年）
宋鄭樵　通志藝文略　商務印書館十通本
宋高似孫　史略　叢書集成初編本
周天游　史略校箋　書目文獻出版社一九八七年
宋高似孫　子略　叢書集成初編本
宋高似孫　緯略　叢書集成初編本
宋董逌　廣川書跋　適園叢書本
元馬端臨　文獻通考經籍考　華東師大出版社一九八五年
趙士煒輯　宋國史藝文志輯本　古逸書錄叢輯本
清顧櫰三　補五代史藝文志　叢書集成初編本
明楊士奇　文淵閣書目　叢書集成初編本
明孫能傳　內閣藏書目錄　叢書集成續編本
明高儒　百川書志　古典文學出版社一九五七年

明焦竑　國史經籍志　叢書集成初編本
明陳第　世善堂藏書目錄　叢書集成初編本
清永瑢　四庫全書總目　中華書局影印本
清阮元　四庫未收書目提要(附上書)
清錢曾　讀書敏求記　叢書集成初編本
清錢曾　也是園書目　叢書集成初編本
清朱睦㮮　萬卷堂書目　叢書集成續編本
清祁承㸁　澹生堂書目　叢書集成續編本
佳趣堂書目　清陸漻　叢書集成續編本
清王聞遠　孝慈堂書目　叢書集成續編本
清陳揆　稽瑞樓書目　叢書集成初編本
清孫星衍　孫氏祠堂書目　叢書集成初編本
清耿文光　萬卷精華樓藏書記　中華書局影印本
清孫星衍撰　陳宗彝編　廉石居藏書記　叢書集成初編本
瞿朗士　鐵琴銅劍樓藏書題跋集錄　上海古籍出版社一九八五年
日沚江全善　經籍訪古志　光緒十一年刊本
清郭守敬　日本訪書志　書目叢編本
清朱彝尊　經義考　四部備要本
清謝啓昆　小學考　光緒浙江書局本
嚴靈峰　周秦漢魏諸子知見書目　臺北正中書局一九七八年
王毓瑚　中國農學書錄　中華書局一九五七一九五七年
程毅中　古小説簡目　中華書局一九八一年
許保林　中國兵書知見錄　解放軍出版社一九八八年
余紹宋　書畫書錄解題　浙江人民出版社一九八一年
周慶雲　琴書存目　民國三年刻本
周慶雲　琴書別錄　同前琴書存目附
查阜西　存見古琴指法譜字輯覽(油印本)　中國音樂研究所一九五九年
清劉鐸　古今算學書錄　光緒二十四年刻本
丁福保　周雲青　四部總錄演算法編　商務印書館一九五七年
丁福保　周雲青　四部總錄天文編　商務印書館一九五六年

丁福保　周雲青　四部總錄藝術編　商務印書館一九五七年
邵瑞彭等　書目長編　民國十七年排印本
任繼愈　道藏提要　中國社會科學出版社一九九一年
中國叢書綜錄　上海古籍出版社一九八二年
張國淦　中國古方志考　中華書局一九六二年
鄧衍林　中國邊疆圖籍錄　商務印書館一九五八年
日丹波元胤　中國醫籍考人民衛生出版社一九五六年
郭靄春　中國分省醫籍考　天津科技出版社一九八四年
萬曼　唐集叙錄　中華書局一九八〇年
清馬國翰　玉函山房輯佚書　廣陵書社二〇〇四年
唐劉肅　大唐新語　中華書局一九八四年
唐李肇　唐國史補　學津討原本
唐李德裕　次柳氏舊聞　叢書集成初編本
唐韋絢　劉賓客嘉話錄　叢書集成初編本
唐崔令欽　教坊記　叢書集成初編本
唐南卓　羯鼓錄　叢書集成初編本
唐趙璘　因話錄　叢書集成初編本
唐張鷟　朝野僉載　中華書局一九七九年
唐劉餗　隋唐佳話　中華書局一九七九年
唐封演　封氏聞見記　叢書集成初編本
唐段成式　酉陽雜俎　中華書局一九八一年
唐段安節　樂府雜錄　叢書集成初編本
唐裴廷裕　東觀奏記　叢書集成初編本
唐高彥休　唐闕史　叢書集成初編本
唐李匡文　資暇集　叢書集成初編本
唐韓鄂　歲華紀麗　叢書集成初編本
唐范攄　雲溪友議　叢書集成初編本
唐康騈　劇談錄　學津討原本
唐段公路　北戶錄　叢書集成初編本
唐袁郊　甘澤謠　叢書集成初編本
唐馮贄　雲仙雜記　四庫全書本（影印文淵閣，下同）

唐無名氏　大唐傳載　四庫全書本
唐無名氏　聞奇錄　說郛本
代王定保　唐摭言　上海古籍出版社一九七八年
五代孫光憲　北夢瑣言　叢書集成初編本
五代劉崇遠　金華子雜編　叢書集成初編本
宋王讜撰　唐語林校證　周勛初校證　中華書局一九八七年
宋錢易　南部新書　叢書集成初編本
宋張洎　賈氏談錄　守山閣叢書本
宋王欽臣　王氏談錄　四庫全書本
沈括　夢溪筆談　宋四部叢刊本
宋宋敏求　春明退朝錄　中華書局一九八〇年
宋文瑩　玉壺清話　中華書局一九八四年
宋吳曾　能改齋漫錄　叢書集成初編本
宋王楙　野客叢書　中華書局一九八七年
宋莊季裕　雞肋編　中華書局一九八三年
宋邵博　邵氏聞見後錄　中華書局一九八三年
宋費袞　梁溪漫志　上海古籍出版社一九八五年
宋洪邁　容齋隨筆　上海古籍出版社一九七八年
宋岳珂　桯史　中華書局一九八一年
宋姚寬　西溪叢語　津逮秘書本
宋王應麟　困學紀聞　四部叢刊本
宋黃伯思　東觀餘論　影印汲古閣刊本
明胡應麟　少室山房筆叢　中華書局一九五八年
清王士禎　池北偶談　中華書局一九八二年
唐杜佑　通典　商務印書館十通本
宋王溥　唐會要　叢書集成初編本
宋司馬光　通鑑考異　四部叢刊本
唐劉知幾　史通　史通通釋本
唐許嵩　建康實錄　中華書局一九八六年
宋路振　九國志　守山閣叢書本
宋陸游　南唐書　四部叢刊續編本

清吳任臣　十國春秋　中華書局一九八三年
唐林寶　元和姓纂　清光緒六年金陵書局刻本
清徐松　登科記考　中華書局一九八四年
唐釋道宣　續高僧傳　歷代高僧傳本　上海書店一九八九年
宋釋贊寧　宋高僧傳　歷代高僧傳本
唐釋湛然　止觀輔行傳宏決　叢書集成初編本
唐釋慧琳　一切經音義　通行影印本
遼釋希麟　續一切經音義　通行影印本
日本僧圓仁　入唐求法巡禮行記　上海古籍出版社一九八六年
元趙道一　歷世真仙體道通鑑　道藏要籍選刊本
宋郭忠恕　汗簡　中華書局影印本
宋郭忠恕　佩觿　叢書集成初編本
宋夏竦　古文四聲韻　中華書局影印本
唐張彥遠　法書要錄　四庫全書本
舊題唐韋續　墨藪　四庫全書本
宣和書譜　四庫全書本
宋朱長文　墨池編　四庫全書本
唐朱景玄　唐朝名畫錄　四庫全書本
唐張彥遠　歷代名畫記　四庫全書本
宋黃休復　益州名畫錄　四庫全書本
宋郭若虛　圖畫見聞志　四庫全書本
宋劉道醇　五代名畫補遺　四庫全書本
唐王燾　外臺秘要　四庫全書本
宋掌禹錫等　重修政和經史證類本草　四部叢刊本
宋蘇軾　沈括　蘇沈良方　叢書集成初編本
清阮元　疇人傳　叢書集成初編本
清黃鍾駿　疇人傳四編　商務印書館一九五五年
明焦竑　老子翼　叢書集成初編本
唐人選唐詩十種　中華書局一九六〇年
宋計有功　唐詩紀事　萬有文庫本
明胡震亨　唐音癸籤　上海古籍出版社一九八一年

元辛文房撰、傅璿琮等校箋　唐才子傳校箋　中華書局一九八七——一九九〇年
日遍照金剛　文鏡秘府論　人民文學出版社一九七五年
宋胡仔　苕溪漁隱叢話　人民文學出版社一九六二年
宋魏慶之　詩人玉屑　上海古籍出版社一九七八年
郭紹虞　宋詩話輯佚　中華書局一九八〇年
宋陳元靚　歲時廣記　叢書集成初編本
宋李昉等　太平御覽　中華書局影印本
宋李昉等　太平廣記　中華書局點校本
宋王欽若等　册府元龜　中華書局影印本
宋王應麟　玉海　江蘇古籍出版社　上海書店影印本
宋晁載之　續談助　叢書集成初編本
宋曾慥　類說　北京圖書館影印本
明陶宗儀　說郛　宛委堂本　商務印書館本
清彭定求等　全唐詩　上海古籍出版社影印本
日河世寧全唐詩逸　同前全唐詩附
王重民等　全唐詩外編　中華書局一九八二年
宋姚鉉　唐文粹　四部叢刊本
清董誥等　全唐文　中華書局影印本
清陸心源　唐文拾遺　同前全唐文附
清陸心源　唐文續拾　同前全唐文附
魯迅　唐宋傳奇集　文學古籍刊行社一九五六年
汪辟疆　唐人小說　上海古典文學出版社一九五五年
清王昶　金石萃編　商務印書館一九五七年
羅振玉　雪堂校刊群書敘錄　民國七年排印本
王重民　敦煌古籍敘錄　中華書局一九七九年
王重民　敦煌遺書總目索引　商務印書館一九六二年
清周中孚　鄭堂讀書記　中華書局一九九三年
余嘉錫　四庫提要辨正　中華書局一九八〇年
王國維　觀堂集林　中華書局一九五九年
陳垣　釋氏疑年錄　中華書局一九六四年

岑仲勉　唐史餘瀋　上海古籍出版社一九七九年
周祖謨　問學集　中華書局一九六六年
岑仲勉　郎官石柱題名新考訂　上海古籍出版社一九八四年
羅根澤　中國文學批評史　上海古籍出版社一九八四年
程毅中　唐代小説史話　文化藝術出版社一九九〇年
許保林　中國兵書通覽　解放軍出版社一九九〇年
張滌華　類書流別（修訂本）　商務印書館一九八五年
黃雲眉　古今僞書考補證　齊魯書社一九八〇年
吳企明　唐音質疑錄　上海古籍出版社一九八六年
清李鴻章等修　畿輔通志·藝文　宣統三年刻本
河北通志稿·藝文志　民國間排印本
山東通志·藝文志　民國間排印本
清曾國藩等　江西通志·藝文略　光緒十年刻本
清李瀚章等　湖南通志·藝文略　清光緒間刻本
金鉽　江蘇藝文志　民國江蘇圖書館刊本
楊晨　台州藝文略　叢書集成續編本
宋慈抱　兩浙著述考　浙江人民出版社
蔣元卿　皖人書錄　黃山書社一九八九年
方國瑜　雲南史料目錄概説　中華書局一九八四年
清袁昶　袁氏藝文金石錄　叢書集成初編本
向達　唐代長安與西域文明　三聯書店一九五七年
萬斯年輯譯　唐代文獻叢考　商務印書館一九五七年
高國藩　中國民俗探微　河海大學出版社一九八九年
姜亮夫　敦煌學論文集　上海古籍出版社一九八七年
敦煌語言文學研究　北京大學出版社一九八八年
敦煌學論集　甘肅人民出版社一九八五年
一九八三年全國敦煌學術討論會文集　甘肅人民出版社一九八七年
張金泉　許建平　敦煌音義匯考　杭州大學出版社一九九六年
張湧泉　敦煌經部文獻合集　中華書局二〇〇八年
范行準　兩漢三國南北朝隋唐醫方簡錄　中華文史論叢第六輯
周紹良　唐代墓誌彙編　上海古籍出版社一九九二年

吳鋼　全唐文補遺　三秦出版社一九九四—二○○七年
陳尚君　全唐文補編　中華書局二○○五年
洛陽市文物工作隊　洛陽出土歷代墓誌輯繩　中國社會科學出版社一九九一年
楊作龍　趙水森　洛陽新出土墓誌釋錄　北京圖書館出版社二○○四年
趙君平　趙文成　河洛墓刻拾零　北京圖書館出版社二○○七年
趙力光　西安碑林博物館新藏墓誌彙編　線裝書局二○○七年
喬棟 李獻奇等　洛陽新獲墓誌續編　科學出版社二○○八年
郭茂育　趙水森　洛陽新出鴛鴦志輯錄　國家圖書館出版社二○一二年
齊運通　洛陽新獲七朝墓誌 中華書局二○一二年
毛陽光　余扶危　洛陽流散唐代墓誌彙編　北京圖書館出版社二○一三年
趙力光　西安碑林博物館新藏墓誌續編　陝西師範大學出版總社二○一四年
西安市文物稽查隊西安新獲墓誌集萃　文物出版社二○一六年
胡戟　珍稀墓誌百品　陝西師範大學出版社二○一六年
毛陽光　洛陽流散唐代墓誌彙編續集　北京圖書館出版社二○一八年
陳尚君　石刻所見唐人著述輯考　出土文獻研究第四輯
程章燦　唐代墓誌中所見隋唐經籍輯考　文獻一九九六年第一期
潘明福　唐代墓誌中新見唐人著述輯考　文獻二○○六年第二期
韓震軍　唐代墓誌中新見隋唐人著述輯考　中國典籍與文化二○○八年第三期
程章燦　唐代墓誌中所見隋唐經籍續考　古刻新詮　中華書局二○○九年
牛紅廣　新出土唐代墓誌所見唐人著述輯考　圖書館雜誌二○一一年第一○期
黃清發　石刻新見唐人著述輯補　傳統中國研究集刊(九、十合輯)二○一二年

劉本才　隋唐墓誌新見隋唐經籍輯考　圖書館雜誌二〇一三年第七期
高慎濤　新出墓誌所見唐人著述輯考　圖書館雜誌二〇一四年第八期
趙庶洋　《新書・藝文志》未著録唐人佚著補遺　圖書館理論與實踐二〇一四年第六期
霍志軍　石刻文獻中新見的唐人著述輯考　唐史論叢二〇一四年第二期
李建華　洛陽新出唐代墓誌所見唐代經籍輯考　圖書館雜志二〇一八年第一〇期
錢得運　唐五代墓誌所見隋唐五代人詩文及著述書目輯考　蘭州文理學院學報二〇一九年第三期

跋

壬申季春,予始創爲此編,凡九閱月涂稿乃定。恩師陳維禮、王同策二先生耳提面命,教益良多。初,予將治學位論文,欲取《唐志》所載唐人著述,博考唐宋載籍,廣稽歷代書目,略法章宗源、姚振宗諸前輩之舊規,約取時賢考證研究之成果,彙爲一編。爰以其目既繁,材料亦豐,若以輯錄之體爲之,即一部之內,文至鉅十萬;若擇善而從,則甄擇去取之際,識力有所不逮;若僅就數十百條,作稍深之考證,發明新意,則不成系統。反觀《唐志》失載之書,前賢少所措意,散在諸書,集而總之,庶幾以網羅之勤,聊補考辨之疏。商之陳師,遂改作今題。揆其初衷,蓋未敢言乎述作也。稿既成,得二師謬許,預評審答辯諸師如符孝佐先生,輒以董理面世相期勉。甲戌歲,乃得笹川良一基金之資助,復蒙本校出版社允爲刊行,則本所所長吳振武、副所長呂文郁二先生之力薦也。甘孺先生上虞羅繼祖前輩,以耄耋之年,惠賜嘉序題簽;出版社副社長仲懷民先生,於百忙之中,躬負編輯之役,眷遇並出望外。戔戔一帙,德我者良多。噫,小子何幸而至此也。是編初稿,以寫作時間及篇幅所限,舛駁簡略。改訂載經寒暑,仍不自慊,後有作者,取此覆瓿可也。世方昌樂,我獨心憂,若假以時日,釋此杞人之思,得能從容考證,以就正於並世賢達,不我遐棄,進而教之,敢不承命。是豈予之志也夫!是豈予之志也夫!乙亥季秋淳安張固也跋。